**Semantische Technologien**

Andreas Dengel (Hrsg.)

# Semantische Technologien

Grundlagen – Konzepte – Anwendungen

**Herausgeber:**
Prof. Dr. Prof. h. c. Andreas Dengel
Deutsches Forschungszentrum für Künstliche Intelligenz GmbH
67663 Kaiserslautern
E-Mail: andreas.dengel@dfki.de

Weitere Informationen zum Buch finden Sie unter www.spektrum-verlag.de/978-3-8274-2663-5

**Wichtiger Hinweis für den Benutzer**
Der Verlag und der Herausgeber haben alle Sorgfalt walten lassen, um vollständige und akkurate Informationen in diesem Buch zu publizieren. Der Verlag übernimmt weder Garantie noch die juristische Verantwortung oder irgendeine Haftung für die Nutzung dieser Informationen, für deren Wirtschaftlichkeit oder fehlerfreie Funktion für einen bestimmten Zweck. Der Verlag übernimmt keine Gewähr dafür, dass die beschriebenen Verfahren, Programme usw. frei von Schutzrechten Dritter sind. Die Wiedergabe von Gebrauchsnamen, Handelsnamen, Warenbezeichnungen usw. in diesem Buch berechtigt auch ohne besondere Kennzeichnung nicht zu der Annahme, dass solche Namen im Sinne der Warenzeichen- und Markenschutz-Gesetzgebung als frei zu betrachten wären und daher von jedermann benutzt werden dürften. Der Verlag hat sich bemüht, sämtliche Rechteinhaber von Abbildungen zu ermitteln. Sollte dem Verlag gegenüber dennoch der Nachweis der Rechtsinhaberschaft geführt werden, wird das branchenübliche Honorar gezahlt.

**Bibliografische Information der Deutschen Nationalbibliothek**
Die Deutsche Nationalbibliothek verzeichnet diese Publikation in der Deutschen Nationalbibliografie; detaillierte bibliografische Daten sind im Internet über http://dnb.d-nb.de abrufbar.

Springer ist ein Unternehmen von Springer Science+Business Media
springer.de

© Spektrum Akademischer Verlag Heidelberg 2012
Spektrum Akademischer Verlag ist ein Imprint von Springer

12  13  14  15  16        5  4  3  2  1

Das Werk einschließlich aller seiner Teile ist urheberrechtlich geschützt. Jede Verwertung außerhalb der engen Grenzen des Urheberrechtsgesetzes ist ohne Zustimmung des Verlages unzulässig und strafbar. Das gilt insbesondere für Vervielfältigungen, Übersetzungen, Mikroverfilmungen und die Einspeicherung und Verarbeitung in elektronischen Systemen.

Planung und Lektorat: Dr. Andreas Rüdinger, Sabine Bartels
Redaktion: Tatjana Strasser
Satz: Autorensatz
Herstellung: Crest Premedia Solutions (P) Ltd, Pune, Maharashtra, India
Umschlaggestaltung: SpieszDesign, Neu-Ulm
Titelbild: © [M] Felix Jork, Fotolia.com (Grafiken) und SpieszDesign

ISBN 978-3-8274-2663-5

# Vorwort

Dieses Lehrbuch bietet eine umfassende Einführung in Grundlagen, Potenziale und Anwendungen Semantischer Technologien. Es richtet sich an Studierende der Informatik und angrenzender Fächer sowie an Entwickler, die Semantische Technologien am Arbeitsplatz oder in verteilten Applikationen nutzen möchten. Mit seiner an praktischen Beispielen orientierten Darstellung gibt es aber auch Anwendern und Entscheidern in Unternehmen einen breiten Überblick über Nutzen und Möglichkeiten dieser Technologien.

Semantische Technologien versetzen Computer in die Lage, Informationen nicht nur zu speichern und wiederzufinden, sondern sie ihrer Bedeutung entsprechend auszuwerten, zu verbinden, zu Neuem zu verknüpfen und so flexibel und zielgerichtet nützliche Leistungen zu erbringen.

Das vorliegende Buch stellt im ersten Teil die als Semantische Technologien bezeichneten Techniken, Sprachen und Repräsentationsformalismen vor. Diese Elemente erlauben es, das in Informationen enthaltene Wissen formal und damit für den Computer verarbeitbar zu beschreiben, Konzepte und Beziehungen darzustellen und schließlich Inhalte zu erfragen, zu erschließen und in Netzen zugänglich zu machen.

Der zweite Teil beschreibt, wie mit Semantischen Technologien elementare Funktionen und umfassende Dienste der Informations- und Wissensverarbeitung realisiert werden können. Hierzu gehören etwa die Annotation und das Erschließen von Information, die Suche in den resultierenden Strukturen, das Erklären von Bedeutungszusammenhängen sowie die Nutzung semantischer Dienste.

Der dritte Teil beschreibt schließlich vielfältige Anwendungsbeispiele in unterschiedlichen Bereichen. Die dargestellten Systeme reichen von Werkzeugen für persönliches, individuelles Informationsmanagement über Unterstützungsfunktionen für Gruppen bis zu neuen Ansätzen im Internet der Dinge und Dienste. Dies umfassen die instrumentierte Fabrik der Zukunft genauso wie die Integration verschiedener Medien und Anwendungen von Medizin bis Musik.

Das Buch fundiert auf den vielen Erfahrungen aus dem Umfeld Semantischer Technologien, die wir in den letzten Jahren hier am DFKI und gemeinsam mit unseren Partnern gewonnen haben. Es fasst Einblicke, Einschätzungen, Ansätze und Entwicklungen aus unterschiedlichsten Projekten zusammen. In diesem Sinne, möchte ich mich bei allen DFKI-internen wie externen Autoren für die konstruktive Mitwirkung, die werthaltigen Beiträge und die investierte Zeit bedanken. Dem Leser wünsche ich viel Spaß und jede Menge positive Impulse.

*Andreas Dengel*

# Inhaltsverzeichnis

Vorwort ............................................................. v
I   **Grundlagen** ................................................... 1
1   **Einleitung** ..................................................... 3
  1.1   Daten, Information und Wissen ............................... 4
  1.2   Wissen im Alltag: Ein menschliches Beispiel .................. 5
      1.2.1   Beispielszenario ....................................... 6
      1.2.2   Wissensarbeit – Wunsch und Wirklichkeit ............... 8
  1.3   Semantik und semantische Technologien ...................... 10
  1.4   Metadaten ................................................... 13
  1.5   Der weitere Inhalt dieses Buches ............................. 15
2   **Wissensrepräsentation** ........................................ 21
  2.1   Prinzipien der maschinellen Wissensverarbeitung ............. 23
  2.2   Fakten und Regeln .......................................... 23
      2.2.1   Formalisierung von Aussagen .......................... 23
      2.2.2   Fakten ................................................ 24
      2.2.3   Inferenz mit Regeln ................................... 25
      2.2.4   Anfragen ............................................. 26
  2.3   Logik und Inferenz .......................................... 27
      2.3.1   Logische Operatoren .................................. 27
      2.3.2   Inferenzmechanismen ................................. 28
  2.4   Prädikatenlogik ............................................. 30
      2.4.1   Symbolformen ........................................ 31
      2.4.2   Quantoren ............................................ 31
  2.5   Semantische Netze .......................................... 33
      2.5.1   Wissensdarstellung mit Graphen ....................... 33
      2.5.2   Relationen und ihre Eigenschaften ..................... 35
      2.5.3   Eigenschaften Semantischer Netze ..................... 36
      2.5.4   Kardinalität von Relationen ........................... 38
  2.6   Frames ...................................................... 39
      2.6.1   Der Schemabegriff .................................... 39
      2.6.2   Frames als Denkmodell ............................... 41
      2.6.3   Klassifikation ......................................... 43
      2.6.4   Generalisierung und Spezialisierung ................... 44
      2.6.5   Vererbung ............................................ 45
      2.6.6   Instanziierung ........................................ 47
  2.7   Taxonomien ................................................ 48
      2.7.1   Multi-perspektivische Schemahierarchien .............. 49
      2.7.2   Probleme bei unterschiedlichen Rollen ................ 51
  2.8   Conceptual Dependencies .................................... 52

|  |  | 2.8.1 | Handlung und Zustand | 53 |
| --- | --- | --- | --- | --- |

|       |       |                                                                 |     |
| ----- | ----- | --------------------------------------------------------------- | --- |
|       | 2.8.1 | Handlung und Zustand                                            | 53  |
|       | 2.8.2 | Handlungsoptionen                                               | 53  |
|       | 2.8.3 | Mentale Drehbücher                                              | 55  |
| 2.9   | Taxonomien mit formaler Semantik: Die KL-ONE-Familie             |     | 58  |
|       | 2.9.1 | Superkonzepte                                                   | 59  |
|       | 2.9.2 | Rollen                                                          | 60  |
|       | 2.9.3 | Vererbung und Rollenrestriktionen                               | 60  |
|       | 2.9.4 | Wohlgeformte Terme und ihre Semantik                            | 61  |
|       | 2.9.5 | Subsumption und Klassifizierung                                 | 62  |
| 2.10  | Ontologien                                                              |     | 64  |
|       | 2.10.1 | Der Ontologiebegriff in der Informatik                         | 64  |
|       | 2.10.2 | Aufbau von Ontologien                                          | 66  |
|       | 2.10.3 | Nutzen von Ontologien                                          | 70  |
| 2.11  | Fazit                                                                   |     | 71  |
| 2.12  | Weiterführende Literatur                                                |     | 72  |

**3 Semantische Netze, Thesauri und Topic Maps** ... 73

| 3.1 | Grundlagen | 74 |
| --- | --- | --- |
|     | 3.1.1 Struktur Semantischer Netze | 74 |
|     | 3.1.2 Klassifikation Semantischer Netze | 75 |
| 3.2 | Grafische Notationen | 78 |
|     | 3.2.1 Mind-Maps | 79 |
|     | 3.2.2 Concept-Maps | 80 |
|     | 3.2.3 Conceptual Graphs | 88 |
|     | 3.2.4 Grafische vs. Lineare Notationen | 90 |
| 3.3 | Weitere Repräsentationstechnologien | 91 |
|     | 3.3.1 Thesauri | 92 |
|     | 3.3.2 Topic Maps | 94 |
| 3.4 | Fazit | 104 |
| 3.5 | Weiterführende Literatur | 106 |

**4 Das Resource Description Framework** ... 107

| 4.1 | Von der Präsentations- zur Inhaltssicht | 110 |
| --- | --- | --- |
|     | 4.1.1 Präsentationsebene: Die Hypertext Markup Language HTML | 110 |
|     | 4.1.2 Die Strukturierungssprache XML | 111 |
|     | 4.1.3 Umgang mit Mehrdeutigkeit: Disambiguierung durch Zuweisung von Namensräumen | 114 |
| 4.2 | Das RDF-Datenmodell | 116 |
|     | 4.2.1 Container | 117 |
|     | 4.2.2 Aussagen über Aussagen: Reifizierung | 120 |
| 4.3 | Ontologische Strukturierung von Daten: RDF-Schema | 122 |
| 4.4 | (X)HTML-Erweiterung: RDFa | 124 |
| 4.5 | Die Web Ontology Language (OWL) | 125 |
| 4.6 | Fazit | 126 |

| | | |
|---|---|---|
| 4.7 | Weiterführende Literatur | 126 |
| **5** | **Ontologien und Ontologie-Abgleich in verteilten Informationssystemen** | **129** |
| 5.1 | Motivation: Ontologien in verteilten IT-Systemen | 130 |
| | 5.1.1 Explizite Konzeptualisierungen als Basis semantischer IT-Systeme | 130 |
| | 5.1.2 Ontologien in verteilten Informationslandschaften | 133 |
| 5.2 | Abgleich von Ontologien | 135 |
| | 5.2.1 Repräsentation von Abbildungen zwischen Ontologien | 137 |
| | 5.2.2 Heuristiken zur automatischen Berechnung von Beziehungen zwischen Ontologien | 141 |
| | 5.2.3 Integration von Mapping-Vorschlägen | 148 |
| | 5.2.4 Zusammenfassung: Der generelle *Matching*-Prozess | 150 |
| 5.3 | Werkzeuge | 152 |
| | 5.3.1 Alignment API | 152 |
| | 5.3.2 S-Match | 154 |
| | 5.3.3 Die PROMPT-Suite | 154 |
| 5.4 | Fazit | 156 |
| 5.5 | Weiterführende Literatur | 157 |
| **6** | **Anfragesprachen und Reasoning** | **159** |
| 6.1 | Anfragesprachen | 159 |
| | 6.1.1 Einfache SPO-Anfragen | 160 |
| | 6.1.2 SPARQL | 160 |
| | 6.1.3 Anfragesprachen für OWL | 167 |
| 6.2 | Reasoning | 168 |
| | 6.2.1 Hornlogik und F-Logik | 168 |
| | 6.2.2 Reasoning für OWL | 172 |
| 6.3 | Fazit | 174 |
| 6.4 | Weiterführende Literatur | 174 |
| **II** | **Fundamentale Dienste und Funktionen** | **179** |
| **7** | **Linked Open Data, Semantic Web Datensätze** | **181** |
| 7.1 | Linked Open Data - die Grundlagen | 183 |
| 7.2 | Veröffentlichen von Linked Open Data | 184 |
| | 7.2.1 Wrapping von existierenden Datensätzen | 185 |
| 7.3 | Beispiele für LOD-Services | 188 |
| | 7.3.1 Dump-Konversion: DBpedia | 189 |
| | 7.3.2 Online-Konversion: DBTropes | 190 |
| 7.4 | Zugriff auf Linked Data | 191 |
| | 7.4.1 REST & HTTP Content Negotiation | 192 |
| | 7.4.2 Zugriff durch menschliche Nutzer | 192 |
| | 7.4.3 Zugriff in Anwendungen | 195 |
| 7.5 | Beispiel | 199 |

| | | |
|---|---|---|
| 7.6 | Fazit | 200 |
| 7.7 | Weiterführende Literatur | 200 |
| **8** | **Semantik in der Informationsextraktion** | **201** |
| 8.1 | Informationsextraktion | 203 |
| 8.2 | Generischer Aufbau einer Informationsextraktion | 204 |
| | 8.2.1 Syntaktische Analyse | 204 |
| | 8.2.2 Semantische Analyse | 209 |
| | 8.2.3 Templates | 213 |
| 8.3 | Ontologien in der Informationsextraktion | 215 |
| | 8.3.1 Formale Modellierung von sprachlichem Hintergrundwissen | 215 |
| | 8.3.2 Extraktionsontologien | 216 |
| | 8.3.3 Formale Modellierung von Domänenwissen | 217 |
| | 8.3.4 Formale Anfragesprachen zur Spezifikation von Templates | 218 |
| 8.4 | Formale Repräsentation von Extraktionsresultaten | 219 |
| | 8.4.1 Semantisches Anreichern von Dokumenten | 219 |
| | 8.4.2 Semantische Annotationen | 220 |
| 8.5 | Fazit | 224 |
| 8.6 | Weiterführende Literatur | 224 |
| **9** | **Semantische Suche** | **227** |
| 9.1 | Der Begriff Semantische Suche | 228 |
| | 9.1.1 Grundlagen | 228 |
| | 9.1.2 Viele Definitionen ein Ziel | 229 |
| 9.2 | Kategorien semantischer Suchmaschinen | 230 |
| | 9.2.1 Formularbasierte Suche | 231 |
| | 9.2.2 Suchmaschinen mit RDF-basierten Anfragesprachen | 232 |
| | 9.2.3 Faceted Browsing | 233 |
| | 9.2.4 Semantikbasierte Schlüsselwortsuchmaschinen | 234 |
| | 9.2.5 Question Answering Tools | 236 |
| | 9.2.6 Schlüsselwortsuche mit semantischer Nachverarbeitung | 236 |
| | 9.2.7 Semantikbasierte intelligente Visualisierung | 236 |
| 9.3 | Architektur und Ansätze | 237 |
| | 9.3.1 Wissensbasis, Suchraum | 239 |
| | 9.3.2 Anfrageverarbeitung | 241 |
| | 9.3.3 Ansätze, Suchalgorithmen | 243 |
| | 9.3.4 Beispiele | 246 |
| 9.4 | Benutzerkontext, Personalisierung und Transparenz | 249 |
| | 9.4.1 Benutzerkontext und Personalisierung | 249 |
| | 9.4.2 Transparenz | 250 |
| 9.5 | Fazit | 251 |
| 9.6 | Weiterführende Literatur | 251 |
| **10** | **Erklärungsfähigkeit semantischer Systeme** | **253** |
| 10.1 | Szenario | 254 |

Inhaltsverzeichnis                                                                                           xi

10.2  Der Begriff der Erklärung ............................................. 256
      10.2.1 Erklärungen im Alltag ......................................... 257
      10.2.2 Wissenschaftliche Erklärungen ................................. 258
10.3  Erklärungen in Expertensystemen .................................... 259
      10.3.1 MYCIN ....................................................... 259
      10.3.2 NEOMYCIN .................................................. 260
      10.3.3 RED .......................................................... 261
      10.3.4 PEA .......................................................... 262
      10.3.5 REX .......................................................... 263
10.4  Aspekte von Erklärungen ............................................. 263
      10.4.1 Arten von Erklärungen ........................................ 264
      10.4.2 Ziele von Erklärungen ......................................... 265
      10.4.3 Darstellungen von Erklärungen ................................ 266
      10.4.4 Wahrheit und Erklärung ....................................... 266
      10.4.5 Anforderungen an Erklärungen ................................ 266
      10.4.6 Erklärungsszenario ............................................ 268
10.5  Erklärungen im Semantic Web ....................................... 269
      10.5.1 Inference Web ................................................. 269
      10.5.2 Erklärungskomponente von RadSem ........................... 274
10.6  Fazit .................................................................. 276
10.7  Weiterführende Literatur ............................................. 277

**III  Anwendungen** ........................................................ 279

**11  Semantische Webservices zur Steuerung von Produktionsprozessen** 281
11.1  Einleitung ............................................................ 282
11.2  Grundlagen ........................................................... 284
      11.2.1 Steuerungen in heutigen Produktionsanlagen ................... 284
      11.2.2 Serviceorientierte Architekturen ................................ 285
      11.2.3 Semantische Webservices ....................................... 290
11.3  Anwendungsfeld ...................................................... 295
      11.3.1 Semantische Webservices in der Produktionsdomäne ............ 295
      11.3.2 Experimenteller Aufbau ........................................ 296
11.4  Semantisches Auffinden von Webservices in der Produktion ............. 298
      11.4.1 Semantische Annotation der Webservices ....................... 298
      11.4.2 Erstellungsprozess und Struktur der Ontologien ................ 302
      11.4.3 Systemarchitektur und Ablauf des semantischen Auffindens von Webservices ................................................. 304
11.5  Automatische Orchestrierung zur Erstellung flexibler Produktionsprozesse . 305
      11.5.1 Semantisch unterstützte Prozessmodellierung ................... 305
      11.5.2 Konzeptioneller Ansatz zur flexiblen Steuerung von Produktionsprozessen ........................................................... 306
11.6  Fazit .................................................................. 309
11.7  Weiterführende Literatur ............................................. 310

## 12 Wissensarbeit am Desktop ... 311
12.1 Herausforderungen der Wissensarbeit auf dem Desktop ... 312
12.2 Semantische Modellierung des Wissensraums ... 313
    12.2.1 Persönliches Informationsmodell (PIMO) ... 315
    12.2.2 Die NIE-Ontologien zur Datenrepräsentation ... 319
    12.2.3 Integration proprietärer Informationsquellen ... 324
12.3 Der Semantic Desktop ... 326
    12.3.1 Ausgangssituation ... 327
    12.3.2 Die Idee des Semantic Desktops ... 328
    12.3.3 Nepomuk Semantic Desktop ... 329
    12.3.4 Refinder ... 335
12.4 Wikis und Semantische Wikis ... 339
    12.4.1 Annotationen bei dokumentbasierter Arbeit ... 341
    12.4.2 Das persönliche Wiki im Semantic Desktop ... 343
    12.4.3 Feingranulare Annotationen – der Ansatz in Mymory ... 344
12.5 Aufgabenmanagement für Wissensarbeiter ... 350
    12.5.1 Permanenter Aufgabenwechsel (Multitasking) ... 351
    12.5.2 Ziele für die technische Unterstützung ... 352
    12.5.3 Task Management-Systeme ... 352
    12.5.4 Semantische Aufgabenmodellierung ... 353
    12.5.5 Kontext eines Wissensarbeiters ... 354
    12.5.6 ConTask: Kontextsensitives Aufgabenmanagement ... 358
12.6 Fazit ... 363
12.7 Weiterführende Literatur ... 363

## 13 Semantische Suche für medizinische Bilder ... 365
13.1 MEDICO-Ontologie-Hierarchie ... 366
    13.1.1 Representational Ontologies ... 367
    13.1.2 Upper Ontology ... 367
    13.1.3 Information Element Ontology ... 368
    13.1.4 Clinical Ontology ... 368
    13.1.5 Annotation Ontology ... 368
    13.1.6 Medical Ontologies ... 369
13.2 Semantische Technologien im MEDICO-System ... 370
    13.2.1 MedicoServer ... 371
    13.2.2 SemanticSearch and SemanticAnnotation ... 371
    13.2.3 Tripel-Speicher ... 373
    13.2.4 Semantisches Volumen-Parsing ... 374
    13.2.5 Spatial DBMS ... 375
    13.2.6 Der 2-D-Annotations-Prototyp RadSem ... 375
    13.2.7 Die 3-D-Annotationsanwendung für den klinischen Betrieb ... 377
    13.2.8 Semantische Navigation ... 377
    13.2.9 Multimodal Dialogue Interface ... 378

| | | |
|---|---|---|
| 13.3 | Fazit | 379 |
| 13.4 | Weiterführende Literatur | 380 |
| **14** | **Semantische Musikempfehlungen** | **381** |
| 14.1 | Grundlagen | 382 |
| | 14.1.1 Musikontologien | 382 |
| | 14.1.2 Social Music und das Semantic Web | 383 |
| 14.2 | Datensammlungen zu musikbezogenen Informationen | 385 |
| | 14.2.1 Traditioneller Musikjournalismus im Wandel der Zeit | 385 |
| | 14.2.2 Musik und das Linked Open Data Projekt | 386 |
| 14.3 | Algorithmen zur Musikempfehlung | 389 |
| | 14.3.1 Inhaltsbasierte Verfahren | 389 |
| | 14.3.2 Kollaboratives Filtern | 390 |
| | 14.3.3 Hybride Ansätze | 390 |
| 14.4 | Soziosemantische Musikempfehlungen | 391 |
| | 14.4.1 Kollaboratives Filtern und Semantische Social Networks | 391 |
| | 14.4.2 dbrec: DBpedia als Basis für Musikempfehlungen | 392 |
| | 14.4.3 HORST – Holistic Recommendation and Storytelling | 394 |
| 14.5 | Fazit | 397 |
| 14.6 | Weiterführende Literatur | 397 |
| **15** | **Optimierung von Instandhaltungsprozessen durch Semantische Technologien** | **399** |
| 15.1 | Einleitung | 400 |
| 15.2 | Grundlagen | 402 |
| | 15.2.1 Interpretation von Kontextinformationen als Grundlage kontextadaptiver Anwendungen | 402 |
| | 15.2.2 Systemarchitektur zur Interpretation und Nutzung von Ortsinformationen in Fabriksystemen | 404 |
| 15.3 | Anwendungsfeld und Szenario | 406 |
| | 15.3.1 Instandhaltungsprozesse in der industriellen Produktion | 406 |
| | 15.3.2 Szenario | 407 |
| 15.4 | Semantische nahtlose Navigationsanwendung | 409 |
| | 15.4.1 Ontologiebasierte Situationsinterpretation | 410 |
| | 15.4.2 Anwendungsbezogene Nutzung von Ontologien | 417 |
| 15.5 | Fazit | 419 |
| 15.6 | Weiterführende Literatur | 422 |

**Literaturverzeichnis** ... 423

**Akronyme** ... 445

**Index** ... 449

**Die Autorinnen und Autoren** ... 455

# Teil I

# Grundlagen

# 1 Einleitung

**Übersicht**

| | | |
|---|---|---|
| 1.1 | Daten, Information und Wissen | 4 |
| 1.2 | Wissen im Alltag: Ein menschliches Beispiel | 5 |
| 1.3 | Semantik und semantische Technologien | 10 |
| 1.4 | Metadaten | 13 |
| 1.5 | Der weitere Inhalt dieses Buches | 15 |

Willkommen! Dieses Buch ist als Lehrbuch konzipiert. Wir, die Autoren, wollen Ihnen, den Leserinnen und Lesern, unsere Kenntnisse und Ansichten über Semantische Technologien vermitteln. Sie werden unsere Worte lesen, bedenken und in Beziehung zu Ihren eigenen Kenntnissen und Erfahrungen setzen. Im Idealfall werden Sie anschließend die Konzepte und Ansätze der Semantischen Technologien verstehen und deren Einsatzmöglichkeiten und Nutzen für Ihre eigenen Zwecke zu beurteilen wissen.

Mit diesen Sätzen ist bereits das Aufgabenfeld umrissen, das die Entwicklung der Semantischen Technologien letztlich motiviert und in welchem die Semantischen Technologien wirksam zum Einsatz kommen können: Es geht um Kommunikation – also den Austausch zwischen Gesprächspartnern. Es geht um das Verständnis der ausgetauschten Nachrichten. Schließlich geht es um Möglichkeiten, auf diesem Wege Wissen zu vermitteln und so die Gesprächspartner zu nützlichem Handeln zu befähigen.

Diese abstrakten Aufgaben erscheinen intuitiv einsichtig und selbstverständlich, solange wir über Gespräche zwischen Menschen mit relativ ähnlichen Voraussetzungen nachdenken (so sollten beispielsweise alle Gesprächspartner die jeweilig genutzte Sprache verstehen können). Von Geburt an besitzen wir bereits gewisse Grundvoraussetzungen, um Zusammenhänge zu verstehen, die fest in unserem Erbgut verankert sind. Diese erlauben es uns, Informationen aus unserer Umwelt aufzunehmen, sie zu deuten und als Wissen zu speichern, um es im Bedarfsfall wieder aus unserem Gedächtnis abzurufen und einzusetzen. Damit funktioniert die umrissene Art der Wissensvermittlung bemerkenswert gut!

Das ändert sich jedoch dramatisch, wenn die beteiligten Gesprächspartner von sehr unterschiedlichen Voraussetzungen ausgehen (wir alle kennen das Problem des so genannten Fachchinesisch, das die Kommunikation zwischen Menschen aus unterschiedlichen Fachgebieten behindert) und insbesondere, wenn Computer als aktive Elemente in einen Austausch eingebunden werden sollen. Damit ein Computer fähig ist, aufgrund des Inhalts einer Nachricht nützlich zu handeln, muss die Bedeutung der Nachricht in einer für den Computer geeigneten, also formalen Weise erklärt werden.

Semantische Technologien bieten die notwendigen Verfahren und Darstellungsweisen, um die Bedeutung von sprachlichen Ausdrücken (also von Nachrichten bzw. Informationen, die zwischen Kommunikationspartnern ausgetauscht werden) explizit zu beschreiben und deutlich zu machen, und zwar insbesondere in formaler Weise. Damit legen sie die Grundlage für vielfältige Verbesserungen im gemeinsamen Verständnis zwischen Kommunikationspartnern (Mensch UND Computer!), für Dokumentation, Bewahren und Vermitteln von Wissen (auch für Computer!) und ermöglichen so neue und flexible Anwendungen, bei denen Computer Informationen automatisch in nützliche Handlungen überführen.

## 1.1 Daten, Information und Wissen

Wissen unterscheidet sich grundsätzlich von Daten, deren maschinelle Verarbeitung immer noch das wichtigste Betätigungsfeld des Computers ist. Daten sind Angaben jeglicher Art, wie Zahlen, Wörter oder Texte, Graphiken, Bilder oder Audioaufzeichnungen. Daten sind ohne Wissen nicht interpretierbar. Nimmt man beispielsweise das Wissen über das Alter, mit dem man in Deutschland volljährig wird, die Kenntnis über Anzahl der alternativen Lottozahlen oder die Farben der deutschen Nationalflagge, so lassen sich diese durch einfache strukturierte Daten wie, 18, 49 und (Schwarz, Rot, Gold) ausdrücken. Umgekehrt erhalten diese Daten erst mit den einleitenden Bemerkungen ihre Bedeutung, werden also zu Information, weil wir wissen worüber wir reden. Verwendet man gleiche Daten in einem anderen Zusammenhang, dann führt dies zu einer völlig anderen Interpretation. Spricht man etwa über die Zahl 49 in Verbindung mit der Schuhgröße oder nennt man die Zahl 18 auf Nachfrage nach der Anzahl der Kinder, so ist die Information, die man durch das jeweilige Datum erhält, eine ganz andere.

Die Zeichenfolge „negreb nebies retnih egrewz nebies", beispielsweise, stellt eine syntaktisch geordnete Folge von Daten dar, die in dieser Form, selbst bei der Vermutung, es könnte sich um irgendeine Sprache handeln, keinerlei Sinn macht und damit keine Information darstellt. Schreibt man die Zeichen jedoch in umgekehrter Reihenfolge auf, dann bilden sie eine Aussage und werden damit zu Information, deren Bedeutung sich erst im Rahmen von Grimm's Märchen noch weiter erschließt.

> Wissen ist also die Fähigkeit Daten im Kontext zu interpretieren.

Die Bedeutung oder Interpretation von syntaktischen Entitäten nennt man Semantik. Wir werden später noch genauer darauf eingehen. Aus dieser Aussage über Wissen lassen sich viele andere Aspekte von intellektuellem Leistungsvermögen ableiten. Nämlich, dass Daten der Ausgangspunkt für die Verarbeitung von Wissen sind, dass die Verarbeitung von Wissen über die herkömmliche Datenverarbeitung hinaus geht und, dass die Interpretation von Daten vom Kontext abhängt, in dem sie verwendet werden. Wissen lässt sich aber auch in formale Strukturen überführen und auf einem Computer repräsentieren. Dieser verarbeitet das gespeicherte Wissen mit Hilfe eines passenden Programms (des Inferenzmechanismus) und interpretiert damit anfallende Daten, beispielsweise Sensordaten eines Motors im Rahmen eines Diagnosesystems. Das Ergebnis dieser Verarbeitung ist das gewünschte „intelligente", auf Wissen fundierte Verhalten. Wird Wissen direkt in eine Handlung umgesetzt, so kann man den Zusammenhang zwischen repräsentiertem Wissen, dessen Verarbeitung und der daraus resultierenden Aktion auch anders beschreiben, nämlich als

> Wissen ist Information, die in Aktion umgesetzt wird.

Schon aus einer solchen Betrachtung heraus wird deutlich, dass Fragen nach dem Umfang des repräsentierten Wissens und nach der Mächtigkeit einer Wissensrepräsentationssprache – und damit grundlegende Fragen danach, welche Aktionen denn aus solchem Wissen erzeugt werden können und wie letztlich ein Verständnis erreicht werden kann – untrennbar verbunden sind mit den Annahmen bzw. der Spezifikation des anzuwendenden Verarbeitungsmechanismus. Damit die Übertragung und Verarbeitung von schriftlich niedergelegtem Wissen funktioniert, müssen etwa der oder die Verfasser eines Buches Annahmen über die Vorkenntnisse und Ziele ihrer Leser (also über die Fähigkeit der Inferenzmaschine) machen. So kann ein Erstklässler üblicherweise nicht aus einer Einführung in die höhere Mathematik das kleine Einmaleins erlernen.

Soll nunmehr der Computer als eigenständiges Verarbeitungssystem Daten interpretieren bzw. Aktionen auslösen und durchführen und damit Wissen verarbeiten, muss die Wissensrepräsentation den Eigenschaften dieses „Lesers" Rechnung tragen: Sie muss formal und eindeutig beschreibbar sein, und die dazugehörige Verarbeitungsvorschrift muss in Computerprogrammen realisiert werden. Die grundlegende Frage bleibt aber unverändert: Wie kann Wissen dargestellt werden, so dass Andere daraus sinnvolle Aktionen ableiten können?

## 1.2 Wissen im Alltag: Ein menschliches Beispiel

Um den Umgang mit Wissen im Alltag anschaulich zu machen und die beobachteten Herausforderungen und die jeweiligen Lösungsbeiträge der Semantischen Technologien zu illustrieren, betrachten wir in diesem Buch immer wieder Aktivitäten und Ausdrucksweisen aus dem beruflichen Umfeld von Menschen, die in ihrer alltäglichen Arbeit Informationen verarbeiten, untereinander kommunizieren, Entscheidungen treffen, Dokumente erstellen – Tätigkeiten, wie sie üblicherweise mit Schreibtischtätigkeit, Innovation, Leitungsfunktionen assoziiert und die gemeinhin als Wissensarbeit bezeichnet werden.

Die im Folgenden vorgestellten fiktiven Personen repräsentieren Wissensarbeiter, die in Kommunikationsprozesse eingebunden Teil eines typischen Beispielszenarios der Arbeitswelt darstellen. Die resultierenden und im weiteren Verlauf dieses Buches immer wieder erweiterten Alltagsauschnitte sollen Verwendung und Wirkung von semantischen Technologien erklären und illustrieren und damit die Verwendung und Wirkung von Formalismen, Modellen und Methoden anschaulich machen. Dazu wollen wir zunächst unsere beiden in Abbildung 1.1 dargestellten Hauptdarsteller, Rudi Baispilov und Dr. Gesine Mustermann, mit ihren Lebens- und Arbeitsumgebungen vorstellen.

**Abb. 1.1** Rudi Baispilov und Dr. Gesine Mustermann.

### 1.2.1 Beispielszenario

**Personenbeschreibung Rudi Baispilov**

Rudi Baispilov ist 38 Jahre alt, Versicherungskaufmann (FH). Rudi arbeitet bei der CarFS AG im Bereich Customer Relationship Management (CRM). Die CarFS ist ein großes Financial Service Unternehmen, das zu einem großen deutschen Automobilhersteller gehört und seinen Sitz in in München in der Schrickelstraße 11–13 hat. Verheiratet ist Rudi mit Clarissa. Er hat zwei Kinder, Cindy und Bert, und lebt in Ottobrunn bei München. Seine Ehefrau Clarissa kümmert sich vor allem um Haushalt und Kinder. Stundenweise arbeitet sie als Sprechstundenhilfe bei einem Augenarzt. Rudi ist bei CarFS für das Versicherungsgeschäft mit Großkunden verantwortlich. In den bisher acht Jahren seiner Tätigkeit hat er hohe Abschlusszahlen bei Neukunden und bei den Bestandskunden eine hohe Kundentreue erreicht.

Rudi verbringt einen großen Teil seiner Arbeitszeit im Außendienst. Er besucht seine Kunden oder trifft sie auf Messen und bei Konferenzen. Sein Dienstwagen, ein modernes Hybridfahrzeug, weist dementsprechend bereits nach wenigen Monaten eine hohe Kilometerzahl auf. Den Kontakt mit seiner Firma hält er vorwiegend per Telefon. Hauptansprechpartnerin ist seine Sekretärin Brigit Righthander. Rudi arbeitet primär mit seinem Laptop, der mit einem CoMem (Corporate Memory) gekoppelt ist. CarFS hat CoMem vor sechs Monaten eingeführt. Rudis Arbeitsalltag ist von vielen gleichzeitig aktiven Vorgängen bestimmt. Zum aktuellen Zeitpunkt kurz vor Weihnachten sind es 15. Davon soll ein Teil noch im laufenden Jahr abgeschlossen werden.

In seinem Sozialverhalten ist Rudi durchaus traditionell. Er hält sich an bewährte Strategien. Der Urlaub spielt für ihn eine große Rolle. Er bereitet sich bereits innerlich auf seinen Weihnachtsurlaub vor, muss aber vorher noch eine Anfrage von Dr. Gesine Mustermann erledigen, die für das DFKI noch zum 01.01. eine KFZ-Versicherung abschließen möchte.

In diesem konkreten Fall hat Rudi folgende Ziele:

- Vertragsabschluss mit dem DFKI, möglichst termingerecht
- Verbesserung der Kundenbeziehung mit dem DFKI
- minimaler Arbeitseinsatz, schnelle Erledigung
- seine Quote bei Vertragsabschlüssen und Kundenbindung zu erhöhen

## Kontaktdaten

Rudi Baispilov

CRM
CarFS AG
Schrickelstraße 11–13
81739 München
rudi.baispilov@carfs.de

## Personenbeschreibung Dr. Gesine Mustermann

Dr. Gesine Mustermann, eine gebürtige Friesin aus Westerland, ist seit 01.04. Kaufmännische Geschäftsführerin des Deutschen Forschungszentrums für Künstliche Intelligenz, kurz DFKI, einem weltweit einzigartigen Forschungsinstitut in der Rechtsform einer gemeinnützigen GmbH, das seinen Sitz in Kaiserslautern hat. Als Friesin von 37 Jahren bringt sie frischen Wind in die pfälzische Gemütlichkeit. Sie bemüht sich, ihren Schwung mit Humor und Toleranz für Andersdenkende zu verbinden. Gesine liebt ihre Arbeit, ist sehr umweltbewusst, reist leidenschaftlich gerne, insbesondere nach Italien, und hat eine Vorliebe für fruchtige Weißweine. Sie hat Informatik mit Nebenfach Wirtschaftswissenschaften an der TU Kaiserslautern studiert, währenddessen sie die Pfalz kennen und lieben gelernt hat.

Nach dem Studium ging sie nach Harvard, absolvierte ihre Promotion mit Auszeichnung und nahm nach diversen Managementpositionen in der Industrie das Angebot des DFKI gerne an, da sie auch während ihres Auslandsaufenthalts viele persönliche Beziehungen in die Pfalz weiter gepflegt hat. In ihrer Rolle als Finanzchefin und Verwaltungsleiterin nimmt Gesine im DFKI eine zentrale Position ein, die einen erheblichen Anteil an Servicefunktionen für die am Forschungszentrum tätigen Professoren ausmacht. Ihr zur Seite steht ihr Assistent Peter Koch, der sie tatkräftig unterstützt.

Neben vielen zeitraubenden Aufgaben ist sie auch für das Management von gemeinschaftlich genutzten Fahrzeugen zuständig, welche das DFKI seit Jahren über die CarFS bestellt und versichert. Auch im konkreten Fall soll ein weiterer Van angeschafft werden, da sich das DFKI verstärkt hat. Seit Anfang Dezember arbeitet Prof. Dr. Andre Dinkelhof als Wissenschaftlichen Direktor am DFKI und möchte, aufgrund diverser externer Veranstaltungen im Januar des kommenden Jahres, das Fahrzeug unbedingt baldmöglichst nutzen können.

Im konkreten Fall hat Gesine folgende Ziele:

- termingerecht einen Vertragsabschluss und die Lieferung des Vans zu erreichen
- ein modernes Fahrzeug (mindestens Hybridtechnologie) zu beschaffen
- die CarFS-Konditionen zu prüfen, ggf. CarFS auf bessere Konditionen zu verpflichten oder alternativ einen günstigeren Partner zu finden
- den DFKI-Fuhrpark als Präsentation der Corporate Identity des DFKI tauglich zu halten

**Kontaktdaten**

Dr. Gesine Mustermann

Kaufm. Geschäftsführerin
DFKI e.V.
Trippstadterstraße 122
67663 Kaiserslautern
gesine.mustermann@dfki.de

### 1.2.2 Wissensarbeit – Wunsch und Wirklichkeit

Der gemeinsame Wunsch, eine Versicherung für ein Fahrzeug des DFKI abzuschließen, verbindet unsere Wissensarbeiter Rudi und Gesine in eine beide betreffende Folge von Aktionsschritten: Beide arbeiten in einem gemeinsamen Prozess, aber räumlich getrennt und aus unterschiedlicher Perspektive. Sie kommunizieren dabei mündlich (etwa per

## 1.2 Wissen im Alltag: Ein menschliches Beispiel

Telefon) oder durch Versand von Dokumenten (z. B. per E-Mail oder Fax) und setzen die so ausgetauschten Nachrichten in Bezug zu ihren je eigenen Zielsetzungen, Absichten und Rahmenbedingungen.

Die Wissensarbeit unserer Protagonisten ist also charakterisiert durch

- individuelle Leistung und Arbeitsorganisation
- Kommunikation, insbesondere durch Austausch von Dokumenten
- individuelle Interpretation der Informationen gemäß dem jeweiligem Kontext (woraus zwangsläufig die Gefahr von Missverständnissen resultiert, da unterschiedliche Hintergründe, Ziele und Ausdrucksweisen ein gemeinsames Verständnis erschweren)
- individuell unterschiedliche Interpretation, Gewichtung, Strukturierung, Organisation und Verknüpfung der Informationen und damit des Wissens.

Rudi und Gesine steht für das Erreichen ihrer Ziele ihr eigenes implizites Wissen, d. h. ihre jeweilige reiche Erfahrung, zur Verfügung. Für die Kommunikation nutzen sie jedoch überwiegend Dokumente, welche oft in Textform vorliegen, also expliziertes Wissen. In den Dokumenten werden Daten unterschiedlichster Natur angesprochen, die auch in den jeweiligen Bestandsystemen benannt sind. Dies sind Personen, Ereignisse, Produkte, Orte, Unternehmen, Projekte usw., über die Aussagen getätigt werden.

Könnte man die in den Dokumenten enthaltenen Aussagen automatisch erkennen und formal repräsentieren sowie Aussagen über dieselbe Entität virtuell zusammenführen, so könnten Prozesse wie im betrachteten Fall wesentlich stärker technologisch unterstützt werden. Aussagen könnten dann auch außerhalb ihres ursprünglichen Entstehungskontextes in einen Sinnzusammenhang gestellt werden.

Diese Herausforderung ist eine grundlegende Motivation für die Entwicklung und den Einsatz Semantischer Technologien. Besonders deutlich wird deren Potenzial bei sehr großen Mengen von Dokumenten, von völlig verschiedenen Menschen in völlig unterschiedlichen Kontexten erzeugt und verteilt, die aber im konkreten Anwendungsfall durchaus in nützlicher Weise zusammengeführt und verstanden werden könnten – sofern das automatisch durch Computer geschehen kann!

Dieses Szenario ist genau das World Wide Web in seiner heutigen Form, und diese Vision bewegte Tim Berners-Lee (Berners-Lee 1998) zur Ausrufung des Semantic Web. Dieses bezeichnet die intelligente Anwendung des World Wide Webs für die Übermittlung und den Austausch von Inhalten, welche für Maschinen und Menschen gleichermaßen verständlich sind. Dazu werden Standards des World Wide Web Consortiums (W3C) zur Realisierung von formalen Beschreibungen des Dokumentinhalts eingesetzt. Grundlage dafür sind semantische Technologien, aus denen innovative Lösungen und Dienstleistungen entstehen bzw. ein leichteres Teilen von Wissen möglich wird, wie es auch in der aktuellen Problemstellung bei Rudi und Gesine erforderlich wäre. Semantische Technologien bauen auf Wissensrepräsentationssprachen mit formaler Semantik auf, werten diese aus und versetzen den Computer in die Lage, Schlussfolgerungen zu treffen oder Handlungen auszulösen. Durch die Berücksichtigung des expliziten Bedeutungskontextes können so Informationen jeglicher Form besser verarbeitet und ausgetauscht bzw. komplexe Arbeitsprozesse nachhaltig unterstützt werden.

## 1.3 Semantik und semantische Technologien

Menschen speichern Bedeutungszusammenhänge im semantischen Teil des Gedächtnisses. Dieses bildet zusammen mit einem episodischen Teil die Grundlage für unser Erinnerungsvermögen. Das semantische Gedächtnis beinhaltet dabei eher das allgemeine, kulturell geteilte Wissen über die Bedeutung von Wörtern, Objekten, Ereignissen und Personen. Im Gegensatz dazu beschreibt der episodische Teil des Gedächtnisses Wissen über autobiographisch und individuell Erfahrenes, das in einen zeitlichen und subjektiven Kontext eingebunden ist (Tulving 1972). Semantik als wissenschaftliches Teilgebiet wird heute den Sprachwissenschaften zugeordnet. Sie untersuchen die Bedeutung von Begriffen, also die Beziehung zwischen Objekten und ihren sprachlichen Bezeichnungen oder Zeichen. Semantik spielt in diesem Sinne für den Wissensbegriff und die Wissensrepräsentation eine wesentliche Rolle.

Da Bezeichnungen nichts anderes als Abstraktionen und Modelle der Realität sind, die je nach Kontext auch einen anderen Sinn ergeben können, sind sprachliche Ausdrücke, ob geschrieben oder gesprochen, in vielen Fällen nicht eindeutig. Ausdrücke wie „die Frau im Supermarkt" oder „die kaufmännische Leiterin des Forschungszentrums" sind sinngemäß etwas gänzlich unterschiedliches, jedoch könnten beide Umschreibungen sein, die Gesine unter verschiedenen Umständen und Umgebungen meinen. Mit Bestimmtheit können wir dies jedoch nicht behaupten, denn Bedeutung lässt sich für einen Leser oder Zuhörer oft nur im entsprechenden Zusammenhang erschließen. Betrachtet man etwa die Zeichenfolge <20:35:26 MEZ>, so ist es vielleicht nach genauerem Hinsehen klar, dass es sich um eine spätabendliche Zeitangabe handelt, deren Gültigkeit sich auf Mitteleuropa bezieht. Um solche Zeichenketten semantisch deuten zu können, braucht man Wissen, beispielsweise dass die Zeichenfolge einer bestimmten Syntax (einem formalen Aufbau) genügt, welche die Beziehung der Zeichen untereinander beschreibt. In unserem Fall also einer Zahl zwischen 0 und 23, gefolgt von einem Doppelpunkt, gefolgt von einer Zahl zwischen 0 und 59, gefolgt von einem Doppelpunkt, gefolgt von einer Zahl zwischen 0 und 59, Leerzeichen und der Angabe der Zeitzone.

Bedeutung lässt sich für uns Menschen oft noch besser aus dem Zusammenhang des einen syntaktischen Ausdruck umschließenden Satzes erschließen. Die Aussage „Die E-Mail wurde um 20:35:26 MEZ von Gesine Mustermann versandt." hilft nicht nur die Semantik einer Zeitangabe besser zu verstehen, sondern stellt den angegebenen Zeitpunkt zudem in den Zusammenhang mit einer Aktion (das Versenden einer E-Mail) durch einen Akteur (nämlich Gesine). Die Verwendung der Zeitangabe in der sprachlichen Gesamtaussage des Satzes lässt über die Semantik der einzelnen Zeichenfolge hinaus sogar den weiterführenden Schluss zu, dass Gesine an betreffenden Tag wohl

## 1.3 Semantik und semantische Technologien

länger gearbeitet hat. Eine solche pragmatische Interpretation lässt sich aber nur in Abhängigkeit vom Kontext des Satzes machen.

Während Semantik die Bedeutung des syntaktischen Ausdrucks behandelt, beschreibt Pragmatik das Warum und Wozu des Ausdrucks (also die Einbettung in den Kontext und die Intentionen der Handelnden).

Die Unterscheidung zwischen Syntax, Semantik und Pragmatik spielt in der Semiotik eine wichtige Rolle, für deren Begründer Charles S. Peirce jedes Zeichen untrennbar mit dem Bezeichneten (Gegenstand) und dem Interpreten (Referenten) in einer Dreiecksbeziehung verbunden ist, eine Betrachtung deren Ursprünge bereits in der Antike zu finden sind. So zitiert Aristoteles bereits in seinem Buch „Die Lehre vom Satz" (griech: peri hermeneiae):

*„Nun sind die (sprachlichen) Äußerungen unserer Stimme Symbole für das, was (beim Sprechen) unserer Seele widerfährt, und unsere schriftlichen Äußerungen sind wiederum Symbole für die (sprachlichen) Äußerungen unserer Stimme. Und wie nicht alle Menschen mit denselben Buchstaben schreiben, so sprechen sie auch nicht dieselbe Sprache. Die seelischen Widerfahrnisse aber, für welche dieses (Gesprochene und Geschriebene) an erster Stelle ein Zeichen ist, sind bei allen Menschen dieselben; und überdies sind auch schon die Dinge, von denen diese (seelischen Widerfahrnisse) Abbildungen sind, für alle dieselben."*

Die allgemeine Unterscheidung zwischen Objekten, den Zeichen oder Wörtern, die sich auf sie beziehen, und der mentalen Vorstellung betrachten dabei stets den Menschen als zeicheninterpretierendes System. Gottlob Frege und Charles Sanders Peirce haben die aristotelische Sichtweise angepasst und das resultierende Modell als semantische Fundierung für ihr logisches System verwendet. Dabei legen sie die Grundlage, auch künstliche Systeme als interpretierende Agenten zu betrachten.

Es gibt viele Variationen, die auf dem Model von Aristoteles aufbauen. Die wohl bekannteste und am meisten zitierte Form eines triangularen Modells ist das Semiotische Dreieck von Ogden und Richards (Ogden und Richards 1923). Das Modell in Abbildung 1.2 macht den Zusammenhang zwischen mentalen Konzepten, Realität und symbolischer Repräsentation besonders deutlich. Es zeigt

- die Gegenstände, Sachverhalte und Ereignisse, die wirklich sind und unser Leben bestimmen (was Sache ist).
- die verwendeten Zeichen oder Symbole, die durch andere wahrnehmbar sind (was man dazu sagt oder wie man es expliziert)
- die Vorstellungen oder gedachten Bilder, die man sich davon macht (was man meint)

Zeichen, Begriffe oder Symbole sind jedoch in einigen Fällen in ihrer Bedeutung sehr komplex. Ungeachtet davon lassen sie sich semiotisch in Beziehung setzen (siehe Abbildung 1.2). Ein Wort wie „Urlaub" steht nicht nur als Platzhalter für eine bezahlte Freizeit in Verbindung mit dem Fernbleiben vom Arbeitsplatz, sondern löst bei demjenigen Imagination aus, der dieses Wort hört oder spricht, und die Imaginationen wiederum lassen sich auf erlebte Erinnerungen oder über Medien vermittelte Bilder und Eindrücke der Realität zurückführen.

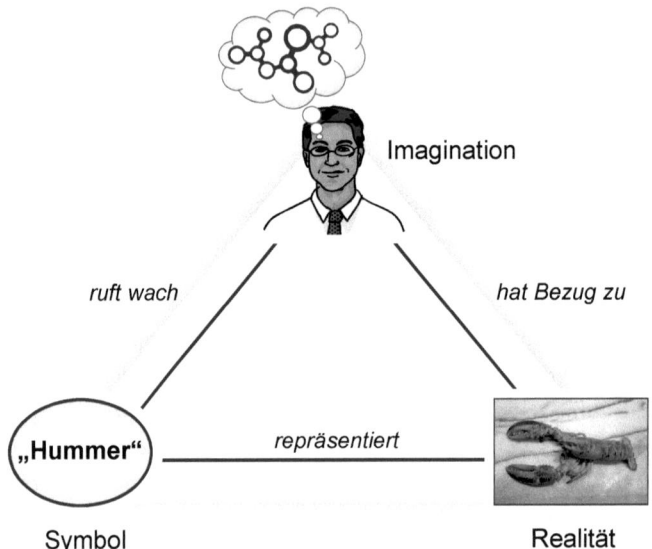

**Abb. 1.2** Semiotisches Dreieck.

Ein Zeichen oder ein Symbol ist in dieser Betrachtung keine natürliche Eigenschaft einer Entität, sondern eine Rolle derselben und bildet somit die kleinste semantische Einheit. Jede Entität der realen Welt wird durch einen Agenten als Zeichen oder Symbol betrachtet und kann in Rückkopplung auf das Wahrgenommene interpretiert werden. Folglich können beliebige Dinge mittels Symbolen, wie Wörtern, Bilder oder Lauten, beschrieben werden. Die Dinge, die sie beschreiben, können konkrete Objekte der realen Welt sein, wie Personen, Autos oder Dokumente, sie können jedoch auch abstrakt sein, wie die Mitgliedschaft in einem Verein oder eine Religion, ja sie können sogar fiktiv sein, wie die sieben Zwerge hinter den sieben Bergen oder ein Alien. Konzepte schließlich, die in der mentalen Vorstellung eines Agenten existieren, hängen von verschiedene Einflussgrößen und situativen Eindrücken ab. Die moderne Kognitive Psychologie hat dazu fundierte und differenzierte Erklärungsmodelle entwickelt (Anderson 2001, Solso 2005).

Das in Abbildung 1.2 dargestellte Semiotische Dreieck kann aber auch als Grundlage für ein Zweiagenten-Szenario betrachtet werden. Der erste Agent sieht ein Ding der realen Welt (z. B. einen Baum), das in seinem Gedächtnis ein Symbol aktiviert, das er in eine sprachliche Äußerung "Baum„ transformiert. Der zweite Agent interpretiert die Aussage, wodurch in seinem mentalen Modell sein Konzept für Baum aktiviert wird, unabhängig davon wie dieses Konzept – aufgrund der gemachten Erfahrungen – ausgeprägt ist.

Während das Originalmodell des Semiotischen Dreiecks in seiner graphischen triangularen Form und theoretischen Betrachtung jeweils eine 1:1-Beziehung zwischen Ding, Zeichen und Konzept angibt, können praktisch jedoch m:n:o-Beziehungen angenommen werden: Einunddasselbe Symbol kann für mehrere Dinge stehen und daher mehrere Konzepte in den Gedanken eines Betrachters bzw. Zuhörers auslösen. Genauso gut kann ein Konzept durch mehrere Symbole ausgedrückt werden usw.

Offensichtlich führt dieser Umstand in einem Zweiagenten-Szenario zu grundlegenden Problemen, wie Missverständnisse, mangelnde Präzision oder unzureichende Erinnerung. Genauer gesagt birgt jede Kante des Semiotischen Dreiecks Raum für Mehrdeutigkeiten und Falschinterpretationen. In Abhängigkeit von z. B. seiner Stimmung, seiner Sprachfähigkeit oder seines sozialen Umfeldes können Agenten Dinge unterschiedlich bezeichnen. Ebenso kann ein Symbol gleichzeitig Platzhalter für unterschiedliche Dinge sein.

Während Menschen in geschriebener oder gesprochener Information selbstständig die Bedeutung erkennen, fehlt Computern diese Fähigkeit. Damit Computer dies trotzdem können, gibt es zwei Optionen: Entweder man versucht den Text oder die gesprochene Sprache mit Hilfe von Technologien der Künstlichen Intelligenz (KI) zu analysieren, um die bedeutungstragenden Wörter zu finden, oder man ergänzt die Information mit Hilfe beschreibender Attribute, wie wir das aus dem Bibliotheksumfeld bereits seit Jahrhunderten kennen. Die extrahierten bedeutungstragenden oder zusätzlich deskribierenden Wörter nennt man Metadaten.

## 1.4  Metadaten

Metadaten bilden die Grundlage zur Beschreibung und Erschließung von Semantik. Um eine Zeichenkette <KFZ2009/23811-A7> für eine Suchmaschine als Versicherungsnummer für eine Kraftfahrzeugversicherung erkennbar zu machen, bedarf es Metadaten. Metadaten sind Daten über Daten. Metadaten können Informationen über Daten beschreiben, etwa die Bedeutung, die Eigenschaften und die Kategorie von Dokumenten oder Dokumententeilen. In diesem Fall spricht man auch von extrinsischen Metadaten, da man explizite (zusätzliche) Attribute für die Beschreibung der Daten verwendet, wie etwa für die oben angegebene Versicherung, den Versicherungsnehmer, den Versicherungsbeginn, den versicherten Fahrzeugtyp und die Haftungshöhe. Das Prinzip extrinsischer Metadaten wird seit Jahrhunderten im bibliothekarischen und dokumentarischen Umfeld zur Beschreibung von Informationsressourcen erfolgreich eingesetzt. Vor dem Hintergrund steigender Kosten und wachsender Informationsmengen im Internet oder den Unternehmensnetzwerken ist eine effektive und standardisierte manuelle Eingabe heute nicht mehr aufrechtzuerhalten.

Hinter dem Begriff der Metadaten steht deshalb auch der Versuch, neue standardisierte Ansätze zu finden, die auf einen effizienten und kostengünstigen Einsatz in elektronischen Netzen hin optimiert sind und mit deren Hilfe Ressourcen einheitlich beschrieben und von Maschinen interpretiert werden und deren Inhalt für den Menschen trotzdem einsichtig bleibt.

Um Daten über Daten zu erzeugen, kann man jedoch auch ganz andere Wege gehen. Durch die gezielte Auswahl einer begrenzten Anzahl von repräsentativen Wörtern der Daten selbst, auch Deskriptoren genannt, lässt sich der Inhalt gut beschreiben. In diesem Fall spricht man von intrinsischen Metadaten, für die meist Nomen oder eingeschränkt auch Adjektive oder Verben Verwendung finden. Beide Formen von Metadaten sind am Beispiel in Abbildung 1.3 illustriert. Sie spielen bei der Entwicklung und Anwendung Semantischer Technologien eine wichtige Rolle.

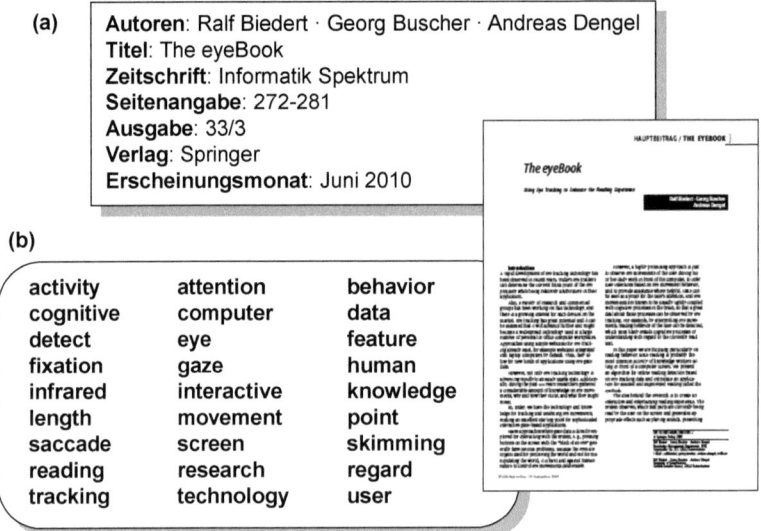

**Abb. 1.3** Extrinsische (a) und intrinsische (b) Metadaten zu einem Dokument.

Zur Beschreibung und Speicherung des Dokuments können zusätzliche Begriffe auf einer Metaebene definiert werden, die auch zum Zugriff auf die Daten verwendet werden. In vielen Unternehmen sind dies Attribut-Werte-Paare, die mittels Datenbanken verwaltet werden. Zur Bestimmung intrinsischer Metadaten muss der Dateninhalt, im Beispiel also der Text, untersucht werden. Häufig vorkommende oder inhaltssignifikante Wörter, wie in Abbildung 1.3 (b), werden herangezogen, um den Text zu beschreiben und ihn wiederzufinden. Bei einer intrinsischen Beschreibung findet keine Trennung zwischen Daten und Metaebene statt, sondern es wird in der Regel ein sogenannter Index erstellt, dessen Terme wie bei einer Suchmaschine den Zugriff auf die Daten erlauben.

Neben den beiden bereits adressierten Metadatenformen spielt eine dritte Form der Datenbeschreibung eine immer wichtigere Rolle. Dies sind qualitative Metadaten, um Aussagen etwa über Vollständigkeit, Vertrauenswürdigkeit, Aktualität, Wahrheitsgrad oder Nutzen von Quellen zu machen. Solche Metadaten kommen vor allem im Umfeld von Social Media Applikationen zum Einsatz, um den Mitgliedern einer Community zu signalisieren, wie man bestimmte Quellen einschätzt. Bei Semantischen Technologien spielen qualitative Metadaten jedoch eine nur untergeordnete Rolle. Sie sind zwar Teil der von Tim Berners-Lee im Rahmen des „Web of Trust" angestellten Gesamtbetrachtung des Semantic Web, jedoch aufgrund ihres hohen Grades an Subjektivität nur bedingt von Nutzen (vgl. die auf dem W3C in London 1997 gehaltene Rede (http://www.w3.org/1998/02/Potential.html)).

Dass Semantische Technologien auf Metadateninfrastrukturen aufsetzen, um Informationsressourcen besser auffindbar zu machen bzw. Beziehungen auch zwischen Metadaten potenziell unterschiedlicher Datenquellen und Anwendungen herzustellen, setzt nicht nur voraus, dass das zu verwendende Vokabular gewissen Einschränkungen unterliegt, sondern auch, dass ein standardisiertes Regelwerk zur Anwendung kommt, nach dessen Vorschriften Metadaten formal abgebildet werden können. Beide Voraussetzungen sind unverzichtbar, um Metadaten zwischen verschiedenen Systemen, Anwendungen und Arbeitsplätzen austauschen zu können. Man spricht in diesem Zusammenhang auch von Interoperabilität zwischen Systemen und entsprechend von interoperablen Metadaten.

## 1.5 Der weitere Inhalt dieses Buches

Im weiteren Verlauf dieses Buches möchten wir die Grundlagen, Potenziale und Anwendungen Semantischer Technologien darstellen und zugänglich machen. Das Buch soll das Verständnis für dieses hochpotente Gebiet vertiefen und dafür sensibilisieren, wie Semantische Technologien in den unterschiedlichsten Applikationen genutzt werden können. Es dient in diesem Sinne für die Lehre im Bereich Semantischer Technologien genauso wie für die Unterstützung bei Konzeption und Entwicklung wissensbasierter Systeme. Mit seinen praktischen Beispielen soll es aber auch gleichermaßen als Einstieg für Anwender und Entscheider in Unternehmen dienen, um einen breiten Überblick über Nutzen und Möglichkeiten dieser Technologie aufzuzeigen. Das Buch ist in drei Teile gegliedert, die aus mehreren Kapiteln aufgebaut sind. Am Ende der Kapitel wird jeweils ein Überblick über ausgewählte, frei verfügbare Werkzeuge oder Hinweise auf weiterführende Literatur gegeben, was dazu anregen soll, die dargestellten Basistechniken auszuprobieren, sie zu modifizieren oder in eigene Anwendungen einzubetten.

Im ersten Teil stellt das Buch die als Semantische Technologien bezeichneten Verfahren, Sprachen und Repräsentationsformalismen vor. Diese Ansätze und Modelle erlauben es, das in Informationen enthaltene Wissen formal und damit für den Computer verarbeitbar zu beschreiben, Konzepte und Beziehungen darzustellen und schließlich Inhalte zu erfragen, zu erschließen und in Netzen zugänglich zu machen.

Im auf diese Einleitung folgenden Kapitel 2 werden zunächst verschiedene Formen der Wissensrepräsentation und deren Verarbeitung eingeführt. Beginnend mit der einfachen Formulierung von Fakten und Regeln werden logische Operatoren und Inferenzmechanismen vorgestellt, bevor auf die Prädikatenlogik eingegangen wird. Darauf aufbauend werden die wichtigsten Aspekte Semantischer Netze aufgezeigt sowie die grundlegenden Konzepte von Schema- bzw. Frame-Repräsentationen erörtert. Im Anschluss werden

Strukturierungskonzepte für Domänen (Taxonomien) und Abläufe (Conceptual Dependencies) behandelt sowie die Grundlagen von Beschreibungslogiken, also Taxonomien mit formaler Semantik, erläutert. Den Abschluss des Kapitels bilden Ontologien, die eine der wichtigsten Grundlagen semantischer Technologien bilden.

Das dritte Kapitel erweitert die Betrachtung von Wissensrepräsentation und beschäftigt sich eingehend mit unterschiedlichen Formen von Semantischen Netzen. Es werden zunächst einfache grafische Notationen vorgestellt, die sich auf eine intuitive Visualisierung fokussieren und daher für Menschen leicht verständlich sind (wie z. B. Mind-Maps oder Concept-Maps). Im Anschluss geht das Kapitel auf fortgeschrittene Formen (wie z. B. Conceptual Graphs) ein, die darauf abzielen, Wissen so zu repräsentieren, dass es von einem Rechner zur formalen Inferenz verwendet werden kann. Da Semantische Netze überwiegend aus Elementen der natürlichen Sprache bestehen, werden sie auch zur Sprachanalyse in der Computerlinguistik genutzt. So beschreiben Thesauri lexikalische und semantische Zusammenhänge zwischen den Wörtern natürlicher Sprachen (linguistische Thesauri) oder den Begriffen bestimmter Wissensdomänen (Thesauri zur Dokumentation). Eine weitere Form Semantischer Netze, auf die näher eingegangen wird, sind Topic Maps. Sie sind von der ISO (International Organization for Standardization) standardisiert. Als Semantische Technologie zur Repräsentation von Wissen und zugehöriger Information umfassen Topic Maps eine breite Palette von Komponenten und eine wachsende Zahl offener sowie kommerzieller Softwarepakete, welche die Entwicklung komplexer Anwendungssysteme für unterschiedliche Einsatzbereiche erlauben.

Das Resource Description Framework (RDF), das in Kapitel 4 detailliert betrachtet und erklärt wird, ist eine formale Sprache für den Informationsaustausch im Web. Allgemein kann RDF Informationen über beliebige Dinge, sogenannte Ressourcen, repräsentieren. Dafür sind geeignete Identifizierungs- und Zugriffsmechanismen notwendig. Das Kapitel führt von der Präsentations- zur Inhaltssicht. XML liefert dazu die syntaktische Grundlage für den Austausch und stellt die Methoden für den Umgang mit Mehrdeutigkeit mittels Namensräumen zur Verfügung. Mit RDF lassen sich bereits einfache semantische Anwendungen entwickeln, die unzweideutig Wissen nutzen und verknüpfen können. Wenn der Bedarf an mehr Ausdruckskraft besteht bzw. sobald mehr Wissen über diese Daten ausgedrückt werden soll, hilft RDF-Schema bei der ontologischen Strukturierung mit Klassenstrukturen und einfachen Constraints weiter. Das Kapitel reißt abschließend die komplexeren Ausdrucksmöglichkeiten der Web Ontology Language (OWL) an.

Der Abgleich von Ontologien, auch als Ontologie-Matching und -Mapping bezeichnet, ist eine wichtige Basistechnik sowohl bei der Entwicklung semantischer IT-Systeme als auch während ihrer Laufzeit. Kapitel 5 erläutert die Bedeutung von Ontologien für verteilte semantische IT-Systeme und beschreibt grundlegende Techniken zum Ontologie-Abgleich. Im Zentrum stehen hier Heuristiken, die lexikalische oder strukturelle Informationen der Eingabe-Ontologien sowie Ähnlichkeiten in den Verwendungskontexten nutzen, um Beziehungen zwischen den Elementen verschiedener Ontologien

## 1.5 Der weitere Inhalt dieses Buches

zu entdecken. Außerdem werden Verfahren vorgestellt, mit denen unterschiedliche Abbildungshypothesen zu einem einheitlichen Vorschlag integriert werden können.

Kapitel 6, in dem Anfragesprachen und Reasoning (Inferenzverfahren) präsentiert werden, schließt den Grundlagenteil des Buches ab. Während die im vierten Kapitel vorgestellten Sprachen RDF, RDF-Schema und OWL der Repräsentation von Wissensbasen dienen, handelt es sich bei Anfragesprachen und Reasoning um Methoden zum Herleiten von neuem Wissen aus diesen Wissensbasen. Der Schwerpunkt des Kapitels liegt dabei auf SPARQL, dem offiziellen Standard für Anfragen für RDF, und Jena-Regeln, die zwar keinen offiziellen Standard repräsentieren, bei denen es sich aber um die Regelsprache eines der am meisten verbreiteten Semantic Web Tools handelt. In vielen anderen Kapiteln dieses Buches werden Anfragesprachen (meist SPARQL) und teilweise auch Reasoning als Werkzeuge eingesetzt, z. B. in Kapitel 5 für den Ontologieabgleich und in Kapiteln 9 und 13 zur Realisierung von semantischer Suche.

Der zweite Teil des Buches führt elementare Funktionen für die Annotation und das Erschließen von Information durch Semantische Technologien ein, erläutert die Suche in den resultierenden Strukturen und zeigt Möglichkeiten auf, die solche Strukturen zum Erklären von Bedeutungszusammenhängen bieten. Darüber hinaus stellen wir dar, wie Dienste der Informations- und Wissensverarbeitung realisiert werden können.

Das siebte Kapitel des Buches geht ausführlich auf die sogenannten Linked Open Data (LOD) ein. Dieses Projekt hat sich zum Ziel gesetzt, über Crowd Sourcing strukturierte und standardisierte semantische Daten in großem Stil im Internet verfügbar zu machen. Viele Wissenschaftler, aber auch ganze Organisationen und Unternehmen haben sich dieser Initiative angeschlossen und bisher mehr als 50 Millionen Triples (siehe Abschnitte 2.10 bzw. 6.1.1) veröffentlicht. Im Rahmen dessen wurden u. a. so wichtige Verzeichnisse wie DBPedia – eine semantische Version von Wikipedia – realisiert oder aber auch öffentliche Quellen wie data.gov und data.gov.uk mit Bedeutungen angereichert und zugänglich gemacht. Das Kapitel gibt eine Übersicht über den aktuellen Stand im Bereich LOD, motiviert die Wichtigkeit, auch eigene Quellen und Verzeichnisse in der Cloud zu publizieren, beschreibt die im Bereich LOD wichtigen Technologien und Standards und geht darauf ein, wie man LOD unter Verwendung von REST oder SPARQL in Anwendungen einbinden kann.

Wenn man große Mengen an Informationen, speziell in Textform, umgehen muss, sind Hilfen für Suche nach bestimmten Fakten bzw. deren Extraktion unerlässlich. Die beiden nächsten Kapitel gehen ausführlich auf beide Aspekte ein. Kapitel 8 erläutert und erklärt die wichtigsten Prinzipien der Extraktion von strukturierten Informationen aus unstrukturierten Texten. Daran anschließend wird auf die verschiedenen Verwendungen von Ontologien in der Informationsextraktion und deren Zweck näher eingegangen werden. Das Kapitel rundet das Thema mit einer Beschreibung ab, die aufzeigt, inwieweit Wissen, das in einer Ontologie repräsentiert ist, unstrukturierten Texten in Form von formalen Annotationen wieder hinzugefügt werden kann.

In Kapitel 9 wird zunächst der Begriff der Semantischen Suche definiert. Es wird dargestellt, welche Rolle semantische Technologien bei der Suche spielen und welche Ansätze diesbezüglich entwickelt wurden. Des Weiteren wird die Architektur semantischer Suchmaschinen vorgestellt und erläutert, wie die Beschaffenheit und das Zusammenspiel einzelner Komponenten aussehen. Danach werden komponentenübergreifende Eigenschaften semantischer Suchmaschinen behandelt, wie beispielsweise Personalisierung und Transparenz. Schließlich wird auf Basis konkreter Semantischer Suchmaschinen ein Einblick in die aktuelle Entwicklung gegeben.

Der Schwerpunkt im Kapitel 10 liegt einerseits auf dem Begriff der Erklärung an sich und zum anderen auf Methoden der Erklärungsbereitstellung in semantischen Systemen. Um einen intuitiven Zugang zu der gegebenen Thematik zu ermöglichen, wird zunächst ein eingängiges Szenario vorgestellt. An diesem Beispiel werden alltägliche Erklärungen erläutert, die anschließend gegenüber wissenschaftlichen Erklärungen abgegrenzt werden. Erste Methoden zur Erklärungsbereitstellung werden für einschlägige Expertensysteme diskutiert, anhand derer gezeigt werden soll, welche Probleme hierbei auftreten und wie diese initial gelöst wurden. Darüber hinaus werden diverse Aspekte angesprochen, die wesentlich zur Erklärungsfähigkeit von semantischen Systemen beitragen. Darauf aufbauend wird anhand zweier konkreter Systeme gezeigt, dass semantische Technologien eine wichtige Grundlage für Erklärungsfähigkeit darstellen und wie diese Systeme systematisch Erklärungen anbieten.

Der dritte Teil des Buches beschreibt schließlich vielfältige Anwendungsbeispiele in unterschiedlichen Bereichen und illustriert so Mehrwert, Potenzial und Grenzen von Semantischen Technologien. Die dargestellten Systeme reichen von Webservices für die Steuerung von Prozessen über Werkzeuge für persönliches, individuelles Informationsmanagement sowie Unterstützungsfunktionen für Gruppen bis hin zu neuen Ansätzen im „Internet der Dinge" und „Internet der Dienste", einschließlich der Integration verschiedener Medien und Anwendungen von Medizin bis Musik.

So diskutiert Kapitel 11 die Anwendung Semantischer Technologien zur Beschreibung von Webservices als Basis einer flexiblen Steuerung von Prozessen in der industriellen Produktion. Dabei werden zunächst die wichtigsten Grundlagentechnologien zur Definition von Webservices und deren semantischen Erweiterungen dargestellt. Anhand eines praktischen Anwendungsbeispiels wird das Potenzial Semantischer Technologien verdeutlicht, ein effizientes Auffinden und automatisiertes Zusammenstellen geeigneter Webservices zu ermöglichen. Es wird ein konzeptioneller Ansatz vorgestellt, der diese Technologien und Methoden nutzt, um die Steuerung und Anpassung von Produktionsprozessen flexibler zu gestalten. Abschließend werden die offenen Fragestellungen diskutiert, die bis zu einem möglichen Einsatz semantischer Webservices in der industriellen Produktion noch beantwortet werden müssen.

Kapitel 12 betrachtet den Einsatz semantischer Technologien aus der Sicht der Wissensarbeiter. Ihre Aufgabe ist es, in der täglichen Flut von Informationen verwertbares Wissen für laufende Projekte (feingranularer: Kontexte) zu entdecken. Dabei werden Methoden vorgestellt, die es erlauben, sowohl die physikalische Arbeit (z. B. mit Stift und Papier) als auch die digitale Arbeit am Computer in einheitlicher Weise zu unterstützen und teilweise sogar die Produkte beider Arbeitswelten miteinander zu verschmelzen. Um die Qualität und Effizienz der Wissensarbeit als solche deutlich zu steigern, stellt das

Kapitel darüber hinaus Methoden zur semantischen, kontext-sensitiven Archivierung und (Wieder-)Verwendung von Informationen vor.

Kapitel 13 behandelt die Anwendung semantischer Technologien in der medizinischen Bildverarbeitung. In diesem Kontext werden Verfahren beschrieben, die medizinisches Hintergrundwissen aus Ontologien sowohl für die Objekterkennung als auch für die Unterstützung von Medizinern bei der Recherche in medizinischen Bildarchiven unterstützen.

Kapitel 14 widmet sich der Anwendung semantischer Technologien im Bereich der Musikempfehlungen. Herkömmliche Empfehlungssysteme für Bücher, Filme oder Musik arbeiten zumeist mit inhaltsbasierten Verfahren oder einem Ansatz zum Kollaborativen Filtern. Neben ihrer kommerziellen Verbreitung – prominentestes Beispiel ist hier mit Sicherheit Amazon – sind derartige System immer noch Gegenstand aktueller Forschungsfragen. Gerade der Einsatz von semantischen Repräsentationen von musikbezogenen Informationen bzw. die Verwendung von Ontologien semantischer Musikempfehlungen, bietet sehr gute Ansatzpunkte für Verbesserungen. Im Kapitel kommen die Music Ontology, das DBTune Projekt und weitere Arbeiten aus dem Umfeld des Linked Open Data Projektes zur Sprache. Abschließend wird aufgezeigt, wie existente Empfehlungsalgorithmen adaptiert und mit semantischen Technologien kombiniert werden, um Musikinteressierten neuartigere Empfehlungen machen zu können.

Im abschließenden Kapitel 15 wird am Beispiel der Instandhaltung aufgezeigt, wie die Anwendung Semantischer Technologien zur Interpretation von Ortsinformationen mit dem Ziel der Optimierung von Fabrikprozessen genutzt werden kann. Dabei werden zunächst zentrale Zusammenhänge hinsichtlich der semantischen Interpretation von Kontextinformationen als Grundlage kontextadaptiver Anwendungen erläutert. Darüber hinaus wird auf die Einbettung der genutzten Semantischen Technologien in eine geeignete Systemarchitektur als Voraussetzung für deren anwendungsbezogene Verwendung eingegangen. Aufbauend auf einem Szenario, welches den konkreten Prozess der Instandhaltung fokussiert, erfolgt die detaillierte Darstellung technischer Entwicklungsaspekte einer nahtlosen Navigationsanwendung welche Servicetechniker bei der Auffindung instandzusetzender Feldgeräte durch die Bereitstellung situationsbezogener Informationen und Funktionalitäten unterstützt. Abschließend werden generelle Potenziale der Nutzung von Semantischen Technologien in Instandhaltungsprozessen diskutiert und es wird auf weiterführende Arbeiten im Bereich der anwendungs- und grundlagenorientierten Forschung eingegangen.

*Andreas Dengel, Ansgar Bernardi*

# 2 Wissensrepräsentation

## Übersicht

2.1 Prinzipien der maschinellen Wissensverarbeitung ..................... 23
2.2 Fakten und Regeln .............................................. 23
2.3 Logik und Inferenz ............................................. 27
2.4 Prädikatenlogik ................................................ 30
2.5 Semantische Netze.............................................. 33
2.6 Frames......................................................... 39
2.7 Taxonomien ................................................... 48
2.8 Conceptual Dependencies...................................... 52
2.9 Taxonomien mit formaler Semantik: Die KL-ONE-Familie ............... 58
2.10 Ontologien .................................................... 64
2.11 Fazit........................................................... 71
2.12 Weiterführende Literatur ........................................ 72

In diesem Kapitel möchten wir näher erläutern, wie sich Wissen in seinen unterschiedlichsten Formen und Ausprägungen auf dem Computer repräsentieren lässt und wie es formal verarbeitet und damit interpretiert werden kann.

Wissen ist grundlegend für unsere Anpassungsfähigkeit und bestimmt die Qualität, mit der wir alltäglich Probleme lösen und Entscheidungen treffen. Es umfasst u. a. Erfahrungen und Kenntnisse über die Welt, die Dinge und Lebewesen, die sie beherbergt, sowie ihre Eigenschaften und Beziehungen zueinander, aber auch Spezialwissen über bestimmte Gebiete, das wir uns im Laufe unseres Lebens aneignen. Wissen ermöglicht uns, Objekte zu unterscheiden, zu abstrahieren, zu assoziieren, schöpferisch kreativ zu sein oder Visionen und Ziele zu entwickeln. Im Umgang mit alltäglichen Sinneseindrücken aus unserer Umwelt und deren Interpretation befähigt uns Wissen zu zielgerichtetem, adaptivem Handeln, also zur Durchführung von Aktionen.

Seit Erfindung der Schrift ist das explizite Niederschreiben ein erprobtes Vehikel, Wissen zu explizieren und es in Form von Information über Ort und Zeit hinweg anderen Menschen verfügbar zu machen. Die Leser eines Buches können – vorausgesetzt, sie sind in der Lage, den Inhalt zu verstehen – aus dem Gelesenen ihre Schlüsse ziehen, ihr Wissen erweitern und entsprechend agieren. Dieses seit Jahrtausenden bewährte Prinzip erhält heute dank der allgegenwärtigen Verfügbarkeit scheinbar unendlicher

Informationsmengen im Internet ganz neue Möglichkeiten – und stößt gleichzeitig offensichtlich an die Grenzen menschlicher Informationsverarbeitung.

Können wir Computer befähigen, an unserer Stelle auf Informationen oder Umweltreize zu reagieren und in einer dem Menschen vergleichbaren Weise „intelligent" zu handeln? Ist es insbesondere möglich, Wissen in einer Form zu repräsentieren, dass Computer auf dessen Grundlage in nützlicher Weise handeln können?

Solche Fragen stehen im Fokus der KI, der Künstlichen Intelligenz (Dengel 1999). Diese Wissenschaft befasst sich mit den Grundlagen und der Erstellung von Computersystemen, die ein Verhalten realisieren und aufweisen, welches beim Menschen als intelligent angesehen wird. Konsequenterweise betrachten wir repräsentiertes Wissen als eine Grundlage und Voraussetzung des vom Computer simulierten menschlichen Verhaltens.

Dies kann beispielsweise bedeuten, die kognitive Fähigkeit der Kategorisierung auf den Computer zu übertragen. Der Computer soll also in der Lage sein, selbstständig zu entscheiden, ob ein gegebenes Objekt zu einer Kategorie gehört oder nicht, z. B. ob Gesine Mustermann ein Mensch ist oder ob Konzepte wie Rudi und Gesine zur gleichen Kategorie gehören.

Solche Kategorien sind Vorstellungen, wie sie in unseren mentalen Modellen entstanden sind. Viele Theorien (z. B. Collins und Quillian 1969) gehen davon aus, dass solche Kategorien über das Vorhandensein bestimmter Merkmale oder Attribute bestimmt werden, was bedeutet, dass die mentalen Kategorien in einzelne Teilbedeutungen zerlegt werden können, also dekomponierbar sind. Semantische Technologien sind eine technische Basis, solche wissensbasierten Prinzipien auch in offenen und komplexen Informationswelten – wie etwa im Kontext von Unternehmen, Lieferketten oder im Internet – zu realisieren und so aus einer großen Informationsmenge einen reichhaltigen Wissensschatz zu erzeugen, der vielfältige nützliche Computerdienste ermöglicht. Entsprechende Aspekte werden wir in den späteren Kapiteln noch aufarbeiten und eingehender beleuchten.

In den folgenden Abschnitten wollen wir uns eingehend mit der Repräsentation von Wissen und der Modellierung von Domänen beschäftigen. Wir werden zunächst einige grundlegende Prinzipien (Abschnitt 2.1) erläutern, bevor wir uns der Nutzung von Fakten, Regeln (Abschnitt 2.2) und der Prädikatenlogik (Abschnitt 2.4) als Wissensrepräsentationsformalismus widmen. Danach werden wir uns den Semantischen Netzen (Abschnitt 2.5) zuwenden, Schemata in ihren wesentlichen Ausprägungen kennen lernen (Abschnitt 2.6) und uns mit den Prinzipien der abstrahierenden Konzeptualisierung von Wissen mit Hilfe von Taxonomien auseinandersetzen (Abschnitt 2.7). Als weiteres wichtiges Element der Wissensrepräsentation geht das Kapitel auf die Repräsentation von Ereignisfolgen in Form von Skripts ein (Abschnitt 2.8). Als Vorstufe von ontologischem Wissen werden schließlich formalere Methoden der taxonomischen Beschreibung im Rahmen der KL-ONE Sprachen aufgegriffen (Abschnitt 2.9). Zum Abschluss des Kapitels werden wir Ontologien behandeln (Abschnitt 2.10), welche für Semantische Technologien in den letzten Jahren eine zentrale Bedeutung erlangt haben. Abschließend ziehen wir ein Fazit (Abschnitt 2.11) und geben Hinweise auf weiterführende Literatur zu den angesprochenen Themen (Abschnitt 2.12).

## 2.1 Prinzipien der maschinellen Wissensverarbeitung

Das Wissen von Menschen mit Hilfe des Computers zu modellieren ist keine leichte Aufgabe. Viele geistige Leistungen des Menschen gehen auf eine intuitive Bewertung zurück und sind oft weder berechenbar noch nachvollziehbar. Die meisten logischen Umsetzungen kreativer Ideen sind emotional getrieben, also von komplexen Strukturen subjektiver Empfindungen tief in unserem Inneren. Emotionales Wissen schärft unseren Verstand und erlaubt es uns, den über unsere Sinnesorgane aufgenommenen Informationsfluss zu bewerten und Entscheidungen für Aktionen zu treffen. Der einfache Umgang und das Rechnen mit Zahlen reicht nicht aus, um eine gefühlsmäßige Vorstellung von Dimensionen, Zeit und Ausdehnung zu bekommen, was aber oft unumgänglich ist, um die konkreten situativen Gegebenheiten im Kontext richtig einzuschätzen. Wissen ist komplex, vielschichtig und daher nur bedingt begreifbar.

Um Menschen und Maschinen miteinander kommunizieren zu lassen, muss die ausgetauschte Mitteilung die gewünschte Information repräsentieren. Da Sprache, sei sie geschrieben oder gesprochen, eindimensional ist, unsere Umgebung in ihrem räumlichen und zeitlichen Kontext eines Ereignisses oder einer Situation jedoch mehrdimensional und vielschichtig, muss man sich Formalismen zu Nutze machen, welche die gegebenen Umstände und Rahmenbedingungen eines Ereignisses oder einer Situation in Zusammenhang bringen, welche also ein maschinelles Verstehen erlauben.

Wesentliche Teile des menschlichen Wissens lassen sich begrifflich und präzise so beschreiben, dass sie auf einem Computer formal darstellbar und verarbeitbar sind. Dazu hat die Künstliche Intelligenz in den letzten Jahrzehnten umfassende Technologien entwickelt, welche es einem Computer erlauben, mit einer methodischen Vorschrift und formalem Wissen ausgestattet, über aktuell vorliegende Daten Schlussfolgerungen zu ziehen. Die Art und Weise, wie Wissen formalisiert wird, nennt man *Repräsentation* (engl. knowledge representation), die Vorschrift zum Schlussfolgern heißt *Inferenzmechanismus*, *Inferenzregel* oder kurz *Inferenz*.

## 2.2 Fakten und Regeln

### 2.2.1 Formalisierung von Aussagen

Um das Prinzip der Repräsentation und Verarbeitung von Wissen zu veranschaulichen, möchten wir auf die zu Beginn dieses Buches eingeführte Beispielwelt von Rudi Baispilov zurückgreifen und um einige Aspekte erweitern. Dazu sollen aus unserem Anwendungsbereich folgende umgangssprachliche Aussagen betrachtet werden:

„Rudi Baispilov ist 38 Jahre alt. Vor elf Jahren hat er Anke geheiratet. Sie haben zwei noch minderjährige Kinder, Cindy und Bert, und leben in Ottobrunn bei München. Rudi arbeitet bei der CarFS AG, einem großen Financial Service Unternehmen, der zu einem großen deutschen Automobilhersteller gehört und seinen Sitz in München, in der Schrickelstraße 11-13, hat. Durch die Nähe zu seinem Wohnort braucht Rudi täglich nur etwa 20 Minuten mit der S-Bahn."

Aufgrund der in dem Text enthaltenen Aussagen fällt es leicht, uns einen ersten Eindruck von Rudis Verhältnissen zu machen. Wir können darüber hinaus versuchen, den Text aufzuspalten und die Aussagen des Textes aufzuschreiben. Also etwa:

(1) Rudi „hat-Alter" 38.
(2) Rudi „hat-geheiratet" Anke.
(3) Cindy „ist-Kind-von" Rudi.
(4) Bert „ist-Kind-von" Rudi.
(5) Rudi „hat-Adresse" Ottobrunn.
(6) Ottobrunn „liegt-bei" München.
(7) Rudi „arbeitet-für" CarFS.
(8) CarFS „ist-ein" Finanzdienstleister.
(9) Finanzdienstleister „ist-ein" Unternehmen.
(10) CarFS „hat-Adresse" München.

## 2.2.2 Fakten

Jede der aufgeführten Aussagen ist als ein Tripel dargestellt, das einen elementaren Satz der Form Subjekt-Prädikat-Objekt wiedergibt, einer Darstellungsform, mit der wir uns in Kapitel 4 noch eingehender beschäftigen werden. Subjekt und Objekt sind dabei Begriffe, welche die Informationselemente unserer Umgebung oder eines Diskursbereiches darstellen. Das Prädikat bezeichnet eine wahre Beziehung, die zwischen den jeweiligen Informationselementen besteht. Aussagen folgen somit einer Syntax und damit einer formalen Vorschrift. Weiter können wir erkennen, dass jede Aussage für sich steht und damit nicht mehr abhängig von der gerade beschriebenen Kurzgeschichte ist. Jede Aussage (1) bis (10) stellt ein Faktum dar und kann in jedem anderen Zusammenhang (wieder) verwendet werden, z. B. um Fragen zu beantworten.

Für uns Menschen ist es einfach herauszufinden, wie groß der Haushalt von Rudi ist, bzw. aus den Aussagen des Textes weiter zu schließen, dass mit der täglichen Fahrt wohl die Anfahrt zu seinem Arbeitsplatz gemeint ist, ohne dass beide Sachverhalte explizit im Text stehen. Aufgrund unserer Sprachkompetenz erschließt sich uns unmittelbar, dass „Rudi", „Anke" und „Cindy" als Namen von Menschen zu verstehen sind, während „München" eine Stadt bezeichnet, zumindest aber einen Ort bezeichnen muss, selbst wenn wir diesen nicht kennen würden.

Auch die in unserer Tripel-Notation gewählten Prädikate „hat-Alter" oder „ist-ein" sind von ihrer Bedeutung her für uns Menschen unmittelbar einsichtig. Für einen Computer sind alle diese Wörter jedoch zunächst Zeichenketten ohne weitere intrinsische Bedeutung. Damit die Semantik der Aussagen für den Computer erfassbar wird – damit also passende Aktionen daraus abgeleitet werden können –, muss dem Computer eine Brücke zwischen der syntaktischen Darstellung und der daraus resultierenden Aktion gebaut werden.

### 2.2.3 Inferenz mit Regeln

Betrachten wir die Beziehung „ist-ein", die in den Aussagen (8) und (9) enthalten ist. Es ist sicher nützlich, wenn der Computer – wie der Mensch – diese Relation als transitiv (vgl. Abschnitt 2.5.2) verstünde und so aus den beiden Aussagen automatisch erkennen könnte, dass auch die Aussage

(11)   CarFS „ist-ein" Unternehmen

gilt. Diese Form der Wissensherleitung nennt man Schlussfolgern oder auch *Reasoning*. Allgemein versteht man darunter die Ableitung von bisher Unbekanntem aus Bekanntem (Shapiro 1992). Unter InferenzInferenz versteht man dabei elementares und formales Schlussfolgern, was prinzipiell auch mit Hilfe eines Computers stattfinden kann.

Die für uns offensichtliche Transitivität in den Aussagen (8) und (9) ist jedoch für einen Computer nicht selbstverständlich zu erkennen. Wir müssen sie ihm erst beibringen, d. h. wir müssen Wissen bereit stellen, so dass der Inferenzmechanismus diese Relation entsprechend verarbeiten kann. Es gibt verschiedene Möglichkeiten, solches Wissen als formalen Zusammenhang zu repräsentieren. Eine Option besteht in der Verwendung von Regeln, mit deren Hilfe ein Computer dann Sachverhalte aus anderen Aussagen inferiert. Die Transitivität der Beziehung „ist-ein" müsste etwa formuliert werden als

(12)   **wenn** X „ist-ein" Y **und** Y „ist-ein" Z, **dann** X „ist-ein" Z

wobei X, Y und Z als Variable für beliebige Objekte stehen. Ein Computerprogramm – der Inferenzmechanismus –, das die Variablen mit den verschiedenen Fakten unseres Beispiels verbinden kann und auch die Bedingungen und Konsequenzen der Regel syntaktisch korrekt verarbeitet, wird auf dieser Grundlage die gewünschte Schlussfolgerung ziehen können.

Natürlich könnten wir die korrekte Verarbeitung der Relation „ist-ein" auch in einem speziellen Computerprogramm in der Programmiersprache unserer Wahl realisieren, ohne die Regel (12) explizit zu formulieren. Jedoch wäre eine solche Lösung im Einzelfall in ihrer Anwendbarkeit begrenzt und für den Betrachter nicht ohne weiteres sichtbar – im Gegensatz zu der eingängig formulierten Regel. Der für die Regelverarbeitung realisierte Inferenzmechanismus hingegen kann problemlos eine Vielzahl von neuen

Zusammenhängen verarbeiten. Nehmen wir an, wir wissen beispielsweise weiter, dass gilt:

(13) Rudi „ist-ein" Mann
(14) Anke „ist-eine" Frau

dann können wir Regeln aufstellen, die beschreiben, wann die Eigenschaften *Mutter* und *Vater* gelten, also:

(15) **wenn** Y „ist-Kind-von" X **und** X „ist-ein" Mann, **dann** X „ist-Vater-von" Y
(16) **wenn** Y „ist-Kind-von" X **und** X „ist-eine" Frau, **dann** X „ist-Mutter-von" Y

Die Verwendung der Variablen X und Y entspricht einer Verallgemeinerung, so dass die beiden Regeln folgende Aussagen machen:

- Alle Männer, die Kinder haben, sind Vater bzw.
- Alle Frauen, die Kinder haben, sind Mutter

Weitere Regeln lassen sich für andere Zusammenhänge aufstellen, wie etwa für Adressen oder die Angestellten-Beziehung:

(17) **wenn** X „hat-Adresse" Y **dann** Y „ist-ein" Ort
(18) **wenn** X „arbeitet-für" Y **und** Y „ist-ein" Unternehmen,
     **dann** X „ist-Angestellter-von" Y

Aus diesen Darstellungen und Möglichkeiten wird bereits ein wesentliches Prinzip und Modellierungsziel jeder Wissensrepräsentation deutlich: Die Gegebenheiten der zu modellierenden Realität sollen *Wissen!deklaratives* dargestellt werden. Das bedeutet, dass wir Ausdrucksweisen verwenden, die das Wissen in Form von als wahr geltenden Aussagen niederschreiben (und nicht etwa versteckt als Ergebnis eines Programmablaufs). Wir gewinnen durch die deklarative Darstellung i. d. R. an Verständlichkeit, Klarheit (und damit auch Präzision) und Flexibilität der Verarbeitung. Will man weitere Schlussfolgerungen ermöglichen, so reicht es aus, die Wissensbasis um neue Fakten und/oder neue Regeln zu erweitern.

Hier werden die Stärken einer solchen formalen Darstellung deutlich. Fakten und Regeln bilden jeweils eigenständige Aussagen, welche jede für sich in bestimmten Zusammenhängen verwendet werden können. Die Hinzunahme von neuem Wissen bedeutet daher i. d. R., dass das bestehende Wissen nicht angetastet werden muss. Da das neue Wissen der gleichen formalen Syntax folgt, können die Inferenzregeln ohne Veränderung auch das neue Wissen verarbeiten, Schlussfolgerungen ziehen und damit neue Probleme lösen oder Fragen des Benutzers beantworten.

### 2.2.4 Anfragen

Für das bisher bekannte Wissen in unserem Beispiel können etwa Anfragen über personelle Zusammenhänge im Unternehmen oder über den Status von Mitarbeitern, wie „Welche Orte gibt es?" oder „Wessen Vater ist Rudi?" mit Hilfe von Variablen – dargestellt durch die Begriffe *was* und *wem* – formuliert werden:

(19) *Was* „ist-ein" Ort?
(20) Rudi „ist-Vater-von" *wem*?

Anfragen wie diese folgen der gleichen Subjekt-Prädikat-Objekt-Syntax, mal nach dem Subjekt fragend, mal nach dem Objekt. Der Inferenzmechanismus findet dann in den vorhandenen Fakten und Regeln die entsprechenden Antworten (von denen es im Beispiel jeweils mehrere gibt), indem er gültige Fakten sucht und Werte für die Variablen findet.

Wir können also festhalten, dass Wissensrepräsentation in deklarativer Weise Aussagen über die zu modellierende Realität darstellen kann. Dazu werden Fakten (in Form von Objekten und Beziehungen) und Regeln formuliert. Hieraus können Inferenzmechanismen weitere Fakten durch Reasoning (Inferenz) ableiten.

Die Semantik der Wissensrepräsentation manifestiert sich in den Operationen, die ein Computer auf Basis des repräsentierten Wissens ausführen kann. Die Ausdrucksmächtigkeit einer Wissensrepräsentation ist also untrennbar mit der Leistungsfähigkeit der jeweiligen Inferenzregel verknüpft. Letztlich lassen sich alle in Frage kommenden Ansätze auf die mathematisch präzise Ausdrucksweise der Logik und der verschiedenen Kalküle (also Inferenzvorschriften) abbilden, weshalb wir diesen Aspekt in den nächsten Abschnitten näher beleuchten.

## 2.3 Logik und Inferenz

Die Fähigkeit, Wissen abzuleiten oder zu inferieren, ist zentraler Bestandteil menschlicher Problemlösungsfähigkeit. Wir schließen aufgrund bestehender Sachverhalte, dass bestimmte plausible Ereignisse schon stattgefunden haben oder stellen Vermutungen an, indem wir Zusammenhänge von Ereignissen deuten.

Es ist eines der Hauptanliegen der KI solche Inferenztechniken zu untersuchen und formal zu beschreiben. Dazu bedient sie sich der Logik, die sich unter Umständen als Repräsentationsformalismus für Wissen eignet. Die Mächtigkeit der mathematischen Logik erlaubt es, das menschliche Denken zu abstrahieren und Wissensbasen zu konstruieren, auf deren Inhalten Schlussfolgerungen gezogen oder neue Sachverhalte hergeleitet werden können. Wir wollen uns zunächst einige wichtige Grundlagen der Aussagenlogik ansehen, bevor wir zur Prädikatenlogik kommen, welche Grundlage vieler Systeme der Künstlichen Intelligenz ist.

## 2.3.1 Logische Operatoren

Nehmen wir an, A sei die Aussage „Rudi wohnt in Ottobrunn" und B die Aussage „Ottobrunn liegt bei München", dann entspricht der Ausdruck $A \wedge B$ der Aussage „Rudi wohnt in Ottobrunn und Ottobrunn liegt bei München". Auf gleiche Weise lassen sich Aussagen mit einem „oder" verbinden oder negieren. Die beiden Symbole A und B sind Aussagenvariablen und können folglich beliebige Aussagen repräsentieren. Je zwei Aussagenvariablen können mit Hilfe von logischen Operatoren oder Junktoren in Formeln verknüpft werden (eine Ausnahme stellt die Negation dar, die sich ja nur auf eine Aussagevariable bezieht).

Man unterscheidet dabei:

$$\neg \text{ (nicht)}, \wedge \text{ (und)}, \vee \text{ (oder)}, \rightarrow \text{ (Implikation)}, \leftrightarrow \text{ (Äquivalenz)}$$

Die letzten beiden Operatoren sind auch identisch mit den verständlichen Umschreibungen „wenn-dann" und „genau-dann-wenn". Mit Hilfe der Junktoren lassen sich Ausdrücke bilden, die gemäß der zweiwertigen Logik entweder „wahr" oder „falsch" sind, wobei der Wahrheitswert eines Ausdrucks davon abhängt, ob die enthaltenen Aussagenvariablen erfüllt sind oder nicht. Ein Ausdruck $A \wedge B$ ist dann „wahr", falls A „wahr" ist und B „wahr" ist. Den Zusammenhang von Wahrheitswerten in der Verknüpfung mit Junktoren veranschaulicht die folgende Tabelle 2.1, wobei die Werte „wahr" und „falsch"mit den Ziffern 1 und 0 dargestellt sind:

**Tab. 2.1** Wahrheitswerte für die Junktoren der Aussagenlogik.

| $A$ | $B$ | $\neg A$ | $A \wedge B$ | $A \vee B$ | $A \rightarrow B$ | $A \leftrightarrow B$ |
|---|---|---|---|---|---|---|
| 0 | 0 | 1 | 0 | 0 | 1 | 1 |
| 0 | 1 | 1 | 0 | 1 | 1 | 0 |
| 1 | 0 | 0 | 0 | 1 | 0 | 0 |
| 1 | 1 | 0 | 1 | 1 | 1 | 1 |

## 2.3.2 Inferenzmechanismen

Auf Grundlage von Ausdrücken der Aussagenlogik können Inferenzregeln angewandt werden, die aus bereits bekannten wahren Aussagen (Prämissen) neue wahre Aussagen (Konklusionen) ableiten. Eine der wichtigsten dieser aussagenlogischen Inferenzmechanismen ist der *Modus Ponens*, eine bereits in der Antike bekannte Schlussfolgerungsform, dem die Formel $(A \wedge (A \rightarrow B)) \rightarrow B$ entspricht. Die Anwendung dieser Formel lässt uns aus bekannten Fakten und Zusammenhängen neue Fakten herleiten; dieses so

## 2.3 Logik und Inferenz

genannte *deduktive Schließen* geschieht nach folgender Struktur:

$$\frac{\begin{array}{ll}A & \text{(Prämisse 1)} \\ A \to B & \text{(Prämisse 2)}\end{array}}{B \quad \text{(Konklusion)}}$$

Der *Modus Ponens* erlaubt es, aus gültigen Aussagen (hier: A) und definierten Zusammenhängen oder Regeln $A \to B$ (was so viel heißt, wie „wenn A gilt, dann gilt auch B" oder kurz „aus A folgt B") neue wahre Aussagen herzuleiten.

Diese Form der Inferenz haben wir indirekt bereits kennen gelernt, denn um beispielsweise die Anfrage unter (19) im letzten Abschnitt zu beantworten, müssen wir eine Belegung, sprich einen gültigen Wert, für die Variable *was* finden, welcher der Anwendung von Regel (17) genügt. Gemäß *Modus Ponens* kann die Struktur dieser Herleitung wie folgt dargestellt werden:

$$\frac{\begin{array}{l}\text{Rudi „hat-Adresse" Ottobrunn} \\ x \text{ „hat-Adresse" } y \to y \text{ „ist-ein" Ort}\end{array}}{y \text{ „ist-ein" Ort}}$$

Wenn man die noch freie Variable y an den Wert „Ottobrunn" bindet, erhält man die entsprechende Antwort. Das Ergebnis stellt wiederum eine wahre Aussage dar.

Mit einer Inferenzregel ausgestattet müssen bei einem aussagenlogischen System demnach nicht alle Fakten in der Wissensbasis gespeichert werden. Es reicht aus, allgemeingültige Zusammenhänge anzugeben, damit das System gewisse Fakten eigenständig herleiten kann. Diese Besonderheit deutet an, wie vorteilhaft die Aussagenlogik für die Wissensrepräsentation und -verarbeitung ist.

Der *Modus Ponens* ist ein klassisches Beispiel für das sogenannte deduktive Schließen, das grundlegend für alle formalen Systeme ist. Deduktion ist eine logisch korrekte, d. h. wahrheitserhaltende Inferenz, mit deren Hilfe spezielle Tatsachen aus allgemeinen Zusammenhängen gefolgert bzw. hergeleitet werden. Wie in der Mathematik werden so Ergebnisse aus Axiomsystemen gefolgert. Während also deduktive Prinzipien das Vorhandensein von gültigen Prämissen grundsätzlich verlangen, gibt es auch andere Formen der Inferenz, welche nicht diesen Grad der Bestätigung verlangen.

Dazu wollen wir uns wieder ein Beispiel ansehen. Nehmen wir auf unser Szenario zurückgreifend an, wir würden in einem Gespräch erfahren, dass Gesine an einem Ort mit Namen Kaiserslautern arbeitet, dann würden wir intuitiv schließen, dass Gesine damit auch eine Adresse in Kaiserslautern hat.

Diese Form der Inferenz, bei der wir aus einem bekannten Zusammenhang und einem beobachteten Resultat annehmen, dass die Voraussetzung gilt, nennt man abduktives Schließen oder kurz *Abduktion*. Die entsprechende Formel lautet $((A \to B) \land B) \to A$ und entspricht der folgenden logischen Struktur:

Kaiserslautern „ist-ein" Ort

x „hat-Adresse" y → y „ist-ein" Ort
_____
x „hat-Adresse" Kaiserslautern

Wie das Beispiel zeigt, sind Abduktionen im Gegensatz zu Deduktionen nicht notwendigerweise korrekt, sondern eher heuristischer Natur, denn Gesine könnte auch eine ganz andere Adresse, z. B. in einem der schönen Kaiserslauterer Vororte haben. Abduktionen bezeichnen Rückschlüsse auf plausible Ursachen bei Betrachtung der auftretenden Effekte und sind beispielsweise bei der Suche nach möglichen Erklärungen von großem Nutzen. Die Korrektheit des gefundenen Ergebnisses bleibt aber zu überprüfen.

Eine weitere Möglichkeit der Inferenz stellt die sogenannte *Induktion* dar. Während beim deduktiven Schließen aus gültigen, eher allgemeinen Aussagen auf konkrete Fälle geschlossen wird, folgt induktives Schließen eher einem umgekehrten Ansatz. Induktion ist auch keine wahrheitserhaltende Inferenz, denn es werden eher allgemeine Zusammenhänge aus speziellen Tatsachen abgeleitet, etwa wird auf Grundlage von zwei oder mehreren Fällen oder Fakten auf einen allgemein gültigen Satz geschlossen; die gemachten einzelnen Beobachtungen werden also zu einer Regel abstrahiert.

Der Mangel dieses Inferenzverfahrens wird am folgenden Beispiel deutlich:

CarFS „hat-Adresse" München

CarFS „ist-ein" Unternehmen
_____
x „ist-ein" Unternehmen → x „hat-Adresse" München

Das Ergebnis der Anwendung in diesem Fall würde soviel bedeuten wie „Alle Unternehmen haben eine Adresse in München" und damit eine falsche Aussage darstellen. Die Prämissen beim induktiven Schließen bestehen in diesem Beispiel darin, dass auf einem einzigen Fall – es könnten auch mehrere sein – begründet, angenommen wird, dass eine Klasse in einer anderen enthalten ist, was natürlich nicht zutrifft.

Zusammenfassend lässt sich festhalten, dass Deduktion im Gegensatz zu Induktion und Abduktion folgerichtige und wahrheitserhaltende Inferenzregeln darstellen. Induktion oder Abduktion verwendet man also zur Herleitung eines Schlusses nur dann, wenn Deduktion nicht möglich, zu aufwändig ist oder nicht zum Ziel führt. Obwohl abduktives und induktives Schlussfolgern also logisch nicht korrekt sind, d. h. die damit erzeugten Schlüsse sind nicht notwendigerweise richtig, bilden sie wesentliche Vorgehensweisen des Menschen ab. Abduktion erlaubt, mutmaßliche Erklärungen zu beobachteten Ereignissen zu finden. Induktion hilft uns, Beobachtungen zu abstrahieren und so zu neuen Vermutungen über allgemeine Gesetzmäßigkeiten zu kommen. Damit sind diese Schlussweisen für die KI und die semantischen Technologien von elementarer Bedeutung; die Korrektheit der damit gefundenen Ergebnisse muss dann im Einzelfall überprüft werden. Die Aussagenlogik ist aufgrund ihrer begrenzten Ausdrucksmittel nur eingeschränkt zur Wissensdarstellung geeignet. Wir wollen uns daher mit der umfassenderen Prädikatenlogik beschäftigen, die es uns erlaubt, nicht nur Aussagen als Ganzes, sondern die enthaltenen Objekte selbst zu beschreiben.

## 2.4 Prädikatenlogik

Die Prädikatenlogik ist eine grundlegende Form der Wissensdarstellung, die automatische Inferenzen universell und direkt unterstützt. Ausdrücke in der Prädikatenlogik sind denen der Aussagenlogik sehr ähnlich, erweitern diese jedoch. In der Aussagenlogik gibt es keinerlei Möglichkeiten, sich auf Objekte in Aussagen zu beziehen. Die Aussage „Rudis Kind Bert ist minderjährig" ist in der Aussagenlogik zwar gültig, der direkte Bezug auf die Objekte „Rudi" und „Bert" ist jedoch nicht möglich.

### 2.4.1 Symbolformen

In der Prädikatenlogik kann man vielmehr einen betrachteten Weltausschnitt, bestehend aus Objekten unterschiedlicher Objekttypen, etwa Individuen, Eigennamen oder Elementen, beschreiben. Als Grundlage zur Beschreibung von Objekten dienen *Konstantensymbole*, wie z. B.:

> Rudi, 38, CarFS, München, Ottobunn, *wahr*, *falsch*.

Unter Verwendung von *Prädikatssymbolen* lassen sich Merkmal, Eigenschaften und Beziehungen der Konstantensymbole qualitativ beschreiben. Angenommen männlich steht für ein Prädikatssymbol und Rudi für ein Konstantensymbol, dann führt die Aussage männlich(Rudi) in diesem Fall zu einer wahren Aussage. Beispielsweise wird die Wortfolge x „hat-geheiratet" Anke zu einer wahren Aussage, wenn man für die Variable x den Wert Rudi einsetzt. Es gibt also ein- und mehrstellige Prädikate, die folgender Syntax folgen:

> männlich(Rudi), hat-geheiratet(Rudi, Anke), fährt-mit(Rudi, S-Bahn, 20)

Das Symbol „hat-geheiratet" steht hier für ein Prädikatensymbol, die Zeichenketten „Rudi", „Anke" und „S-Bahn" oder die Zahl 20 stehen für Konstantensymbole. Als weitere Symbolmenge dienen die sogenannten *Funktionssymbole*, um Abbildungen von Elementen eines Definitionsbereichs auf Elemente derselben Menge vorzunehmen. Prädikate können mit Hilfe der bereits bekannten logischen Junktoren verknüpft werden. *Variablensymbole* schließlich repräsentieren beliebige Elemente und erlauben allgemeingültige Aussagen für Teilmengen von Elementen eines Definitionsbereichs.

### 2.4.2 Quantoren

Zusätzlich zu den Junktoren werden als Ausdrucksmittel sogenannte *Quantoren* verwendet, die Aussagen darüber erlauben, für wie viele Elemente eines Definitionsbereichs ein Prädikat zutrifft, also sich einzuschränkend bzw. verallgemeinernd auf die Gültigkeit von

Aussagen auswirken. Der *Existenzquantor* ∃ legt fest, dass ein Prädikat für mindestens ein Element gilt, also ∃x,y bedeutet „Es gibt ein x und ein y, für die gilt...". Der *All- oder Universalquantor* ∀ sagt dahingegen aus, dass Prädikate für alle Elemente eines Definitionsbereichs zutreffen. Also schreibt man beispielsweise für die Aussage „Es gibt jemanden, der mit Anke verheiratet ist" folgende Formel:

$$\exists x \; \text{ist-verheiratet}(x, \text{Anke})$$

Dabei steht x für ein Variablensymbol, das in der Art seiner Nutzung aussagt, dass mindestens ein Element des Definitionsbereichs die beschriebene Aussage wahr macht.

Quantoren sind mächtige Ausdrucksmittel. Mit ihnen lassen sich unterschiedlichste Aussagen formulieren, beispielsweise:

| | | |
|---|---|---|
| ∀x ∃y hat-geheiratet(x,y) | heißt | „Jeder hat mindestens Einen geheiratet" |
| ∃x ∀y hat-geheiratet(x,y) | heißt | „Es gibt Jemanden, der Alle geheiratet hat" |
| ∃x ∀y hat-geheiratet(y,x) | heißt | „Es gibt Jemanden, der von Allen geheiratet wurde" |
| ∃x, y hat-geheiratet(x,y) | heißt | „Mindestens Einer hat mindestens Einen geheiratet" |
| ∀x, y hat-geheiratet(x,y) | heißt | „Jeder hat Jeden geheiratet" |

Die Kombinationen kann man erschöpfend fortführen, unabhängig davon, ob die Aussagen tatsächlich sinnvoll sind oder nicht. Wichtig ist, dass alle mit wahr oder falsch beantwortet werden können.

Durch Einbeziehung der Negation kann man den einen Quantor mit Hilfe des anderen ausdrücken und damit den gleichen Sachverhalt unterschiedlich ausgedrückt in eine Äquivalenzrelation bringen:

$$\exists x \; \neg\text{hat-geheiratet}(x, \text{Anke}) \leftrightarrow \neg\forall x \; \text{hat-geheiratet}(x, \text{Anke}),$$

was wahlweise bedeutet „Es gibt mindestens Einen, der Anke nicht geheiratet hat" bzw. „Nicht alle haben Anke geheiratet" und von der Aussage her äquivalent ist. Man spricht in diesem Fall auch von Dualität der Operatoren.

Mit der Prädikatenlogik lassen sich unter Verwendung von Operatoren und Quantoren komplexe Sachverhalte ausdrücken, z. B. die Definition der Geschwisterbeziehung:

$$\forall x, y \;\; geschwister(x,y) \leftrightarrow [\neg(x=y) \land \exists v, w \neg(v=w)$$
$$\land elternteil(v,x) \land elternteil(w,x) \land elternteil(v,y) \land elternteil(w,y)]$$

Zusammenfassend gibt es folgende Regeln, wie in der Prädikatenlogik syntaktisch gültige Formeln erstellt werden dürfen:

- Eine Konstante oder eine Variable ist ein Term.
- Eine auf n Terme angewandte n-stellige Funktion ist wieder ein Term.
- Ein auf n Terme angewandtes n-stelliges Prädikat entspricht einer korrekten Formel.
- Eine logische Kombination von korrekten Formeln entspricht wiederum einer korrekten Formel, wobei alle logischen Junktoren der Aussagenlogik erlaubt sind.
- Eine korrekte Formel kann in eine neue Formel überführt werden, indem man einen Quantor und eine Variable voranstellt. Falls erforderlich, sollten Klammerungen verwendet werden, um den Geltungsbereich eines Quantors zu beschreiben.

Die Prädikatenlogik liefert ausreichend Sprachmittel zur Darstellung von Faktenwissen und Inferenzregeln, die Ableitungen erlauben. Trotzdem sollte an den aufgeführten Beispielen klar werden, dass es dieser Form der Wissensrepräsentation daran mangelt, das repräsentierte Wissen zu organisieren, was sich insbesondere bei großen Wissenssammlungen nachteilig auswirkt. Wir wollen uns daher im Folgenden einigen Formen der Wissensdarstellung widmen, die es uns erlauben, Wissen im kontextuellen oder sachlichen Zusammenhang darzustellen.

## 2.5 Semantische Netze

Semantische Netze gehen auf (Quillian 1966) zurück und definieren Wortbedeutungen. Die Repräsentationsform geht davon aus, dass die Bedeutung eines Objekts (Begriffs) in erster Linie durch seine assoziativen Beziehungen zu anderen Objekten (Begriffen) beschreibbar ist. Da solche Assoziationen nicht immer hierarchischen oder anderen, z. B. alphabetischen, Ordnungskriterien folgen, lassen sich diese manchmal besser mit Hilfe eines Netzwerkes darstellen. Dies wird an einem kleinen Experiment deutlich: Wenn wir anderen Menschen bestimmte Wörter vorgeben und diese dann bitten, uns spontan einen Begriff zu nennen, der ihnen dazu einfällt, dann führt dies oft zu assoziativen Antworten, die subjektiven Aspekten genügen. Beispielsweise führt das Wort „schwarz" oft zu einer Antwort „weiß", oder der Begriff „Nacht" löst in vielen Fällen den Gedanken an den Begriff „Tag" aus. Assoziationen können demnach ein Verhältnis von zwei völlig selbstständigen Objekten ausdrücken, die nichts miteinander zu tun haben müssen, aber unter bestimmten Rahmenbedingungen in eine lose Beziehung gebracht werden können.

## 2.5.1 Wissensdarstellung mit Graphen

Diesem Gedanken folgend abstrahieren Semantische Netze vorhandenes Wissen mit Hilfe eines markierten Graphen. Die Knoten repräsentieren Objekte, wie Themen, Ereignisse, Situationen, Individuen oder deren Eigenschaften. Die Kanten drücken assoziative Beziehungen zwischen Objekten (und deren Eigenschaften) aus. Assoziationen sind oft bidirektional, werden aber häufig nur in einer bestimmten Richtung (des Zugriffs) benötigt und implementiert. Falls der Zugriff nur auf ein bestimmtes der verbundenen Objekte erfolgen darf, spricht man von einer gerichteten Beziehung, entsprechend sind die Kanten im Graphen auch gerichtet. Somit wird jegliche Information, die notwendig ist, um ein Objekt zu repräsentieren, direkt über seine Beziehungen zugreifbar, d. h.: Wissensherleitung erfolgt durch Suche in dem Netzwerk von Beziehungen entlang von gerichteten Kanten.

Semantische Netze wurden ursprünglich eingeführt, um Sätze der natürlichen Sprache in eine formale Darstellung zu überführen. Um das Prinzip zu erläutern, wollen wir uns zunächst mit einfachen Sätzen beschäftigen, die aus dem Tripel Subjekt-Prädikat(Verb)-Objekt bestehen. Subjekt und Objekt stehen dann für Knoten und Prädikate bzw. Verben für Kantenbezeichnungen. Der Satz „Rudi mag Zimtgebäck" lässt sich durch ein einfaches Semantisches Netz darstellen, das in Abbildung 2.1 zu sehen ist.

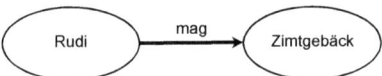

**Abb. 2.1** Semantisches Netz für den Satz „Rudi mag Zimtgebäck".

Aussagen sind jedoch nicht allein auf eine einfache Form eingeschränkt. Auch Sätze wie „Anke backt Zimtgebäck für Rudi" lassen sich als Semantische Netze beschreiben, wie Abbildung 2.2 zeigt. In diesem Fall gehen wir anders vor und beschreiben ein Semantisches Netz für die stattfindende Aktion mit dem beteiligten Akteur und dem Empfänger des Objektes. Das Verb selbst wird in diesem Beispiel zum zentralen Knoten und beschreibt die verschiedenen Rollen mittels der Relationen.

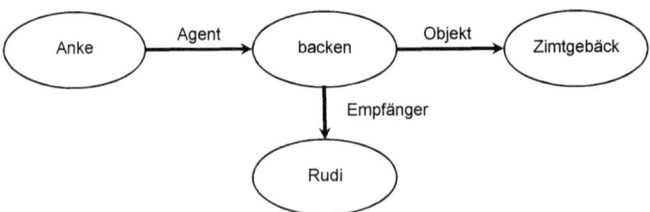

**Abb. 2.2** Semantisches Netz für den Satz „Anke backt Zimtgebäck für Rudi".

Wir werden uns in Kapitel 3 noch intensiver mit verschiedenen Formen von Semantischen Netzen beschäftigen, denn die Ausdrucksmöglichkeiten Graphen-basierter Wissensrepräsentation sind mannigfaltig. Im Folgenden werden wir uns auf die wichtigsten Eigenschaften Semantischer Netze konzentrieren und uns im nächsten Schritt mit den (meist binären) Assoziationsbeziehungen, die zwischen Knoten bestehen können, auseinandersetzen.

### 2.5.2 Relationen und ihre Eigenschaften

In Semantischen Netzen steckt das Wissen in den Begriffen der Knoten und den Attributen der Kanten. Im Allgemeinen wird dabei versucht, Objekte und Eigenschaften mit Relationen in Zusammenhang zu bringen, welche den verschiedenen Formen einer Assoziation genügen. Bevor wir uns näher damit beschäftigen, möchten wir zunächst drei wesentliche Eigenschaften ansprechen, mit deren Hilfe man die verschiedenen Relationstypen auf einer mathematischen Grundlage charakterisieren kann. Diese Eigenschaften sind *Reflexivität*, *Symmetrie* und *Transitivität* und entsprechen folgenden Definitionen:

> - Eine zweistellige Relation R heißt *reflexiv* für eine Menge von Objekten, wenn jedes Element der Menge in Relation zu sich selbst steht, also wenn x R x für alle Elemente x der Menge gilt.
> - Eine zweistellige Relation R heißt *symmetrisch* für eine Menge von Objekten, wenn aus x R y stets y R x folgt.
> - Eine zweistellige Relation R heißt *transitiv* für eine Menge von Objekten, wenn aus x R y und y R z stets x R z folgt.

Eine der wichtigsten Formen lexikalisch-semantischer Relationen ist die Vererbungsrelation, welche die Beziehung zwischen einem Unter- (*Hyponym*) und seinem Oberbegriff (*Hyperonym*) beschreibt. Diese transitive und asymmetrische Beziehung kann man am besten mit dem Ausdruck „ist-ein" umschreiben. Wir werden uns später noch intensiver mit dieser Relation beschäftigen.

Eine andere Art von dekomponierenden Wissensabstraktionskonzepten ist die Aggregation. Sie drückt ein starkes semantisches Verhältnis von zwei an sich selbstständigen Objekten aus, von denen eines Teil des anderen ist, sehr typisch für Domänen, die physikalische Objekte oder Mengen (z. B. Bauteile oder Länder) betrachten. Daher spricht man hier auch von einer „ist-Teil-von"-Beziehung. Oft wird diese Wissensabstraktionsform auch als *Partonomie* oder *Meronymie* bezeichnet. Die dazu konverse Relation nennt man *Holonymie*, was einer „enthält"- oder „hat-Teil"-Beziehung gleichkommt. Während die Semantik der „ist-ein(e)"-Beziehung gut untersucht und umfangreiche Inferenzsysteme für deren Nutzung zur Verfügung stehen, ist die „ist-Teil-von"-Verknüpfung schwieriger zu handhaben und in ihrer Semantik deutlich domänenabhängiger.

Eine weitere Form der Verknüpfung betrifft die Bedeutungsgleichheit, die wir zwischen Begriffen in Form von Synonymen und Akronymen wiederfinden. Mit Hilfe dieser Relation kann man etwa ausdrücken, dass gilt:

DFKI „ist-gleich-zu" Deutsches Forschungszentrum für Künstliche Intelligenz, oder
Handynummer „ist-gleich-zu" Mobiltelefonnummer

Beide Beispiele machen deutlich, dass diese *Synonymie* eine Äquivalenzbeziehung darstellt, also reflexiv, symmetrisch und transitiv ist.

Auch die Fähigkeit des Ausdrückens von Gegensätzen, sogenannter Antonyme, ist eine wichtige Form der Assoziation. Ein bereits genanntes Beispiel ist:

schwarz „ist-gegensätzlich-zu" weiß.

Die *Antonymie* ist zwar symmetrisch, jedoch genügt sie nicht den Eigenschaften der Reflexivität und Transitivität.

Über diese beiden Vergleichsrelationen hinaus wird oft noch eine kausale Abhängigkeit zwischen Objekten mit Hilfe von Assoziationen ausgedrückt, etwa Ereignisse, die gewisse Zustände oder andere Ereignisse nach sich ziehen. Man nennt eine solche Relation auch *Kausation*. Kausale Relationen werden oft mit der Beziehung „folgt-aus" dargestellt. Beziehungen zwischen Ursache und Wirkung sind offensichtlich transitiv, aber nicht symmetrisch, da eine feste zeitliche Abhängigkeit existiert.

Kausale Verbindungen gehören zu den sogenannten *Common Sense*-Verknüpfungen, zu denen auch temporale oder lokale Relationen gehören. Diese werden in speziellen wissensbasierten Anwendungen eingesetzt. So werden temporale Relationen oft in Planungssystemen, lokale Relationen in Konfigurationsaufgaben und kausale Relationen bei modellbasierten Diagnosesystemen angewendet. Darüber hinaus werden sie manchmal noch zur Darstellung von Dokumentinhalten beim Information Retrieval herangezogen.

Wie bereits erwähnt, werden wir uns in Kapitel 3 ausgiebig mit Semantischen Netzen auseinandersetzen und verschiedene Variationen und Weiterentwicklungen davon vorstellen und diskutieren. In Abschnitt 3.1.2 werden in Verbindung mit der Klassifikation Semantischer Netze auch nochmals die verschiedenen Relationsarten betrachtet und kurz diskutiert. Eine systematische Aufarbeitung der verschiedenen Verbindungstypen für solche Frame-Systeme findet sich beispielsweise in der *frame ontology*, die als Erweiterung im Knowledge Interchange Format (KIF) (Genesereth und Fikes 1992) implementiert ist und in der 18 Typen von Relationen definiert sind.

## 2.5.3 Eigenschaften Semantischer Netze

Zurück zu unserem Beispiel: Nehmen wir an, dass Anke, Rudis Frau, in der Vorweihnachtszeit Zimtgebäck gebacken hat. Dieses Zimtgebäck besteht aus gewissen Zutaten, die wiederum in Form bestimmter Mengen zum Gelingen beigetragen haben. Alle Aspekte, welche dieses spezielle Zimtgebäck ausmachen, kann man mit Hilfe eines Semantischen Netzes repräsentieren. Abbildung 2.3 zeigt die graphische Darstellung dieses Netzes, das unterschiedlichste Typen von Verbindungen nutzt um Ankes Zimtgebäck zu beschreiben.

## 2.5 Semantische Netze

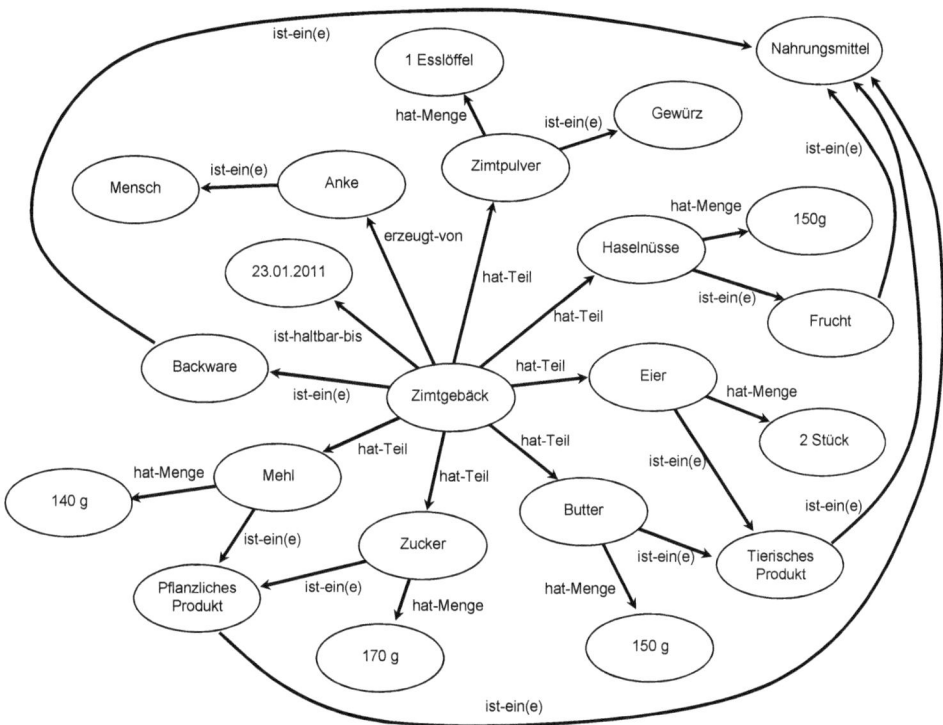

**Abb. 2.3** Semantisches Netz zur Beschreibung von Zimtgebäck.

Vergleicht man die Darstellung in Abbildung 2.3 mit der logischen Form der Wissensdarstellung, dann scheint eine graphische Repräsentation intuitiver, da sie sich an der natürlichen Sprache orientiert. Dies ist gut nachvollziehbar, wenn man vom Knoten mit dem Begriff „Zimtgebäck" aus den Relationen entlang der verschiedenen Verästelungen folgt. Auch scheint es „wirtschaftlich" zu sein, Semantische Netze zu verwenden, denn ein Objekt oder eine Eigenschaft müssen jeweils nur bei ihrem ersten Auftreten einmal als Knoten benannt werden, wodurch Speicherplatz gespart wird. Weitere Aussagen zu Begriffen werden einfach über neue Relationen im Graphen ergänzt.

Man kann an dem Beispiel in Abbildung 2.3 aber auch sehr gut erkennen, wie schnell Semantische Netze wachsen. Obwohl das illustrierte Beispiel eigentlich keinen komplizierten Sachverhalt darstellt, benötigen wir bereits viele Knoten und Relationen und haben längst nicht alle Details modelliert. Die semantische Repräsentation richtig komplexer Sachverhalte kann also bei der Modellierung einer Alltagsdomäne aufwendig und unübersichtlich werden, da die verschiedenen Aspekte des Wissens unter Umständen sehr zersplittert im Semantischen Netz vorliegen. Man kann sich demnach gut vorstellen, dass die Herleitung von Wissen einen aufwändigen Suchprozess auslösen kann. Die Suche in semantischen Netzen verwendet einen sogenannten Spreading-Activation-Mechanismus in Form einer *Breitensuche* (siehe http://de.wikipedia.org/wiki/Prädikatenlogik). Ob das Semantische Netz in sich konsistent ist, lässt sich dabei nicht prüfen.

## 2.5.4 Kardinalität von Relationen

Betrachten wir nochmals das Beispiel in Abbildung 2.3. Wie das Semantische Netz veranschaulicht, kann ein Objekt durch die gleiche Relation mit mehreren anderen benachbarten Objekten in Beziehung stehen. So sind die verschiedenen Zutaten von Zimtgebäck alle mit der gleichen „hat-Teil"-Relation beschrieben. Die Nutzbarkeit einer Beziehung für ein Objekt eines bestimmten Objekttyps wird durch deren *Kardinalität* definiert. Die *Kardinalität* eines Beziehungstyps in einem Entity-Relationship-Diagramm (ERD) legt je nach Notationsform entweder fest, an wie vielen Beziehungen eine Entität teilnehmen kann (Min-Max-Notation) oder wie viele Entitäten mit einer gegebenen Entität oder Entitätskombination höchstens in Beziehung stehen können. In Semantischen Netzen legt die Kardinalität fest, wie oft ein gegebenes Objekt eines Objekttyps (Objekttypen können von ihrer Bedeutung her etwa mit den bisher behandelten Klassen gleich gesetztwerden.) unter Verwendung eines bestimmten Relationstyps mit Objekten eines anderen Objekttyps verbunden sein darf. In Bezug auf einen bestimmten Relationstyp unterscheidet man dabei folgende Fälle:

- Ein Objekt eines Objekttyps steht mit **höchstens einem** Objekt eines anderen Objekttyps in Beziehung (Kardinalität 1:1).
- Ein Objekt eines Objekttyps steht mit **beliebig vielen** Objekten eines anderen Objekttyps in Beziehung. In der Gegenrichtung steht ein Objekt des einen Objekttyps mit **höchstens einem** Objekt des anderen Objekttyps in Beziehung (Kardinalität 1:n).
- Ein Objekt eines Objekttyps steht mit **beliebig vielen** Objekten eines anderen Objekttyps in Beziehung (Kardinalität n:m).

Es gibt also Relationen, die ein Objekt mit vielen anderen Objekten verbinden, wie z. B. die „hat-Teil"-Relation, oder aber nur einmalig pro Objekt verwendet werden kann, wie dies bei einer Mengenangabe der Fall ist. Die Verwendung solcher Relationen beschreibt die Semantik eines Objektes, wobei die Interpretation, was Objekt und was Eigenschaft ist, nur durch nähere Betrachtung der verwendeten Begriffe möglich ist.

Abbildung 2.4 (a) zeigt die abstrakte Darstellung eines Semantischen Netzes, dessen Knoten bewusst keine Bezeichner enthalten, denn Semantische Netze machen keinen Unterschied, ob der Begriff im Knoten ein Objekt oder seine Eigenschaft repräsentiert. Um das Problem deutlicher zu machen, haben wir Objekte und deren Eigenschaften im Beispiel mit unterschiedlich umschreibenden Linien versehen. Wäre diese graphische Unterscheidbarkeit nicht gegeben, so könnte der Betrachter nicht differenzieren, welche Semantik ein Knoten hat, also ob es sich um ein Objekt oder um eine Eigenschaft handelt.

Aber nicht nur der Zugriff auf die Semantik eines Knotens wäre wünschenswert, denn bei Betrachtung des Beispiels liegt nahe, Objekte mit all ihren zugehörigen beschreibenden Eigenschaften als semantische Einheiten zusammenzufassen, wie dies in Abbildung 2.4 (b) gemacht wurde. Darüber hinaus könnten auch gemeinsame Beschreibungselemente (grau hinterlegte Bereiche) festgestellt werden, um daraus allgemeiner geltende

Eigenschaften zu generieren, die verallgemeinernde Objekte besitzen. Wir werden uns mit diesem Gedanken intensiver im nächsten Abschnitt befassen, denn er ist besonders reizvoll.

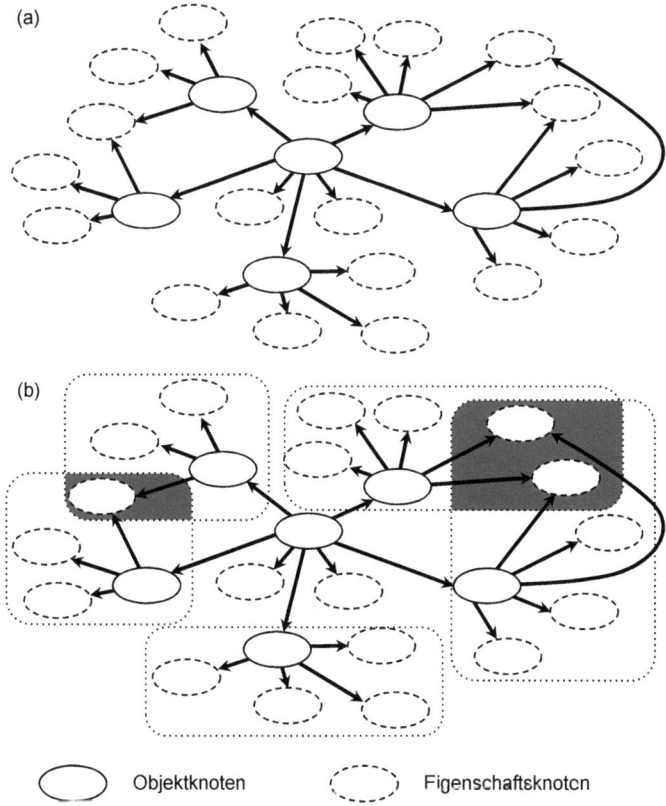

**Abb. 2.4** Zusammenfassung von Objekten und Eigenschaften in Semantischen Netzen. (a) Ohne Bildung semantischer Einheiten und (b) mit Bildung semantischer Einheiten durch Zusammenfassung von Objekten und Eigenschaften.

## 2.6 Frames

### 2.6.1 Der Schemabegriff

Wie wir in Abschnitt 2.4 bereits aufgezeigt haben, sind Prädikate wesentliche Elemente zur Beschreibung von Eigenschaften. Mit ihrer Hilfe lassen sich zeitliche und räumliche Daten quantitativ sowie ideelle Werte, äußere Merkmale oder wesentliche mentale Eindrücke qualitativ ausdrücken. Prädikate stehen dabei immer im Zusammenhang mit sprachlich-logischen Feststellungen über Entitäten der realen Welt, die wir über unsere Sinnesorgane wahrnehmen. Prädikate stehen für das, was über ein Objekt zu sagen ist, also seine Eigenschaft. Das damit in Verbindung stehende Wissen lässt sich in einem sogenannten Schema zusammenfassen. Der Begriff *Schema* wurde ursprünglich von (Bartlett 1932) eingeführt und bezeichnet das Wissen von Menschen, etwa über ein Individuum, ein Objekt, ein Ereignis oder eine Handlung.

Ein Schema stellt somit eine kognitive Struktur dar, welche in sich selbstständig ist (z. B. (Rumelhart 1980, Schank und Abelson 1977)), und damit die Verarbeitung seiner Informationen bestimmt. Das heißt, dass ein Schema in seiner Beschreibung abgrenzbar ist und als Einheit funktioniert, was wiederum bedeutet, dass seine es definierenden Bestandteile zur gleichen Zeit aktiviert werden. Schemata lassen sich durch Reize von außen oder über Beziehungen zu anderen Schemata von innen aktivieren.

Mandel und Spada (1988) unterscheiden sechs charakteristische Merkmale für Schemata:

> **1)** Schemata sind kognitive Strukturen, in denen allgemeines Wissen im Gedächtnis repräsentiert ist. Das Wissen über typische Zusammenhänge in einem Realitätsbereich ist in Schemata organisiert.
> **2)** Schemata weisen Variablen auf, die unterschiedliche Werte annehmen können.
> **3)** Schemata können ineinander eingebettet sein.
> **4)** Schemata enthalten sowohl episodisches als auch generisches Wissen.
> **5)** Schemata haben sowohl eine Struktur-, als auch eine Prozesskomponente.
> **6)** Schemata repräsentieren Wissen unterschiedlichster Inhaltsbereiche.

Mit einem Schema werden die mentalen Vorstellungen, wie wir sie im ersten Kapitel im aristotelischen Sinne diskutiert haben, mit einer Realdefinition einer symbolischen Beschreibung verknüpft. Ein bestimmter Gegenstand lässt sich damit einer Kategorie oder Gattung zuweisen, welche diese definiert.

Wenn wir uns mit einem Freund oder einer Kollegin über etwas unterhalten, dann neigen wir dazu, uns das ausgesprochene Etwas, sei es ein Gegenstand, ein Individuum oder eine bestimmte Situation, vorzustellen. Wenn wir diese Imaginationen beschreiben wollen, so greifen wir meist auf qualitative und quantitative Prädikate zurück, welche die wesentlichen Imaginationen sprachlich-logisch wiedergeben und die in einer Schemabeschreibung zusammengefasst werden können. Betrachten wir uns dazu folgendes Szenario:

> „Als Rudi den Schlüssel in die Haustür steckt, wird er bereits stürmisch von Cindy und Bert empfangen. Nachdem er seinen Mantel abgelegt hat, zerren ihn die Kinder ungeduldig ins Wohnzimmer. Dort brennen bereits die Kerzen, Weihnachtslieder erfüllen dem Raum und es duftet nach Zimtgebäck."

Beim Durchlesen dieser Kurzgeschichte fällt es uns sicherlich nicht schwer, uns die Situation vor Augen zu führen. Die spärlichen Aussagen im Text wirken dabei wie ein Schlüssel, der eine Tür zu unseren mentalen Modellen aufschließt und uns das beschriebene Szenario noch viel umfangreicher, gegenständlicher und detailreicher vergegenwärtigt.

Wir stellen uns wahrscheinlich vor, dass die Szene am Abend spielt, möglicherweise an Heiligabend. Wir können darüber hinaus vermuten, dass Rudi von seinen Kindern empfangen wird und die Kinder aufgrund ihres Verhaltens ein bestimmtes Alter haben müssen. Es ist weiter anzunehmen, dass die Kinder nicht allein zu Hause sind, sondern ihre Mutter, Rudis Frau Anke, die Musik eingeschaltet und die Kerzen angezündet haben muss. Wir haben womöglich eine facettenreiche detaillierte Vorstellung von der gesamten Szene im Kopf.

### 2.6.2 Frames als Denkmodell

Dem Leitgedanken von Aristoteles „Was ist da und was kann ich über das sagen, was da ist" folgend, führte Marvin Minsky 1974 in seinem einflussreichen Aufsatz „A framework for representing knowledge" den Begriff *Frame* als Grundlage für ein intuitives Denkmodell in die Künstliche Intelligenz ein. Frames sind nichts anderes als Schemata, die in ihrem Zusammenspiel ein komplexes Netzwerk mentaler Konzepte repräsentieren. Sie simulieren – wie in Abbildung 2.5 nachgestellt – somit Denkprozesse. Die Knoten des Netzwerks repräsentieren die Schemata und die Kanten die Wechselwirkungen zwischen diesen.

**Abb. 2.5** Ein Framesystem als intuitives Denkmodell.

Jedes Frame bezeichnet ein mentales Konzept und beschreibt es durch Einbeziehung visueller oder auditiver Sinneseindrücke, die es von anderen Konzepten differenzieren. So könnte unser Beispiel in ähnlicher Weise bereits von uns selbst erlebt worden oder Teil einer Szene sein, die wir vielleicht schon einmal in einem Film gesehen haben. Dies kann dazu führen, dass wir uns Dinge gedanklich ausmalen können, die gar nicht in den Aussagen unserer Kurzgeschichte enthalten sind, etwa die Vorstellung des Raumes, der

Garderobe, an die Rudi seinen Mantel hängt, das heimelige Licht des Wohnzimmers, das Zimtgebäck in einer Schale auf einem Tisch usw.

Frames sind uniforme Objekte oder Konzeptrepräsentationen, welche die verschiedenen Ausprägungen ihrer begrifflichen Bedeutung beschreiben. Sie wirken dabei wie Filter, die wesentliche Sinneseindrücke mit dem mentalen Kontext, in dem Objekte stehen, verbinden. So könnte man sich vorstellen, dass man Rudi auf Grundlage von beispielsweise Vorname, Nachname, Geburtsdatum, Geschlecht, Größe und Gewicht sowie Haarfarbe beschreibt. Das entsprechende Objekt in Frame-Darstellung ist in Abbildung 2.6 dargestellt.

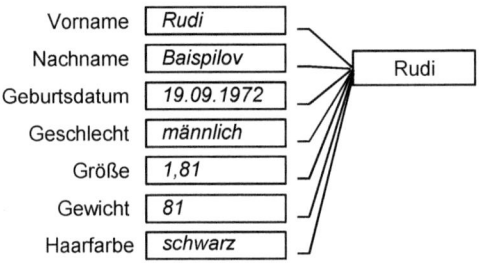

**Abb. 2.6** Beispielhafte Beschreibung des Objektes „Rudi" als schematisiertes Frame.

Jedes Frame hat zunächst einen Bezeichner, der das dahinterstehende Konzept beschreibt. In vielen Fällen verwendet man dazu einen eindeutigen Namen, wie einen Identifikator (ID) oder einen regulären Ausdruck. Bei Semantischen Technologien, die im Internet ihre Anwendung finden, werden dazu gerne URIs verwendet. Die sogenannten Uniform Resource Identifier (URI) folgen einer bestimmten, weltweit genutzten Standard-Syntax und sind eindeutig, was den Vorteil hat, dass damit jede betrachtete Ressource auch eindeutig ansprechbar ist. Wir kennen diese URI von unserem Computer, wo wir Dateien auf diese Weise benennen (z. B. file://Dokumente/Buchmanuskript/Kapitel2) oder von der Adresse, über die wir eine Website aufrufen (z. B. http://de.wikipedia.org/Frames).

In unserem Fall halten wir uns der Einfachheit wegen an die gewählten Objektbezeichnungen unseres Diskursbereiches. Die Eigenschaften sind mit einem Prädikat oder Attribut in Fächern beschrieben und können einen Wert besitzen.

Als Minsky Frame-Systeme einführte, war er war überzeugt, dass das vorgeschlagene Modell dem menschlichen Denken (wie wir es aus der Kognition kennen) bereits sehr nahe kommt. Er sah dies insbesondere darin begründet, weil Frames es erlauben, Objekte eines Problembereichs ähnlich der realen Welt auf Grundlage von Eigenschaften oder Prädikaten zu gliedern oder zu abstrahieren sowie ihre Wechselwirkungen zu repräsentieren.

Frames können aber nicht nur Objekte systematisch beschreiben. Auch zeitliche Aspekte lassen sich strukturell repräsentieren, wie der Ablauf einer Weihnachtsfeier oder die Reihenfolge der Aktionen beim Backen von Zimtgebäck oder der Besuch eines Restaurants (vgl. Abschnitt 2.8).

## 2.6 Frames

Frames sind also nichts anderes als modulare Beschreibungen deklarativer und prozeduraler Aspekte unserer Wahrnehmung, die sich im kognitiven Zusammenhang abrufen lassen. Es ist offensichtlich, dass mit dem Ansatz von Minsky zwei wesentliche Aspekte der Wissensrepräsentation abgedeckt werden:

> - Frames sind abstrakte Informationseinheiten, mit deren Hilfe sich stereotype Wissen strukturell beschreiben lässt.
> - Durch Vernetzung mit anderen Frames können Zusammenhänge und Wechselwirkungen und damit komplexe Sinneseindrücke dargestellt werden.

Wir haben Rudi am Anfang dieses Kapitels kurz vorgestellt, wir können ein Zimtgebäck beschreiben, wir wissen, dass Heiligabend ein Ereignis ist usw., aber alle diese Aspekte erlangen ihre individuelle Bedeutungsfülle erst im inhaltlichen Zusammenhang der beschriebenen Szene.

Auffallend ist, dass es scheinbar Konzepte mit unterschiedlichem Abstraktionsgrad gibt. Dies wird deutlich, wenn wir uns bewusst werden, dass nicht nur Rudi der Beschreibung in Abbildung 2.6 folgt, sondern Anke nach dem gleichen Muster beschrieben werden kann. Gleiches gilt für andere Personen in unserer Beispieldomäne, wie Gesine, Cindy oder Bert.

### 2.6.3 Klassifikation

Folglich wäre es sinnvoll, alle Personen in einem Frame zusammenzufassen, welches die gemeinsamen Eigenschaften der beschriebenen Konzepte als Schablone zur Verfügung stellt. Solche Musterframes nennt man *Klassen*. Eine Klasse ist also ein „wertloses" Frame, das für eine Menge individueller Objekte angibt, welche Eigenschaften diese teilen. Mit dem Konzept „Mensch" können entsprechend alle Personen, egal ob männlich oder weiblich, ob jung oder alt, zusammengefasst werden. Sollte zwischen männlichen oder weiblichen Personen weiter unterschieden werden (müssen), kann man, statt eines einzelnen Faches über das Geschlecht, die Konzepte „Mann" und „Frau" einführen. Die Zusammenfassung von gleichartigen Frames zu einer Klasse nennt man *Klassifikation*.

Abbildung 2.7 beschreibt die Klasse Mensch mit den bereits für das Objekt „Rudi" verwendeten Eigenschaften, die in Fächern angeordnet sind. Alle individuellen Ausprägungen dieser Klasse, also in unserer Domäne die bisher bekannten Menschen, werden so klassifiziert und besitzen ebenfalls diese Eigenschaften. Die Fächer bei den einzelnen Personen sind selbstverständlich – wie bei Rudi – entsprechend alle mit konkreten Werten gefüllt.

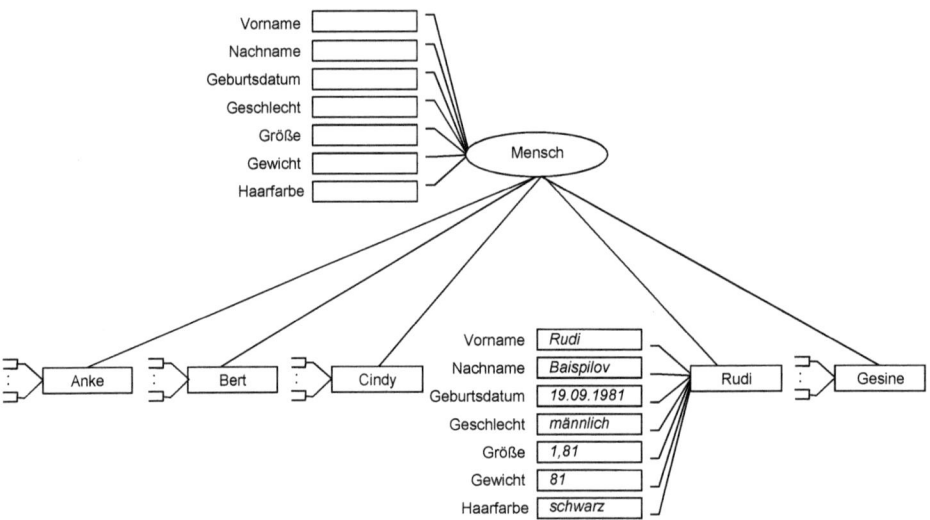

**Abb. 2.7** Klassifikation von Frames.

## 2.6.4 Generalisierung und Spezialisierung

Klassen in Framesystemen wirken wie Erfahrungswissen, wie wir es bei der Interpretation der Kurzgeschichte anwenden, um Eigenschaften abzuleiten und Zusammenhänge zu erkennen. Dies gilt nicht nur für die beteiligten Personen. Dazu wollen wir unser Beispiel um eine weitere Beschreibung erweitern:

„Zimtgebäck bezeichnet ein Objekt, das ein Nahrungsmittel darstellt. Genauer gesagt gehört es zu Backwaren, die von Menschen hergestellt und begrenzt haltbar sind. Wann immer es dem Prozess des Essens unterzogen wird, existiert es nicht mehr. Das Zimtgebäck, das an Heiligabend bei Rudi im Wohnzimmer steht, hat Anke tags zuvor gebacken. Sie verwendete dabei Zutaten wie ..."

Beispielsweise wissen wir grundsätzlich, dass Zimtgebäck etwas zum Essen ist und wie alle anderen Formen von Gebäck zunächst gebacken werden muss, um als Gebäck zu gelten. Dieser Kenntnis zugrunde liegen Erfahrungen, die wir in der Vergangenheit gemacht haben und die es uns erlauben, zu abstrahieren bzw. zu generalisieren und das gelernte, verallgemeinerte Wissen auf vorliegende Daten anzuwenden. Dabei entstehen Verkettungen von Unter- und Oberbegriffen, wie:

Der Begriff „Nahrungsmittel" ist eine Verallgemeinerung für „Backwaren" was wiederum eine umfassendere Bezeichnung für „Zimtgebäck" darstellt.

Der Bezeichner „Nahrungsmittel" ist also ein Oberbegriff (*Hyperonym*) von „Backwaren" und „Zimtgebäck" ist ein Unterbegriff (*Hyponym*) davon. Die schrittweise Abstraktion der Begriffsbeschreibung führt zu einer Hierarchie von Klassen.

In Framesystemen gibt es verschiedene Vorgehensweisen, solche Klassenhierarchien aufzubauen. Man kann einerseits vom Speziellen zum Allgemeinen gehen. Den Prozess nennt man Generalisierung. Objekte werden verschieden klassifiziert, die resultierenden Klassen werden sukzessive abstrahiert und während des Verallgemeinerungsprozesses in einer baumartigen Hierarchie zusammengefasst. Klassen besitzen demnach eine Oberklasse, wenn eine Verallgemeinerung für sie existiert. Mit einer Generalisierung verbunden ist die Extraktion von gemeinsamen Eigenschaften und deren Verlagerung in die Oberklasse.

Den umgekehrten Prozess nennt man Spezialisierung. Er beinhaltet die Verfeinerung der Klassen durch Verwendung von Unterbegriffen und Ergänzung der resultierenden Unterklasse mit weiteren, unterscheidenden Eigenschaften. Eine Klasse hat demnach eine Unterklasse, wenn es eine Spezialisierung davon gibt.

Generalisierung findet oft dann statt, wenn eine begrenzte Menge realer Objekte vorliegt, beispielsweise bei Klassifikationsproblemen. Die Objekte werden zunächst untersucht und aufgrund differenzierender Merkmale in Klassen getrennt. Die entstehenden Klassen werden entsprechend genauso behandelt, so dass nach und nach – wie in Abbildung 2.8 (a) – ein Klassenbaum entsteht. Spezialisierung ist ein typisches Instrument zur Top-Down-Beschreibung von Domänen, bei der Klassen bereits initial feststehen und sich systematisieren lassen, um die Objekte der Domäne aufgrund gemeinsamer Merkmale zu charakterisieren (vgl. Abbildung 2.8 (b)).

Falls zu einem späteren Zeitpunkt neue Objekte hinzu genommen werden müssen, so kann dies die bestehende Klassenhierarchie beeinflussen. Wie in Abbildung 2.8 (c) dargestellt, müssen eventuell neue Klassen eingeführt und in die Hierarchie eingebunden werden. Das Einbinden kann unter Umständen auch dazu führen, dass Veränderungen in der Fächerstruktur der bestehenden Klassen vorgenommen, d. h. neue Fächer eingeführt oder bestehende Fächer verfeinert oder überschrieben werden müssen (siehe auch Überdeckungsbeziehung, Abschnitt 2.7.1).

Frames sind also schematische Wissensstrukturen mit unterschiedlichem Abstraktionsgrad. Man kann davon ausgehen, dass je allgemeiner ein Objekt ist, das beschrieben wird, desto unterspezifizierter bleiben dabei seine Eigenschaften. Je spezieller man jedoch Objekte betrachtet, umso mehr werden sie mit Daten angereichert.

### 2.6.5 Vererbung

Manche Eigenschaften, beispielsweise dass Backwaren und Zimtgebäck nach einer gewissen Zeit ungenießbar werden, müssen – wie bereits angedeutet – daher nicht in jeder betreffenden Klasse explizit definiert werden. Es genügt zu wissen, dass alle Nahrungsmittel ein Haltbarkeitsdatum haben. Andere Eigenschaften, wie etwa den „Bäcker" des köstlichen Zimtgebäcks auf Rudis Wohnzimmertisch können erst dann beschrieben werden, wenn das entsprechende Objekt erzeugt wurde.

An diesem Beispiel wird deutlich, dass sich gewisse Objekte auf Grundlage bestimmter Begriffe zu Klassen, Konzepten oder Schemata zusammenfassen lassen, die allgemeine

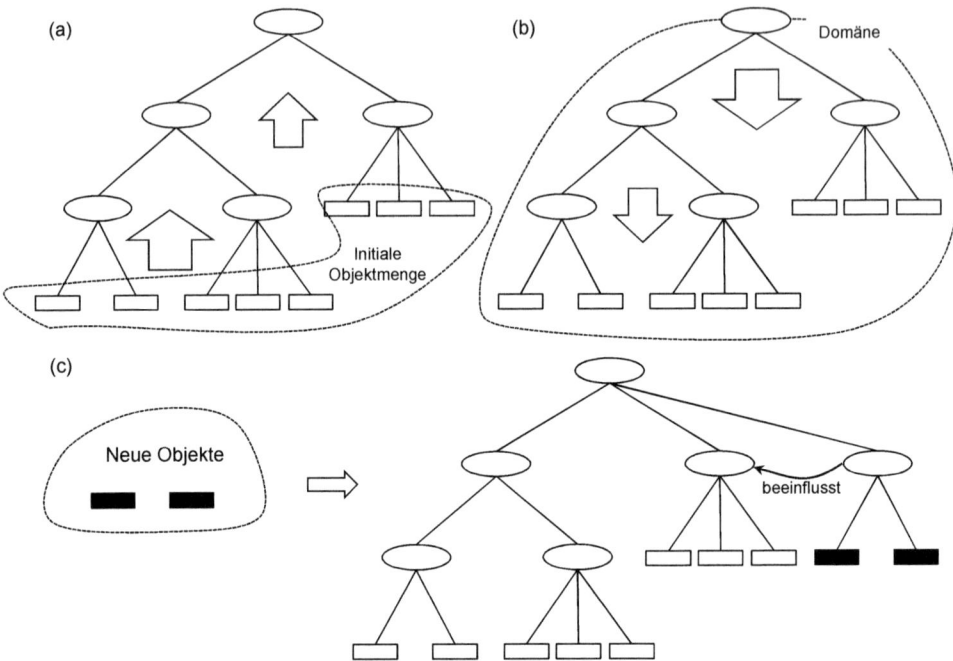

**Abb. 2.8** Aufbau und Veränderung von Klassenhierarchien, (a) Generalisierung, (b) Spezialisierung und (c) nachträgliche Aufnahme neuer Objekte.

Beschreibungen oder Muster ihrer Exemplare oder Ausprägungen darstellen. Es reicht dabei aus, alle dieser Klasse, dieses Konzeptes oder diesem Schema innewohnenden Eigenschaften nur einmal, möglichst an der Stelle zu beschreiben, wo sie als allgemeingültig für alle daraus abgeleiteten Spezialisierungen gelten; in unserem Beispiel also etwa die Eigenschaft „Haltbarkeitsdatum" bei der Klasse „Nahrungsmittel".

Da es verschiedenste Nahrungsmittel gibt, lassen sich wiederum speziellere Klassen daraus ableiten. Solche Klassen, wie „Fleisch", „tierische Produkte", „pflanzliche Produkte", „Gewürze", „Getreide", „Obst", „Gemüse" oder aber „Backwaren" erben diese Eigenschaft sozusagen von ihrer jeweiligen Oberklasse, ohne weiteres Zutun. Eine Vererbung ist damit eine Strukturbeziehung zwischen Klassen, die konstitutiv für alle abgeleiteten Exemplare ist.

In den entstehenden neuen Klassen können dann weitere Fächer mit spezielleren Eigenschaften, wie z. B. „Zutaten" und „Hersteller" bei „Backwaren" enthalten sein, welche wiederum an die Unterklasse „Zimtgebäck" vererbt werden. Eine Unterklasse ist also vollständig konsistent mit ihrer Oberklasse, erweitert diese jedoch um zusätzliche Eigenschaften. Da eine Unterklasse wiederum Oberklasse von weiteren Unterklassen sein kann, sind mehrere Stufen der Vererbung möglich.

Demnach besitzt die Klasse „Zimtgebäck" Eigenschaften von „Backwaren" aber auch solche, die allen Nahrungsmitteln gemein sind. Zwischen Ober- und Unterklassen besteht eine Hyperonym-Hyponym-Beziehung, die – wie bereits bei den Semantischen Netzen eingeführt – zu den beiden zusammengefassten Aussagen

Zimtgebäck „ist-ein(e)" Backware „ist-ein(e)" Nahrungsmittel

führt, nur mit dem Unterschied, dass die Begriffe Zimtgebäck, Backware und Nahrungsmittel auch strukturierten Konzepten oder Objekten mit Eigenschaften entsprechen. Man nennt solche Klassenhierarchien auch Taxonomien.

Der Begriff Taxonomie leitet sich von den griechischen Wörtern *táxis* und *nomos* ab und bedeutet so viel wie Ordnungsgesetz. Es ordnet Klassen, zwischen denen die Beziehung „ist-ein(e)" eine Oberbegriff–Unterbegriff-Relation definiert. Taxonomien wurden originär in der Biologie verwendet, bei der die Einteilung traditionell in einen bestimmten Rang, wie *Art*, *Gattung* oder *Familie* erfolgt. Der Begriff hat sich aber in den letzten Jahrzehnten auch zunehmend in den Bibliotheks- und Sprachwissenschaften sowie bei den semantischen Technologien etabliert, in denen er zur Begriffsklassifikationen verwendet wird. Auch andere Fachbereiche verwenden den Begriff der Taxonomie allgemein für ein *Klassifikationssystem*, eine *Systematik* oder den Vorgang des *Klassifizierens*. Taxonomien sind ein intuitiv nachvollziehbares Abstraktionskonzept und aus unserer täglichen Arbeit bestens bekannt, z. B. findet man das gleiche Prinzip auch bei der Ordnermetapher im Dateisystem moderner Betriebssysteme wieder. Wir werden uns im nächsten Abschnitt noch intensiver mit Taxonomien beschäftigen.

### 2.6.6 Instanziierung

Natürlich ist das Zimtgebäck von Rudis Frau Anke etwas ganz Besonderes, nicht nur für Rudi, auch in der Betrachtung von Framesystemen. Zunächst ist es natürlich auch ein Zimtgebäck und könnte demnach der gleichen Beziehung „ist-ein(e)" zu der es beschreibenden Klasse genügen. Es gibt jedoch einen wesentlichen Unterschied zu den bisher betrachteten Klassen, die eher den Charakter eines allgemeinen Musters oder einee strukturierten Schablone entsprechen. Ankes Zimtgebäck existiert und ist damit real. Es entsteht und ist da vom Zeitpunkt an, wo es aus dem Backofen genommen wird und existiert damit, hat also eine Lebensdauer, im Allgemeinen, bis es aufgegessen wurde. Solange gilt es als spezielle Ausprägung von Zimtgebäck. In der Fachsprache spricht man auch oft von einer Instanz einer Klasse. Daher gilt auch die Beziehung:

Ankes Zimtgebäck „ist-Instanz-von" Zimtgebäck

Diese Aussage ist für die gesamte Lebensdauer von Ankes Zimtgebäck gültig oder wahr. Zudem hat das Objekt „Ankes Zimtgebäck" mit dem Moment seiner Fertigstellung oder Erzeugung einen individuellen Hersteller (Anke), ein Haltbarkeitsdatum (23. Januar) und gewisse Zutaten (Butter, Eier, Haselnüsse, Mehl, Zucker, Zimtpulver, ...), die wir wie in Abbildung 2.6, wo wir Rudi beschreiben, in die jeweiligen Fächer eintragen.

Wie man gut erkennen kann, sind Teile einer Instanz *existenzabhängig*. Die Herstellung von Zimtgebäck erzeugt auch seine Bestandteile. Die Löschung einer Instanz löscht auch deren Komponenten. Wenn also das Zimtgebäck aufgegessen wurde, dann auch seine Zutaten. Man spricht in solchen Fällen auch von echter Aggregation oder Komposition.

Man kann an diesem Beispiel sehr schön erkennen, wie ein solches Netzwerk entsteht, da nicht nur in diesem Fall die deklarativen Einträge in den Fächern, also Butter, Eier, Haselnüsse, Mehl, Zucker, Zimtpulver usw., selbst wieder Beschreibungen für Klassen oder Instanzen sein können. So könnten beispielsweise weitere Beziehungsketten wie die folgenden gelten:

Eier „ist-ein(e)" tierisches Produkt „ist-ein(e)" Nahrungsmittel,
Zimt „ist-ein(e)" Gewürz „ist-ein(e)" Nahrungsmittel, oder
Anke „ist-Instanz-von" Mensch „ist-ein(e)" Lebewesen.

Wenn Instanzen erzeugt werden, lassen sich ihre Eigenschaftsfächer nicht immer ohne Weiteres mit Werten belegen. In unserem Beispiel ergeben sich die Werte für Hersteller und Zutaten von „Ankes Zimtgebäck" entweder aus der Beobachtung, aus Fragen an Anke, welche Zutaten sie verwendet hat, oder indem wir die Angaben einfach aus Ankes Rezeptsammlung entnehmen. Für die Bestimmung der Haltbarkeitsdauer ist die Situation aber nicht ganz so einfach. Diese lässt sich, wenn überhaupt, nur aufgrund von Erfahrungswerten berechnen. Im Beispiel enthält das Fach „Haltbarkeitsdatum" im einfachsten Fall also eine Operation, die z. B. zum Fertigstellungsdatum vier Wochen dazu addiert und das berechnete Datum dann in das entsprechende Fach der Instanz „Ankes Zimtgebäck" einträgt.

Natürlich können solche Operationen beliebig komplex sein. So ist ein Haltbarkeitsdatum von vielen Aspekten gleichzeitig abhängig, etwa den Zutaten und deren Haltbarkeitseigenschaften oder von Umwelteinflüssen, wie Temperatur, Feuchtigkeit und Lichteinflüssen. Man kann sich also sehr komplizierte Operationen vorstellen, deren Daten vom Menschen erst eingegeben werden müssen, aus Datenbanken, Prozessbeschreibungen oder von Sensoren stammen, wobei bei letzteren vielleicht die Werte in den Fächern der Instanz nicht nur einmal, sondern periodisch aktualisiert werden müssen.

## 2.7 Taxonomien

Viele Semantische Technologien setzen auf dem Schema-Gedanken zur Wissensrepräsentation auf. Am Anfang steht dabei oft eine Taxonomie, auf Grundlage derer sich die relevanten Objekte in einer Ober- und Unterklassen-Beziehung beschreiben lassen. Bei der Interpretation einer Taxonomie wird ein geschlossenes und eindeutiges (oder auch kontrolliertes) Vokabular vorausgesetzt, dieses setzt sich aus einer Menge von Termen zusammen, welche die Konzepte eines Diskursbereichs beschreiben.

## 2.7.1 Multi-perspektivische Schemahierarchien

Taxonomien reichen in der Realität jedoch noch nicht aus, um natürliche Denkprozesse im Sinne mentaler Gedankengänge nachzubilden. Wenn wir uns unsere Beispielwelt mit Rudi, seinem Arbeitgeber und seiner Familie vergegenwärtigen, so werden wir feststellen, dass diese Welt, in Abhängigkeit von Blickwinkel und Ausschnitt, ganz anders erscheinen kann. Assoziationen und Imaginationen sind multi-perspektivisch und erlauben subjektive Anschauungen und Sichtweisen auf bestimmte Konzepte der Welt.

Nehmen wir Rudi: Rudi ist in seiner Rolle bei der CarFS eine Instanz der Klasse Sachbearbeiter, deren Oberklasse die Klasse Angestellter ist, die eine Spezialisierung der Klasse Arbeitnehmer darstellt, welche wiederum eine spezielle Gruppe von Erwerbstätigen repräsentiert. Diese Taxonomie ist in Abbildung 2.9 dargestellt.

Für alle Klassen der Taxonomie lassen sich Fächer definieren, welche die Eigenschaften der jeweiligen Instanzen enthalten. Angestellte sind Arbeitnehmer und erben daher die Eigenschaften Vertragsstatus, Vertragslaufzeit, Urlaubstage, Arbeitszeit und Monatsabrechnung. Gleiches gilt für die benachbarten Unterklassen Arbeiter und Beamte. Arbeiter, Angestellte und Beamte habe allesamt die gleichen Arbeitnehmerattribute.

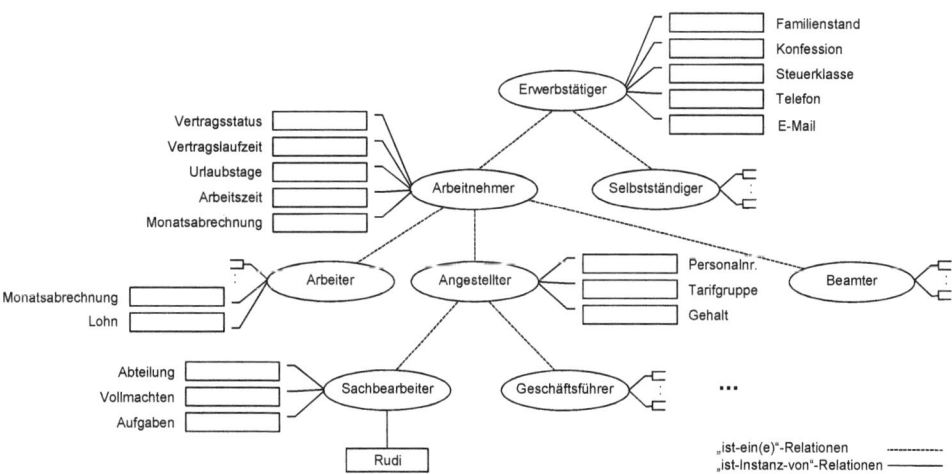

**Abb. 2.9** Taxonomie zur Beschreibung von „Erwerbstätigen".

Auffallend ist, dass in Abbildung 2.9 bei der Klasse Arbeiter nochmals das Fach Monatsabrechnung auftaucht, obwohl dieses bereits in der allgemeineren Klasse Arbeitnehmer angegeben ist. Das bedeutet, dass die beiden Spezialisierungen der Klasse Arbeitnehmer, Angestellte und Beamte, die Eigenschaft ererben, für die Unterklasse Arbeiter jedoch verändert wurde. Ein solcher Fall trifft zu, wenn die verallgemeinernde Eigenschaft der Oberklasse nicht passt und für die Unterklasse Besonderheiten gelten. Daher wird die Klasseneigenschaft neu definiert. Sie überdeckt damit die entsprechende Eigenschaft der Oberklasse. Man spricht daher auch von einer *Überdeckungsbeziehung* zwischen Unterklasse und Oberklasse.

Die Erklärung für diese Überdeckungsbeziehung im konkreten Beispiel in Abbildung 2.9 liegt darin begründet, dass es in Rudis Unternehmen, der CarFS, nicht nur Angestellte gibt. In der Posteingangsstelle sitzen auch Arbeiter, welche im Zweischichtbetrieb die vielen Zehntausend täglich eingehenden Dokumente (Anträge, Kündigungen, Adressänderungen, Schadenberichte, Gutachten, ...) bearbeiten und die prozessrelevanten Daten in Datenmasken am Bildschirm eingeben müssen. Für sie gilt eine spezielle Form der Monatsabrechnung, die sich von den Angestellten der CarFS unterscheidet. Dies hängt mit den Besonderheiten der Entgelte im Schichtbetrieb, z. B. spezielle Zuschläge, und der damit verbundenen Abrechnungsweise zusammen. Die Überdeckung führt in diesem Fall also dazu, dass die Definition der Monatsabrechnung der Klasse Arbeitnehmer in der Unterklasse Arbeiter außer Kraft gesetzt wird und andere Regeln und Modalitäten den individuellen Arbeitslohn berechnen.

Da Rudi eine Instanz der terminalen Klasse der Hierarchie entspricht, besitzt das entsprechende Objekt alle Eigenschaften von Erwerbstätigen, Arbeitnehmern, Angestellten und Sachbearbeitern gleichzeitig. In seinen Fächern sind – wie in Abbildung 2.10 veranschaulicht – dementsprechend konkrete Werte eingetragen.

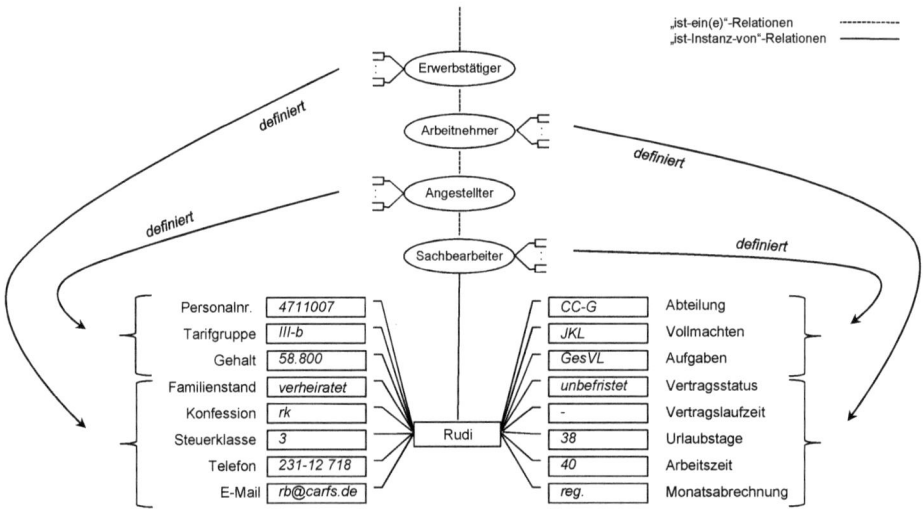

**Abb. 2.10** Instanz „Rudi" mit entsprechender Wertebelegung.

Jede der Klassen in Abbildung 2.10 definiert einen Teil der Eigenschaften, die den Erwerbstätigen Rudi beschreiben. Man kann die taxonomische Beschreibung von Rudi auch wieder in der umschreibenden Form lesen:

Rudi „ist-Instanz-von" Sachbearbeiter „ist-ein(e)" Angestellter „ist-ein(e)" Arbeitnehmer „ist-ein(e)" Erwerbstätiger.

## 2.7.2 Probleme bei unterschiedlichen Rollen

Rudi hat in der Welt, in der er lebt, jedoch noch ganz andere Rollen, die teilweise oder vollständig unabhängig von seiner beruflichen Tätigkeit sind. Folglich könnte Rudi, je nach Zielsetzung, auch unter den Aspekten seiner sozialen oder biologischen Rolle betrachtet werden, die wiederum anderen Generalisierungsaspekten folgen, etwa:

> Rudi „ist-Instanz-von" Vater „ist-ein(e)" Elternteil „ist-ein(e)" Lebewesen, oder
> Rudi „ist-Instanz-von" Mensch „ist-ein(e)" Säugetier „ist-ein(e)" Wirbeltier.

Die Frage stellt sich, wie man diese neuen Aspekte in die bestehende Wissensrepräsentation einbeziehen kann. Das Problem, mit dem wir uns damit auseinandersetzen müssen, stellt keine einfache Erweiterung einer bestehenden Taxonomie mehr dar. Die Klasse Mensch könnte man noch als Verallgemeinerung eines Erwerbstätigen ansehen, jedoch müsste man dann auch eine Klasse Nichterwerbstätige einführen, was nicht besonders elegant wäre. Noch mehr Schwierigkeiten hätten wir mit der sozialen Rolle von Rudi, denn nicht jeder Vater ist erwerbstätig und auch ist nicht jeder Erwerbstätige gleichzeitig Vater. Eine einfache Erweiterung der Taxonomie in Abbildung 2.9 ist daher sehr schwierig und nicht widerspruchsfrei zu lösen.

Eine Option, die sich anbietet bestünde darin, die Taxonomie mit einer allgemeineren Klasse so zu erweitern, dass alle drei Rollenkonzepte abbildbar sind. Aber auch diese Lösung ist, wie Abbildung 2.11 darlegt, nicht befriedigend, da Rudi als Konsequenz unterschiedlichen Konzepten entsprechen und über die Vererbung entlang der jeweiligen Klassenhierarchie ganz oder teilweise andere Eigenschaften besitzen würde. Rudi würde also in Form von mehreren Instanzen existieren, obwohl es sich um ein und dasselbe Individuum handelt, was in der Wissensbeschreibung nicht abbildbar ist.

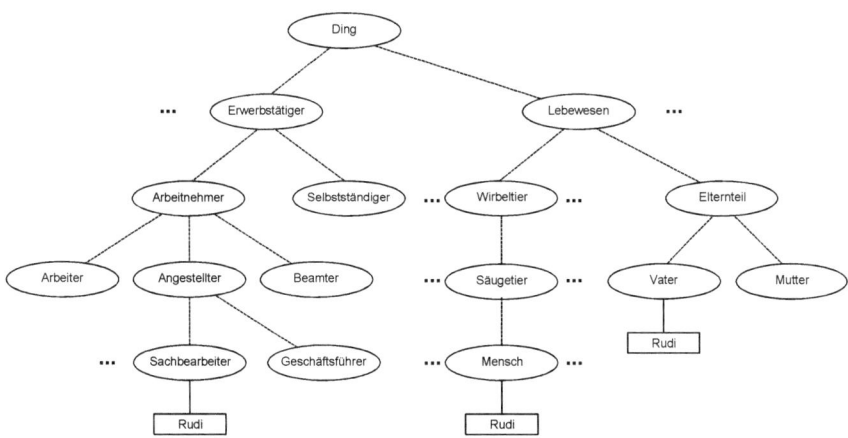

**Abb. 2.11** Erweiterte Taxonomie mit Rollenbeschreibungen.

Das Problem der Taxonomie ist also die inhärente Annahme, dass die Klassen sich auf jeder Ebene gegenseitig ausschließen, in ihrer Gesamtheit aber abdeckend sind.

Das Beispiel in Abbildung 2.11 macht folgende Aussage: Ein Ding ist ENTWEDER ein Erwerbstätiger ODER ein Lebewesen, nicht aber beides, denn nur so erreicht die Taxonomie die effiziente Unterteilung des Suchraums, was in der Praxis, wie das Beispiel zeigt, eben nicht immer funktioniert.

Wir werden später sehen, dass es mit Thesauri und Topic Maps noch zwei Ansätze gibt, die im Bereich Semantischer Technologie eingesetzt werden und die es erlauben, weitere Beziehungen zwischen Begriffen einer Taxonomie einzuführen. Wir wollen diese jedoch erst später (vgl. Kapitel 3) behandeln und uns im Folgenden zunächst noch ein wenig mit dem Schemagedanken auseinandersetzen.

Bisher haben wir uns mit Schemata beschäftigt, die auf Grundlage von Frames Objekte und deren Eigenschaften beschrieben haben. Wir haben jedoch bereits erwähnt, dass viele sprachliche Akte auch Wissen über Ereignisse und deren zeitliche Abfolge enthalten.

## 2.8 Conceptual Dependencies

In den 1970er Jahren begann Roger C. Schank, Professor an der Yale University in Connecticut die sogenannte Conceptual Dependency Theory (CDT) zu entwickeln. Dem Schemagedanken von Bartlett folgend (vgl. Abschnitt 2.6.1), entwarf er ein System zur Darstellung der Bedeutung von sprachlichen Äußerungen. In ihrem Buch *„Scripts, plans, goals and understanding"* schlagen Schank und Abelson (Schank und Abelson 1977) einen umfassenden Ansatz vor, bestimmte Ereignisabläufe bzw. musterhafte Standardszenen strukturiert zu repräsentieren. Shank bezeichnet diese speziellen Schemata als *Scripts*. Scripts beschreiben stereotype Verhaltensweisen und Kommunikationsformen in vertrauten situativen Kontexten, wie z. B. die Abfolge der Tätigkeiten beim Backen von Zimtgebäck, die Handlungsfolge beim Abschluss von Leasinganträgen bei der CarFS oder das Benutzen der S-Bahn zwischen Ottobrunn und München.

Solche mentalen Drehbücher liefern Anweisungen darüber, wie man sich in einer bestimmten Situation verhält und handelt. Schank hat sich dabei intensiv mit dem Aspekt des Lernens auseinandergesetzt, und Scripts zunächst einzelfallspezifisch oder kulturabhängig betrachtet, um die gelernten Muster sozusagen „zu entkulturalisieren", d. h. sie so zu verallgemeinern, dass sie als generisches Ablauf- oder Prozesswissen repräsentiert und im Kontext abgerufen werden können. Damit simulieren Scripts menschliches Verhalten. Mit anderen Worten: So wie wir selbst in unseren mentalen Strukturen Handlungen durch mehrmaliges Wiederholen anpassen und erneut durchführen, wissen wir dann in gegebenen Situationen einfach, was von uns erwartet wird bzw. was sich gehört.

Scripts sind demnach eine Art von Erfahrungswissen, das wir nach einer gewissen Zeit internalisiert haben und anwenden können. Ein Script hat einen allgemeinen Aufbau, der folgende Informationen zusammenfasst:

## 2.8 Conceptual Dependencies

> - Art des Scripts
> - beteiligte Entitäten, als „Dinge", die in der (Ab)handlung vorkommen
> - Rollen beteiligter Akteure
> - Vorbedingungen, die gelten müssen, damit die Ereignissequenz der Handlung stattfinden kann
> - Nachbedingungen, die bestehen, nachdem die Ereignissequenz abgeschlossen ist
> - Ereignisse, welche die (Ab)handlung bestimmen, wobei die Ereignisse selbst rekursiv definiert sein können, also verfeinerte Schemata darstellen, in welchen weitere Scripts beschrieben sind.

### 2.8.1 Handlung und Zustand

Jedes Script enthält eine detaillierte Beschreibung der Ereignisse und Aktionen und der jeweils beteiligten Akteure, die mit den Rollen beschrieben sind. Die den Scripts zugrunde liegende Conceptual Dependency Theory greift dazu auf eine relativ einfache Notation zurück. Sprachliche Äußerungen entsprechen entweder Begriffen, die für eine Handlung stehen (*active conceptualization*) oder die einen aus einer Handlung resultierenden Zustand (*stative conceptualization*) adressieren. Man verwendet dazu die folgenden Schreibweisen:

$$\text{Aktor Aktion Objekt Richtung [Instrument]}$$
$$\text{Objekt (ist in) Zustand [mit Wert].}$$

Mit *active conceptualizations* lassen sich Ereignisse ausdrücken, wie etwa „Rudi fährt mit der S-Bahn von Ottobrunn nach München". Auf solche Ereignisse und ihre Modellierung wollen wir uns in den nächsten Abschnitten beschränken, um die Möglichkeiten von Scripts zu beschreiben.

### 2.8.2 Handlungsoptionen

Ähnlich wie in anderen bereits diskutierten Wissensrepräsentationsformen stehen *Actor* und *Object* für Individuen und Entitäten, die mit Eigenschaften beschrieben sind. Die Aktionsmenge eines Scripts umfasst eine Menge „primitiver" Aktionen, die ausdrucksstark genug sind, um sämtliche sprachliche Äußerungen semantisch abzubilden. Die Aktionen werden, ähnlich wie Computerbefehle, durch mnemonische Kürzel bezeichnet, die da sind:

| | |
|---:|:---|
| **ATRANS:** | Übertragung einer Beziehung zu einem Objekt (wie z. B. beim „geben") |
| **PTRANS:** | Physischer Transfer eines Objektes (wie z. B. „bewegen" oder „gehen") |
| **PROPEL:** | Anwendung physischer Kraft auf ein Objekt (wie z. B. etwas „antreiben" oder „schieben") |
| **MOVE:** | Bewegen eines Körperteils durch Akteur (z. B. „treten", „zucken", „kauen") |
| **GRASP:** | Aufnehmen eines Objektes durch einen Akteur (z. B. „ergreifen") |
| **INGEST:** | Einnahme eines Objektes durch einen Akteur (z. B. „trinken", „essen") |
| **EXPEL:** | Ausstoß eines Objektes durch einen Akteur (z. B. „schwitzen", „spucken") |
| **MTRANS:** | Übertragung von Information zwischen Akteuren (z. B. „sprechen") |
| **MBUILD:** | Mentale Erzeugung neuer Information (z. B. durch „entscheiden", „aufschreiben") |
| **CONC:** | Erzeugung von Ideen (z. B. „nachdenken") |
| **SPEAK:** | Erzeugung von sprachlichen Lauten (z. B. „rufen", „vortragen") |
| **ATTEND:** | Sensorische Fokussierung (z. B. „zuhören", „hinsehen") |

Die Aktion **PTRANS** z. B. steht also für eine Ortsveränderung eines Objektes und deckt damit eine ganze Reihe von Verben als **PTRANS**-Handlungsbegriffe ab. „Ich gehe" bedeutet also in der Script-Sprache „ich **PTRANS** mich irgendwohin" oder die Handlung „Ich lege" bedeutet übersetzt „ich **PTRANS** irgendetwas irgendwohin" Die Aktion **ATTEND** umschreibt die Aktion des Ausrichtens eines Sinnesorgans auf einen Reiz, etwa „ **ATTEND** Ohr" ist demnach soviel wie „hören" und „ **ATTEND** Auge" steht für „sehen". Um die gerade gemachte Aussage „Rudi fährt mit der S-Bahn von Ottobrunn nach München" zu beschreiben, kann man sich folgende Bindung der Ereignisvariablen vorstellen:

| | |
|---:|:---|
| Aktor: | Rudi |
| Aktion: | **PTRANS** |
| Objekt: | Rudi |
| Richtung TO: | München |
| Richtung FROM: | Ottobrunn |

Schank hat sich intensiv mit der Sprache auseinandergesetzt und dabei verblüffender Weise festgestellt, dass man also nur ein Dutzend abstrahierender Aktionen (abgesehen von wenigen Ausnahmen) braucht, um eine große Anzahl von Handlungen (durch Verben ausgedrückt) zu repräsentieren. Jede primitive Aktion steht also als Repräsentant einer ganzen Menge von Ereignissen. Scripts repräsentieren also allgemeine Situationen in einer Wissensbasis, die mittels einer Sequenz von Szenen prozessartig beschrieben werden. Die Szenen selbst werden durch eine Sequenz primitiver Aktionen dargestellt, um diese als Muster für die Interpretation von sprachlichen Abhandlungen zu verwenden.

### 2.8.3 Mentale Drehbücher

Betrachten wir dazu wieder eine Situation aus unserer Beispielwelt. Wir wissen allgemein gut darüber Bescheid, wie ein Restaurantbesuch normalerweise abläuft, da wir bereits einige Erfahrungen damit gesammelt haben. Daher wissen wir auch, wie wir situativ agieren und in welcher Reihenfolge dies geschieht. Betrachten wir uns dazu die folgende Abhandlung:

> „Rudi hat sich nach Feierabend in der Münchner Innenstadt zum Abendessen mit seiner Familie verabredet. Er trifft sich mit Anke und den Kindern vor dem Restaurant. Nachdem sie hineingegangen sind, suchen sie einen freien Tisch. Sie finden einen Tisch am Fenster und nehmen Platz, ..."

Man kann den weiteren Ablauf des Abends, d. h. das Bestellen der Speisen, den Verzehr dergleichen, das Ordern der Rechnung und das Bezahlen usw., in der gleichen Form weiter beschreiben, kann aber stattdessen auch ein allgemeines Script für einen Restaurantbesuch erstellen, das die vollständige Ereignisfolge modelliert. Das entsprechende Script ist in Abbildung 2.12 gezeigt.

Die im Beispiel aufgeführten Ereignisse sind noch sehr allgemein gehalten, fassen aber den wesentlichen Ablauf eines Restaurantbesuchs, wie bei einem Drehbuch, in Szenen zusammen. Alle an einer Szene beteiligten Rollen werden explizit festgehalten.

Um die individuellen Szenen weiter zu detaillieren, verwenden wir die von Schank und seinen Mitarbeitern definierten primitiven Aktionen. Sie ermöglichen es uns, eine allgemeine Ereignisfolge festzulegen und als Wissen zu repräsentieren. So lässt sich die erste Szene, also für das Eintreten und Platz nehmen im Restaurant, wie in Abbildung 2.13 darstellen.

Die Ereignisse, die in der Szene beschrieben werden, korrespondieren direkt mit den Verben in der gerade beschriebenen Kurzgeschichte. Das „Eintreten" in das Restaurant entspricht demzufolge einer **PTRANS**-Aktion und das „Platz Nehmen" einem **MOVE**. Alle Ereignisse einer Sequenz werden in der Regel als chronologisch betrachtet, so dass implizit angenommen werden kann, dass sich mit Ausführung einer Aktion auch Zustände z. B. von Akteuren verändern können.

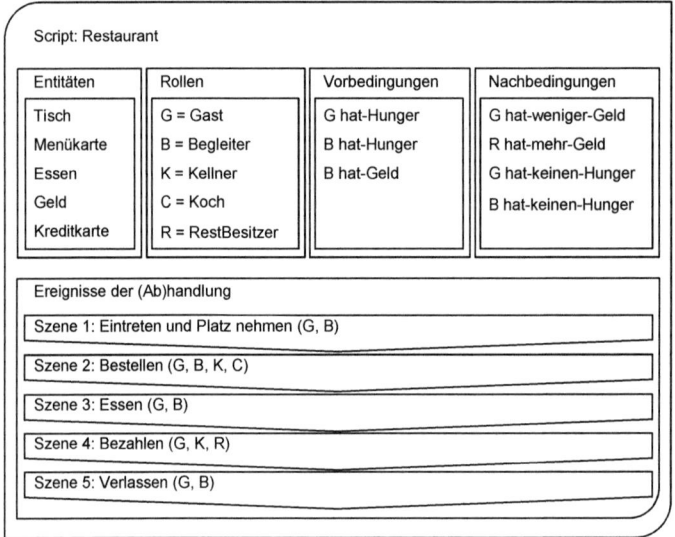

**Abb. 2.12** Exemplarisches Script für den Besuch eines Restaurants.

Während wir für Szene 1 noch eine einfache Sequenz von Ereignissen festlegen können, deren Fortsetzung i. d. R. direkt im Bestellen der Speisen besteht, hängt Letzteres selbst von einigen individuellen Gepflogenheiten des besuchten Restaurants ab. So ist der weitere Fortgang von Szene 2 davon abhängig, ob beispielsweise eine Speisekarte bereits auf dem Tisch liegt, der Kellner diese von sich aus bringt oder gar der Gast den Kellner erst darum bitten muss.

Aus diesem Grund müssen wir solche Optionen als alternative Ereignisse in einer entsprechenden Szenenbeschreibung definieren. Abbildung 2.14 gibt einen Einblick, wie eine Ereignisfolge beim Bestellen von Speisen aussehen könnte. Durch die verschiedenen Ausgangspunkte jeder Option und Abfolgealternativen der Ereignisse im weiteren Fortgang der Szene wird die Scriptbeschreibung für die Szene 2 schon etwas komplexer.

Auch die weiteren Szenen lassen sich in der gleichen Art und Weise beschreiben. Hierzu verweisen wir auf (Schank und Abelson 1977).

Scriptdarstellungen und ihre Beschreibung, wie sie in den Abbildungen 2.12 bis 2.14 exemplarisch aufgegriffen wurden, dienen dazu, natürlichsprachlichen Text zu analysie-

**Abb. 2.13** Ereignisfolge beim Eintreten und Platz Nehmen im Restaurant.

## 2.8 Conceptual Dependencies

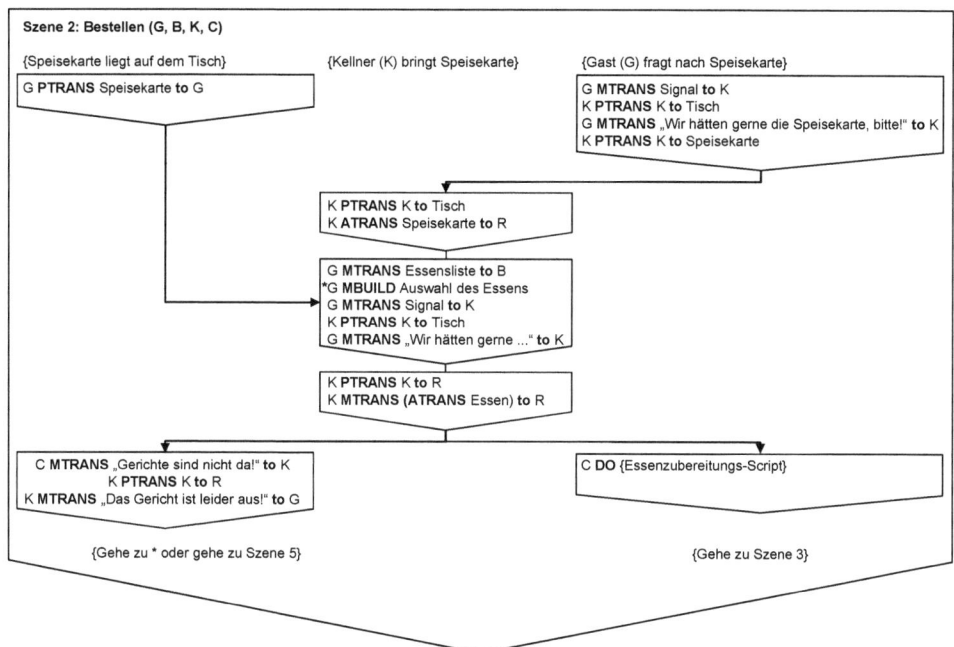

**Abb. 2.14** Ereignisfolge für das Bestellen von Speisen.

ren und ihn mittels Parsing in eine Conceptual Dependency (CD)-Repräsentation zu transformieren. Gängige Natural Language Processing (NLP)-Verfahren gehen dabei i. d. R. mehrstufig vor: Zunächst werden die relevanten Wörter auf Grundlage eines kontrollierten Vokabulars gesucht, um dann daraus – gemäß den Regeln einer vorgegebenen Grammatik – einen Syntaxbaum zu konstruieren. Erst mit diesem Syntaxbaum wird die semantische und pragmatische Bedeutung gewonnen.

Im Gegensatz zu diesem klassischen Vorgehen kommt der CD-Ansatz weitgehend ohne syntaktische Analyse aus, denn wann immer ein Verb des Lexikons im Text auftaucht, wird versucht, dieses an eine Menge von primitiven Aktionen zu binden. Solche *expectations* (als Menge alternativer Bedeutungen), wie sie Schank nennt, werden dann von dem Parser verwendet, um einzelne Aspekte der bisher bestehenden begrifflichen Struktur (bereits gebundene primitive Aktionen einer Szene) zu untersuchen, um bestehende Lücken aufzufüllen oder um neue Strukturen zu binden.

Zusammenfassend kann man sagen, dass Scripts eine spezielle Form von Schemata sind, die Handlungsfolgen repräsentieren können, im Unterschied zu Plänen aber nicht unbedingt ein Ziel benötigen. Sie stellen Wissen in Form von Schablonen zur Verfügung, welche jeweis eine verallgemeinerte Folge von Ereignissen beschreibt, zu welchen eine ganze Menge unausdrückliches Alltagswissen vorausgesetzt ist. Viele Details, wie etwa, dass auch Information zum Tempus einer Aussage mittels CDs abgebildet werden kann, sind hier weggelassen. Schanks Programme berücksichtigen solche Details aber durchaus, es ist ganz erstaunlich, wie mächtig sich dieser doch sehr primitiv anmutende

Apparat erweist. Dabei arbeiten Scripts – wie Schank ausführt und zeigt – gar nach Prinzipien, die ausdrücklich von konkreten, natürlichen Sprachen unabhängig sind.

## 2.9 Taxonomien mit formaler Semantik: Die KL-ONE-Familie

Intuitiv sind die Ansätze der Framesysteme und der Taxonomien unmittelbar einsichtig: Die Beschreibung von Objekten der Welt mit ihren Eigenschaften und die Betonung von Abstraktion und Spezialisierung entsprechen durchaus der üblichen Begriffsbildung und sind daher offensichtlich geeignet, menschliches Denken und Wissen zu repräsentieren. Aus Sicht einer computerorientierten Wissensrepräsentation haben die bisher vorgestellten Ansätze jedoch den Nachteil, dass die Bedeutung der jeweils modellierten Elemente zu einem wesentlichen Teil nur durch die Interpretationsleistung der auf den jeweiligen Datenstrukturen arbeitenden Programme bestimmt wird. Selbst die auf den ersten Blick so eindeutig erscheinende Subsumptionsrelation in einer taxonomischen Struktur kann in konkreten Realisierungen unterschiedlich interpretiert werden: Wie geht man etwa praktisch mit dem Problem der multiplen Vererbung um?

Um wissensbasierte Systeme für den Menschen effizienter nutzen zu können, bedarf es einer wohldefinierten Semantik, die sowohl von Menschen als auch von Maschinen im weitesgehenden Sinne interpretiert werden kann. Dazu benötigen wir einen Formalismus, der einerseits über eine ausreichende Ausdrucksmächtigkeit verfügen muss, um die relevanten Konzepte in ihrer nötigen Informationstiefe darstellen zu können, aber andererseits nicht zu ausdrucksmächtig sein darf, damit die Berechnungen der impliziten Beziehungen durch vorhandene Reasoning-Tools nicht undurchführbar werden. Aus solchen Überlegungen heraus wurde eine umfangreiche Familie von Repräsentationssprachen entwickelt, die auf der aus der Prädikatenlogik hervorgegangenen Beschreibungslogik fundieren.

Durch die fehlende Semantik bei Frames und Semantischen Netzen war es nicht ersichtlich, ob die Schlussfolgerungsprozedur eines Systems korrekt, vollständig oder entscheidbar ist. Als man Mitte der 1980er Jahre schließlich erkannte, dass Frames und semantische Netze als Fragmente der Prädikatenlogik betrachtet werden können, da sie im Wesentlichen aus einstelligen und zweistelligen Prädikaten bestanden, die jeweils eine Gruppe von Individuen bzw. Beziehungen zwischen diesen bezeichneten, entstand die Beschreibungslogik aus der bereits zur Verbesserung semantischer Netze entwickelten Sprache KL-ONE (Brachman und Schmolze 1985).

Beschreibungslogiken sind eine Familie von logikbasierten Formalismen und repräsentieren das implizite und explizite Wissen über die Struktur einer Anwendungsdomäne in Form von *Konzepten* und *Rollen*.

Ein Konzept wird hierbei als Begriff verstanden, der wie die einstelligen Prädikate der Prädikatenlogik für sich selbst steht, ohne die Existenz zweier Objekte zu implizieren. Ein Konzept, genauer gesagt ein generisches Konzept, entspricht somit einem Schema,

## 2.9 Taxonomien mit formaler Semantik: Die KL-ONE-Familie

das viele Individuen in einer Welt beschreiben kann. So wie sprachliche Begriffe unter Verwendung anderer Begriffe definiert werden können, kann auch das KL-ONE Konzept mit Hilfe anderer Konzepte gebildet werden. Ein Konzept ist also ein allgemeiner Term der durch KL-ONE definierten Sprache.

Konzepte repräsentieren die Begriffe der zu modellierenden Welt. Dabei werden in KL-ONE definierte und primitive Konzepte unterschieden:

- *Definierte Konzepte* sind von anderen Konzepten abgeleitet und werden durch ihre Definition vollständig beschrieben, die in der Begriffsdefinition angegebenen Bedingungen sind notwendig und hinreichend zur Identifizierung des Konzept.
- *Primitive Konzepte* sind im Gegensatz dazu nicht vollständig beschrieben, d. h. es ist keine hinreichende Bedingung angegeben. Wohl aber können beliebig viele notwendige Bedingungen aufgeführt werden. Dieses Sprachelement trägt dem Wunsch Rechnung, bei der Modellierung von Begriffswelten Individuen aus der realen Welt abbilden zu können, ohne eine vollständige Beschreibung erstellen zu müssen. (Eine solche vollständige Beschreibung ist u. U. nicht möglich und i. d. R. nicht nötig).

Ein Konzept in KL-ONE hat einen *Namen*, der für die Definition des Konzepts keine Bedeutung hat, aber das Konzept identifiziert. Beschrieben wird es durch die Angabe seiner *Superkonzepte* und seiner *Rollen* (und deren Beziehungen und Strukturen).

### 2.9.1 Superkonzepte

Die Superkonzepte eines Konzeptes sind ihrerseits Konzepte. Ein Superkonzept subsumiert sein Subkonzept, es repräsentiert einen Oberbegriff zum Subkonzept. In der für semantische Netze üblichen Sprechweise wird die Beziehung Subkonzept → Superkonzept durch einen isa-Link dargestellt. Die Angabe mehrerer Superkonzepte bei der Definition eines Konzepts ist als Konjunktion zu verstehen, das Subkonzept erhält die Konjunktion aller Bedingungen seiner Superkonzepte.

Dieser Vorgang entspricht in etwa der bei den Framesystemen beschriebenen Vererbung. Im Gegensatz zu der in frameartigen Systemen üblichen Verwendung des Begriffs ist die Vererbung in KL-ONE jedoch strikt, ein Konzept kann Bedingungen seiner Superkonzepte nicht überdecken, auflösen oder sonst in irgendeiner Weise ignorieren. Dieses Verhalten entspricht dem intuitiven Verständnis der Begriffsdefinition durch Angabe von Konjunktionen von Oberbegriffen (vgl. Abschnitt 2.6.5).

## 2.9.2 Rollen

Eine *Rolle* ist eine Relation oder Eigenschaft, die wie die zweistelligen Prädikate der Prädikatenlogik mindestens zwei Begriffe miteinander verbindet. Rollen beschreiben die Struktur eines Konzeptes also näher (wie die *Fächer* eines Frames). Eine Rolle ist als Restriktion auf die Konjunktion der Superkonzepte aufzufassen. Als "´Generalisierte Attributbeschreibung" repräsentiert eine Rolle mögliche Beziehungen zwischen durch Konzepte beschriebenen Individuen.

Die durch die Rolle gegebene Beschreibung gliedert sich in die *Wertrestriktion* (Value Restriktion V/R), die das Konzept des Individuums bestimmt, das die Rolle füllen kann, und die *Restriktion!Kardinalitäts-* (Number Restriction N/R), die festlegt, wie viele Rollenfüller der angegebenen Rolle ein Individuum des beschriebenen Konzepts mindestens haben kann bzw. höchstens haben darf.

Die durch die Rollen angegebenen Bedingungen sind als notwendig zu verstehen, d. h. ein Individuum, das eine der durch die Rollen angegebenen Restriktionen nicht erfüllt, kann nicht Instanz des fraglichen Konzepts sein. Zur Illustration betrachten wir wieder die Arbeitswelt von Rudi und definieren beispielsweise die Führung einer Gruppe im Unternehmen als Konzept, das aus beliebig vielen Sachbearbeitern besteht, wobei ein Sachbearbeiter die Rolle des Gruppenleiters übernimmt. Die in KL-ONE übliche grafische Darstellung dieser Konzeptdefinition ist in Abbildung 2.15 gezeigt.

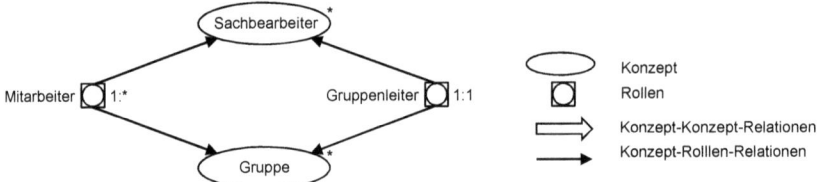

**Abb. 2.15** „Gruppe" in KL-ONE-Darstellung.

Rollen machen Aussagen über Bedingungen, die an Individuen zu stellen sind, damit diese in der angegebenen Beziehung zu einem Individuum des jeweiligen Konzepts stehen können. Somit beschreiben Rollen die potenziellen Rollenfüller. Im Beispiel könnte also niemand Mitarbeiter der Gruppe werden, der nicht gleichzeitig Sachbearbeiter ist!

## 2.9.3 Vererbung und Rollenrestriktionen

Rollen werden von den Superkonzepten an die Subkonzepte weitervererbt. Eine ererbte Rolle kann an einem Konzept weiter eingeschränkt werden, und zwar sowohl nach Wert als auch nach Kardinalität.

Betrachten wir eine spezielle „Taskforce", wie in Abbildung 2.16 dargestellt und wie sie bei der CarFS in vielen Fällen gegründet wird. Aus Gründen der Effizienz soll diese mindestens drei und maximal sechs Mitarbeiter (plus Gruppenleiter) umfassen. Durch die entsprechende Einschränkung der Mitarbeiter-Rolle ergibt sich die neue Definition.

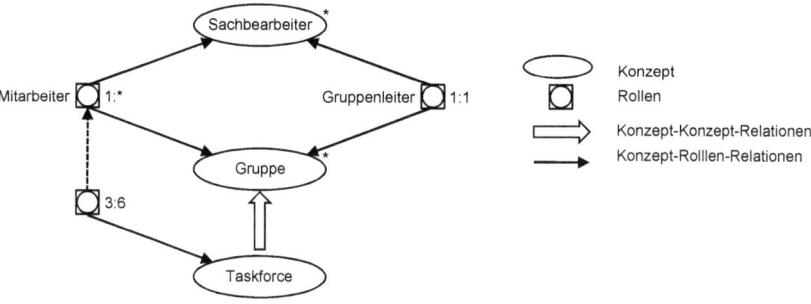

**Abb. 2.16** Taskforce als Einschränkung einer Gruppe.

Wird eine Rolle von zwei Superkonzepten ererbt und hat sie bei diesen Superkonzepten unterschiedliche Wert- oder Kardinalitätsrestriktionen, so erhält das neue Konzept die Konjunktion der Restriktionen.

Eine ererbte Rolle kann an einem Konzept in mehrere Teilrollen aufgespalten werden, diese neuen Rollen stellen dann Subrelationen der durch die ererbte Rolle beschriebenen Relation dar. Dieser Vorgang wird als *Rollendifferenzierung* bezeichnet. Die differenzierenden Rollen erben von der differenzierten Rolle die Minimums-Restriktion und die Wertrestriktion. Das Maximum wird für jede differenzierende Rolle neu bestimmt, wobei aber keines der Maxima größer als das Maximum der differenzierten Rolle sein darf.

### 2.9.4 Wohlgeformte Terme und ihre Semantik

Damit ein aus den Sprachelementen zusammengesetztes Konzept wohlgeformt ist, muss mindestens eine der folgenden Bedingungen erfüllt sein:

- Das Konzept muss mehr als ein Superkonzept haben, ein Konzept ohne eigene lokale Restriktion ist definiert als die Konjunktion seiner Superkonzepte.
- Das Konzept muss sich von seinem Superkonzept in mindestens einer Restriktion unterscheiden.
- Das Konzept ist primitiv.

Diese Grundlagen genügen, um uns die wesentlichen Eigenschaften von KL-ONE (und ähnlichen Sprachen) nochmals zu vergegenwärtigen:

- Die *Bedeutung eines Konzepts* hängt nur von seinen lokalen Restriktionen und seinen Superkonzepten ab. Die Definition von Begriffen (dargestellt durch die Konzepte) erfolgt in KL-ONE also streng objektzentriert und lokal.
- Die *Objekte* in KL-ONE sind durch ihre Beziehungen (Subsumption und Rollenbeziehung) zu anderen Objekten definiert. Die resultierenden Verbindungen legen nahe, eine Menge von KL-ONE-Konzeptdefinitionen als Spezialfall eines semantischen Netzes aufzufassen. Die Konzepte entsprechen den Knoten, die Kanten werden durch Subsumptionsbeziehungen und Rollen dargestellt.
- Die *Restriktionen eines Konzepts* gelten für alle seine Subkonzepte, es herrscht eine strenge Vererbung; Überdecken oder Auflösen ererbter Restriktionen ist nicht möglich.

Diese Eigenschaften erlauben die Definition einer strengen *Mengensemantik* für KL-ONE. Ein Konzept wird dabei als Beschreibung einer Menge von Individuen einer Welt aufgefasst. Die Konjunktion zweier Konzepte entspricht der Schnittmengenbildung zwischen den durch die Konzepte beschriebenen Mengen. Die Subsumption zwischen zwei Konzepten ist gleichbedeutend mit der Teilmengenbeziehung zwischen den durch die Konzepte repräsentierten Mengen.

Im Unterschied zu beliebigen semantischen Netzen ist also die Bedeutung eines KL-ONE-Netzes unabhängig von den darauf operierenden Algorithmen festgelegt. KL-ONE-Darstellungen erlauben damit implementierungsunabhängige Darstellungen von Begriffsdefinitionen und eignen sich deshalb auch als Kommunikationsmedium.

### 2.9.5 Subsumption und Klassifizierung

Die Frage nach der Subsumption zwischen zwei Konzepten ist die wichtigste Frage, die ein KL-ONE-Netzwerk beantworten kann. Semantisch entspricht dies, wie bereits erläutert, der Frage nach der Teilmengenbeziehung zwischen zwei durch die Konzeptdefinitionen beschriebenen (aber nicht aufgezählten!) Mengen.

Diese nur mit Aufwand beantwortbare Frage reduziert sich auf die Frage nach Existenz einer Kante im semantischen Netz, falls alle Subsumptionsbeziehungen zwischen Konzepten im KL-ONE-Netz explizit eingetragen sind. Zu diesem Zweck existiert ein eigener Algorithmus, der sogenannte *Classifier*. Seine Aufgabe ist es, neue Konzeptdefinitionen so in das bestehende Netzwerk einzutragen, dass alle Subsumptionsbeziehungen korrekt vermerkt werden. Ein neues Konzept wird dabei in einer Form eingetragen, dass es Superkonzept all seiner Subkonzepte und Subkonzept all seiner Superkonzepte ist, wobei natürlich die Vererbung zu berücksichtigen ist.

Der zweite wichtige Dienst, den ein KL-ONE-System bereitstellt, wird als *Realisierung* bezeichnet: Bei gegebener Beschreibung eines unbekannten Objektes kann das Konzept aus dem Netzwerk ermittelt werden, das dem beschriebenen Objekt entspricht oder es subsumiert. Je nach Wunsch kann das speziellste Superkonzept oder das allgemeinste Subkonzept zu der Beschreibung ermittelt werden.

Findet in unserem Beispiel etwa das KL-ONE-System Fakten, die aussagen, dass Rudi Chef einer Gruppe ist, zu der noch vier weitere Angestellte als Mitarbeiter aufgelistet sind, so würde es logisch folgern, dass diese Gruppe eine Taskforce (wie schon definiert) darstellt.

Es zeigt sich allerdings, dass der Subsumptionstest – und damit die automatische Klassifizierung – mit wachsender Ausdrucksmächtigkeit der Repräsentationssprache sehr schnell logisch unentscheidbar wird. Gleiches gilt für die Realisierung, die sich als Subsumptionstest auf einer Menge von Fakten verstehen lässt. Damit sind der Anwendung für die Modellierung und vollständige Verarbeitung komplexer Realitäten Grenzen gesetzt. Verschiedene Nachfolgeentwicklungen haben versucht, jeweils geeignete Lösungen für praktische Anforderungen zu finden. So werden etwa zusätzliche Modellierungsprimitive eingeführt, um die betrachtete Realität einfach darzustellen, wobei auf die Entscheidbarkeit des Subsumptionstests verzichtet wird. Die verschiedenen Nachfolge-Systeme unterscheiden sich daher in ihrer Ausdrucksmächtigkeit, den vorgesehenen Operationen und den Reasoningfähigkeiten über den zur Modellierung der Realität gespeicherten Fakten. Ein Überblick über die Familie und die jeweiligen Kompromisse ist etwa in (Woods und Schmolze 1992) zu finden.

*Beschreibungslogik* ist also auf die Tatsachen zurückzuführen, dass zum einen wichtige Begriffe einer Anwendungsdomäne durch Konzeptbeschreibungen dargestellt werden, indem komplexere Ausdrücke durch atomare Konzepte und atomare Rollen durch die jeweiligen Konstruktoren gebildet werden. Zum anderen besitzen Beschreibungslogiken im Gegensatz zu Semantischen Netzen und Frames eine wohldefinierte, logikbasierte Semantik. Das bedeutet, dass eine strukturelle Unterscheidung zwischen der Terminologie einer Anwendungsdomäne und der Menge von individuellen Objekten dieser Terminologie vorgenommen wird und komplexe oder zusammengesetzte Konzepte und Rollen rekursiv durch Konstruktoren aufgebaut werden können. KL-ONE und seine Verwandten haben unsere Vorstellungen über den Umgang mit begrifflichem Wissen im Computer maßgeblich geprägt. Mit dem System KRYPTON (Brachman et al. 1983) wurden erstmals die Begriffe T-Box (für das terminologische Wissen in der gerade diskutierten formalen Darstellung) und A-Box (für die Aussagen (assertion)) über die zu modellierende Welt eingeführt.

Diese Sprechweise und das damit verbundene Verständnis, dass Fakten, welche die Welt beschreiben, vor dem Hintergrund terminologischen Wissens interpretiert und verstanden werden (und umgekehrt das terminologische Wissen als Vorlage zur Formulierung von Fakten verwendet werden kann), und dass die Verbindung zwischen diesen Bereichen durch logische Schlüsse geschieht, ist grundlegend und begegnet uns in den Semantischen Technologien in vielfältiger Weise. Der generelle Ansatz, Wissen über Begriffe und damit über die im menschlichen Denken verwendeten Konzepte in formal präziser und damit für den Computer zugänglicher Weise darzustellen, um auf dieser Grundlage dann Aussagen korrekt interpretieren zu können, ist geradezu das Fundament der Semantischen Technologien. Die Verwendung einer solchen formal spezifizierten Konzeptmenge als Grundlage der Kommunikation (insbesondere zwischen Computern) führt direkt zum Ansatz der *Ontologien*.

## 2.10 Ontologien

Bereits im einleitenden Kapitel hatten wir gesehen, dass die Grundlage jeder erfolgreichen Kommunikation die Verwendung von Begriffen ist, die von Sender und Empfänger in gleicher Weise verstanden werden können. Aus der alltäglichen Kommunikation zwischen Menschen wird deutlich, welche Aufgabe zu bewältigen ist, damit ein solcher Austausch überhaupt und insbesondere mit Computern funktioniert: Jeder verwendete Begriff und jede sprachliche Äußerung bringen umfangreiches Wissen über die Realitäten der Welt, der jeweiligen Vorgeschichte, der aktuellen Situation usw. mit sich, das zum gegenseitigen korrekten Verständnis unabdingbar ist.

Die Erfassung und Beschreibung der realen Welt sowie des Wesens der uns umgebenden Dinge interessiert die Menschheit bereits seit Jahrtausenden: Die Ontologie – die Lehre vom Seienden – sucht als Disziplin der Philosophie seit jeher nach Möglichkeiten, die Grundstrukturen der Realität korrekt und allgemeingültig zu beschreiben. Freilich ist eine vollständige, allgemein akzeptierte und für alle Zwecke ausreichende Darstellung alles Seienden noch in weiter Ferne.

### 2.10.1 Der Ontologiebegriff in der Informatik

Aus der Sicht der Informatik und der Semantischen Technologien erlauben wir uns eine pragmatischere Herangehensweise: Um einen effektiven Austausch von Informationen, also Kommunikation, gemeinsames Verständnis und geeignete Aktionen möglich zu machen, konzentrieren wir uns auf das Schaffen einer für die jeweiligen Kommunikationsteilnehmer gemeinsamen Konzeptualisierung als Grundlage der Kommunikation. Hierzu versuchen wir, das zur erfolgreichen Kommunikation nötige Wissen über Begriffe und Zusammenhänge in einer für Computer nutzbaren, also formalen Weise zu beschreiben – wir stehen also vor einer Aufgabe der Wissensrepräsentation, zu deren Lösungen alle in diesem Kapitel beschriebenen Ansätze beitragen können.

Die am häufigsten gebrauchte Definition von Ontologie in Bezug auf die Informatik ist die von Tom Gruber (Gruber 1993):

„*An ontology is an explicit specification of a conceptualization.*"

Eine weitere Definition, welche die gemeinsame Nutzung von Ontologien in den Vordergrund stellt ist die folgende (Uschold und Gruninger 1996):

„*An ontology is a shared understanding of some domain of interest.*"

## 2.10 Ontologien

Üblicherweise werden die Nuancen beider Definitionen zusammengenommen und man sagt: *Eine Ontologie ist eine formale, explizite Spezifikation einer gemeinsamen Konzeptualisierung.* Im Grunde genommen geht es also um:

- die Nutzung gemeinsamer Symbole und Begriffe im Sinne einer Syntax,
- das gemeinschaftliche (Ein-)Verständnis bezüglich deren Bedeutung, also der Semantik,
- die Klassifikation der Begriffe in Form einer Taxonomie,
- die Vernetzung der Begriffe mit Hilfe von assoziativen Relationen bei gleichzeitiger
- Festlegung von Regeln und Definitionen darüber, welche Relationen sinnvoll und erlaubt sind.

Eine Ontologie erfordert also eine Begriffsfindung im Sinne der Erstellung eines abstrakten Modells durch die Identifizierung der relevanten Begriffe und Beziehungen zwischen diesen. Diese Begriffe (auch Konzepte genannt) müssen gemeinsam gefunden und benutzt werden, d. h. eine Gruppe von Nutzern muss diese Begriffe akzeptieren. Dabei heißt formal, dass die Darstellung in maschinenverständlicher Form ist. (Man beachte: Diese Definitionen betonen, dass Ontologien für ein gewisses Interessensgebiet formuliert werden, also für einen begrenzten Ausschnitt der Welt und ggf. mit ausgewählten Zielsetzungen. Im Gegensatz zur Philosophie sprechen wir daher von mehreren unterschiedlichen Ontologien, je nach Domäne oder Zielsetzung!)

In der Regel bestehen Ontologien aus Komponenten, die wir im Verlaufe des Kapitels allesamt kennengelernt haben. Diese sind Klassen, Relationen und Regeln zur Beschreibung der Konzeptualisierung sowie Instanzen, die dann individuelle Elemente der Domäne bezeichnen und interpretieren:

- *Klassen* (oft auch Konzepte genannt) beschreiben die verschiedenen Begriffskategorien. Diese sind in Ontologien meistens als Taxonomien (Begriffshierarchien) organisiert, so dass die bereits betrachteten Vererbungsmechanismen anwendbar sind.
- *Relationen* beschreiben Abhängigkeiten zwischen den Klassen. In der Taxonomie ist die „ist-ein(e)"-Relation quasi standardmäßig definiert. Alle anderen Relationen müssen explizit festgelegt werden. Oft wird auch die „ist-verbunden-mit" verwendet. Dies geschieht oft, um eine explizite – aber nicht weiter verfeinerbare Beziehung – auszudrücken. Gleichzeitig beschreiben die Relationen weitere Eigenschaften der Klassen (wie die Slots eines Frames oder die Rollen eines KL-ONE-Konzepts).
- *Regeln* (oder Axiome) werden benutzt, um Gegebenheiten in der Domäne zu beschreiben, die immer wahr sein müssen.
- *Instanzen* repräsentieren real existente Elemente einer Domäne.

Ontologien finden immer dann ihren Einsatz, wenn Daten- und Informationsbestände von mehreren Teilnehmern mit unterschiedlichem Wissen und Fähigkeiten benutzt und verändert werden. Ontologien stellen dabei Domänenwissen so dar, dass es wiederverwendbar wird und, als gemeinsam akzeptiertes Begriffslexikon, von unterschiedlichen Benutzergruppen in Anspruch genommen werden kann. Besonders interessant sind dabei Anwendungen, die auf der Basis des Internet verteilten Nutzergruppen den Zugriff auf große, sich ständig ändernde Informationswelten bieten und dabei automatisierte Dienste ermöglichen.

### 2.10.2 Aufbau von Ontologien

In gewisser Weise repräsentiert eine Ontologie eine gemeinsame Sprache bezüglich eines Anwendungsgebietes. Dies impliziert, dass eine Benutzergruppe im Sinne eines gemeinsamen Verständnisses von bestimmten Begriffen eine Übereinstimmung erreicht haben muss und setzt eine Angleichung möglicher Vorstellungen verschiedener Nutzer voraus. Worüber aber müssen sich die Teilnehmer einigen?

- Zunächst gilt es, die Form zu bestimmen, in der die Ontologie beschrieben werden soll. Dieser Repräsentationsformalismus kann bereits selbst als eine Ontologie verstanden werden; diese legt fest, wie Klassen, Relationen und Regeln dargestellt werden und welche Bedeutung ihnen zuzuordnen ist. In der Praxis begegnen uns hier die bereits weiter oben beschriebenen Ansätze und Formalismen. Für die Nutzbarkeit der jeweiligen Ontologiesprache sind dabei insbesondere die Mächtigkeit der Repräsentation, die möglichen Schlüsse und die Annahmen über die Vollständigkeit wichtig. Für letztere gilt es, zwischen der Annahme der vollständig beschriebenen abgeschlossenen Welt (*closed-world assumption*) einerseits und der Annahme einer unvollständig beschriebenen, offenen Welt (*open-world assumption*) zu unterscheiden. Deutlich wird dieser Unterschied, wenn ein gesuchter Fakt nicht gefunden werden kann: Unter der Annahme einer closed world bedeutet „nicht finden" die Ungültigkeit des Fakts (da ja alles Gültige vollständig aufgeschrieben ist); in einer open world kann nur festgestellt werden, dass über diesen Fakt nichts bekannt ist. In den folgenden Kapiteln werden wir z. B. die Formalismen RDF (für einfache Datengraphen) und OWL (für Konzeptdefinitionen im Sinne der description logic) kennenlernen.
- Sodann werden die Konzepte, Relationen und Axiome modelliert. Damit wird festgelegt, mit welchen Begriffen die betrachtete Welt beschrieben wird, welche Unterscheidungen getroffen werden und welche Bedingungen und Zusammenhänge für die Elemente der betrachteten Welt gelten. Diese Festschreibung der Sprechweise einer Anwendung bzw. Nutzergruppe bezeichnet man auch als *ontological commitment*.

Aus pragmatischen Gründen ist hier eine weitere Unterscheidung nach dem Grad der Allgemeingültigkeit der Ontologie sinnvoll:

## 2.10 Ontologien

- *Upper Ontologies* beschreiben Begriffe von hoher Allgemeingültigkeit, die von vielen Anwendern in unterschiedlichen Szenarien sinnvoll eingesetzt werden können. Beispiele sind etwa Konzepte zur Beschreibung von Raum und Zeit, von physikalischen Eigenschaften oder auch von weitverbreiteten Informationselementen.
- *Domain Ontologies* beschreiben dann die spezielleren, für einzelne Anwendungsbereiche brauchbaren Konzepte. Diese enthalten typischerweise detailliertes und umfangreiches Wissen über den spezifischen Anwendungsbereich, sind aber anderweitig oft nicht sinnvoll einzusetzen.

Neben Detaillierungsgrad und Präzision der domänenspezifischen Begriffe und dem Grad der möglichen Wiederverwendung in vielfältigen Bereichen (Sharing Scope) ist schließlich noch die Stabilität einer Ontologie von großer praktischer Bedeutung: Begriffe, die von vielen Nutzern in unterschiedlichen Szenarien wiederverwendet werden, sollten sich über lange Zeit weder in ihrer Form noch in ihrer Bedeutung verändern, da sonst eine Vielzahl von Teilnehmern diese Änderungen anpassen müssen. Für hoch spezifische Ontologien in kleinen Anwendungsbereichen ist hingegen eine rasche dynamische Erweiterung oder Veränderung unproblematisch.

Betrachten wir einen Ausschnitt aus der Lebenswirklichkeit von Rudi Baispilov und versuchen, einen Ausschnitt einer für Rudi relevanten Ontologie zu skizzieren: Die Dinge, mit denen Rudi üblicherweise umgeht, umfassen etwa Dokumente, Orte (Adressen), Termine, Unternehmen, Menschen, Themen, Ereignisse und Aufgaben. Wie bereits in Abbildung 2.9 dargestellt, erfassen wir diese Konzepte etwas detaillierter und schreiben beispielsweise:

Ding $\rightarrow$ (Dokument, Ort, Termin, Unternehmen, Mensch, Thema, Ereignis, Aufgabe)
Mensch $\rightarrow$ (Erwerbstätiger $\rightarrow$ (Arbeitnehmer $\rightarrow$ (Arbeiter, Angestellter $\rightarrow$ (**Sachbearbeiter, Geschäftsführer**)), Selbstständiger))
Dokument $\rightarrow$ (**E-Mail, KFZ-Vers.Antrag**, ...)
**Unternehmen** $\rightarrow$ (Forschungsinst., Finanzdienstleister, ...)
Aufgabe $\rightarrow$ (**KFZ-Versicherung**, ...)

Die Klammerung beschreibt in diesem Fall die Struktur der jeweilgen Klassenbäume. Nachvollziehbar wird dies wenn man sich nochmals Abbildung 2.9 ansieht, wo die graphische Repräsentation des Klassenbaums für "Erwerbstätiger" gezeigt wird.

Jede der verwendeten Klassen wird durch Attribute bzw. Beziehungen zu anderen Klassen weiter konkretisiert. Neben der vertikalen „ist-ein(e)"-Relation, welche die Taxonomie implizit liefert, kommen für die CarFS-Domäne etwa in Betracht:

- ist-Kunde(Unternehmen, CarFS): ein Unternehmen ist Kunde der CarFS
- arbeitet-für(Arbeitnehmer, Unternehmen): ein Arbeitnehmer arbeitet für ein Unternehmen
- bearbeitet(Sachbearbeiter, Aufgabe): ein Sachbearbeiter bearbeitet eine Aufgabe
- hat-Sitz(Unternehmen, Ort): ein Unternehmen hat seinen Sitz an einem Ort
- gesendet-von(Dokument, Mensch): ein Dokument wurde von einem Menschen gesendet

- gesendet-an(Dokument, Mensch): ein Dokument wurde an einen Menschen gesendet
- hat-Anlage(Email, Dokument): ein Dokument hat ein Dokument als Anlage
- abgeschlossen(Aufgabe, Termin): Ein Vorgang muss zu einem Termin abgeschlossen sein

Wir könnten die Auflistung beliebig weiterführen, wollen uns jedoch auf diese Relationen beschränken.

Für unser Beispiel konzentrieren wir uns zunächst auf die oben fett gedruckten Konzepte und nutzen zur einfachen Darstellung die in Abbildung 2.17 dargestellten Symbole.

**Abb. 2.17** Zu Illustrationszwecken eingeführte Klassensymbole.

Weiteres Wissen über die CarFS-Domäne erfassen wir in Regeln (Axiomen), die Aussagen über gültige Instanzen von Konzepten machen. Beispiele sind etwa

*Wenn der KFZ-Vers.Antrag unterschrieben ist, dann ist die Versicherung gültig.*
*Um den Leasing-Rabatt zu erhalten, muss ein Unternehmen mindestens zwei Jahre Kunde sein.*
*Ein Geschäftsführer ist berechtigt, eine Unterschrift zu geben.*
*Ein Angestellter betreut mindestens zwei und höchstens fünf Kunden.*
*Ein Sachbearbeiter darf höchstens drei Kunden betreuen.* (Da ein Sachbearbeiter ein Angestellter ist, gilt auch die ererbte Regel, dass mindestens zwei Kunden betreut werden ...)

Damit haben wir einige Aspekte der Berufswelt von Rudi Baispilov abstrakt beschrieben. Betrachten wir nun die Anwendung dieser ontologischen Modellierung im Beispiel: Nehmen wir an, Rudi schickt auf die Anfrage von Gesine hin eine E-Mail zurück, mittels der er die Anfrage beantwortet und einen entsprechenden Antrag als Attachment übersendet. Eine solche E-Mail könnte so aussehen, wie die in Abbildung 2.18 dargestellte.

Alle relevanten Fakten dieser Aktion können wir nun durch Instanzen der eingeführten ontologischen Konzepte beschreiben. Wir erhalten so ein semantisches Netz, dessen Knoten und Kanten uns bestens bekannt und mit formal definierten Regeln und Eigenschaften verbunden sind (Abbildung 2.19).

## 2.10 Ontologien

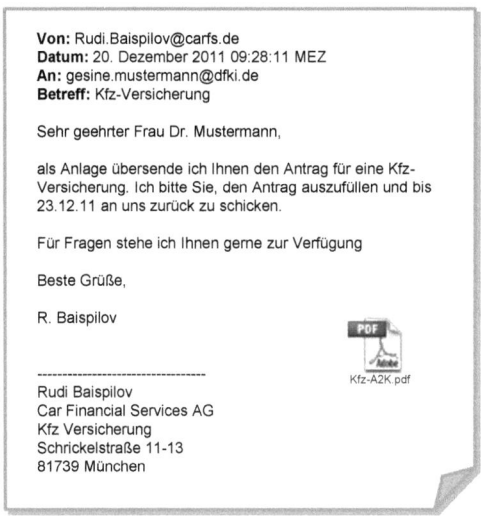

**Abb. 2.18** E-Mail von Rudi an Gesine.

Damit ist sichtbar – und für den Computer zugänglich – dass etwa München einen Ort bezeichnet, Deutsches Forschungszentrum für Künstliche Intelligenz (DFKI) ein Unternehmen darstellt oder die E-Mail über Sender, Empfänger und Anlage verfügt; die Interpretation dieser Elemente etwa für Suche, Vererbung, Überprüfung von Gültigkeiten oder Berechtigungen usw. ist durch die Axiome der Ontologie festgelegt.

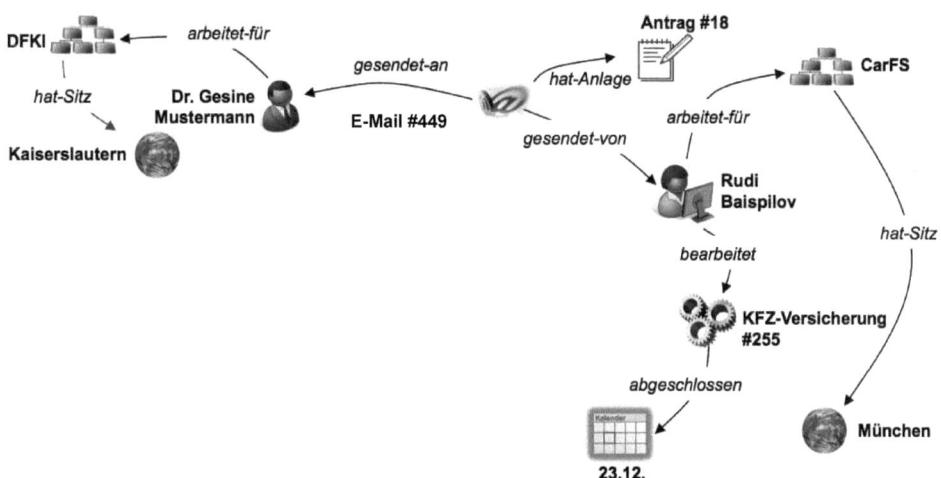

**Abb. 2.19** Beschreibung der die E-Mail in Abb. 2.18 betreffenden Fakten durch Ontologie-Instanzen.

## 2.10.3 Nutzen von Ontologien

Die Konsequenzen dieser Modellierung und Instanziierung für die mögliche automatische Verarbeitung – und damit die Bedeutung der Wissensrepräsentation durch Ontologien als wesentliche Grundlage Semantischer Technologien – wird in den folgenden Kapiteln an zahlreichen Anwendungsbeispielen weiter verdeutlicht.

Allgemein betrachtet erfordert Entwicklung und Einsatz von Ontologien zunächst einen Modellierungsaufwand (wobei u.U. von der Wiederverwendung vorhandener Ontologien profitiert werden kann). Die Vorteile, welche die Entwicklung und den Einsatz von Ontologien rechtfertigen, liegen in erster Linie in der Unterstützung der Kommunikation zwischen Menschen, die in einer Anwendungsdomäne zusammenarbeiten, aber auch und insbesondere in der Interoperabilität zwischen Computersystemen. Diese Vorteile resultieren aus der Tatsache, dass Ontologien die den Datenstrukturen zugrunde liegenden Annahmen explizit und computerlesbar bereitstellen und so Flexibilität und Wiederverwendung auf verschiedenen Ebenen von Informationssystemen unterstützen, wie etwa:

- geringerer Aufwand bei Spezifikation und Systemrealisierung durch Wiederverwendung und ontologiegestützt strukturierte Kommunikation
- höhere Zuverlässigkeit der Modellierung (die Ontologien sind gewachsen und auf breiter Front akzeptiert)
- höhere Flexibilität der Lösung, da etwa Details von Konzepten erst zur Laufzeit nachgeschlagen werden, also beim Entwurf noch nicht bekannt sein müssen
- bessere Nutzerfreundlichkeit, z. B. durch Unterstützung von Suchfunktionen (man muss nicht das vollständige Datenbankschema kennen),
  - bei der Wartung (da die Realisierung über die Ontologie dem Servicetechniker transparent wird) und
  - bei der Erhebung von Informationen (durch einfaches Klassifizieren).

Die Definition und Verwendung von Ontologien erlaubt uns insbesondere, vielfältige Informationen im Internet mit maschinell verarbeitbaren Angaben zu ihrer Bedeutung zu versehen und die Grundlagen dieser Bedeutung wiederum anderen in formaler Weise zugänglich zu machen. Es wird also möglich, dass Nutzer, Entwickler und Anwender fremde Daten automatisch verstehen und verarbeiten können – einfach, indem die entsprechenden Konzepte in den jeweils angegebenen verwendeten Ontologien nachgeschlagen und den Regeln entsprechend verarbeitet werden. Ontologien realisieren also die Wörterbücher einer umfassenden, vielsprachigen und erdumspannenden Informationswelt und sind damit wesentliche Grundlage für ein automatisches Verständnis durch Semantische Technologien.

## 2.11 Fazit

Eine grundlegende Aufgabe Semantischer Technologien ist es, Wissen für den Computer zugänglich zu machen. Die Formalisierung von Wissen auf dem Computer basiert auf der Projektion eines Realitätsausschnitts in eine entsprechende semantische Repäsentation.

Die Vorschrift dieser Überführung sollte dabei den Vorgaben der allgemeinen Modelltheorie (Stachowiak 1973) folgend einige Bedingungen erfüllen:

> - Sie sollte weitestgehend strukturerhaltend sein und im Verhalten dem Original ähnlich, wobei die entstehenden semantischen Modelle eine syntaktische und eine semantische Dimension umfassen. Die Abgrenzung des Realitätsausschnittes erfolgt kollaborativ und subjektiv je nach Zielsetzung durch die Entscheidung, welche der konstituierenden Objekte in das Modell übernommen werden.
> - Die entstehenden semantischen Modelle sind i. d. R. weniger umfassend bzw. komplex als das Original. Sie stellen daher eine Vereinfachung dar, welche durch die inhärente Abstraktion erreicht wird.
> - Die menschlichen Modellierer oder Wissensingenieure bestimmen die Inhalte, die je nach Zielsetzung, welche Aufgaben der Computer lösen soll, unterschiedlich sein können, was jedoch auch impliziert, dass die Auswahl von Eigenschaften des Realitätsausschnitts zu einem anderen Zeitpunkt anders ausfallen kann, z. B. wenn neues Wissen über die enthaltenen Anschauungsobjekte entsteht.

Die künstliche Intelligenz stellt hierzu eine Vielzahl an Formalismen zur Verfügung, die es erlauben, semantische Modelle zu erstellen und im Sinne der Wissensarbeit unterstützend einzusetzen. Angefangen von einfachen logischen Fakten und Regeln, von semantischen Zusammenhängen bis hin zu umfangreichen Plänen oder komplexen Netzwerken strukturierter Objekte lassen sich unterschiedliche Formen der Wissensdarstellung für die Konzeption und Implementierung semantischer Technologien nutzen. Allen gemeinsam ist das Prinzip der Deklarativität sowie die Anlehnung an geläufige Beschreibungen der für den Menschen wahrnehmbaren Welt: Objekte, ihre Eigenschaften und Beziehungen, Aktionen und Prozesse. Passende Inferenzmechanismen befähigen den Computer, aus solchen Beschreibungen sinnvolle Aktionen und neue Erkenntnisse abzuleiten. Einige dieser Inferenzen sind dabei nur für die konkrete Aufgabe nützlich, andere, wie die Verwaltung von Objekthierarchien mit Vererbung und Klassifikationsdiensten, begegnen uns als universelle Werkzeuge immer wieder.

## 2.12 Weiterführende Literatur

In der Literatur finden sich zahlreiche Veröffentlichungen rund um das Thema Wissensrepräsentation. Beispiele sind hier etwa die Bücher von Brachmann und Levesque (Brachmann und Levesque 2004) oder aber auch deutsche Veröffentlichungen wie z. B. Heinsohn und Socher-Ambrosius (Heinsohn und Socher-Ambrosius 1999). Beide Werke geben umfassende Übersichten zu den unterschiedlichen Ansätzen. Empfehlenswert ist auch ein Blick in den grundlegenden Artikel von Minsky (Minsky 1974), der die Grundideen zum Framesystem darlegt. Als Standardwerk sind sicherlich auch die Arbeiten von John Sowa (Sowa 1991) zu betrachten, die sich umfassend mit semantischen Netzen und Wissensrepräsentation auseinandersetzen. Eine umfassende Zusammenfassung zum Thema Semantik aus der Sicht der Computerlinguistik findet sich in (Carstensen et al. 2009b).

*Andreas Dengel, Ansgar Bernardi, Ludger van Elst*

# 3 Semantische Netze, Thesauri und Topic Maps

**Übersicht**
3.1 Grundlagen .................................................... 74
3.2 Grafische Notationen ........................................... 78
3.3 Weitere Repräsentationstechnologien ............................. 91
3.4 Fazit .......................................................... 104
3.5 Weiterführende Literatur ....................................... 106

Wir haben bereits im Kapitel 2 gesehen, dass Semantische Netze Wissen als Graphenknoten und Beziehungen zwischen ihnen darstellen. Semantische Netze sind eine der ältesten Arten der Wissensrepräsentation. Bereits im 3. Jahrhundert vor Chr. hat der griechische Philosoph Porphyrios (siehe http://de.wikipedia.org/wiki/Porphyrios) ein Semantisches Netz, bekannt als Baum des Porphyrios, entworfen, um die Kategorienlehre von Aristoteles zu illustrieren. Im Jahr 1329 zeichnete der Logiker Peter von Spanien diesen Baum nach. Ein Fragment dieser Zeichnung ist in Abbildung 3.1 dargestellt.

Semantische Netze finden ihren Einsatz zur Veröffentlichung und Verbreitung des Wissens zwischen Menschen (Sherborne et al. 2008), aber auch zur formalen Wissensrepräsentation (Peters und Shrobe 2003, Deliyanni und Kowalski 1979). Da Semantische Netze überwiegend aus Elementen der natürlichen Sprachen bestehen, werden sie auch zur Sprachanalyse in der Computerlinguistik genutzt (Schank 1975, Carstensen et al. 2009a). Man unterscheidet einfache grafische Notationen von Semantischen Netzen, die sich auf eine intuitive Visualisierung fokussieren und daher für Menschen leicht verständlich sind (wie z. B. Mind-Maps, siehe Abschnitt 3.2.1 oder Concept-Maps, siehe Abschnitt 3.2.2), und fortgeschrittene Notationen (wie z. B. Conceptual Graphs, siehe Abschnitt 3.2.3), die darauf abzielen, Wissen so zu formalisieren, dass es von einem Rechner zur formalen Inferenz gebraucht werden kann.

Thesauri (siehe Abschnitt 3.3.1) bilden Vokabulare natürlicher Sprachen oder bestimmter Wissensgebiete ab und erweitern dazu die hierarchischen Beziehungen von Taxonomien um nicht-hierarchische Beziehungen. Topic Maps basieren auf einem formalen Modell, das die Eigenschaften von Indexen, Glossaren und Thesauri erweitert abbildet und unter anderem um Konzepte Semantischer Netze ergänzt. Unterschiedliche

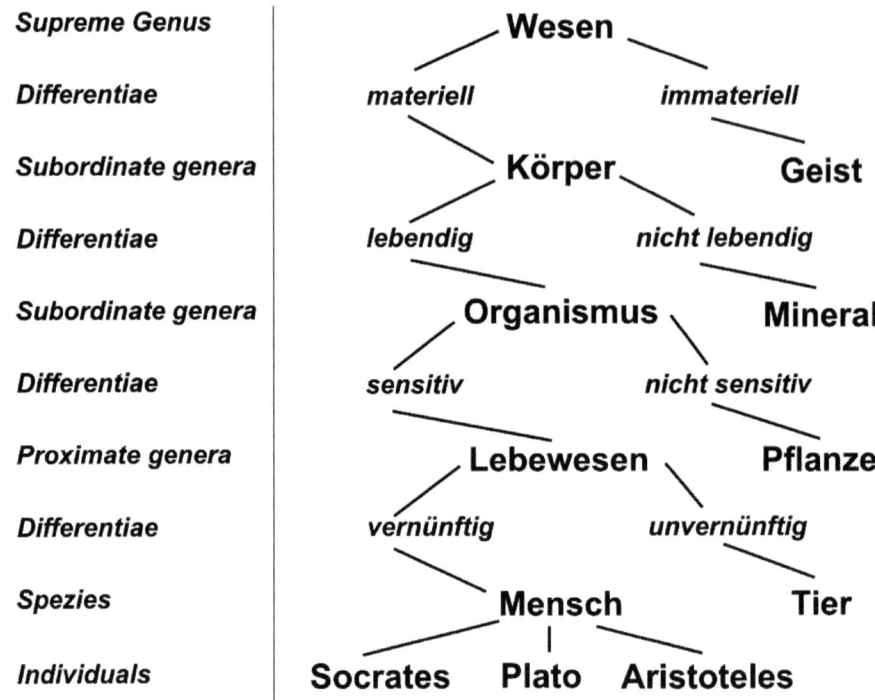

**Abb. 3.1** Baum des Porphyrios.

Arten Semantischer Netze können daher auch als Topic Maps abgebildet werden (siehe Abschnitt 3.3.2).

## 3.1 Grundlagen

### 3.1.1 Struktur Semantischer Netze

Semantische Netze bestehen aus Konzepten und Relationen zwischen diesen Konzepten. Konzepte können anfassbare sowie imaginäre Dinge, Ereignisse oder Prozesse repräsentieren. Konzepte können generisch sein (Kategorien) und damit eine bestimmte Klasse der konkreten Dinge (Instanzen) vertreten. So können, laut Porphyrios, Substanzen (oberste Kategorie, *Supreme genus*) entweder materiell (Unterkategorie *Körper*, *Subordinate genus*) oder immateriell (Unterkategorie *Geist*) sein (siehe Abbildung 3.1). Die Individuen, wie z. B. Konkrete Menschen (Socrates, Plato), gehören zu bestimmten Kategorien (Mensch).

## 3.1.2 Klassifikation Semantischer Netze

John F. Sowa (siehe `http://www.jfsowa.com/pubs/semnet.htm`) unterscheidet folgende Arten Semantischer Netze:

1) *Definitionsnetze* (engl. definition networks): Sie enthalten das Wissen über die hierarchische Kategorisierung der Konzepte. Vertreter der Definitionsnetzwerke sind Taxonomien und Partonomien. Der Baum des Porphyrios ist ein Beispiel für ein Definitionsnetz.
   Netze dieser Art konzentrieren sich auf die *ist-ein(e)* Relation, die eine Zugehörigkeit der Instanzen oder untergeordneter Kategorien zu den übergeordneten festlegt. Netze, die eine rein hierarchische Ordnung der Kategorien und Individuen abbilden, haben wir bereits als *Taxonomien* kennengelernt.
   Die andere Art der Relationen, die in Definitionsnetzen häufig vorkommen, sind sogenannte Teil-Ganzes Relationen: *hat-Teil* (engl. has-part), *ist-Teil-von* (engl. part-of), die eine Zusammensetzung der Objekte aus den anderen repräsentieren. Solche Netze werden auch *Partonomien* genannt (vgl. Abschnitt 2.5.2).
   Eine wichtige Besonderheit von Definitionsnetzwerken ist es, dass das enthaltene Wissen als allgemein gültig betrachtet wird. So ist Rudi immer ein Mann, oder CarFS hat eine CRM Abteilung, in der Rudi arbeitet.
2) *Propositionale Netze* (engl. assertional networks): Sie lassen die außer taxonomischen (hierarchischen) Relationen weitere Relationen zwischen Kategorien sowie Individuen zu. Propositionale Netze erlauben es, andere Beziehungen als taxonomische oder partonomische darzustellen:

   ```
   Rudi "ist-Vater-von" Cindy
   Rudi "ist-verheiratet-mit" Anke
   ```

   Eine grafische Repräsentation des Beispiels ist in Abbildung 3.2 dargestellt.
   Abhängig vom Netztyp sind fest definierte (siehe z. B. Abschnitt 3.3.1) oder beliebige Relationen (siehe Abschnitt 3.2.2) erlaubt. Relationen in Semantischen Netzen sind üblicherweise binär, d. h. sie verknüpfen lediglich zwei Konzepte mit einer Beziehung. Um Relationen mit mehreren Konzepten darzustellen, werden sie *reifiziert*, d. h. zu selbstständigen Konzepten gemacht (vgl. Seite 99).
   Einige Notationen für Semantische Netze erlauben jedoch eine Darstellung N-ärer Relationen (siehe z. B. Abschnitt 3.3.2).
3) *Implikationsnetze* (engl. implicational networks): Sie sind azyklische, gerichtete Graphen (engl. acyclic directed graphs), die kausale Abhängigkeiten zwischen Ereignissen repräsentieren, die als Graphknoten dargestellt sind. Knoten in Implikationsnetzen werden immer mit einer Implikationsbeziehung verknüpft:

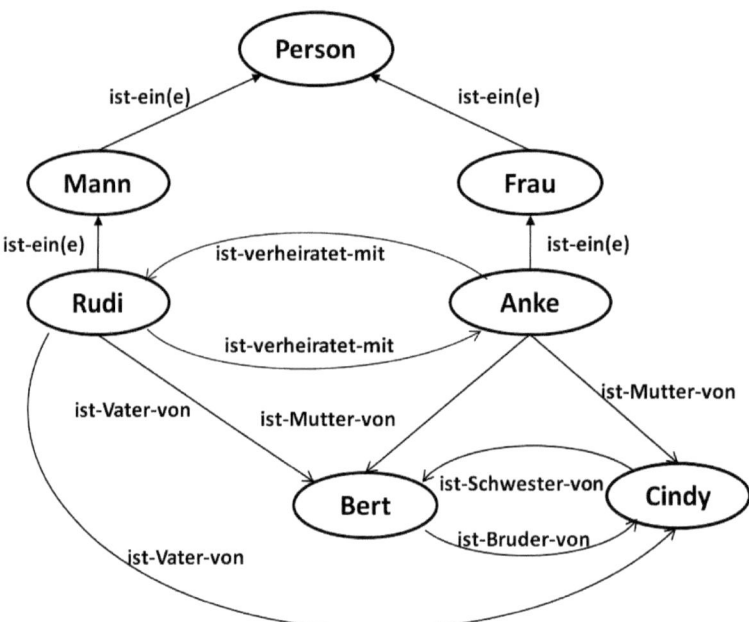

**Abb. 3.2** Propositionales Netz – In welcher Beziehung stehen die Familienmitglieder in Rudis Familie?

```
WENN "Rudi hat Urlaub" DANN "Rudi ist nicht im Büro"
WENN "Rudi ist krank"  DANN "Rudi ist nicht im Büro"
```

Implikationsnetze erlauben induktives (bottom up) Reasoning über die möglichen Ursachen eines Ereignisses.

*Bayessche Netze* sind prominente Vertreter der Implikationsnetzwerke, bei denen jeder Knoten mit einer Wahrscheinlichkeitstabelle assoziiert ist, die bedingte Wahrscheinlichkeiten des Auftretens des jeweiligen Ereignisses enthalten, sofern eines der im Netz darüberliegenden Ereignisse stattfindet (Pearl 1988). Für die obersten Knoten werden unbedingte Wahrscheinlichkeiten des Auftretens definiert. Anhand der Wahrscheinlichkeitsinformationen kann somit probabilistisches Reasoning ausgeführt werden. Beispielsweise kann Gesine anhand des Models darüber Rückschlüsse ziehen, warum Rudi nicht rechtzeitig auf ihre E-Mail geantwortet hat (vgl. auch Abbildung 3.3).

4) *Ausführbare Netze* (engl. executable networks): Sie sind eine spezielle Art Semantischer Netze, die es erlauben, die Dynamik eines Systems oder eines Prozesses abzubilden:
Petri-Netze (siehe `http://de.wikipedia.org/wiki/Petri-Netz`) sind prominente Vertreter dieses Netztypus. Sie erlauben, beispielsweise, das Verhalten eines Systems mit Hilfe der Plätze (Knoten) und des Markentransits (engl. marker passing) zwischen den Plätzen zu modellieren. Dabei werden den Plätzen bestimmte Kapazitäten und

## 3.1 Grundlagen

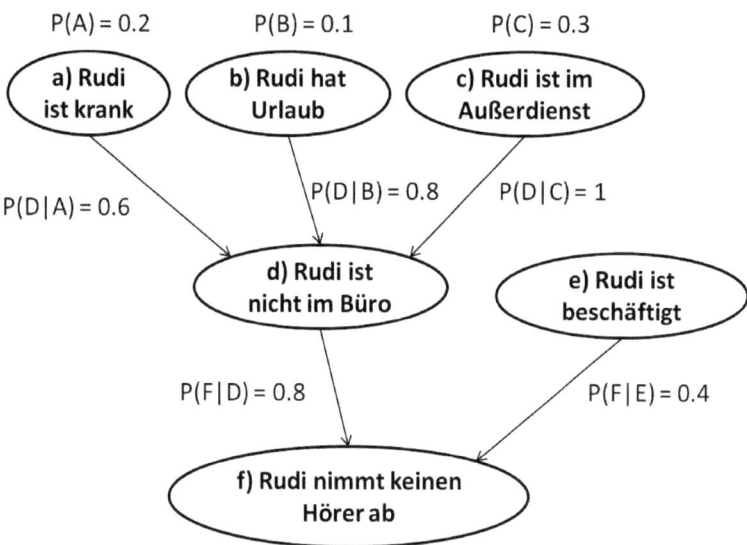

**Abb. 3.3** Bayessches Netz – Warum hat Rudi auf die E-Mail von Gesine nicht reagiert?

den Übergängen bestimmte Kosten zugewiesen. Der Übergang erfolgt, wenn ein jeweiliger Platz genügend Marken gesammelt hat, um die Kosten des Übergangs zu decken.

Abbildung 3.4 zeigt ein Beispiel eines Petri-Netzes, welches das Verhalten von Gesine Mustermann bei der Aufgabenbearbeitung modelliert: Sobald Gesine eine wichtige umfangreiche Aufgabe erfüllt hat (eine Zeitlücke ist da), fängt sie mit kleineren sogenannten 2-Minuten-Aufgaben an, wie z. B. Zeitkonto aktualisieren oder kurze E-Mail beantworten. Wenn bei Gesine wieder eine neue wichtige und umfangreiche Aufgabe ansteht, fängt sie an diese zu erfüllen, wobei einige kleinere Aufgaben unerfüllt bleiben.

5) *Lernende Netze* (engl. learning networks): Semantische Netze können sich im Laufe der Zeit verändern, indem sie sich durch neue Knoten und Kanten selbst erweitern, oder sich reduzieren, wenn bestimmte Knoten oder Kanten entfallen. Des weiteren können in Netzen zu den Konten und Kanten zugewiesene Gewichte (Kapazitäten in Petri-Netzen, Wahrscheinlichkeiten in Bayesschen Netzen) durch Lernen geändert werden.

Beispiele lernender Netze sind Künstliche Neuronale Netzwerke (KNN) (Kriesel 2007). Durch bestimmte Lernregeln werden neue Verbindungen zwischen künstlichen Neuronen erzeugt oder existierende eliminiert. Ebenso können Gewichtungen und Schwellenwerte in KNN im Lernprozess angepasst werden.

6) *Hybride Netze* (engl. hybrid networks): Sie kombinieren Aspekte der oben vorgestellten Semantischen Netze: So können z. B. Bayesche Netze auch zu lernenden Netzen werden, falls ein entsprechender Lernalgorithmus realisiert wird. Auch propositionale

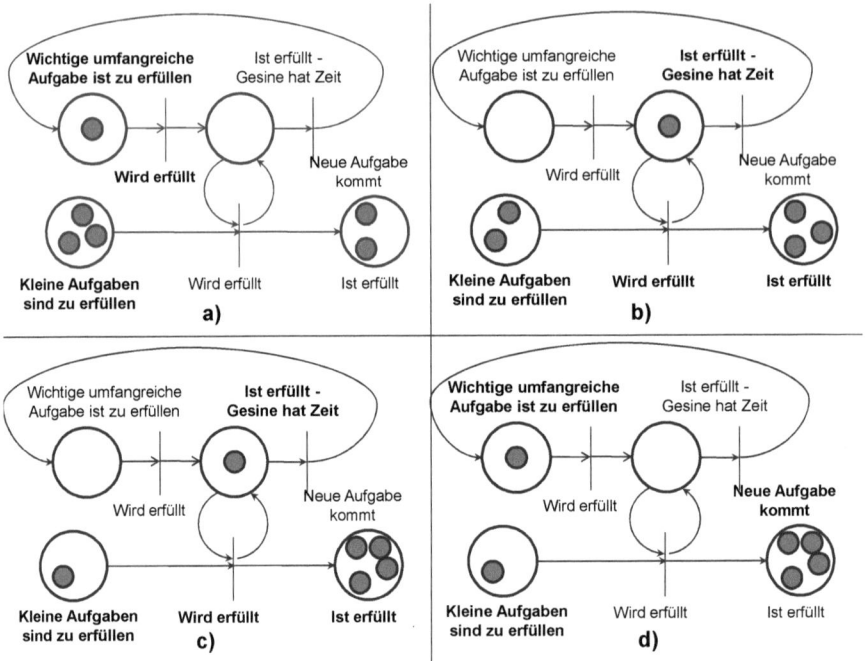

**Abb. 3.4** Petri Netz – Getting-Things-Done bei Gesine Mustermann.

Netze können Prozessmodelle darstellen und somit zeitgleich als ausführbare Netze klassifiziert werden.

Zusammenfassend lässt sich also sagen, dass Semantische Netze sind eine intuitive Form der Wissensrepräsentation, die eine breite Vielfalt an grafischen und linearen Notationen aufweist. Die Ausdrucksmächtigkeit verschiedener Semantischer Netze unterscheidet sich erheblich.

## 3.2 Grafische Notationen

Grafiken als Form der Wissensdarstellung und Wissensvermittlung wurden von Menschen bereits im Altertum genutzt. An Höhlenwände oder auf Sand gezeichnet, haben die Zeichnungen primitiven Menschen geholfen, räumliche Relationen zwischen physischen Objekten darzustellen. Später wurden Grafiken zur Erklärung der Zusammenhänge zwischen abstrakten Dingen eingesetzt (siehe Abbildung 3.1). Da Zeichnungen einen informellen Charakter haben und schwer zu standardisieren sind, wurden im Laufe der Jahrhunderte viele Arten grafischer Notationen zur Beschreibung von Beziehungen zwischen abstrakten und physischen Dingen entwickelt.

Grafische Notationen haben das Ziel, Teile der Welt oder Ideensammlungen zu abstrahieren, d. h. mit Hilfe von Konzepten zu beschreiben. Ein weiteres Ziel ist

## 3.2 Grafische Notationen

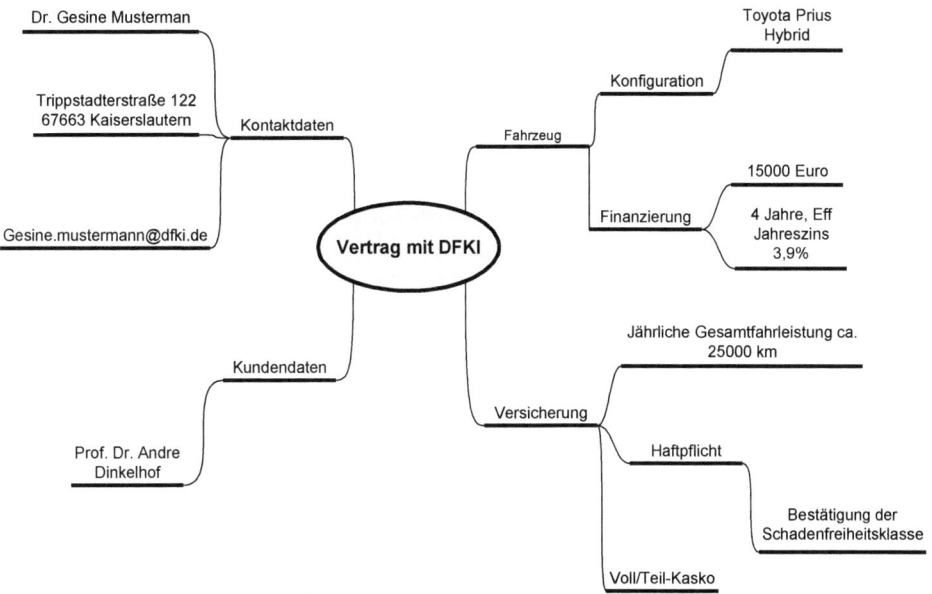

**Abb. 3.5** Mind-Map – Gespräch von Rudi Baispilov mit Gesine Mustermann.

es, eine intuitive Orientierung in dieser abstrakten Wissenswelt anzubieten. Daher werden grafische Notationen von Semantischen Netzen auch als Wissenslandkarten (engl. Knowledge Maps) bezeichnet.

### 3.2.1 Mind-Maps

Mind-Maps sind ein grafisches Brainstorming- oder Ideensammlungswerkzeug, das es erlaubt, Wissen hierarchisch darzustellen. Im Zentrum einer Mindmap ist immer ein Konzept platziert, das das Hauptthema repräsentiert (z. B. ein Ereignis, das beschrieben werden soll, oder eine Frage, die in dieser Map geklärt werden soll). Vom zentralen Konzept ausgehend, entstehen strahlenförmige Verbindungen untergeordneter Konzepte, die das Hauptkonzept detaillierter beschreiben oder in Bestandteile zerlegen. Die Knoten in Mind-Maps können Wörter, Ausdrücke, Sätze oder Bilder sein.

Abbildung 3.5 zeigt als Beispiel eine Mind-Map, die Rudi während des Gesprächs mit Gesine zusammengestellt hat.

In diesem Sinne folgt der Mind-Map-Ansatz der Spezialisierungsstrategie von Konzepten (vgl. Abschnitt 2.6.4) mit der Besonderheit, dass es keine Unterscheidung bei den Konzeptrelationen gibt. Daher sind alle Konzepte in Mind-Maps mit einer universellen Relation verbunden, deren Semantik lediglich dem Mind-Map-Verfasser bekannt ist. Die untergeordneten Konzepte können wiederum in weitere Konzepte zerlegt werden.

Querrelationen zwischen den Konzepten sind dagegen nicht üblich, werden aber durch bestimmte Mind-Map-Werkzeuge ermöglicht.

**Geschichte und Motivation**

Mind-Mapping wurde von dem britischen Psychologen Tony Buzan seit 1971 entwickelt und im Jahr 1997 im *Mind-Map-Buch* beschrieben (Buzan und Buzan 2002). Mind-Maps sollen einem Menschen den Lernprozess durch Strukturierung des Wissens sowie durch Weglassen von überflüssigen Informationen erleichtern. Nach Buzan soll das Arbeiten mit Mind-Maps die rechte Gehirnhemisphäre stimulieren, die für das kreative Denken verantwortlich ist. Dadurch soll die Kreativität des Anwenders zunehmen. Obwohl sich die Theorie der Gehirnhemisphären zum Teil als unzutreffend erwiesen hat, bleibt Mind-Mapping sehr populär und wird zur Dokumentation von Brainstormings und Meetings sowie zur Planung genutzt.

**Werkzeuge**

Es existieren zahlreiche computergestützte Werkzeuge zur Erstellung von Mind-Maps. Das prominenteste kommerzielle Werkzeug ist MindManager (siehe `http://www.mindjet.com/products/overview`) von *Mindjet*. Abgesehen von der für Mind-Maps üblichen Unterstützung der Wissensstrukturierung und des Brainstormings, bietet MindManager zusätzliche Funktionalitäten wie z. B. Projekt- und Aufgabenmanagement an. Als die bekannteste frei verfügbare Alternative zu MindManager gilt FreeMind (siehe `http://freemind.softonic.de/`) von *softonic*.

Mind-Mapping ist eine sehr informelle Technik zur Erstellung von Wissensdiagrammen, deren Fokus auf der alleinigen Nutzung durch den Menschen liegt. Fehlende Relationen zwischen den Begriffen machen Mind-Maps sehr kontext- und verfasserabhängig und lassen viel Raum zur freien Interpretation. Für die maschinelle Inferenz sind Mind-Maps daher schlecht geeignet. Standards zur formalen Darstellung von Mind-Maps gibt es momentan nicht. Trotz vieler Schwachstellen sind Mind-Maps dank ihrer Einfachheit wohl die populärste Methodik der Wissensstrukturierung.

### 3.2.2 Concept-Maps

Concept-Mapping ist eine weitere Methode zur Wissensstrukturierung und Visualisierung, die in den 60er Jahren des 20. Jahrhunderts von Josef Novak an der Cornell Universität entwickelt wurde (Novak und Gowin 1984). Eine Concept-Map (Konzeptlandkarte) im Sinne von Novak ist eine abstrakte Beschreibung bestimmter Ideen oder einer Wissensdomäne und sollte nicht mit einer gleichnamigen Methode der Textanalyse (Trochim 1989) verwechselt werden.

Abbildung 3.6 zeigt eine Concept-Map, die einen Teil des Organisationsgedächtnisses des DFKI darstellt. Die Map erklärt unerfahrenen Mitarbeitern, was sie bei einer

## 3.2 Grafische Notationen

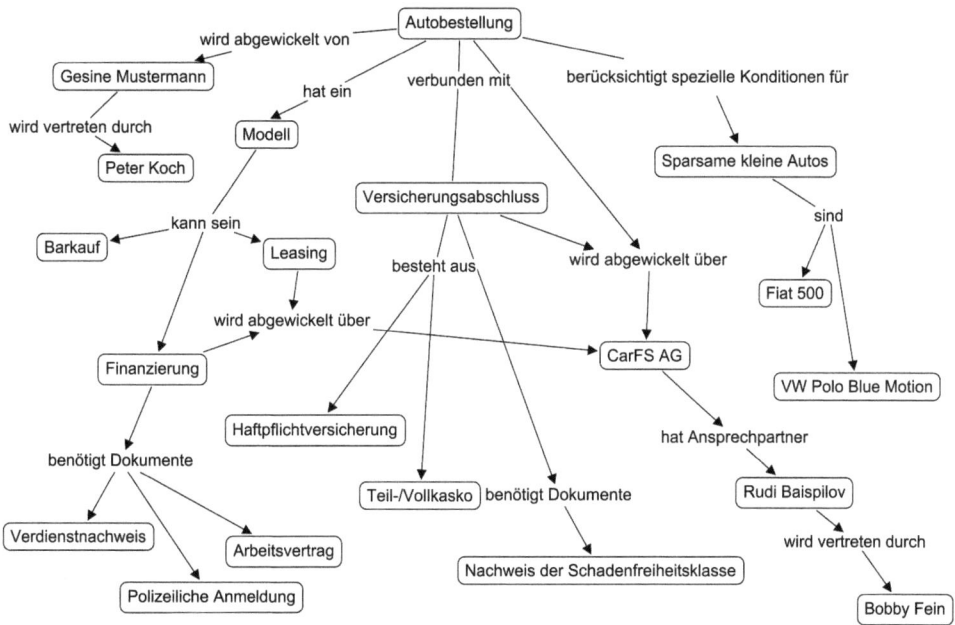

**Abb. 3.6** Concept-Map – Wie bestellt man einen Dienstwagen am DFKI?

Bestellung eines Dienstwagens am DFKI beachten sollen und wen sie dabei kontaktieren können.

Das Beispiel zeigt deutliche Unterschiede zur grafischen Notation von Mind-Maps:

- Concept-Maps visualisieren Präpositionen (semantische Units) über die jeweilige Domäne. Semantische Units bestehen aus zwei Begriffen (Konzepten), die mit einer benannten Relation verbunden sind.
- Concept-Maps erlauben Querrelationen zwischen Konzepten.

Konzepte in Concept-Maps werden üblicherweise in Ovalen, Kreisen oder Rechtecken eingeschlossen gezeichnet. Verbindungen zwischen Konzepten in Concept-Maps sind immer gerichtet und besitzen eine Markierung (engl. Label), die ihre Semantik beschreibt. Das Label der Relationen kann ein oder mehrere Wörter enthalten, die zusammen mit den Bezeichnern der verbundenen semantischen Unit eine sinnvolle Präposition (kurzer vollständiger Satz) bilden.

### Geschichte und Motivation

Die Methodik der Concept-Maps wurde von Ausubels Lerntheorie (Ausubel 1963) abgeleitet. Diese besagt, dass neues Wissen besser aufgenommen wird, wenn beim Lernen eine Verknüpfung von neuem Lernmaterial zu bereits bekanntem hergestellt werden kann.

Die Methodik ist sehr informell und in erster Linie zur Unterstützung menschlichen Lernens oder zur Beschreibung von Wissensdomänen gedacht. Nichtsdestotrotz wird momentan in der wissenschaftlichen Concept-Mapping-Community ein großes Interesse an Formalisierungen der Concept-Maps geäußert (Cañas und Carvalho 2004).

**Anwendungen von Concept-Maps**

Konzipiert als Werkzeug zur Unterstützung des Lernens, haben Concept-Maps viele Anwendungen in anderen Bereichen gefunden, z. B. im Brainstorming, im Wissens- oder Projektmanagement.

**Strukturiertes Lernen und Lehren**  Seit ihrer Entstehung werden Concept-Maps in der Lehre eingesetzt, wie z. B.:

- Thematische Planung von Lehrveranstaltungen: Der Lehrer stellt eine Concept-Map als Grundgerüst des Kurses (der Vorlesung, einer Lehrveranstaltung) zur Orientierung in Kursthemen zusammen. Somit können Lehrer und Studierende während des Lernprozesses die Verbindung von aktuellem Lernmaterial mit der Gesamtstruktur des Kurses bzw. mit bereits bekannten Themen nutzen.
- Erstellung der Concept-Maps zur Planung eines selbstständigen Lernprozesses sowie zur Selbstkontrolle: Der Lernende kann während des selbstständigen Lernens einige Concept-Maps zu relevanten Themen erzeugen, um die Zusammenhänge zwischen den bekannten und/oder neuen Begriffen besser zu verstehen (Fiedler und Sharma 2005). Erweist sich die Erstellung einer Concept-Map zu einem bestimmten Thema als schwierig, deutet dies auf ein unzureichendes Verständnis des Themas hin.
- Prüfungen: Aus den von Studierenden erstellten Concept-Maps kann ein Lehrer schließen, ob das Thema wirklich beherrscht wird oder ob das Material nur auswendig gelernt wurde.

**Brainstorming**  Ihre Intuitivität hat Concept-Maps – ähnlich wie Mind-Maps – zu einem beliebten Brainstorming-Instrument gemacht. So können beim Brainstorming eine oder mehrere Concept-Maps erstellt werden, um die Inhalte wiederzugeben.

Concept-Maps können individuell oder in Gruppen erstellt und diskutiert werden. Die Gruppenarbeit bei der Erstellung von Concept-Maps erlaubt es, ein gemeinsames Verständnis von Themen und Ideen zu erreichen.

**Informationsstrukturierung mittels Concept-Maps**  Eine Erweiterung der Concept-Mapping Methodik sieht eine Einordnung von elektronischen Dokumenten (Dateien, Web-Verweisen) in Concept-Maps vor (Cañas et al. 2005). Zum Beispiel können:

- elektronische Fotos zu Konzepten in Concept-Maps hinzugefügt werden, die entsprechende Personen bezeichnen;
- Verweise auf Organisationswebauftritte mit Konzepten, die für Organisationen stehen, assoziiert werden;
- geografische Objekte mit ihren Koordinaten in Google Maps (siehe `http://maps.google.com`) angezeigt werden;

- elektronische Lernmaterialien mit Konzepten in didaktisch konzipierten Concept-Maps einer Vorlesung verbunden werden.

Mit Dokumenten angereicherte Concept-Maps sind wertvolle Informationsressourcen, die beim formalen Lernen in der Schule oder bei einer nicht formalen Wissensübertragung im Unternehmen genutzt werden können.

**Wissensmanagement** Wissen kann in persönlichen Notizen, Dokumenten, ToDo-Listen oder Best-Practices dokumentiert werden oder in Köpfen von Mitarbeitern (implizites Wissen) enthalten sein. Wissensmanagement unterstützt Mitarbeiter dabei, persönliches Wissen und Know-how zu explizieren (externalisieren) und strukturiert zu archivieren, um es in passenden Situationen wiederzuverwenden zu können. Um implizites Wissen zu identifizieren und zu beschreiben, werden üblicherweise Interviews mit Domänenexperten durchgeführt und anschließend eine Domänen-Modellierung vorgenommen. Traditionell erfolgt eine solche Modellierung in Formalismen wie Topic Maps oder Ontologien, was ohne Modellierungsspezialisten (Wissensingenieure) nicht möglich ist, da diese Methoden eine beträchtliche Komplexität aufweisen. Fourie und Mitarbeiter (Fourie et al. 2004) versuchten, Domänenwissen mit Hilfe von Concept-Maps zu modellieren, was selbst für computerunerfahrene Mitarbeiter zumutbar war. Rostanin und Mitarbeiter (Rostanin et al. 2010) beschreiben das Aufgabenmanagementsystem TaskNavigator, das Wissen über die typischen Abläufe in wissensintensiven Organisationen mit Hilfe von Concept-Maps repräsentiert und bei Bedarf zur Instanziierung bereitstellt.

**Projekt- und Aufgabenmanagement** Hewett und Coffey (Hewett und Coffey 2000) beschreiben das XProm System, indem Concept-Maps beim Aufgaben- und Projektmonitoring eingesetzt werden.

Auf ähnliche Weise setzt das in (Rostanin et al. 2010) beschriebene TaskNavigator System Concept-Maps ein, um Aufgabenmanagement in Unternehmen intelligenter zu machen:

- Typische und oft genutzte Aufgaben in einem Unternehmen, wie z. B. „Einen neuen Mitarbeiter einstellen", werden mit Concept-Maps modelliert und in TaskNavigator bei Bedarf instanziiert. Somit „konservieren" Concept-Maps das Prozess-Know-how.
- Konzepte aus Concept-Maps werden zur Verschlagwortung von Aufgaben im TaskNavigator genutzt, wodurch eine bessere Organisation von Aufgaben erreicht und eine semantische Informationsunterstützung ermöglicht wird.

### Erstellung von Concept-Maps

Zur Minimierung von Fehlern, Missinterpretationen und Ambiguitäten stellten Novak und Canas (Novak und Cañas 2008) eine Methodik zur Erstellung von „propositional kohärenten" Concept-Maps vor. In diesen bilden alle semantischen Units kurze Sätze (sinnvolle Aussagen) über jeweils zwei Konzepte (Moon 2004).

Darüber hinaus wird empfohlen, Concept-Maps hierarchisch aufzubauen: Generische Konzepte sollten räumlich über den spezifischeren platziert werden. Im Unterschied zu Mind-Maps sind in Concept-Maps mehrere Wurzelknoten erlaubt. Darüber hinaus erlaubt die Concept-Map-Methodik Querverbindungen auf und zwischen verschiedenen Ebenen einzuführen, wobei Kreuzungen der Verbindungen möglichst vermieden werden sollten. Die Labels der Verknüpfungen sollten kurz und treffend formuliert werden, obwohl längere Phrasen an dieser Stelle ebenso erlaubt sind.

**Fokus-Frage** Um eine gute Übersichtlichkeit zu gewährleisten, sollen Concept-Maps fokussiert erstellt werden: Jede Concept-Map soll helfen, eine explizite Frage (Fokus-Frage) zu beantworten. Aus diesem Grund soll ein Verfasser vor der Erstellung einer Concept-Map eine klare Vorstellung davon haben, welchen thematischen Fokus seine Concept-Map haben soll. Fehlt der Fokus, so ist die Gefahr groß, dass irrelevante Konzepte und Aussagen eine Concept-Map unübersichtlich und mehrdeutig machen. Die Fokus-Frage dient dem Verfasser somit als eine Art Filter, mit dessen Hilfe er seine Konzepte abgleichen kann.

**Beispiel 3.1**
Gesine möchte eine Concept-Map erstellen, die ihr Wissen über Bestellungen von Dienstautos zusammenfasst. Sie definiert eine Fokusfrage „Wie bestellt man einen Dienstwagen für das DFKI?". ∎

In einigen Fällen, z. B. beim Brainstorming ist aber eine zu enge Fragestellung schädlich. Zum einen ist in einigen Fällen ein enger Fokus nicht möglich. Zum anderen werden kreative Denkprozesse gehemmt, da gute Ideen außer Acht gelassen werden müssen, weil sie nicht genau zur Fragestellung passen.

**Parking Lot** Nachdem eine Fokus-Frage festgelegt wurde, startet eine Brainstorming-Phase, während der Konzepte identifiziert werden sollen, die zur Fragestellung relevant sind. In dieser Phase werden alle Konzepte in einer Liste zusammengefasst, ohne Relationen dazwischen zu definieren:

---

Beispiel: Initiale Liste von Konzepten (Parking Lot) für Gesines Concept-Map
```
Autobestellung
Gesine Mustermann
CarFS
Rudi Baispilov
Finanzierung
Leasing
Barkauf
Versicherung
Haftpflichtversicherung
Voll-/Teilkasko-Versicherung
Prof. Dinkelhof
```

Die Konzeptliste wird von Novak *parking lot* für Konzepte genannt: Die Konzepte bleiben auf ihren Parkplätzen, solange sie nicht in der Concept-Map eingebunden sind.

**Expert Skeleton Maps**  Nach einer kritischen Inspektion der Konzeptliste werden die generischen Konzepte ausgewählt und auf der obersten Ebene in der Map platziert. Die erklärenden Konzepte werden in der Map entsprechend ihrer Wichtigkeit und ihrem Detailgrad verteilt. Danach werden semantische Units aus Konzeptpaaren mit Hilfe der Relationen gebildet. Die entstandene erste Version der Concept-Map wird *Expert Skeleton Map* genannt. Die Skeleton-Map soll auf Validität und Vollständigkeit geprüft werden (z. B. von Fachleuten), bevor der weitere Ausbau fortgesetzt wird. Üblicherweise werden mehrere Iterationen benötigt, bevor eine Concept-Map valide ist. Die korrigierte Concept-Map kann mit den restlichen Konzepten aus dem Parking-Lot oder neuen Konzepten ausgebaut werden.

**Beispiel 3.2**
Gesine platziert Konzepte aus dem *parking lot* auf ihre Concept-Map, und versucht diese mit Relationen zu verknüpfen (Abbildung 3.7). Sie hat jedoch Schwierigkeiten, die Konzepte „Barkauf", „Finanzierung" und „Leasing" in der Concept-Map einzuordnen. Sie führt ein neues Konzept „Modell" ein und erstellt Relationen zu „problematischen" Konzepten (Abbildung 3.8). Gesine diskutiert über ihre Concept-Map telefonisch mit Rudi, und er vervollständigt diese mit Konzepten wie „Verdienstnachweis", „Nachweis der Schadenfreiheitsklasse" usw., welche die für einen Vertragsabschluss benötigten Dokumente bezeichnen. Außerdem entscheidet Gesine, das Konzept „Prof. Dinkelhof" aus der Liste auszuschließen, da dieses Konzept für die Fragestellung der Concept-Map zu spezifisch ist. Die resultierende Concept-Map ist in Abbildung 3.9 dargestellt.

Gesine arbeitet an der Concept-Map weiter, bis diese wie in Abbildung 3.6 aussieht. Gesine ist momentan zufrieden. Sie kann die Concept-Map ihrem neu angestellten Stellvertreter Peter Koch zeigen und erklären. ∎

**Formale Semantik von Concept-Maps**

Auf den ersten Blick erlauben Concept-Maps eine enorme Freiheit und Aussagemächtigkeit für den Ersteller. Jedoch sind Concept-Maps, wie sie von Novak konzipiert wurden, zur formalen Repräsentation des Wissens bei einer engeren Betrachtung nicht geeignet, weil sie erhebliche Schwächen aufweisen (Cañas und Carvalho 2004):

1) Die Methodik definiert keinen Formalismus der Concept-Maps.
   a) Konzepte verfügen normalerweise über keine Eigenschaften außer einer Überschrift und Synonymen.
   b) Konzepte sind nicht typisiert.
   c) Konzepte sind nur mit ihrer Überschrift identifizierbar, d. h. sie verfügen über keine eindeutige ID oder URI.

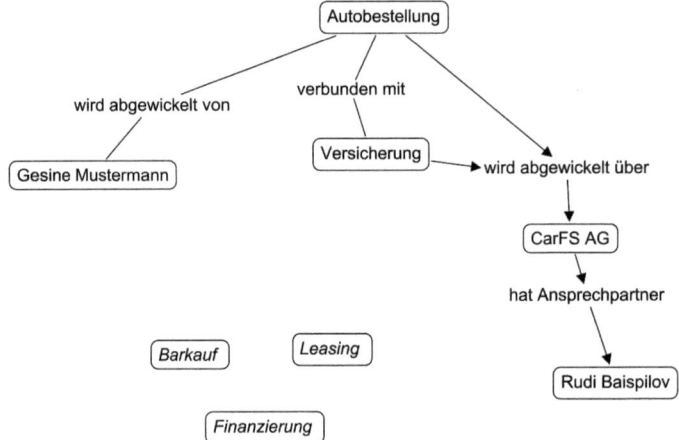

**Abb. 3.7** Gesines Concept-Map – initiales Layout.

2) Es gibt keine „zentralen" Konzepte in Concept-Maps, was häufig zu verschiedenen Interpretationen von Concept-Maps führen kann. Die Wichtigkeit der Konzepte wird von menschlichen Erstellern durch entsprechendes Layouting (z. B. Position der wichtigen Knoten, Größe der Knoten) betont.
3) Die Freiheit bei der Auswahl der Relationsnamen führt dazu, dass bei verschiedenen Autoren dieselbe Relation unterschiedlich benannt werden kann.
4) Wissenskonstrukte wie Disjunktion, Negation oder Implikationen sind mit Hilfe von Concept-Maps nicht darstellbar.
5) Concept-Maps haben ähnlich wie Mind-Maps meistens einen subjektiven Charakter, d. h. sie bilden eine persönliche Sichtweise auf ein bestimmtes Thema ab und können Widersprüche enthalten.

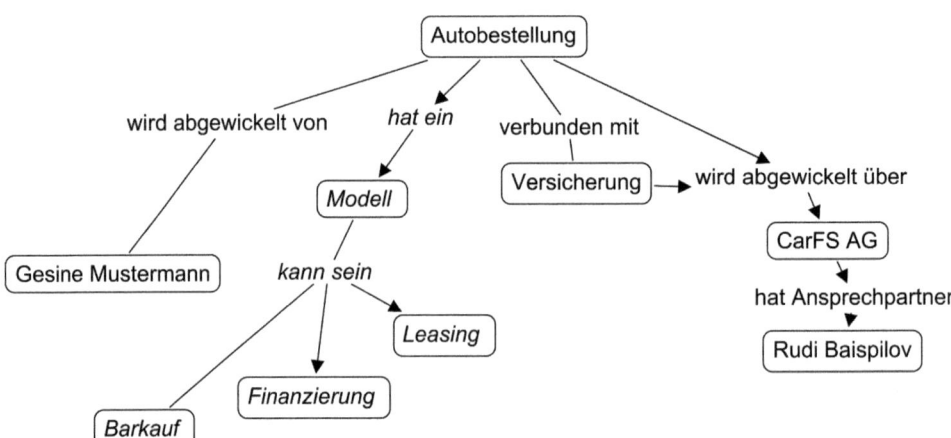

**Abb. 3.8** Gesines Concept-Map – Anbindung „problematischer" Konzepte.

## 3.2 Grafische Notationen

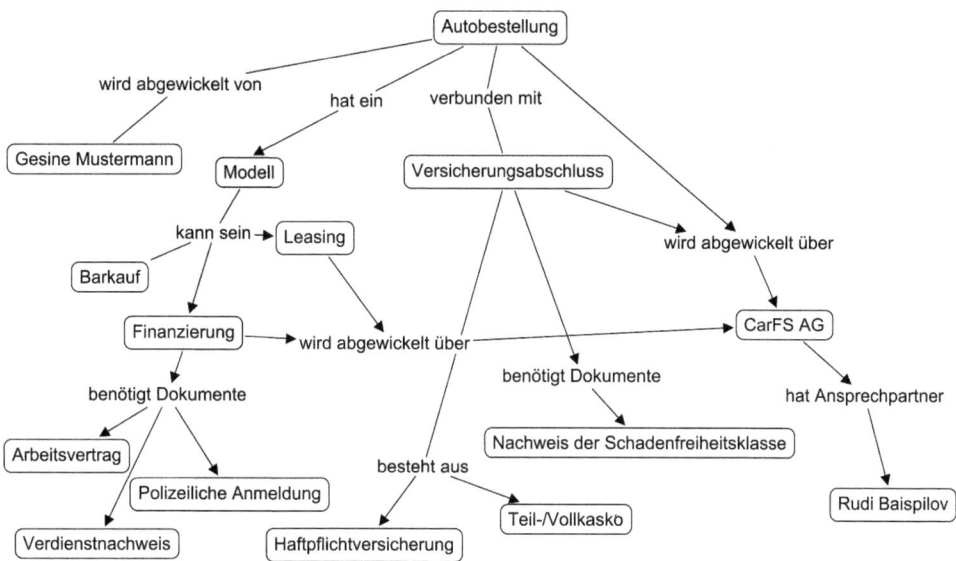

**Abb. 3.9** Skeleton Concept-Map.

**Refined Concept-Maps** Um die Ambiguitäten in Concept-Maps zu reduzieren, wurde in (Kharatmal und Nagarjuna 2006) eine Methode zur Einschränkung der Freiheit bei der Auswahl der Relationen vorgeschlagen. Die Autoren bezeichnen solche eingeschränkten Concept-Maps als „Refined Concept Maps".

**Intelligente Concept-Maps** Canas und Carvalho (Cañas und Carvalho 2004) diskutieren zwar die Schwächen von Concept-Maps zur Wissensrepräsentation, zeigen aber, dass Concept-Maps für einige Anwendungen in der Künstlichen Intelligenz durchaus geeignet sind, sofern sie „propositional kohärent" sind:

1) Concept-Maps können automatisch in Tripel aus Subjekt, Prädikat und Objekt umgewandelt werden, wodurch einfache Inferenz (logische Schlussfolgerungen anhand mehrerer Aussagen) möglich wird.
2) Die formale Semantik von Konzepten in Concept-Maps ist durch ihre Verbindungen mit anderen Konzepten definiert und kann aus der jeweiligen Concept-Map erlesen werden.
3) Concept-Maps können beim Information-Retrieval zur Suchanfrage-Generierung und Anfrage-Expandierung (Query-Expansion) genutzt werden.

### Werkzeuge

Die Methodik der Concept-Maps kann ohne Computer mit Papier oder auf einer Tafel in einem Klassenzimmer genutzt werden. Es existieren jedoch zahlreiche Tools zur Vereinfachung der Erstellung von Concept-Maps. Eine aktuelle Liste der populärsten Tools findet man in Wikipedia unter `http://en.wikipedia.org/wiki/List_of_concept_`

`mapping_software`. Standardreferenz für Concept-Mapping-Software sind cMapTools und Compendium. Kürzlich wurde auch ein System vorgestellt, das digitale Stifteingaben interpretiert und Concept-Maps erkennt (siehe `http://www.touchandwrite.de`). Somit ist ein Entwurf wie auf dem Papier möglich, die Concept-Maps sind aber direkt computerverständlich abgespeichert.

Concept-Mapping ist eine populäre Methodik zur informellen Wissens- und Informationsentwicklung und -darstellung, die zur Unterstützung von Lernprozessen in den 1970er Jahren eingeführt wurde. Heute haben Concept-Maps weitere Anwendungsszenarien im Bereich des Semantischen Webs gefunden, wo sie als leichtgewichtige Werkzeuge zur Wissensmodellierung verwendet werden (Soares und Sousa 2008). Um eine tiefere Integration von Concept-Maps im Semantischen Web zu ermöglichen, müssen beim Aufbau einige zusätzliche Einschränkungen und Regeln eingehalten werden, wie z. B. unternehmensweit eindeutige Relationsnamen, Vergabe von eindeutigen Konzept-URIs, Einhaltung der Regeln von „propositional kohärenten" Concept-Maps.

### 3.2.3 Conceptual Graphs

Die oben beschriebenen Arten Semantischer Netze basieren auf dem Modell der relationalen Graphen. Zu den Stärken relationaler Graphen als Mittel der Wissensrepräsentation gehören ihre Intuitivität und die Einfachheit der Erstellung. Im Vergleich zu formalen Wissensrepräsentationen (wie Prädikatenlogik) weisen sie aber Schwächen bei der Ausdrucksmächtigkeit auf.

**Conceptual Graphs**

John F. Sowa entwickelte 1976 eine neue Form der Wissensrepräsentation namens *Conceptual Graphs* (CG) (Polovina 2007), die auf *Existential Graphs* von Pierce basieren (Peirce 1909). Die Notation von CG erlaubt es, beliebige Sätze in natürlicher Sprache grafisch in logische Ausdrücke zu überführen.

CG repräsentieren Konzepte als rechteckige Knoten und Relationen als Ovale, die mit Konzepten über gerichtete Pfeile verbunden sind (Abbildung 3.10, a). Konzepte in CG können typisiert sein, was in Diagrammen über einen bestimmten Prefix dargestellt wird, wie z. B. *DFKI* : *Gesine* bedeutet, dass Gesine zur Klasse *DFKI* gehört. CG unterstützen Klassenhierarchien. N-äre Beziehungen in CGs werden reifiziert, d. h. als eigenständige Konzepte repräsentiert, die über elementare Relationen (z. B. Agent, vgl. Rollen bei Topic Maps, Abschnitt 3.3.2) mit ihren Termen verbunden sind. Abbildung 3.10, a) illustriert eine Abbildung der komplexen Aussage „Gesine (DFKI) bestellt ein Auto für Dinkelhof (DFKI) über Rudi von CarFS" mit Hilfe grafischer CG-Notation. Aussagen aus CG können in weiteren komplexeren Aussagen wiederverwendet werden.

Um die schwache logische Ausdrucksmächtigkeit der relationalen Graphen zu umgehen, verfügen Conceptual Graphs über Konstrukte zur Negation von Ausdrücken:

## 3.2 Grafische Notationen

- Die Aussage in CGs kann mit Hilfe eines abgerundeten, umschließenden Rechtecks als falsch gekennzeichnet werden, was eine Einführung von künstlichen negativen Relationen (z. B. Cindy „ist-nicht-Tochter-von" Gesine) unnötig macht. In der Abbildung 3.10, b) wird, beispielsweise, die Aussage Cindy „Tochter-von" Gesine als falsch gekennzeichnet.
- Mit Hilfe von geschachtelten Negationen kann auch Implikation ausgedrückt werden: Abbildung 3.10, c) entspricht der Aussage:

```
Wenn Dinkelhof keinen Antrag stellt,
   bestellt Gesine kein Auto für ihn bei Rudi.
```

was Äquivalent zur folgenden Aussage ist:

```
Nur wenn Dinkelhof einen Antrag stellt,
   bestellt Gesine ein Auto für ihn bei Rudi.
```

Eine Äquivalenz-Relation (Strichlinie) zeigt, dass Dinkelhof im äußeren Graphen dem Aussagengegenstand Dinkelhof aus dem inneren Graphen identisch ist: d. h., in beiden Teilaussagen geht es um dieselbe Person.

Conceptual Graphs sind eine mächtige Form der Wissensrepräsentation, da sie erlauben, alle Ausdrücke der Prädikatenlogik erster Stufe relativ einfach visuell zu repräsentieren. CG haben ihre Anwendung bei der semantischen Informationssuche (Zhong et al. 2002, Dieng-Kuntz und Corby 2005) und in der Computerlinguistik (Strupchanska et al. 2003) gefunden. Eine lineare Notation von CG – Conceptual Graph Interchange Format (CGIF) – liegt als ISO-Standard für Common Logic (ISO/IEC 24707 2007) vor.

Trotz ihrer Aussagemächtigkeit unterliegen CG in ihrer Popularität den Sprachen des Semantischen Web wie RDF und OWL.

### 3.2.4 Grafische vs. Lineare Notationen

In den obigen Abschnitten haben wir gesehen, wie Semantische Netze grafisch repräsentiert werden können. Grafische Notationen für Semantische Netze orientieren sich am Menschen und dienen zum intuitiven Aufbau und zum leichteren Verständnis der Wissensbasis. Um jedoch die grafisch kodierte Information für eine Inferenzmaschine nutzbar zu machen, werden Semantische Netze in äquivalente lineare Notationen überführt, die auch als Beschreibungslogiken (engl. description logic oder DL) bekannt sind (Baader et al. 2008).

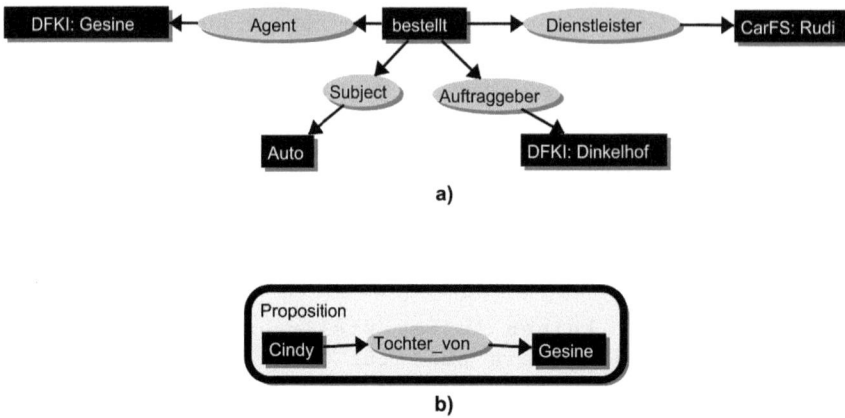

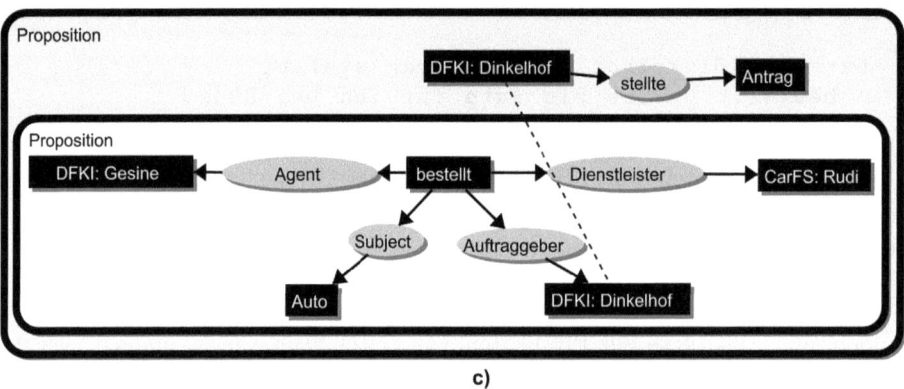

**Abb. 3.10** Conceptual Graphs.

Die Sprache CLASSIC (Borgida et al. 1989) ist eine der zahlreichen Vertreter linearer logischer Notationen. Das nachfolgende Beispiel zeigt eine mögliche Übersetzung des Semantischen Netzes aus Abbildung 3.2 in CLASSIC:

```
Fakten über Rudis Familie Übersetzt in CLASSIC
(1)  define-concept[(PRIMITIVE THING person)]
(2)  define-concept[(DISJOINT-PRIMITIVE PERSON Geschl Mann)]
(3)  define-concept[(DISJOINT-PRIMITIVE PERSON Geschl Frau)]
(4)  define-role[ist-verheiratet-mit]
(5)  define-role[ist-Vater-von]
(6)  define-role[ist-Mutter-von]
(7)  define-role[ist-Bruder-von]
(8)  define-role[ist-Schwester-von]
(9)  create-ind[Rudi]
(10) create-ind[Anke]
(11) create-ind[Bert]
(12) create-ind[Cindy]
```

## 3.2 Grafische Notationen

```
(13) assert-ind[Rudi,  MANN]
(14) assert-ind[Anke,  FRAU]
(15) assert-ind[Bert,  PERSON]
(16) assert-ind[Cindy, PERSON]
(17) assert-ind[Rudi,  (FILLS ist-verheiratet-mit Anke)]
(18) assert-ind[Anke,  (FILLS ist-verheiratet-mit Rudi)]
(19) assert-ind[Rudi,  (FILLS ist-Vater-von Bert)]
(20) assert-ind[Rudi,  (FILLS ist-Vater-von Cindy)]
(21) assert-ind[Anke,  (FILLS ist-Mutter-von Bert)]
(22) assert-ind[Anke,  (FILLS ist-Mutter-von Cindy)]
(23) assert-ind[Cindy, (FILLS ist-Schwester-von Bert)]
(24) assert-ind[Bert,  (FILLS ist-Bruder-von Cindy)]
```

Das Programm in CLASSIC

- definiert drei Konzepte: PERSON, MANN, FRAU (Zeilen 1-3);
- definiert fünf Beziehungstypen (Rollen): ist-verheiratet-mit, ist-Vater-von, ist-Mutter-von, ist-Bruder-von, ist-Schwester-von (Zeilen 4-8);
- definiert vier Individuen: Rudi, Anke, Bert, Cindy (Zeilen 9-12);
- weist Individuen Konzepte (Klassen) zu (Zeilen 13-16);
- verbindet Individuen über definierte Beziehungen (Zeilen 17-24).

Die meisten Beschreibungslogiken unterstützen lediglich eine bestimmte Untermenge von Ausdrücken der Prädikatenlogik der ersten Stufe – meistens fehlen Konstrukte für Negation und Disjunktion. Das hat den Grund, dass eine Betrachtung dieser Konstrukte bei einer automatischen Inferenz zum exponentiellen Wachstum der Anzahl der möglichen Inferenzpfade führen kann (siehe Abschnitte 2.2 und 2.3). Es existieren jedoch lineare Notationen, wie beispielsweise die lineare Notation für Conceptual Graphs named Conceptual Graph Interchange Format (CGIF), die die ganze Mächtigkeit der Prädikatenlogik der ersten Stufe unterstützen.

Wir können also resümieren, dass Semantische Netze ein Werkzeug zur intuitiven Wissensvisualisierung und Strukturierung sind. Sie sind in erster Linie für Menschen als Mittel zum besseren Verständnis der Zusammenhänge zwischen Dingen in bestimmten Wissensdomänen gedacht. Es gibt jedoch äquivalente lineare Notationen, die eine formale Semantik der grafischen Wissensrepräsentation ausdrücken können. Je nach grafischer Notation kann eine solche Übersetzung von einem Menschen manuell (z. B. im Falle von Mind-Maps, die keinerlei formaler Semantik aufweisen), automatisiert (z. B. Concept-Maps, die zwischen Konzepten und Instanzen nicht unterscheiden, dafür aber in den meisten Fällen in Aussagen über Objekte übersetzt werden können) oder automatisch (z. B. Conceptual Graphs, die eine grafische Abbildung der Prädikatenlogik der ersten Stufe sind) durchgeführt werden.

In den folgenden Abschnitten werden mit Thesauri und Topic Maps weitere Repräsentationstechnologien eingeführt, die aufgrund ihrer formalen Modelle von Rechnern auswertbar sind, die aber bei Bedarf auch als Semantische Netze visualisiert werden können.

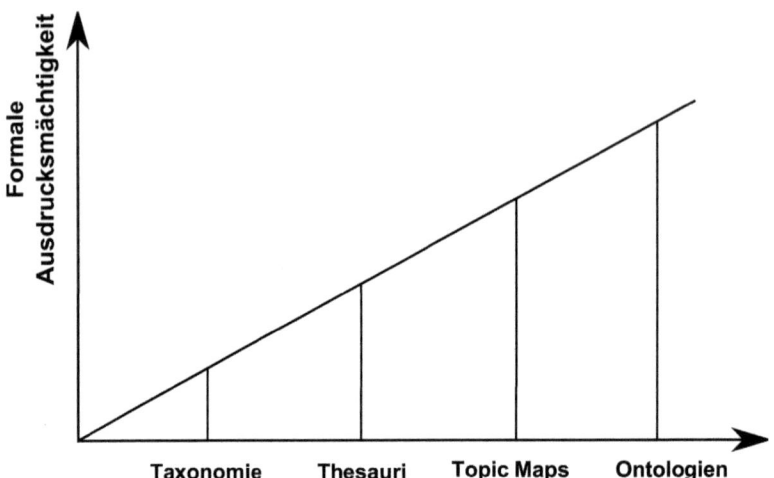

**Abb. 3.11** Evolution der Wissensrepräsentationsstandards, Quelle: (Ullrich et al. 2004).

## 3.3 Weitere Repräsentationstechnologien

In Gegensatz zu Semantischen Netzen steht eine grafische Wissensrepräsentation bei Thesauri und Topic Maps nicht im Vordergrund, jedoch werden letztere auch oft mittels grafischer Tools visualisiert. Beide Technologien sind Industriestandards, die aus modernen Informationssystemen nicht wegzudenken sind. Thesauri und Topic Maps werden oft zur Veranschaulichung der Evolution semantischer Modelle von Taxonomien (Abschnitt 2.6.5) bis zu Ontologien (Kapitel 4) genutzt: (Ullrich et al. 2004) und Abbildung 3.11.

### 3.3.1 Thesauri

Ein Thesaurus ist eine Art Wörterbuch, das enthaltene Wörter oder Begriffe über definierte Beziehungen vernetzt. Die häufigsten Beziehungen in Thesauri sind:

1) Hierarchische und partonomische Beziehungen (vgl. Abschnitte 2.6.4 und 2.5.2):

   a) Hypernym – Oberbegriff. In Thesauri sind mehrere Oberbegriffe erlaubt.
   b) Hyponym – Unterbegriff.
   c) Meronym – Der Begriff ist Teil eines anderen Begriffes.
   d) Holonym – Der Begriff enthält andere Begriffe.

2) Nicht-hierarchische Beziehungen:

   a) Synonym – Wörter mit ähnlicher Bedeutung.
   b) Antonym (Gegenwort) – Wörter, die das Gegenteil ausdrücken.
   c) Assoziationen (siehe auch Abschnitt 2.5.2).

## 3.3 Weitere Repräsentationstechnologien

**Versicherung**

**Versicherung (Deutsch)** [Bearbeiten]

**Substantiv, *f*** [Bearbeiten]

**Silbentrennung:**
Ver·si·che·rung, Plural: Ver·si·che·run·gen

**Aussprache:**
IPA: [fɐɐ̯ˈzɪçəʁʊŋ], Plural: [fɐɐ̯ˈzɪçəʁʊŋən]
Hörbeispiele: —, Plural: —

| Kasus | Singular | Plural |
|---|---|---|
| Nominativ | die Versicherung | die Versicherungen |
| Genitiv | der Versicherung | der Versicherungen |
| Dativ | der Versicherung | den Versicherungen |
| Akkusativ | die Versicherung | die Versicherungen |

**Bedeutungen:**
[1] Vereinbarung, bei der eine Partei meist gegen ein Entgelt der anderen bei Eintritt bestimmter schädigender Ereignisse einen Ausgleich des Schadens zusagt
[2] Unternehmen, das in Vereinbarungen meist gegen Entgelt anderen bei Eintritt bestimmter schädigender Ereignisse Ausgleich des Schadens zusagt
[3] nachdrückliche Bestätigung einer Person gegenüber, dass ein bestimmter Sachverhalt zutrifft

**Abkürzungen:**
Vers.

**Herkunft:**
Ableitung des Substantivs zum Verb versichern mit dem Derivatem (Ableitungsmorphem) -ung

**Synonyme:**
[2] Versicherer

**Gegenwörter:**
[3] Verneinung

**Oberbegriffe:**
[1] Vertrag
[2] Unternehmen
[3] Behauptung

**Unterbegriffe:**
[1] Lebensversicherung

**Abb. 3.12** Online-Thesaurus – Wiktionary.

Abbildung 3.12 zeigt einen Thesaurus-Eintrag für das Wort „Versicherung" in dem offenen Online-Thesaurus Wiktionary (siehe `http://de.wiktionary.org/wiki/Versicherung`).

Begriffe aus einem Thesaurus können Übersetzungen in andere Sprachen enthalten. Es existieren ein- und mehrsprachige Thesauri.

Man unterscheidet zwischen linguistischen Thesauri (Wortschatz einer Sprache oder einer Wissensdomäne) und Thesauri zur Dokumentation.

**Linguistische Thesauri**

Linguistische Thesauri verbinden alle möglichen Wörter einer Sprache oder einer spezifischen Wissensdomäne miteinander.

WordNet (siehe `http://wordnet.princeton.edu/`) ist ein Online-Thesaurus der englischen Sprache, dessen Wörter in sogenannte *Synsets* organisiert sind: Synsets enthalten Listen von Wörtern, die in einem bestimmten Kontext gleiche Bedeutung haben. Jedes Synset ist mit einem Deskriptor verbunden, der eine textuelle Definition des Begriffs enthält.

Linguistische Thesauri können als Nachschlagewerk für Synonyme und Antonyme bei der Textbearbeitung genutzt werden. Darüber hinaus können Thesauri beim Information

Retrieval zur automatischen Erweiterung von Suchanfragen (Query Expansion), oder gar als ontologische Wissensquelle genutzt werden 8.2.2.

**Thesauri zur Dokumentation**

Thesauri zur Dokumentation definieren ein kontrolliertes Vokabular von Begriffen, die zur effizienten Kategorisierung (Verschlagwortung) und zum Wiederfinden von Dokumenten verwendet werden können. Begriffe in solchen Thesauri werden durch Zuweisung einer oder mehrerer thematischer Kategorien klassifiziert.

**Standardisierung**

Es existieren mehrere nationale sowie internationale Standards zur Erstellung von einsprachigen und mehrsprachigen Thesauri.

(DIN 1463-1 1987) legt Standardbeziehungen zwischen Begriffen in einsprachigen Thesauri fest (entspricht dem Internationalen Standard (ISO/IEC 2788 1986)). (DIN 1463-2 1993) standardisiert den Aufbau mehrsprachiger Thesauri (entspricht dem internationalen Standard (ISO/IEC 5964 1985)).

In den letzten Jahren ist in Großbritannien eine Initiative gestartet (siehe `http://www.niso.org/workrooms/iso25964`), die sich zum Ziel gesetzt hat, existierende Standards zum Thesaurus-Aufbau an die Bedürfnisse des 21. Jahrhunderts anzupassen, z. B. um die Interoperabilität mit anderen Vokabularien (Taxonomien, Ontologien usw.) zu verbessern.

Um Thesauri in Semantic-Web-Anwendungen nutzen zu können, werden sie in spezielle RDF- oder OWL-basierte Vokabulare, wie z. B. SKOS (siehe `http://www.w3.org/2004/02/skos/`) überführt.

Ein Thesaurus ist eine relativ einfache Form der Wissensrepräsentation, um die standardisierten nicht-hierarchischen Relationen von Taxonomien zu erweitern. Thesauri finden ihre Anwendung in digitalen Bibliotheken, Archiv-Systemen, Informations-Retrieval-Systemen, sowie Textbearbeitungsprogrammen.

### 3.3.2 Topic Maps

Topic Maps ist der Name einer ISO-standardisierten semantischen Technologie zur Repräsentation von Wissen und zur Verknüpfung des repräsentierten Wissens mit relevanten Informationen. Die Ursprünge dieser Technologie sind auf das DocBook-Projekt zurückzuführen, in dessen Rahmen in den frühen 1990er Jahren eine Lösung zur automatischen Verknüpfung digitaler Buchindizes erarbeitet wurde (Pepper 2010).

Grundlegende Merkmale der Topic Maps-Technologie sind die Zentrierung auf Aussagegegenstände, ein differenziertes Identitätskonzept für diese Aussagegegenstände sowie ein Integrationsmodell, das die Kollokation aller zu einem Aussagegegenstand zugehörigen Aussagen ermöglicht. In (ISO/IEC 13250-2 2006) ist mit dem Topic Maps-

Datenmodell (TMDM) der Kern der Technologie beschreiben, der die Konstrukte zur Repräsentation von Aussagegegenständen, von Aussagen über diese Gegenstände sowie die anzuwendenden Regeln definiert. Auf der Basis von TMDM setzen die Austauschformate XTM, CXTM und CTM sowie die Schemasprache TMCL und die Abfragesprache TMQL auf. Im Laufe des Abschnittes wird die CTM-Notation genutzt, um Aspekte der Topic-Maps zu veranschaulichen (Listings 3.1- 3.10). Um ein einheitliches Bild zu gewährleisten wurde im Folgenden stets die sehr kompakte Listingsdarstellung gewählt – auch für einzelne, kurze Beispieldaten.

**Datenmodell**

Für die auszugsweise Beschreibung von TMDM werden im Folgenden meist die englischen Bezeichner der Konstrukte verwendet. Da ein normatives deutsches Vokabular nicht existiert, wird bei der ersten Nennung eines englischen Bezeichners die von Maicher in (Maicher 2008) vorgeschlagene deutsche Übersetzung angegeben. Auf die durchgängige Verwendung der meist längeren und daher oft schwerer verständlichen deutschen Bezeichnungen wird verzichtet.

In TMDM ist eine Topic Map als eine Menge von Topics und Beziehungen (associations) und damit eine Instanz des Topic Maps-Datenmodells definiert.

Als zentrale Eigenschaften von Informationen werten Topic Maps weder wo eine Ressource abgelegt ist (dokumentenzentrische Sicht) noch mit welcher Anwendung sie erstellt wurde (anwendungszentrische Sicht) oder wer sie wann erstellt hat (Metadatensicht). Entscheidend ist vielmehr die Beantwortung der Frage nach dem Gegenstand der Aussagen.

Ein Aussagegegenstand (subject) kann alles sein, worüber mit beliebigen Mitteln irgendetwas ausgesagt werden soll, unabhängig davon, ob es existiert oder ob es bestimmte Eigenschaften hat. Beispiele für Aussagegegenstände sind konkrete Personen wie Rudi Baispilov oder die deutsche Wikipedia Webseite über CarFS, aber auch abstrakte Begriffe wie Person oder Unternehmen. Ein Topic ist ein Symbol in einer Topic Map, das einen und nur einen Aussagegegenstand repräsentiert, um Aussagen zu diesem Aussagegegenstand zu erlauben. Jedes der angeführten Beispiele für Aussagegegenstände wird in einer Topic Map daher jeweils von genau einem Topic repräsentiert.

In Bezug auf Aussagegegenstände unterscheiden Topic Maps zwischen Informationsressourcen, die adressierbar sind und nicht-adressierbaren Aussagegegenständen. So ist die Homepage von Rudi Baispilov als Informationsressource ein adressierbarer Aussagegegenstand, während Rudi Baispilov selbst als Person keine Informationsressource ist und damit auch nicht direkt adressiert werden kann.

Zur Repräsentation dieser beiden grundlegend verschiedenen Qualitäten von Aussagegegenständen definieren Topic Maps unterschiedliche Konstrukte. Der Aussagegegenstand eines Topics, das eine Informationsressource repräsentiert, wird durch seinen Subject Locator (Adresse des Aussagegegenstands) identifiziert. Nicht-adressierbare Aussagegegenstände werden dagegen durch Subject Identifier

(Adresse der Beschreibung des Aussagegegenstands) identifiziert, unter der ein Subject Indicator (Beschreibung des Aussagegegenstands) einem Menschen die Identität des Aussagegegenstands eindeutig offenlegt.

In der Praxis werden häufig Subject Identifier vergeben, die nicht auf eine Informationsressource als Subject Indicator weisen. Für den Nutzer sind solche Subject Identifier weniger hilfreich, da eine Ressource für die Beschreibung des Aussagegegenstands nicht existiert. Für ein technisches System spielt jedoch die Existenz dieser beschreibenden Ressource keine Rolle und die Adresse allein liefert eine ausreichende Verarbeitungsgrundlage. Diese Art der Identifikation entspricht den aus XML bekannten Namensräumen (siehe http://www.w3.org/TR/xml-names/).

Das nachfolgende Beispiel (siehe Listing 3.1) zeigt die CTM-Notation zur Definition eines Topics mit einer Identifizierung (item identifier), das seinen Aussagegegenstand über dessen Adresse identifiziert.

**Listing 3.1** CTM-Notation eines Topics mit einem Subject Locator

```
rudi_bsplv
    = http://de.wikipedia.org/wiki/rudi_baispilov.
```

Das Topic rudi_bsplv repräsentiert damit die entsprechende Webseite. Im Unterschied dazu repräsentiert das Topic in Listing 3.2 die Person Rudi Baispilov durch Angabe der Adresse der Beschreibung des Aussagegegenstands. Zusätzlich führt das Listing 3.2 eine Benennung (base name) für das definierte Topic ein.

**Listing 3.2** CTM-Notation eines Topics mit einer Benennung und einem Subject Identifier

```
Rudi_B
    - "Baispilov, Rudi";
    http://psi.carfs.de/personal/Rudi_B.
```

Das folgende Topic repräsentiert ebenfalls Rudi und definiert zwei Benennungen, wobei für die zweite Benennung auch der Typ des Topic-Namens (topic name type) angegeben wird:

**Listing 3.3** CTM-Notation eines Topics mit mehreren Benennungen und Subject Identifiers

```
Rudi_Baispilov
    - "Rudi Baispilov"
    - Nachname: "Baispilov";
    http://psi.carfs.de/personal/Rudi_B;
    http://de.wikipedia.org/wiki/rudi_baispilov.
```

Zwischen einem Topic und seinem Aussagegegenstand besteht per Definition eine 1:1-Beziehung. Topic Maps-Anwendungen müssen daher sicherstellen, dass diese 1:1-Beziehung erhalten bleibt und tatsächlich jeder Aussagegegenstand von einem und nur von einem Topic repräsentiert wird. Ist dieses Ziel erreicht, werden alle Aussagen zu einem Aussagegegenstand zugänglich über das einzige Topic, das diesen Gegenstand repräsentiert. Die Einhaltung des Kollokationsziels basiert wesentlich auf dem Identitätskonzept von Topic Maps und dem ebenfalls in TMDM definierten Integrationsmodell.

Repräsentieren zwei Topics denselben Aussagegegenstand, müssen sie gemäß dem Kollokationsziel zu einem einzigen Topic zusammengeführt werden, das dann auch die Eigenschaften der ursprünglichen Topics vereinigt. Damit ist die Frage entscheidend, wann zwei Topics denselben Aussagegegenstand repräsentieren. TMDM definiert zur Beantwortung dieser Frage einen Satz von Gleichheitsregeln.

So sind zwei Topics identisch, wenn die Schnittmenge ihrer Subject Identifier nicht die leere Menge ist. Entsprechend dieser Definition werden die Topics in Listings 3.2 und 3.3 zu dem in Listing 3.4 beschriebenen Topic zusammengeführt, das drei Bezeichnungen und zwei Subject Identifier als Vereinigung der in Listings 3.2 und 3.3 definierten Eigenschaften aufweist.

**Listing 3.4** CTM-Notation der zusammengeführten Topics aus Listings 3.2 und 3.3

```
Rudi_B
    - "Rudi Baispilov";
    - "Baispilov, Rudi";
    - Nachname: "Baispilov";
    http://psi.carfs.de/personal/Rudi_B;
    http://de.wikipedia.org/wiki/rudi_baispilv.
```

In Topic Maps werden Beziehungen zwischen einem oder mehreren Topics mit einem rollenbasierten Beziehungsmodell repräsentiert. Auch N-äre Beziehungen können in Topic Maps also abgebildet werden, wie beispielsweise eine ternäre Eltern-Kind-Beziehung mit den drei Rollen Mutter, Vater und Kind. Abbildung 3.13 stellt die binäre Beziehung (Listing 3.5) zwischen Rudi und der CarFS graphisch dar.

**Listing 3.5** Rollenbasiertes Beziehungsmodel

```
Beschaeftigungsverhaeltnis(Arbeitgeber : CarFS,
                          Mitarbeiter : Rudi_B)
```

In Topic Maps sind sowohl Beziehungen als auch Beziehungsrollen typisiert, wobei die Typen dieser Beziehungskonstrukte ebenfalls Topics sind. Im Beispiel (Listing 3.5) spielt Rudi die Rolle des Mitarbeiters und CarFS die Rolle des Arbeitgebers in der Beziehung vom Typ Beschäftigungsverhältnis.

Zwei binäre Beziehungstypen sind in Topic Maps durch die Definition im Standard ausgezeichnet: die Typ-Instanz- und die Supertyp-Subtyp-Beziehung, für die in CTM die Kurznotationen „isa" und „ako" (a kind of) eingeführt wurden. An dieser Stelle ist leicht zu erkennen, dass die Begriffe bei den verschiedenen Wissensrepräsentationsformen durchaus nicht eindeutig sind und je nach Form unterschiedliche Semantik besitzen (vgl. Abschnitt 2.5.2).

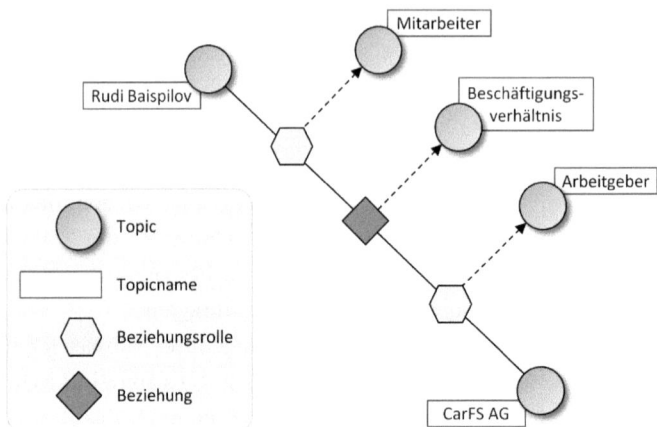

**Abb. 3.13** Grafische Darstellung einer binären Beziehung in Topic Maps.

Listing 3.6 definiert CarFS als Instanz vom Typ Unternehmen, Rudi als Instanz vom Typ Mann und Mann als Subtyp vom Typ Mensch.

**Listing 3.6** CTM-Notation von Instanzen und ihren Typen, sowie von Typen und Subtypen

```
CarFS isa Unternehmen.
Rudi_B isa Mann.
Mann ako Mensch.
```

Mit den bisher eingeführten Konstrukten können zu Topics Aussagen über Identifikatoren, Benennungen und Beziehungen zwischen Topics gemacht werden. Eine weitere Qualität von Aussagen erlaubt das Konstrukt der Belegstellen (occurrences). Belegstellen können entweder als Literale Bestandteil einer Topic Map sein oder als Adresse auf eine Ressource weisen, die außerhalb der Topic Map liegt. Die in Listing 3.7 definierten Belegstellen zu Rudi B sind in Abbildung 3.14 graphisch dargestellt.

**Listing 3.7** CTM-Notation von Belegstellen eines Topics

```
Rudi_B
   PersonalNr : "4711007";
   Lebenslauf : http://www.carfs.de/personal/4711007_cv.pdf;
   Foto : http://www.carfs.de/personal/4711007.jpg.
```

In Topic Maps haben alle Aussagen einen Gültigkeitsbereich (scope), der durch eine Menge von Topics definiert wird. Der Kontext einer Topic Map besteht aus der Menge aller Topics, die Gültigkeitsbereiche festlegen. Eine beliebige Teilmenge des Kontexts bildet den aktuellen Kontext einer Topic Map, dessen Schnittmenge mit dem Scope einer Aussage deren Gültigkeit bestimmt. Eine Aussage ist gültig, wenn die Schnittmenge ihres Gültigkeitsbereichs und des aktuellen Kontexts den Gültigkeitsbereich vollständig enthält. Für Aussagen mit unbeschränkter Gültigkeit besteht der Gültigkeitsbereich aus einer leeren Menge.

Listing 3.8 zeigt Gültigkeitsbereiche für Benennungen, Belegstellen und eine Beziehung. Das Beispiel zeigt, wie Scopes zur Realisierung von Mehrsprachigkeit oder eines Rollen- und Rechtemanagements eingesetzt werden können. So gilt für das erste Topic im Scope „german" der Name „München" im Scope „english" dagegen „Munich". Das Foto von Rudi ist im Gültigkeitsbereich „public", sein Lebenslauf dagegen nur im Scope „personal" eine gültige Belegstelle. Entsprechend könnte eine Anwendung Aussagen außerhalb eines gruppenspezifischen Kontexts vor den Gruppenmitgliedern verbergen. So hätten bei CarFS nur Mitarbeiter der Personalabteilung Zugriff auf Rudis Lebenslauf und Angaben zu seinen ehemaligen Arbeitsstellen.

**Listing 3.8** CTM-Notation von Scopes zu Aussagen in Topic Maps

```
munich
    - "München" @german;
    - "Munich" @english.

Rudi_B
    Lebenslauf :
        http://www.carfs.de/personal/4711007_cv.pdf   @personal;
    Foto : http://www.carfs.de/personal/4711007.jpg @public.

Ehem_Beschaeftigungsverhaeltnis(Altarbeitgeber : PlainFS,
                    ehem_Mitarbeiter : Rudi_B)  @personal.
```

Ein verbreitetes Entwurfsmuster für die Benennung von Topics zur Typisierung binärer Beziehungen zeigt Listing 3.9. In der Praxis nutzen Topic Maps-Prozessoren dieses Muster für die gerichtete Visualisierung binärer Beziehungen. So würde Rudis Beschäftigungsverhältnis aus Mitarbeitersicht dargestellt als: Rudi „ist beschäftigt bei" CarFS. Aus der Sicht des Arbeitgebers würde dieselbe Beziehung dagegen visualisiert als: CarFS „beschäftigt" Rudi.

**Listing 3.9** Typisierung binärer Beziehungen in Topic Maps

```
Beschaeftigungsverhaeltnis
    - "Beschäftigungsverhältnis";
    - "ist beschäftigt bei" @Mitarbeiter;
    - "beschäftigt" @Arbeitgeber;
    http://psi.carfs.de/ontologie/Beschaeftigungsverhaeltnis.
```

Durch Reifizierung können Aussagen selbst zum Aussagegegenstand erklärt werden (vgl. Abschnitt 4.2.2). Listing 3.10 und Abbildung 3.15 zeigen die Reifizierung des Beschäftigungsverhältnisses von Rudi.

Die Gültigkeit einer reifizierten Aussage wird durch ihre Reifizierung nicht verändert. Vielmehr wird eine reifizierte Aussage näher spezifiziert durch die Aussagen, die über

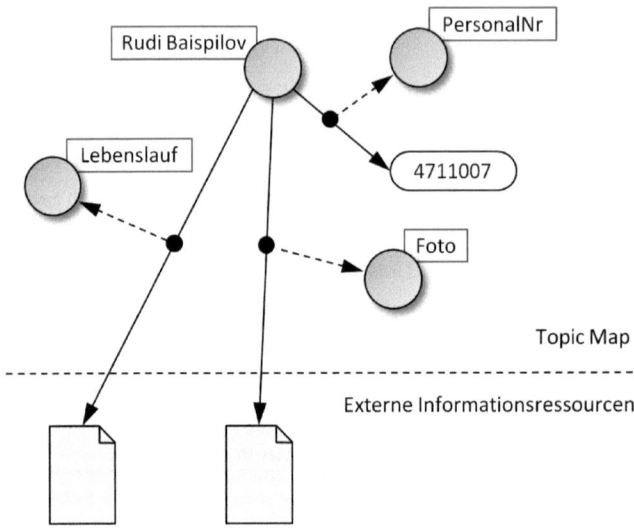

**Abb. 3.14** Grafische Darstellung von Belegstellen innerhalb und außerhalb einer Topic Map.

das reifizierende Topic gemacht werden. Im Beispiel wird Rudis Eintrittsdatum bei CarFS über die Reifizierung seines Beschäftigungsverhältnisses modelliert.

**Standards und Standardisierungsprojekte**

Die Topic Maps-Technologie ist in einer Reihe von ISO-Standards spezifiziert und wird in mehreren Standardisierungsprojekten weiterentwickelt (Tabelle 3.1). Die aktualisierte Fassung des Topic Maps-Standards (ISO/IEC 13250 2003) wird seit 2002 einer umfassenden Überarbeitung unterzogen, für die mehrere Standardisierungsprojekte definiert sind. Eine Übersicht gibt ISO in (ISO/IEC 13250-1 2007). Als Kern der Standardfamilie ist das 2006 verabschiedete Topic Maps-Datenmodell (ISO/IEC 13250-2 2006) anzusehen, das die Konstrukte und die anzuwendenden Regeln definiert. Auf der Basis von TMDM wurde 2007 mit XTM (ISO/IEC 13250-3 2007) eine XML-basierte Austauschsyntax standardisiert.

**Listing 3.10** Reifizierung der Relationen in Topic Maps

```
Beschaeftigungsverhaeltnis(Arbeitgeber : CarFS,
   Mitarbeiter : Rudi_B) ~ RBs_Job_bei_CarFS.

RBs_Job_bei_CarFS
   = "RBs Job bei CarFS";
   Eintrittsdatum : "2003-06-01";
   http://psi.carfs.de/RBs_Job_bei_CarFS.
```

## 3.3 Weitere Repräsentationstechnologien

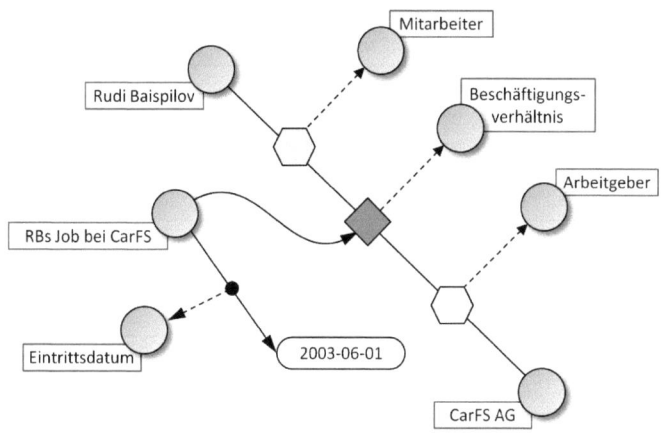

**Abb. 3.15** Beispiel für die Reifizierung einer binären Beziehung.

Mit CTM liegt eine kompakte, leicht lesbare Syntax für Topic Maps als Standard (ISO/IEC 13250-6 FDIS 2009) vor. CTM erleichtert die manuelle Erstellung von Topic Maps, dient zur Beschreibung von Beispielen in Dokumenten und bildet auch die syntaktische Basis für die Standardisierung der Abfragesprache TMQL (ISO/IEC 18048 FDIS 2009) sowie der Schemasprache TMCL (ISO/IEC 19756 2010).

Im Jahr 2009 wurde mit CXTM (ISO/IEC 13250-4 2009) ein Standard zur kanonischen Serialisierung verabschiedet, dessen XML-Format über den Byte-weisen Vergleich der Feststellung der Äquivalenz zweier Topic Maps-Instanzen dient. CXTM ermöglicht damit Tests zur Sicherstellung der Konformität unterschiedlicher Informationssysteme zur Verarbeitung von Topic Maps. Mit dem Referenzmodell TMRM (ISO/IEC 13250-5 FCD 2009) wird eine minimale formale Grundlage für die Beschreibung aussagegegenstandzentrierter Modelle wie TMDM erarbeitet. TMRM bildet außerdem die formale Grundlage der Abfragesprache TMQL sowie der Schemasprache TMCL.

Auch außerhalb des ISO-Standardisierungsprozesses wurde eine Reihe von Spezifikationen erarbeitet, die standardähnliche Bedeutung für die Technologie erlangt haben und in produktiven Systemen vielfach im Einsatz sind. Hierzu sind beispielsweise die Abfragesprache tolog (Garshol 2006b), die Kurznotation LTM (Garshol 2006a) oder die Programmierschnittstelle TMAPI (siehe http://www.tmapi.org/) zu nennen. Teilweise dienten oder dienen diese Spezifikationen als Ersatz für noch nicht verabschiedete ISO-Standards zur notwendigen Schließung von Lücken im Topic Maps-Technologiestapel.

### Anwendungsbereiche

**Integration heterogener Informationsressourcen** Mit ihrem aussagegegenstandszentrierten Ansatz und ihrem Integrationsmodell bieten Topic Maps eine standardisierte Lösung für die semantische Zusammenführung heterogener Informationsressourcen. Für die zahlreichen Anwendungsbeispiele seien im Folgenden einige Arbeiten aus unterschiedlichen Bereichen genannt. Leitende Mitarbeiter der Kommunalverwaltung

**Tab. 3.1** Stand der ISO-Standards und ISO-Standardisierungsprojekte zu Topic Maps im November 2010.

| ISO-Nr. | Jahr | Abkürzung | Titel | Status |
|---|---|---|---|---|
| 13250 | 2003 | TM | Topic Maps | Standard |
| 13250-1 | 2008 | - | Overview and Basic Concepts | DIS |
| 13250-2 | 2006 | TMDM | Data Model | Standard |
| 13250-3 | 2007 | XTM | XML Syntax | Standard |
| 13250-4 | 2009 | CXTM | Canonicalization | Standard |
| 13250-5 | 2009 | TMRM | Reference Model | FDIS |
| 13250-6 | 2010 | CTM | Compact Syntax | Standard |
| 13250-7 | 2009 | GTM | Graphical Notation | WD |
| 18048 | 2009 | TMQL | Query Language | FCD |
| 19756 | 2010 | TMCL | Constraint Language | FDIS |

Stuttgart nutzen seit mehreren Jahren eine Topic Maps-basierte Anwendung für den bereichsüberschreitenden Zugriff auf Dokumente (Wolf 2007). Weber und Kollegen bilden heterogene Ergebnisse aus einem Ringtest für ökotoxikologische Untersuchungsmethoden zur Abfallbewertung vollständig in eine Topic Map ab (Weber et al. 2009). Die Topic Maps-basierte Integration sehr großer Datenbestände aus dem Bereich der Genomforschung demonstrierten Stümpfen und Kollegen (Stümpflen et al. 2007), wobei sowohl Datenbanken als auch unstrukturierte Texte einbezogen wurden.

**Webpublikation** Für die Publikation hochvernetzter Webinhalte werden Topic Maps auf unterschiedliche Weise eingesetzt. Herkömmliche seitenorientierte Content Managment Systeme können durch Topic Maps um themenorientierte Navigationsstrukturen und thematisch vernetzte Inhaltsbereiche ergänzt werden (siehe http://www.telekom.de/geschaeftskunden). Redakteure werden auf diese Weise von den zeitaufwendigen und wissensintensiven Aufgaben der Linkredaktion und der Linkpflege entlastet, da die Aussagegegenstandszentrierung sicherstellt, dass die Aussagen zu Topics und damit ihre Vernetzung mit anderen relevanten Topics seitenunabhängig bereitgestellt werden. Diese Vorteile gelten ebenso für vollständig aus Topic Maps generierte Webinhalte (siehe http://www.topicmapslab.de, http://www.topicmapsforge.de).

**Wissensrepräsentation und Unterstützung des Wissensmanagements** Anwendung finden Topic Maps auch als wiederverwendbare Wissensrepräsentationen selbst. Das norwegische Nationalkurrikulum ist eines der herausragenden Beispiele, insbesondere da es in rechtsverbindlicher Form als Topic Map publiziert wurde (Befring et al. 2008). Auf sehr anschauliche Weise beschreibt Schönfeld sowohl die Integration heterogener Datenquellen als auch die Einbindung von Wissensbereichen einzelner Mitarbeiter im Entwicklungsprozess eines mittelständischen Unternehmens (Schönfeld 2006). Mit der Einbindung einer Ontologie ökotoxikologischer Eigenschaften sowie fachlicher Wissensmodelle der eingesetzten Labormethoden in die Webpublikation eines Ringtestversuchs geben Weber und Kollegen ein Beispiel für die Topic Maps-basierte Integration wissens- und datenorientierter Inhalte (Weber et al. 2008).

**E-Learning**  Auch für E-Learning finden Topic Maps Anwendung, wenn auch längst nicht überall im selben Ausmaß wie in Norwegen. So gibt der größte norwegische Lehrbuchverlag über 300 elektronische Schulbücher und E-Learning-Sites heraus, deren publizierte Inhalte vollständig als Topic Maps abgebildet sind. Bratsberg und Kollegen in (Bratsberg et al. 2010) und der norwegische Rundfunk betreiben ein Topic Maps-basiertes Portal für Lernvideos. Außerskandinavische Beispiele beschreiben Matsuura und Naito (Matsuura und Naito 2008) mit einer E-Learning-Lösung für Physik, oder Dichev und Dicheva (Dichev und Dicheva 2005) mit kontextorientierten digitalen Kursbibliotheken und einem Autorensystem für deren Erstellung auf der Basis von Topic Maps.

## Werkzeuge und Systeme

**Open Source**  Unter der wachsenden Zahl von Open Source-Werkzeugen kommt ontopia (siehe `http://www.ontopia.net/`) besondere Bedeutung zu. Das ehemals kommerzielle Softwarepaket ist seit 2009 frei verfügbar und bietet Werkzeuge zum Bau, zur Pflege und zum Einsatz von Topic Maps-basierten Anwendungen wie Topic Maps-Engine, Browser, Editor, Graphenvisualisierung und eine Bibliothek von JSP-Tags zur Erstellung individueller Webanwendungen. Abbildung 3.16 zeigt einen Screenshot der Themenseite eines Komponisten aus einer Topic Map zu italienischen Opern.

Neben mehreren weiteren Engines, Browsern, Editoren und Konvertern sind auch ein Schemaeditor und ein Content Management-System mit Topic Maps-Unterstützung als Open Source-Anwendungen verfügbar.

**Kommerziell**  Eine kommerzielle Entsprechung zum ontopia Toolkit ist bisher noch nicht am Markt (2010). Dagegen werden kommerzielle Systeme auf der Basis von Topic Maps beispielsweise zur Bereitstellung semantischer Funktionalitäten für verbreitete Content Management-Systeme, zur Unterstützung des Wissensmanagements oder zur Integration verteilter heterogener Datenbestände angeboten. Einsatz finden Topic Maps-basierte kommerzielle Komponenten auch im Bereich technischer Dokumentation, bei Unterstützungssystemen für Servicemitarbeiter oder in E-Learning-Anwendungen. Abbildung 3.17 zeigt einen Screenshot einer öffentlich zugänglichen Webanwendung, in der die Sortenlisten des Bundessortenamts auf der Basis eines kommerziellen Topic Maps-Systems publiziert werden.

Als ISO-standardisierte Technologie zur Repräsentation von Wissen und zugehöriger Informationsressourcen basiert Topic Maps auf einem formalen Modell, das die Eigenschaften von Indizes, Glossaren und Thesauri erweitert abbildet und um Konzepte Semantischer Netzwerke, ein rollenbasiertes Beziehungsmodell, ein differenziertes Identitätsmodell und eine Integrationslogik ergänzt. Datenmodell, Austauschsyntax,

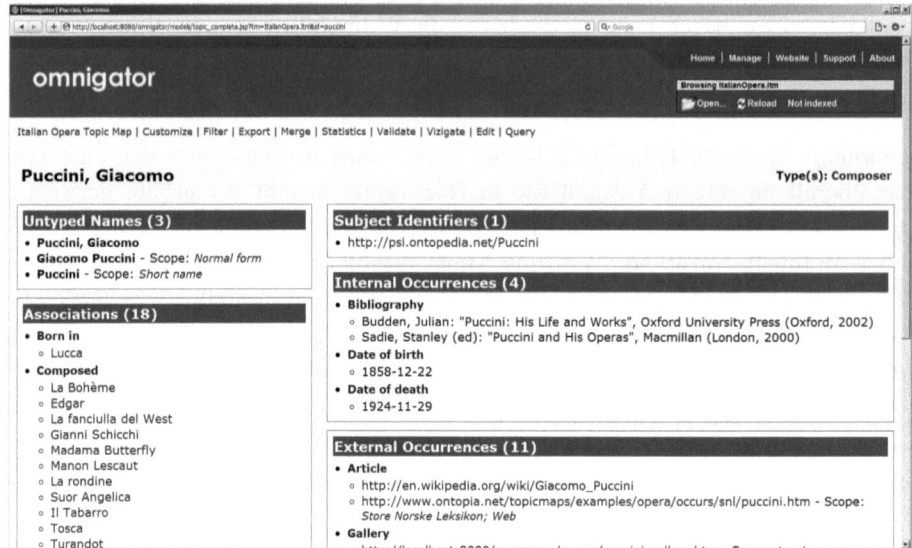

**Abb. 3.16** Screenshot einer Themenseite zum Topic „Puccini, Giacomo" aus der Topic Map „ItalianOpera.ltm", dargestellt im Topic Maps-Browser omnigator, einem Teil des Open Source Toolkits ontopia knowledge suite.

Kurznotation, Abfrage- und Schemasprache werden in ISO-Standards definiert. Sowohl kommerzielle als auch Open Source-Werkzeuge sind verfügbar. Wichtige Anwendungsbereiche sind die Integration heterogener verteilter Informationsressourcen, Webpublikation sowie Wissensmanagement und E-Learning.

## 3.4 Fazit

In diesem Kapitel sind folgende Formen der Wissensrepräsentation beschrieben:

**Semantische Netze** Visuelle Form der Wissensrepräsentation, die Aussagen über Objekte bestimmter Wissensdomänen mit Hilfe von Graphenknoten und Beziehungen zwischen ihnen grafisch darstellt. Je nach Art können Semantische Netze hierarchische Relationen zwischen Objekten (Taxonomien, Partonomien) und nicht-hierarchische Beziehungen (propositionale Netze) zwischen ihnen darstellen. Manche Arten der Netze enthalten Informationen über Wahrscheinlichkeiten von Relationen und können somit zum probabalistischen Reasoning genutzt werden (Bayessche Netze). Prozedurale Netze beschreiben die Semantik von Prozessen und Systemen, indem sie deren Dynamik abbilden. Semantische Netze können statisch sein oder sich im Laufe der Zeit ändern, wodurch das Lernen neuer Fakten ermöglicht wird.

Aufgrund ihrer Anschaulichkeit und Intuitivität werden Semantische Netze als Wissenslandkarten genutzt. Einige Vertreter Semantischer Netze sind:

## 3.4 Fazit

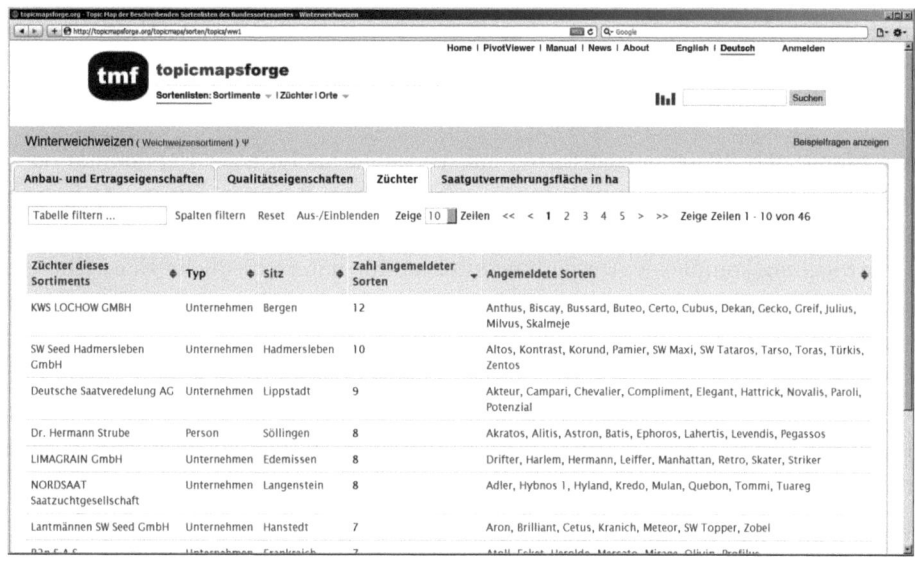

**Abb. 3.17** Screenshot einer öffentlich zugänglichen Webanwendung, in der die Sortenlisten des Bundessortenamts als Topic Map abgebildet und mit einem kommerziellen Topic Maps-System publiziert werden.

**Mind-Maps** Informelle streng hierarchische Wissensdiagramme, die bei einer Ideensammlung, einer Protokollierung eines Brainstormings oder einer Zusammenfassung eines Gesprächs eingesetzt werden. Mind-Maps machen keine klaren Aussagen über die Semantik der Beziehungen zwischen aufgelisteten Ideen und Fakten. Deswegen hat Mind-Mapping einen subjektiven Charakter und wird vor allem beim persönlichen Wissensmanagement und bei persönlicher Organisation verwendet.

**Concept-Maps** Im Vergleich mit Mind-Maps eine formalere Art, Wissen zu strukturieren und zu visualisieren: Concept-Maps erlauben, Konzepte mit Hilfe verschiedener typisierter Beziehungen zu verknüpfen. Concept-Mapping wird überwiegend zum Wissensaustausch zwischen Menschen genutzt. Außerdem hat sich in letzter Zeit die Methodik als ein intuitives Werkzeug zur Wissenssammlung erwiesen, einem wichtigen Schritt beim Aufbau formaler Wissensmodelle wie Topic Maps oder Ontologien (siehe Abschnitt 4).

**Conceptual Graphs (CGs)** In Gegensatz zu Mind- und Concept-Maps werden CGs zum grafischen Aufbau von komplexen logischen Modellen verwendet. Dank der standardisierten linearen Notation erlauben CGs formales Reasoning über logische Modelle. CGs finden ihren Einsatz bei der Analyse natürlichsprachlicher Texte.

**Thesauri** Thesauri sind nicht-grafische Wissensmodelle, die lexikalische und semantische Zusammenhänge zwischen den Wörtern natürlicher Sprachen oder den Begriffen bestimmter Wissensdomänen beschreiben. Beziehungen zwischen Begriffen in Thesauri sind strikt typisiert (z. B. Synonym, Antonym, Hypernym, Hyponym). Thesauri werden als Nachschlagewerke in Textbearbeitungsprogrammen, zur Kontrolle des Vokabulars bei Texteingaben, aber auch zur Textanalyse und beim Information-Retrieval verwendet.

**Topic Maps** Als ISO-standardisierte semantische Technologie zur Repräsentation von Wissen und zugehörigen Informationen umfassen Topic Maps eine breite Palette von Komponenten und eine wachsende Zahl offener sowie kommerzieller Softwarepakete, die die Entwicklung komplexer Anwendungssysteme für unterschiedliche Einsatzbereiche erlauben. Die grafische Visualisierung zugrundeliegender Graphenstrukturen ist für Topic Maps als sekundärer Anwendungsaspekt zu werten.

Die Auswahl bestimmter Repräsentationstechnologien bei der Realisierung wissensbasierter Systeme hängt von mehreren Faktoren ab. Folgende Fragestellungen können bei der Planung von wissensbasierten Systemen helfen, Entscheidungen über eingesetzte Technologien zu treffen:

**Ziel:** Wie wird das Wissen im System verwendet, z. B.:

- Persönliche Konservierung des Wissens *vs.* Wissensaustausch;
- Formale Inferenzen *vs.* Unterstützung der Nutzernavigation in großen Informationsmengen;
- Textanalyse *vs.* Information-Retrieval.

**Qualifikation der Modellierer, zumutbarer Aufwand:** Welche Erfahrung und Qualifikationen haben die Wissensmodellierer? Welcher Aufwand bei der Wissensmodellierung ist für die Entwickler und Nutzer des Systems zumutbar?

**Grafische Darstellung:** Sollen die Modelle visuell dargestellt werden können?

**Standardisierung:** Sollen bestimmte industrielle Standards erfüllt werden?

Im Bezug auf konkrete Anforderungen zeigt jede in diesem Kapitel aufgeführte Technologie bestimmte Stärken und Schwächen, wie beispielsweise Anschaulichkeit von Concept-Maps *vs.* formaler Aussagekraft von Topic Maps. Bei der Implementierung wissensbasierter Systeme können daher Kombinationen verschiedener Repräsentationstechnologien vorteilhaft sein.

## 3.5 Weiterführende Literatur

Eine tiefere Einsicht in die Semantischen Netze bekommt man aus dem Buch (Reichenberger 2010). Die aktuellsten Entwicklungen in Bereichen Concept-Maps und Conceptual Graphs sind aus den Beiträgen der jeweiligen Fachkonferenzen http://cmc.ihmc.us/ und http://conceptualstructures.org/confs.htm ersichtlich. Eine noch immer empfehlenswerte, wenn auch im Detail überholte Einführung in die grundlegenden Konzepte der Technologie der Topic Maps ist Peppers „TAO of Topic Maps" (Pepper 2000).

Weitere lesenswerte Einführungen geben (Garshol 2004, Ahmed und Moore 2005; 2006) sowie (Pepper 2010). Aus den wenigen auf Deutsch vorliegenden Arbeiten zu Topic Maps sei besonders auf die Dissertationen von Maicher (Maicher 2007) und Smolnik (Smolnik 2006) hingewiesen. Die jüngere Entwicklung der Technologie dokumentieren die Tagungsbände der seit 2005 jährlich stattfindenden Konferenz TMRA. Als guter Einstiegspunkt im Web sei abschließend das Portal der universitären Arbeitsgruppe topicmapslab genannt.

*Oleg Rostanin, Gerhard Weber*

# 4 Das Resource Description Framework

**Übersicht**

4.1 Von der Präsentations- zur Inhaltssicht ............................... 110
4.2 Das RDF-Datenmodell ................................................ 116
4.3 Ontologische Strukturierung von Daten: RDF-Schema ................. 122
4.4 (X)HTML-Erweiterung: RDFa ........................................ 124
4.5 Die Web Ontology Language (OWL) .................................. 125
4.6 Fazit ................................................................... 126
4.7 Weiterführende Literatur ............................................. 126

Im vorangehenden Kapitel haben wir bereits zwei visuelle, auf Graphen basierende Formen der Wissensrepräsentation kennengelernt. Im Folgenden wollen wir uns einen Formalismus anschauen, der mit Blick auf die Weiterentwicklung des World Wide Webs zum Semantischen Web entwickelt wurde: das *Resource Description Framework* (RDF, http://www.w3.org/RDF/). RDF dient der Wissensrepräsentation und insbesondere dem Informationsaustausch. Hierfür kann man eine Reihe von Herausforderungen nennen, die zwar für das Web im Speziellen gelten, aber sich auch genauso für Wissen im Allgemeinen formulieren lassen:

- Wissen ist (im Web) verteilt. Es sind geeignete Identifizierungs- und Zugriffsmechanismen notwendig.
- Wissen (im Web) ist subjektiv. Aussagen müssen diskutierbar sein.
- Es gibt viele unterschiedliche Interessengruppen. Die Repräsentationsformen für Wissen müssen demnach entsprechend erweiterbar und einfach zu benutzen sein.

Unter diesen Gesichtspunkten wurde RDF entworfen. Auf einfache Weise sollten Anwender Aussagen formulieren und diskutieren können. Die Sprache musste aber flexibel genug sein, um Erweiterungen zuzulassen. RDF vereint dabei ein weites Spektrum von Interessenten, u. a. aus den Bereichen Digitale Bibliotheken, Inhaltsbewertung und E-Commerce.

Mit der Extensible Markup Language (XML, vgl. Abschnitt 4.1.2) hatte man schon einen wichtigen Schritt in Richtung Formalisierung von Informationen in maschineninterpretierbarer Form gemacht. In XML sind Präsentation und Inhalt getrennt.

Document Type Definitionen (DTDs, http://www.w3.org/TR/REC-xml/#dt-doctype) oder XML-Schemata (http://www.w3.org/XML/Schema) beschreiben die Syntax und damit die Struktur eines zugehörigen XML-Dokuments. Die Formatierung der Inhalte übernehmen beispielsweise Stylesheets (XSL, http://www.w3.org/Style/XSL/).

Das Resource Description Framework ist eine formale Sprache. Allgemein kann RDF Informationen über beliebige Dinge repräsentieren, die im Web identifiziert werden können, auch wenn diese Dinge nicht herunterladbar sind. Diese Dinge (Ressourcen) werden, wie bereits in Abschnitt 2.10 aufgezeigt, über Uniform Resource Identifier (URIs) identifiziert und durch ihre Eigenschaften (Properties) beschrieben, die wiederum Werte haben.

Die Beschreibung von Ressourcen durch Eigenschaften mit Werten erlaubt den Aufbau einfacher Aussagen über Ressourcen, sogenannte Statements. Jede Aussage bildet ein Tripel aus Subjekt, Prädikat und Objekt. Die Aussagen bilden einen Graphen, bestehend aus Knoten und Kanten. Zum Beispiel könnten wir ausdrücken (vgl. auch Abschnitt 2.2): „Es gibt eine Person mit der ID http://www.carfs-ag.de/Personen#Baispilov, deren Name Rudi Baispilov ist. Die Person ist 38 Jahre alt und erreichbar per E-Mail unter der Adresse rb@carfs-ag.de." Der zugehörige RDF-Graph könnte, wie in Abbildung 4.1 dargestellt, aussehen:

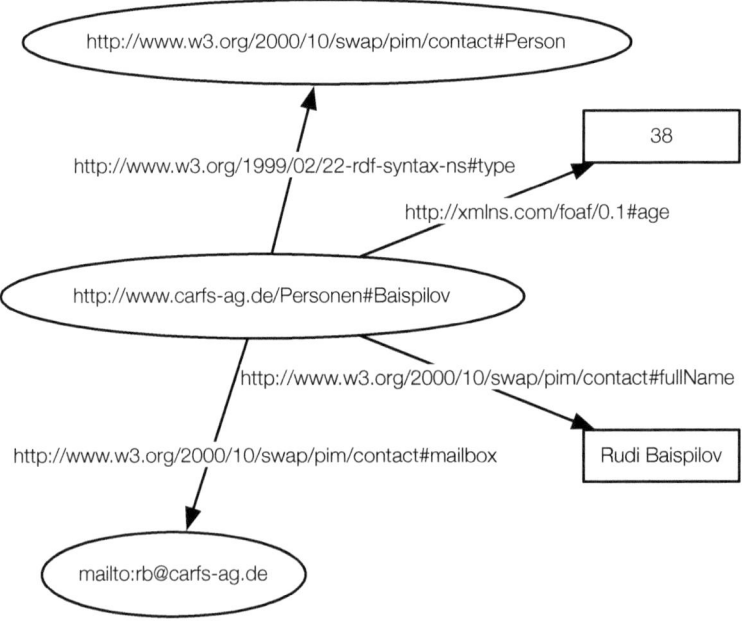

**Abb. 4.1** RDF-Graph der Beschreibung von Rudi Baispilov.

Die obige Abbildung zeigt, wie RDF URIs verwendet, um Dinge zu referenzieren:

- Individuen: Rudi Baispilov wird hier durch http://www.carfs-ag.de/Personen#Baispilov identifiziert.

- Arten von Dingen: Personen werden hier über `http://www.w3.org/2000/10/swap/pim/contact#Person` gekennzeichnet.
- Eigenschaften von Dingen: Die Mailbox wird durch `http://www.w3.org/2000/10/swap/pim/contact#mailbox` identifiziert.
- Werte von Eigenschaften: Die Mailbox-Eigenschaft erhält den Wert `mailto:rb@carfs-ag.de` und `http://www.w3.org/2000/10/swap/pim/contact#fullName` den String „Rudi Baispilov".

Man müsste hier und im Folgenden genauer von URI-Referenzen (URIref, vgl. `http://www.w3.org/TR/2004/REC-rdf-concepts-20040210/#section-URI-Vocabulary`) sprechen. Als Knoten identifiziert eine URI oder ein Literal das, was der Knoten repräsentiert. Die URI `http://www.carfs-ag.de/Personen#Baispilov` identifiziert also unseren Mitarbeiter Rudi Baispilov bei der CarFS AG, denn diesen soll der Knoten repräsentieren. Das Literal „Rudi Baispilov" identifiziert und ist gleichzeitig der Name. Wir bleiben der Einfachheit halber aber bei der Bezeichnung URI. Den Unterschied sollten Sie jedoch im Hinterkopf behalten.

Für den Austausch sind RDF-Graphen in XML-basierter Syntax repräsentierbar. Der Austausch wird dadurch erleichtert, dass auf allen gängigen Rechnerplattformen XML-Parser verfügbar sind. Das obige Beispiel sieht in RDF/XML (`http://www.w3.org/TR/rdf-syntax-grammar/`) folgendermaßen aus:

```xml
<?xml version="1.0"?>
<rdf:RDF
 xmlns:rdf="http://www.w3.org/1999/02/22-rdf-syntax-ns#"
 xmlns:contact=
   "http://www.w3.org/2000/10/swap/pim/contact#"
 xmlns:foaf="http://xmlns.com/foaf/0.1#">
  <contact:Person
     rdf:about=
       "http://www.carfs-ag.de/Personen#Baispilov">
    <contact:fullName>Rudi Baispilov</contact:fullName>
    <contact:mailbox
       rdf:resource="mailto:rb@carfs-ag.de"/>
    <foaf:age>38</foaf:age>
  </contact:Person>
</rdf:RDF>
```

Auch hier werden URIs zur Identifizierung benutzt. `mailbox`, `age` und `fullName` sind dabei verkürzte Schreibweisen.

RDF ist wie HTML maschinenverarbeitbar. URIs verbinden Informationen im Web. Der Unterschied dabei liegt darin, dass RDF-URIs möglicherweise Dinge referenzieren, die nicht herunterladbar sind, wie z. B. die Person Rudi Baispilov. Damit sind mehr Dinge mit RDF für das maschinelle Verständnis beschreibbar als mit HTML.

## 4.1 Von der Präsentations- zur Inhaltssicht

Das Web, auch wenn es von Tim Berners-Lee von Anfang an als ein semantisches Web konzipiert war (Berners-Lee 1999), dient hauptsächlich der Präsentation von Informationen. Die Informationen sind meist nur von Menschen unmittelbar verwertbar. Die Seiten sind in HTML, der Hypertext Markup Language, geschrieben. Abbildung 4.2 zeigt die drei Ebenen, auf denen Informationen im Web verfügbar sind.

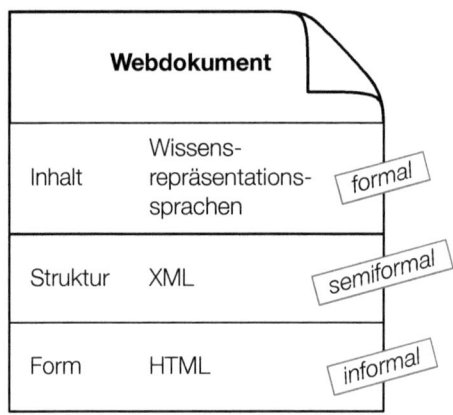

**Abb. 4.2** Ebenen der Strukturierung von Informationen.

Auf der untersten Ebene wird Information informal präsentiert. HTML dient somit der *Form*. Auf der Ebene darüber beschreibt XML Information auf einer semiformalen Ebene und verleiht Information *Struktur*. Diese Ebene dient dem Austausch von Informationen. DTDs und XML-Schemata legen fest, was ausgedrückt werden kann, jedoch nur auf der syntaktischen Ebene. Wenn wir *Inhalte* auf eine Weise ausdrücken wollen, die von Computern verwertet werden kann, müssen wir die Information noch stärker formalisieren und auf Wissensrepräsentationssprachen zurückgreifen (siehe auch Kapitel 2). Das Resource Description Framework bietet eine einfache Möglichkeit, Inhalte semantisch auszudrücken. Für stärkere Ausdrucksmöglichkeiten greift man auf die Web Ontology Language (OWL) (McGuinness und van Harmelen 2004), eine Variante der Beschreibungslogiken, zurück, auf die wir in Abschnitt 4.5 kurz eingehen werden.

### 4.1.1 Präsentationsebene: Die Hypertext Markup Language HTML

HTML beschreibt, wie Information dargestellt werden soll, und verknüpft Webseiten über URLs (Uniform Resource Locator). Das Layout steht im Vordergrund. So genannte Tags, wie ... und ..., sagen dem Browser, wie der Text zwischen diesen Markierungen dargestellt werden soll, hier kursiv und fett. Das Tag <br> teilt dem Browser mit, dass hier ein Zeilenumbruch erfolgen soll. Was im semantischen

Sinne jedoch zwischen den Markierungen steht, kann der Browser nicht wissen. So wird der folgende HTML-Code

```
<em>Deutsches Forschungszentrum für Künstliche
Intelligenz (DFKI GmbH)</em><br>
Trippstadter Str. 122<br>
<strong>67663 Kaiserslautern</strong>
```

in etwa so dargestellt (in Abhängigkeit von den Formatierungseinstellungen im zugehörigen Stylesheet) :

*Deutsches Forschungszentrum für Künstliche Intelligenz (DFKI GmbH)*
Trippstadter Str. 122
**67663 Kaiserslautern**

Verbindungen von einer Webseite zu einer anderen Webseite werden durch URLs, wie z. B. http://www.dfki.de, angegeben. URLs sind im Allgemeinen typenlos, das heißt, erst nachdem man einer URL gefolgt ist, kann man feststellen, worauf sich die URL bezieht. Die URL http://www.dfki.de führt zur Homepage des Deutschen Forschungszentrums für Künstliche Intelligenz (DFKI GmbH). Dies kann man aus der URL alleine nicht schließen, sondern erst, wenn man die Website besucht hat. In einer HTML-Seite wäre der Link folgendermaßen formuliert:

```
... Das <a href="http://www.dfki.de">DFKI</a> mit
Standorten in Kaiserslautern, Saarbrücken und Bremen ...
```

Im Browser werden URLs meist unterstrichen dargestellt:

... Das <u>DFKI</u> mit Standorten in Kaiserslautern, Saarbrücken und Bremen ...

Wie die Verbindungen getypt werden können, so dass ein Programm schon vor dem Verfolgen einer URL (oder allgemeiner einer URI) „weiß", auf welche Art Information verwiesen wird, schauen wir uns in Abschnitt 4.2 an.

## 4.1.2 Die Strukturierungssprache XML

Die eXtensible Markup Language (XML) beschreibt die logische Struktur eines Dokumentes (und damit auch seinen Inhalt). Ein Entwurfsziel für diese Sprachfamilie war die Strukturierung von Informationen, nicht deren Gestaltung. Während in HTML die Namen der Tags feststehen, erlaubt XML die Definition von eigenen Tags. Der

XML-Standard legt die grundsätzliche syntaktische Struktur eines XML-Dokuments fest, z. B. wie Tags formuliert sein müssen und welche Attribute Tags haben können.

XML weist (insbesondere gegenüber HTML) einige Vorteile auf, die für die Wissensrepräsentation wichtig sind. XML erlaubt die Definition von Daten in einem weltweit standardisierten, nicht-proprietären und lizenzfreien Format, das durch seine Einfachheit und, trotz hierarchischer Struktur, natürlichsprachlich formulierte Datenausdrücke anhand der Markierungen leicht erkennen lässt. Für Menschen bleibt das Format weiterhin lesbar – ein für die Langzeitarchivierung sehr wichtiges Merkmal. Text ist zudem einer der wenigen Datentypen, der universell von allen Computer-Plattformen unterstützt wird, unabhängig vom Schrifttyp. XML löste viele Standards ab und dient nun als Möglichkeit zum strukturierten Daten- und Wissensaustausch für Unternehmen der unterschiedlichsten Branchen. Durch seine Flexibilität und erweiterte Verlinkungsmöglichkeiten können Informationen aus verschiedenen Quellen zu uniformen Dokumenten integriert werden.

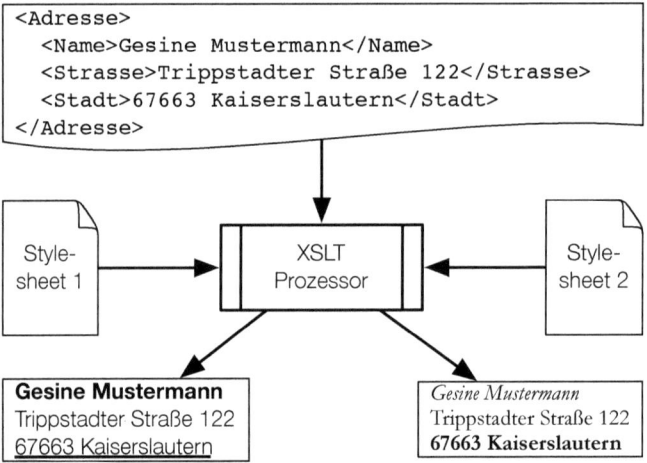

**Abb. 4.3** Transformation von XML mithilfe verschiedener XML-Stylesheets in zwei unterschiedliche Darstellungsformate.

Die fehlende visuelle Darstellung kann mit Hilfe von Vorlagen, z. B. in Form von XML-Stylesheets (XSL, vgl. http://www.w3.org/Style/XSL/), unabhängig vom konkreten Dokument definiert werden. Abbildung 4.3 zeigt eine solche Umwandlung. Die XML-Darstellung der Adresse wird durch zwei unterschiedliche Stylesheets von einem entsprechenden Programm in zwei unterschiedliche Darstellungen umgewandelt.

Die Transformation kann aus der XML-Repräsentation eine beliebige andere Darstellung produzieren. Abbildung 4.4 zeigt eine solche Transformation von XML nach XML. Das zugehörige XSL sieht so aus:

## 4.1 Von der Präsentations- zur Inhaltssicht

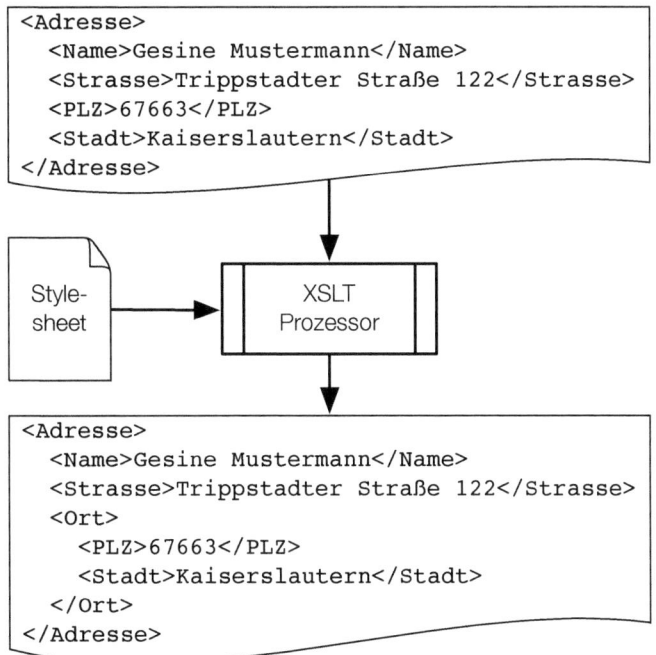

**Abb. 4.4** Transformation von XML mittels XSL in weiteres XML-Dokument.

```
<!-- apply address nester to each flat address -->
  <xsl:template match="Adresse">
    <Adresse>
      <Name><xsl:value-of select="Name"/></Name>
      <Ort>
        <PLZ><xsl:value-of select="PLZ"/></PLZ>
        <Stadt><xsl:value-of select="Stadt"/></Stadt>
      </Ort>
    </Adresse>
  </xsl:template>
```

Das Template sucht im oberen XML-Fragment die Markierung mit dem Namen Adresse. Im unteren (neuen) Dokument wird `<Adresse>` eingefügt. Zwischen die Markierungen `<Name>` und `</Name>` wird der Wert der Markierung Name aus dem oberen Dokument kopiert. Dann wird die Markierung `<Ort>` neu eingefügt; Postleitzahl und Name der Stadt werden kopiert. Zum Schluss wird mit `</Ort>` die Ortsinformation abgeschlossen, bevor die Markierung `</Adresse>` die Adresse im neuen Format komplettiert.

Abbildung 4.5 verdeutlicht graphisch den strukturellen Umbau der ersten XML-Datei, in der Adressen aus *Name*, *PLZ* und *Stadt* bestehen, in das neue Format, in dem Adressen aus *Name* und *Ort* bestehen, wobei *Ort* weiter unterteilt ist in *PLZ* und *Stadt*.

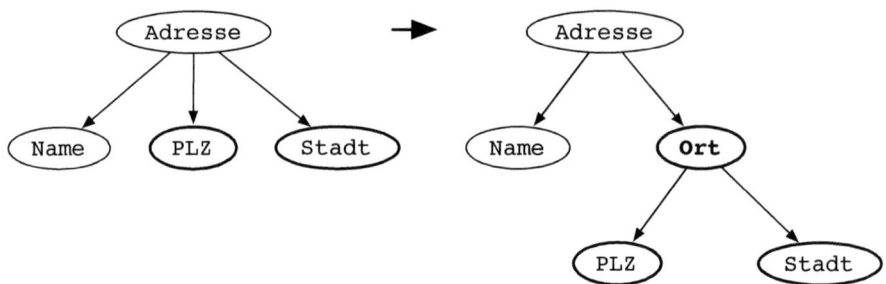

**Abb. 4.5** Transformation von XML mittels XSL in ein weiteres XML-Dokument.

Auf diese Weise lassen sich vielfältige Umformungen vornehmen und XML-Dokumente auf die jeweiligen Bedürfnisse zuschneiden.

### 4.1.3 Umgang mit Mehrdeutigkeit: Disambiguierung durch Zuweisung von Namensräumen

Semantik im formalen Sinne kommt dadurch zustande, dass ein Begriff unzweideutig gebraucht wird und damit nur eine Bedeutung hat. Ein eindeutiger Begriff muss also wohlunterscheidbar sein von anderen Begriffen. Solche Mehrdeutigkeiten lassen sich mit sprachlichem Wissen auflösen (vgl. Abschnitt 8.2.2). Dies lässt sich aber auch für die eigene Anwendung dadurch erreichen, dass man einem Begriff einen *Namensraum* zuweist. Ähnlich wie eine Programmvariable nur in einem bestimmten Gültigkeitsbereich verwendet werden kann, wird somit der Bedeutungsrahmen für einen Begriff festgelegt.

Nehmen wir als Beispiel die Markierung „news". Darin können wir eine beliebige Meldung einschließen. Die Schlagzeile aus der ZDF-Heute-Redaktion könnte lauten:

```
<news>
Berlin: Die Bundeskanzlerin hat heute auf dem
EU-Gipfel in Brüssel bekanntgegeben ...
</news>
```

Das Team der ARD-Tagesschau veröffentlicht seine eigenen Nachrichten:

```
<news>
Brüssel: Zur Frage der aktuellen Sicherheitslage hat
die Kanzlerin auf dem EU-Gipfel heute klar Stellung
bezogen ...
</news>
```

Beide Quellen verwenden in diesem Beispiel dieselbe Markierung für ihre jeweiligen Nachrichten. Im Kontext der jeweiligen Redaktionen gibt es keinen Grund, die Markie-

## 4.1 Von der Präsentations- zur Inhaltssicht

rung spezifischer zu benennen. Dort ist die Bedeutung von „news" eindeutig. Anders sieht das aus, wenn wir die Informationen aus den Quellen zusammenführen wollen.

Eine offensichtliche Möglichkeit, in einer Anwendung Nachrichten aus verschiedenen Quellen zu kennzeichnen, bestünde darin, für jede Nachrichtenquelle eigene Markierungen zu verwenden, was die Nachrichtensender zwingen würde, entsprechende Markierungen zu vereinbaren – eine Notwendigkeit, die dem Verteiltheitsprinzip des Web zuwiderläuft (und schlichtweg nicht praktikabel ist). XML stellt daher einen eleganten Mechanismus zur Verfügung, um Markierungen mit gleichem Namen, aber aus unterschiedlichen Quellen eindeutig zu identifizieren. Jeder Quelle wird dazu eine URI zugewiesen und der Markierung ein entsprechendes Präfix vorangestellt. Dies könnte für unser Beispiel so aussehen:

```
<zdf:news
 xmlns:zdf="http://www.heute.de/">
 Berlin: Die Bundeskanzlerin hat heute auf dem
 EU-Gipfel in Brüssel bekanntgegeben ...
</zdf:news>
...
<ard:news
 xmlns:zdf="http://www.tagesschau.de">
 Brüssel: Zur Frage der aktuellen Sicherheitslage hat
 die Kanzlerin auf dem EU-Gipfel heute klar Stellung
 bezogen ...
</ard:news>
```

Durch die Zuweisung der Namensräume `http://www.heute.de` und `http://www.tagesschau.de/` mit den Präfixen `zdf` und `ard` werden die Markierungen aus beiden Quellen wohlunterscheidbar. Sie werden gewissermaßen lokal umbenannt. Es bleibt gleichzeitig erhalten, dass der Inhalt Nachrichten sind. Dies macht sich auch RDF zunutze.

Um Wissen über Ressourcen formal repräsentieren zu können, muss man diese zunächst eindeutig identifizieren können. Wie bereits gesagt, kann eine Ressource jedes beliebige Objekt sein, das man eindeutig bezeichnen kann. Beispiele dafür sind:

- Webseiten
- Teile einer Webseite
- Sammlungen von Webseiten (Websites)
- Objekte, die nicht direkt über das Web zugreifbar sind, wie Bücher, Personen, Organisationen etc.

URIs für Namensräume sind rein formale Definitionen. Eine URI dient lediglich zur Disambiguierung von Tags und von Attributnamen in einem XML-Dokument. Die URI ist keine Garantie für die Existenz eines Dokuments an der angegebenen Stelle, das die Syntax für das betrachtete XML-Dokument beschreibt. Die URI bedeutet nicht einmal, dass überhaupt ein Dokument an der angegebenen Stelle existiert.

Nun haben wir die Grundlagen zusammengetragen, um uns dem Resource Description Framework im Detail zuwenden zu können.

## 4.2 Das RDF-Datenmodell

RDF besteht aus den zwei Teilen: dem *RDF Modell* (einer Menge von Aussagen) und der *RDF Syntax* zur Serialisierung und damit zum Austausch. Die Tripel, welche die Aussagen bilden, spannen einen Graphen auf. RDF Schema (RDFS) (Brickley und Guha 2004), auf das wir in Abschnitt 4.3 eingehen werden, dient zur Definition von einfachen Ontologien für RDF und in RDF. Im Gegensatz zu objektorientierten Programmiersprachen muss für RDF keine Klassenstruktur existieren, um Instanzen zu bilden. RDF kann unmittelbar zur Repräsentation von Daten, z. B. direkt aus einer Datenbank, herangezogen werden. Benötigt man später mehr Informationen oder erkennt man relevante Strukturen in den Daten, kann man auf diesen Daten mittels RDFS Klassenstrukturen definieren. In diesem Sinne erlauben RDF und RDFS einen datengetriebenen Ansatz (im Gegensatz zum konzeptuellen Ansatz eines objektorientierten Entwurfs). Das macht RDF sehr flexibel zur Wissensrepräsentation, die sich dann Schritt für Schritt und je nach Bedarf ausbauen lässt.

Die grundlegenden Elemente von RDF neben den Ressourcen, die wir zu Beginn des Kapitels eingeführt habe, sind *Properties* und *Statements*. Properties sind spezifische Aspekte, Charakteristika, Attribute oder Relationen, die zur Beschreibung einer Ressource dienen. Properties verbinden Ressourcen mit anderen Ressourcen, die entweder durch URIs referenziert werden oder aus einfachen Werten (Literalen) bestehen.

Die Aussagen aus Abbildung 4.1 (Seite 108) können auf verschiedene Weise in XML serialisiert werden, neben RDF/XML (Seite 108) auch in der besser lesbaren Turtle-Syntax (http://www.w3.org/TeamSubmission/turtle):

```
@prefix
  rdf: <http://www.w3.org/1999/02/22-rdf-syntax-ns#> .
@prefix foaf: <http://xmlns.com/foaf/0.1#> .
@prefix carfs: <http://www.carfs-ag.de/Personen#> .
@prefix
  pim: <http://www.w3.org/2000/10/swap/pim/contact#> .

carfs:baispilov rdf:type     pim:Person ;
                foaf:age     "38" ;
                pim:fullname "Rudi Baispilov" ;
                pim:mailbox  <mailto:rb@carfs-ag.de> .
```

Zunächst werden vier Namensräume eingeführt für Konzepte des Resource Description Frameworks, der CarFS AG, des Personal Information Managements und der Friend-of-a-Friend Initiative. Darunter sind vier Statements zu finden, welche die Ressource

## 4.2 Das RDF-Datenmodell

`carfs:baispilov` näher beschreiben. Die Strichpunkte bedeuten hier, dass sich die Prädikate alle auf dasselbe Subjekt `carfs:baispilov` beziehen.

In unserem Beispiel werden Name und Alter nur als Zeichenketten behandelt. Das Alter verstehen wir jedoch als Zahl. Wir könnten natürlich ein Programm schreiben, das `foaf:age` als Dezimalzahl interpretiert, aber dann würde diese Information nicht mehr explizit in unserem RDF-Graphen verfügbar sein, sondern wäre im Programm kodiert. Andere Programme könnten nicht auf diese Information zugreifen. Daher bietet RDF die Möglichkeit, Literalen Datentypen zuzuweisen:

```
@prefix
  rdf: <http://www.w3.org/1999/02/22-rdf-syntax-ns#> .
@prefix foaf: <http://xmlns.com/foaf/0.1#> .
@prefix carfs: <http://www.carfs-ag.de/Personen#> .
@prefix
  pim: <http://www.w3.org/2000/10/swap/pim/contact#> .
@prefix xsd: <http://www.w3.org/2001/XMLSchema#> .

carfs:baispilov rdf:type      pim:Person ;
                foaf:age      "38"^^xsd:integer ;
                pim:fullname  "Rudi Baispilov" ;
                pim:mailbox   <mailto:rb@carfs-ag.de> .
```

Ein getyptes Literal ist eine Kombination von String und URI-Referenz auf einen Datentyp. In unserem Beispiel wird auf einen XML-Schema-Datentyp verwiesen. RDF selbst kennt keine eigenen Datentypen. Hier kann man erneut den Einsatz von Namensräumen sehen und die Wiederverwendung von existierenden Definitionen.

Mit den bisher gezeigten Mitteln lassen sich einfache Aussagen formulieren (Name, Alter, Typ, Person) sowie Eigenschaften zu einem Datensatz zusammenfassen, der wiederum durch eine URI (`carfs:baispilov`) referenziert werden kann. Durch Kombination lassen sich so beliebige Record-Strukturen erzeugen.

### 4.2.1 Container

In manchen Situationen will man Dinge gruppieren, beispielsweise: „Dieses Sachbuch hat mehrere Autoren." oder „Viele Studenten besuchen eine Vorlesung." Um dies auszudrücken, stellt RDF drei verschiedene Container zur Verfügung, die jeweils Literale oder Ressourcen enthalten können:

- `rdf:Bag`
- `rdf:Seq`
- `rdf:Alt`

**rdf:Bag** Eine Ressource vom Typ `rdf:Bag` repräsentiert eine Menge von Literalen oder Ressourcen (mit eventuellen Duplikaten). Die Reihenfolge der Elemente spielt keine Rolle.

```
Beispiel: Menge der Finanzierungsangebote der CarFS AG
@prefix
  rdf: <http://www.w3.org/1999/02/22-rdf-syntax-ns#> .
@prefix carfs: <http://www.carfs-ag.de/Personen#> .
@prefix carfin: <http://www.carfs-ag.de/Finanzen#> .
@prefix ex: <http://www.dfki.de/example#> .

carfs:carfs-ag ex:offers carfin:Finanzierungsarten .
carfin:Finanzierungsarten rdf:type rdf:Bag .
carfin:Finanzierungsarten rdf:_1 carfin:fin-art-0815 .
carfin:Finanzierungsarten rdf:_2 carfin:fin-art-4711 .
carfin:Finanzierungsarten rdf:_3 carfin:fin-art-42 .
```

Die einzelnen Elemente der Menge werden durch je eine *Container Membership Property* beschrieben. Der Container ist dabei das Subjekt und die Elemente sind die Objekte. Die Container Membership Properties haben Namen der Form `rdf:_1`, `rdf:_2` usw. Der Container kann darüber hinaus, wie jede Ressource, beliebige andere Properties haben, die ihn weiter beschreiben.

**rdf:Seq** Eine Ressource vom Typ `rdf:Seq` repräsentiert eine Folge von Literalen oder Ressourcen (mit eventuellen Duplikaten). Die Reihenfolge der Elemente ist hier aber wichtig.

```
Beispiel: Schriftverkehr von Rudi Baispilov mit einem Kunden
@prefix
  rdf: <http://www.w3.org/1999/02/22-rdf-syntax-ns#> .
@prefix carfs: <http://www.carfs-ag.de/Personen#> .
@prefix carfin: <http://www.carfs-ag.de/Finanzen#> .
@prefix ex: <http://www.dfki.de/example#> .

carfs:baispilov ex:Briefwechsel _:z .
_:z rdf:type rdf:Seq .
_:z rdf:_1 carfin:Anfrage-2010-153 .
_:z rdf:_2 carfin:Angebot-2010-632 .
_:z rdf:_3 carfin:Angebot-2010-632b .
_:z rdf:_4 carfin:Vertrag-2010-211 .
```

Nehmen wir an, dass auf den Briefwechsel nicht von außerhalb des RDF-Graphen zugegriffen werden soll. Dann braucht der entsprechende Knoten auch keine URI, sondern nur einen lokalen Identifikator. Dies wird in RDF durch „Blank Node Identifiers" ermöglicht. Abbildung 4.6 zeigt den RDF-Graphen für das `rdf:Seq`-Beispiel.

## 4.2 Das RDF-Datenmodell

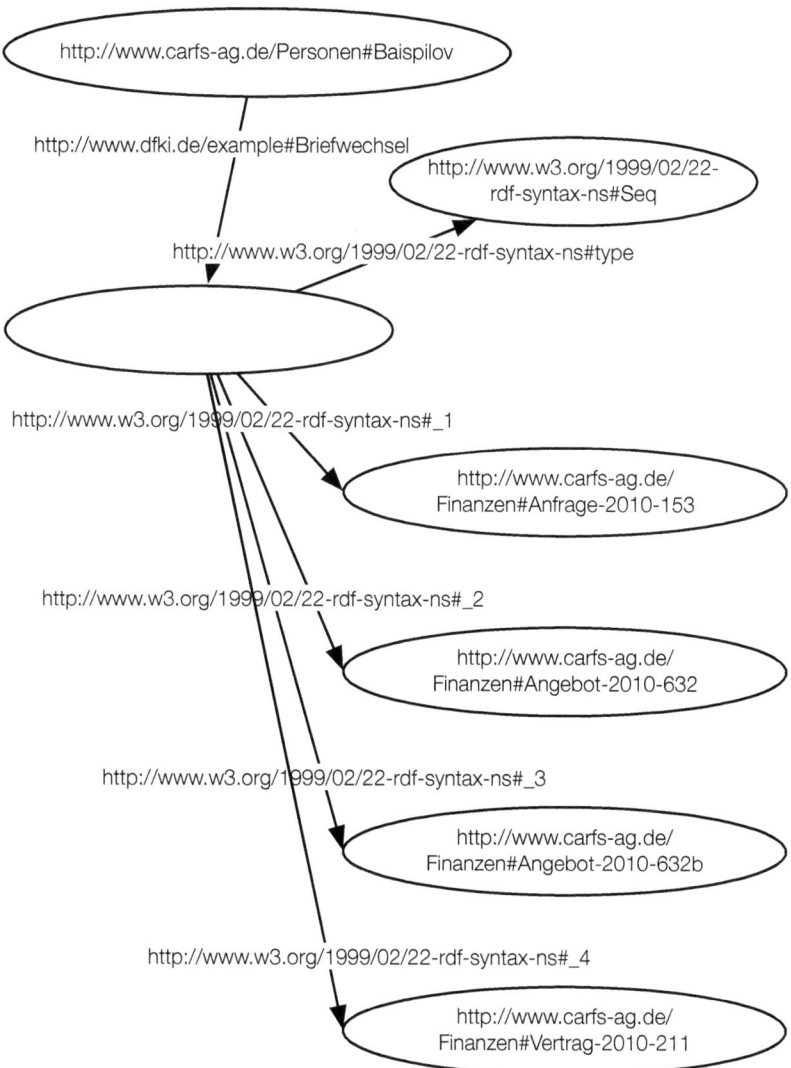

**Abb. 4.6** Beispielgraph für einen Seq-Container mit Blank Node.

Ein Blank Node ist ein eindeutiger Knoten im Graphen, der aber weder eine URI hat noch ein Literal ist. Er verknüpft Teile eines RDF-Graphen. Hier hält der Blank Node die Elemente der Sequenz zusammen. In Turtle-Notation gibt man dem entsprechenden Knoten einen Namen (in unserem Beispiel „z"), um zu kennzeichnen, dass die folgenden Elemente zu derselben Sequenz gehören. Der Name (also hier „z") wird nicht als Teil des RDF-Graphen betrachtet. Wie man in Abbildung 4.6 sehen kann, taucht der Name dort nicht auf. Blank Nodes werden uns gleich noch einmal begegnen.

**rdf:Alt** Eine Ressource vom Typ `rdf:Alt` repräsentiert eine Menge von alternativen Literalen oder Ressourcen. Die Reihenfolge der Elemente spielt dabei keine Rolle.

```
Beispiel: Zahlungsalternativen beim Automobilkauf über die CarFS AG
@prefix
  rdf: <http://www.w3.org/1999/02/22-rdf-syntax-ns#> .
@prefix carfs: <http://www.carfs-ag.de/Personen#> .
@prefix carfin: <http://www.carfs-ag.de/Finanzen#> .

carfs:carfs-ag carfin:Zahlungsweise _:z .
_:z rdf:type rdf:Alt .
_:z rdf:_1 carfin:Bar .
_:z rdf:_2 carfin:Ueberweisung .
_:z rdf:_3 carfin:Bankeinzug .
_:z rdf:_4 carfin:Elektronisch .
```

Für eine Liste von Alternativen wie für Mengen oder Sequenzen gilt, dass ihre Bedeutung nur intendiert ist. RDF hat genauso viel „eingebautes" Verständnis dessen, was eine Ressource vom Typ `rdf:bag` ist, wie davon, was `carfin:Bankeinzug` bedeutet. Die jeweilig Anwendung muss wissen, dass aus einer Liste von Alternativen gewählt werden kann oder dass die Reihenfolge in einer Sequenz wichtig sein kann.

### 4.2.2 Aussagen über Aussagen: Reifizierung

Erinnern wir uns an eine der Herausforderungen für die Wissensrepräsentation im Semantischen Web: Wissen im Web ist subjektiv. Aussagen müssen diskutierbar sein. In den vorangegangenen Abschnitten haben wir vielfältige Möglichkeiten kennengelernt, Aussagen zu formulieren. Nun schauen wir uns an, wie eine Aussage über eine Aussage gemacht werden kann – ein Prozess, der *Reifizierung* genannt wird.

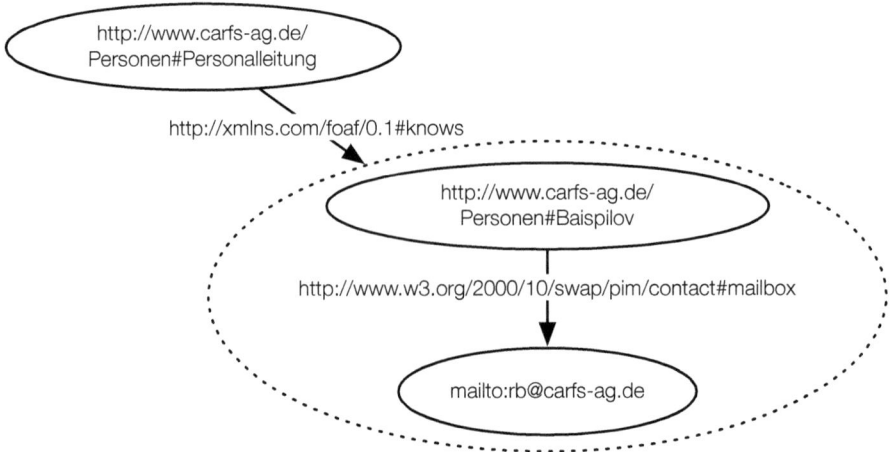

**Abb. 4.7** Aussage über eine Aussage (Prinzip).

## 4.2 Das RDF-Datenmodell

Nehmen wir an, wir wollen festhalten, dass die E-Mail-Adresse von Rudi Baispilov geprüft worden ist und die Personalleitung diese somit sicher weiß. Diese Aussage könnte man im RDF-Graphen im Prinzip, wie in Abbildung 4.7 gezeigt, darstellen. Der gestrichelte Kreis um die Aussage „Rudi Baispilov hat die E-Mail-Adresse rb@carfs-ag.de" deutet dabei an, dass die Aussage eine URI benötigt und somit zu einer Ressource werden muss, bevor wir sie wie in einer beliebigen anderen Aussage als Objekt verwenden können. Dabei helfen uns Blank Nodes.

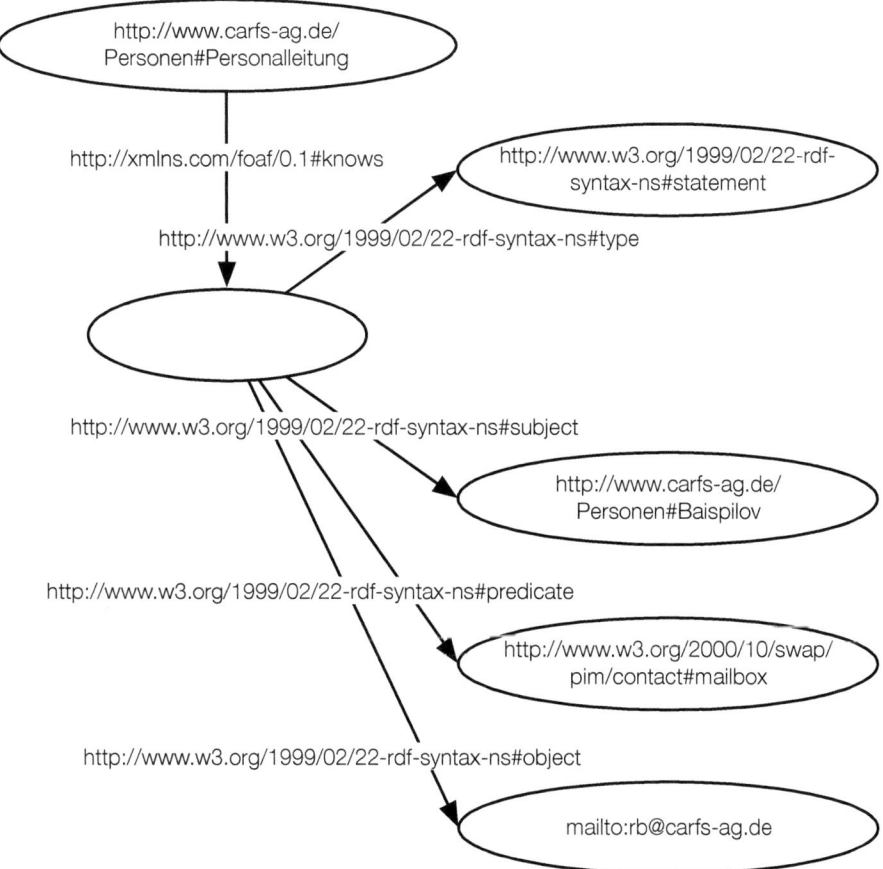

**Abb. 4.8** RDF-Graph: Aussage über eine Aussage.

Ein Blank Node übernimmt es, die Knoten im RDF-Graphen, über die wir eine Aussage machen wollen, zusammenzuhalten (Abbildung 4.8). Der Blank Node ist vom Typ `rdf:Statement` und hat als weitere Properties `rdf:Subject`, `rdf:Predicate` und `rdf:Object` mit den entsprechenden Werten der ursprünglichen Aussage. In Turtle-Notation wird daraus:

```
@prefix
   rdf: <http://www.w3.org/1999/02/22-rdf-syntax-ns#> .
@prefix carfs: <http://www.carfs-ag.de/Personen#> .
@prefix
   pim: <http://www.w3.org/2000/10/swap/pim/contact#> .

carfs:Personalleitung foaf:knows _:y .
_:y rdf:type        rdf:statement ;
    rdf:subject     carfs:baispilov ;
    rdf:predicate   pim:mailbox ;
    rdf:object      <mailto:rb@carfs-ag.de> .
```

Beachte: Wir müssen hier keinen Blank Node verwenden. Wir können dem entsprechenden Knoten jederzeit ein URI zuweisen und ihn somit zu einem ganz normalen Knoten im Graphen machen.

## 4.3 Ontologische Strukturierung von Daten: RDF-Schema

Wie eingangs erwähnt, hat RDF die angenehme Eigenschaft, zunächst ein Datenmodell zur Verfügung zu stellen, das weiter verfeinert werden kann. So lassen sich bereits einfache semantische Anwendungen entwickeln, die unzweideutig Wissen verknüpfen können. Wenn der Bedarf an mehr Ausdruckskraft besteht bzw. sobald mehr Wissen über diese Daten ausgedrückt werden soll, kann RDF-Schema (RDFS) eingesetzt werden. RDF-Schema definiert weitere Modellierungsprimitive und benutzt dazu RDF. RDF-Schema erweitert RDF durch Einführung einer extern spezifizierten Semantik. RDF kann diese Semantik nicht zur Verfügung stellen (ansonsten bräuchte man RDF-Schema natürlich nicht).

RDF definiert Eigenschaften von und Beziehungen zwischen Ressourcen mithilfe von benannten Properties und Werten. RDF kennt keine Mechanismen für Typen oder Klassen von Ressourcen. RDF erlaubt keine Einschränkungen für Properties zu bestimmten Ressourcenklassen. RDFS stellt genau diese Mechanismen zur Verfügung (vgl. Abschnitte 2.6.3 und 2.6.4). Im Gegensatz zu objektorientierten Sprachen ist RDF Property-zentriert. In Java beispielsweise hat die Klasse *Book* als Attribut *author* vom Typ *String*. In RDF hat die Property *author* die Domäne *Book* und den Wertebereich (Range) *Literal*.

Die wichtigsten Klassen in RDF und RDFS sind:

- rdfs:Resource
- rdfs:Class
- rdf:Property

## 4.3 Ontologische Strukturierung von Daten: RDF-Schema

Von `rdfs:Resource` sind alle Ressourcen abgeleitet. In objektorientierten Programmiersprachen und Entwurfsmethoden heißt diese Wurzelklasse oft *Thing* oder *Object*. Mit `rdfs:Class` zeichnet man eine Ressource als Klasse aus, mit `rdf:Property` wird eine Ressource zur Property.

Die wichtigsten vordefinierten Properties in RDF und RDFS sind:

---
- `rdf:type`
- `rdfs:subClassOf`
- `rdfs:subPropertyOf`
---

Wir haben `rdf:type` bereits beim Reifizieren benutzt und dort dem entsprechenden Blank Node den Typ `rdf:statement` zugewiesen. `rdfs:subClassOf` erlaubt uns das Bilden von Unterklassen einer Klasse (vgl. Abschnitt 2.6.4). In RDFS können wir mittels `rdfs:subPropertyOf` auch Properties spezialisieren.

RDFS kennt zwei einfache Arten von Einschränkungen (Constraints): Einschränkungen des Wertebereichs (Range Constraints) mithilfe von `rdfs:range` schränken die Wertemenge einer Property ein. Beispielsweise könnten wir fordern, dass Werte der Property *author* vom Typ *Person* sein sollen. Einschränkungen des Definitionsbereichs (Domain Constraints) mithilfe von `rdfs:domain` schränken die Menge der Klassen ein, auf die eine Property angewendet werden darf. So könnten wir weiter fordern, dass die Property *author* nur auf Ressourcen der Klasse *Book* angewendet werden darf. In Turtle-Notation könnte das so formuliert werden:

```
@prefix
  rdf: <http://www.w3.org/1999/02/22-rdf-syntax-ns#> .
@prefix rdfs: <http://www.w3.org/2000/01/rdf-schema#> .
@prefix
  pim: <http://www.w3.org/2000/10/swap/pim/contact#> .
@prefix ex: <http://www.dfki.de/example#> .

pim:Person  rdfs:type        rdfs:Class .
pim:Person  rdfs:subClassOf  rdfs:Resource .

ex:Book     rdfs:type        rdfs:Class .
ex:Book     rdfs:subClassOf  rdfs:Resource .

ex:Author   rdfs:type        rdf:Property .
ex:Author   rdfs:domain      ex:Book .
ex:Author   rdfs:range       pim:Person .
```

## 4.4 (X)HTML-Erweiterung: RDFa

Die Vision eines semantischen Webs von Tim Berners-Lee beschreibt ein besseres Zusammenarbeiten von Menschen und Computersystemen. In dieser Vision kommt der unzweideutigen, also formalen, Beschreibung von Wissen große Bedeutung zu. RDFa (Adida et al. 2008), eine Erweiterung von XHTML und vorgeschlagen vom W3C, ist ein Schritt in diese Richtung. RDFa erlaubt die Einbettung von RDF zur Präzisierung von Aussagen in XHTML-Textdokumenten. Im Umkehrschluss heißt das, dass aus einem solchen Dokument leicht die entsprechenden Tripel zur weiteren Verarbeitung extrahiert werden können. Daraus ergibt sich eine semantische Annotatierbarkeit von XHTML. RDFa benutzt dazu Attribute der `meta` und `link` Elemente, die im Folgenden erläutert werden.

**about**  URI der Ressource, auf die sich die Annotation bezieht. Der Default ist das aktuelle Dokument.

```
... about="http://www.carfs-ag.de" ...
```

**rel, rev, href**  spezifiziert die Art der Relation oder der umgekehrten Relation mit anderer Ressource.

```
Sie können mich <a rel="pim:mailbox" href="mailto:rb@carfs-ag.de">
per E-Mail</a> jederzeit erreichen. Informationen über Möglichkeiten
der Zahlung finden Sie <a rel="carfin:Zahlungsweise"
href="http://carfs-ag.de/payment">hier</a>.
```

`rel` weist dem entsprechenden Link einen Typ zu, hier: `pim:mailbox`. Beim ersten Link kann noch aus dem Protokoll `mailto:` auf eine E-Mail-Adresse geschlossen werden. Dass sich Informationen über die Zahlungsweise hinter der zweiten URL verbergen, kann die Maschine erst nach dem Besuch der URL herausfinden.

**property, content**  spezifiziert eine Eigenschaft für den Inhalt des betreffenden Elements. `content` ist dabei optional und präzisiert den Inhalt (siehe auch `datatype`).

```
Unser neues Finanzierungsmodell erscheint <span property="dc:date"
content="2011-04-25">im Frühjahr 2011</span>.
```

Das ungenaue Erscheinungsdatum „Frühjahr 2011", das dem menschlichen Leser ausreichend klar ist, wird für die Maschine auf den 25. April 2011 präzisiert.

**datatype**  ist ein optionales Attribut, das den Datentyp des Inhalts beschreibt.

```
... <span property="dc:date" datatype="xsd:date">2011-04-25</span> ...
```

Der unspezifische String „2011-04-25" wird damit zu einem Datum. Das Programm, das das entsprechende XHTML-Dokument verarbeitet, muss nicht raten, ob hier ein Datum gemeint ist oder nur eine zufälligerweise gleich aufgebaute Produktnummer usw. vorkommt. Die Attribute `content` und `datatype` können auch kombiniert werden:

```
... <span property="dc:date" datatype="xsd:date"
content="2011-04-25">25. April 2011</span> ...
```

In Verbindung mit (Ontologie-basierter) Informationsextraktion lassen sich XHTML-Dokumente auf diese Weise semantisch präzisieren und mit RDFa anreichern.

## 4.5 Die Web Ontology Language (OWL)

Wie wir gesehen haben, können mittels RDF und RDF-Schema einfache Ontologien samt Instanzen erstellt werden. Wir können Klassenhierarchien modellieren und einfache Domain- und Range-Constraints formulieren. In manchen Fällen kann RDFS Ressourcen aber nicht ausreichend detailliert beschreiben:

**Domain- und Range-Constraints nicht lokal**  Man kann nicht ausdrücken, dass der Range von `hasChild` bei Instanzen der Klasse `Person` eine Person ist und bei Instanzen der Klasse `Elefant` ein Elefant.

**Existenz-/Kardinalitäts-Constraints fehlen**  Man kann nicht ausdrücken, dass alle Instanzen der Klasse `Person` eine `Mutter` haben, die ebenfalls zur Klasse `Person` gehört, oder dass eine `Person` exakt zwei `Elternteile` hat.

**Eigenschaften der Transitivität, Symmetrie und des Inversen fehlen**  Man kann nicht ausdrücken, dass `isPartOf` eine transitive Eigenschaft ist, dass `hasPart` das Inverse zu `isPartOf` ist oder dass `berührt` symmetrisch ist.

Entsprechende Ausdrucksmöglichkeiten bieten jedoch sogenannte *Beschreibungslogiken*, eine Spezialform der Prädikatenlogik erster Stufe. Die *Web Ontology Language* (OWL) wurde als Erweiterung der bisherigen Web-Standards XML, RDF und RDFS entwickelt, um die oben genannten Defizite zu beheben. Mit der zunehmenden Ausdrucksmächtigkeit geht aber auch eine zunehmende Komplexität einher. Drei Varianten von OWL, OWL Lite, OWL DL und OWL Full, tragen dem Rechnung. OWL besitzt eine wohldefinierte Semantik. Die Eigenschaften der Sprache sind insbesondere in Bezug auf Komplexität und Entscheidbarkeit gut verstanden.

Die Familie der Beschreibungslogiken (Description Logic, DL, vgl. Abschnitt 2.9), und damit auch OWL, unterscheidet sich von der Prädikatenlogik erster Stufe (PL1) darin, dass nur ein- und zweistellige Prädikate erlaubt sind. Dies schränkt ihre Mächtigkeit bzgl. der Prädikatenlogik zwar ein, macht aber die beiden Varianten OWL Lite und

OWL DL entscheidbar und lässt uns einfacher mit diesen Sprachen umgehen. Es verleiht Daten eine Objektstruktur, die in PL1 nicht vorgesehen ist.

OWL unterscheidet *Konzepte* und *Rollen*. Konzepte sind einstellig und entsprechen Klassen. Sie beziehen sich auf Mengen von Instanzen. Rollen sind zweistellig und beschreiben Beziehungen zwischen Objekten. Sie lassen sich verketten (seit OWL 2) und ermöglichen so die Darstellung komplexer Beziehungen. Durch die mengenorientierte Betrachtungsweise kennt OWL Vereinigungs- und Schnittmengenoperatoren ebenso wie das Nicht-Enthaltensein. Die Vereinigung wird dabei als *logisches Oder* interpretiert und die Schnittmenge als *logisches Und*. Das Nicht-Enthaltensein bildet die Negation. Auf Grundlage dieser Grundoperationen sind komplexe Ausdrücke formulierbar.

Konzepte stehen, wie wir das von Klassen gewohnt sind, zum Teil in einer hierarchischen Beziehung (partielle Ordnung). Diese *Subsumptionshierarchie* (vgl. Abschnitt 2.9.5) bestimmt, welches Konzept Unterkonzept eines anderen Konzepts ist. Die Hierarchie ist zum Teil modelliert. Das allgemeinste Oberkonzept wird hier `Thing` genannt. Davon leiten sich alle Konzepte ab. *Thing* subsumiert alle anderen Konzepte. Zum Teil aber, und darin liegt ein Großteil der Mächtigkeit von Beschreibungslogiken, wird die Subsumptionsbeziehung inferiert. Die Konzeptsubsumption ist, wie zu erwarten, *transitiv* und *antisymmetrisch* (vgl. Abschnitte 2.5.2 und 2.9). Wenn gilt: `A subsumiert B` und `B subsumiert C`, dann gilt auch `A subsumiert C`. Die Antisymmetrie fordert, dass die Konzepte `A` und `A'` identisch sind, falls gilt: `A subsumiert A'` und `A' subsumiert A`.

In OWL lassen sich auch die in RDFS fehlenden Bedingungen ausdrücken, die die Existenz eines Objekts fordern. Ebenso lassen sich Bedingungen für eine bestimmte Menge (Kardinalitätsrestriktionen) oder für alle Elemente einer Menge formulieren.

## 4.6 Fazit

XML ist prinzipiell ein gutes, weit verbreitetes sowie akzeptiertes Austauschformat, das die Trennung von Form und Struktur bietet. RDF und RDF-Schema erlauben zudem die Trennung von Struktur und Inhalt. RDF ist ein Vorschlag des W3C für Kodierung, Austausch und Wiederverwendung von strukturierten Metadaten. RDF definiert die Datenschicht. RDFS definiert die Schemaschicht und führt damit Semantik für Klassen, Typen und Properties ein. RDFa zeigt eine Anwendungsmöglichkeit und erweitert XHTML um semantische Annotationen. Wer komplexere Ausdrucksmöglichkeiten benötigt, muss zum W3C-Standard OWL greifen.

## 4.7 Weiterführende Literatur

Für alle W3C-Standards sei generell auf die entsprechenden Webseiten unter der URL `http://www.w3.org/` verwiesen. Dort finden Sie die jeweils aktuell gültigen Fassungen

## 4.7 Weiterführende Literatur

der Standards mit Anwendungshinweisen sowie Tutorials, Einführungen und Diskussionsforen. Sie können dort RSS-Feeds und Mailinglisten abonnieren, die Sie regelmäßig über die aktuellen Entwicklungen informieren.

*Thomas Roth-Berghofer*

# 5 Ontologien und Ontologie-Abgleich in verteilten Informationssystemen

## Übersicht
5.1 Motivation: Ontologien in verteilten IT-Systemen . . . . . . . . . . . . . . . . . . . . . . 130
5.2 Abgleich von Ontologien . . . . . . . . . . . . . . . . . . . . . . . . . . . . . . . . . . . . . . . . . . 135
5.3 Werkzeuge . . . . . . . . . . . . . . . . . . . . . . . . . . . . . . . . . . . . . . . . . . . . . . . . . . . . . . 152
5.4 Fazit . . . . . . . . . . . . . . . . . . . . . . . . . . . . . . . . . . . . . . . . . . . . . . . . . . . . . . . . . . . . 156
5.5 Weiterführende Literatur . . . . . . . . . . . . . . . . . . . . . . . . . . . . . . . . . . . . . . . . . . 157

Semantische Technologien, wie sie in diesem Buch beschrieben werden, sind nicht nur dazu geeignet, einzelne Systemfunktionalitäten wie z. B. eine Dokumentsuche durch Anreicherung mit Meta-Daten zu unterstützen oder als Basistechniken für spezielle Anwendungen (etwa im Bereich der medizinischen Diagnose) zu dienen. Vielmehr stellen sie ein umfassendes Paradigma zur Entwicklung wissensintensiver IT-Systeme in verteilten Informationslandschaften dar. Die Umgebungen, in die solche Systeme eingebettet sind, können einen geschlossenen oder kontrollierten Charakter haben (etwa ein elektronisches Unternehmensgedächtnis wie das im Beispielszenario in Abschnitt 1.2.1 erwähnte CoMem) oder aber eher offen, ohne zentrale Kontrolle sein, wie das Internet mit seinen vielfältigen Dienstleistungsanbietern und -nachfragern. In beiden Fällen muss sowohl bei der Konzeption der IT-Systeme als auch bei der technischen Realisierung der verteilten Natur der Informationslandschaften Rechnung getragen werden. Diese bezieht sich nicht nur auf die physikalische Verteiltheit, sondern insbesondere auch auf die konzeptionelle: In Unternehmen haben verschiedene Standorte und Abteilungen eigene Aufgaben, Kompetenzen und Verantwortlichkeiten; die Akteure im Internet haben unterschiedliche Motivationen und Ziele; allen Szenarien gemeinsam und für *semantische* Technologien besonders wichtig ist, dass die Entstehung, Weiterentwicklung und Nutzung von *Wissen* typischerweise räumlich wie organisatorisch verteilt ist (siehe (van Elst et al. 2004b)).

Eine für semantisch fundierte Systeme wichtige Wissensart sind *Ontologien*, explizit repräsentierte Spezifikationen des für ein System relevanten Gegenstandsbereiches (siehe Abschnitt 2.10). Sie dienen oft als Hintergrundwissen für spezielle Problemlösungsmethoden (etwa zur Anfragemodifikation bei der Suche, siehe Kapitel 9), stellen aber auch das Basisvokabular für den Wissensaustausch zwischen verschiedenen Akteuren eines verteilten Systems zur Verfügung. Häufig existieren selbst für einen Gegenstandsbereich, eine Domäne, verschiedene, sich überlappende Ontologien, die zwar in der Regel verteilt erzeugt und gewartet werden, dann aber für eine konkrete Aufgabenstellung integriert oder gemeinsam genutzt werden sollen. Kapitel 13 zeigt eine solche Architektur, die auf mehreren Ontologien innerhalb eines Gegenstandsbereiches basiert, am Beispiel einer Anwendung im Bereich der Medizin.

In diesem Kapitel werden, nach einer allgemeinen Darstellung über die Bedeutung von Ontologien in verteilten IT-Systemen (Abschnitt 5.1), die Grundbausteine zur Repräsentation von Ontologie-Abbildungen sowie Ansätze zu ihrer Generierung auf der Basis eines heuristischen, ähnlichkeitsbasierten Ansatzes (Abschnitt 5.2.2) vorgestellt. In Abschnitt 5.3 werden einige Beispielsysteme beschrieben, die als Basis für eigene Experimente und Implementierungen dienen können. Nach einem kurzen Fazit (Abschnitt 5.4) werden in Abschnitt 5.5 einige Hinweise auf vertiefende Literatur gegeben.

## 5.1 Motivation: Ontologien in verteilten IT-Systemen

### 5.1.1 Explizite Konzeptualisierungen als Basis semantischer IT-Systeme

Die Verwendung von explizit repräsentiertem Wissen ist ein Grundmerkmal semantischer Technologien. Kapitel 2 gibt einen Überblick über viele grundlegende Ansätze zur Repräsentation unterschiedlicher Wissensarten, und in den Kapiteln 3 und 4 werden mit Topic Maps und den im Semantic Web etablierten Formalismen RDF, RDFS und OWL einige in der Praxis verbreitete Techniken zur Wissensrepräsentation vorgestellt. Neben problem- oder anwendungsspezifischem Wissen kommt der einem Informationssystem zugrunde liegenden *Konzeptualisierung* eine besondere Bedeutung zu: Sie enthält die grundsätzliche „Weltsicht" des Informationssystems, indem sie definiert, welche Konzepte dem System bekannt sind und wie diese zueinander in Beziehung stehen (können). Dabei macht die Konzeptualisierung keine Aussage über den aktuellen Weltzustand, dass – im *Corporate Memory*-Szenario aus Kapitel 2 – Rudi Baispilov momentan ein Sachbearbeiter und Gesine Mustermann eine Geschäftsführerin ist, sondern definiert lediglich die Konzepte, die prinzipiell für das System existieren: Es gibt *Sachbearbeiter*, die bestimmte *Aufgaben* und *Kompetenzen* haben; es gibt *Personen*, die eine bestimmte *berufliche Rolle* einnehmen können (etwa Sachbearbeiter oder Geschäftsführerin) usw.

Die Motivation dafür, die einem Informationssystem zugrunde liegende Konzeptualisierung separat von anderem Wissen, wie etwa dem über den aktuellen Zustand von konkreten Entitäten oder Problemlösungswissen, zu betrachten, liegt in der leichteren *Wissenswiederverwendung*. Eine Wiederverwendung von Wissen kann prinzipiell sowohl beim Systementwurf als auch während der Laufzeit eines Systems stattfinden.

Die Wiederverwendung während des Systementwurfs macht sich zunutze, dass die Konzeptualisierung Wissen enthält, das weitgehend unabhängig von einer konkreten Anwendung ist; daher kann sie als Grundlage für die Entwicklung verschiedener Systeme dienen. Die Konzeptualisierung der Organisationsstruktur eines Unternehmens kann etwa sowohl für ein System für die Personaleinsatzplanung verwendet werden als auch für ein Kompetenz-Managementsystem. Sehr grundlegende Konzeptualisierungen sind möglicherweise sogar für die Entwicklung von Systemen für mehrere oder viele Unternehmen wiederverwendbar, wie der breite Markterfolg großer Systemanbieter zeigt. Verwenden zwei oder mehr Systeme dieselbe Konzeptualisierung eines Gegenstandsbereiches, so erleichtert dies außerdem die Kommunikation und damit den Wissensaustausch zur Laufzeit dieser Systeme. Fragt z. B. das System zur Personaleinsatzplanung das Kompetenz-Managementsystem nach allen Mitarbeitern, die eine bestimmte Fähigkeit haben, so sollten beide Systeme das gleiche Verständnis zugrunde legen, was ein Mitarbeiter ist.

Für die Nutzung in IT-Systemen ist es wesentlich, dass zugrunde liegende Konzeptualisierungen *explizit* gemacht werden, so dass sie im System repräsentiert und damit nutzbar gemacht werden können. Softwaretechnisch können Konzeptualisierungen auf vielfältige Weise umgesetzt werden; so spiegeln sie sich in den Datenstrukturen (etwa in der Klassenstruktur eines objektorientierten Programms oder in den Schemata einer Datenbank) wider oder auch direkt in den Daten selbst: Die Ordnerstrukturen in Datei- oder E-Mail-Systemen reflektieren z. B. häufig, wie der entsprechende Mitarbeiter seine Umgebung konzeptualisiert (siehe (Dengel 2006) und Abschnitt 12.2): Für ihn existieren vielleicht verschiedene Arten von Kunden (Großkunden *vs.* Privatkunden), verschiedene Arten von Kollegen (Teamleiter, Kollegen mit ähnlichen Aufgaben wie er, Teamassistenten usw.) oder verschiedene Arten von Finanzdienstleistungen. Viele dieser Konzepte könnten sich in den Ordnernamen wiederfinden, also auf der Datenebene repräsentiert sein. Ähnliches gilt für die Verwendung von Tags in „Web 2.0-artigen" Datenmanagementsystemen wie Flickr (für Fotos) oder Wordpress (für Blog-Einträge).

Unter semantischen Aspekten ist diese einfache Repräsentation der Konzeptualisierung natürlich sehr begrenzt; das System „weiß" nicht, welche Eigenschaften einen Großkunden im Vergleich zu einem Privatkunden wirklich ausmachen; entsprechend schwierig ist es Services zu bauen, die den Anwender intelligent unterstützen, indem sie beispielsweise bei neuen Informationen (etwa einer eingehenden E-Mail oder einem neuen Dokument) entscheiden, ob sie dem Ordner „Großkunden" oder dem Ordner „Privatkunden" zuzuordnen sind. Natürlichsprachliche Erklärungen zu solchen Konzepten (im Sinne eines Glossars) helfen zwar menschlichen Benutzern, die intendierten Konzepte besser zu verstehen, sind aber maschinell kaum nutzbar. Objektorientierte oder *Frame*-basierte Systeme (siehe Abschnitt 2.6) stellen reichere Ausdrucksmöglichkeiten zur Repräsentation von Konzeptualisierungen zur Verfügung. So kann etwa dargestellt werden, dass Kunden ein bisheriges Auftragsvolumen (in Euro) und eine Rechtsform

(Privatperson oder Firma) haben. Noch ausdrucksmächtigere Formalismen erlauben dann zu spezifizieren, dass Großkunden ein Mindestauftragsvolumen oder eine bestimmte Rechtsform haben müssen. In Abschnitt 12.2.1 wird mit dem *Personal Information Model* ein Konzept vorgestellt, wie sich solche Wissensrepräsentationen für das individuelle Informationsmanagement nutzen lassen.

Insgesamt lässt sich feststellen, dass zur Repräsentation von Konzeptualisierungen eine große Bandbreite an Ausdrucksmächtigkeiten und Formalitätsgraden zur Verfügung steht. Auf der einen Seite des Spektrums befinden sich einfache, weniger formale Repräsentationsformen wie Termlisten, Glossare, Ordnerhierarchien oder Thesauri. Am anderen Ende befinden sich formale Sprachen, basierend etwa auf Beschreibungslogiken, Prädikatenlogik erster oder höherer Stufen, Modallogiken usw. Diese unterscheiden sich nicht nur hinsichtlich ihrer algorithmischen Verwendbarkeit, sondern auch hinsichtlich ihres Erstellungs- und Pflegeaufwandes. Die im Web 2.0-Umfeld sehr erfolgreichen *Tagging*-Systeme zur Annotation von Informationen – im kollaborativen Fall Folksonomien genannt – haben beispielsweise den Vorteil, dass sie relativ leicht auch von Endnutzern erweitert werden können; dafür können auf *Tags* allerdings auch nur „syntaktische", wort- oder zeichenbasierte Verfahren wie Überprüfung auf String-Gleichheit und darauf aufbauende Statistiken angewendet werden. Ob zwei Benutzer oder Systeme unter ein und demselben *Tag* auch dasselbe Konzept verstehen, ist ebenso unklar wie die Frage, ob für ein Konzept immer dasselbe *Tag* verwendet wird. Höhere Formalisierungsgrade sowie ein kontrolliertes Vokabular erlauben hier mehr Präzision, so dass ein gemeinsames Verständnis unterschiedlicher Akteure wahrscheinlicher ist.

Die Ausdrucksmächtigkeit der Repräsentationssprache für Konzeptualisierungen ist ein wesentliches Element beim Entwurf eines auf semantischen Technologien basierenden Informationsystems. Eine konkrete Entscheidung sollte sich am Aufwand/Nutzen-Verhältnis orientieren: Ein hoher Formalisierungsgrad wird oft mit relativ hohen Kosten bei Erstellung und Pflege erkauft, erlaubt aber mehr Präzision beim Teilen des repräsentierten Wissens und einen höheren Automatisierungsgrad bei dessen Nutzung. Niedrig formalisiertes Wissen ist typischerweise einfacher zu akquirieren, kann aber auch nur begrenzt automatisch verarbeitet werden. Abbildung 5.1 zeigt beispielhaft einige Arbeitspunkte im Spektrum unterschiedlicher Formalisierungsgrade und Geltungsbereiche.

Die Forschung im Bereich der Wissensrepräsentation und Wissensakquisition versucht häufig Verfahren zur Verfügung zu stellen, die Übergänge hinsichtlich beider Dimensionen unterstützt: von weniger formalem Wissen zu formalem Wissen, von individuellen Wissensstrukturen zu geteiltem Wissen. Nachhaltige semantische Informationssysteme sollten sich nicht auf einen Arbeitspunkt festlegen, sondern an Aufwand-/Nutzenerwägungen orientierte Wachstumspfade entlang dieser Dimensionen definieren und technisch sowie organisatorisch unterstützen.

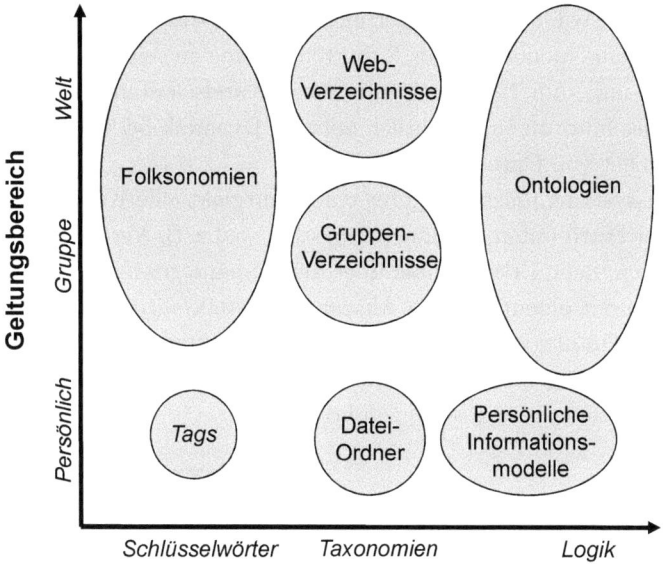

**Abb. 5.1** Beispiele für Konzeptualisierungen mit unterschiedlichem Formalisierungsgrad und Geltungsbereich.

## 5.1.2 Ontologien in verteilten Informationslandschaften

Die Idee von Ontologien als formale, explizite Repräsentation einer Konzeptualisierung zur Nutzung in Informationssystemen wurde Ende der 1980/ Beginn der 1990er Jahre im Rahmen des sogenannten *knowledge sharing and re-use efforts* (Neches et al. 1991) eingeführt. Hauptziel war hier, die Entwicklung von wissensbasierten Systemen, speziell Expertensystemen, effizienter und systematischer zu machen:

> „...*we present a vision of the future in which the idea of knowledge sharing is commonplace. If this vision is realized, building a new system will rarely involve constructing a new knowledge base from scratch. Instead, the process of building a knowledge-based system will start by assembling reusable components. Portions of existing knowledge bases would be reused in constructing the new system.*" (Neches et al. 1991)

Der Fokus lag also deutlich bei der Wissenswiederverwendung während des Systementwurfs, weniger auf dem Wissensaustausch zwischen Endanwendern zur Laufzeit. Solche Systeme waren typischerweise in eine kontrollierte, geschlossene Umgebung eingebettet, etwa als Konfigurations- oder Diagnoseunterstützung für eine bestimmte Expertentätigkeit. Mit dem Aufkommen moderner Netzwerkinfrastrukturen und den darauf aufbauenden Anwendungen in Bereichen wie *e-government*, *e-commerce*, virtuellen Organisationen oder persönlichem Informationsmanagement hat sich jedoch der Einsatzbereich von ontologiebasierten Techniken stark erweitert: Statt wiederverwendbare Bausteine monolithischer Expertensysteme zu sein, sind Ontologien nun in große, verteilte und zum Teil offene Informationslandschaften wie das *Semantic Web* eingebettet. Dies führt zu einer deutlich höheren Dynamik bei der Nutzung, aber auch beim Management von Ontologien.

Informationssysteme müssen gegebenenfalls ihre aktuelle Konzeptualisierung, ihre Ontologie einer bestimmten Domäne, anpassen, weil z. B. Veränderungen in der Umgebung auftreten, neue Erkenntnisse über die Domäne gewonnen werden oder in der Kommunikation mit einem anderen Akteur festgestellt wird, dass die beiden Partner unterschiedliche Ontologien verwenden. Solche Anpassungen können, je nach Systemdesign und Anwendungsfall, während der Systemlaufzeit notwendig werden oder aber offline bei der Systemwartung durchgeführt werden.

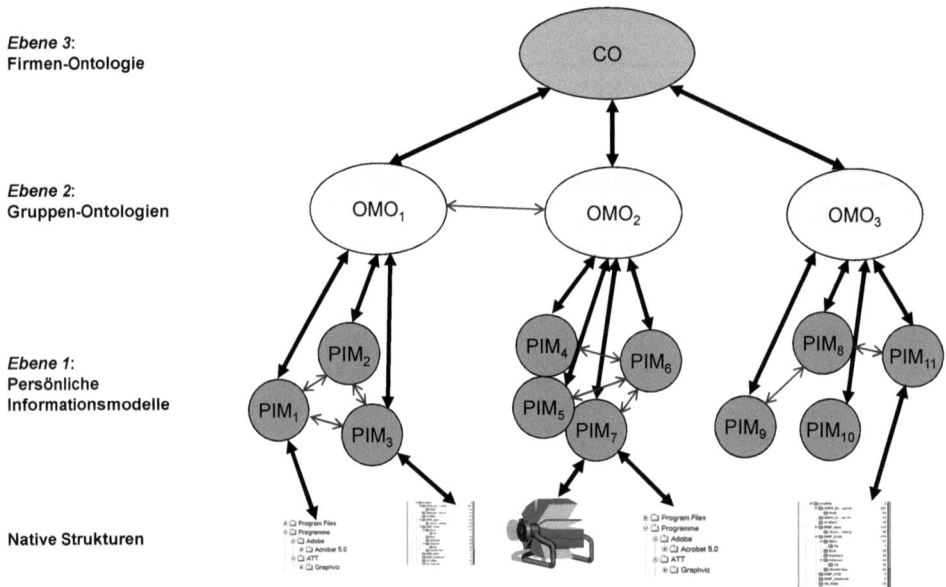

**Abb. 5.2** Struktur einer Ontologie-Landschaft in einem verteilten Organisationsgedächtnis.

Das Beispiel in Abbildung 5.2 zeigt die Struktur einer Ontologie-Landschaft, wie sie in einem verteilten Organisationsgedächtnis (van Elst et al. 2004a) vorkommen könnte. Explizite Konzeptualisierungen gibt es dort auf verschiedenen Ebenen:

- Auf der Firmen-Ebene werden organisationsübergreifende Ontologien ($CO$) bereitgestellt. Diese können z. B. Wissen über Aufbau- und Ablaufstrukturen beinhalten, aber auch allgemeines Domänenwissen des Unternehmens.
- Einzelne organisationale Einheiten pflegen ihre speziellen Gruppengedächtnisse, in denen etwa ihr Gruppen- oder Abteilungswissen gepflegt wird. Dazu gehört auch das Management des entsprechenden Vokabulars oder der Gruppenontologie ($OMO_n$).

- Mitarbeiter pflegen ihre individuellen Vokabularien und Wissensstrukturen. Dies kann auf der Ebene der „nativen Strukturen" geschehen (etwa in Dateiordner- oder E-Mail-Hierarchien), oder aber in formaleren Repräsentationen wie dem „persönlichen Informationsmodell" ($PIM_n$) eines *Semantic Desktop* (siehe Abschnitt 12.2.1).

In einem solchen Ontologie-Ökosystem gibt es vielfältige Beziehungen zwischen den vorhandenen Modellen. So können Gruppenontologien die Firmenontologie importieren oder erweitern, persönliche Informationsmodelle wiederum verfeinern vielleicht die Gruppenontologie oder liefern Hinweise zu ihrer Pflege; in einem *Semantic Desktop*-System sind persönliche Informationsmodelle verknüpft mit den nativen Strukturen und werden aus diesen befüllt.

Neben solchen Pflege- und Vererbungsbeziehungen gibt es auch noch aufgabenspezifische Kommunikationsbeziehungen, z. B. zwischen einzelnen Gruppengedächtnissen oder zwischen einem Gruppengedächtnis und dem Firmengedächtnis. Ähnliche Beziehungen existieren auch in anderen verteilten Informationslandschaften. Für die semantische Infrastruktur bedeutet dies, dass neben Verfahren zum Aufbau von Ontologien auch solche zum Abgleich und zur Integration benötigt werden, welche die Einbindung externer Ontologien sowie die Kommunikation bei heterogenen Ontologien ermöglichen. Im Folgenden werden grundlegende Techniken aus diesem Bereich vorgestellt, für den in der englischsprachigen Literatur üblicherweise die Begriffe *ontology alignment* oder *matching/mapping* sowie *ontology integration* verwendet werden.

## 5.2 Abgleich von Ontologien

Betrachtet man Kommunikationsszenarien in verteilten Informationslandschaften, in denen die Akteure jeweils eine eigene Ontologie zugrunde legen, kann man prinzipiell vier Situationen unterscheiden:

- *Konsens* bedeutet, dass die Akteure dieselbe Konzeptualisierung zugrunde legen und dazu das gleiche Vokabular verwenden.
- *Korrespondenz* bezeichnet eine übereinstimmende Konzeptualisierung, aber unterschiedliche Vokabulare.
- *Konflikte* liegen vor, wenn dasselbe Vokabular für unterschiedliche Konzepte verwendet wird.
- *Kontraste* sind Situationen, in denen die Akteure einen Gegenstandsbereich/ eine Domäne unterschiedlich konzeptualisieren und dazu auch unterschiedliche Vokabulare verwenden.

Konsens ermöglicht fehlerfreie Kommunikation, im Kontrastfall ist Kommunikation unmöglich. Wenn Korrespondenz oder Konflikt vorliegen, misslingt die Kommunikation, da Nachrichten falsch oder nicht interpretiert werden, obwohl der Empfänger eigentlich dazu in der Lage wäre. Diese Fälle sind ähnlich zu typischen Fehlern beim Information Retrieval zu sehen: Korrespondenz ist analog zu Fehlern aufgrund synonymer Wörter; es wird beispielsweise eine Anfrage nach „Apfelsine" gestellt und Ergebnisse, in denen nur „Orange" vorkommt, werden nicht gefunden. Konflikte entsprechen Fehlern aufgrund von Polysemie oder Homonymie, also bei Wörtern mit mehreren Bedeutungen; mit einer Anfrage „Bank" werden Geldinstitute gesucht, aber auch Sitzgelegenheiten gefunden. Bei der Betrachtung möglicher Kommunikationsfehler zwischen Akteuren können sich die oben beschriebenen Situationen natürlich auf alle möglichen Elemente der Ontologien beziehen, also nicht nur auf Konzept(-namen), sondern beispielsweise auch auf Relationen. Techniken zum Abgleich von Ontologien sind dazu geeignet, die Fehlerfälle „Korrespondenz" und „Konflikt" abzumildern, indem Übersetzungen zwischen unterschiedlichen Vokabularien und Konzeptualisierungen zur Verfügung gestellt werden.

*Ontologie-Abbildungen* (im Englischen *ontology mappings* oder *alignments*) sind Aussagen über Beziehungen zwischen den Elementen zweier Ontologien, also insbesondere zwischen den Konzepten und Relationen. Wie Abbildung 5.3 zeigt, können solche Aussagen unterschiedlich formal sein: Die Semantik von Ähnlichkeitsaussagen ist oft ungenau definiert oder abhängig von der konkreten Anwendung und damit eher informal. Bei Unterklassen- oder Equivalenzrelationen werden dagegen üblicherweise die mengenorientierten Interpretationen dieser Beziehungen zugrunde gelegt. Letztlich können auch zwei Ontologien zu einer gemeinsamen Ontologie zusammengeführt werden, die nun an die Stelle der beiden ursprünglichen Repräsentationen tritt. Dies stellt dann den höchsten Grad der Verbindlichkeit dar, da nun lokale Änderungen nicht mehr möglich sind.

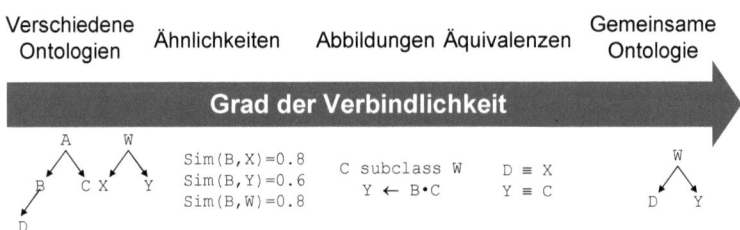

**Abb. 5.3** Verschiedene Arbeitspunkte im Ontologie-*Matching* Kontinuum.

Verfahren für den Ontologie-Abgleich unterstützen Übergänge entlang dieses Kontinuums von heterogenen Ontologien hin zu gemeinsamen Konzeptualisierungen. Logikorientierte Ansätze versuchen beispielsweise, Abbildungen formal aus den Eingabe-Ontologien herzuleiten. Eine solche semantische Unifikation(siehe z. B. (Wache 2003)) hat zwar den Vorteil, dass sie logisch korrekte Ergebnisse liefert, ist aber im Allgemeinen eine sehr komplexe, wissensintensive und damit aufwändige Aufgabe. Darüber hinaus funktionieren logikbasierte Ansätze erst, wenn die Eingabe-Ontologien auch ein gemeinsames Vokabular verwenden. Dies ist sicher in einigen eher geschlossenen

Einsatzbereichen der Fall, etwa im Bereich des Schema-*Matchings* in föderierten Datenbanken. In offenen Informationslandschaften wie dem Semantic Web, bei denen sich Ontologien häufig ändern und diese Änderungen nicht zentral gewartet werden, ist die Voraussetzung eines gemeinsamen Basisvokabulars aber häufig problematisch. Daher kommen heuristische Verfahren zum Einsatz, deren Korrektheit zwar nicht generell gewährleistet werden kann, die dafür aber schon bei wesentlich schwächeren Voraussetzungen einsetzbar sind als logikbasierte Techniken.

### 5.2.1 Repräsentation von Abbildungen zwischen Ontologien

Ontologie-Abbildungen selbst können als wichtige Wissensart in einem verteilten, semantischen Informationssystem aufgefasst und von verschiedenen Akteuren erstellt, gepflegt und genutzt werden. Daher ist es nützlich, dass sie selbst explizit repräsentiert weden und Gegenstand eines gemeinsamen Verständnisses sind, wie sie interpretiert werden sollen. Zu diesem Zweck wurden nicht nur entsprechende Datenformate, sondern auch semantisch fundierte Repräsentationen für Ontologie-Abbildungen entwickelt. In diesem Abschnitt wird ein kurzer Überblick über solche Repräsentationsformalismen für Ontologie-Abbildungen gegeben.

*Ontologie-Abbildungen* sind Relationen zwischen den Elementen (etwa den Konzepten) zweier oder mehrerer Ontologien. Einige Beispiele:

- „Das Konzept *Leasingvereinbarung* aus der Ontologie $O_1$ *ist eine Unterklasse* des Konzeptes *Vertrag* aus Ontologie $O_2$."
- „Das Konzept *GivenName* aus der Ontologie $O_1$ ist gleich dem Konzept *Vorname* aus Ontologie $O_2$."
- „Das Konzept *E-Mail-Adresse* aus $O_1$ *kann verwendet werden zur Beschreibung von* Instanzen des Konzeptes *Angestellter* aus Ontologie $O_2$."
- „Die Länge in Zoll aus Ontologie $O_1$ ist 2.54× *Länge in cm* aus Ontologie $O_2$."
- „Das Konzept *Klient* aus Ontologie $O_1$ *ist sehr ähnlich* zum Konzept *Kunde* aus Ontologie $O_2$."

Abbildung 5.3 verdeutlicht, dass solchen Aussagen unterschiedliche Formalisierungsgrade zugrunde liegen: *Ähnlichkeitsaussagen* sind eher informell, da die Semantik einer solchen Relation eher unterspezifiziert oder anwendungsabhängig ist. Gleichheits- oder Unterklassenbeziehungen sind dagegen formal definiert, indem sie normalerweise der üblichen mengentheoretischen Interpretation unterliegen.

Im Folgenden werden zwei prinzipielle Möglichkeiten beschrieben, wie Ontologie-Abbildungen repräsentiert werden können, nämlich zum einen mit den Mitteln des Ontologie-Formalismus selbst, zum anderen mittels einer eigens definierten *Mapping-Ontologie*:

**Nutzung von Konstrukten des Ontologie-Repräsentationsformalismus** Natürlich können auch mit den Standard-Ober- und Unterklassenbeziehungen, wie `rdfs:subClassOf` für RDFS, Abbildungen *zwischen* Ontologien dargestellt werden. Einige Ontologie-Formalismen stellen darüber hinaus spezielle Primitive zur Repräsentation von Beziehungen zwischen Ontologie-Elementen zur Verfügung. In der Web-Ontologiesprache OWL sind dies die Konstrukte `owl:equivalentClass`, `owl:equivalentProperty` und `owl:sameAs` (siehe (Schreiber und Dean 2004) sowie Kapitel 4). Die Relation `owl:sameAs` kann zwischen zwei OWL-Instanzen etabliert werden. In OWL Full, also der mächtigsten OWL-Variante, sind Klassen selbst wieder Instanzen einer (Meta-)Klasse, so dass `owl:sameAs` verwendet werden kann, um auszudrücken, dass zwei Klassen dieselbe *intensionale* Bedeutung haben. Die Bedeutung von `owl:equivalentClass` ist dagegen, dass die beiden Klassenausdrücke exakt die gleiche *Extension*, also dieselbe Instanzmenge haben.

Auch der weniger formale Repräsentationsformalismus SKOS, das *Simple Knowledge Organisation System*, definiert eigene Relationen zur Abbildung zwischen verschiedenen Konzept-Schemata (siehe http://www.w3.org/TR/2009/REC-skos-reference-20090818/#mapping):

- Mit den Relationen `skos:broadMatch` und `skos:narrowMatch` können *hierarchische Abbildungen* zwischen zwei Konzepten ausgedrückt werden.
- Die Relation `skos:relatedMatch` wird verwendet, um eine *assoziative Verbindung* zwischen zwei Konzepten auszudrücken.
- Die Relation `skos:closeMatch` wird verwendet, um zwei Konzepte zu verbinden, die *hinreichend ähnlich* sind, um sie in manchen *Information Retrieval*-Anwendungen wechselseitig zu verwenden.
- Mit der Relation `skos:exactMatch` können zwei Konzepte verbunden werden, für die eine *hohe Sicherheit* besteht, dass sie in vielen *Information Retrieval*-Anwendungen wechselseitig verwendet werden können.

Hier zeigt sich, dass bei der Definition der Abbildungsrelationen spezifische Anwendungsklassen („manche/viele *Information Retrieval*-Anwendungen") vorausgesetzt werden. Dies schlägt sich auch in den Eigenschaften der Relationen nieder: Während `skos:closeMatch` nicht als transitiv definiert ist, um Fehlerketten durch sich aufsummierende „Unähnlichkeiten" bei der mehrfachen Anwendung der Relation zu vermeiden, ist `skos:exactMatch` eine transitive Relation.

**Das Alignment Format** Das *Alignment Format* (Euzenat 2004) ist ein Beispiel für eine eigens entwickelte *Mapping*-Ontologie. Es handelt sich dabei um eine Art RDF-Container-Format für Ontologie-Abbildungen im *Semantic Web*, das nur wenig Annahmen über die Ontologierepräsentationen und die Abbildungsrelationen macht. Kern des Formates sind Mappings, die aus einer oder mehreren `Cell` genannten Korrespondenzen bestehen können, die je zwei Ontologie-Elemente (`entity1` und `entity2`) mit einer `relation` in Beziehung setzen. Darüber hinaus kann ein Vertrauenswert `measure` dafür angegeben werden, als wie sicher die Korrespondenz bewertet wird. Das Format erlaubt verschiedene Mächtigkeiten in Hinsicht auf die Ontologie-Elemente, die in Beziehung gesetzt werden: *Level 0*-Abbildungen verbinden Elemente, die über einen *Uniform Re-*

## 5.2 Abgleich von Ontologien

*source Identifier* (URI) identifiziert werden können; dies können Klassen, Eigenschaften oder Individuen, aber auch komplexe Termausdrücke einer beliebigen Zielsprache sein, soweit diese durch einen URI identifiziert werden können. *Level 1*-Abbildungen setzen nicht nur einzelne Paare von Ontologie-Elementen, sondern Mengen oder Listen solcher Paare in Beziehung. *Level 2(L)*-Abbildungen ermöglichen das Einbinden einer komplexen Abbildungssprache in die Repräsentation der Abbildungen. Damit verliert das Format allerdings seine Sprachunabhängigkeit, da diese Abbildungssprache zumindest geparst werden muss.

Das folgende Beispiel zeigt die Syntax des *Alignment Format*s. Zuerst der allgemeine Rahmen, in dem Namensräume und Eingabe-Ontologien definiert und der *Level* der Abbildungen, die Methode zur Berechnung sowie die Laufzeit beschrieben werden:

```xml
<?xml version='1.0' encoding='utf-8' standalone='no'?>
<rdf:RDF xmlns='http://knowledgeweb.semanticweb.org/
                heterogeneity/alignment#'
         xmlns:rdf='http://www.w3.org/1999/02/
                    22-rdf-syntax-ns#'
         xmlns:xsd='http://www.w3.org/2001/XMLSchema#'
         xmlns:align='http://knowledgeweb.semanticweb.org/
                      heterogeneity/alignment#'>
<Alignment>
  <xml>yes</xml>
  <level>0</level>
  <type>**</type>
  <align:method>
   km.dfki.de.align.impl.method.MyAlignment
  </align:method>
  <align:time>23</align:time>
  <onto1>
    <Ontology rdf:about="http://www.rudi.org/pimo">
      <location>file:semdesktop/rdf/pimo.owl</location>
      <formalism>
        <Formalism align:name="OWL1.0"
         align:uri="http://www.w3.org/2002/07/owl#"/>
      </formalism>
    </Ontology>
  </onto1>
  <onto2>
    <Ontology rdf:about="http://www.carfs.com/orgontology">
      <location>file:carfs/rdf/carfs.owl</location>
      <formalism>
        <Formalism align:name="OWL1.0"
          align:uri="http://www.w3.org/2002/07/owl#"/>
      </formalism>
    </Ontology>
  </onto2>
```

```
          .
          .
          .
  </Alignment>
  </rdf:RDF>
```

Darin eingebettet sind dann die eigentlichen Abbildungen, beispielsweise eine eher unsichere „="-Relation zwischen den beiden Konzepten **Geschaeftspartner** und **customer**

```
  <map>
    <Cell>
      <entity1 rdf:resource='http://www.rudi.org/
        pimo#Geschaeftspartner'/>
      <entity2 rdf:resource='http://www.carfs.com/
        orgontology#customer'/>
      <relation>=</relation>
      <measure rdf:datatype='http://www.w3.org/2001/
        XMLSchema#float'>0.3331789</measure>
    </Cell>
  </map>
```

sowie eine sichere „="-Relation zwischen den beiden Konzepten **Autoverkaeufe** und **carsales**:

```
  <map>
    <Cell>
      <entity1 rdf:resource='http://www.rudi.org/
        pimo#Autoverkaeufe'/>
      <entity2 rdf:resource='http://www.carfs.com/
        orgontology#carsales'/>
      <relation>=</relation>
      <measure rdf:datatype='http://www.w3.org/2001/
        XMLSchema#float'>1.0</measure>
    </Cell>
  </map>
```

Das *Alignment Format* ist nur einer von vielen Formalismen, die in den letzten Jahren zur Repräsentation von Ontologie-Abbildungen entwickelt wurden. Andere Beispiele sind *MAFRA* (Pinto da Silva 2004) und das in die Ontologie-Entwicklungsumgebung Protégé eingebette PROMPT-System (siehe Abschnitt 5.3.3), dem eine eigens entwickelte *Mapping*-Repräsentation zugrunde liegt. Ein formal definierter Ansatz ist *C-OWL* (Bouquet et al. 2004), das erlaubt, mittels sogenannter *bridge rules* (Brückenregeln), auf syntaktischer und semantischer Ebene Konzepte, Relationen und Instanzen verschiedener Wissensbasen so in Beziehung zu setzen, dass die jeweiligen lokalen Annahmen bestehen bleiben. *C-OWL* trägt damit der Tatsache Rechnung, dass man in vielen Fällen unterscheiden muss zwischen *Ontologien*, Domänen-Modellen, die einer Menge von Akteuren gemeinsam sind, und *Kontexten*; das sind Modelle, die nur die spezifische Sicht eines Akteurs repräsentieren.

### 5.2.2 Heuristiken zur automatischen Berechnung von Beziehungen zwischen Ontologien

Im vorhergehenden Abschnitt wurde dargestellt, wie Beziehungen zwischen Ontologien prinzipiell in Form von *Mappings* repräsentiert werden können. Die grundlegende Frage ist nun, wie solche *Mappings* berechnet werden können. Wie oben dargelegt, kommen hierzu vornehmlich heuristische Verfahren zum Einsatz, da die Voraussetzungen für den Einsatz logikbasierter Techniken, insbesondere die Annahme eines gemeinsamen Basisvokabulars, oft nicht vorliegen.

Prinzipiell können drei Arten von Informationen für Heuristiken zum Abgleich von Ontologien unterschieden werden:

- **Lexikalische Information** ist Information, die in der textuellen Beschreibung von Konzepten (etwa dem Konzept*namen*) in den Quellontologien enthalten ist. Eine entsprechende Heuristik ist z. B. „Wenn in zwei Ontologien derselbe Konzeptname verwendet wird, handelt es sich dabei um die gleichen Konzepte".
- **Strukturelle Information** ist beispielsweise die Topologie der Ontologiegraphen. Zwei Konzepte werden als ähnlich eingstuft, wenn sie in ähnlicher Relation zu einem drittem Konzept stehen. Auch die oben erwähnten logikbasierten Verfahren kann man als Nutzung struktureller Information verstehen.
- **Nutzungsorientierte Information** für den Ontologieabgleich betrachtet nicht die Ontologien selbst, sondern den Kontext ihrer Verwendung. Werden etwa zwei Konzepte zur Annotation einer sehr ähnlichen Dokumentmenge verwendet, sind möglicherweise diese Konzepte auch ähnlich.

Die folgenden Abschnitte stellen grundlegende Algorithmen zur Berechnung möglicher Abbildungen zwischen Ontologie-Elementen dar:

#### Die lexikalische Ebene der Ontologien

Während aus formaler Sicht Konzept- und Relationsnamen in Ontologien bedeutungslos sind, da sie keine formale Semantik haben, sind sie für Ontologie-Ingenieure und -Benutzer enorm wichtig. Als eine Art „natürlicher Dokumentation" bieten sie eine von Menschen lesbare Beschreibung der (beabsichtigten) Bedeutung von Konzepten und Relationen. Eine häufig benutzte Heuristik für Ontologie-Abbildungen sind daher Ähnlichkeiten zwischen den Namen der Ontologie-Elemente.

Der Charme dieses Ansatzes liegt darin, dass aus den Forschungen zum *Information Retrieval* eine Vielzahl von gut untersuchten Algorithmen zur Verfügung steht, die die Ähnlichkeit von Zeichenketten berechnen (Baeza-Yates und Ribeiro-Neto 1999). Allerdings haben diese Verfahren auch alle Probleme hinsichtlich *Precision* und *Recall*, die auch vom wortbasierten *Information Retrieval* bekannt sind: Synonome Begriffe können auf der Basis von Stringähnlichkeiten nicht erkannt werden, so dass der *Recall* sinkt; Homonyme, also mehrdeutige Begriffe, führen zu einer sinkenden Präzision, da unterschiedliche Konzepte dieselbe lexikalische Repräsentation haben können.

Die einfachsten Techniken, die auf Konzept- und Relationsnamen arbeiten, sind die Zeichenkettengleichheit, der Hamming-Abstand (Anzahl der Positionen, auf denen die beiden Zeichenketten unterschiedlich sind) und die Teilketten-Ähnlichkeit, die den Anteil der längsten gemeinsamen Teilkette an der Gesamtlänge beider Zeichenketten misst. Zwei Verfahren, die im *Information Retrieval* besonders erfolgreich eingesetzt werden, sind die N-Gramm-Ähnlichkeit (Dice-Koeffizient) sowie Editier-Distanzen (speziell die Levenshtein-Distanz). Die beiden Verfahren, die zu einer erhöhten Toleranz gegenüber Schreibvarianten und Schreibfehlern führen, werden im Folgenden kurz skizziert:

**N-Gramme**  Die Menge der $N$-Gramme eines Strings ist definiert als die Menge aller Teilstrings der Länge $N$. Die 3-Gramme (oder Tri-Gramme) des Strings `Projekt` sind z. B. die Strings `Pro`, `roj`, `oje`, `jek` und `ekt`. Der String `Produkt` hat auch fünf Tri-Gramme, nämlich `Pro`, `rod`, `odu`, `duk` und `ukt`. Um die Beiträge der Buchstaben am Wortbeginn und -ende genauso stark zu werten wie in der Mitte, werden häufig noch N-Gramme hinzugenommen, die aus den Anfangs- und Endbuchstaben bestehen, ergänzt um eine entsprechende Anzahl von Wildcard-Symbolen; für den String `Produkt` wären das dann die zusätzlichen Tri-Gramme `__P`, `_Pr`, `kt_` und `t__`. Die Mächtigkeit der N-Gramm-Schnittmenge zweier Strings kann nun zur Definition einer Ähnlichkeit zwischen diesen Strings verwendet werden. Ein asymmetrisches Maß erhält man beispielsweise, wenn man die Ähnlichkeit zweier Strings $S_1$ und $S_2$ als den Anteil der $S_1$-N-Gramme an der Menge der $S_2$-N-Gramme definiert. Ein häufig verwendetes symmetrisches Ähnlichkeitsmaß ist der Dice-Koeffizient:

**Definition 5.1 (Dice-Koeffizient)**
Für zwei Strings $s$ und $t$ mit ihren N-Gramm-Mengen $T_N(s)$ und $T_N(t)$ ist ihr Dice-Koeffizient definiert als
$$dice_N(s,t) = \frac{2 \times |T_N(s) \cap T_N(t)|}{|T_N(s)| + |T_N(t)|}.$$
♦

**Editierdistanzen**  Ein weiterer Ansatz zur Berechnung der Ähnlichkeit zweier Strings ist die sogenannte Levenshtein-Distanz (Levenshtein 1965). Diese basiert auf der Idee, verschiedene *Editieroperationen*, die benötigt werden, um den einen String in den anderen zu transformieren, mit Kosten zu belegen und die minimalen Kosten für die Transformation eines Strings in den anderen als Ähnlichkeit dieser Strings zu interpretieren. Beispiele für Editieroperationen sind das Einfügen, Löschen oder Ersetzen einzelner Zeichen. Um etwa den String `Project` in den String `Projekt` zu transformieren, braucht man eine einzige Ersetzungsoperation, nämlich die Ersetzung des Buchstabens c an der sechsten Stelle im String durch den Buchstaben k.

**Definition 5.2 (Editierdistanz)**
Sei $Ed$ eine Menge von Editieroperationen auf Strings, also $Ed : \mathbb{S} \to \mathbb{S}$, und $w$ eine Kostenfunktion auf diesen Operationen ($\omega : Ed \to \mathbb{R}$). Sei $EdSeq_{s,t}$ die Menge der Editiersequenzen, die einen String $s$ in einen String $t$ transformieren, also für alle $edseq = (ed_1, \ldots, ed_n) \in EdSeq_{s,t}$ gilt $edseq(s) = ed_n(\ldots(ed_1(s))) = t$. Die Kosten einer Editiersequenz sind definiert als Summe der Kosten der einzelnen Editieroperationen: $cost(edseq) = \sum_{i=1}^{n} \omega(ed_i)$. Dann ist die Editierdistanz $\delta : \mathbb{S} \times \mathbb{S} \to [0,1]$ definiert als Kosten der Editiersequenz mit den niedrigsten Kosten, die einen String in einen anderen transformiert:

$$\delta(s,t) = \min_{edseq \in EdSeq_{s,t}} cost(edseq)$$

♦

**Definition 5.3 (Levenshtein-Distanz)**
Die Levenshtein-Distanz ist eine spezielle Editierdistanz, für die gilt $Ed = \{insert\_char, delete\_char, substitute\_char\}$; d. h., es kann mit einer Operation ein Zeichen eingefügt, gelöscht oder ersetzt werden. Die Kosten für alle Operationen sind 1: $\omega(ed) = 1$ für alle $ed \in Ed$. ♦

Einer der Nachteile einer in die Konzept- und Relationennamen integrierten lexikalischen Ebene einer Ontologie ist, dass die Ausdrucksmächtigkeit recht eingeschränkt ist; so kann auf diese Weise in der Regel nur *eine* Sprache und *eine* linguistische Form im Namen repräsentiert werden, jede weitere Information müsste explizit hineinkodiert werden. Solche Namenskonventionen liegen dann aber außerhalb der Ontologie selbst, was eine gemeinsame Interpretation durch verschiedene Akteure erschwert. Daher wurden ausgefeiltere Repräsentationen für linguistische Informationen entwickelt, die dann explizit mit den Elementen einer Ontologie verbunden werden können (siehe beispielsweise Linginfo (Buitelaar et al. 2006) oder LexOnto (Buitelaar et al. 2009)). Eine umfassende Übersicht, wie lexikalisches Wissen in Ontologien repräsentiert werden kann, bietet (Cimiano et al. 2011).

Abbildung 5.4 zeigt an einem Beispiel – neben der „naiven" Repräsentation in den Namen (Beispiel a)) – zwei weitere prinzipielle Möglichkeiten, linguistische Informationen innerhalb einer Ontologie zu repräsentieren: Beispiel b) zeigt, wie einfache, menschenlesbare Label an die eigentlichen Ontologie-Elemente angehängt werden. Dabei besteht die Möglichkeit, mehrere Label mit einem Konzept zu verbinden, so dass beispielsweise verschiedene Sprachen oder Labels für verschiedene Ansichten (etwa als Kurz- oder Langbeschreibung) repräsentiert werden können. Diese Art einer linguistischen Ebene wird beispielsweise von SKOS (Simple Knowledge Organization System, siehe `http://www.w3.org/TR/skos-reference/`) unterstützt, der ein vom World Wide Web Consortium (W3C) empfohlener Standard zur Repräsentation von Thesauri, Taxonomien und ähnlichen Klassifikationsschemata ist. SKOS bietet drei Primitive, um lexikalische Label mit Konzepten zu verbinden, nämlich `skos:prefLabel`,

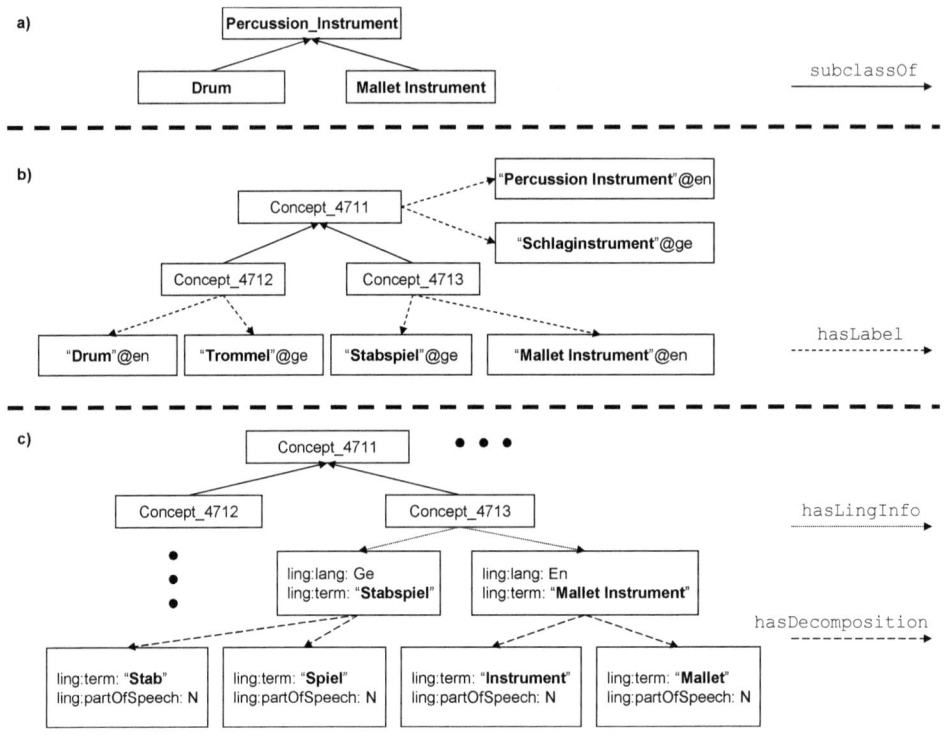

**Abb. 5.4** Drei Ansätze für die Einbettung einer linguistischen Ebene in Ontologien: a) Konzeptnamen, b) Anhängen von sprachabhängigen Labeln, c) spezielle linguistische Ontologie.

skos:altLabel und skos:hiddenLabel. Die ersten beiden Label-Typen sind als von Menschen lesbare Bezeichnungen für Konzepte gedacht, skos:hiddenLabel kann für spezielle Anforderungen einer Anwendung verwendet werden, um beispielsweise häufig vorkommende Rechtschreibfehler eines Labels anzugeben, die dann von einer Suchmaschine verwendet werden können. Weitergehende Interpretationen der Label wie z. B. die Deutung von @ge in Abbildung 5.4 b) als Sprach-Selektor sind immer applikationsspezifisch und somit nur schwer im Allgemeinen für den Ontologieabgleich nutzbar. Die dritte und ausgefeilteste Art einer linguistischen Ebene ist die Verwendung einer eigenen *linguistischen Ontologie*. Das Beispiel in Abbildung 5.4 c) zeigt diese Idee, angelehnt an die Linginfo-Ontologie (Buitelaar et al. 2006). Mittels Linginfo können Terme linguistisch dekomponiert oder mittels ihrer Sprache oder Wortart beschrieben werden. Da diese Art einer linguistischen Ebene einen recht hohen Aufbau- und Wartungsaufwand erfordert, kommt sie in der Regel nur zum Einsatz, wenn diese Information noch für weitere Zwecke, etwa zur Informationsextraktion (siehe Kapitel 8) verwendet werden soll.

Das auf eine dieser Arten in einer Ontologie mitrepräsentierte linguistische Wissen kann zum Ontologieabgleich verwendet werden. Wenn beispielsweise mehrsprachige Konzeptbeschreibungen zur Verfügung stehen, können entsprechende Lexika oder Thesauri verwendet werden, um Hypothesen zum Abgleich zwischen den Ontologien zu generieren. Linguistische Zerlegungen können verwendet werden, um komplexe Konzepte zu dekomponieren und auf einfachere Konzepte abzubilden.

**Die Ontologie-Struktur**

Häufig ist es eine naheliegende Herangehensweise, Ontologien als (gelabelte) *Graphen* darzustellen. Damit können topologische Ähnlichkeiten von Ontologie-Graphen als Hinweise für strukurelle Ähnlichkeiten der jeweiligen Konzeptualisierungen interpretiert werden. Ontologie-*Matching* wird also als *Graph Matching*-Problem aufgefasst.

**Similarity Flooding** Eine wichtige Methode, die die Graphen-Struktur zur Berechnung von Ontologie-Abbildungen ausnutzt, ist das sogenannte *similarity flooding*. Die dahinter stehende Heuristik lautet, dass eine (bekannte oder vermutete) Ähnlichkeit zweier Knoten in den jeweiligen Ontologie-Graphen die Wahrscheinlichkeit erhöht, dass auch korrespondierende Nachbarknoten eine hohe Ähnlichkeit aufweisen. Wenn bei den beiden Ontologien in Abbildung 5.5 a) beispielsweise bekannt ist, dass die Konzepte A und a sehr ähnlich sind, führt dies zu der Annahme, dass auch X und y eine hohe Ähnlichkeit aufweisen, weshalb in der Folge auch D und d als sehr ähnlich eingeschätzt werden und so fort. Diese Abhängigkeiten der Ähnlichkeiten können in einem Graphen wie in Abbildung 5.5 b) dargestellt werden: Jeder Knoten entspricht einem Abbildungskandidaten. Kanten repräsentieren die Abhängigkeiten zwsichen den Kandidaten, wobei diese mit der Kantenstärke gewichtet werden kann. Ein Knotenwert steht dann für die Sicherheit, die dem jeweiligen Abbildungskandidaten zugeordnet wird. Die Berechnung dieser Sicherheitswerte kann in einem iterativen Verfahren geschehen, in dem die aktuellen Sicherheitswerte über die Abhängigkeitskanten zu den Nachbarknoten propagiert werden. Das Verfahren endet in der Regel, wenn sich Ähnlichkeiten nur noch marginal ändern, wenn also ein Fixpunkt gefunden wurde.

Die Version des Verfahrens, die von (Melnik et al. 2002) beschrieben wird, besteht im Wesentlichen aus den folgenden vier Schritten:

1) **Überführung der Ontologien in Graphen:** Für viele Ontologie-Formalismen sind Graphen-Darstellungen sehr natürlich: Konzepte werden meist als Knoten aufgefasst, Relationen als Kanten. Trotzdem gibt es einige Gestaltungsmöglichkeiten bei der Graphen-Darstellung für das Ontologie-*Matching*. So kann beispielsweise die Meta-Ontologie mit in den Graphen aufgenommen werden oder nicht. Im ersten Fall würde es einen Knoten Class geben, der mit allen Klassen oder Konzepten über je eine Kante verbunden ist; Analoges gilt dann für Relationen.

2) **Ermittlung von Abbildungskandidaten und ihren initialen Ähnlichkeiten:** Ohne weiteres Vorwissen könnte natürlich potenziell jeder Knoten eines Ontologie-

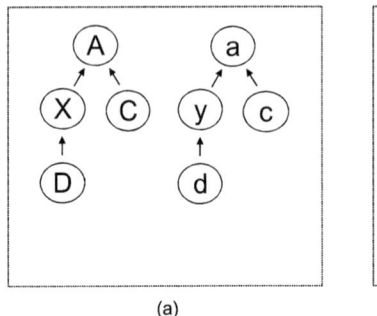 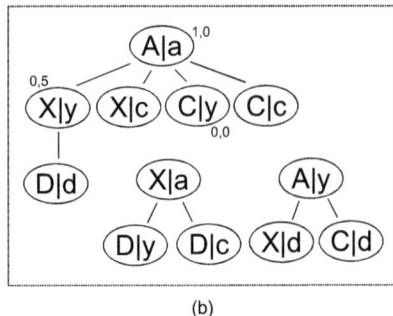

**Abb. 5.5** Zwei einfache Ontologie-Graphen.

Graphen mit jedem Knoten eines anderen Ontologie-Graphen korrespondieren. Für zwei Ontologie-Graphen mit $n$ und $m$ Knoten gibt es also $n \cdot m$ Paare, die als Abbildungskandidaten in Frage kommen. Oft werden andere Verfahren, etwa die oben beschriebene Ähnlichkeit der Konzeptnamen, verwendet, um bestimmte Korrespondenzen als sehr wahrscheinlich oder unwahrscheinlich anzunehmen und damit das *similarity flooding* zu intitialisieren beziehungsweise die Menge der Abbildungskandidaten zu verkleinern.

3) **Erstellung eines Graphen, der die Ähnlichkeitsabhängigkeiten repräsentiert:** Nun wird ein neuer Graph erzeugt, der als Knoten alle Abbildungskandidaten enthält, mit ihrer initialen Ähnlichkeit als Knotengewicht. Kanten werden zwischen zwei Abbildungskandidaten gezogen, falls ihre Elemente in den Ontologie-Graphen auch jeweils durch eine Kante verbunden sind. Dabei kann auch der Kantentyp, also die Relation in der Ontologie, berücksichtigt werden. Die Kanten werden dann gewichtet. Dies geschieht in der Regel so, dass die Summe der ausgehenden Kantengewichte eines Knotens 1 ist; bei $k$ ausgehenden Kanten wird ein Abbildungskandidat daher meist mit einem Gewicht von $1/k$ mit seinen Nachbarkandidaten verbunden.

4) **Propagierung der Ähnlichkeiten bis zum Fixpunkt:** Nun werden die Knotengewichte, die die Ähnlichkeiten eines Abbildungskandidaten repräsentieren, durch den Graphen propagiert, indem sie mit den Kantenstärken gewichtet und aufsummiert werden. Danach findet eine Normalisierung statt, so dass das größte Knotengewicht bei 1 liegt. Diese Propagierung wird wiederholt, bis sich die Knotengewichte nicht mehr oder nur noch wenig ändern.

### Ontologie-Nutzung als Evidenz für Korrespondenzen

In den vorangegangenen Abschnitten wurden Heuristiken vorgestellt, die syntaktische und strukturelle Eigenschaften von Ontologien verwendet haben, um Vorschläge für Ontologie-Abbildungen zu generieren. Ein dritter Typ von Heuristiken setzt bei der *Pragmatik* an, also der Frage, wie die Elemente der Ontologien verwendet werden.

## 5.2 Abgleich von Ontologien

Im Kern arbeiten solche Heuristiken also nach dem Prinzip „Wenn zwei Konzepte aus verschiedenen Ontologien ähnlich verwendet werden, dann sind sie auch ähnlich". Die Grundfrage für solche Heuristiken ist also, wie sich Ähnlichkeit bei der Ontologie-Nutzung erfassen lässt.

Zwei wesentliche Nutzungsarten von Ontologien sind zum einen die Verwendung als Schema zur Repräsentation oder Klassifikation konkreter, formaler Instanzen, zum anderen zur Annotation nicht-formaler Informationen wie beispielsweise von Textdokumenten oder Bildern. Beide Nutzungen können als Basis für Heuristiken zur Generierung von Ontologie-Abbildungen verwendet werden. Die folgenden beiden Heuristiken operieren beispielsweise auf formalen Instanzen:

- **Instanzähnlichkeitsheuristik:** „WENN die Instanzen von Klasse $A$ in Ontologie $O_1$ sehr ähnlich sind zu den Instanzen von Klasse $B$ in $O_2$, DANN schlage vor, dass $A$ und $B$ sehr ähnlich sind."

- **Instanzklassifikationsheuristik:** „WENN die Instanzen von Klasse $A$ in Ontologie $O_1$ als Instanzen von Klasse $B$ bezüglich $O_2$ klassifiziert werden, DANN schlage vor, dass $A$ eine Unterklasse von $B$ ist."

Die Schlüsselfrage dieser Heuristiken ist offensichtlich die Definition der Ähnlichkeit von Instanzen beziehungsweise die Definition der Instanzklassifikatoren, ohne eine gemeinsame Terminologie voraussetzen zu können, also: Wie kann man die Ähnlichkeit einer Instanz $a$, deren Eigenschaften mit dem Vokabular der Ontologie $O_1$ formuliert sind, zu einer Instanz $b$ definieren, die ja mit dem Vokabular der Ontologie $O_2$ beschrieben ist? Wie kann eine solche Instanz $a$ bezüglich der Ontologie $O_2$ klassifiziert werden?

Da eben im Allgemeinen keine gemeinsame Terminologie der beiden Ontolgien $O_1$ und $O_2$ angenommen werden kann, wird also das Ähnlichkeitsproblem auf den Elementen der Ontologien nun auf die Instanzebene verlagert. Ein naheliegender Ansatz wäre, ähnlich zur oben beschriebenen Nutzung der lexikalischen Informationen, Ähnlichkeiten auf den Basis-Datentypen zu definieren, die zur Beschreibung von Instanzen verwendet werden (etwa Zahlen- oder String-Ähnlichkeit). Dabei stellt sich die Frage, inwieweit solche Ähnlichkeiten dann tatsächlich auch eine „semantische" Ähnlichkeit der Objekte reflektieren.

Häufig werden Ontologien zur Annotation von Informationselementen, etwa von Textdokumenten, Bildern oder Musikdateien verwendet. Für solche Daten stehen häufig ausgefeilte Verfahren zur Ähnlichkeitsbestimmung und zur Klassifikation zur Verfügung. Ursprünglich als Basistechniken für entsprechende Suchmaschinen entwickelt, können sie für abgewandelte Formen der oben genannten Instanzähnlichkeitsheuristik (oder analog der Instanzklassifikationsheuristik) verwendet werden:

- **Dokumentähnlichkeitsheuristik:** „WENN die mit Konzept $A$ aus Ontologie $O_1$ annotierten Dokumente sehr ähnlich sind zu den Dokumenten, die mit Konzept $B$ aus $O_2$ annotiert wurden, DANN schlage vor, dass $A$ und $B$ sehr ähnlich sind."

Ein typisches Basisähnlichkeitsmaß für Textdokumente ist das Kosinus-Maß im Vektorraum-Modell, wie es im *Information Retrieval* oft verwendet wird. Dabei wird ein Vektorraum durch die in allen Texten vorkommenden Terme aufgespannt. Ein Dokument wird in diesem Raum als Vektor repräsentiert, dessen Elemente sich als gewichtete Vorkommen des jeweiligen Terms im Dokument definieren. Dann kann der Winkel der Vektoren zweier Textdokumente als Maß für die Ähnlichkeit der Dokumente aufgefasst werden. Eine gute Einführung in diese Techniken mit einer Übersicht über oft verwendete Gewichtungen und alternative Ähnlichkeitsmaße findet sich in (Baeza-Yates und Ribeiro-Neto 1999). Für Musikdateien können die in Kapitel 14 dargestellten Algorithmen zur Musikempfehlung als Ähnlichkeitsmaße aufgefasst werden.

Eine solche nutzungsbasierte Heuristik zur Generierung von Ontologie-Abbildungen setzt natürlich die Verfügbarkeit solcher Nutzungsdaten voraus. Dies ist aus praktischen wie Datenschutzgründen in offenen Szenarien meist nur schwer zu erreichen. In geschützen Umgebungen, wie etwa einem verteilten Unternehmensgedächtnis, ist der Einsatz solcher Verfahren gut denkbar.

### 5.2.3 Integration von Mapping-Vorschlägen

Während erste Werkzeuge zur Ontologie-Abbildung überwiegend eine einzelne oder Mischformen der in den vorherigen Abschnitten dargestellten Heuristiken zur Generierung von Ähnlichkeiten zwischen den Elementen zweier oder mehrerer Ontologien implementiert haben, wurde mit zunehmender Praxis-Erfahrung und systematischer Untersuchung deutlich, dass in echten Anwendungen häufig die komplementären Stärken der einzelnen Ansätze benötigt werden. Die einzelnen Verfahren können jeweils unterschiedliche oder sogar widersprüchliche Vorschläge generieren, welche Elemente verschiedener Ontologien wie aufeinander abzubilden sind. Außerdem können auch mehrere vorgeschlagene Abbildungen zueinander inkompatibel sein, so dass es notwendig wird, aus allen Vorschlägen eine insgesamt konsistente Menge von Abbildungen auszuwählen. Beide Aspekte der Integration von Abbildungsvorschlägen werden im Folgenden erläutert.

**Integration einzelner Matching-Heuristiken**

Unterschiedliche *Matching*-Verfahren können hinsichtlich der Einschätzung von Relationen zwischen je zwei Elementen unterschiedlicher Ontologien zu verschiedenen Ergebnissen kommen. So würde beispielsweise ein *Matcher*, der auf der String-Ähnlichkeit der Konzeptnamen basiert, für die beiden Konzepte Produkt und Projekt eine sehr hohe Evidenz finden und damit vorschlagen, dass es sich um dasselbe Konzept handelt; mit nur zwei Buchstabenaustauschungen kann der eine String in den anderen transformiert werden. Ein topologiebasierter *Matcher* würde wahrscheinlich eine eher niedrige Evidenz für eine Äquivalenz der beiden Konzepte feststellen, da sie sich vermutlich in eher weit entfernten Teilen der Ontologie befinden, ganz andere Unter- und Oberklassen oder Eigenschaften haben. Zur Integration der Ergebnisse verschiedener *Matcher* können distanzbasierte Verfahren oder rangbasierte Verfahren verwendet

## 5.2 Abgleich von Ontologien

werden. Die distanzbasierten Verfahren arbeiten direkt auf den Sicherheitswerten, die von den einzelnen *Matching*-Verfahren geliefert werden. Beispiele sind gewichtete Summen oder Mittelwerte. Rangbasierte Verfahren arbeiten dagegen nicht direkt auf den Sicherheitswerten, sondern auf daraus abgeleiteten Ranglisten (*Rankings*). Solche Verfahren haben den Vorteil, dass sie unabhängig sind von den Skalen, die die einzelnen *Matcher* verwenden; die *Rankings* stellen eine einheitliche Skala für alle *Matcher* dar, unabhängig davon, welche Skala das jeweilige *Matcher* für seine Ähnlichkeits- oder Sicherheitswerte verwendet. Ein zur Integration von Abbildungsvorschlägen ähnliches Gebiet, in dem rangbasierte Verfahren erfolgreich eingesetzt werden, ist die Integration mehrerer Klassifikationstechniken zu einem Gesamtergebnis (siehe (Ho 1992, Kuncheva 2004)).

**Tab. 5.1** Höchster Rang als Integration verschiedener Abbildungsvorschläge.

| | Abbildungsvorschläge | | | Integration | |
|---|---|---|---|---|---|
| Rang | Matcher 1 | Matcher 2 | Matcher 3 | Höchster Rang | Abbildung |
| 1 | $a \equiv A$ (0.91) | $e \equiv A$ (0.84) | $b \equiv E$ (0.98) | 1 | $a \equiv A$ |
| 2 | $a \equiv B$ (0.87) | $a \equiv A$ (0.75) | $a \equiv B$ (0.89) | 1 | $b \equiv E$ |
| 3 | $b \equiv E$ (0.64) | $b \equiv E$ (0.72) | $c \equiv C$ (0.74) | 1 | $e \equiv A$ |
| 4 | $d \equiv E$ (0.63) | $d \equiv D$ (0.61) | $a \equiv A$ (0.70) | 2 | $a \equiv B$ |
| 5 | $e \equiv A$ (0.57) | $a \equiv B$ (0.58) | $b \equiv D$ (0.55) | 3 | $c \equiv C$ |
| 6 | $c \equiv C$ (0.49) | $d \equiv E$ (0.35) | $d \equiv D$ (0.45) | 4 | $d \equiv E$ |
| 7 | $c \equiv B$ (0.31) | $c \equiv B$ (0.28) | $e \equiv A$ (0.35) | 4 | $d \equiv D$ |
| 8 | $d \equiv D$ (0.25) | $b \equiv D$ (0.24) | $d \equiv E$ (0.23) | 5 | $b \equiv D$ |
| 9 | $b \equiv D$ (0.12) | $c \equiv C$ (0.15) | $c \equiv B$ (0.21) | 7 | $c \equiv B$ |

Ein sehr einfaches rangbasiertes Verfahren ist die Methode des höchsten Ranges. Jeder Abbildungsvorschlag bekommt einen Rang zugeordnet, je nach Position in der nach Sicherheitswerten geordneten Liste aller Vorschläge eines *Matchers*. Eine Näherung für diese Sicherheit ist typischerweise die vom *Matcher* errechnete Ähnlichkeit der Ontologie-Elemente. Der Gesamtrang eines Vorschlags ist dann das Minimum aller Rang-Werte dieses Vorschlags. Rangbasierte Verfahren erhalten also geordnete Listen von Ontologie-Abbildungen als Eingabe und liefert einen aggregierten Wert für jede Abbildung als Ergebnis. Die Abbildungen können wieder anhand dieses Wertes sortiert werden, so dass sich eine einheitliche geordnete Liste der Abbildungsvorschläge ergibt.

Tabelle 5.1 zeigt die Struktur eines solchen Verfahrens als Beispiel mit drei *Matching*-Verfahren (*Matcher 1* bis *Matcher 3*), die für jeden Abbildungsvorschlag (etwa $a \equiv A$, Konzept $a$ aus Ontologie 1 wird abgebildet auf Konzept $A$ aus Ontologie 2) einen Sicherheitswert liefert (im Beispiel 0.91 für *Matcher 1* und 0.7 für *Matcher 3*), der in der Liste aller Abbildungsvorschläge einen Rang ergibt: 1 beim ersten *Matcher*, 4 beim dritten. Das Verfahren des höchsten Ranges bevorzugt offensichtlich einzelne hohe Platzierungen für einen Abbildungsvorschlag, unabhängig davon, zu welchem Ergebnis die anderen Verfahren kommen. Dies korrespondiert zu einer Maximum-Bewertung bei einem distanzbasierten Vorgehen. Eine eher am Durchschnitt orientierte Aggregation ist das Borda-Count-Verfahren, das ursprünglich entwickelt wurde, um bei politischen Wahlen Präferenzen von Wählern auf der Basis von Ranglisten zu ermitteln. Im Wesentlichen ist der Borda-Count-Wert eines Abbildungsvorschlages die Summe der Anzahl von anderen Abbildungsvorschlägen, die in den einzelnen *Rankings* einen niedrigeren Rang haben als der Vorschlag selbst. Dieses Verfahren wurde beispielsweise für das PHASE-Tab auf die Anforderungen bei der Aggregation von Abbildungsvorschlägen angepasst und implementiert (van Elst und Kiesel 2004).

**Integration mehrerer Abbildungsvorschläge**

Die im vorhergehenden Abschnitt vorgestellten Verfahren liefern nun für jeweils *einen* Abbildungsvorschlag *einen* aggregierten Sicherheitswert. Insgesamt werden aber möglicherweise mehrere Abbildungsvorschläge als sehr sicher, eventuell sogar mit gleicher Gesamtsicherheit oder gleichem Gesamtrang eingeschätzt. Diese können in ihrer Gesamtheit oder bei Integration mit den jeweiligen lokalen Ontologien immer noch redundant, widersprüchlich oder – aufgrund der heuristischen Natur des Generierungsprozesses – gänzlich falsch sein. Daher ist in der Regel ein weiterer Integrationsschritt notwendig, der aus der Menge der als recht sicher eingeschätzten Abbildungsvorschläge ein gültiges Mapping erzeugt. Häufig wird dieser Schritt durch Benutzerinteraktion gelöst, indem einzelne Vorschläge bestätigt oder abgelehnt werden können. Der Fall von 1:1-Abbildungen zwischen den Elementen der Eingabe-Ontologien kann auch als *stable marriage*-Problem (Gusfield und Irving 1989) aufgefasst werden, indem die Sicherheitswerte als Präferenzen interpretiert werden. Als Lösungsverfahren ist der *Gale-Shapley-Algorithmus* bekannt (Gale und Shapley 1962).

Da bei der Integration mehrerer Abbildungsvorschläge auch wieder auf der logischen Ebene der Ontologien und der Abbildungen operiert werden kann und das eingangs erwähnte Problem des einheitlichen Basisvokabulars durch die Abbildungen nicht existiert, kann dieser Schritt auch durch formales *Reasoning* unterstützt werden: Die Korrektheit der Abbildungsvorschläge oder einer Teilmenge wird probeweise angenommen, und eine Inferenzmaschine überprüft auf Konsistenz oder Konzepterfüllbarkeit und findet minimale Repräsentationen (siehe auch Abschnitt 6.2.2).

### 5.2.4 Zusammenfassung: Der generelle Matching-Prozess

In den vorangehenden Abschnitten wurden wesentliche Bausteine eines heuristischen Verfahrens zur Generierung von Ontologie-Abbildungen beschrieben. Diese Bausteine können in konkreten Nutzungsszenarien unterschiedlich ausgewählt und kombiniert werden: In manchen Fällen können mit lexikalischen Heuristiken schon gute Ergebnisse

## 5.2 Abgleich von Ontologien

erzielt werden, manchmal dienen diese nur als Startpunkt, bevor strukturelle *Matching*-Heuristiken zum Einsatz kommen. Nutzungsbasierte Information steht in kontrollierten Umgebungen vielleicht als Ganzes zur Verfügung, oder sie wird erst während des Systembetriebs aus einzelnen Nutzungsschritten generiert.

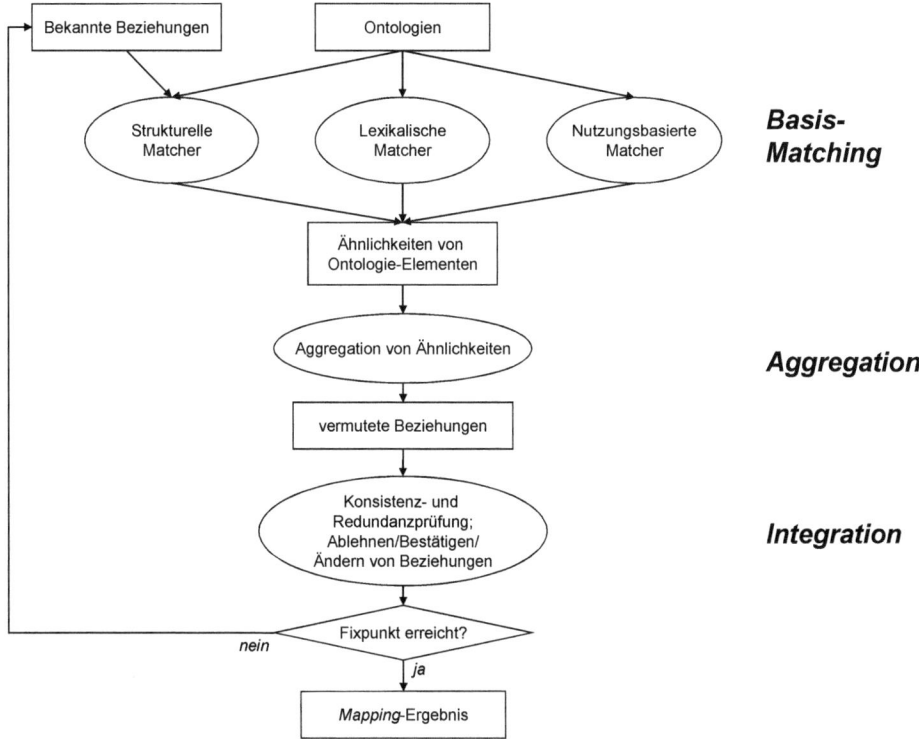

**Abb. 5.6** *Matching* als Generierung und Integration von Abbildungsannahmen.

In Abbildung 5.6 werden die Bausteine in einer Ablaufstruktur zusammengefasst, die sich flexibel an konkrete Anforderungen anpassen lässt. Kernschritte sind

- die *Generierung von Abbildungsvorschlägen* auf der Basis struktureller, lexikalischer und nutzungsbasierter Heuristiken,
- die *Aggregation der heuristischen Vorschläge* zu einer Menge von vermuteten Beziehungen und
- die *Integration der Kandidaten* für Beziehungen zu einem konsistenten *Mapping*.

Häufig können bisher gefundene und bestätigte, aber auch abgelehnte Ontologie-Abbildungen helfen, neue Kandidaten zu finden, insbesondere im Fall strukturbasierter *Matcher*, da diese ja nicht nur lokale Eigenschaften von Ontologie-Elementen betrachten, sondern Eigenschaften der gesamten Eingabe-Ontologien. Daher kann der *Matching*-Prozess wiederholt werden, solange noch neue Abbildungshypothesen auftreten. Mit dieser Struktur lässt sich auch eine serielle Verkettung der einzelnen *Matcher*-Arten erreichen, indem beispielsweise zuerst über lexikalische *Matcher* Abbildungskandidaten vorgeschlagen werden, die dann im nächsten Zyklus den Suchraum eines strukturellen *Matchers* begrenzen. Frühe Systeme haben solche Schritte oft fest verschmolzen. Mit dem in Abbildung 5.6 dargestellten *Matching*-Prozess ist jedoch eine feingranulare Anpassung an den aktuellen Wissensstatus hinsichtlich der Ontologie-Abbildungen möglich, indem beispielsweise andere Gewichtungen bei der Aggregation von Abbildungsvorschlägen verwendet werden. Dies kommt der Erfahrung entgegen, dass einzelne *Matcher*-Typen häufig in bestimmten Phasen des Gesamtprozesses besonders nützlich sind. Gerade für den Aggregationsschritt ist hier auch der Einsatz maschineller Lernverfahren denkbar, was bisher allerdings noch nicht ausreichend detailliert untersucht wurde.

## 5.3 Werkzeuge

Bisher wurden die prinzipielle Herangehensweise an die Generierung von Ontologie-Abbildungen, einige Basis-Algorithmen und der Gesamtprozess beschrieben. Im Folgenden werden nun einige frei erhältliche Software-Werkzeuge zur Generierung und Nutzung von Ontologie-Abbildungen aus dem universitären und Forschungsumfeld kursorisch beschrieben. Auch wenn die meisten dieser Werkzeuge prototypischen Charakter haben, bieten sie eine gute Möglichkeit, unterschiedliche heuristische Verfahren zur Generierung von Ontologie-Abbildungen, wie sie in Abschnitt 5.2.2 dargestellt wurden, auszuprobieren, zu modifizieren oder in eigene Anwendungen einzubetten. Da ein umfassender Überblick den Rahmen dieses Kapitels sprengen würde, sei auf die Web-Seite http://ontologymatching.org/projects.html verwiesen, auf der sich eine Auflistung weiterer, ähnlich gelagerter Projekte findet.

### 5.3.1 Alignment API

Eines der Haupteinsatzgebiete des *Alignment Formats*, das in Abschnitt 5.2.1 vorgestellt wurde, ist der Vergleich von *Matching*-Systemen im Rahmen der *Ontology Alignment Evaluation Initiative* (http://oaei.ontologymatching.org). Ziel der OAEI ist es, Verfahren und Systeme zur Erstellung von Ontologie-Abbildungen systematisch zu untersuchen. Dazu werden regelmäßig Datensätze zur Verfügung gestellt, die dann von Entwicklern zur Evaluation ihrer Techniken verwendet werden können. Die Ergebnisse werden im Rahmen von Workshops miteinander verglichen. Für das Alignment-Format wurde ein Software-Interface, das *Alignment API* (http://alignapi.gforge.inria.fr/), zur Verfügung gestellt, mit dem Ontologie-Abbildungen im Alignment-Format (siehe Abschnitt 5.2.1) repräsentiert, gespeichert und bearbeitet werden können. Dies

## 5.3 Werkzeuge

kann direkt über eine JAVA-Bibliothek erfolgen oder auch über einen Alignment-Server, der Zugriffe über eine REST- oder SOAP-Schnittstelle erlaubt. Über das direkte Abfragen der Abbildungen hinaus wird auch eine komplexere Nutzung unterstützt, indem

- OWL-Axiome zwischen den Eingabe-Ontologien generiert und diese dann fusioniert werden können,
- Daten von einer in die andere Ontologie übersetzt werden können und
- mittels der Anfragesprache SPARQL (siehe Abschnitt 6.1.2 im folgenden Kapitel) oder unter Nutzung einer Inferenzmaschine wie Pellet (siehe Abschnitt 6.1.3) die fusionierte Ontologie befragt werden kann.

Aus der ursprünglichen Motivation des *Alignment API*, einen Rahmen für Beiträge innerhalb der OAEI zu bieten, ergeben sich zwei besondere Eigenschaften, nämlich zum einen die Möglichkeit, eigene Verfahren zur Generierung von Ontologie-Abbildungen einzubinden, zum anderen Funktionalitäten zur Evaluation solcher Verfahren. Das *Alignment API* selbst wird nur mit einigen Beispielimplementierungen ausgeliefert, die auf einfachen String-Distanzen (z. B. Substring- und Editierdistanz) der Klassen- und Relationsnamen basieren (siehe Abschnitt 5.2.2). Evaluationen vergleichen zwei Ontologie-Abbildungen miteinander, in der Regel eine von einem spezifischen Algorithmus generierte Abbildung mit einem Goldstandard, einer bekannten guten (oder optimalen) Abbildung. Als Evaluationsmaße können beispielsweise Genauigkeit und Trefferquote (im Englischen *Precision* und *Recall*) verwendet werden, wie es auch im *Information Retrieval* üblich ist (Do et al. 2002). Die Genauigkeit bezeichnet dabei den Anteil der korrekten Abbildungen an der Menge aller gefundenen Abbildungen; die Trefferquote ist das Verhältnis zwischen der Anzahl korrekt generierter Abbildungen und der Anzahl der Abbildungen im Goldstandard.

Häufig wird ein solch einfaches Maß aber den komplexen Gegebenheiten beim Generieren von Ontologie-Abbildungen nicht gerecht. Ein Konzept einer Ontologie kann etwa auf ein – im Vergleich zum korrekten Objekt der zweiten Ontologie – „etwas allgemeineres" oder „etwas spezielleres" Konzept abgebildet werden. Im obigen einfachen Korrektheitsmaß würde eine solche Abbildung als Fehler gewertet, obwohl sie „nahezu richtig" und eventuell sehr nützlich sein kann. Daher wurden komplexere Maße für den Vergleich zweier Abbildungen entwickelt, die etwa für einzelne Abbildungen die Distanz zum Goldstandard und den Aufwand zur Korrektur bestimmen (siehe (Ehrig und Euzenat 2005)). Auch solche Maße sind im *Alignment API*-Werkzeugkasten implementiert. Das Hinzufügen eigener Evaluationsmaße ist ebenfalls leicht möglich, indem eine Standard-Evaluationsklasse (`BasicEvaluator`) erweitert und insbesondere deren `eval`-Methode implementiert wird.

Insgesamt steht mit dem *Alignment API* ein leicht erweiterbares JAVA-Werkzeug zur Verwaltung, Erzeugung, Nutzung und Evaluation von eigenen Abbildungsverfahren zur Verfügung.

## 5.3.2 S-Match

Auch S-Match (http://sourceforge.net/projects/s-match/) ist ein erweiterbares, quelloffenes Werkzeug, das die Erstellungen von Ontologie-Abbildungen unterstützt. Ontologien werden in S-Match als Baumstrukturen dargestellt, wobei jeder Knoten aus einem Bezeichner (*label*) und einer zugehörigen Formel bestehen kann. Diese Formeln können von Inferenzmaschinen ausgenutzt werden, um beispielsweise formale Klassifikatoren für ein Knotenkonzept zu erzeugen und Instanzen zuordnen zu können (siehe Klassifikation und Realisierung als *reasoning*-Dienste in Abschnitt 6.2.2). Darüber hinaus können Knoten mit linguistischer Information, etwa aus einem Thesaurus wie WordNet (http://wordnet.princeton.edu), angereichert werden. Mappings enthalten neben den Elementen der Quell- und Zielontologie den Typ der Beziehung sowie einen Ähnlichkeitswert. Zur Generierung der eigentlichen Abbildungen unterscheidet S-Match zwischen *Element Level Matchers*, die auf den Bezeichnern der Knoten arbeiten, und *Structure Level Matchers*, die die formale Eigenschaften eines Knotens verwenden. Auf die initiale Menge generierter Abbildungen können dann noch Filter angewendet werden, um beispielsweise eine minimale Abbildung zu erhalten.

Neben der Nutzung der Bibliotheken über die JAVA-Programmierschnittstelle oder über die Kommandozeile gibt es bei S-Match eine graphische Benutzerschnittstelle, die das Laden und Editieren zweier Ontologien sowie die Generierung von Abbildungen mittels unterschiedlicher Verfahren erlaubt (siehe Abbildung 5.7). Weitere Informationen finden sich unter http://s-match.org/

## 5.3.3 Die PROMPT-Suite

Eines der frühen Werkzeuge zum Ontologie-Abgleich ist PROMPT (Noy und Musen 2003). Im Gegensatz zu den beiden bisher vorgestellten Werkzeugen S-Match und Alignment API, die eigenständig und ausschließlich für den Ontologie-Abgleich gedacht sind, baut PROMPT auf der Ontologie-Entwicklungsumgebung Protégé (http://protege.stanford.edu) auf und ist als umfassendes Werkzeug für das Management multipler Ontologien vorgesehen (siehe Abbildung 5.8). Protégé stellt die Basisdienste wie Ontologie-Repräsentation, -Zugriff und -Manipulation sowie den Rahmen für graphische Benutzerschnittstellen zur Verfügung; die Werkzeuge der PROMPT-Suite sind für den Abgleich, die Integration und die Versionierung unterschiedlicher Ontologien zuständig.

Zur Repräsentation der Ontologie-Abbildungen verwendet PROMPT eine eigene Mapping-Ontologie, die eine Vielzahl von Abbildungen zwischen Ontologie-Elementen erlaubt. So können einfache Umbenennungen repräsentiert werden, aber auch komplexere Aufteilungen von Klassen bis hin zu funktionalen (etwa eine Umrechnung zwischen zwei Währungen) und konditionalen Abbildungen („Kleinprojekte in Ontology $O_1$ sind Projekte in $O_2$, bei denen das Volumen kleiner als 10.000 Euro ist").

## 5.3 Werkzeuge

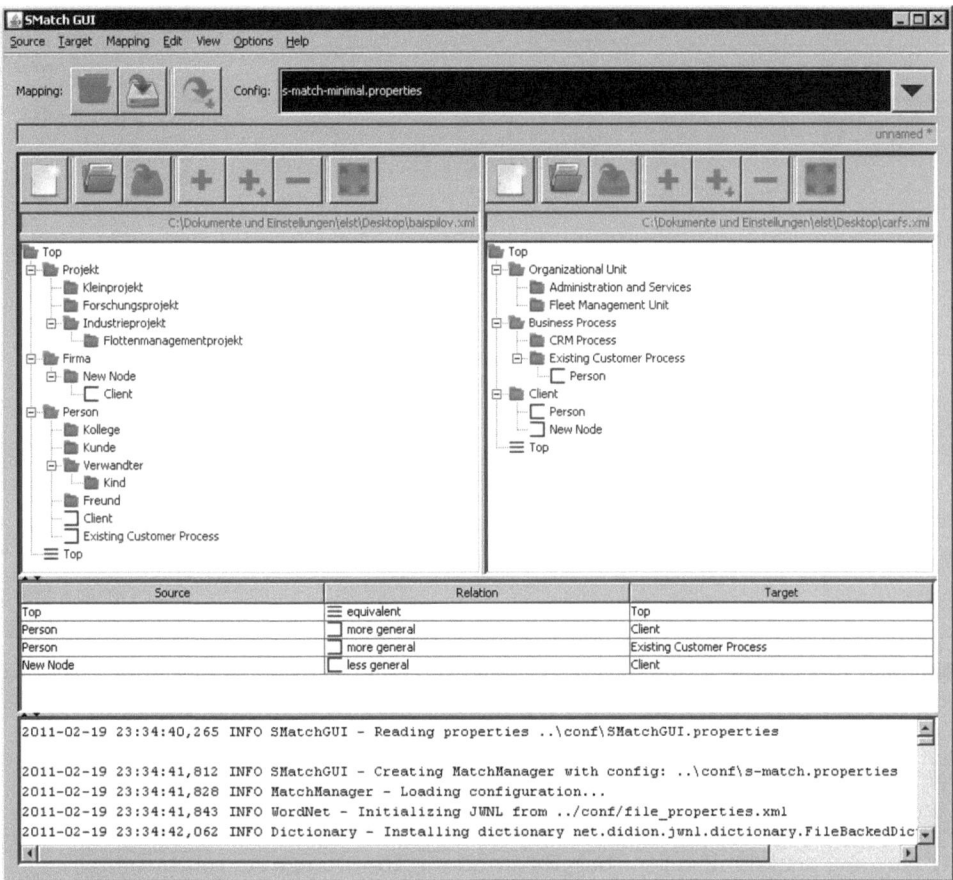

**Abb. 5.7** Graphische Benutzerschnittstelle von S-Match zur Generierung von Ontologie-Abbildungen.

Als Basis-Techniken zur Generierung von Ontologie-Abbildungen stellt PROMPT lexikalische *Matcher* (auch mit Synonym-Erkennung) zur Verfügung. Da Protégé sehr häufig in medizinischen Domänen eingesetzt wird, kann auch die in diesem Bereich oft verwendete UMLS-Klassifikation (*Unified Medical Language System*) als Hintergrundwissen verwendet werden. Darüber hinaus erlaubt PROMPT mit einer Plugin-Architektur aber auch die Einbindung externer Systeme wie etwa des FOAM-*Matchers* (Ehrig und Staab 2004, Ehrig und Sure 2005).

Auch in PROMPT wird das Generieren von Ontologie-Abbildungen als Nutzer-unterstützter Prozess gesehen, so dass eine Variante des allgemeinen *Matching*-Prozesses, wie er in Abbildung 5.6 dargestellt ist, unterstützt wird:

1) Initialer Vergleich zweier Eingabe-Ontologien und Generierung von Abbildungs-Kandidaten
2) Präsentation der Kandidaten und Auswahl geeigneter Kandidaten durch den Nutzer

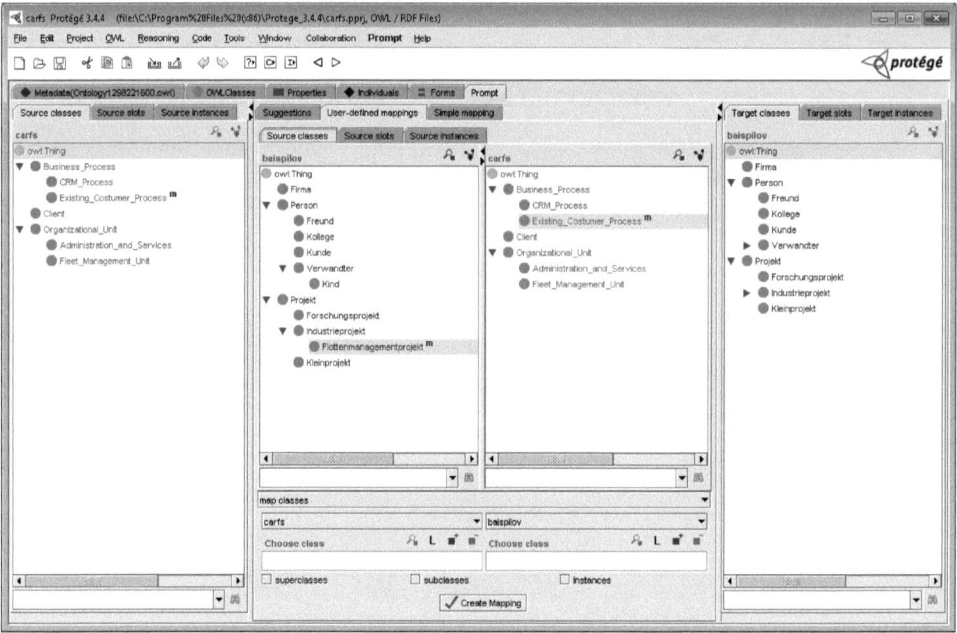

**Abb. 5.8** Das PROMPT-Tab für Protégé unterstützt automatische und manuelle Erstellung von Ontologie-Abbildungen.

3) Anpassung der Ontologie-Abbildungen und Abspeichern der Mappings
4) Nutzung der Abbildungen (beispielsweise zur Transformation von Instanzen)

Im Vergleich zum *Matching*-Prozess aus Abschnitt 5.2.4 wird allerdings bei PROMPT die Integration unterschiedlicher *Matching*-Heuristiken sowie die iterative Natur des Gesamtverfahrens nicht explizit unterstützt. Mit dem PHASE-Tab (van Elst und Kiesel 2004) wurde auf der Basis von PROMPT eine experimentelle Protégé-Erweiterung implementiert, die diese beiden Aspekte stärker betont.

Weitere detaillierte Informationen zu PROMPT, das bei Protégé standardmäßig installiert wird, findet sich im Protégé-Wiki unter `http://protegewiki.stanford.edu/wiki/PROMPT`.

## 5.4 Fazit

Ontologien als explizite Repräsentationen von Konzeptualisierungen eines Gegenstandsbereiches spielen eine wichtige Rolle sowohl beim Entwurf als auch in der Nutzung semantisch basierter IT-Systeme. Sie stellen Hintergrundwissen zur Verfügung, bilden das Basis-Vokabular zur Repräsentation von konkretem, situationsspezifischem Wissen und sind damit die Grundlage für den Wissensaustausch zwischen den Akteuren einer verteilten Informationsinfrastruktur. Der Abgleich von Ontologien ist eine wichtige Basis-Technik für semantische Systeme: Beim System-Entwurf wird durch dieses Verfahren die Integration verschiedener existierender Ontologien für die spezifische Anwendung unterstützt; als *Online*-Verfahren erlauben Ontologie-Abbildungen die Kommunikation von Akteuren auch bei unterschiedlichem Basis-Vokabular.

In diesem Kapitel wurden, neben den Möglichkeiten der **Repräsentation von Ontologie-Abbildungen** mit Mitteln der jeweiligen Ontologiesprache oder mit eigens definierten Formalismen, wesentliche Bausteine und Ansätze zu ihrer **Generierung** auf der Basis eines heuristischen, ähnlichkeitsbasierten Ansatzes vorgestellt:

- **Lexikalische** *Matcher* nutzen die textuelle Beschreibung von Konzepten in den Quellontologien.
- **Strukturelle** *Matcher* versuchen, Ähnlichkeiten in den Topologien der Ontologiegraphen zu finden.
- **Nutzungsorientierte** *Matcher* suchen Ähnlichkeiten in den Verwendungskontexten der Quellontologien.

Insgesamt lässt sich also sagen, dass *syntaktische* und *pragmatische* Aspekte der Quellontologien verwendet werden, um Hypothesen über ihre *Semantik* (jeweils in der Sprache der anderen Ontologie) zu generieren. In Abschnitt 5.2.2 wurde für alle drei *Matching*-Arten eine Auswahl entsprechender **Basis-Algorithmen zur Berechnung von Ähnlichkeiten** zwischen Ontologie-Elementen sowie zur **Aggregation und Integration** von *Matching*-Hypothesen vorgestellt.

Die in Abschnitt 5.3 vorgestellten Werkzeuge und Systeme beinhalten beispielhaft **Implementierungen** dieser Grundbausteine. Diese Bibliotheken und Anwendungen können für Experimente zur Generierung von Ontologie-Abbildungen, aber auch als Frameworks innerhalb eigener Anwendungen eingesetzt werden. Insbesondere sind sie auch mit eigenen Heuristiken zur Generierung von Abbildungshypothesen erweiterbar.

## 5.5 Weiterführende Literatur

Zur Idee von Ontologien in wissensbasierten Systemen, ihrem Aufbau und ihrer Nutzung, hat es seit Ende der 1980er Jahre umfangreiche Forschungen und Veröffentlichungen gegeben. Hier einen angemessenen Überblick zu geben, sprengt bei weitem den Rahmen dieses Kapitels, aber auch des gesamten Buches. Daher werden im Folgenden einige Einstiegspunkte in die relevante – meist englischsprachige – Literatur gegeben, mit denen das bisher Dargestellte vertieft und ergänzt werden kann:

In diesem Kapitel wurden die Begriffe Konzeptualisierung und Ontologie eher informell erläutert. Eine grundlegende, formal fundierte Einführung und Klärung dieser Begriffe findet sich in (Guarino et al. 2009). Eine umfassende Übersicht über technische Grundlagen und Einsatzbereiche von Ontologien in Informationssystemen bietet das *Handbook on Ontologies* (Staab und Studer 2009). Dort wird in (Noy 2009) eine Einführung in Ontologie-Abbildungen und in (van Elst und Abecker 2004) ein Überblick über die Nutzungsmöglichkeiten von Ontologien in Wissensmanagement-Systemen gegeben.

Eine sehr gute Einführung in das Ontologie-*Engineering* und gerade auch dessen methodische Aspekte bietet (Gomez-Perez et al. 2003). In (Hepp et al. 2008) werden neben Einführungen in die grundlegenden Techniken auch einige ontologiebasierte Beispielanwendungen dargestellt.

Einen exzellenten Überblick über den Stand der Forschung und ein umfassendes Literaturverzeichnis zum Kernthema dieses Kapitels, Ontologie-Abbildungen, findet man in (Euzenat und Shvaiko 2007). Der aktuelle Stand der Evaluationen im Rahmen der Ontology Alignment Evaluation Initiative (OAEI) sowie neuere Trends und Fragestellungen werden in (Euzenat et al. 2011) dargestellt. Einen guten Überblick über relevante Literatur, aktuelle Forschungsprojekte und Systeme zeigt die Web-Seite http://www.ontologymatching.org/. Relevant sind auch die Arbeiten im Bereich der Datenbanksysteme, die sich insbesondere mit den Themen Schema-*Matching* und Schema-Evolution befassen. Ein aktueller Überblick und ausführliche Referenzen aus dieser Forschungsrichtung sind beispielsweise in (Bellahsene et al. 2011) zu finden.

*Ludger van Elst*

# 6 Anfragesprachen und Reasoning

**Übersicht**

| | | |
|---|---|---|
| 6.1 | Anfragesprachen | 159 |
| 6.2 | Reasoning | 168 |
| 6.3 | Fazit | 174 |
| 6.4 | Weiterführende Literatur | 174 |

In Kapitel 4 wurden RDF, RDFS und OWL vorgestellt, also die Sprachen des Semantischen Webs, die der Repräsentation von Wissensbasen dienen. In diesem Kapitel behandeln wir Anfragesprachen und Reasoning, die also dem Abfragen dieser Wissensbasen bzw. dem Herleiten von neuem Wissen aus diesen Wissensbasen dienen.

Ein allgemeiner Überblick über Regeln und Inferenzen findet sich in den Abschnitten 2.2 und 2.3. In vielen anderen Kapiteln werden Anfragesprachen (meist SPARQL) und teilweise auch Reasoning als Werkzeuge eingesetzt, z.B. in Kapitel 5 für den Ontologieabgleich und in Kapiteln 9 und 13 zur Realisierung von Semantischer Suche.

Im Folgenden werden in Abschnitt 6.1 Anfragesprachen für RDF (mit dem Schwerpunkt auf SPARQL, Abschnitt 6.1.2) und OWL (Abschnitt 6.1.3) aufgezeigt. In Abschnitt 6.2 wird Reasoning für RDF mit Horn- und F-Logik (Abschnitt 6.2.1) und für OWL (Abschnitt 6.2.2) behandelt.

## 6.1 Anfragesprachen

Im Folgenden werden Anfragesprachen für RDF und OWL vorgestellt. Für RDF gab es lange Zeit einen Wildwuchs diverser Anfragesprachen wie RQL, RDQL und SeRQL, durch die Standardisierung durch das W3C wurde aber SPARQL zum Defacto-Standard, der von den gebräuchlichsten RDF-Stores angeboten wird. Daher wird im Folgenden, neben einfachen SPO-Anfragen (d.h. Anfragen, die auf einzelnen Subjekt-Prädikat-Objekt-Pattern basieren), nur SPARQL als Anfragesprache für RDF behandelt. Für OWL hingegen wurde bisher keine konkrete Anfragesprache standardisiert. Es wird daher nur ein kurzer Überblick über existierende Ansätze gegeben.

## 6.1.1 Einfache SPO-Anfragen

Typische RDF-Stores, die der Verwaltung von RDF-Wissensbasen dienen, bieten SPO-Anfragen als sehr einfache Anfragesprache als Teil ihrer API an. Unter einer SPO-Anfrage (Subjekt-Prädikat-Objekt-Anfrage) versteht man einfach ein Tripel-Pattern $\langle s, p, o \rangle$, bei dem an jeder der drei Positionen entweder eine Ressource oder eine Variable stehen kann. Mit der SPO-Anfrage $\langle \texttt{ex:baispilov}, \texttt{ex:name}, ? \rangle$ erhält man somit den Namen der Ressource `ex:baispilov`. In der Anfrage sind beliebig viele Variablen erlaubt, so dass die Anfrage $\langle ?, ?, ? \rangle$ alle Tripel der RDF-Wissensbasis liefert.

Bei der Frage, ob SPO-Anfragen oder andere Möglichkeiten zur Anfrage eines RDF-Stores benutzt werden sollen, müssen die Eigenheiten der jeweiligen Technik abgewogen werden. SPO-Anfragen sind im Allgemeinen leicht zu programmieren und, sofern nicht übermäßig viele Tripel als Ergebnismenge verarbeitet werden müssen, auch sehr schnell. Wird jedoch nach mehreren Kriterien gleichzeitig gesucht, sollen mehrere Variablen zurückgeliefert werden oder wird eine geordnete Ergebnismenge benötigt, sollte eine mächtigere Anfragesprache benutzt werden.

## 6.1.2 SPARQL

SPARQL Protocol and RDF Query Language (SPARQL) ist eine vom W3C standardisierte („W3C Recommendation") Anfragesprache für RDF nebst Protokoll für die Darstellung der Ergebnisse. Die Syntax von SPARQL wurde von SQL inspiriert und verwendet daher Schlüsselworte wie SELECT und WHERE, wobei im WHERE-Teil in der Hauptsache RDF-Graph-Pattern in Turtle-Syntax (`http://www.w3.org/TeamSubmission/turtle/`) stehen.

Folgendes einfache Beispiel verdeutlicht dies:

```
Wissensbasis:
@prefix ex: <http://www.dfki.de/example#> .
ex:baispilov ex:name "Rudi Baispilov" .

SPARQL-Anfrage:
PREFIX ex: <http://www.dfki.de/example#>
SELECT ?name
WHERE {
  ex:baispilov ex:name ?name .
}

Ergebnis der Anfrage:
```

| name |
|------|
| "Rudi Baispilov" |

## 6.1 Anfragesprachen

Die Wissensbasis besteht in diesem Fall nur aus einem einzigen Tripel: `ex:baispilov ex:name "Rudi Baispilov"`. Die Namespace-Abkürzung `ex` wurde dazu vorher mit der `@prefix`-Direktive definiert.

In SPARQL werden Variablen mit `?` (oder `$`) markiert, in diesem Fall also `?name`. Variablen können an allen Positionen in den Tripeln verwendet werden, hier an der Objektposition: `ex:baispilov ex:name ?name` .

Das Ergebnis einer SPARQL-Anfrage ist eine Liste von Lösungen, wobei jede Lösung aus einer Menge von Variablenbindungen (und ungebundenen Variablen) besteht. In diesem Fall enthält das Ergebnis nur eine Lösung, nämlich die Bindung der Variablen `name` an das Literal `"Rudi Baispilov"`.

Eine Variable kann mehrfach in einer SPARQL-Anfrage auftreten. In jeder einzelnen Lösung muss dann diese Variable an den gleichen Wert gebunden sein. Beispiel:

---

Wissensbasis:
```
@prefix ex: <http://www.dfki.de/example#> .

ex:baispilov ex:name "Rudi Baispilov" .
ex:baispilov ex:company "CarFS AG" .
ex:baispilov ex:email <mailto:rudi.baispilov@carfs.de> .

ex:mustermann ex:name "Gesine Mustermann" .
ex:mustermann ex:company "DFKI GmbH" .
ex:mustermann ex:email <mailto:gesine.mustermann@dfki.de> .
```

SPARQL-Anfrage:
```
PREFIX ex: <http://www.dfki.de/example#>
SELECT ?person ?name ?company ?email
WHERE {
  ?person ex:name ?name .
  ?person ex:company ?company .
  ?person ex:email ?email . }
```

Ergebnis der Anfrage:

| person | name | company | email |
|---|---|---|---|
| ex:baispilov | "Rudi Baispilov" | "CarFS AG" | <mailto:...> |
| ex:mustermann | "Gesine Mustermann" | "DFKI GmbH" | <mailto:...> |

---

Für jede Lösung muss die Variable `person` also an den gleichen Wert gebunden sein, hier einmal an `ex:baispilov` und einmal an `ex:mustermann`.

SPARQL erlaubt auch die Spezifikation von Datentypen und Sprach-Tags bei Literalen, genauso wie dies auch in Turtle der Fall ist. `"CarFS AG"@de` drückt z. B. aus, dass „CarFS AG" der deutsche Name der Firma von Rudi Baispilov ist. Allerdings ist hierbei zu beachten, dass die beiden Literale `"CarFS AG"` und

"CarFS AG"@de nicht matchen. Bei Literalen können auch beliebige Datentypen angegeben werden, z. B. "xyz"^^<http://example.org/datatype#myDatatype>. Im Falle von ganzen Zahlen ist auch die Schreibweise 42 anstelle von "42"^^<http://www.w3.org/2001/XMLSchema#integer> erlaubt. Es gibt analog weitere Abkürzungen für Dezimalzahlen und boolesche Werte.

**Abkürzende Schreibweisen**

Eine alternative Schreibweise für die SPARQL-Anfrage aus dem vorigen Beispiel ist:

```
SELECT ?person ?name ?company ?email
WHERE {
  ?person ex:name ?name ;
      ex:company ?company ;
      ex:email ?email . }
```

Mit Hilfe der ;-Notation ist es also möglich, ein gemeinsames Subjekt nur einmal hinschreiben zu müssen.

In SPARQL sind noch weitere abkürzende Schreibweisen vorgesehen, z. B. für Objektlisten. Folgende beide Graph-Pattern haben exakt die gleiche Bedeutung:

```
ex:baispilov ex:email <mailto:rudi.baispilov@carfs.de>,
                     <mailto:r.baispilov@gmx.de> .

ex:baispilov ex:email <mailto:rudi.baispilov@carfs.de> .
ex:baispilov ex:email <mailto:r.baispilov@gmx.de> .
```

**Filter**

Neben den Graph-Pattern ist es mit Hilfe von sogenannten Filtern möglich, Einschränkungen in Anfragen zu spezifizieren. Beispiel:

```
SELECT ?person ?name ?company ?email
WHERE {
  ?person ex:name ?name .
  FILTER regex(?name, "^Rudi")
  ?person ex:company ?company .
  ?person ex:email ?email . }
```

In dieser Anfrage werden die Lösungen derart eingeschränkt, dass der Name auf den regulären Ausdruck "^Rudi" passen muss, d. h., der Name muss mit „Rudi" beginnen.

Soll der reguläre Ausdruck die Groß-Kleinschreibung ignorieren, so ist als weiteres Argument von **regex** ein "i" hinzuzufügen, z. B. FILTER regex(?name, "^rudi", "i").

Natürlich gibt es neben regulären Ausdrücken noch diverse weitere Filtermöglichkeiten, z. B. für den Vergleich von numerischen Werten (FILTER (?price < 30.5)), das Testen, ob eine Variable gebunden ist (FILTER bound(?x)) oder ob ein Term ein Literal, ein Blank Node oder ein IRI (IRIs sind URIs, in denen beliebige Unicode-Zeichen vorkommen können) ist (isLiteral, isBlank, isIRI). Weiterhin gibt es logische Konnektoren (! für die Negation, && für die Konjunktion und || für die Disjunktion) und diverse Operatoren zur Datentypumwandlung, für arithmetische Operationen und zur Datentyp- und Spracherkennung von Literalen. Die Tabellen 6.1, 6.2 und 6.3 am Ende des Kapitels (Seiten 176–177) listen die ein-, zwei- und dreistelligen Operatoren von SPARQL auf.

**Weitere Graph-Pattern**

Neben den bisher vorgestellten einfachen Graph-Pattern und der Verwendung von Filtern in Graph-Pattern gibt es noch diverse weitere Arten von Pattern. Die beiden wichtigsten davon sind optionale und alternative Pattern.

In dem folgenden Beispiel sieht man, dass Variablen in optionalen Pattern ungebunden bleiben, wenn der entsprechende Datensatz (hier der für Gesine Mustermann) das optionale Pattern nicht erfüllt.

---

Wissensbasis:
```
@prefix ex: <http://www.dfki.de/example#> .

ex:baispilov ex:name "Rudi Baispilov" .
ex:baispilov ex:email <mailto:rudi.baispilov@carfs.de> .
ex:mustermann ex:name "Gesine Mustermann" .
```

SPARQL-Anfrage:
```
PREFIX ex: <http://www.dfki.de/example#>
SELECT ?person ?name ?email
WHERE {
  ?person ex:name ?name .
  OPTIONAL { ?person ex:email ?email } }
```

Ergebnis der Anfrage:

| person | name | email |
|---|---|---|
| ex:baispilov | "Rudi Baispilov" | <mailto:rudi...@carfs.de> |
| ex:mustermann | "Gesine Mustermann" | |

OPTIONAL ist ein linksassoziativer Operator, so dass also *pattern* OPTIONAL { *pattern* } OPTIONAL { *pattern* } wie { *pattern* OPTIONAL { *pattern* } } OPTIONAL { *pattern* } interpretiert wird.

Um auszudrücken, dass Pattern Alternativen sind, werden diese mit UNION verbunden. In folgender Anfrage werden die Namen von Personen zurückgeliefert, und zwar unabhängig davon, ob die Property ex:name oder foaf:name verwendet wird.

```
PREFIX ex: <http://www.dfki.de/example#>
PREFIX foaf: <http://xmlns.com/foaf/0.1/>
SELECT ?name
WHERE { { ?person ex:name ?name }
        UNION { ?person foaf:name ?name } }
```

**Lösungslistenmodifikatoren**

Analog zu SQL ist es in SPARQL möglich, auf die Lösungsliste mit diversen Modifikatoren Einfluss zu nehmen.

Mit dem ORDER BY-Modifikator kann man die Reihenfolge beeinflussen. So bewirkt ORDER BY ASC(?name) ein aufsteigendes Sortieren der Lösungsliste nach den Werten der Variablen name.

Doppelte Lösungen in der Ergebnisliste kann man mit dem Modifikator DISTINCT ausschließen (es gibt auch noch den Modifikator REDUCED, der es nur erlaubt, doppelte Lösungen zu entfernen, dies aber nicht garantiert).

Mit den Modifikatoren OFFSET und LIMIT ist es möglich, nur einen Teil der Lösungsliste zu erhalten. So liefert z. B. SELECT ?name WHERE { ... } ORDER BY ?name LIMIT 5 OFFSET 10 die Lösungsliste ab dem elften Element zurück (OFFSET 10), und dabei nur maximal 5 Stück (LIMIT 5). Die Verwendung von OFFSET und LIMIT ist nur sinnvoll, wenn die Lösungsliste (mit ORDER BY) sortiert ist.

**Weitere Anfrageformate**

In SPARQL gibt es mehrere Anfrageformate. Neben dem bisher in den Beispielen verwendeten SELECT gibt es noch die folgenden:

CONSTRUCT  Liefert einen RDF-Graphen als Lösung zurück, indem Variablen in einer Menge von Tripel-Templates eingesetzt werden.

ASK  Liefert einen booleschen Wert zurück, der ausdrückt, ob das Anfragepattern matcht oder nicht.

DESCRIBE  Liefert einen RDF-Graphen zurück, in dem die gefundenen Ressourcen beschrieben werden. Die konkrete Rückgabe ist nicht standardisiert; hierzu wird

## 6.1 Anfragesprachen

aber üblicherweise die *Concise Bounded Description* verwendet, siehe auch `http://www.w3.org/Submission/CBD/`.

In folgendem Beispiel wird eine `CONSTRUCT`-Anfrage verwendet, um die Property `foaf:name` einzuführen:

```
Wissensbasis:
@prefix ex: <http://www.dfki.de/example#> .

ex:baispilov ex:name "Rudi Baispilov" .
ex:mustermann ex:name "Gesine Mustermann" .

SPARQL-Anfrage:
PREFIX ex: <http://www.dfki.de/example#>
PREFIX foaf: <http://xmlns.com/foaf/0.1/>
CONSTRUCT { ?person foaf:name ?name }
WHERE { ?person ex:name ?name }

Ergebnis der Anfrage:
@prefix ex: <http://www.dfki.de/example#> .
@prefix foaf: <http://xmlns.com/foaf/0.1/> .

ex:baispilov foaf:name "Rudi Baispilov" .
ex:mustermann foaf:name "Gesine Mustermann" .
```

### RDF-Datasets und benannte Graphen

Obwohl sich die offizielle Spezifikation von RDF nur auf einzelne RDF-Graphen (bestehend aus einer Menge von RDF-Tripeln) bezieht, hat es sich in konkreten RDF-Implementationen als sinnvoll erwiesen, Mengen von RDF-Graphen zu betrachten. Um zu diesen Mengen von RDF-Graphen mit SPARQL Anfragen stellen zu können, wurde das Konzept der *RDF-Datasets* in SPARQL eingeführt. Ein RDF-Dataset besteht aus einem Default-Graphen (der unbenannt ist) und keinem oder mehreren benannten Graphen (*Named Graphs*), die durch IRIs identifiziert werden.

In einer SPARQL-Anfrage wird der Default-Graph mithilfe des Schlüsselwortes `FROM` und die benannten Graphen mit `FROM NAMED` angegeben (direkt vor dem `WHERE`-Teil). Die normalen Tripel-Pattern im `WHERE`-Teil beziehen sich dann auf den Default-Graphen, auf die benannten Graphen wird mithilfe des Schlüsselwortes `GRAPH` zugegriffen. Folgendes Beispiel zeigt die grundsätzliche Verwendung dieser Konstrukte: Aus dem Default-Graphen (`ex:defaultGraph`) werden Basisinformationen zu den Personen geholt (hier nur der Name), aus den persönlichen Wissensbasen von Rudi Baispilov und Gesine Mustermann (`ex:rudisPimo` und `ex:gesinesPimo`) die Interessen dieser Personen.

```
SELECT ?person ?name ?interest
FROM ex:defaultGraph
FROM NAMED ex:rudisPimo
FROM NAMED ex:gesinesPimo
WHERE {
  ?person ex:name ?name .
  { GRAPH ex:rudisPimo { ?person ex:interest ?interest }
    UNION
    GRAPH ex:gesinesPimo { ?person ex:interest ?interest }
  }
}
```

Hinter dem Schlüsselwort **GRAPH** dürfen auch Variablen stehen, um den benannten Graphen zu ermitteln, in dem eine bestimmte Information gefunden wurde. Folgendes Beispiel liefert die Graph-IRIs zurück, in denen die Interessen der Personen aufgefunden wurden.

```
SELECT ?person ?name ?interest ?g
FROM ex:defaultGraph
FROM NAMED ex:rudisPimo
FROM NAMED ex:gesinesPimo
WHERE {
  ?person ex:name ?name .
  GRAPH ?g { ?person ex:interest ?interest }
}
```

**SPARQL und RDFS**

Die SPARQL-Spezifikation bezieht sich beim Anwenden der Tripel-Pattern auf RDF (oder genauer nur auf das *RDF Simple Entailment*, siehe auch http://www.w3.org/TR/rdf-mt/#entail).

Dies bedeutet glücklicherweise nicht, dass man mit SPARQL nicht auch auf RDFS (oder auf anderen Erweiterungen von RDF) basierenden Wissensbasen Anfragen stellen kann.

Hierzu gibt es prinzipiell zwei Möglichkeiten:

- Die SPARQL-Spezifikation beinhaltet die Möglichkeit, das Graph-Pattern-Matching zu erweitern, was insbesondere für RDFS (und sogar OWL DL) anwendbar ist. Hierzu ist es dann allerdings erforderlich, die SPARQL-Implementation um die korrekte Behandlung der Semantik von RDFS zu erweitern.
- SPARQL-Queries können alternativ auf einem RDF-Graphen ausgeführt werden, der die aus der RDFS-Semantik resultierenden zusätzlichen Tripel beinhaltet. Dieser

Graph kann hierzu auch potenziell nicht materialisiert sein („virtueller Graph"), wie dies z. B. mithilfe von Jena-Regeln realisierbar ist, siehe Abschnitt 6.2.1.

### 6.1.3 Anfragesprachen für OWL

Existierende OWL-Systeme erlauben üblicherweise, einen OWL-Klassenausdruck als Anfrage zu verwenden. So ist diese Funktionalität ein Bestandteil der aktuell gebräuchlichsten API für OWL, der OWL-API (http://owlapi.sourceforge.net/). Allerdings lassen sich auf diese Weise natürlich nur Anfragen absetzen, die mit einer Menge von Instanzen zu beantworten sind, da die Anfrage nur die Instanzen einer einzigen Klasse bestimmen kann (d. h., die Anfrage hat implizit nur eine einzige Variable).

Bei OWL DL handelt es sich nicht um eine primär auf RDF-Graphen beruhende Sprache, sondern eigentlich um eine auf Axiomen basierende Beschreibungslogik. Daher sind Anfragesprachen wie SPARQL, die für die Anfrage von RDF-Graphen gedacht sind, nicht ohne Weiteres für OWL DL geeignet.

Aus diesem Grund haben die Entwickler des OWL-Reasoners Pellet (http://clarkparsia.com/pellet/) eine Teilmenge von SPARQL identifiziert, die sich zur Anfrage für OWL DL Wissensbasen eignet (Sirin und Parsia 2007).

Neben SPARQL DL gibt es noch das Konzept der konjunktiven Anfragen für OWL, d. h., Konjunktionen von OWL-Ausdrücken in Prädikatenlogik-Syntax werden als Anfrage interpretiert (es existiert hierzu jedoch keine einheitliche Syntax). Als OWL-Ausdrücke sind dabei $C(x)$ und $\neg C(x)$, wobei $C$ ein Klassenname ist, wie auch $P(x,y)$ und $\neg P(x,y)$, wobei $P$ ein Propertyname ist, erlaubt.

Der SPARQL-Anfrage

```
SELECT ?person ?name ?company ?email
WHERE {
  ?person rdf:type ex:Person .
  ?person ex:name ?name .
  ?person ex:company ?company .
  ?person ex:email ?email . }
```

entspricht somit folgender konjunktiven OWL-Anfrage:

$$\texttt{ex:Person}(p) \land \texttt{ex:name}(p, n) \land \texttt{ex:company}(p, c) \land \texttt{ex:email}(p, e)$$

## 6.2 Reasoning

Im Unterschied zu Anfragesprachen erlaubt echtes Reasoning ein deutlich komplexeres Herleiten von neuem Wissen aus Wissensbasen. Ein wichtiger Vertreter sind Regelsprachen, die man sich im Vergleich zu Anfragesprachen so vorstellen kann, dass die einzelnen Anfragen verkettet oder ineinander eingesetzt werden können. Bei gleichzeitiger Verwendung von Rekursion erzielt man auf diese Weise eine höhere Ausdrucksmächtigkeit als bei den üblicherweise rekursionsfreien Anfragesprachen.

Im Folgenden wird zunächst Hornlogik als geeignete Regelsprache für RDF und RDFS behandelt und danach dann das Reasoning für OWL.

### 6.2.1 Hornlogik und F-Logik

Sowohl Hornlogik (Horn 1951, Lloyd 1987) wie auch F-Logik (eine syntaktische Variante von Hornlogik, die an Framesysteme angelehnt ist (Kifer et al. 1995)) eignen sich als Regelsprachen für RDF und RDFS. Von F-Logik gibt es sogar für RDF/S speziell angepasste Varianten, insbesondere TRIPLE (Sintek und Decker 2002), WSML (Lausen et al. 2005) und das kommerzielle System OntoBroker (http://www.ontoprise.de/en/products/ontobroker/).

Allerdings weichen einige zugrundeliegende Annahmen von Hornlogik und RDF voneinander ab: Hornlogik besitzt die Unique-Name-Assumption und in konkreten Systemen wie Prolog üblicherweise die Closed-World-Assumption (vgl. Abschnitt 2.10.2) durch Negation as Failure. Bei Ausnutzung dieser Eigenschaften ist Vorsicht geboten, da es ein Ziel von Semantic-Web-Sprachen ist, von allen teilnehmenden Systemen identisch verstanden und verarbeitet zu werden.

**Regeln in Jena**

Obwohl das W3C mit RIF (http://www.w3.org/TR/rif-overview/) eine Sprache zur Repräsentation von diversen Regelsprachen standardisiert hat, hat RIF bisher noch nicht Einzug in den üblicherweise verwendeten RDF-Stores gehalten (siehe aber http://www.w3.org/2005/rules/wiki/Implementations für eine Übersicht über die konkreten Implementierungen diverser RIF-Dialekte).

Wir werden in diesem Abschnitt daher als Vertreter der Hornlogik-nahen Regelsprachen die Regeln von Jena behandeln, da Jena einer der am häufigsten verwendeten RDF-Stores ist.

Jena unterstützt unterschiedliche Auswertungsstrategien und dabei sowohl Vorwärts- als auch Rückwärtsregeln. Die Basissyntax für Regeln ist dabei t1, t2, ... -> ht1, ht2, ... für Vorwärts- und t <- t1, t2, ... für Rückwärtsregeln (die Kommata als Separatoren sind optional). Der einfachste Fall der dabei auftretenden Terme ist ein Tripel in der Syntax (s, p, o). Regeln können weiterhin auch mit folgender Syntax benannt werden: [ name : rule ].

## 6.2 Reasoning

**Vorwärts** abgearbeitete Regeln fügen einfach die im Kopf befindlichen Tripel zu der Wissensbasis hinzu. Im Falle der folgenden Vorwärtsregel werden analog zu der `CONSTRUCT`-Query aus Abschnitt 6.1.2 aus `ex:name`-Tripeln entsprechende Tripel mit `foaf:name` als Property erzeugt, nur im Unterschied zu der `CONSTRUCT`-Query werden diese auch automatisch zu der Wissensbasis hinzugefügt.

```
[ addFoafName:
    (?person ex:name ?name)
     ->
    (?person foaf:name ?name) ]
```

In obigem Beispiel wird erreicht, was mit der `CONSTRUCT`-Query aus Abschnitt 6.1.2 (plus Hinzufügen des Ergebnisses zur Wissensbasis) auch möglich war. Interessanter ist der Einsatz von Regelsprachen für die Fälle, in denen Regeln aufeinander aufbauen bzw. verkettet ausgeführt werden. Nimmt man zu obiger Regel eine Regel hinzu, die `foaf:name` auf der linken Seite verwendet (z. B. `(?person foaf:name ?name) -> ?person rdf:type ex:Person`), so werden diese Regeln solange nacheinander aufgeführt, bis keine mehr anwendbar ist. Dies ist auch die Idee des zugrundeliegenden Rete-Algorithmus, der die durch die ausgeführten Regeln durchgeführten inkrementellen Änderungen überwacht und dann gezielt nur die Regeln zur Anwendung bringt, deren linken Seiten sich geändert haben (Forgy 1982).

Mithilfe dieser verketteten Regeln ist es sogar möglich, einen großen Teil der Semantik von RDFS und sogar OWL zu erfassen, d. h. die Tripel hinzuzufügen, die sich aus den entsprechenden Semantiken ergeben. Folgende Regeln decken einen großen Teil von RDFS ab (in Jena sind diese und weitere Regeln für RDFS und OWL vordefiniert).

```
[rdf1and4: (?x ?p ?y)
   ->
   (?p rdf:type rdf:Property),
   (?x rdf:type rdfs:Resource),
   (?y rdf:type rdfs:Resource)]
[rdfs2: (?x ?p ?y), (?p rdfs:domain ?c)
   -> (?x rdf:type ?c)]
[rdfs3: (?x ?p ?y), (?p rdfs:range ?c)
   -> (?y rdf:type ?c)]
[rdfs5a: (?a rdfs:subPropertyOf ?b),
   (?b rdfs:subPropertyOf ?c)
   -> (?a rdfs:subPropertyOf ?c)]
[rdfs5b: (?a rdf:type rdf:Property)
   -> (?a rdfs:subPropertyOf ?a)]
[rdfs6: (?a ?p ?b), (?p rdfs:subPropertyOf ?q)
   -> (?a ?q ?b)]
[rdfs7: (?a rdf:type rdfs:Class)
   -> (?a rdfs:subClassOf ?a)]
```

```
[rdfs7b: (?a rdf:type rdfs:Class)
  -> (?a rdfs:subClassOf rdfs:Resource)]
[rdfs8: (?a rdfs:subClassOf ?b),
  (?b rdfs:subClassOf ?c)
  -> (?a rdfs:subClassOf ?c)]
[rdfs9: (?x rdfs:subClassOf ?y),
  (?a rdf:type ?x)
  -> (?a rdf:type ?y)]
```

Neben den einfachen Tripel-Pattern unterstützt die Jena-Regelsprache natürlich auch Builtins, und zwar mit der Syntax `builtin(node, ... node)`. Diese Builtins können mathematische Funktionen sein, z. B. `sum(?a, ?b, ?c)` (mit der Bedeutung c = a+b), Zeichenkettenbearbeitungsfunktionen, Funktionen zum Matchen mit regulären Ausdrücken, Listenfunktionen und diverse weitere. Tabelle 6.4 am Ende des Kapitels (Seite 178) listet die (gebräuchlichsten) Builtins der Jena-Regelsprache auf (siehe `http://jena.sourceforge.net/inference/#RULEbuiltins` für die vollständige Liste der Builtins).

Neben den bisher behandelten Vorwärtsregeln unterstützt Jena auch Rückwärtsregeln und sogar hybride Regeln.

Im **Rückwärtsregelmodus** verwendet Jena eine LP-Maschine (LP = Logic Programming), die so ähnlich wie gängige Prolog-Maschinen funktioniert. Erst wenn eine Anfrage gestellt wird, werden die Regeln rückwärts ausgehend von der Anfrage ausgeführt.

In diesem Modus unterstützt Jena Tabling, d. h., die Ergebnisse von schon ausgeführten Zielen werden aufgezeichnet (in Tabellen, daher der Name Tabling) und bei passenden neuen Zielen wiederverwendet. Diese Strategie (SLG genannt) hat gegenüber der normalen Prolog-Strategie den Vorteil, dass bestimmte rekursive Regeln terminieren, was bei Prolog nicht der Fall wäre. Ein Beispiel dafür ist die Berechnung der transitiven Hülle von `rdfs:subClassOf`:

```
-> table(rdfs:subClassOf).
[r1: (?A rdfs:subClassOf ?C)
    <-
    (?A rdfs:subClassOf ?B) (?B rdfs:subClassOf ?C)]
```

Mit `-> table(rdfs:subClassOf)` wird hier ausgedrückt, dass alle Tripel mit der Property `rdfs:subClassOf` beim Tabling eingeschlossen werden sollen (man kann alternativ mit `tableAll()` auch spezifizieren, dass dies für alle Properties durchgeführt werden soll).

Jenas **hybride Auswertungsstrategie** erlaubt es, mithilfe von Vorwärtsregeln bestimmte Rückwärtsregeln so zu parameterisieren, dass sie speziell für die aktuelle

## 6.2 Reasoning

Wissensbasis angepasst sind. Auf diese Weise wird ermöglicht, möglichst wenige Tripel zu materialisieren (Speichereffizienz) und gleichzeitig die Rückwärtsregelabarbeitung zeiteffizient zu gestalten.

Die komplette Syntax der Jena-Regeln ist wie folgt (siehe http://jena.sourceforge.net/inference/#rules):

```
Rule        :=   bare-rule .
            or   [ bare-rule ]
            or   [ ruleName : bare-rule ]

bare-rule   :=   term, ... term -> hterm, ... hterm
                 // forward rule
            or   bhterm <- term, ... term
                 // backward rule

hterm       :=   term
            or   [ bare-rule ]

term        :=   (node, node, node)
                 // triple pattern
            or   (node, node, functor)
                 // extended triple pattern
            or   builtin(node, ... node)
                 // invoke procedural primitive

bhterm      :=   (node, node, node)
                 // triple pattern

functor     :=   functorName(node, ... node)
                 // structured literal

node        :=   uri-ref
                 // e.g. http://foo.com/eg
            or   prefix:localname
                 // e.g. rdf:type
            or   <uri-ref>
                 // e.g. <myscheme:myuri>
            or   ?varname
                 // variable
            or   'a literal'
                 // a plain string literal
            or   'lex'^^typeURI
                 // a typed literal,
                 // xsd:* type names supported
            or   number
                 // e.g. 42 or 25.5
```

## 6.2.2 Reasoning für OWL

OWL-Systeme bieten üblicherweise eine Menge von grundlegenden Reasoningservices an, die im Folgenden kurz aufgeführt werden:

**Konsistenzüberprüfung** Es wird überprüft, ob eine Ontologie/Wissensbasis keine in sich widersprüchlichen Fakten beinhaltet.

**Konzepterfüllbarkeit** Es wird überprüft, ob eine Klasse Instanzen haben kann. Werden für eine unerfüllbare Klasse Instanzen definiert, so wird automatisch die gesamte Wissensbasis inkonsistent.

**Klassifikation** Es werden die Unterklassenbeziehungen zwischen allen (benannten) Klassen ermittelt, so dass die vollständige Klassenhierarchie berechnet wird.

**Realisierung** Zu einer gegebenen Instanz wird ermittelt, zu welchen speziellsten Klassen sie gehört, d. h., die direkten Typen einer Instanz werden berechnet.

OWL bietet aber nicht die Möglichkeit, komplexe Regeln, die über die Ausdrucksmächtigkeit von Klassenausdrücken hinausgehen (also mit beliebig vielen Variablen und der Verwendung von Builtins), zu definieren. Schon die Definition der Onkelrelation ist mit OWL nicht möglich, da OWL nicht das hierzu benötigte Verketten von Relationen (parent und brother) erlaubt:

```
parent(?a,?b) ∧ brother(?b,?c) → uncle(?a,?c)
```

Aus diesem Grunde wurde die auf OWL aufbauende Regelsprache Semantic Web Rule Language (SWRL) (Horrocks et al. 2004) entwickelt, die kurz im folgenden Abschnitt behandelt wird.

**SWRL (Semantic Web Rule Language)**

SWRL ist kein offizieller Standard des W3C, sondern hat nur den Status einer *Member Submission*, die im Mai 2004 eingereicht wurde (http://www.w3.org/Submission/SWRL/). Dennoch wurde SWRL in mehreren OWL-Systemen umgesetzt, z. B. in Pellet (http://clarkparsia.com/pellet/), Hermit (http://hermit-reasoner.com/) und Protégé (http://protege.stanford.edu/).

SWRL baut direkt auf OWL auf und erlaubt die Definition von Regeln in der folgenden Form:

$$a_1 \wedge a_2 \wedge a_3 \wedge \ldots \rightarrow c_1 \wedge c_2 \wedge c_3 \wedge \ldots$$

wobei die Atome $a_i$ der Vorbedingung und $c_i$ der Konsequenz folgende Form haben können:

## 6.2 Reasoning

- $C(x)$ für Klasse bzw. Klassenausdruck (oder Datentyp) $C$
- $P(x,y)$ für Property $P$
- sameAs$(x,y)$
- differentFrom$(x,y)$
- $builtin(r, z_1, \ldots, z_n)$

Informell bedeutet eine Regel, dass, wenn die Vorbedingung wahr ist, auch die Konsequenz gilt. Eine leere Vorbedingung gilt einfach als *wahr*, während eine leere Konsequenz als *falsch* zu werten ist. Regeln mit einer leeren Vorbedingung entsprechen somit Fakten (wobei Fakten dieser Art vorzugsweise mit gewöhnlichen OWL-Axiomen zu repräsentieren sind).

Die Konstrukte sameAs$(x,y)$ und differentFrom$(x,y)$ sind eigentlich redundant („syntaktischer Zucker"), da hierzu auch normale OWL-Ausdrücke verwendet werden könnten.

Variablen werden mit einem vorangestellten ? versehen und sind allquantifiziert für die entsprechende Regel aufzufassen. In der Konsequenz einer Regel dürfen nur Variablen vorkommen, die auch schon in der Vorbedingung verwendet werden.

Folgende Beispiele verdeutlichen die Mächtigkeit von SWRL-Regeln:

```
// ermittle Personen, die zusammen in einer Firma arbeiten
company(?p1, ?c) ∧ company(?p2, ?c) ∧ differentFrom(?p1,?p2)
  → coworker(?p1, ?p2)

// ermittle Erwachsene
Person(?p) ∧ hasAge(?p,?age) ∧ swrlb:greaterThan(?age,17)
  → Adult(?p)

// ermittle das Gehalt in Dollar
Person(?p) ∧ hasSalaryInEuros(?p, ?euros)
∧ swrlb:multiply(?dollars, ?euros, 1.4)
  → hasSalaryInDollars(?p, ?dollars)

// ermittle Eltern durch Verwenden eines OWL-Klassenausdrucks,
// in diesem Falle der Kardinalitätsrestriktion >= 1
(hasChild >= 1)(?x) → Parent(?x)
```

Die Builtins von SWRL sind modular aufgebaut, um zukünftige Erweiterungen zu erleichtern. Insbesondere ist es in einigen konkreten SWRL-Implementationen erlaubt, selbst weitere Builtins hinzuzufügen.

Folgende Arten von Builtins sind in der ursprünglichen SWRL-Spezifikation aufgeführt:

- Vergleichs-Builtins: `swrlb:equal`, `swrlb:notEqual`, `swrlb:lessThan`, `swrlb:lessThanOrEqual`, `swrlb:greaterThan`, `swrlb:greaterThanOrEqual`
- Mathematische Builtins: `swrlb:add`, `swrlb:subtract`, `swrlb:multiply`, `swrlb:divide`, `swrlb:integerDivide`, `swrlb:mod`, `swrlb:pow`, `swrlb:unaryPlus`, `swrlb:unaryMinus`, `swrlb:abs`, `swrlb:ceiling`, `swrlb:floor`, `swrlb:round`, `swrlb:roundHalfToEven`, `swrlb:sin`, `swrlb:cos`, `swrlb:tan`
- Builtins für boolesche Variablen: `swrlb:booleanNot`
- String-Builtins: `swrlb:stringEqualIgnoreCase`, `swrlb:stringConcat`, `swrlb:substring`, `swrlb:stringLength`, `swrlb:upperCase`, `swrlb:lowerCase`, `swrlb:contains`, `swrlb:startsWith`, `swrlb:replace`, ...
- Builtins zur Datums- und Zeitbehandlung: `swrlb:yearMonthDuration`, `swrlb:dayTimeDuration`, `swrlb:dateTime`, `swrlb:date`, `swrlb:time`, ...
- Builtins für URIs: `swrlb:resolveURI`, `swrlb:anyURI`
- Builtins zur Listenverarbeitung: `swrlb:listConcat`, `swrlb:listIntersection`, `swrlb:listSubtraction`, `swrlb:member`, `swrlb:length`, `swrlb:first`, `swrlb:rest`, `swrlb:sublist`, `swrlb:empty`

## 6.3 Fazit

In diesem Kapitel wurden Anfragesprachen und Reasoning für RDF, RDFS und OWL präsentiert. Der Schwerpunkt lag dabei auf SPARQL, dem offiziellen Standard für Anfragen für RDF, und Jena-Regeln, die zwar keinen offiziellen Standard repräsentieren, bei denen es sich aber um die Regelsprache eines der am meisten verbreiteten Semantic Web Tools handelt.

## 6.4 Weiterführende Literatur

Dem interessierten Leser wird empfohlen, sich erst einmal in die Grundlagen logischer Programmierung einzuarbeiten, die die Basis für Reasoning (und Anfragesprachen) darstellt: J. W. Lloyd: Foundations of Logic Programming (Lloyd 1987).

Als weiterführende Literatur zu den Anfragesprachen SPARQL und SPARQL DL werden die folgenden beiden Artikel empfohlen: Jorge Pérez, Marcelo Arenas und Claudio Gutierrez: SPARQL: Semantics and Complexity of SPARQL, http://web.ing.puc.cl/~jperez/papers/tods-a16-perez.pdf (Pérez et al. 2006) und Evren Sirin und Bijan Parsia: SPARQL-DL: SPARQL Query for OWL-DL, http://pellet.owldl.com/papers/sirin07sparqldl.pdf (Sirin und Parsia 2007).

Die folgenden beiden Artikel sind als vertiefende Literatur zu SWRL (und deren theoretische Grundlage, Description Logic Programs) geeignet: Bijan Parsia, Evren Sirin, Bernardo Cuenca Grau, Edna Ruckhaus und Daniel Hewlett: Cautiously Approaching SWRL, http://www.cs.uwaterloo.ca/~gweddell/cs848/SWRL_Parsia_et_al.

## 6.4 Weiterführende Literatur

`pdf` (Parsia et al. 2005) und Benjamin Grosof, Ian Horrocks, Raphael Volz und Stefan Decker: Description Logic Programs: Combining Logic Programs with Description Logic, `http://www2003.org/cdrom/papers/refereed/p117/p117-grosof.html` (Grosof et al. 2003).

*Michael Sintek*

**Tab. 6.1** Liste der einstelligen SPARQL-Operatoren.

| Operator | Type(A) | Resultattyp | Funktion |
|---|---|---|---|
| ! A | xsd:boolean | xsd:boolean | not(A) |
| + A | numerisch | numerisch | A (keine Operation) |
| - A | numerisch | numerisch | -A |
| BOUND(A) | Variable | xsd:boolean | testet ob A gebunden ist |
| isIRI(A), isURI(A) | RDF-Term | xsd:boolean | testet ob A eine IRI ist |
| isBLANK(A) | RDF-Term | xsd:boolean | testet ob A ein Blank Node ist |
| isLITERAL(A) | RDF-Term | xsd:boolean | testet ob A ein Literal ist |
| STR(A) | Literal oder IRI | einfaches Literal | liefert A als Literal zurück |
| LANG(A) | Literal | IRI | ermittelt die Sprach-IRI |
| DATATYPE(A) | getyptes (oder einfaches) Literal | IRI | ermittelt die Datentyps-IRI |

**Tab. 6.2** Liste der zweistelligen SPARQL-Operatoren.

| Operator | Type(A) | Type(B) | Resultattyp | Funktion |
|---|---|---|---|---|
| A \|\| B | xsd:boolean | xsd:boolean | xsd:boolean | logisches Oder |
| A && B | xsd:boolean | xsd:boolean | xsd:boolean | logisches Und |
| A = B | numerisch | numerisch | xsd:boolean | numerische Gleichheit |
| A != B | numerisch | numerisch | xsd:boolean | numerische Ungleichheit |
| A < B | numerisch | numerisch | xsd:boolean | numerisches < |
| A * B | numerisch | numerisch | numerisch | numerisches * |
| A / B | numerisch | numerisch | numerisch | numerisches / |
| A + B | numerisch | numerisch | numerisch | numerisches + |
| A - B | numerisch | numerisch | numerisch | numerisches - |
| A = B | RDF-Term | RDF-Term | xsd:boolean | RDF-Termgleichheit |
| A != B | RDF-Term | RDF-Term | xsd:boolean | RDF-Termungleichheit |
| sameTERM(A,B) | RDF-Term | RDF-Term | xsd:boolean | RDF-Termgleichheit |
| langMATCHES(A,B) | einfaches Literal | einfaches Literal | xsd:boolean | die Sprache A matcht den Sprachrange B (gemäß RFC4647) |
| REGEX(A,B) | einfaches Literal | einfaches Literal | xsd:boolean | A matcht mit Pattern B |

**Tab. 6.3** Liste der dreistelligen SPARQL-Operatoren.

| Operator | Tp(A) | Tp(B) | Tp(C) | Resultattyp | Funktion |
|---|---|---|---|---|---|
| REGEX(A,B,C) | Literal | Literal | Literal | xsd:boolean | Matchen mit regulärem Ausdruck; C sind Flags (z. B. "i" zum Ignorieren der Groß-Klein-Schreibung) |

**Tab. 6.4** Liste der gebräuchlichsten Builtins der Jena-Regelsprache.

| | |
|---|---|
| isLiteral(?x), notLiteral(?x), isFunctor(?x), notFunctor(?x), isBNode(?x), notBNode(?x) | Teste, ob das Argument ein Literal ist, kein Literal ist etc. |
| bound(?x...), unbound(?x..) | Teste ob alle Argumente gebundene/ungebundene Variablen sind. |
| equal(?x,?y), notEqual(?x,?y) | Teste ob x=y (or x != y). |
| lessThan(?x, ?y), greaterThan(?x, ?y), le(?x, ?y), ge(?x, ?y) | Teste ob x is $<$, $>$, $\leq$ or $\geq$ y. x und y müssen dazu Zahlen und Zeitinstanzen sein. |
| sum(?a, ?b, ?c), addOne(?a, ?c), difference(?a, ?b, ?c), min(?a, ?b, ?c), max(?a, ?b, ?c), product(?a, ?b, ?c), quotient(?a, ?b, ?c) | c = (a+b), (a+1) (a-b), min(a,b), max(a,b), (a*b), (a/b). Kann nicht rückwärts verwendet werden. |
| strConcat(?a1, .. ?an, ?t), uriConcat(?a1, .. ?an, ?t) | Bindet das letzte Argument an die Konkatenation der lexikalischen Formen der anderen. |
| regex(?t, ?p), regex(?t, ?p, ?m1, .. ?mn) | ?t wird gegen den regulären Ausdruck ?p gematcht. Capture-Gruppen werden an ?m1 bis ?mn gebunden. |
| now(?x) | ?x wird an xsd:dateTime Wert gebunden, der die aktuelle Zeit repräsentiert. |
| makeTemp(?x) | ?x wird an einen neu erzeugten Blank Node gebunden. |
| isDType(?l, ?t) notDType(?l, ?t) | Teste ob das Literal ?l eine Instanz des Datentyps ?t ist (oder nicht). |
| print(?x, ...) | Ausgabe der Argumente auf Standard-Out zu Debuggingzwecken. |
| listContains(?l, ?x), listNotContains(?l, ?x) | Teste ob ?x ein Element der Liste ?l ist. Beide Argumente müssen gebunden sein. |
| listEntry(?list, ?index, ?val) | ?val wird an den ?index'ten Eintrag der RDF-Liste ?list gebunden |
| listLength(?l, ?len) | ?len wird an die Länge der Liste ?l gebunden. |
| listEqual(?la, ?lb), listNotEqual(?la, ?lb) | Teste ob die beiden Argumente Listen mit den gleichen Elementen sind (oder nicht). |

# Teil II

# Fundamentale Dienste und Funktionen

# 7 Linked Open Data, Semantic Web Datensätze

**Übersicht**

7.1   Linked Open Data - die Grundlagen .................................. 183
7.2   Veröffentlichen von Linked Open Data .............................. 184
7.3   Beispiele für LOD-Services ............................................ 188
7.4   Zugriff auf Linked Data ................................................ 191
7.5   Beispiel .................................................................. 199
7.6   Fazit ...................................................................... 200
7.7   Weiterführende Literatur .............................................. 200

Linked Open Data (LOD, „Verknüpfte öffentlich zugängliche Daten", (Heath und Bizer 2011), `http://linkeddata.org`) ist eine Community-Bestrebung, innerhalb derer Regeln und Best Practices definiert werden, um große Datensätze zu veröffentlichen und mittels semantischer Techniken miteinander in Beziehung zu setzen. Es geht darum, Daten schnell und auf einfache Weise maschinenlesbar zu veröffentlichen, damit auf den Daten aufbauende Anwendungen geschrieben, aber auch weitere Daten mit ihnen verknüpft werden können. Linked Open Data weist bereits beachtliche Mengen von verknüpften Datensätzen vor (man spricht in diesem Zusammenhang auch von *der LOD Cloud*). Die *Linked Open Data Cloud* von September 2010 ist in Abbildung 7.1 visualisiert. Bereits im August 2010 beinhaltete die LOD-Cloud ca. 38 Milliarden RDF-Tripel, verlinkt über 389 Millionen RDF-Links. Für viele namenhafte Firmen gehört LOD zum Tagesgeschäft. Der Service-Provider Google beispielsweise verwendet Linked Open Data, um seine Suchresultate zu verbessern; Firmen, wie BestBuy veröffentlichen Metadaten über ihre Produkte online; die Online-Enzyklopädie DBpedia veröffentlicht Daten zu sehr vielen Themen (mehr Informationen in Abschnitt 7.3.1), aber auch Fachwissen aus der Biomedizin und Geographie oder auch Produktinformationen sind als LOD verfügbar.

Historisch hat sich die LOD-Bewegung u. a. aufgrund des Artikels „Design Issues: Linked Data note" (Berners-Lee 2006) von Tim Berners-Lee aus dem Jahr 2006 gebildet. Damals war die Semantic Web-Idee schon seit acht Jahren bekannt, jedoch waren konkrete Systeme fast nur im wissenschaftlichen Bereich zu finden und stellten fast ausschließlich spezialisierte Insellösungen dar. Ein wesentliches Problem im Semantic

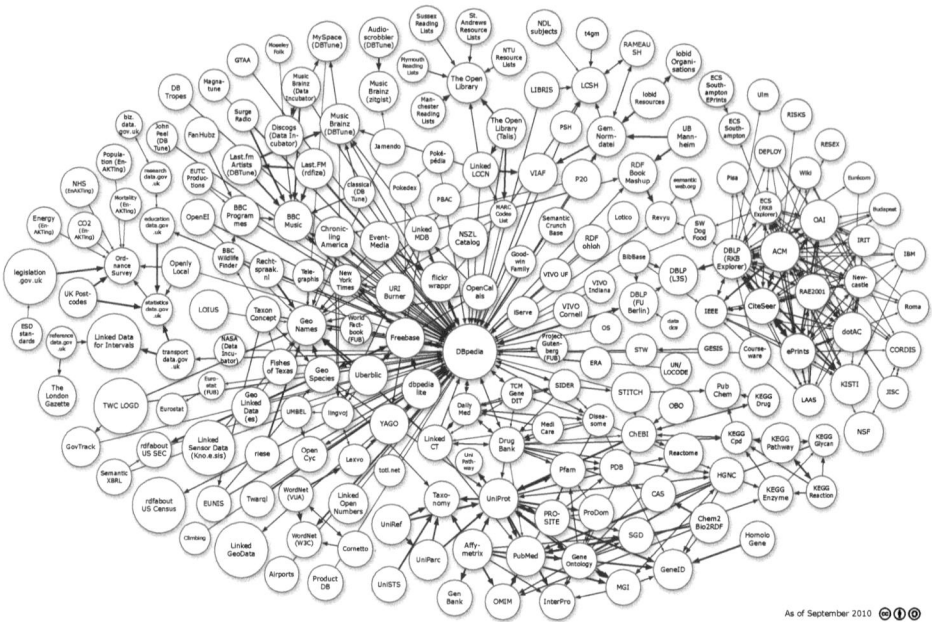

**Abb. 7.1** Linked Open Data Cloud.

Web, die Interoperabilität und Vernetzung von Daten, war immer noch Forschungsthema. Entsprechend fehlten die Datenquellen, die zur Erstellung sinnvoller Services nötig sind; gleichzeitig gab es für die potenziellen Anbieter von Daten kaum Anreize, die Daten in Semantic Web-Form anzubieten, da Services zu deren Nutzung nicht existierten – ein typisches Henne-Ei-Problem.

Das brachte Tim Berners-Lee dazu, in seinem TED-Vortrag (Berners-Lee 2009) die Leute singen zu lassen („Raw Data Now!" – Rohdaten jetzt!), um die Leute dazu zu bewegen, ihre Daten maschinenlesbar zur Verfügung zu stellen. Indem nach und nach einige Datenbanken verfügbar gemacht wurden, konnten Services und Personen diese mit anderen Daten verbinden und somit den Wert aller verknüpften Daten steigern.

Linked Data wurde zu dieser Zeit als eine Art Semantic Web in Kleinbuchstaben gesehen: Der Fokus wurde auf Werkzeuge zur Verarbeitung und Konvertierung von großen Datenmengen gelegt. Außerdem wurden einfache, aber nicht notwendigerweise vollständige Best Practices zur Darstellung und Verknüpfung von Daten entwickelt. Es werden oft nur sehr einfache generische Repräsentationsschemata gewählt, die Reasoning nur sehr eingeschränkt erlauben. Die großen Themen des Semantic Web, korrekte Wissensformalismen und Ontologien für Inferenz- und Reasoning-Algorithmen, wurden als schwierige Probleme nachrangig behandelt. Die Hoffnung bei diesem Ansatz ist, dass – ähnlich wie es beim WWW passiert ist – die Services, die die Daten (besser) zugänglich machen, den eigentlichen Daten folgen werden. Ein Beispiel: Beim WWW gibt es keine direkt in seine technischen Grundlagen eingebettete Suchfunktion. Stattdessen wurde die

Suche nachträglich per Service (die heutigen Suchmaschinen) realisiert. Ähnlich besteht die Hoffnung, dass Probleme im Umfeld von LOD, wie z. B. inkorrekte oder veraltete Informationen, Duplikate und unterschiedliche Repräsentationen, durch weitere Dienste angegangen werden können. Mit der Verfügbarkeit von Massendaten wird es schließlich auch erst möglich, in der Praxis wirkungsvolle Algorithmen für diese Probleme zu entwerfen und zu testen.

Seit der Einführung erfreut sich LOD immer mehr Beliebtheit, und die Anzahl von neuen verlinkten Daten wächst Woche für Woche um mehrere Millionen Tripel an. Es gibt LOD-Tracks und Workshops auf allen wichtigen (Semantic) Web Konferenzen (Bizer et al. 2009a).

## 7.1 Linked Open Data - die Grundlagen

Tim Berners-Lee nannte in seinen „Design Issues: Linked Data note" (Berners-Lee 2006) die folgenden vier Grundprinzipien von Linked Data:

1) Verwende URIs, um Dinge zu identifizieren.
2) Verwende HTTP URIs, damit sowohl Menschen als auch Web-Agenten auf die Dinge zugreifen und verweisen können.
3) Eine URI sollte auf verwendbare Information verweisen, die mit den Standards RDF und SPARQL bereitgestellt werden.
4) Dabei sollten auch Verweise zu anderen URIs auftauchen, so dass man mehr und mehr Wissen erreichen kann – in den Daten browsen kann.

Diese Prinzipien hören sich sehr einfach an, wurden im Semantic Web vor dem Aufkommen von LOD jedoch oft nicht befolgt. Zwar wurden oft HTTP-URIs verwendet, um Konzepte zu referenzieren, aber viele Konzepte wurden auch mit Blank Nodes identifiziert (vgl. Abschnitt 4.2), so dass die Konzepte nur über ihre Eigenschaften und Links identifiziert und eindeutig gemacht werden konnten. Bei der Beschreibung von Menschen und sozialen Netzwerken mit dem FOAF-Vokabular (Friend-Of-A-Friend, http://xmlns.com/foaf/) wurde vorgeschlagen, nicht den Personen eine URI zuzuweisen, sondern sie durch ihre E-Mail-Adresse identifizierbar zu machen. Die Eigenschaft *foaf:mbox* („hat-E-Mail-Adresse") wurde als *inverse-functional property* (inverse funktionale Eigenschaft) deklariert: Jede E-Mail-Adresse gehörte genau einer Person. Sobald man in dem Fall Reasoning-Verfahren durchlaufen ließ, konnte man auf Basis der Mail-Adressen die Blank Nodes identifizieren.

Selbst wenn HTTP URIs zur Identifikation verwendet wurden, war man sich nicht einig darüber, das Browsen dieser URI Sinn macht. Falls diese Funktion implementiert war, wurde oft nur eine HTML-Seite gezeigt, die es Maschinen erschwerte, weiterführenden Links zu folgen – der ganze Grundsatz eines für den Computer verständlichen semantischen Webs wurde dadurch ignoriert. In diesem dritten Punkt versteckt sich ein Problem: Für wen ist was eigentlich „verwendbare Information"? Die Antwort dieser

Frage hängt natürlich von der Partei ab, welche auf die Daten zugreift. Technisch steckt bereits in der Spezifikation von HTTP eine Lösung, bekannt als *Content Negotiation* (wörtlich „Inhaltsvereinbarung", siehe Abbschnitt 7.4.1 für technische Details).

## 7.2 Veröffentlichen von Linked Open Data

Ein typisches LOD-Szenario ist es, Daten, die schon in einem strukturierten Format zur Verfügung stehen, zu veröffentlichen und mit existierenden Daten aus der LOD Cloud zu verlinken. Sollten die Daten noch nicht strukturiert sein, so kann mittels Informations-Extraktion-Techniken (siehe Kapitel 8) aus Texten strukturierte Information erzeugt werden. In Abschnitt 7.2.1 werden die üblichen Methoden beschrieben, wie existierende Datensätze in semantische Datensätze verpackt werden können.

Üblicherweise werden, unter Berücksichtigung der oben genannten vier Prinzipien, die folgenden Schritte durchgeführt, um existierende Daten in LOD zu überführen:

**Wiederverwendung existierender Ressourcen** – Wenn man selbst erzeugte Daten repräsentieren möchte, sollte der erste Schritt sein, sich zu informieren, welche Repräsentationsansätze in der jeweiligen Domäne bereits existieren: Möglicherweise kann man Klassen und Eigenschaften von existierenden Klassendefinitionen wiederverwenden. Das bringt viele Vorteile mit sich: Zum einen hat man weniger Aufwand, weil man die Domäne nicht noch einmal modellieren muss. Andererseits würde man bei Neumodellierung eventuell Sonderfälle nicht beachten, die von Experten möglicherweise erst nach jahrelangem Fine-Tuning mit einbezogen wurden. Weiterhin werden andere auch eher dazu motiviert, diese Daten wieder zu verwenden, da sie benutzten Ontologien bereits kennen und verstehen.

**Verbinden mit existierenden Konzepten** – Sollten bereits Konzepte in der LOD Cloud existieren, sollte man sie explizit mit dem OWL-Statement *owl:sameAs* verlinken. Das ist inzwischen üblicher, als in eigenen Informationen direkt auf fremde Ressourcen zu verweisen. Stellen wir uns z. B. eine Buchbesprechungs-Website vor, bei der Autoren eine Klasse von Ressourcen sind. Man könnte diese Autoren nun einfach mit den DBpedia Seiten dieser Autoren verlinken, jedoch würde es umständlich sein, neue Kommentare zu Autoren hinzuzufügen, da nur DBpedia unmittelbar neue Aussagen zu Ressourcen mit DBpedia-URIs veröffentlichen kann. Besser ist es, eine lokale URL für jeden Autor zu erstellen, eine *owl:sameAs* Verlinkung durchzuführen und zusätzliche Daten an die lokale URL zu hängen, so dass man Herr seiner Ressourcen bleibt. Um die Informationen für spezielle Views und Applikationen wieder zusammenzufügen, gibt es bereits Web-Services wie *sameas.org*, bei denen man diese Links schnell aufschlüsseln, auffinden und Fremdinformationen mit einbetten kann, wenn man den Quellen vertraut.

**Einrichten eines SPARQL-Endpunktes** – Obwohl LOD selbst schon auf dem Konzept fußt, URLs zu dereferenzieren, sollte es den Usern ermöglicht werden, komplexe Queries durchzuführen. Üblicherweise stellt man einen SPARQL-Endpunkt zu Verfügung, bei dem man das SPARQL-Protokoll (siehe Abschnitt 6.1.2) verwendet. Weitere Informationen über die Verwendung der Daten sind in Abschnitt 7.4 zu finden.

**Einfaches Auffinden und Zurechtfinden in den Daten** – Um den Zugriff und das Auffinden der Daten(-quellen) zu vereinfachen, ist es ein guter Anfang, ein voiD-Profil (Vocabulary of Interlinked Datasets – Vokabular der Verlinkten Datensätze) für die eigene Datenquelle zu erstellen (`http://semanticweb.org/wiki/VoiD`) (Alexander et al. 2009). Dabei handelt es sich um eine maschinenlesbare Beschreibung mit Informationen über die abgedeckte Domäne, auftauchenden Klassen, ihre Eigenschaften, Informationen zum technischen Zugriff (wo findet sich der SPARQL-Endpoint, wo ggf. ein Download aller Daten des Dienstes in einer Datei) sowie diverser Metadaten wie der benutzten Lizenz, den Autoren der Daten usw.

## 7.2.1 Wrapping von existierenden Datensätzen

Die meisten Daten im WWW sind bereits als für den Menschen lesbare Webseiten in HTML verfügbar. Der Inhalt kann zwar leicht von Programmen visualisiert werden, jedoch ist die automatische Verwendung der Daten für andere Zwecke nicht ganz so trivial – man kann oft nur eine einfache Volltextsuche durchführen. Einige Web-Services wie Flickr und Delicious geben über APIs den Zugriff auf die Datenstrukturen unter der HTML-Schicht frei, um sie für Programme verwendbar zu machen. Nur sehr wenige normale Web-Services halten sich jedoch an die Linked-Data-Prinzipien, und die meisten Dienste veröffentlichen die Daten überhaupt nicht in maschinenlesbarer Version.

Es gibt einige Gründe, die dazu beitragen, dass bisher nur wenige Dienste ihre Datensätze als Linked Data veröffentlichen:

- Einige Web-Services sind so groß und komplex, dass die Erweiterung als Linked-Data-Service äußerst schwierig ist.
- In komplizierten Domänen ist es nicht so einfach, Repräsentationen von Daten auf ein Linked-Data-Format abzubilden. Oft wären für eine sinnvolle Abbildung zusätzliche ontologische Informationen nötig.
- Die Daten sind nicht strukturiert genug, sondern nur als Freitext oder gar als Bild/Video vorhanden.
- Die Webseitenbetreiber oder Administratoren geben der Veröffentlichung als Linked Data nur eine geringe Priorität. Schließlich passt die Veröffentlichung der zugrundeliegenden Daten auch nicht unbedingt in das Geschäftsmodell bestimmter Dienste.

Es kann also möglicherweise sehr lange dauern, bis ein Service-Anbieter seine Daten als Linked Data zugreifbar macht. Außerdem gibt es das oben genannte Henne-Ei-

Problem: Wenn wenig Linked Data publiziert ist, gibt es kaum Anwendungen dafür, und es ist schwierig zu zeigen, dass sich eine Veröffentlichung auf lange Sicht doch lohnen würde.

Sofern die Daten unter einer freien Lizenz verfügbar sind, kann man diese trotzdem über unabhängige Services auf anderen Webseiten bereitstellen (*Wrappen*). Zu diesen freien Lizenzen gehören unter anderem die „GNU Free Documentation License" (Free Software Foundation 2008) (GFDL) oder die Creative Commons (CC) Lizenzen (Creative Commons 2007), die abgeleitete Werke zulassen.

Durch das Wrappen werden einige der oben erwähnten Probleme gelöst:

- Auch komplizierte Web-Services können gewrappt werden, weil die Linked-Data-Dienste unabhängig von der ursprünglichen Seite agieren und diese nicht beeinflussen.
- Extraktionsmechanismen, die bisher noch nicht zur Verfügung standen, können beim Wrapper implementiert werden, wodurch die Verfügbarkeit und Integrität des Original-Services nicht gefährdet wird.
- Spezialisierte Communities können sich stärker auf die technischen Aspekte der Daten konzentrieren als der ursprüngliche Anbieter.

**Wrapper-Ansätze**

Um existierende Daten, seien sie strukturiert oder unstrukturiert, als Linked Data zur Verfügung zu stellen, gibt es diverse Verfahren. In den nächsten Abschnitten werden diese einige Ansätze des Wrappings mit ihren Vor- und Nachteilen vorgestellt (siehe auch Abbildung 7.2).

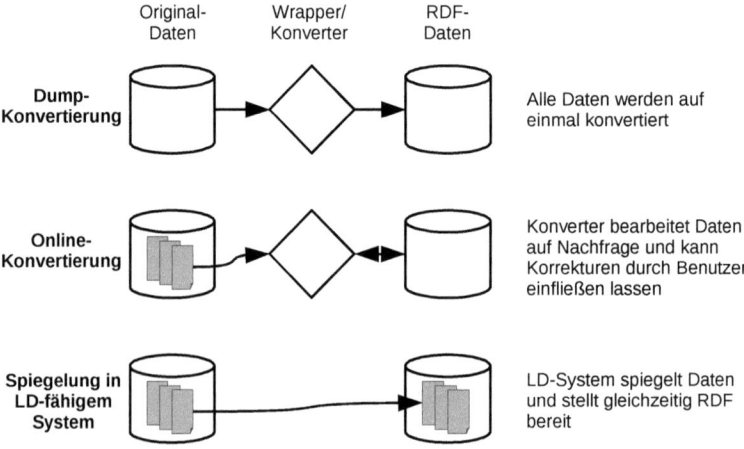

**Abb. 7.2** Drei Ansätze für das LOD-Wrapping.

**Dump-Konvertierung** Die Konvertierung einer Datenbank als Ganzes wandelt alle Daten auf einmal um (möglicherweise jedoch in mehreren Durchläufen). Als Eingabeformat liegt eine Datensammlung z. B. in HTML vor, als Ausgabe wird RDF generiert. Dieser RDF-Datensatz wird dann mit einem einfachen Linked-Data-Service im Netz zur Verfügung gestellt. DBpedia ist der prominenteste Vertreter, der diesen Ansatz umsetzt (siehe auch Abschnitt 7.3.1).

Sofern die Umwandlung der Daten in RDF an sich für die jeweilige Domäne gelöst ist, ist Dump Conversion im Vergleich zu den anderen Wrapping-Ansätzen relativ einfach aufzusetzen: Man hat bereits eine globale Sicht auf die umzuwandelnden Daten und muss sich nicht um schrittweise Änderungen kümmern. So kann man bereits existierende Umwandlungs- und Extraktions-Tools direkt wieder verwenden – meist werden sie als Kommandozeilen-Tools bereitgestellt.

Solche Vorteile bringen jedoch auch Probleme mit sich. Es ist beispielsweise nicht zeitnah und dauerhaft ohne Weiteres möglich, bereits extrahierte Daten zu korrigieren. Man kann sich zwar für spätere Durchläufe Fehlerquellen merken und diese dann während der Konvertierung korrigieren, aber die Zeitspanne zwischen zwei Konvertierungsläufen führt unweigerlich zu Verzögerungen bei der Reaktion auf Meldungen von Fehlern durch Anwender. Das kann sogar soweit führen, dass Benutzer nicht mehr zu den Datensätzen beitragen wollen. Grundsätzlich haben unterschiedliche Gemeinschaften unterschiedliche Prioritäten: Während DBpedia-User schon lange auf stärkere Benutzung von Info-Boxen drängen, sieht die Wikipedia-Community diese als nicht besonders wichtig an. Neben diesen Fehlern bei der Konvertierung leidet offensichtlich auch die Aktualität der generierten Daten, da Änderungen im Originaldatensatz erst bei der nächsten Konvertierung berücksichtigt werden.

Um der mangelnden Aktualität entgegenzuwirken, können stufenweise Updates auf den veränderten Daten durchgeführt werden. Das führt direkt zum nächsten Wrapper Ansatz.

**Online-Konvertierung** Im Gegensatz zum vorherigen Ansatz werden bei der *Online-Konvertierung* nur die Daten nach RDF konvertiert, wenn eine Anfrage nach der entsprechenden Linked-Data-Ressource vorliegt. Je nach Domäne kann dieser Ansatz relativ einfach sein, vor allem wenn die Abhängigkeiten zwischen extrahierten Ressourcen gering sind. Sollten sich die Datensätze untereinander jedoch sehr stark beeinflussen, ist dieser Ansatz eher problematisch.

Man kann die Abhängigkeiten von Ressourcen anhand der Ontologie abschätzen. Sind die Daten im Wesentlichen eine Menge von Instanzen einer Klasse, so liegen meist fast keine Abhängigkeiten vor, und jede Ressource kann einzeln verarbeitet werden. Handelt es sich bei den gewrappten Daten jedoch um Instanzen und Schemata, so könnten sich Änderungen im Schema auf alle Instanzen auswirken und diese ungültig machen. Mit einem Abhängigkeitsmanagement kann man solche Probleme am besten angehen.

Der wesentliche Vorteil von Online-Konvertierung ist, dass Rückmeldungen der Nutzer sofort in die Daten einbezogen werden können. Feedback kann in Form von Vorschlägen,

Korrekturen oder sogar Zusatzinformationen vorliegen, die in den Originaldaten nicht vorhanden sind. Um den Nutzern die Eingabe ihrer Rückmeldungen zu ermöglichen, wird meist ein eigenes Front-End bereitgestellt.

Die Möglichkeit von Rückmeldungen macht es auch einfach, zusätzliche Daten wie Verweise auf weitere LOD-Ressourcen zur Verfügung zu stellen. Die Ergebnisse sind meist auch auf dem neuesten Stand, da sie einfacher zu aktualisieren sind. Trotzdem gibt es noch einige Verbesserungsmöglichkeiten, auf die wir im nächsten Abschnitt noch genauer eingehen werden.

**Spiegelung der Daten in einem Linked-Data-System** Für einige Systeme wie Wikis oder Datenbanken gibt es auch Varianten, die Linked Data direkt unterstützen. So gibt es Wikis mit Unterstützung semantischer Daten, sogenannte *Semantic Wikis* (Schaffert et al. 2008).

Das Spiegeln der Daten von Services ist eine gute Möglichkeit, um Daten als Linked Data bereitzustellen. Wikipedia könnte z. B. in Semantic MediaWiki (Krötzsch et al. 2006) gespiegelt und weiterer Inhalt – in maschinenlesbarer Form – hinzugefügt werden. Die um eine semantische Komponente erweiterten Services ermöglichen oft neue und verbesserte Funktionalitäten, die in bestimmten Anwendungsfeldern von direktem Interesse sind. Auch kann man darin sehr schnell Fehler korrigieren.

Doch auch hier gibt es wieder Probleme: Sobald man eine Kopie der Originaldaten erstellt, ist eine Synchronisation mit Änderungen im Originaldatensatz fast unmöglich. Dies kann man am Wikipedia-Beispiel sehen: Die Artikel-Quelltexte im Semantic Wiki sind aufgrund der zusätzlichen semantischen Informationen etwas anders aufgebaut als die des Originalsystems. Änderungen in dem einen Wiki sind entsprechend fast unmöglich mit Änderungen im anderen Wiki synchron zu halten. Außerdem muss bedacht werden, dass Linked-Data-Systeme nicht unbedingt auf große Datenmengen optimiert sind, da sie zur Zeit meist noch in relativ kleinen Benutzergruppen eingesetzt werden.

Aufgrund dieser Probleme gibt es nach unserem Wissensstand bis auf einige kleine Demonstratoren noch keine Beispiele, in denen dieser Ansatz im großen Stil realisiert wurde.

Der Stand der Dinge in der LOD-Cloud ist, dass große Datenmengen per Dump-Konvertierung zur Verfügung gestellt werden (insbesondere bei DBpedia), wobei eine Tendenz zur Online-Konvertierung abzusehen ist. Einige Datenbanken, insbesondere in der Biologie-Domäne, wurden auch direkt zusätzlich mit LOD-Funktionalität ausgerüstet.

## 7.3 Beispiele für LOD-Services

Im Folgenden werden Beispiele für LOD-Services vorgestellt, die beide Wrapper für externe Datenquellen darstellen, aber unterschiedliche Ansätze bei der Realisierung wählen.

## 7.3.1 Dump-Konversion: DBpedia

DBpedia (Bizer et al. 2009b) ist eine Linked-Open-Data-Version der offenen, freien Online-Enzyklopädie Wikipedia. DBpedia nutzt Informations-Extraktions-Technologien, um aus den in größeren zeitlichen Abständen von Wikipedia bereitgestellten Dumps insbesondere die strukturierten Informationen aus sogenannten *Infoboxen* zu extrahieren. Diese strukturierten Informationen werden von DBpedia als RDF dargestellt und als Linked Data zur Verfügung gestellt. Über Content Negotiation können dabei sowohl normale Web-Browser als auch Linked-Data-fähige Clients auf die Daten zugreifen. In Abbildung 7.3) wird die HTML-Darstellung des DBpedia-Konzepts „Knowledge Management" gezeigt, die aus dem *Wikipedia*-Abstrakt sowie den zugeordneten Properties in Tabellenform besteht.

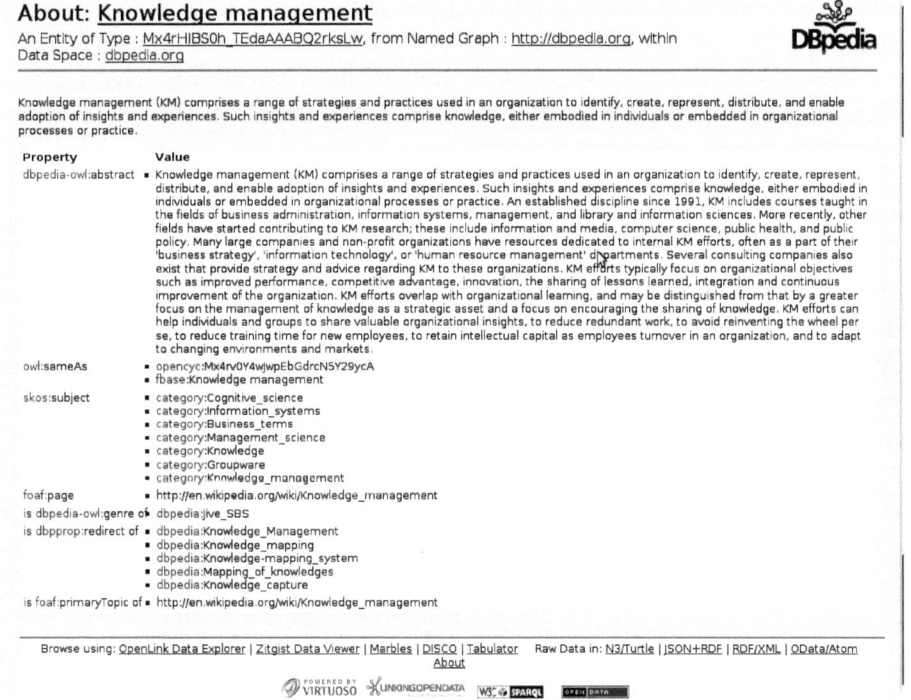

**Abb. 7.3** HTML-Interface von DBpedia.

Im Moment ist DBpedia ein typisches Beispiel für Dump-Konversion, da die Umwandlung nur neu angestoßen wird, wenn neue Dumps von Seiten Wikipedia zur Verfügung gestellt werden. Da Wikipedia sich schnell verändert, sind Bestrebungen im Gange, DBpedia mit einem Live-View auszustatten (Hellmann et al. 2009), was der geschilderten Online-Konvertierung entspricht. Dazu wird das Live-Changelog von Wikipedia benötigt, außerdem werden höhere Anforderungen an die darunterliegende Datenbank gestellt.

DBpedia ist von besonderem Interesse für die Linked-Open-Data-Cloud. Das rührt unter anderem aus der Tatsache, dass DBpedia ein frühes Beispiel dafür war, LOD *richtig* zu machen; der Ansatz wurde danach vielfältig kopiert. Außerdem hat Wikipedia bzw. DBpedia eine große Abdeckung unterschiedlichster Themen und stellt insbesondere auch eine Quelle kanonischer Identitäten/URIs für Konzepte bereit. Immer, wenn neue Daten der LOD-Cloud hinzugefügt werden, werden die Ersteller normalerweise versuchen, Verweise auf DBpedia zu erzeugen, um den Konsumenten der Daten einfache Einsprungpunkte zur Verfügung zu stellen. In der Darstellung der LOD-Cloud in Abbildung 7.1 ist dies deutlich zu sehen.

### 7.3.2 Online-Konversion: DBTropes

Ein Beispiel für Online-Konversion ist die Linked-Data-Quelle *DBTropes.org* (Kiesel und Grimnes 2010) (siehe auch Abbildung 7.4). Dabei handelt es sich um einen Wrapper für das *TVTropes.org*-Wiki. TV Tropes ist ein Katalog unterschiedlichster Kunstgriffe und Werkzeuge (*Tropen*) für das Verfassen von Fiktion. Das Wiki enthält mehrere Tausende solcher Tropen, angefangen bei so wohlbekannten Kunstgriffen wie *Deus Ex Machina* (`http://tvtropes.org/pmwiki/pmwiki.php/Main/DeusExMachina`) über die komplizierten, aber doch einfach zu umgehenden Fallen, mit denen die Gegner von James Bond ihm nach dem Leben trachten (`http://tvtropes.org/pmwiki/pmwiki.php/Main/WhyDontYaJustShootHim`) bis zu der oft naiven Darstellung von Informationstechnologie in Fiktion (`http://tvtropes.org/pmwiki/pmwiki.php/Main/BeepingComputers`). Jede Wiki-Seite zu einem Trope besteht aus einer Beschreibung, Verweisen auf verwandte Tropen und insbesondere Verweisen auf Beispiele, in denen das Trope benutzt wird. Typischerweise wird diesen Verweisen ein Kommentar beigestellt, der erläutert, in welcher genauen Form und wann das Trope benutzt wird. Auch von Wiki-Seiten, die ein Werk (Film, Buch usw.) beschreiben, werden entsprechende Verweise auf die Tropen, die im Werk benutzt werden, gelistet. Abbildung 7.4 zeigt die HTML-Seite für das DBTropes-Konzept „The Matrix". Die Seite enthält eine Liste von Tropes, die im Film auftauchen, sowie einige Knöpfe, um den Konvertierungsprozess zu steuern.

Wie der Name sagt, hat sich TV Tropes ursprünglich mit TV-Sendungen befasst, allerdings hat sich die Abdeckung mittlerweile stark erweitert und umfasst alle Arten von Fiktion, von Filmen und Büchern bis zu Comics und Computerspielen.

Obwohl TV Tropes nicht versucht, eine objektiv korrekte und detaillierte Informationsquelle wie Wikipedia zu sein, ist es nichtsdestotrotz eine reichhaltige Quelle für vernetzte Information. Während auch DBpedia z. B. LOD-Informationen zu Filmen anbietet, finden sich dort eher technisch-organisatorische Details, wie darin vorkommende Darsteller oder der Regisseur des Films. TV Tropes stattdessen enthält kaum Informationen zu diesen Themen; stattdessen wird mit der Liste der benutzten Tropen viel stärker der *Charakter* des Films beschrieben: Welche Kunstgriffe wurden benutzt, welche Charaktere bzw. Charaktertypen kommen im Film vor, wie realistisch ist der Film?

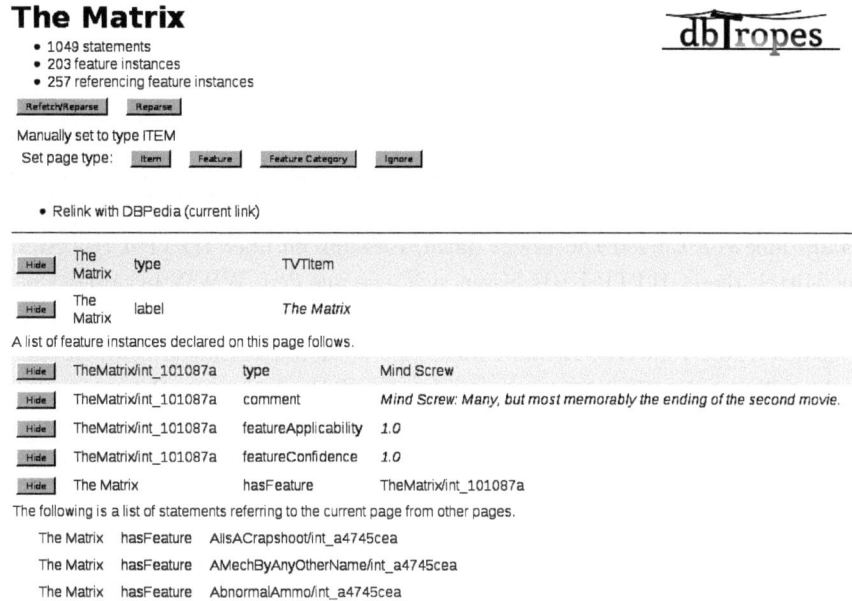

**Abb. 7.4** HTML-Frontend von DBTropes am Beispiel des Artikels zum Film *The Matrix*.

Durch ein Informations-extraktions-Verfahren sind viele der Werke in DBTropes mit korrespondierenden Ressourcen in DBpedia verknüpft, und über *owl:sameAs* Links kann man auf beide Datenquellen zugreifen, um beide orthogonalen Sichten zu kombinieren.

Da TV Tropes eine Vielzahl aktueller Filme oder auch Serien enthält und weniger stringente Anforderungen an den Inhalt stellt als z. B. Wikipedia, wächst sein Inhalt sozusagen von Minute zu Minute. Da TV Tropes außerdem keine Dumps seiner Daten zur Verfügung stellt, ist dieses Wiki besser für Online-Konversion geeignet. Dazu greift DBTropes auf den Recent Changes-RSS-Feed von TV Tropes zu und aktualisiert Seiten, die geändert wurden, automatisch. Anders als die meisten Wrapping-Ansätze erlaubt DBTropes auch, über ein eigenes einfaches Web-Interface Korrekturen am extrahierten RDF vorzunehmen. Dies ermöglicht dem Benutzer, bestimmte Parameter beim Interpretieren von TV Tropes-Seiten einzustellen sowie Fehlerkorrekturen und Ergänzungen z. B. bei der Verlinkung mit DBpedia vorzunehmen.

## 7.4 Zugriff auf Linked Data

Die Veröffentlichung von Daten nach den Linked-Data-Prinzipien gestattet einen einheitlichen und integrierten Zugriff auf Daten mehrerer Anbieter. Damit wird die Entwicklung von Anwendungen möglich, welche es Nutzern erlauben, von dem Wissen verschiedener Quellen zu profitieren. Aufgrund der Verknüpfung zwischen Daten unterschiedlicher

Anbieter können sogar Quellen berücksichtigt werden, welche einer Anwendung zunächst unbekannt sind. Im Folgenden führen wir die dafür notwendigen Grundlagen des Zugriffs auf Linked Data und seiner Verwendung ein.

### 7.4.1 REST & HTTP Content Negotiation

Die Hauptidee von Linked Data liegt darin, Ressourcen über HTTP-URIs zu identifizieren. Mittels dieser HTTP-URIs lassen sich, wie aus dem WWW bekannt, Dokumente abrufen. Normalerweise werden auf Anfragen zu HTTP-URIs HTML-Dokumente zurückgeliefert, die vom Web-Browser angezeigt werden. Bei Linked Data ist der Client aber nicht direkt der Web-Browser, sondern typischerweise ein Programm, das die Daten interpretiert und weiterverarbeitet. Hierbei werden die Daten als RDF-Daten erwartet.

Der Web-Server muss also unterscheiden können, ob ein Mensch bzw. der von ihm benutzte Web-Browser eine Anfrage stellt, oder ob RDF-Daten ausgeliefert werden sollen. HTTP erlaubt es, bei einem Request eine Liste von Inhaltstypen (basiered auf MIME-Types) zu übergeben, die der Client gerne erhalten würde. Während zur Anzeige für menschliche Besucher also HTML als Präferenz angegeben werden kann (MIME-Type *text/html*), können Maschinen (LOD-Clients) eine XML-Repräsentation verlangen (MIME-Type *application/rdf+xml*). Serverseitig können aus den Daten dann die entsprechenden Repräsentationen generiert werden. Dieses Verfahren nennt sich *HTTP Content Negotiation* (*Inhaltsvereinbarung*).

Die tatsächlich verwendete technische Implementierung von Content Negotiation variiert im Einzelnen. Im Allgemeinen wird vorgeschlagen, eine URI für das beschriebene Konzept zu verwenden und URLs für die Dokumente, die die Entität beschreiben (Sauermann und Cyganiak 2008). Abbildung 7.5 zeigt, wie das in DBpedia umgesetzt wurde (siehe auch Abschnitt 7.3.1). Clients fordern zuerst die URI eines Konzeptes, z. B. http://dbpedia.org/resource/Knowledge_management, an. Diese URI liefert aber nicht direkt den beschreibenden Inhalt, sondern verweist auf das entsprechende Dokument im angeforderten Format. Die Abbildung zeigt, wie zuerst ein Webbrowser HTML anfragt und zur HTML-Ansicht weitergeleitet wird (in diesem Fall die Grafik in Abbildung 7.3) und danach ein anderer Client RDF/XML fordert und zu einer anderen URL geleitet wird.

Wie genau verschiedene Server Content Negotiation implementieren geht weit über den Fokus dieses Buches hinaus. Weitere Details, wie bekannte Webserver konfiguriert werden können, um LOD mit unterschiedlichen URL-Schemata zu veröffentlichen, finden Sie in (Miles et al. 2006).

### 7.4.2 Zugriff durch menschliche Nutzer

Bevor wir uns den technischen Grundlagen des Zugriffs auf Linked-Data in Anwendungen widmen, stellen wir zunächst verschiedene Möglichkeiten aus Nutzersicht vor. Hierbei

## 7.4 Zugriff auf Linked Data

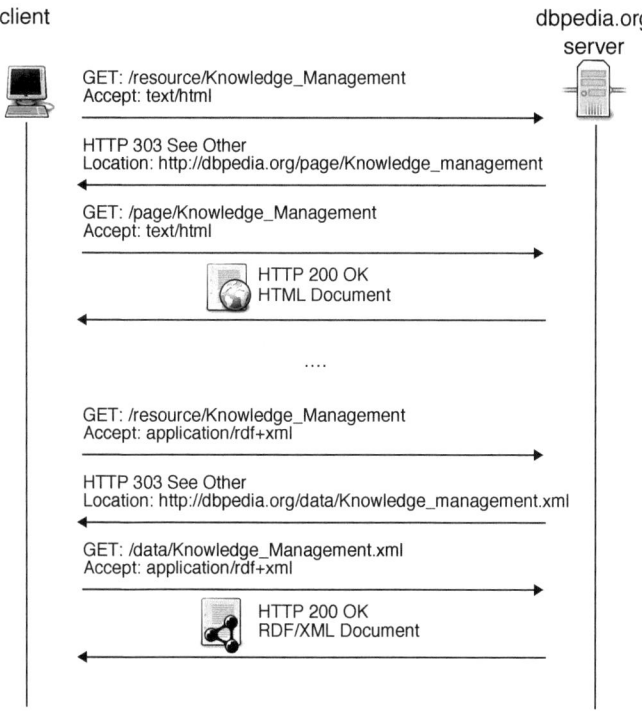

**Abb. 7.5** HTTP Content Negotiation am Beispiel DBpedia

unterscheiden wir einen direkten Zugang durch generische Benutzerschnittstellen und einen indirekten Zugriff über die Benutzung von Linked-Data-basierten Anwendungen.

**Generische Linked-Data-Browser**

Die derzeit verbreitetste Art generischer Benutzerschnittstellen wendet das Interaktionsparadigma des Browsens, welches von klassischen Webbrowsern bekannt ist, für den Zugriff auf Linked Data an. Analog der Adresszeile eines Webbrowsers bietet ein Linked-Data-Browser typischerweise die Möglichkeit zur Eingabe einer URI. Daraufhin werden als Linked Data verfügbare Daten über die durch die URI identifizierte Entität angezeigt. Diese Anzeige erfolgt in den meisten Fällen in tabellarischer Form, wobei die Einträge jeweils einzelnen RDF-Tripeln entsprechen. Alle Elemente in diesen Einträgen, welche einer beliebigen URI im zugehörigen RDF-Tripel entsprechen, werden als anwählbare Verweise dargestellt. Die Aktivierung eines solchen Verweises führt zur Anzeige von Daten über die Entität mit der URI, welche durch den Verweis repräsentiert ist. Damit wird ein Browsen auf Datenebene ermöglicht. Beispiele für diese Art von Linked-Data-Browsern sind Marbles (Becker und Bizer 2009) (siehe Abbildung 7.6), der OpenLink Data Explorer (OpenLink-Data-Explorer 2009), Tabulator (Berners-Lee et al. 2006) und der Zitgist Data Viewer (Zitgist-DataViewer 2009). Bei der Anzeige von bestimmten Entitäten nutzen einige dieser Browser spezielle Visualisierungsprofile. So werden beispielsweise in einem Profil für Personendaten referenzierte Fotos als Bilder angezeigt oder geografische Koordinaten auf einer Karte visualisiert.

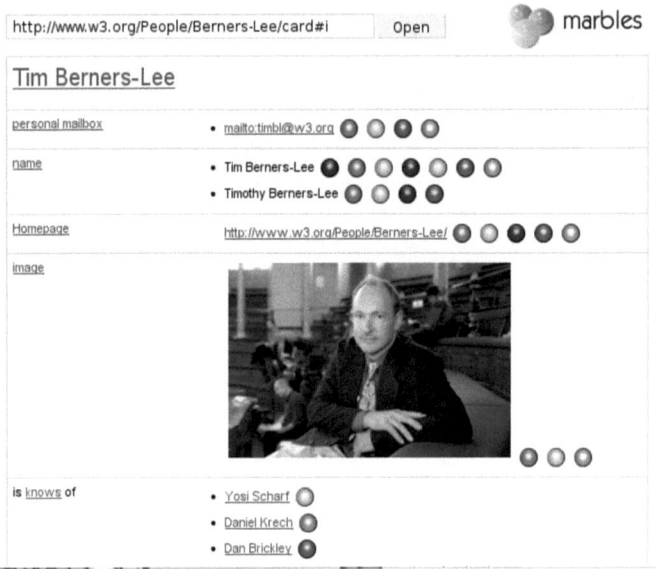

**Abb. 7.6** Daten über Tim Berners-Lee im Linked-Data-Browser Marbles.

Die Daten, welche ein Linked-Data-Browser anzeigt, werden durch Nachschlagen der jeweils angegebenen URI aus dem Web geladen. Die meisten Browser verfolgen zusätzlich Verweise in den geladenen Daten, um weitere Daten für die Anzeige zu erhalten. Die verschiedenen Quellen der jeweiligen Daten werden dabei häufig in der Anzeige des Browsers gekennzeichnet. So repräsentiert der Marbles-Browser unterschiedliche Quellen beispielsweise durch verschiedenfarbige Kugeln, die in Abbildung 7.6 an den verschiedenen Grautönen zu erkennen sind.

Die angesprochenen Browser gestatten eine Navigation zwischen den Daten über einzelne Entitäten, wobei immer nur eine Entität im Fokus steht. Entsprechend bezeichnen wir diese Art von Linked-Data-Browsern als *entitätsbasierte Browser*. Eine Alternative dazu sind *entitätsmengenbasierte Browser*, welche immer eine Menge von Entitäten anzeigen. Nutzer können die jeweils anzuzeigende Entitätsmenge durch eine facettenbasierte Suche spezifizieren. Hierbei werden Entitäten nach ihren Werten bezüglich unterschiedlicher Eigenschaften klassifiziert und die Suchergebnisse als Auswahl bestimmter Klassen mit konkreten Eigenschaftswerten beschrieben. Ein Beispiel für einen entitätsmengenbasierten Linked-Data-Browser ist die facettenbasierte Suche für DBpedia (`http://dbpedia.neofonie.com/`).

## Suchmaschinen für Linked Data

Während Nutzer mit einem Browser von bekannten Inhalten ausgehend durch das Web navigieren, werden Suchmaschinen im Web zum Finden solcher Inhalte eingesetzt. Dies trifft auch im Kontext von Linked Data zu. Entsprechend existieren diverse Suchmaschinen wie beispielsweise *Falcons* (Cheng und Qu 2009) und *Sindice* (Oren et al. 2008), welche der Suche von Linked Data im Web dienen.

Analog zu den bekannten Web-Suchmaschinen bieten Suchmaschinen für Linked Data die Möglichkeit, Schlüsselworte anzugeben, nach denen indizierte Daten durchsucht werden. Für die Anzeige der gefundenen Ergebnisse machen sich Linked-Data-Suchmaschinen häufig die zugehörigen Daten zu Nutze. So werden gefundene Entitäten mit den für ihren Typ wichtigsten Eigenschaften angezeigt. Zusätzlich ist es beispielsweise bei Falcons möglich, die Suchergebnisse nach ihren Typen einzuschränken.

## Linked-Data-basierte Anwendungen

Die bisher vorgestellten generischen Benutzerschnittstellen ermöglichen menschlichen Nutzern einen direkten Zugriff auf Linked Data. Während diese direkte Interaktionsform hauptsächlich für Experten geeignet ist, werden Endnutzer eher indirekt über domänenspezifische Programme auf Linked Data zugreifen. Diese Programme unterstützen bestimmte Anwendungsfälle und bieten spezielle Funktionalitäten, für deren Umsetzung auf Linked Data zurückgegriffen wird. Beispiele für solche Linked-Data-basierten Anwendungen sind:

- die Review- und Bewertungsplattform *Revyu* (Heath und Motta 2008)
- das Ressourcenverwaltungssystem für Dozenten und Studierende *Talis Aspire* (Clarke 2009)
- das Informationsangebot zu Musik und Programminhalten der BBC (Kobilarov et al. 2009)
- das Mashup *Researchers Map* zu Forschern und deren Publikationen (Hartig et al. 2009b)

Analog zu traditionellen Web-Anwendungen sind diese Linked-Data-basierten Anwendungen auf eine spezielle, thematisch eingeschränkte Menge von Daten zugeschnitten und bieten eine darauf angepasste Benutzeroberfläche. Durch den Einsatz von Linked Data sind diese Anwendungen jedoch nicht auf Daten aus einer fest vorbestimmten Menge von Quellen eingeschränkt. Im Folgenden zeigen wir, wie Linked-Data-basierte Anwendungen auf Linked Data zugreifen können.

## 7.4.3 Zugriff in Anwendungen

Analog zu den beiden generischen Schnittstellen für menschliche Benutzer können Linked-Data-basierte Anwendungen einerseits automatisiert durch das Web navigieren und andererseits Daten mittels Schlüsselwortanfragen an Suchmaschinen finden. Eine weitere Zugriffsmethode ist die Ausführung komplexer Anfragen über relevante Linked-Data-Datensätze. Im Folgenden gehen wir auf diese drei Möglichkeiten ein.

**Zugriff durch automatische Navigation im Web of Data**

Im einfachsten Falle greifen Linked-Data-basierte Anwendungen durch das Nachschlagen von URIs im Web auf Linked Data zu. Diese Zugriffsmethode kann in einem Programm sehr einfach umgesetzt werden, da für die meisten Programmiersprachen Software-Bibliotheken angeboten werden, welche die Anwendung des HTTP-Protokolls unterstützen. Hierbei ist lediglich zu beachten, dass bei den HTTP-Abfragen die unterstützten RDF-Serialisierungsformate als akzeptierte Antwortformate angegeben werden. Der Inhalt der HTTP-Antworten kann dann durch einen Parser für das jeweilige Serialisierungsformat der Antwort in eine programminterne Repräsentation eines RDF-Graphen überführt werden.

Ein RDFa-Parser ermöglicht es auch , gegebenenfalls in einem (X)HTML-Dokument eingebettete RDF-Daten zu extrahieren. Als eine umfangreiche Übersicht zu existierenden Parsern und anderen Entwicklungswerkzeugen empfehlen wir das Semantic Web Wiki des W3C unter der Adresse http://www.w3.org/2001/sw/wiki/Tools. Ein Beispiel für das Nachschlagen der URI http://dbpedia.org/resource/Berlin mittels Java und das Parsen durch das RDF-Framework Jena (Carroll et al. 2004) zeigt der folgende Quellcodeauszug:

```
URL url = new URL( "http://dbpedia.org/resource/Berlin" );
HttpURLConnection con = (HttpURLConnection) url.openConnection();
con.addRequestProperty( "Accept", "application/rdf+xml;q=1,"
                        + "text/turtle;q=0.9,"
                        + "text/n3;q=0.9" );
con.connect();

Model rdf = ModelFactory.createDefaultModel();
if ( con.getResponseCode() == 200 ) {
  String ctype = con.getContentType();
  if ( ctype.startsWith("application/rdf+xml" ) ) {
    rdf.read( con.getInputStream(), null, "RDF/XML" );
  }
  else if ( ctype.startsWith("text/turtle") )
    rdf.read( con.getInputStream(), null, "TURTLE" );
  }
  else if ( ctype.startsWith("text/n3") ) {
    rdf.read( con.getInputStream(), null, "N3" );
  }
  else {
    // Behandlung unerwarteter Antwortformate ...
  }
} else {
  // Behandlung unerwarteter Antworten ...
}

con.disconnect();
```

## 7.4 Zugriff auf Linked Data

Die so aus dem Web abgerufenen Daten können dann visualisiert, mit anderen Daten kombiniert oder anderweitig verarbeitet werden. Eine häufig angewandte Methode, um zusätzliche relevante Daten zu finden, ist das Nachschlagen weiterer URIs, welche in den bereits abgerufenen Daten erwähnt werden. Dieses Vorgehen kann als eine Art automatischer Navigation durch das Web angesehen werden und ermöglicht die Verwendung von Daten aus unterschiedlichen Quellen, von denen einige so erst während der Programmausführung nachgeschlagen werden.

**Automatischer Zugriff auf Linked-Data-Suchmaschinen**

Neben der Oberfläche für menschliche Benutzer bieten Linked-Data-Suchmaschinen auch eine Programmierschnittstelle, welche aus einem Programm heraus über das Web angesprochen werden kann. Hierüber können Linked-Data-basierte Anwendungen Schlüsselwortanfragen stellen. Ergebnisse dieser Anfragen sind eine Menge von URIs, welche Entitäten identifizieren, die für das jeweilige Schlüsselwort relevant sind. Wie im vorherigen Abschnitt vorgestellt, kann eine Anwendung diese URIs dann im Web nachschlagen, um Daten über die zugehörigen Entitäten zu erhalten.

Neben den Schlüsselwortanfragen stellen einige der Suchmaschinen über ihre Programmierschnittstelle weiterer Funktionalitäten bereit. Beispielsweise ermöglicht Sindice die Ausführung einfacher Tripelmusteranfragen über den indizierten Daten und bietet einen „URI Lookup-Service". Letzterer dient der Suche nach RDF-Dokumenten, welche eine angegebene URI in mindestens einem enthaltenen RDF-Tripel erwähnen. Damit können weitere Daten zu einer Entität gefunden werden, welche nicht von den Daten aus verlinkt sind, die beim Nachschlagen der jeweiligen URI abgerufen werden können. Für eine Beschreibung zur Benutzung der angebotenen Programmierschnittstellen und deren Funktionalitäten verweisen wir auf die Dokumentationen der Suchmaschinen.

**Anfrageausführung über dem Web of Linked Data**

Eine weitere Methode in Anwendungen auf Linked Data zuzugreifen, ist die Ausführung von komplexen Anfragen, welche beispielsweise durch die Anfragesprache SPARQL (siehe Abschnitt 6.1.2) ausgedrückt werden. So ist es möglich, SPARQL-Anfragen über alle Daten eines Linked-Data-Datensatzes auszuführen, wenn für diesen Datensatz ein SPARQL-Anfragedienst angeboten wird. Während diese Möglichkeit für einige Anwendungen bereits eine ausreichende Menge nützlicher Ergebnisse liefern kann, so werden solche Anwendungen und deren Benutzer jedoch nicht davon profitieren, dass das Web of Data einen riesigen Datenraum mit vielen verknüpften Datensätzen darstellt. Ein solcher Vorzug kann erst durch Anfragen genutzt werden, für deren Beantwortung Daten aus mehreren Datensätzen in Betracht gezogen werden. Um diese Form der Anfragebearbeitung zu ermöglichen, existieren verschiedene Ansätze. Auf die drei wichtigsten gehen wir im Folgenden kurz ein. Eine detaillierte Diskussion zu möglichen

Ansätzen der Anfragebearbeitung über dem Web of Data findet sich in (Hartig und Langegger 2010).

**Data Warehousing** Die erste Möglichkeit der Ausführung von SPARQL-Anfragen über mehreren Linked-Data-Datensätzen beruht auf der Idee des *Data Warehousing* aus dem Datenbankbereich. Hierbei werden die Anfragen über einer RDF-Datenbank ausgeführt, deren Inhalt aus mehreren Linked-Data-Datenquellen kopiert wurde. Durch die Zentralisierung der Daten können die Anfragen überaus effizient bearbeitet werden, was diesen Ansatz sehr performant macht. Andererseits kann es wegen der Verwendung von Kopien dazu kommen, dass die Anfrageergebnisse, in Bezug auf die originalen Datenquellen, nicht mehr aktuell sind. Dieser Nachteil könnte durch geeignete Synchronisationsmechanismen teilweise aufgehoben werden. Hierfür existiert jedoch derzeit kein Ansatz, welcher von Linked-Data-Datenquellen unterstützt wird.

**Föderierte Anfragen** Auch die zweite Möglichkeit, SPARQL-Anfragen über mehreren Linked-Data-Datensätzen auszuführen, stammt aus dem Datenbankbereich. Hier wird das Web of Data als *föderierte Datenbank* verstanden, die aus vielen, autonomen SPARQL-Anfragediensten besteht. Das Anfragesystem zerlegt eine zu bearbeitende SPARQL-Anfrage in Teilanfragen, welche jeweils über einer bestimmten Menge von Linked-Data-Datensätzen beantwortet werden können. Die Bearbeitung dieser Teilanfragen wird dann auf die jeweiligen Anfragedienste zu den entsprechenden Datensätzen verteilt. Die Ergebnisse, mit denen die Anfragedienste die Teilanfragen beantworten, werden als Zwischenergebnisse der gesamten Anfragebearbeitung verstanden und im Anfragesystem zu Antworten für die zu bearbeitende Anfrage zusammengefügt.

In ungünstigen Fällen können sich bei diesem Zusammenfügen viele der über das Internet ausgetauschten, Zwischenergebnisse als unbrauchbar erweisen. Außerdem kann die gesamte Anfrageausführung, wegen der Autonomie der einbezogenen Anfragedienste, nicht so exakt optimiert werden, wie bei einem zentralisierenden Ansatz. Entsprechend bietet die RDF-Datenbank mit Kopien relevanter Daten in der Regel eine bessere Performanz als föderierte Ansätze. Darüber hinaus entspricht die Integration autonomer Datenquellen eher dem Gedanken des Webs als offenem Gesamtsystem und hat den Vorteil, dass Anfragen auf den Originaldaten ausgeführt werden und die Ergebnisse damit aktuell sind.

**Verweisbasierte Anfrageausführung** Sowohl bei dem zentralisierenden Ansatz als auch bei der föderierten Anfragebearbeitung wird von einer festen Menge bekannter Datenquellen ausgegangen, welche für die Anwendung relevante Daten enthalten. Entsprechend können für die Anfragebearbeitung keine Daten in Betracht gezogen werden, die aus anderen, möglicherweise relevanteren Quellen stammen.

Eine Alternative bietet die *verweisbasierte Anfrageausführung*, die die Idee der automatischen Navigation im Web of Data mit der Bearbeitung von Anfragen verbindet (Hartig et al. 2009a). Auf den Daten, die durch Nachschlagen der URIs in einer SPARQL-Anfrage aus dem Web geladen werden können, wertet das Anfragesystem Teile der Anfrage aus. Die dabei entstehenden Zwischenergebnisse enthalten üblicherweise weitere URIs, über die weitere Daten aus dem Web abgerufen werden können. Auf diesen Daten können wiederum Teile der Anfrage ausgewertet und weitere Zwischenergebnisse bestimmt werden. Entsprechend werden bei der verweisbasierten Anfrageausführung abwechselnd URIs nachgeschlagen und Teile der Anfrage über einer stetig wachsenden Menge von abgerufenen Daten ausgewertet. Letztendlich werden aus den Zwischenergebnissen Ergebnisse für die Anfrage erzeugt.

Da bei diesem Ansatz nur solche Verweise im Web of Data verfolgt werden, welche den Tripelmustern in der Anfrage entsprechen, und hier entsprechende Pfade endlich sind, ist garantiert, dass die Anfrageausführung terminiert.

Der Vorteil des verweisbasierten Ansatzes ist, dass Daten aus Quellen in die Beantwortung von Anfragen einbezogen werden können, deren Existenz der Anwendung unbekannt sein kann. Im Gegensatz zu den anderen beiden Möglichkeiten, erlaubt es dieser Ansatz, das volle Potenzial eines offenen Web of Linked Data auszunutzen.

Ein Anfragesystem, welches eine verweisbasierte Anfrageausführung umsetzt, wird im Rahmen des SQUIN-Projekts (`http://squin.org`) entwickelt. SQUIN kann als eine Softwarebibliothek in ein Java-Programm eingebunden oder als SQUIN-Dienst in eine beliebige Web-Anwendung integriert werden. Im zweiten Fall wird SQUIN angesprochen wie ein SPARQL-Anfragedienst.

## 7.5 Beispiel

Gesine Mustermann betreut eine Datenbank der Unternehmensangehörigen. Diese Datenbank enthält grundlegende Informationen wie Name, E-Mail-Adresse, dienstliche Telefonnummer oder auch die Büronummer. Außerdem werden auch Informationen zu auf Konferenzen akzeptierten Papieren und dort gehaltenen Vorträgen gespeichert.

Um die Sichtbarkeit und Transparenz zu erhöhen, entschließt sich Gesines Firma, Teile dieser Datenbank als Linked Open Data verfügbar zu machen. Dazu werden die Richtlinien der *Relation Databases to RDF Mapping (RDB2RDF) Working Group* des W3C (`http://www.w3.org/2001/sw/rdb2rdf/`) befolgt, sowie Software wie D2RQ (Bizer und Seaborne 2004b) benutzt, womit sich die interne Datenbankstruktur auf eine RDF-Ontologie abbilden lässt. Es wird entschieden, das FOAF-Schema für persönliche Daten zu benutzen. SWRC (Semantic Web Research Community, `http://ontoware.org/swrc/`) wird zur Darstellung von Veröffentlichung und Konferenzen benutzt. D2RQ bietet auch einen SPARQL-Endpunkt für diese Daten an, wobei SPARQL-Anfragen direkt auf SQL-Anfragen der unterliegenden Datenbank abgebildet werden. Auch Content Negotiation zum Anbieten einer für normale Browser nötigen HTML-Version der einzelnen Seiten sowie verschiedener RDF-Varianten für anfragende LOD-Clients wird unterstützt.

Gesine hat auch eine persönliche Homepage. Als technologiebegeisterter Mensch benutzt sie bereits seit einigen Jahren RDFHomepage (Grimnes et al. 2006), das ihre HTML-Homepage unter anderem aus ihrem FOAF-Profil erzeugt. Da die Firma mittlerweile auch LOD-Informationen zu ihrer Person anbietet, kann sie die resultierenden zwei FOAF-Profile per *owl:sameAs* miteinander verknüpfen und so klarmachen, dass es sich um ein und dieselbe Person handelt. Außerdem hat Gesine auf ihrer Homepage weitere Informationen über sich hinterlegt. z. B. hat sie bereits ihre Lieblingsweine mittels der bereits sehr alten Wein-Ontologie dargestellt. Sie entschließt sich nunmehr auch dazu, weitere inzwischen durch die LOD-Technik verfügbar gewordenen Informationen zu benutzen; so verlinkt sie auf ihre Lieblings-Fernsehserie. Sie fügt ihren Daten also ein Tripel hinzu, dass sie per *foaf:likes* mit *dbpedia:James_Bond* verbindet. Um zu sehen, was LOD aus diesen Daten alles machen kann, lässt sie sich ihre Homepage durch einen Semantic Web-Browsers darstellen. Der Browser fragt beim *sameas.org*-Dienst nach und findet heraus, dass James Bond auch einen Eintrag in DBTropes hat. Gesine geht dorthin und verbringt die nächsten Stunden damit, alles über die berühmten *Bond One Liner* herauszufinden, lernt aber auch die Tropen Double Entendre, Supervillain Lair, Cash Cow Franchise und viele andere kennen sowie die Filme, die – ebenso wie Bond – von diesen Tropen Gebrauch machen.

## 7.6 Fazit

In diesem Kapitel wurde der Ursprung von „Linked Open Data" erläutert. Dabei handelt es sich um eine Community und eine Sammlung von Techniken, die es erlauben, große Mengen von Daten maschinenlesbar und leicht verknüpfbar öffentlich verfügbar zu machen. Es wurde auf die technische Realisierung von LOD-Diensten eingegangen und die Best Practices dabei aufgezeigt. Im Zusammenhang mit der Erweiterung bestehender Dienste um LOD-Schnittstellen wurden verschiedene Ansätze vorgestellt.

Zur Nutzung von Linked Open Data stehen verschiedene Browser zur Verfügung, von denen einige thematisiert wurden. Besonders interessant wird LOD, wenn darauf mit komplexen Anfragen wie SPARQL zurückgegriffen werden kann. Die Vorstellung von Ansätzen zu diesem Themenkomplex bildete den Abschluss dieses Kapitels.

## 7.7 Weiterführende Literatur

In der Literatur finden sich zahlreiche Veröffentlichungen zu Linked Open Data. Das Buch von Heath und Bizer (Heath und Bizer 2011) gibt einen guten Überblick über den State of the Art. Das *International Journal On Semantic Web and Information Systems* hat 2010 eine Sonderausgabe für Linked Data publiziert (Sheth et al. 2010). Für weitere Weblinks, Softwareusw. ist das Community-Portal linkeddata.org zu empfehlen.

*Gunnar Aastrand Grimnes, Olaf Hartig, Malte Kiesel, Marcus Liwicki*

# 8 Semantik in der Informationsextraktion

## Übersicht
8.1 Informationsextraktion .............................................. 203
8.2 Generischer Aufbau einer Informationsextraktion ...................... 204
8.3 Ontologien in der Informationsextraktion ............................. 215
8.4 Formale Repräsentation von Extraktionsresultaten ..................... 219
8.5 Fazit ............................................................... 224
8.6 Weiterführende Literatur ............................................ 224

In den Kapiteln über Wissensrepräsentation, Semantische Netze und RDF wurden Modelle, Methoden, und Techniken erläutert, um allgemein Informationen für eine Maschine interpretierbar zu repräsentieren. In diesem Kapitel werden Methoden vorgestellt um Informationen aus Texten, die in natürlicher Sprache verfasst wurden, mit maschinellen Verfahren zu interpretieren. Im Allgemeinen werden diese Verfahren unter dem Begriff **Informationsextraktion** zusammengefasst.

Im Vergleich zum Menschen sind maschinelle Sprachverarbeitungsverfahren (engl. natural language processing, NLP) nicht in der Lage den Inhalt von Texte wirklich zu verstehen. Eine Ursache dieses maschinellen Unverständnisses begründet sich darauf, dass die nötigen formalen Strukturen, die natürlicher Sprache zugrunde liegen, für die Maschine schwer erfassbar sind. Formale Kenntnisse über die verwendeten Strukturen einer Sprache wie zum Beispiel Wörter, Phrasen oder Sätze, Nomen, Pronomen und Verben sind allerdings erforderlich um mit maschinellen Verfahren Informationen aus Texten automatisch extrahieren zu können.

Zudem wird das automatische Verarbeiten von Sprache weiterhin durch die vielfach auftretenden Mehrdeutigkeiten innerhalb einer Sprache erschwert. Ob zum Beispiel mit dem Begriff „Bank" das Geldinstitut oder die Sitzgelegenheit gemeint ist, lässt sich zumeist nur durch die Analyse des umgebenen Textes auflösen. Für den Menschen birgt diese Komplexität eine lyrische und manchmal ironische Komponente, ohne die das Lesen von Literatur oft langweilig wäre. Doch im Bezug auf maschinelle Verfahren erhöhen solche sprachliche Mehrdeutigkeiten die Komplexität der anzuwendenden Verfahren erheblich.

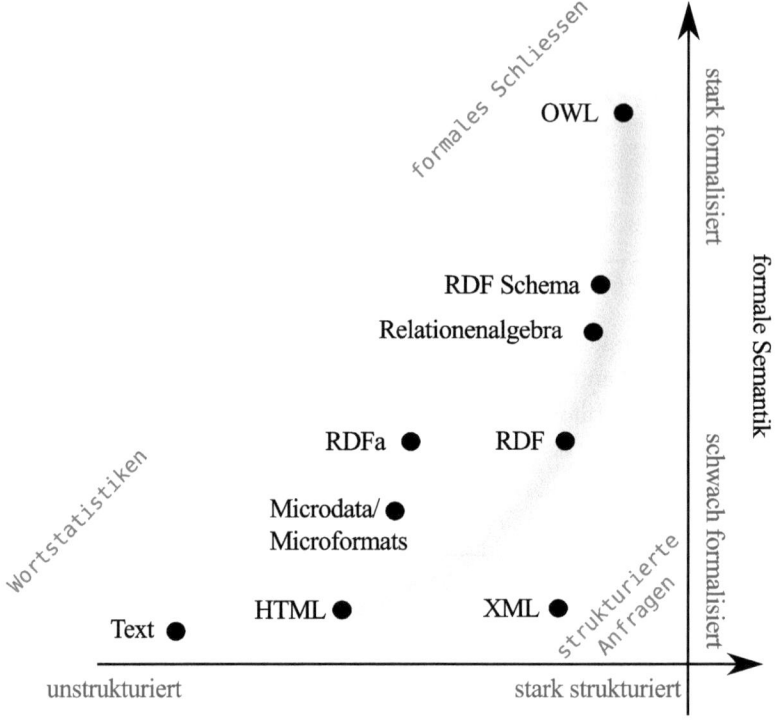

**Abb. 8.1** Einordnung gängiger Formate zur Repräsentation von Informationen entlang einer syntaktischen und semantischen Dimension.

Generell werden in der Informationsextraktion Verfahren der NLP-Techniken eingesetzt. Diese erlauben es, natürlich-sprachliche Texte zu verarbeiten, um sie mit formalem sprachlichem Wissen anzureichern. Darauf aufbauend können letztendlich die Extraktionsverfahren dem Text die gewünschten Informationen entnehmen. Extrahierte Ergebnisse werden in einer strukturierten Form zurückgeliefert. Die Informationsextraktion ist daher als ein Anwendungsgebiet der maschinellen Sprachverarbeitung zu verstehen.

Je nach verwendetem Extraktionssystem und Anwendung kann die Form der zurückgelieferten Ergebnisse von einer gefüllten Tabelle, zu Datenbanken, bis hin zu logischen Axiomen in OWL reichen. Insofern lässt sich eine Informationsextraktion auch als eine Art Formalisierung von bisher unstrukturierten Textinhalten verstehen. Hierbei nimmt das System als Eingabe den Informationsbedarfs des Benutzers und einen Texten entgegen und erzeugt als Ausgabe eine Formalisierung des Textinhaltes in Bezug auf den gegebenen Informationsbedarfs. Um diesen Prozess zu verdeutlichen, wurde in Abbildung 8.1 Text in Bezug gesetzt zu der gegebenen formalen Syntax und Semantik von Wissensrepräsentationsformaten, die in den vorhergegangenen Kapiteln bereits erläutert wurden.

Dieses Kapitel stellt in Abschnitt 8.1 zunächst allgemeine Aspekte einer Informationsextraktion vor. Darauf aufbauend werden in Abschnitt 8.2 die zugrunde liegenden Vorgehensweisen und NLP-Techniken dargestellt. Abschnitt 8.3 stellt die möglichen Verwendungen von Ontologien in der Informationsextraktion vor. Im Abschluss beschreibt Abschnitt 8.4 die formale Repräsentation von extrahierten Informationen aus Texten. Zudem wird auf weiterführende Literatur eingegangen, die einzelne vorgestellte Verfahren tiefer gehend erläutern.

## 8.1 Informationsextraktion

Nach Ralph Grishman ist das Ziel der Informationsextraktion, dem Benutzer aus einem Text die von ihm gewünschten Informationen in seiner bevorzugten Sprache, in einem nützlichen Grad der Detaillierung und in einem gewünschten Format korrekt zurück zu liefern (siehe Webseite von Projekt Proteus `http://nlp.cs.nyu.edu/`).

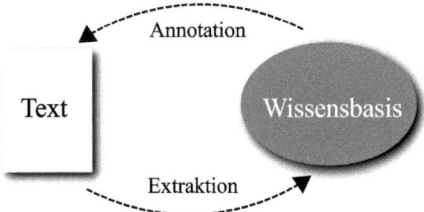

**Abb. 8.2** Korrelation zwischen Extraktion von Informationen aus Texten und Annotation von Texten mit Informationen aus einer Wissensbasis.

Im Allgemeinen, lässt sich das zurückgelieferte Format in einer Wissensbasis zusammenfassen. Wie in Abbildung 8.2 verdeutlicht, füllt die Informationsextraktion vom Benutzer vorgegebene Teile der Wissensbasis mit Informationen aus Texten. Im Umkehrschluss kann das vorhandene Wissen einerseits genutzt werden, um den Extraktionsprozess zu unterstützen oder andererseits, um die ursprünglichen Texte mit den formal repräsentierten Ergebnissen in Form von Annotationen (vgl. Abschnitt 12.4.1) anzureichern.

Zum Beispiel könnte Gesine Mustermann E-Mails ihrer Kunden durch eine Informationsextraktion automatisch verarbeiten lassen, um aus jeder E-Mail direkt den jeweiligen Kunden zu extrahieren und mit seiner existierenden Kundennummer in Bezug zu setzen. Hierdurch wird es ermöglichst, zu jeder E-Mail direkt den Kunden, seine aktuellen Verträge und vergangene Korrespondenzen angezeigt zu bekommen.

## 8.2 Generischer Aufbau einer Informationsextraktion

Informationsextraktionssysteme sind allgemein auf einem Prozess aufgebaut, der zunächst die syntaktischen Segmente und Strukturen in Texten erkennt und diese formal mit sprachlichem Wissen anreichert. Auf dieser Formalisierung aufbauend wird in der semantischen Analyse der Inhalt von Texten analysiert, um letztendlich eine gegebene Struktur mit Informationen aus dem Text zu füllen. Diese Struktur wird in der Informationsextraktion als Template bezeichnet.

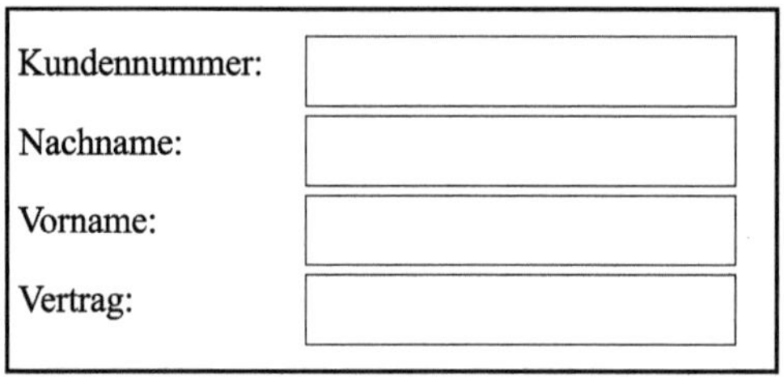

Kundennummer:

Nachname:

Vorname:

Vertrag:

**Abb. 8.3** Extraktions-Template welches aus gegebenen Texten einer Kundenkorrespondenz notwendige Informationen über den Kunden und sein Anliegen (hier Vertragsnummer) beschreibt.

Folgende NLP-Techniken sind nötig, um durch eine Informationsextraktion ein Template, wie in Abbildung 8.3 dargestellt, mit Informationen aus Texten zu füllen.

### 8.2.1 Syntaktische Analyse

Unterschiedliche Dokumentformate kodieren Text in unterschiedlichen Formaten. Proprietäre Formate wie zum Beispiel das von Microsoft Word verwendete Format oder das von Adobe spezifizierte „Portable Document Format" (PDF) erfordern eine normalisierte Darstellung des enthalten Text in einer einheitlichen Zeichenkodierung wie zum Beispiel UTF-8 (siehe http://www.utf8.com/). Basierend auf einem solchen Klartext kann ein Sprachenerkenner die im Text verwendete Sprache erkennen. Das Ziel der syntaktischen Analyse ist die Segmentierung von Texten in Wörter und Sätze. Die sprachlichen Bedeutungen einzelner Wörter in Sätzen können durch die Hinzunahme von Wissen über Wortarten angereichert werden, um Aufschluss darüber zu liefern, ob ein Wort innerhalb eines Satzes ein Verb oder ein Nomen ist, in welcher Flexionsform es vorliegt, ob es im Singular oder Plural und in welcher zeitlichen Form es verwendet wird. Anschließend erkennt ein Phrasenerkenner Sequenzen zusammenhängender Wörter als zusammengehörige sprachliche Einheiten. Im Folgenden wird auf jeden dieser Schritte genauer eingegangen und hierzu NLP-Techniken erläutert, die die jeweilige Verarbeitung implementieren.

## Textextraktion

Im Büroalltag ist es nötig, Texte aus verschiedenen Dokumentformaten zu verarbeiten. Auf HTML oder XML (vgl. Abschnitt 4.1.2) basierte Formate wie zum Beispiel E-Mail, das „Open Document Format" (ODF) oder das E-Book-Format *epub* bieten den Vorteil, dass sie auf einer Klartextrepräsentation basieren. Die Extraktion des Fließtextes kann in diesen Fällen einfach durch die Eliminierung sämtlicher Auszeichnungen zu Formatierungen durchgeführt werden. Binär kodierte Dokumentformate, wie zum Beispiel PDF, erfordern die Verwendung von Software-Bibliotheken zur Extraktion der Fließtexte. Die „Open Source"-Software Aperture (verfügbar unter `http://aperture.sourceforge.net/`) bietet diesbezüglich eine Lösung für die geläufigsten Dokumentformate an.

## Spracherkennung

Um nachfolgenden Schritten die Möglichkeit zu geben, auf einzelne Sprachen abgestimmte Verfahren zu wählen, wird meist eine Sprachenerkennung durchgeführt. Verfahren der Sprachenerkennung basieren häufig auf einem n-Gramm-Modell der jeweiligen Sprache. Die Häufigkeiten von 2 bis 5-Grammen in Texten der Sprache (siehe Abschnitt 5.2.2) bilden hierbei die Berechnungsgrundlage für einen probabilistischen oder heuristischen Klassifikator wie zum Beispiel „Naive Bayes" oder „Maximum Entropy" (siehe (Jurafsky und Martin 2008) oder (Freitag 2000) für eine tiefer gehende Erläuterung von maschinellen Lernverfahren im NLP-Bereich.).

**Beispiel: Deutsches n-Gramm-Modell** Die folgende Tabelle zeigt einen Auszug eines beispielhaften n-Gramm-Modells für die deutsche Sprache. Die Zahlen kennzeichnen die Häufigkeiten des Vorkommens im Textkorpus.

| 1-Gramme | Absolute Häufigkeit | 3-Gramme | Absolute Häufigkeit |
|---|---|---|---|
| e | 1151190 | en_ | 212612 |
| n | 733104 | er_ | 98528 |
| i | 602224 | _de | 85811 |
| 2-Gramme | Absolute Häufigkeit | 4-Gramme | Absolute Häufigkeit |
| n_ | 304955 | _die | 68254 |
| en | 292103 | der_ | 52443 |
| er | 247008 | die_ | 51429 |

Aufgrund der erkannten Sprache kann der Extraktionsprozess sich in nachfolgenden Analyseschritten für unterschiedliche Sprachmodelle entscheiden.

## Segmentierung von Wörtern

Die Segmentierung unterteilt den Text, der bisher lediglich als eine Sequenz aus Schriftzeichen repräsentiert wurde, in einzelne Segmente. Die kleinste Segmenteinheit bilden hier Wörter. In europäischen Sprachen ist die Trennung von Wörtern meistens trivial, da jeweils ein Leerzeichen zwischen Wörtern zu finden ist. Asiatische Sprachen müssen allerdings mit komplizierteren Verfahren segmentiert werden.

**Beispiel: Wortsegmentierungen**  Für den folgenden Satz zeigt dieses Beispiel, dass das Segmentieren von Wörtern unterschiedliche Strategien verfolgen kann.

*"Gesines E-Mailadresse lautet gesine@example.com"*

| Gesines | E-Mailadresse | lautet | gesine@example.com | | | | | |
| Gesines | E | - | Mailadresse | lautet | gesine | @ | example | . | com |

In europäischen Sprachen kann die Segmentierung von Wörtern zum Beispiel durch die Verwendung von regulären Ausdrücken implementiert werden. Ein solcher regulärer Ausdruck könnte folgendermaßen definiert werden:

**Beispiel: Regulärer Ausdruck zur Wordsegmentierung**  Der folgende reguläre Ausdruck beschreibt Leerzeichen (\ ), Bindestriche(\-), Tabulatoren(\t) und Zeilenumbrüche(\n) als eine Klasse von Zeichen.

```
[\ \-_\t\n]+
```

## Segmentierung von Sätzen

Verfahren zur Segmentierung von Text in Sätze basieren häufig auf Regeln und Heuristiken, um ein Satzende als solches zu klassifizieren. Hierbei gilt, dass gerade bei der Berücksichtigung von Klammerausdrücken und Abkürzungen sich die Qualität eines Satzerkenners feststellen lässt.

Das folgende Beispiel zeigt Sätze, in denen das Erkennen von Satzgrenzen allein auf der Analyse von Punkten fehlschlägt.

**Beispiel: Erkennung von Satzgrenzen**  *Die quant. Untersuchung (bspw. mit k-facher Kreuzvalidierung) zeigt:*

1. Die Präzision liegt zwischen 0.9 und 0.95
2. Die Vollständigkeit liegt bei konstant über 0.95

| Die quant. Untersuchung (bspw. mit k-facher Kreuzvalidierung) zeigt: |
|---|
| 1. Die Präzision liegt zwischen 0.9 und 0.95 |
| 2. Die Vollständigkeit liegt bei konstant über 0.95 |

Der sogenannte „Vanilla"-Ansatz erkennt das Ende eines Satzes auf Basis folgender Regeln:

> **1)** Falls ein Punktierungszeichen (!?.:) vorliegt, beendet es einen Satz.
> **2)** Falls jedoch das vorhergehende Wort in einer gegebenen Liste von Abkürzungen vorkommt, beendet das Punktierungszeichen nicht den Satz.
> **3)** Falls das nachfolgende Wort mit einem großen Buchstaben beginnt, so beendet das Punktierungszeichen den Satz.

Diese Strategie erreicht eine Erfolgsquote von circa 95% im Erkennen von Sätzen.

Sätze als sprachliche Segmente sind notwendig, um in nachfolgenden Verarbeitungsschritten, die Bedeutung einzelner Worte im Kontext eines Satzes genauer zu analysieren.

**Part-of-Speech-Tagging**

Unter Part-of-Speech-Tagging (POS-Tagging) versteht man die Anreicherung von Wörtern eines Textes mit Information über ihre Bedeutung innerhalb von Satzgrenzen in Form von Wortarten (engl. Part-of-Speech).

Wortarten sind unter anderen: Verben, Nomen, Adjektive und Adverben. Eine vollständige und beschriebene Liste von POS-Tags des Englischen kann im Brown-Korpus (siehe `http://khnt.aksis.uib.no/icame/manuals/brown/`) nachgeschlagen werden. Für die deutsche Sprache stellt der Tigerkorpus eine umfassende Beschreibung von deutschen Wortarten zur Verfügung (siehe `http://www.ims.uni-stuttgart.de/projekte/tiger/`).

**Beispiel: Wortarten (POS-Tags)** Im folgenden Beispiel sind zu einem bekannten deutschen Satz Wortarten mit zugehörigen POS-Tags aufgelistet.

| Die | Würde | des | Menschen | ist | unantastbar | . |
|---|---|---|---|---|---|---|
| ART | NN | ART | NN | VAFIN | ADJD | $. |
| Artikel | Nomen | Artikel | Nomen | finites Hilfsverb | Adjektiv | $. |

POS-Tagger mit guten Erkennungsraten basieren meistens auf Klassifikatoren aus dem Bereich des maschinellen Lernens. Im speziellen werden Hidden-Markov-Modelle, oder „Expactation Maximization"-Modelle in vielen Implementierungen verwendet (siehe (Freitag 2000),(Jurafsky und Martin 2008)).

POS-Tags dienen als Grundlage für eine Vielzahl von sprachlichen Analyseverfahren. Insbesondere das Wissen über Nomen und Verben ist erforderlich, für eine erfolgreiche Erkennung von Namen oder Fakten in Texten.

### Erkennung von Phrasen

Teil der grammatikalischen Struktur in Sprachen ist der Zusammenhang zwischen einzelnen Wörtern innerhalb eines Satzes. Phrasen bestehen hierbei jeweils aus einer Sequenz aus Wörtern. In der Linguistik werden Präpositionalphrasen, Nominalphrasen, Verbalphrasen, Adjektivphrasen und Adverbphrasen voneinander unterschieden.

Im folgenden Beispiel sind die Phrasen innerhalb des Satzes fett geschrieben.

**Beispiel: Phrasenarten**  Zur Verdeutlichung von sprachlichen Mustern wurden die POS-Tags mit einem Schrägstrich hinter jedes Wort geschrieben.

| Präpositionalphrase | Die/ART Uhr/NN hängt/VV **an/APPR der/ART Wand /NN** |
|---|---|
| Nominalphrase | **Die/ART Uhr/NN** ist/VV ziemlich/ADV teuer/ADJD |
| Verbalphrase | Die/ART Uhr/NN **gefällt/VV mir/PPER sehr/ADV** |
| Adjektivphrase | Die/ART Uhr/NN ist/VV **ziemlich/ADV teuer/ADJD** |
| Adverbphrase | Die/ART Ziffern/NN leuchten/VV **sehr/ADV hell/ADV** |

Die folgende Liste gibt eine Erläuterung zu den oben verwendeten POS-Tags.

**ADJD** Adjektiv, **ADV** Adverb, **APPR** Präposition, **ART** Artikel, **NN** Nomen, **PPER** Personalpronomen, **VV** Verb

Die Implementierung von Verfahren zum Erkennen von Phrasen (engl. text chunker) analysieren im allgemeinen Korrelationen innerhalb von Wortsequenzen und deren Wortarten. Insofern lässt sich ein einfacher Phrasenerkenner mithilfe von regulären Ausdrücke über POS-Tags und einzelne Wörter definieren. So findet zum Beispiel folgender Ausdruck Nominalphrasen in Texten.

**Beispiel: Phrasenerkennung**  Der unten stehende reguläre Ausdruck spezifiziert Nominalphrasen als Sequenz von Nomen (\NN), die mit einem Artikel (\ART) anfangen.

```
(/ART /NN+)
```

Auf Basis von existierenden Trainingsdaten erzielt man bessere Erkennungsraten, indem man sequentielle Klassifikatoren wie zum Beispiel „Hidden Markov"-Modelle oder „Conditional Random Fields" verwendet (siehe (Freitag 2000), (Jurafsky und Martin 2008)). Sequentielle Klassifikatoren erheben Statistiken über in einer Sequenz gemeinsam vorkommende Terme wie zum Beispiel Wörter oder POS-Tags. Hierbei lernen diese Klassifikatoren signifikante Muster (ähnlich zu dem vorhergehenden Beispiel) in den gegebenen Trainingsdaten. In Bezug auf Trainingsdaten lässt sich im Deutschen der Tigerkorpus empfehlen. Im Englischen stellt der CoNLL-2000-Korpus einen umfassenden Datenbestand unter http://www.clips.ua.ac.be/conll2000/chunking/) zur Verfügung.

### 8.2.2 Semantische Analyse

Bei der semantischen Analyse werden die erkannten syntaktischen Segmente und Phrasen auf ihren eigentlichen Bedeutungsinhalt analysiert. Primär geht es hierbei um die Erkennung von Entitäten wie zum Beispiel im Text erwähnte Personen, Orte oder Organisationen. Desweiteren ist es erforderlich unterschiedliche Referenzen auf identische Entitäten in Form von Pronomen oder Umschreibungen aufzulösen. Letztendlich kann durch eine tiefer gehende Analyse von Satzstrukturen auf Beziehungen zwischen Entitäten in Form von Fakten geschlossen werden.

#### Erkennung von benannten Entitäten

Das Erkennen und Klassifizieren von einzelnen Textsegmenten (Phrasen, Wörter) als Namen von Personen, Organisationen, Orten, Zeitausdrücken oder Währungsangaben, wird unter der Erkennung benannter Entitäten (engl. named entity recognition) zusammengefasst.

In den MUC-Konferenzen wurden Sätze wurde mit Auszeichnungen in XML-Syntax versehen, um verschiedene Arten von benannten Entitäten in Texten zu kennzeichnen.

**Beispiel: benannte Entitäten** Der folgende Text wurde in XML-Syntax mit Auszeichnungen über Personen, Datumsangaben und Organisationen angereichert.

```
<ENAMEX TYPE="PERSON">Rudi Baispilov</ENAMEX>
  arbeitet seit <TIMEX TYPE="DATE">2001</TIMEX>
  bei der <ENAMEX TYPE="ORGANIZATION">CarFS AG</ENAMEX>.
```

Generell basieren die meisten Erkenner von benannten Entitäten auf den Vergleich zwischen Textsegmenten und Wortlisten. Jede Wortliste besteht hierbei aus einer Sammlung bekannter Namen zu einem gegebenen Typ von Entität wie zum Beispiel Personennamen oder Ortsnamen (siehe(Nadeau und Sekine 2007)). Der umgebende Wortkontext liefert im Fall von überlappenden Listeneinträgen zusätzlich Aufschluss darüber, welchen Typ von Entität einer Phrase zugeordnet werden soll. Auch hier nutzt der Stand der Technik sequentielle Klassifikatoren. Im Englischen stellt die "Conference on Computational Natural Language Learning (CoNLL-2003)" unter `http://www.clips.ua.ac.be/conll2003/ner/` einen frei verfügbaren Korpus zur Verfügung.

### Erkennung von strukturierten Entitäten

Falls sich Entitäten anhand einer regelmäßigen Syntax erkennen lassen (z. B. URLs, E-Mail-Adressen oder Datumsangaben), spricht man von strukturierten Entitäten. Oft lassen sie sich diese durch einfache reguläre Ausdrücke repräsentieren.

**Beispiel: strukturierte Entität** Regulärer Ausdruck, der ein einfaches Muster zum Beschreiben einer E-Mail-Adresse spezifiziert. Auf eine Folge aus Buchstaben, Zahlen, Punkten und Strichen folgt das Zeichen "@". Darauf folgt wiederum eine Folge aus Buchstaben und Zahlen. Am Schluss beendet ein Punkt gefolgt von mindestens zwei Buchstaben die Form einer E-Mail.

```
( [a-zA-Z0-9\.\_\-]+ @ [a-zA-Z0-9]+ \. [a-z][a-z]+)
```

### Koreferenzanalyse

Wenn in einem Text verschiedene sprachlichen Segmente auf die gleiche Entität referenzieren, spricht man von einer Koreferenz. Algorithmen der Koreferenzanalyse versuchen demnach Ketten (Koreferenzketten) von Referenzen auf Entitäten aufzulösen.

**Beispiel: Koreferenzketten** Die folgenden Sätze beinhaltet zwei Koreferenzketten:

> <u>Rudi</u> lehnte sich aus dem **Fenster**.
> <u>Er</u> hatte **es** gestern offen gelassen.

Die erste Koreferenzkette verknüpft die benannte Entität „Rudi" mit einem Pronomen „er", während die zweite Koreferenzketten „Fenster" mit dem Pronomen „es" verbindet.

Es ist erforderlich Koreferenzen aufzulösen, um Informationen, die in unterschiedlichen Teilen des Textes beschrieben sind, einer einzelnen Entität zuordnen zu können. In der

Literatur wird dieser Vorgang daher auch als Unifikation von Entitäten gekennzeichnet (siehe (Appelt und Israel 1999)).

Ähnlich zur Vorgehensweise bei der Erkennung von benannten Entitäten und Phrasen kommen maschinelle Lernverfahren zum Einsatz, die zum Beispiel Pronomen ihren vorhergehenden benannten Entitäten zuordnen (siehe (Jurafsky und Martin 2008)).

### Auflösung sprachlicher Mehrdeutigkeiten

Die Auflösung sprachlicher Mehrdeutigkeiten (engl. disambiguation) versucht herauszufinden, welche Bedeutung ein Wort innerhalb eines Satzes hat, wenn mehrere Deutungen des Wortes möglich sind. Das Phänomen von multiplen Bedeutungen eines Wortes wird in der Linguistik Polysemie genannt. (In Bezug auf Mehrdeutigkeiten siehe auch Abschnitt 3.3.1, 4.1.3 und 5.2.1.)

**Beispiel: Mehrdeutigkeiten**  Laut Guinness Buch der Rekorde ist das deutsche Wort „Läufer" das Wort mit den meisten Bedeutungen. Die folgende Auflistung enthält einen Teil dieser möglichen Bedeutungen:

- ein langes schmales Format beim Teppich
- eine Figur im Schachspiel
- in der Musik eine schnelle Tonfolge
- ein junges Schwein
- einen schnellen Fußboten
- einen Sportler im Stadion

Um Mehrdeutigkeiten aufzulösen wird im Allgemeinen ein formales sprachliches Hintergrundwissen in Form eines Thesaurus genutzt. Unter Hinzunahme von Synonymen (Pferd, Ross), Oberbegriffen (Haus, Gebäude) und anderen Beziehungen zwischen einzelnen Worten und deren Bedeutung, kann innerhalb eines Satzes ein Kontext zu einem mehrdeutigen Wort aufgebaut werden. Hierbei bietet sich die Verwendung des linguistischen Thesaurus WordNet (wie in Abschnitt 3.3.1 beschrieben) an. Basierend auf WordNet wird insofern die Bedeutung zurückgeliefert, deren Kontext bestehend aus Synonymen und Oberbegriffen am besten mit der zugrunde liegenden Textquelle übereinstimmt.

### Erkennung von Fakten

Das Erkennen von Beziehungen zwischen erkannten Entitäten im Text (engl. relation extraction) ist im Bereich der Informationsextraktion eine Art Königsdisziplin. Die sprachliche Vielfalt stellt eine enorm hohe Komplexität dar, um kontrolliert einzelne Beziehungen zwischen Entitäten zu finden. Für viele Verben existieren Synonyme, und es wird als guter Schreibstil angesehen, eine möglichst große Vielzahl dieser Synonyme abwechselnd zu verwenden. Hinzu kommt die Möglichkeit Verben zu substantivieren.

**Beispiel: Faktenerkennung** Folgende Liste von Sätzen enthält in jedem Satz das identische Faktum `geboren_in(Rudi, München)`:

- Rudi wurde in München geboren.
- Rudi erblickte in München das Licht der Welt.
- Seine Mutter brachte Rudi in München zur Welt.
- Rudis Geburtsort ist München.

Verfahren zur automatischen Extraktion von Fakten aus Texten lassen sich im Allgemeinen in zwei Ansätze untergliedern.

**Überwachter Klassifikationsansatz** Für jede Beziehung wird ein Klassifikator trainiert, der entscheidet, ob diese Beziehung in einem Satz mit enthaltenen Entitäten und Phrasen vorkommt.

**Halb überwachtes Lernen** Für die zu extrahierenden Beziehungstypen spezifiziert der Domänenexperte eine handvoll Regeln. Durch einen iterativen Bootstrapping-Ansatz wird versucht diesen initialen Regelsatz in einer Korpusanalyse automatisch zu erweitern.

Im Folgenden werden lokale Textgrammatiken vorgestellt. Sie können für beide Ansätze verwendet werden. Lokale Textgrammatiken legen fest, aus welchem textuellen Kontext man Fakten extrahieren möchte. (Hearst 1992) stellte hierbei ein einfaches Konzept vor, um hierarchische Beziehungen aus bestimmten Wort- und Phrasenmustern in Texten zu extrahieren. Abbildung 8.4 zeigt eine solche Regel (im Allgemeinen „Hearst-Pattern" genannt).

```
Such NP as {NP,}* {or|and} NP
NP {,} including {NP,}* {or|and} NP
```

**Abb. 8.4** Hearst-Pattern zur Extraktion hierarchischer Beziehungen.

Die Regel wurde in diesem Fall mit Hilfe von Wörtern und Wissen über das Vorhandensein von Nominalphrasen definiert.

**Beispiel: Faktenextraktion** Die Regel in Abbildung 8.4 erlaubt es, aus dem folgenden englischen Satz das Faktum `instance_of(DFKI, research company)` zu extrahieren.

"... such research companies as DFKI"

Es ist möglich die Mächtigkeit solcher Regeln durch den Einsatz regulärer Ausdrücke zu erweitern.

(Hearst 1992) beschreibt ebenfalls ein Bootstrapping-Verfahren, welches den meisten halb überwachten Methoden der Faktenerkennung zugrunde liegt und folgendermaßen vorgeht:

## 8.2 Generischer Aufbau einer Informationsextraktion

> 1) Basierend auf einem Satz von Extraktionsregeln wird ein Textkorpus auf die erfolgreiche Anwendung dieser Regeln analysiert.
> 2) Für alle gefundenen Paare von Entitäten werden Sätze gesucht, die nicht den Regelbeschreibungen entsprechen aber dennoch beide Entitäten enthalten.
> 3) Falls sich hierbei Ähnlichkeiten in den lokalen Satzstrukturen feststellen lassen, so wird daraus eine neue Regel erzeugt und diese dem initialen Regelsatz hinzugefügt. Das Verfahren beginnt nun erneut bei Schritt 1 eine neue Iteration.

Nach Belieben kann das Bootstrapping-Verfahren so lange ausgeführt werden, bis die Menge der neu extrahierten Regeln gegen null konvergiert oder die Qualität der Resultate erheblich sinkt.

### 8.2.3 Templates

In der traditionellen Informationsextraktion wird der Umfang von zu extrahierender Information durch Templates spezifiziert. Die Aufgabe des Informationsextraktionssystems reduziert sich demnach auf das Füllen dieser Templates mit Informationen aus Textinhalten. Wir werden in Abschnitt 12.4.1 noch zeigen, wie solche Ansätze in der Praxis eingesetzt werden.

Häufig spezifizieren Templates den Informationsbedarf in Form von Attribut-Wert-Paaren. Wie auch schon bei Frames (siehe Abschnitt 2.6) beschrieben wird für jedes Attribut genau spezifiziert, welche Art und Struktur der Wertebereich einnehmen darf. Die Verwendung von Templates lässt sich auf die Definition von Skripten zurückführen, wie sie in Abschnitt 2.8 bereits behandelt wurden.

**Beispiel: Beziehungen** Das folgende Beispiel zeigt ein real verwendetes Template der MUC-5 zur Extraktion von Information über Firmenwechsel von Managern. Sie ist in BNF (Backus-Naur-Form) angegeben.

```
<TEMPLATE> :=
  DOC_NR   : "NUMBER"
  CONTENT  : <SUCCESSION_EVENT> *

<SUCCESSION EVENT> :=
  SUCCESSION_ORG  : <ORGANIZATION>
  POST            : "POSITION TITLE"|"no title"
  IN_AND_OUT      : <IN_AND_OUT> +
  VACANCY_REASON  : {DEPART_WORKFORCE, REASSIGNMENT, NEW_POST_CREATED, OTH_UNK}

<INAND OUT> :=
  IO_PERSON   : <PERSON>
  NEW_STATUS  : {IN, IN_ACTING, OUT, OUT_ACTING}
  ON_THE_JOB  : {YES, NO, UNCLEAR}
```

```
  OTHER_ORG      : <ORGANIZATION>
  REL_OTHER_ORG  : {SAME_ORG, RELATED_ORG, OUTSIDE_ORG}

<ORGANIZATION> :=
  ORG_NAME       : "NAME"
  ORG_ALIAS      : "ALIAS" *
  ORG_DESCRIPTOR : "DESCRIPTOR"
  ORG_TYPE       : {GOVERNMENT, COMPANY, OTHER}
  ORG_LOCALE     : LOCALE-STRING {{LOC_TYPE}} *
  ORG_COUNTRY    : NORMALIZED-COUNTRY-or-REGION | COUNTRY-or-REGION STRING *

<PERSON> :=
  PER_NAME  : "NAME"
  PER_ALIAS : "ALIAS" *
  PER_TITLE : "TITLE" *

LOC_TYPE :: { CITY, PROVINCE, COUNTRY, REGION, UNK }
```

Bei Konferenzen wie zum Beispiel der „Message Understanding Conference (MUC)" wurden eine Reihe von Templates zu Texten vorgegeben. Dies ermöglichte einen einfachen Vergleich bezüglich der Erkennungs- und Fehlerquote von teilnehmenden Informationsextraktionssystemen, in dem maschinell gefüllte Templates mit einem korrekten Goldstandard, bestehend aus manuell geprüften oder gefüllten Templates, verglichen wurden.

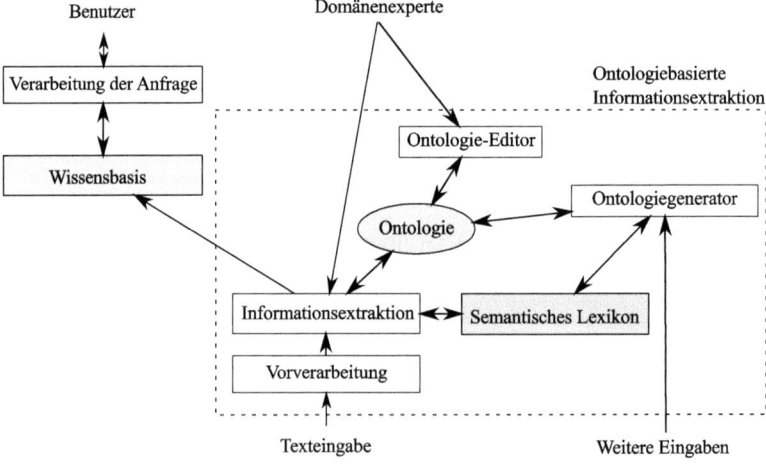

**Abb. 8.5** Allgemeine Architektur eines OBIE-Systems (siehe (Wimalasuriya und Dou 2010)). Grau gekennzeichnet wurden hier Komponenten auf die in diesem Kapitel eingegangen wird.

## 8.3 Ontologien in der Informationsextraktion

Der Einsatz von Informationsextraktionsverfahren kann durch die Verwendung von formalem Hintergrundwissen unterstützt werden. (Wimalasuriya und Dou 2010) beschreibt hierbei die Verwendung von Formalismen in der Informationsextraktion durch eine allgemeine Architektur eines ontologiebasierten Informationsextraktionssystems (siehe Abbildung 8.5). Hierbei wird zwischen einer Wissensbasis, die der Benutzer anfragen kann, und der Ontologie unterschieden. Im Vergleich zu traditionellen Informationsextraktionssystemen kann man hier die Rolle der Templates der Wissensbasis zuordnen. Das Informationsextraktionssystem an sich wird in seinem Extraktionsprozess durch die existierenden Strukturen der Ontologie unterstützt. Hierbei unterscheidet Wimalasuriya zwischen der Ontologie an sich und einem semantischen Lexikon. Sie teilt der Ontologie die Rolle einer schematischen Repräsentation und dem Lexikon die Rolle des Wissens über Instanzen zu. Beides kann jedoch von der Informationsextraktion erweitert werden. Wimalasuriya erlaubt in ihrer Architektur die Kapselung von bestehenden Informationssystemen durch Ontologien und Lexika. Interessanterweise fordert sie auch die Möglichkeit, einen menschlichen Domänenexperten auf die interne Logik einer Informationsextraktion Einfluss nehmen zu lassen.

Im Folgenden wird auf vier mögliche Anwendungen von formal modelliertem Wissen und Informationsextraktion eingegangen.

1) Wie bei (Wimalasuriya und Dou 2010) beschrieben, können Ontologien und semantische Lexika die Informationsextraktion im Verlauf eines Extraktionsprozesses helfen. Insbesondere Formalisierungen von Sprachkonzepten können hier die Extraktion unterstützen.
2) Eine besondere Form der Intergration von Ontologien stellen Extraktionsontologien dar. Sie bezeichnen eine formalisierte Modellierung von Templates, die es erlaubt, durch den Einsatz von Techniken der Wissensrepräsentation die Spezifikation von Templates zu verfeinern.
3) Neben der Formalisierung von Sprachkonzepten kann auch eine formale Beschreibung der Anwendungsdomäne, in der das Informationsextraktionssystem zum Einsatz kommen soll, eine Unterstützung zum Extraktionsprozess liefern.
4) Durch die Existenz einer Ontologie können formale Anfragesprachen verwendet werden, um Templates beispielsweise durch den Einsatz von SPARQL (siehe Abschnitt 6.1.2) zu definieren.

### 8.3.1 Formale Modellierung von sprachlichem Hintergrundwissen

Ontologien können sprachliche Konzepte formal in einem Thesaurus (siehe Abschnitt 3.3.1) repräsentieren. Im Fokus solch einer Repräsentation sind Beziehungen zwischen sprachlichen Begriffen, wie sie bereits in Abschnitt 2.5.2 im Kontext von semantischen Netzen eingeführt wurden.

- Generische Hierarchie (Ober-/Unterbegriff-Relation, Hypo-, Hypernymie)
- Synonymie (gleiche Bedeutung)
- Homonymie (verschiedene Bedeutungen bei gleichem Wortkörper)
- Polysemie (mehrere verwandte Bedeutungen)
- Antinomie (Gegensatzrelationen)
- Meronymie (Teil-/Ganzes-Relationen)
- und möglicherweise viele zusätzliche Sachrelationen des Anwendungsgebietes.

Ein Beispiel für einen solchen linguistische Thesaurus liefert WordNet (siehe http://wordnet.princeton.edu/ und Abschnitt 3.3.1). Es hat neben seiner englischen Urfassung auch Töchter in zahlreichen anderen Sprachen (siehe http://www.globalwordnet.org/gwa/wordnet_table.htm).

```
 1.  Car [-> object];
 2.  Car [0:1] has Year [1:*];
 3.  Car [0:1] has Make [1:*];
 4.  Car [0:1] has Model [1:*];
 5.  Car [0:1] has Mileage [1:*];
 6.  Car [0:*] has Feature [1:*];
 7.  Car [0:1] has Price [1:*];
 8.  PhoneNr [1:*] is for Car [0:1];
 9.  Year matches [4]
10.      constant {extract "\d{2}";
11.               context "\b'[4-9]\d\b";
12.               substitute "^" -> "19"; },
13.      ...
14.  Mileage matches [8]
15.      ...
16.      keyword "\bmiles\b", "\bmi\.", "\bmi\b",
17.              "\bmileage\b", "\bodometer\b";
18.  ...
```

**Abb. 8.6** Die erste Extraktionsontologie. Sie modelliert die Extraktion von Informationen über Autos in Online-Angeboten (Embley 2004).

## 8.3.2 Extraktionsontologien

In der Informationsextraktion beschreibt ein Template die zu extrahierende Entitäten anhand ihrer Eigenschaften. Diese Form der Repräsentation ist vergleichbar mit der Modellierung von Ontologien (siehe (Hobbs und Israel 1994, Nedellec und Nazarenko 2006)).

Wie in Abbildung 8.6 dargestellt, erschuf (Embley 2004) mit speziellen Extraktionsontologien einen Ansatz, Templates mittels formaler Methoden der Wissensmodellierung zu erstellen. Die dargestellte Ontologie beschreibt Eigenschaften von Autos unter Zuhilfenahme von Kardinalitäten und regulären Ausdrücken. Im Unterschied zu Templates, (wie in Abschnitt 8.2.3 dargestellt) kann ein Großteil der zur Extraktion nötigen Information durch Extraktionsontologien formal beschrieben werden. Templates, die zum

## 8.3 Ontologien in der Informationsextraktion

Beispiel in den neunziger Jahren während der „Message Understanding Conference (MUC)" verwendet wurden, mussten hingegen in teilweise über vierzig Seiten langen Dokumenten spezifiziert werden.

Der Nachteil von Extraktionsontologien ist, dass sie erst einmal erstellt werden müssen. (Nekvasil et al. 2008) beschreiben zwar ein Verfahren, welches automatisch aus einer in RDF formalisierten Wissensbasen eine Extraktionsontologien erstellt, jedoch führt die unterschiedliche Repräsentation der Datenhaltung und -nutzung zur Informationsextraktion dazu, dass Extraktionsresultate nicht ohne weiteres zurückfließen können, um einen Lernprozess innerhalb des Wissensbasis zu erreichen.

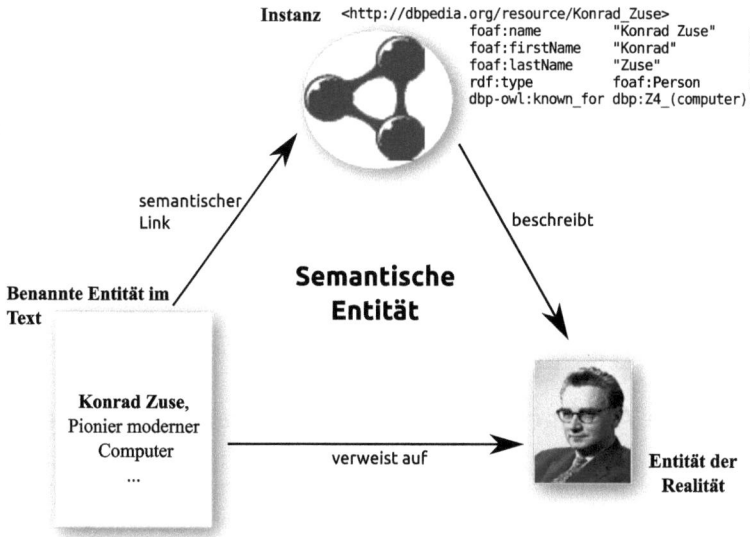

**Abb. 8.7** Verknüpfung von benannten Entitäten in Texten mit formalen Instanzen.

### 8.3.3 Formale Modellierung von Domänenwissen

Generell kann angenommen werden, dass ein Informationsextraktionssystem innerhalb einer Anwendungsdomäne (z. B. Kundendienst bei CarFS) zum Einsatz kommt. Existiert für eine solche Domäne bereits eine formale Beschreibung der existierenden Konzepte in Form einer Domänenontologie, so kann dieses Wissen genutzt werden, um die Informationsextraktion auf diese Domäne anzupassen.

Abbildung 8.7 zeigt eine solche Anpassung, in der die im Text erkannte benannte Entität auf eine Instanz einer Ontologie verweist. Dieser semantische Link erlaubt es, dem Text und insofern auch dem Extraktionsverfahren zusätzliche Informationen über diese Entität aus der Ontologie zur Verfügung zu stellen. Hierbei lässt sich diese Erweiterung einer benannten Entität durch einen semantischen Link als eine

Brücke zwischen der textuellen und der formalen Welt verstehen. Insofern kann diese Konstellation als semantische Entität bezeichnet werden.

```
PREFIX ...
SELECT * WHERE {
    ?politician rdf:type        foaf:Person;
                foaf:name       ?name;
                foaf:age        ?age;
                dbprop:district ?district;
                dbprop:affil    ?party.
    ?party      rdfs:label      ?partyName.
    ?district   rdfs:label      ?districtLabel.}
```

**Abb. 8.8** SPARQL-Anfrage als Template. Falls das Informationsextraktionssystem die DBpedia-Ontologie unterstützt, können hierdurch Informationen über Politiker aus Texten extrahiert werden.

### 8.3.4 Formale Anfragesprachen zur Spezifikation von Templates

Ontologien definieren ein formales Vokabular zur Beschreibung einer Domäne. Dieses Vokabular lässt sich in Form von formalen Anfragesprachen (z. B. SPARQL) nutzen, um ähnlich zu Templates den Informationsbedarf eines Benutzers zu beschreiben. In Abbildung 8.8 ist ein solches Template beispielhaft in Form einer SPARQL-Anfrage dargestellt.

Durch die Verwendung von formalen Anfragesprachen entfällt bei der Definition des Templates der Aspekt der Wissensmodellierung. Diese Eigenschaft ist wünschenswert, da man nun dem System nicht mehr erklären muss, wie eine Entität aussieht, um sie durch das System extrahieren zu lassen.

Allerdings ist es auf der anderen Seite erforderlich, dass ein auf Ontologien basiertes Informationsextraktionssystem, welches solche formale Anfragen entgegen nimmt, die Beschreibungen von Entitäten aus der formalen Definition des Schemas erhalten muss oder diese aus der Menge bekannter Instanzen erlernt.

## 8.4 Formale Repräsentation von Extraktionsresultaten

Informationsextraktionssysteme extrahieren für einen gegebenen Informationsbedarf die gesuchten Informationen aus Dokumenten. Im Folgenden wird die Möglichkeit dargelegt, diese Resultate dem Dokument in Form von semantischen Annotationen wieder hinzuzufügen.

### 8.4.1 Semantisches Anreichern von Dokumenten

Das Anreichern von unstrukturierten Inhalten mit semantischen Annotationen, seien es Querverweise oder integrierte Auszeichnungen, stellt eine Reihe von Möglichkeiten bereit, mit Technologien auf diese Inhalte zuzugreifen.

Das folgende Beispiel zeigt den Nutzen von semantischen Annotationen sowohl aus der Perspektive des Autors als auch der von Seite des Lesers.

**Beispiel: Formale Annotation von Nutzungsbedingungen**  Man stelle sich vor, dass Gesine ihre gesammelten Fotos und Präsentationsfolien mit Auszeichnungen über verwendete „Creative Commons"-Lizenzen versieht. Mit einem kleinen Skript fügt sie den Folien und Bildern das jeweilige Bild der „Creative Commons"-Lizenz mit einem Link auf die juristische Lizenzbeschreibung hinzu.

Der folgende Ausschnitt einer HTML-Seite zeigt Gesines Annotationen eines Bildes in Form der Auszeichnungssprache RDFa unter Benutzung eines von Creative Commons (siehe `http://creativecommons.org/`) bereitgestellten Vokabulars.

```
<div prefix="cc: http://creativecommons.org/ns#" about="http://www.
    flickr.com/photos/felipevieira/2419236855/" rel="cc:license"
    resource="http://creativecommons.org/licenses/by-nd/2.0/deed.de"
    >
<img src="http://www.flickr.com/photos/felipevieira/2419236855/"/>
<a href="http://www.flickr.com/photos/felipevieira" property="cc:
    attributionName" rel="cc:attributionURL">Felipe Vieira</a>
</div>
```

Rudi muss eine Präsentation vorbereiten und ist auf der Suche nach Bildern und interessanten Folieninhalten. Er stolpert über Gesines Seite und bemerkt rasch, dass einige Bilder (siehe Abbildung 8.9) und Folien von ihm wiederverwendet werden könnten. Er kopiert die Inhalte in seine im OpenDocument-Format erstellte Präsentation.
Die Anwendung erkennt hierbei die Lizenzinformationen und fügt den Inhalten direkt korrekte Hinweise auf den Urheber mit Namen und Verweis auf deren Webseite hinzu.

**Abb. 8.9** Formale Referenz auf eine Lizenz, die einem Bild zugeordnet wurde.

Das Beispiel zeigt, dass semantische Auszeichnungen einem Inhalt explizite Aussagen hinzufügen, mit deren Hilfe Algorithmen sowohl den Inhalt als auch die annotierten Aussagen bearbeiten können.

### 8.4.2 Semantische Annotationen

Beim Anreichern von Dokumenten mit semantischen Annotationen ergeben sich einige Herausforderungen, um gewährleisten zu können, dass die Annotationen erfolgreich konsumiert und interpretiert werden. Folgende Fragen sollten deswegen beantwortet werden können:

- Welche Ontologie oder zumindest welches Vokabular soll zum Auszeichnen verwendet werden?
- In welchem Format sollen die Auszeichnungen geschrieben werden?
- Wie sollen die Auszeichnungen gespeichert werden?
- Sind die Auszeichnungen statisch in Bezug auf das Dokument oder können unterschiedliche Auszeichnungen für einzelne Phrasen des gleichen Dokumentes vorkommen?
- Ist der Dokumentinhalt unveränderlich oder ändert er sich im Laufe der Zeit?

Hinsichtlich dieser Fragen stellten (Uren et al. 2006) allgemeine Aspekte von Annotationen auf, deren man sich bei der Erstellung von Annotationen bewusst sein sollte:

**Standardformate** Annotationen dienen der automatischen Weiterverarbeitung von Inhalten. Die Verwendung eines Standardformats vereinfacht hierbei die Verarbei-

## 8.4 Formale Repräsentation von Extraktionsresultaten

tung dieser Annotationen. Für allgemeine Annotationen über Dokumente bietet sich hierbei RDF als Format an, da es erstens genau zu diesem Zweck geschaffen wurde und zweitens eine weite Verbreitung aufweist. Wie das folgende Beispiel zeigt, ist es relativ einfach zu HTML-Seiten RDF-Informationen hinzuzufügen:

**Beispiel: RDF Metadaten** Das folgende HTML-Tag entstammt einem HTML-Kopf und enthält einen Verweis zu einem Dokument mit RDF-Daten, die in RDF/XML formatiert sind:

```
<title>BBC − Music − Queen</title>
<link rel="alternate" type="application/rdf+xml" href="http://www.
    bbc.co.uk/music/artists/0383dadf−2a4e−4d10−a46a−e9e041da8eb3.rdf
    " />
```

**Benutzerzentriertes Design** Falls Annotationen von Benutzern interaktiv erstellt werden können, sollte die angebotene Benutzeroberfläche vor allem benutzerfreundlich sein. Im Idealfall können die Annotationen direkt im Prozess des Texteditierens mit hinzugefügt werden. Ansonsten sollte das Markieren von Textpassagen sowie das Auswählen der geeigneten Auszeichnung so einfach wie möglich gehalten werden, um Engpässe zu vermeiden.

Bei der Visualisierung von Annotationen sollte die Lesbarkeit der eigentlichen Inhalte nicht beeinträchtigt werden. Dem Benutzer sollte immer die Entscheidung zustehen, sich näher mit einer Auszeichnung und damit verknüpften Zusatzinformationen zu beschäftigen oder nicht. Insofern sind dezente Markierungen oder Hervorhebungen durch Umrandungen, Schriftformatierung, Farbunterschiede oder lediglich Marker am Seitenrand zu verwenden (siehe Abbildung 8.10).

SPIEGEL Interview with NATO Head Anders Fogh Rasmussen

### 'We Will Stay in ⸨Afghanistan⸩ as Long as It Takes to Finish Our Job'

US ⸨President⸩ ⸨Barack Obama⸩ has recently announced a major troop buildup in ⸨Afghanistan⸩ and other NATO members will likewise be supplying more troops. NATO Secretary General Anders Fogh Rasmussen spoke with SPIEGEL about the 'warlike' conditions in ⸨Afghanistan⸩, how long NATO will stay and whether ⸨Russia⸩ might come to the alliance's aid.

**Abb. 8.10** Semantische Auszeichnungen, die durch den Web-Dienst Epiphany einer Spiegel-Online-Seite nachträglich hinzugefügt wurden. Der Originalartikel ist nachlesbar unter http://www.spiegel.de/international/world/0,1518,668055,00.html.

**Unterstützung der Ontologie** Annotationen oder ein Annotationssystem, welches diese generiert, sollte die verwendeten Ontologien möglichst gut unterstützen. Restriktionen über Datentypen (z. B. Format von Preisangaben) oder Attribute von Klassen (nur Produkte haben Preise) sollten geprüft werden.

Falls weitere Entwicklungen an einer Ontologie vorgenommen werden, zu der bereits Annotationen an Texten erstellt wurden, sollten diese Annotationen entweder aktualisiert und erneut geprüft werden oder der alten Version der Ontologie eindeutig zugeordnet werden können.

**Unterstützung von heterogenen Dokumentformaten** Es gibt derzeit eine Vielzahl gebräuchlicher Dokumentformate. Das Hinzufügen von Auszeichnungen zu Textpassagen ist nicht ohne beträchtlichen Aufwand realisierbar. Allerdings sollte hier das Augenmerk auf die XML-basierten Dokumentformate gerichtet werden (XHTML, HTML5, ODF), da sich deren interne Struktur relativ einfach mit weiteren Knoten verknüpfen lässt.

**Dokumente mit veränderlichen Inhalten** Nicht nur Ontologien und die enthaltenen Instanzen ändern sich, gerade Dokumente besitzen die Eigenschaft den Inhalt zu ändern und in immer neuen Versionen zur Verfügung zu stellen. Dynamische Webseiten, insbesondere Indexseiten (siehe www.spiegel.de) stellen teilweise im Minutentakt unterschiedliche Informationen bereit, und gerade diese Seiten sind es meistens, bei denen Nutzer semantische Annotationen benötigen. Annotationen sind insofern lediglich für eine Version eines Dokumentes gültig.

Eine der wichtigsten Fragestellungen bei der Erstellung von Annotationen ist die der Speicherung. Im Fall von semantischen Auszeichnungen werden Annotationen direkt in das Quelldokument gespeichert, jedoch gibt es bei allgemeinen Annotationen verschiedene Möglichkeiten, die einem sogar das Annotieren von unveränderlichen Dokumenten erlauben. Letztendlich lassen sich drei Persistenzstrategien unterscheiden:

**Eingebettete Annotationen** Falls Annotationen direkt im annotierten Dokument gespeichert werden, spricht man von eingebetteten Annotationen. Semantische Auszeichnungssprachen wie etwa RDFa oder Microformats sind Beispiele für eingebettete Annotationen. Falls Inhalt und Annotationen im gleichen Dokument gespeichert werden, verringert sich der Aufwand, Annotationen bei Änderungen am Text zu warten. Allerdings ist bei der Interpretation von zum Beispiel semantischen Auszeichnungen erst ein Parsen erforderlich, um die Annotationen korrekt in ihrem Kontext interpretieren zu können. Um einem Dokument eingebettete Annotationen hinzuzufügen, benötigt man einen schreibenden Zugriff auf dieses Dokument.

**Beispiel: Eingebettete Annotationen** Der folgende HTML-Auszug zeigt eingebettete Annotationen in Form von RDFa Auszeichnungen.

## 8.4 Formale Repräsentation von Extraktionsresultaten

```html
<div prefix="cc: http://creativecommons.org/ns#" about="http://www.
    flickr.com/photos/felipevieira/2419236855/" rel="cc:license"
    resource="http://creativecommons.org/licenses/by-nd/2.0/deed.de"
    >
<img src="http://www.flickr.com/photos/felipevieira/2419236855/"/>
<a href="http://www.flickr.com/photos/felipevieira" property="cc:
    attributionName" rel="cc:attributionURL">Felipe Vieira</a>
</div>
```

**Intrinsische Annotationen** Wie bereits im Abschnitt 1.4 über Metadaten erwähnt, werden intrinsische Annotationen im Vergleich zu eingebetteten Annotationen als externe Ressourcen gespeichert. Das annotierte Dokument beinhaltet lediglich Verweise zu diesen Ressourcen. Um solche semantische Annotationen zu verarbeiten, ist es im Allgemeinen nicht notwendig, sie erstens aus dem Dokument zu extrahieren und zweitens überhaupt das Dokument zu verarbeiten. Annotationen können darüber hinaus in einem vom Dokumentformat unabhängigen Format repräsentiert werden. Da jedoch das zu annotierende Dokument mit Verweisen zu den Annotationen angereichert werden muss, ist wie bei eingebetteten Annotationen ein schreibender Zugriff erforderlich.

**Beispiel: Intrinsische Annotationen** Der folgende HTML-Auszug entstammt einem HTML-Kopf und enthält einen intrinsischen Verweis zu einem Dokument mit RDF-Daten, die in RDF/XML formatiert sind.

```html
<title>BBC - Music - Queen</title>
<link rel="alternate" type="application/rdf+xml" href="http://www.
    bbc.co.uk/music/artists/0383dadf-2a4e-4d10-a46a-e9e041da8eb3.rdf
    " />
```

**Extrinsische Annotationen** Extrinsische Annotationen (siehe Abschnitt 1.4) werden ähnlich zu intrinsischen Annotationen extern gespeichert. Jedoch werden bei extrinsischen Annotationen die Verweise nicht im Dokument eingefügt, sondern umgekehrt, die Annotationen verweisen auf das Dokument. Dies hat den Vorteil, dass man keinen schreibenden Zugriff auf das Dokument benötigt. Allerdings kann man mit extrinsischen Annotationen nur schwer einzelne Passagen innerhalb des Dokumentes beschreiben.

**Beispiel: Extrinsische Annotationen** Das folgende RDF-Dokument aus den „BBC Programs" beschreibt das Dokument `http://www.bbc.co.uk/music/artists/0383dadf-2a4e-4d10-a46a-e9e041da8eb3.html` mit extrinsische Annotationen.

```
prefix foaf:  <http://xmlns.com/foaf/0.1/>
prefix mo:    <http://purl.org/ontology/mo/>
prefix bbc:   <http://www.bbc.co.uk/music/artists/>
prefix rdf:   <http://www.w3.org/1999/02/22-rdf-syntax-ns#>
prefix rdfs:  <http://www.w3.org/2000/01/rdf-schema#>

bbc:0383dadf-2a4e-4d10-a46a-e9e041da8eb3.rdf
   rdfs:label  "Description of the artist Queen" ;
   foaf:primaryTopic bbc:0383dadf-2a4e-4d10-a46a-e9e041da8eb3#artist
   .

bbc:0383dadf-2a4e-4d10-a46a-e9e041da8eb3#artist
   rdf:type mo:MusicArtist ;
   rdf:type mo:MusicGroup ;
   foaf:name "Queen" ;
   foaf:page bbc:0383dadf-2a4e-4d10-a46a-e9e041da8eb3.html ;
   owl:sameAs    <http://dbpedia.org/resource/Queen_%28band%29> ;
   mo:musicbrainz <http://musicbrainz.org/artist/0383dadf-2a4e-4d10-
       a46a-e9e041da8eb3.html> ;
   mo:image      <http://www.bbc.co.uk/music/images/artists/542x305
       /0383dadf-2a4e-4d10-a46a-e9e041da8eb3.jpg> .
```

## 8.5 Fazit

In diesem Kapitel wurde erläutert, wie sich die Informationsextraktion in den Kontext semantischer Technologien einordnet. Grundlegende Techniken der syntaktischen und semantischen Sprachverarbeitung wie zum Beispiel die Segmentierung von Sprache, die Anreicherung mit Wortarten und die Erkennung von benannten Entitäten wurden dargelegt. Der Einsatz von Ontologien im Bereich der Informationsextraktion wurde in unterschiedlichen Integrationsformen dargestellt. Anschließend wurde darauf eingegangen, inwieweit sich Resultate einer Informationsextraktion in die ursprüngliche Dokumentquelle formal zurückführen lassen. Semantische Annotationen wurden als technologische Basis vorgestellt.

## 8.6 Weiterführende Literatur

Für die allgemeine Einarbeitung in maschinelle Sprachverarbeitung können folgende Werke von (Carstensen et al. 2009b) und (Jurafsky und Martin 2008) empfohlen werden. Umfassende Überblicke über Informationsextraktion lassen sich in (Cowie und Wilks 2000), (Sarawagi 2008), (McCallum 2005), und (Appelt und Israel 1999) finden. Für ein schnelles Ausprobieren eignet sich das Gate-System (General Architecture For Text Engineering) (Cunningham et al. 2002) der Universität Sheffield. Im Bereich der ontologiebasierten Informationsextraktion verfasste (Wimalasuriya und Dou 2010) einen umfassenden Überblick. Darüber hinaus haben Buitelaar und Cimiano ein ebenfalls empfehlenswertes Buch über das Lernen von Ontologien aus Texten verfasst (Buitelaar et al. 2005). Für den Einsatz von maschinellen Lernverfahren in der Informationsextraktion eignet sich der folgende Aufsatz von (Freitag 2000). Die wichtigsten Konzepte von semantischen Annotationen wurden von (Uren et al. 2006) sehr schön in einem Überblick zusammengefasst.

*Benjamin Adrian, Brigitte Endres-Niggesmeyer*

# 9 Semantische Suche

**Übersicht**

| | | |
|---|---|---:|
| 9.1 | Der Begriff Semantische Suche | 228 |
| 9.2 | Kategorien semantischer Suchmaschinen | 230 |
| 9.3 | Architektur und Ansätze | 237 |
| 9.4 | Benutzerkontext, Personalisierung und Transparenz | 249 |
| 9.5 | Fazit | 251 |
| 9.6 | Weiterführende Literatur | 251 |

Eine der grundlegendsten Funktionen des Informationsmanagements ist die Suche. Semantische Technologien helfen die Suche erheblich zu verbessern, indem sie Wissen formal und somit maschineninterpretierbar beschreiben. Dies zielt nicht nur auf die Lösung des Problems der Synonyme (Laptop, Notebook) oder der Homonyme (Bank: Sitzbank, Geldinstitut) ab. Es erlaubt vielmehr auch die Beantwortung komplexer Anfragen, da die Suchworte nicht nur als eine Zeichenkette aufgefasst und mit anderen Zeichenketten verglichen, sondern semantisch (d. h. mit Hilfe formaler Semantiken) interpretiert werden. So könnte Rudi Baispilov von CarFS die Suchanfrage „wie lautet die Telefonnummer meiner Ansprechpartnerin für die Autoversicherung beim DFKI?" stellen, anstatt zuerst nach DFKI zu suchen und danach zu versuchen die richtige Person zu finden.

In diesem Kapitel wird der Begriff der Semantischen Suche erläutert (Abschnitt 9.1). Es wird beschrieben, welche Rolle Semantische Technologien bei der Suche spielen und welche Ansätze hierzu entwickelt wurden (Abschnitt 9.2). Des Weiteren wird die Architektur semantischer Suchmaschinen vorgestellt und die Beschaffenheit und das Zusammenspiel einzelner Komponenten (Abschnitt 9.3) erklärt. Schließlich behandeln wir weitere (komponentenübergreifende) Eigenschaften semantischer Suchmaschinen, wie Benutzerkontext, Personalisierung und Transparenz (Abschnitt 9.4). Der Beitrag schließt mit einem Fazit (Abschnitt 9.5) und weiterführender Literatur (Abschnitt 9.6).

## 9.1 Der Begriff Semantische Suche

### 9.1.1 Grundlagen

Der Begriff der *Semantischen Suche* wird häufig in einem eher allgemeinen Sinn verwendet. Suchmaschinen, die mehr als nur eine syntaktische Suche nach einer Zeichenkette durchführen, z. B. mithilfe statistischer Analyse, um der Bedeutung der Suchworte näher zu kommen, werden oft als *semantisch* bezeichnet. Dies resultiert daraus, dass „Semantik", übersetzt Bedeutungslehre, ein Teilgebiet der Semiotik bezeichnet (siehe Abschnitt 1.3), das sich mit Sinn und Bedeutung von Sprachen beschäftigt. In der Informatik und Linguistik bezeichnet der Terminus „formale Semantik" (kurz „Semantik") die formale Beschreibung der Bedeutung von künstlichen und natürlichen Sprachen (siehe Abschnitt 2.1 und 2.10). In Definitionen zur Semantischen Suche findet sich der Aspekt der Mehrdeutigkeit des Wortes „Semantik" wieder. So beschreiben manche Definitionen, dass eine semantische Suchmaschine sowohl die Bedeutung der Anfrage, als auch der zu durchsuchenden Texte mithilfe kognitiver Algorithmen versucht zu verstehen. Solche Algorithmen nehmen sich Mechanismen und Entscheidungsprozesse aus der Natur als Vorbild, wobei beispielsweise Künstliche Neuronale Netze und die Fuzzy-Logik eine Rolle spielen können.

Stärker auf die Suchtechnologien bezogen formulierte Definitionen weisen darauf hin, dass die Bedeutung der Suchworte und Phrasen zur Verbesserung des Rankings verwendet werden oder dass dem Benutzer die Möglichkeit gegeben wird, die gemeinte Bedeutung der Suchworte zu konkretisieren. Andere Definitionen sehen die Semantische Suche als einen Dokument Retrieval-Prozess an, der Domänenwissen ausschöpft. Alle diese Auffassungen konzentrieren sich auf einen bestimmten Bereich, wie kognitive Algorithmen, Verbesserung des Rankings, Bestimmung der Bedeutung im Dialog mit dem Benutzer oder lediglich die Suche nach Dokumenten (wobei das Wort „Dokument" meist zusammenfassend für Text- und Multimediadaten verwendet wird). Sie decken weder die Vielfältigkeit der Lösungsansätze bzw. Möglichkeiten zur Semantischen Suche ab, noch wird angeben, in welchem Sinne der Begriff „Semantik" verwendet wird. Hildebrand, Ossenbruggen und Hardman definieren Semantische Suche wie folgt: „We use the term Semantic Search when semantics are used during any part of the phases in the search process" (Hildebrand et al. 2007). Die Autoren möchten diese Definition mit dem Wort „formal" ergänzen. Sie verstehen somit unter der *Semantischen Suche einen Suchprozess, in dem in einer beliebigen Phase der Suche formale Semantiken verwendet werden*. Auf welche Art und Weise in den drei Phasen Anfragestellung, (eigentliche) Suche und Ergebnisrepräsentation, formale Semantiken für die Suche verwendet werden können, wird in Abschnitt 9.2 ausführlich diskutiert.

## 9.1.2 Viele Definitionen ein Ziel

Was ist das Ziel der Semantischen Suche? Der Benutzer interagiert mit einem Suchsystem, um ein Problem zu lösen bzw. ein gestecktes Ziel zu erreichen. Er verfügt über ein (ungefähres) implizites mentales Modell des Problems und leitet daraus die zur Lösung benötigten Informationen ab. Dabei wird das mentale Modell von ihm expliziert, um die Anforderungen benennen zu können. Diese werden nun in der Form einer Anfrage ausgedrückt, die das verwendete Systems verarbeiten kann (Mizarro 1997).

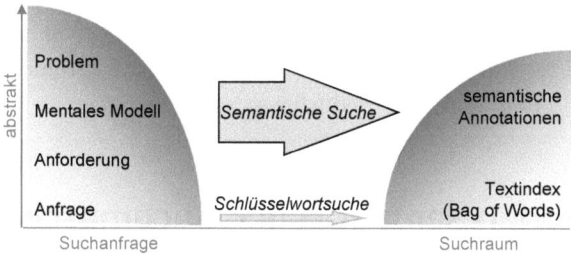

**Abb. 9.1** Schlüsselwortsuche *vs.* Semantische Suche.

Abbildung 9.1 skizziert diesen Prozess und vergleicht die Schlüsselwortsuche, basierend auf Information Retrieval-Technologien, mit der Semantischen Suche. Hierbei betrachten wir den weit verbreitet eingesetzten Information Retrieval-Ansatz, bei dem die Dokumente als eine ungeordnete Menge von Termen („Bag of Words") aufgefasst und in einer für die Suche optimierten Repräsentationsform (Textindex) abgebildet werden (vgl. (Ferber 2003)). Wie schon angedeutet, bezeichnet das Wort „Dokument" hierbei nicht notwendigerweise nur Textdokumente. Es werden auch Multimediadaten mit einbezogen, wobei für die Suche (mit textuellen Anfragen) meist nur textuelle Informationen herangezogen werden, wie z. B. textuelle Metadaten oder Annotationen von Bildern und Videos.

Die traditionelle Schlüsselwortsuche prüft das Vorkommen der Suchworte im Textindex oder einfach Index, was folglich einem syntaktischen Vergleich von Zeichenketten (*pattern matching*) entspricht. Hierbei tritt unter anderem das Problem der Synonyme und der Homonyme auf, die als Grundprobleme der Suche angesehen werden können. Denn „Notebook" und „Laptop" meinen zwar dasselbe, sind aber unterschiedliche Zeichenketten und „Bank" kann sowohl ein Geldinstitut, als auch eine Sitzbank bezeichnen. Die Semantische Suche hingegen interpretiert die Suchanfrage anhand semantischer Annotationen, die maschineninterpretierbare Informationen zur Bedeutung von Termen, Ausdrücken oder Dokumenten zur Verfügung stellen. Im Gegensatz zu einer traditionellen Schlüsselwortsuche wird hierdurch eine höhere Abstraktionsebene erreicht, die eher dem abstrakten bzw. mentalen Modell des Benutzers entspricht. Das Ziel der semantischen Suche besteht darin, mithilfe Semantischer Technologien dem mentalen Modell näherzukommen und somit die Qualität der Suche zu verbessern.

Angenommen, Gesine Mustermann sucht nach der Adresse des Weinhändlers Müller & Schulz mit Sitz in Neustadt an der Weinstraße, einem guten Kunden des DFKI.

Gibt Rudi die Stichworte *Adresse Müller*, *Schulz* und *Neustadt* in einer traditionellen Suchmaschine wie Google ein, bekommt er alle Dokumente, in denen die genannten Suchworte vorkommen. So bekommt er eine lange Liste von Dokumenten, die gesuchte Information ist in den Dokumenten auf den ersten Ergebnisseiten nicht aufzufinden. Dafür findet sie einen Tennisclub, Adressliste von Landwirten aus 1930 usw. Eine semantische Suchmaschine verfügt im Gegensatz dazu über Hintergrundwissen. Die Suchmaschine *weiß*, dass Neustadt eine Stadt ist, eine geografische Lokation hat und dass es in Deutschland mehrere Städte mit dem Namen Neustadt gibt. Sie ist in der Lage, das Wort Adresse zu interpretieren, und *schlussfolgert*, dass das Gesuchte die Adresse eines Geschäfts ist. Die Interpretation der Suchworte kommt dem mentalem Modell näher, die Ergebnisliste wird besser. Somit hilft die semantische Suche, Informationsbedürfnisse genauer zu erfassen und komplexe Bedürfnisse zu befriedigen.

## 9.2 Kategorien semantischer Suchmaschinen

Es gibt diverse Aspekte, anhand derer semantische Suchmaschinen kategorisiert werden können. Lei und Kollegen betrachteten die Benutzerschnittstellen semantischer Suchmaschinen und kategorisierten sie basierend darauf, welche Unterstützung der Benutzer bei der Anfragestellung erhält (Lei et al. 2006). Diesen Ansatz verfolgen wir auch aus dem folgenden Grund: Die Form der Anfrageformulierung hat starke Auswirkung darauf, worin der Schwerpunkt der Suchansätze liegt, da die Komplexität bzw. Präzision der Anfrage mit der Mehrdeutigkeit und somit indirekt auch mit der Komplexität des Suchansatzes in Wechselwirkung steht. Denn je *präziser die Anfrage* formuliert ist, umso weniger tritt das Problem der *lexikalischen und strukturellen Mehrdeutigkeit* auf, die Genauigkeit der Suchmaschine steigt (siehe Abbildung 9.2). Der Suchalgorithmus kann einfacher gestaltet werden, ohne dass die Güte des Verfahrens sinkt, gemessen an der Genauigkeit und der Vollständigkeit (Precision/Recall (Baeza-Yates und Ribeiro-Neto 1999)). Die lexikalische Mehrdeutigkeit bezeichnet die Mehrdeutigkeit von Wörtern (Homonyme). Die strukturelle Mehrdeutigkeit ist bedingt durch die Struktur eines Satzes. So ist z. B. im Satz „Anne beobachtet den Mann mit dem Fernglas" nicht klar, ob Anne durch das Fernglas sieht oder der Mann es hält. Es sei angemerkt, dass eine präzisere Anfrage eine aufwändigere bzw. kompliziertere Konstruktion durch den Benutzer zur Folge hat: die kognitive Last steigt.

Wird beispielsweise eine formale Anfrage erstellt, so muss diese Anfrage lediglich in die jeweilige Abfragesprache umgeformt werden. Ist die Anfrage jedoch nicht formal, so besteht die Aufgabe einer Semantischen Suchmaschine vereinfacht ausgedrückt darin, die nicht formale Anfrage mit Hilfe der zur Verfügung stehenden semantischen Informationen zu interpretieren. Erst danach kann die Anfrage in eine formale Abfrage überführt werden, falls das Ergebnis nicht bereits während des Interpretationsprozesses gefunden wurde. Im Abschnitt 9.3 wird gezeigt, dass bei einigen Semantischen Suchansätzen diese zwei Schritte zu einem verschmelzen. Folglich kann von der Suchschnittstelle

## 9.2 Kategorien semantischer Suchmaschinen

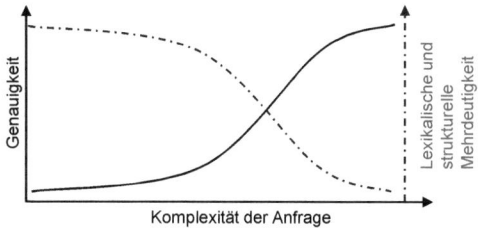

**Abb. 9.2** Genauigkeit der Suche *vs.* Komplexität der Anfrage bedingt durch die lexikalische und strukturelle Mehrdeutigkeit.

auf den Schwerpunkt des Suchansatzes geschlossen und ein Kategoriesystem festgelegt werden. Auf diesem Wege lassen sich sieben Kategorien der Ansätze zur Semantischen Suche identifizieren, wobei die Schwerpunkte in der *Anfragestellung (Graphical User Interface (GUI))*, in dem *Suchalgorithmus (Backend)* und in der *Verarbeitung der Ergebnisse und deren Darstellung (Backend, GUI)* liegen. Abbildung 9.3 skizziert die Kategorien und veranschaulicht ihre Zuordnung.

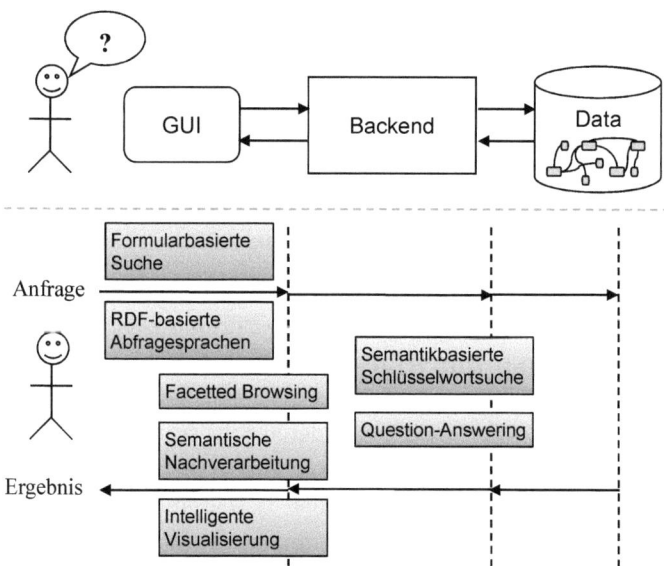

**Abb. 9.3** Kategorien Semantischer Suchmaschinen.

In den nachfolgenden Abschnitten werden wir näher auf diese Kategorien eingehen.

### 9.2.1 Formularbasierte Suche

*Formularbasierte Suchmaschinen* bieten den Benutzern (Web-)Formulare an, um die Anfrage zu definieren. Das Formular ermöglicht die Angabe von Werten bzw. Wertebereichen für die verfügbaren Metadaten. Aus diesen Angaben wird zusammen mit dem

Suchbegriff, der üblicherweise in natürlicher Sprache formuliert ist, die Abfrage konstruiert und ausgeführt. Es werden somit keine aufwändigen Suchalgorithmen benötigt, da bereits bei der Eingabe die Bedeutung der Suchworte bekannt ist.

Wie in Abbildung 9.4 veranschaulicht, kann so der Benutzer in einer der ersten formularbasierten semantischen Suchmaschinen namens SHOE (Heflin und Hendler 2000) nach Konferenzpapieren von „Heflin" suchen, indem er die Kategorie Konferenzpapier auswählt und für den Autor „Heflin" eingibt.

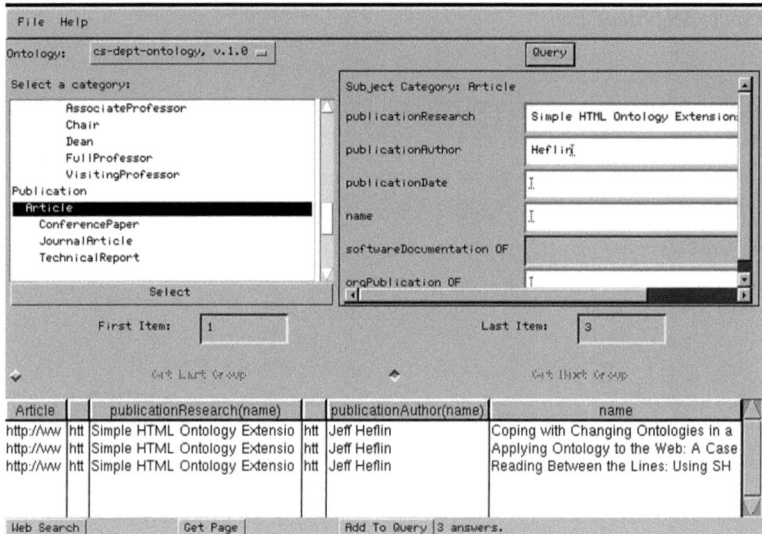

**Abb. 9.4** Anfragestellung in SHOE (Heflin und Hendler 2000).

## 9.2.2 Suchmaschinen mit RDF-basierten Anfragesprachen

Eine weitere Kategorie von Suchmaschinen, deren Schwerpunkt in der Anfrageformulierung liegt, bilden die *Suchmaschinen mit RDF-basierten Anfragesprachen*. Diese Art der Suchmaschine bedient sich einer formalen Beschreibung der Anfrage, wobei die Anfragesprache auf Resource Description Framework (RDF) basiert. Abbildung 9.5 zeigt eine Beispielanfrage der Suchmaschine Corese (Corby et al. 2004) und verdeutlicht, wie die Anfragesprache in eine RDF-Abfrage übersetzt werden kann, wobei hier SPARQL (siehe Abschnitt 6.1.2) verwendet wurde. Da der Benutzer für diese Art der Anfragestellung das Vokabular der verwendeten Ontologien kennen muss, bieten die grafischen Benutzerschnittstellen oft Unterstützung dabei an. Dies kann z. B. durch das Auflisten möglicher Klassen der Instanzen (person, city usw.) und Namen der zugehörigen Relationen geschehen.

## 9.2 Kategorien semantischer Suchmaschinen

Bsp. Suchanfrage CORESE:

?org ?rel ?topic
?org rdf:type c:Organization
?topic rdf:type c:SemanticTechnologies

Entsprechende SPARQL-Abfrage:

SELECT ?org ?rel ?topic
WHERE { ?org ?rel ?topic.
        ?org rdf:type c:Organization.
        ?rel rdf:type rdf:Property.
        ?topic rdf:type c:HumanScience.}

**Abb. 9.5** Anfragestellung in CORESE.

### 9.2.3 Faceted Browsing

*Faceted Search bzw. Faceted Browsing* verknüpft Suchen und Browsen miteinander, indem es dem Benutzer ermöglicht, neben der Eingabe einer Suchanfrage die verfügbaren Informationen anhand von Kategorien, in diesem Fall Facetten genannt, zu filtern. Typischerweise bilden die Metadaten der Dokumente (z. B. Autor, Sprache, Dateiformat), oder andere, aus den Dokumenten extrahierte Informationen (z. B. Schlüsselwörter, Personen, Orte) in Form von Attribut-Werte-Paaren, die Menge der Facetten. In einem semantischen Faceted Browser sind dies die Werte der Prädikate der Ressourcen.

Faceted Browser zeigen neben den jeweiligen Ergebnissen auch die Facetten an, welche die Ergebnisse beschreiben. Durch die Auswahl einer Facette wird die Ergebnismenge auf die Menge der Dokumente reduziert, die über diese Facette verfügen. Die jeweilige Anfrage wird also um das entsprechende Prädikat-Werte-Paar erweitert. Der Benutzer schränkt Schritt für Schritt den Suchraum ein, wobei er bei jedem Schritt einen Überblick darüber bekommt, welche Eigenschaften die Ergebnismenge besitzt und somit auch, welche Eigenschaften zur Verfeinerung der Suche zur Auswahl stehen. Diese Art der navigationalen Suche ist insbesondere dann hilfreich, wenn in kontinuierlichen Daten, wie z. B. in Zeiträumen, gesucht werden soll oder die relevanten Stichworte nicht bekannt sind. Faceted Browsing kann als eine Weiterentwicklung der formularbasierten Suche angesehen werden. Der Unterschied liegt in der Dynamik, was durch die kontinuierliche Verfügbarkeit der Facetten mit Klick-und-Filter-Funktion gegeben ist.

Abbildung 9.6 zeigt einen Faceted Browser namens Piggy Bank, der im Rahmen des Projektes SIMILE (Simile 2011) entwickelt wurde. Die Ergebnismenge ist bereits nach zwei Tags (semantic, knowledge) und nach dem Dokumenttyp (Page) gefiltert. Auf der rechten Seite sind die Facetten aufgelistet (die Prädikate und deren Werte), die für die weitere Einschränkung der Ergebnismenge herangezogen werden können.

Eine weitere Umsetzung des Faceted Browsing wird in (Dengel 2006) gezeigt. Die dort vorgestellte Suchmaschine lernt die individuellen Präferenzen von Benutzern im Umgang mit Dokumenten, wie beispielsweise die Organisation bzw. Kategorisierung

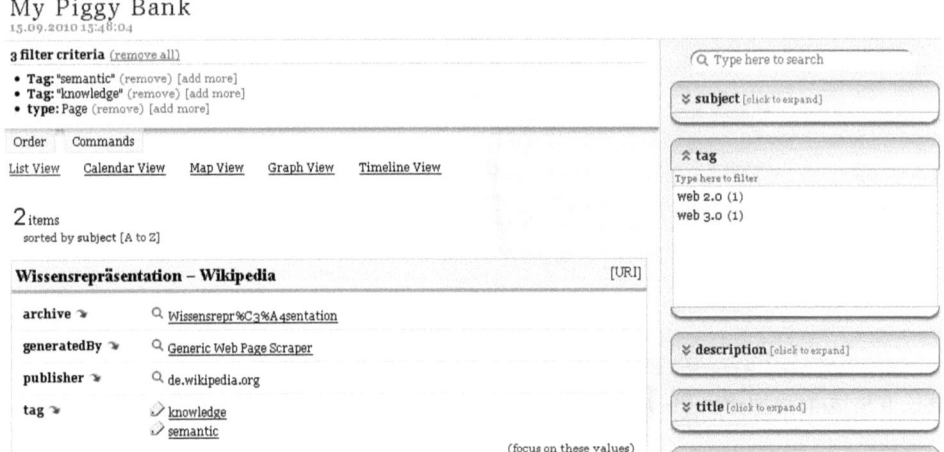

**Abb. 9.6** Faceted Browsing in Piggy Bank.

von Dokumenten in Dateiordnern. Das System leitet darauf aufbauend geeignete Konzepte für die Dokumente ab und erlaubt hierdurch eine facettierte Suche. Im User Interface können Benutzer mit Hilfe von Stichworten nach Dokumenten suchen und nach der Präsentation die Suchergebnisse anhand charakterisierender Konzepte bzw. Facetten filtern. Wenn ein Benutzer beispielsweise mittels Stichwort nach „Ontologien" sucht, wird ihm als Ergebnis eine Liste mit entsprechenden Dokumenten angezeigt. Darüber hinaus werden ihm verschiedene Kategorien von Facetten präsentiert, welche die gefundenen Dokumente näher beschreiben. In der Kategorie Dokumenttypen sind z. B. die Facetten „OWL-Datei" bzw. „RDFS-Datei" enthalten, so dass der Benutzer nach allen Web Ontology Language (OWL) Ontologien filtern könnte.

### 9.2.4 Semantikbasierte Schlüsselwortsuchmaschinen

*Semantikbasierte Schlüsselwortsuchmaschinen* verbessern die traditionelle Schlüsselwortsuche, indem sie verfügbare semantische Daten in die Suche mit einbeziehen. Die meisten semantischen Suchmaschinen verfolgen diesen Ansatz, da die Schlüsselwortsuche den Benutzern wohl vertraut ist, was nicht zuletzt durch die großen Suchmaschinenanbieter bedingt ist. Benutzer benötigen weder die Kenntnis einer Anfragesprache noch das Wissen über die zugrundeliegende Wissensbasis, um ihren Informationsbedarf auszudrücken.

Der Ablauf der semantikbasierten Schlüsselwortsuche lässt sich in zwei wesentliche Schritte aufteilen:

1) Bestimmung der zu der Abfrage passenden Konzepte in der Wissensbasis (Ontologie und Instanzen) und
2) Auffindung der damit verwandten Instanzen.

An dieser Stelle und im Folgenden steht das Wort Konzept für Instanzen, Klassen und Properties in der Wissensbasis. Die ersten semantikbasierten Schlüsselwortsuchmaschinen verwendeten eine einfache Anfragesprache zur expliziten Beschreibung dessen, was die Suchterme bezeichnen (Lei et al. 2006, Guha et al. 2003). Beispielsweise erlaubt die Anfrage „person:Zuse city:Berlin" die Suche nach Personen mit den Namen „Zuse", die etwas mit Berlin zu tun haben. Die Suchterme können aber auch im Dialog mit dem Benutzer spezifiziert werden, indem die Ergebnisse des ersten Schrittes dem Benutzer zur Auswahl angeboten werden. So kann der Benutzer selbst auswählen, ob er mit „Zuse" „Konrad Zuse" oder seinen Sohn „Horst Zuse" meint.

Die meisten semantikbasierten Schlüsselwortsuchmaschinen erlauben natürlichsprachige Eingaben. Ein Beispiel ist die Suchmaschine SIG.MA (Semantic Information Mashup) (Sig.MA 2010). Sie durchsucht die in Webseiten eingebetteten Annotationen (im Resource Description Framework – in – attributes (RDFa)- und Microformat, siehe Abschnitt 4.4), aggregiert die gefundenen Ressourcen und stellt sie strukturiert dar (Tummarello et al. 2010) (siehe Abbildung 9.7). Führt ein Benutzer eine Suchanfrage aus, so kann er mitverfolgen, wie immer mehr Fakten gefunden und geprüft werden, die Ergebnisseite also nach und nach aufgebaut wird. Es werden nicht nur Fakten hinzugefügt, sondern auch nicht passende Fakten wieder entfernt, was aufgrund der Auflösung von Mehrdeutigkeiten geschieht.

Auf der rechten Seite hat der Benutzer die Möglichkeit, auf die Seiten zuzugreifen, aus denen die dargestellten Informationen kumuliert wurden. Abbildung 9.7 zeigt die Ergebnisse der Suche nach „Konrad Zuse". Auf der linken Seite befinden sich die kumulierten Fakten und eine erstellte Zusammenfassung. Auf der rechten Seite sind die entsprechenden Web-Seiten zu sehen.

### 9.2.5 Question Answering Tools

*Question Answering* Systeme sind in der Lage, basierend auf verfügbarer semantischer Information, natürlichsprachige Fragen zu verarbeiten und zu beantworten. Solche semantischen Suchmaschinen verwenden oftmals linguistisches Wissen und Techniken des Natural Language Processing (NLP), um eine Anfrage zu analysieren und in eine formale Anfrage zu übersetzen. Ebenso werden die gefundenen formal beschriebenen Ergebnisse in natürliche Sprache umgeformt, bevor sie dem Benutzer präsentiert werden. Die Wissensbasis der Question Answering Tools ist aufwändig konstruiert und bietet detailliertes Wissen über die vorhandenen Instanzen und deren Beziehungen. Ein populärer Vertreter der Question Answering Tools ist SmartWeb (Wahlster 2008). Abbildung 9.8 zeigt das für Smartphones entwickelte Suchinterface mit einer Wisensbasis über Fussballweltmeisterschaften und die Antwort auf die Frage: „Wer war 1990 Weltmeister?".

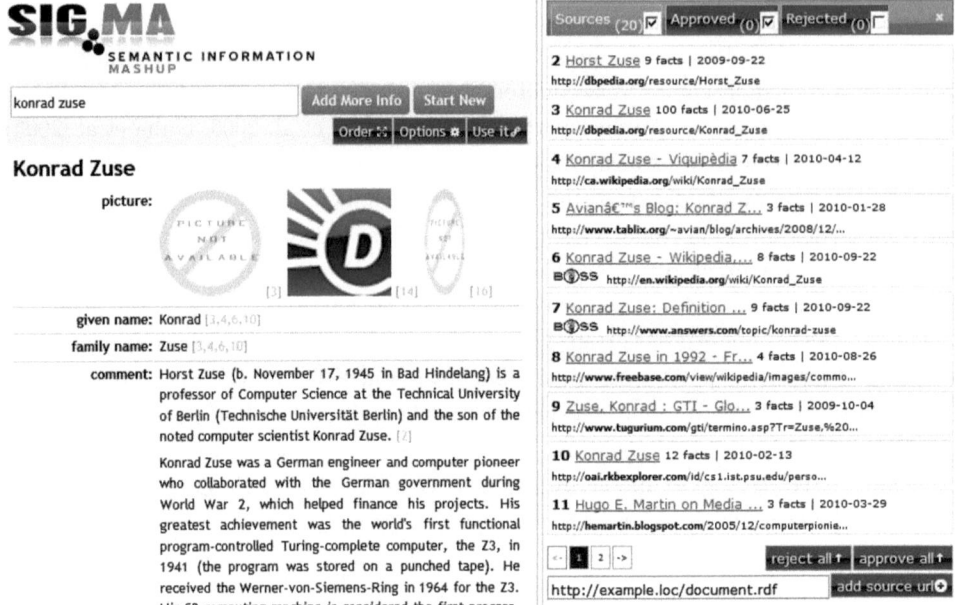

**Abb. 9.7** Semantikbasierte Schlüsselwortsuche SIG.MA.

## 9.2.6 Schlüsselwortsuche mit semantischer Nachverarbeitung

Von den bisher vorgestellten Ansätzen weichen die *Schlüsselwortsuchmaschinen mit semantischer Nachverarbeitung der Ergebnisse* stark ab. Sie führen eine gewöhnliche Schlüsselwortsuche aus, extrahieren erst im Nachhinein das Wissen aus den gefundenen Inhalten und stellen diese strukturiert dar. Ein typisches Beispiel stellt die ALVIS Search Engine (Buntine et al. 2005) dar, die in Abbildung 9.9 zu sehen ist.

**Abb. 9.8** Question Answering mit SmartWeb.

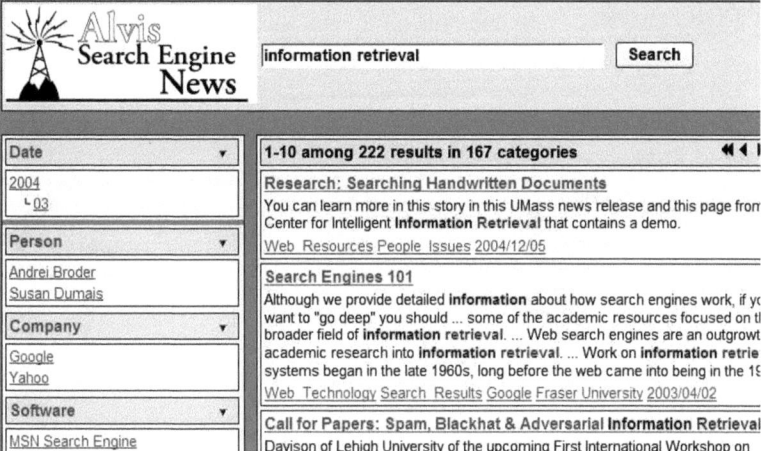

**Abb. 9.9** Schlüsselwortsuche mit semantischer Nachverarbeitung in ALVIS.

### 9.2.7 Semantikbasierte intelligente Visualisierung

Die letzte Kategorie semantischer Suchmaschinen bedient sich *intelligenter Visualisierungsmethoden*, um die Suche zu unterstützen bzw. die Ergebnisse der Suche so darzustellen, dass der Benutzer schnell einen Überblick über die Ergebnismenge und Hilfestellung für die weitere Suche/Navigation bekommt. Die Visualisierung basiert hierbei auf den vorhandenen formalen Semantiken. Solche Suchmaschinen setzen beispielsweise Semantische Netze (siehe Kapitel 3) ein, um das Wissen darzustellen und durch geeignete Interaktionsmöglichkeiten den Zugang dazu anzubieten. Es werden Kategorien verwendet, um Instanzen aus der Wissensbasis oder Dokumente im Suchraum in Gruppen anzuzeigen. Zusatzinformationen, wie verwandte Instanzen, werden zur Verfeinerung der Suche angeboten. So stellt die Suchmaschine eyePlorer (eyePlorer 2011) verwandte Begriffe in einem Kreis um das Eingabefeld herum dar, wobei Suchkategorien farblich hervorgehoben sind. Weiterhin wird auf der linken Seite der Benutzeroberfläche eine Zusammenfassung der Suchergebnisse dargestellt, bestehend aus Bildern und Text jeweils mit Quellangabe (siehe Abbildung 9.10).

## 9.3 Architektur und Ansätze

Im letzten Abschnitt wurden unterschiedliche Kategorien semantischer Suchmaschinen vorgestellt. Hierbei wurde skizziert, an welcher Stelle im Suchprozess formale Semantiken verwendet werden. Zur Vertiefung der Konzepte und einer genaueren Vorstellung der verschiedenen Ansätze zur semantischen Suche wird die allgemeine konzeptionelle Architektur semantischer Suchmaschinen, siehe Abbildung 9.11, herangezogen.

Entsprechend der Definition der Semantischen Suche ist der Ausgangspunkt ein Suchraum, der (auch) formal repräsentiertes Wissen beinhaltet. In den meisten Fällen

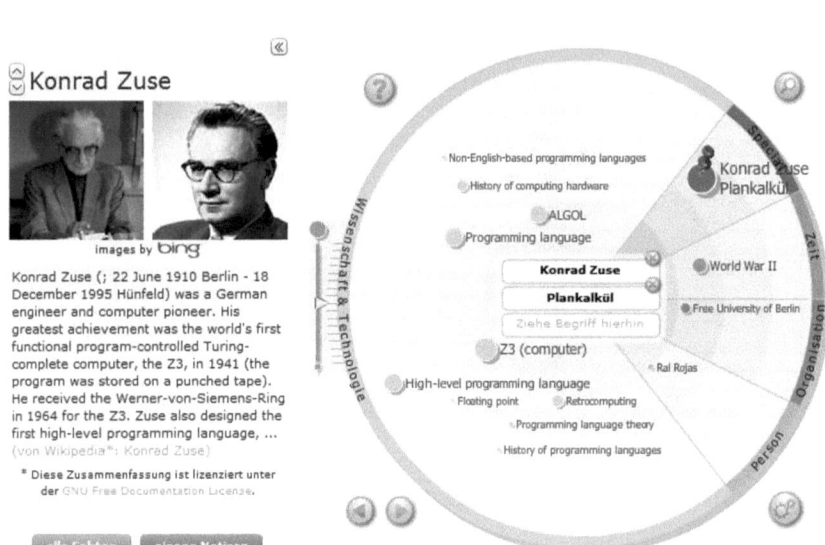

**Abb. 9.10** Intelligente Visualisierung mit eyePlorer.

liegen formale Semantiken zum Zeitpunkt der Suche bereits vor. Aus diesem Grund kann das Erstellen bzw. Füllen der Wissensbasis als der *Offline-Teil* der Sucharchitektur bezeichnet werden (siehe Abbildung 9.11). Das Wissen

- kann manuell abgebildet worden sein,
- aus den Inhalten der Datenquellen extrahiert worden sein, z. B. durch Entitätenextraktion und Relationextraktion aus Texten,
- kann die Inhalte teilweise oder vollständig abbilden, beinhaltet z. B. die extrahierten Entitäten, oder die Inhalte einer Datenbank, die komplett in einen RDF-Store überführt wurde,
- kann zusätzliches Wissen über die Inhalte liefern, z. B. Metadaten eines Dokumentes wie Autor, Erstelldatum, Format.

Die möglichen Datenquellen sind vielfältig, Inhalte sind z. B. Webseiten, Textdokumente, Multimedia-Daten, oder Datensätze in Datenbanken. Welche Verarbeitungsschritte nötig sind, um sie in einer formalen Wissensbasis abzubilden, hängt davon ab, wie stark sie im Einzelnen strukturiert sind. Mapping, Annotation, statistische Verfahren oder Methoden des NLP kommen hier zum Einsatz. Die formale Repräsentation und Extraktion von Wissen ist in den Kapiteln 2, 8 und 12 behandelt.

Der *Online-Teil* der Architektur beinhaltet die Komponenten, die bei der Ausführung einer Suchanfrage, sozusagen *online*, verwendet werden. Die Wissensbasis beinhaltet Ontologien, Regeln und Instanzen. Sie ist sowohl dem Offline- als auch dem Online-Teil zugeordnet, da während des Suchprozesses aus dem vorhandenen Wissen durch Inferenz

## 9.3 Architektur und Ansätze

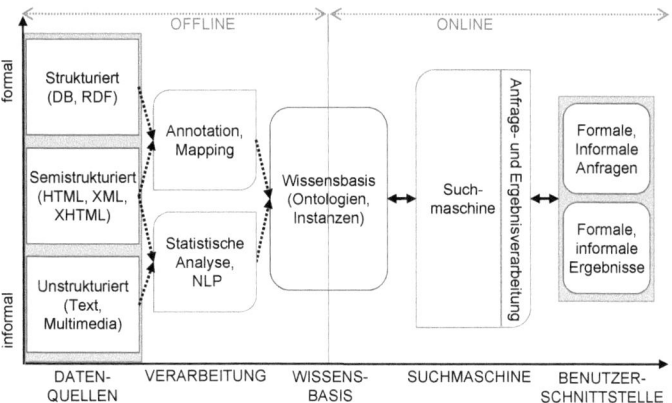

**Abb. 9.11** Architektur semantischer Suchmaschinen.

neues Wissen abgeleitet werden kann. Die Suchmaschine (hiermit ist an dieser Stelle der Suchalgorithmus inkl. Anfragevorverarbeitung und Ergebnisnachbearbeitung gemeint) übernimmt die Anfragen von der Benutzerschnittstelle, greift auf die Wissensbasis zu und generiert die Ergebnismenge. Die Anfrage an sich kann im Allgemeinen mit Hilfe einer formalen Anfragesprache oder in natürlicher Sprache (nicht formal, unstrukturiert) formuliert werden. Welche Repräsentationsform die Ergebnisse haben, hängt davon ab, was der Suchraum beinhaltet. In den folgenden drei Abschnitten werden diese Komponenten, ihre Beschaffenheit, Aufgaben und die Ansätze zu ihrer Realisierung genauer beschrieben. Der Ansatz der semantischen Nachverarbeitung (Abschnitt 9.2.6) weicht von dieser Architektur insofern ab, als dass ein Großteil des Wissens erst nach der Ausführung der Anfrage (online) generiert wird. Die Suchmaschine an sich umfasst somit die Komponenten zur Wissensextraktion.

### 9.3.1 Wissensbasis, Suchraum

**Suchraum vs. Wissensbasis**

Der Suchraum bezeichnet die Menge der zu durchsuchenden Objekte, also (fast) das gesamte World Wide Web (WWW) bei Websuchmaschinen oder das Intranet bei Intranetsuchmaschinen. Seine Beschaffenheit ist bestimmt durch die Daten (Objekte), die zur Verfügung stehen und den Datenrepräsentationsformen, in denen sie vorliegen. Sind z. B. alle Informationen in einer formalen Wissensbasis abgebildet und liefert die Suche Fakten aus dieser Wissensbasis (Aussagen der Form wie in Abschnitt 2.2 eingeführt), so entspricht der Suchraum der Wissensbasis. Ergänzt die Wissensbasis lediglich die Informationen, die z. B. in einem Textindex abgebildet sind, so macht die Wissensbasis nur einen Teil des Suchraumes aus.

## Beschaffenheit des Suchraumes und der Wissensbasis

Welche Suchverfahren für die Suche geeignet sind, hängt von der Beschaffenheit des Suchraumes ab. Wenn nur formales Wissen vorliegt, wird die Suche als *Faktensuche* bzw. *Fakt Retrieval* bezeichnet. Dies ist üblicherweise bei Question Answering Tools (siehe Abschnitt 9.2.5) der Fall, denn um Fragen maschinell beantworten zu können, muss das Wissen formal und detailliert abgebildet sein. Beinhaltet der Suchraum Dokumente, die mit formalem Wissen angereichert sind, so spricht man von *semantischem Dokumentretrieval*. Bei semantischem Dokumentretrieval spielen bzgl. der Leistungsfähigkeit der Suchmaschine neben der Qualität der Daten und des Suchalgorithmus noch zwei Faktoren eine wichtige Rolle: *die Kopplung und die Struktur der Ontologie* (Mangold 2007). Die Kopplung zwischen der Ontologie und den Dokumenten kann eng oder lose sein:

- Enge Kopplung: Die Metadaten der Dokumente verweisen explizit auf die Konzepte der Ontologie oder umgekehrt.
- Lose Kopplung: Die Dokumente sind nicht an die Ontologien gekoppelt.

Eine enge Kopplung ermöglicht z. B. das Auflösen von Homonymen, indem ein passendes Konzept aus der Ontologie ausgewählt wird. In manchen Systemen werden Dokumente sogar als Instanzen abgebildet und haben somit eine formale Repräsentation in der Wissensbasis. Bei der losen Kopplung ist die Suche erschwert, da zuerst die korrekte Domänenontologie (siehe Abschnitt 2.10) bestimmt werden muss, bevor der ontologische Kontext exploriert werden kann.

In Bezug auf die Struktur kann die Ontologie verschieden stark aussagekräftige Properties enthalten, und zwar

- domänenspezifische Properties, z. B. author_of, member_of, topic_of
- Standardproperties, wie synonym_of, hypernym_of, meronym_of, instance_of, negation_of (siehe auch Abschnitt 2.5.2)
- anonyme Properties, wenn die Verknüpfung keine Semantik hat.

Wie aus den Beispielen ersichtlich ist, liefern domänenspezifische Properties Information über die Bedeutung/Art der Beziehung zwischen zwei Konzepten der Wissensbasis. Standardproperties beschreiben Abhängigkeiten zwischen den Konzepten der Ontologie. Meistens sind dies linguistische Beziehungen bzw. Kategoriesysteme und Kategoriezugehörigkeit. Anonyme Properties deuten lediglich an, dass zwei Konzepte etwas miteinander zu tun haben (Mangold 2007).

Die Kopplung und die Struktur der Ontologie bilden die Basis für die semantische Leistungsfähigkeit (*semantic power*) der (semantischen Dokument-) Suchmaschinen. Domänenspezifische Properties und eine enge Kopplung ermöglichen stärkere Leistung, da sie spezifischeres Wissen zur Verfügung stellen. Ihr Einsatz hat jedoch den Nachteil, dass viel Aufwand in die Wissensbasis und in die Annotation der Dokumente gesteckt werden muss. Dies ist nur bei Suchmaschinen für eine spezielle Domäne, also mit einem eingeschränkten Suchraum, sinnvoll bzw. machbar. Für allgemeinere, große

Einsatzbereiche, wie z. B. das Web, ist eine derartig detaillierte Abbildung des Wissens nicht handhabbar. Beispiele für solche domänenspezifischen Suchmaschinen sind die FACT-Finder Travel Reisesuchmaschine (FACT-Finder 2011) und die Yummly, eine semantische Rezeptsuchmaschine (Yummly 2011).

## 9.3.2 Anfrageverarbeitung

**Formalität der Anfrage**

Die Verarbeitung formaler Anfragen, wie z. B. bei Suchmaschinen mit RDF-basierten Anfragesprachen (siehe Abschnitt 9.2.2), ist durch die Übersetzung der Anfrage in eine Abfragesprache vollzogen, wie auch das Beispiel in Abbildung 9.5 zeigt. Die Abfrage muss lediglich ausgeführt und die Ergebnisse in eine benutzerfreundliche Darstellung überführt werden. Ist die Anfrage jedoch natürlichsprachig und somit nicht formal (z. B. bei den semantikbasierten Schlüsselwortsuchmaschinen, Abschnitt 9.2.4, und den meisten Question Answering Tools, Abschnitt 9.2.5), oder besteht sie aus formalen und nicht formalen Teilen (z. B. Formularbasierte Suchmaschinen, die auch die Eingabe von Schlüsselwörtern erlauben, Abschnitt 9.2.1), so muss zuerst der Bezug zwischen den Konzepten der Wissensbasis und den nicht formalen Teilen hergestellt werden.

Semantische Suchmaschinen, die zuerst eine Schlüsselwortsuche ausführen und den Bezug zur Wissensbasis über die Metadaten bzw. enthaltenen semantischen Annotationen der gefundenen Dokumente feststellen, benötigen an dieser Stelle keine besonderen Schritte. Die meisten semantischen Suchmaschinen versuchen jedoch durch *Syntactic Matching* die zu den nicht formalen Teilen der Anfrage passenden Konzepte der Wissensbasis zu finden. Syntactic Matching basiert, wie die traditionelle Schlüsselwortsuche (siehe Abchnitt 9.1.2), auf dem syntaktischen Vergleich textueller Inhalte aus der Wissensbasis mit den Wörtern der Anfrage. Wie der Vergleich, auch im Falle von unvollständigen oder fehlerhaften Ausdrücken (Strings) durchgeführt werden kann, wurde bereits in Abschnitt 5.2.2 erläutert. Erst nach erfolgreicher syntaktischer Suche erfolgt das *Semantic Matching* (Hildebrand et al. 2007). Dabei wird der ontologische Kontext der gefundenen Konzepte exploriert und nach verwandten Instanzen gesucht. Die Ansätze hierfür stellt Abschnitt 9.3.3 vor.

**Anfragemodifizierung**

Um typische Probleme bei der Suche mit nicht formalen Anfragen, wie das der Homonyme und Synonyme, zu lösen, bedienen sich semantische Suchmaschinen der *Anfragemodifizierung*, was mit Wissen der Wissensbasis realisiert wird. Hierbei unterscheidet man zwischen der manuellen Anfragemodifizierung und der maschinellen Anfrageoptimierung.

**Die manuelle Anfragemodifizierung** ist der einfachste Weg zur Anpassung der Anfrage. Dabei werden dem Benutzer die Möglichkeiten zur Spezifizierung eines Suchwortes zur

Auswahl dargeboten. So kann die Suchmaschine zur Disambiguierung (Auflösung von Mehrdeutigkeiten siehe Abschnitt 8.2.2) alle möglichen Bedeutungen eines Homonyms auflisten und der Benutzer das passende Konzept auswählen. Bei einem Kategoriensystem können die potenziellen Kategorien zur manuellen Spezifizierung der Anfrage herangezogen werden. Ebenso können die Synonyme zu einem Suchwort angeboten und die Auswahl zur Anfrageerweiterung verwendet werden.

**Die maschinelle Anfrageoptimierung** setzt Anfrageerweiterung, Anfragekürzung oder -Substitution zur Optimierung der Anfrage ein (Mangold 2007).

- Für die *Anfrageerweiterung* werden meist Terme, die aus dem ontologischen Kontext der gefundenen Konzepte abgeleitet sind, eingesetzt. Sucht der Benutzer z. B. nach „Zuse", der in der Wissensbasis mit der Rechenmaschine „Z3" und mit „Plankalkül" verknüpft ist, so kann die Anfrage zu „Zuse Z3 Plankalkül" erweitert und zur Suche im Textindex eingesetzt werden. Die Auswirkung der Erweiterung hängt davon ab, ob die Suchterme mittels Konjunktion (AND) oder Disjunktion (OR) verknüpft werden. Üblicherweise wird die logische Verbindung verwendet, die in der ursprünglichen Anfrage verwendet wurde. Die *konjunktive Anfrageerweiterung* bewirkt die Filterung der Dokumentmenge auf diejenigen Dokumente, die alle Terme der Anfrage beinhalten. Somit kann eine höhere Genauigkeit (Precision) erreicht werden. Die *disjunktive Anfrageerweiterung* bewirkt, dass alle Dokumente gefunden werden, die mindestens einen der Anfrageterme beinhalten, was zur Folge hat, dass die Vollständigkeit (Recall) steigt.
- *Anfragekürzung* (trimming) wird eingesetzt, wenn eine Anfrage keine Ergebnisse liefert. Beispielsweise kann das System nach einer erfolglosen Suche mit „(Conrad Zuse) AND Z3 AND Plankalkül" die Ergebnismengen der Anfragen „Zuse AND Z3", „Zuse AND Plankalkül" und „Z3 AND Plankalkül" miteinander vergleichen, um die Anfrage zu kürzen bzw. eine gekürzte Anfrage dem Benutzer vorzuschlagen. Auch hier hängt die Auswirkung davon ab, ob die Terme konjunktiv oder disjunktiv kombiniert werden. Die *Kürzung konjunktiver Anfragen* wirkt entgegengesetzt zur konjunktiven Erweiterung, kann also zur Verbesserung der Vollständigkeit eingesetzt werden. Genauso wirkt die *Kürzung disjunktiver Anfragen* entgegengesetzt der disjunktiven Erweiterung und kann zur Steigerung der Genauigkeit führen.
- *Substitution* bedeutet, dass bestimmte Terme der Anfrage durch verwandte Terme ersetzt werden, die den Konzepten der Ontologie entsprechen. So kann z. B. „Notebook" durch „Laptop" ersetzt werden, wenn die Wissensbasis diese Terminologie verwendet. Genauso können Hyperonyme (Oberbegriffe) zur Verallgemeinerung oder Hyponyme (Unterbegriffe) zur Spezialisierung der Anfrage und somit auch der Ergebnisse eingesetzt werden (Mangold 2007).

In diesem Abschnitt wurden Methoden der Anfragemodifizierung behandelt, welche die Anfrage explizit verändern. Im Folgenden Abschnitt wird gezeigt, dass Anfrageverarbeitung und Suchalgorithmik sich nicht strikt voneinander trennen lassen. Manche

Suchalgorithmen modifizieren die Anfrage implizit, was im Rahmen des semantischen Matchings geschieht.

### 9.3.3 Ansätze, Suchalgorithmen

Die Vorgehensweise bei der Suche in einer formalen Wissensbasis (Faktensuche) unterscheidet sich grundsätzlich von der in einem Suchraum, der aus Dokumenten und zusätzlichem formalen Wissen besteht (semantisches Dokumentretrieval). Im zweiten Fall erweitert die semantische Suchmaschine die traditionelle Schlüsselwortsuche, was meist die Suche in einem Textindex bedeutet. Da dieses Buch sich auf Semantische Technologien bezieht, behandeln wir in diesem Abschnitt die *Ansätze zum Semantic Matching*. Die Suche im Textindex wird nicht näher erläutert, an dieser Stelle verweisen wir auf (Baeza-Yates und Ribeiro-Neto 1999) und (Ferber 2003).

Einfache semantikbasierte Suchalgorithmen nutzen vorher festgelegte Relationen aus, um zu einem durch syntaktischen Vergleich gefundenen Konzept weitere verwandte Konzepte zu finden, wie z. B. die synonym_of- und hyperonym_of- Beziehung. So können die Synonyme und Hyperonyme zur Anfrageerweiterung verwendet werden. Eine weitere einfache Vorgehensweise besteht darin, die Suchergebnisse mithilfe der direkten Nachbarn der gefundenen Konzepte anzureichern. Je nach Beschaffenheit der Wissensbasis gibt solch ein ontologischer Kontext weitere Informationen zu der gefundenen Instanz an. So würde die Ergebnismenge, im Falle einer engen Kopplung mit instanziierten Dokumenten und domänenspezifischen Properties, die Metadaten der Dokumente (z. B. Autoren, Quelle, Datum) beinhalten. Bei der Faktensuche kann der ontologische Kontext als Zusatzwissen zur Beschreibung einer Instanz ausgegeben werden.

Komplexere Suchalgorithmen lassen sich in folgende Kategorien einteilen:

- (RDF-)Statementbasierte Methoden,
- logisches Schließen (Reasoning),
- Graph Traversierung,
- Thesaurus-basierte Ansätze,
- Natural Language Processing (NLP).

**Statementbasierte Ansätze** (auch *tripelbasiert* genannt) versuchen zu der Suchanfrage passende Fakten in der Wissensbasis zu finden. Dabei werden die Ergebnisse des syntaktischen Matchings (Konzepte aus der Wissensbasis) in die Menge der Nonproperties (Klassen und Instanzen) und die Menge der Properties aufgeteilt. Die Elemente der ersten Menge können als Subject oder Objekt in einem Statement vorkommen, wohingegen Elemente der zweiten Menge als Prädikate dienen (⟨*subject, predicate, object*⟩, siehe Abschnitt 4.2). Daraus können dann die möglichen Abfragetemplates konstruiert, in SPARQL-Abfragen übersetzt und die Wissensbasis nach passenden Statements abgefragt werden.

Liegen beispielsweise die Instanz $n_1$ und die Property $p_1$ vor, können die Templates $\langle ?, p_1, n_1 \rangle$, $\langle n_1, p_1, ? \rangle$ konstruiert werden. Das Fragezeichen ist ein Platzhalter für das gesuchte Subjekt bzw. Objekt (Goldschmidt und Krishnamoorthy 2005). Statementbasierte Verfahren führen folglich eine implizite Anfragemodifizierung auf Basis der gefundenen Konzepte aus, eingebettet in den Prozess der Anfrageinterpretation bzw. Suche. Wie ein statementbasierter Ansatz für Faktensuche eingesetzt werden kann, veranschaulicht das Beispiel in Abbildung 9.12. Dabei werden die Ergebnisse der syntaktischen Suche paarweise bzw. entsprechend ihrer Reihenfolge betrachtet und, wenn möglich, entsprechende Abfragen generiert. Beinhalten die Abfragen Klassen und liefern sie keine Ergebnisse, so werden die Klassen durch ihre Instanzen ersetzt und die abgeleiteten Abfragen erneut ausgeführt. In jedem Schritt werden die bis dahin gefundenen Ergebnisse betrachtet und neue passende Abfragen generiert. Der Prozess iteriert solange, bis entweder das Ergebnis steht oder keine weitere Fakten mehr gefunden werden können.

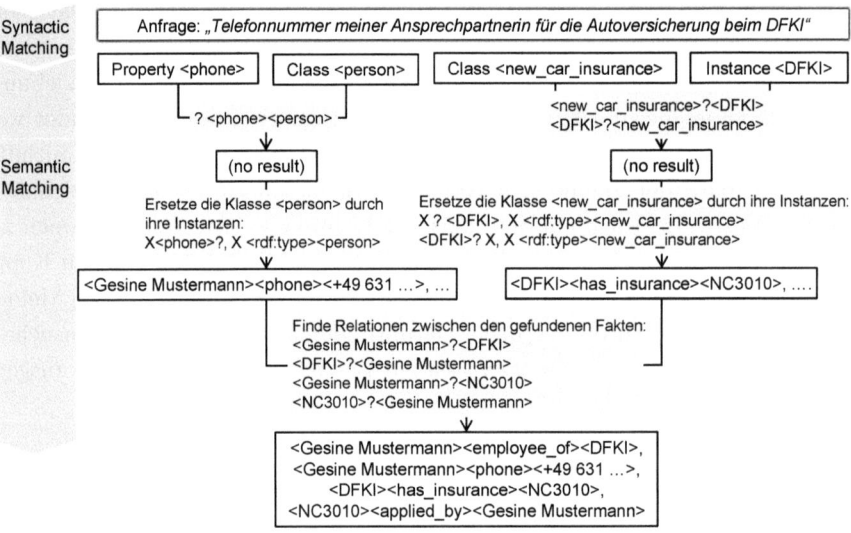

**Abb. 9.12** Beispiel für den Ablauf statementbasierter Suche.

**Logisches Schließen (Reasoning)** kann ebenfalls angewendet werden, um semantisches Matching zu realisieren. Die Grundlagen des logisches Schließens sind im Abschnitt 6.2 beschrieben. Semantische Suchmaschinen verwenden häufig Spezialisierung und Verallgemeinerung anhand der Klassenhierarchie (subclass-of-Relation). In Abhängigkeit der Größe der Ergebnismenge kann dynamisch entschieden werden, in welche Richtung und über wie viele Klassen die Relation verfolgt wird. Einige semantische Suchmaschinen, wie z. B. Flink (Mika 2005), setzen auch OWL Reasoning ein (Hildebrand et al. 2007).

**Traversierung auf dem Graphen** ist ein weit verbreiteter Ansatz, wie zum Beispiel die Breiten- oder Tiefensuche in Bäumen. Er eignet sich sowohl für Faktensuche als auch für semantisches Dokumentretrieval. Im Falle von RDF lässt sich die Wissensbasis leicht

## 9.3 Architektur und Ansätze

in einen gerichteten Graphen überführen, wobei die Instanzen, Klassen auf Knoten und die Relationen auf Kanten abgebildet werden. Die Richtung der Kanten ist durch die Statements (⟨*subject, predicate, object*⟩) gegeben. Die Richtung hat genau dann eine Bedeutung, wenn domänenspezifische oder Standardproperties (siehe Abschnitt 9.3.1) vorliegen.

Verfahren zur Graph-Traversierung nutzen die Struktur des Graphen, um bestimmte Probleme zu lösen. So werden Algorithmen zur Berechnung des kürzesten Pfades eingesetzt, um die Beziehung bzw. die Stärke der Beziehung zwischen zwei Instanzen festzustellen. Zur Verbesserung der Genauigkeit, aber auch zur Einschränkung des Suchraumes (sinnvoll bei anonymen Properties), wird die *Pfadlänge* oft beschränkt. Welche Länge idealerweise gewählt werden soll, ist von der Struktur und dem Detaillierungsgrad der Wissensbasis abhängig. Die meisten graphbasierten Ansätze nutzen die *Bedeutung der Kanten* aus und geben an, welche Relationen verfolgt werden sollen (Hildebrand et al. 2007). So legt die Suchmaschine TAP die relevanten Relationen in Abhängigkeit von der Klasse fest (Guha et al. 2003). Neben der Struktur und der Bedeutung der Relationen besteht die Möglichkeit, die Kanten zu gewichten und auf Basis der *Kantengewichte* zu bestimmen, inwieweit bzw. in welche Richtung auf dem Graphen traversiert werden soll. Die Gewichte reflektieren dabei die Wichtigkeit der Relationen und somit auch die Wichtigkeit der Kanten. Sie können manuell zugeordnet sein (Schreiber et al. 2006) oder automatisch berechnet werden, z. B. durch statistische Analyse der Graphstruktur (Anyanwu 2005).

Das bekannte Graph-Traversierungsverfahren *Spreading Activation* verwendet ebenfalls Kantengewichte. Das Verfahren startet bei einer Menge von Knoten, die initial aktiviert werden, und flutet den Graphen von diesen ausgehend mit „Energie". Dabei bestimmt eine Ausgangsfunktion $f$ des Knotens $i$ die Höhe der Energie, die vom Knoten weitergegeben wird: $O_i = f(I_j)$. Diese Energie wird mit dem Kantengewicht multipliziert, bevor sie den Knoten am anderen Ende der Kante erreicht. Der erreichte Knoten $j$ ist dann aktiviert, seine Energie berechnet sich aus der Summe der eingehenden Energiewerte: $I_j = \sum_i O_i w_{ij}$.

Wie stark ein Knoten aktiviert wird, hängt folglich davon ab, wie viele Knoten ihn aktivieren und wie hoch das Kantengewicht zwischen ihm und den zu aktivierenden Knoten ist. Dieser Prozess wird iterativ ausgeführt, bis ein vordefiniertes Abbruchkriterium erfüllt ist. Zur Bestimmung des Abbruchkriteriums, um eine unkontrollierte Flutung des Graphen zu verhindern, werden verschiedene Constraints eingesetzt. Die Bedingungen können z. B. die maximale Distanz bei der Flutung betreffen oder die Weitergabe der Energie von Knoten mit sehr vielen Nachbaren unterbinden (Fan-Out Constraint), da diese oft eine zu allgemeine Bedeutung haben. Das Ergebnis des Spreading Activations ist die Menge der aktivierten Knoten (Crestani 1997). Abbildung 9.13 skizziert den Prozess auf einem kleinen Graphen mit einer initial aktivierten Menge von Knoten (schwarz). Die Bögen zeigen die einzelnen Iterationsschritte. Die Knoten, die ein Dokument-Icon besitzen, stehen für instanziierte Dokumente. Die unterschiedlichen Kantengewichte deuten an, dass gewisse Relationen als wichtig erachtet und somit höher gewichtet werden. Die Abbildung zeigt ein mögliches Szenario zum semantischen

Dokumentretrieval, indem ein Dokument, das durch Schlüsselwortsuche gefunden wurde, den Graphen flutet und über die aktivierten verknüpften Instanzen (und Klassen) weitere Dokumente gefunden werden.

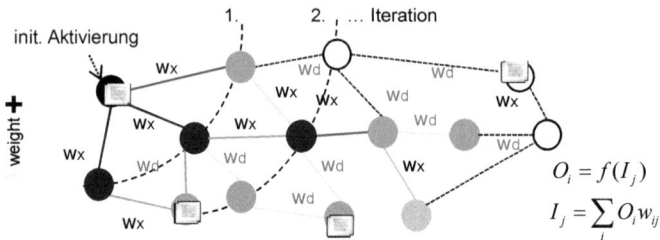

**Abb. 9.13** Spreading Activation.

Kritisch bei Graph-Traversierungsverfahren ist die Größe der zugrundeliegenden Daten. Im Bereich des Linked Open Data existieren Wissensbasen mit mehreren Millionen Tripel. Beispielsweise enthält die DBpedia (siehe Abschnitt 7.3.1) über 1 Billion Tripel, so dass herkömmliche Traversierung eines Graphen nur schlechte Performance zeigt. Aus diesem Grund agieren verschiedene graphbasierte Suchmaschinen auf einem vereinfachten und somit verkleinerten Graphen, die häufig als *Summary Graph* bezeichnet werden. Solche Graphen können z. B. durch das Clustern von zusammengehörenden Instanzen entstehen oder durch Reduzierung des Graphen, so dass er lediglich die Muster der zugrundeliegenden Wissensbasis abbildet. Dabei werden mithilfe des Summary Graphs die möglichen SPARQL-Abfragen bestimmt, die dann an der Instanzbasis ausgeführt werden (Tran et al. 2009).

**Thesauri** wird oft als Wissensbasis für semantisches Dokumentretrieval verwendet (siehe Abschnitt 3.3.1). Wie im Abschnitt 9.3.2 beschrieben, werden hier als ontologischer Kontext die Hyperonyme und Hyponyme der Suchwörter verwendet, um die Anfrage zu modifizieren. Ebenso können verwandte Begriffe zur Suche herangezogen werden. Semantic Matching geschieht in diesem Fall also dadurch, dass die relevanten linguistischen Relationen bis zu einer definierten Distanz (meist 1) verfolgt und die dadurch gefundenen Instanzen zur Anfragemodifizierung eingesetzt werden.

**Natural Language Processing** -basierte semantische Suchmaschinen setzen linguistisches Wissen ein, um natürlichsprachige Texte zu interpretieren. Die Analyse der Wortstruktur (Morphologie) dient zu Verbesserung des syntaktischem Matchings. Sie erlaubt, im Gegensatz zum „Bag of Words"-Ansatz, auch die Reihenfolge der Wörter und ihre Rolle im Satz (Subjekt, Prädikat, Objekt, Zeitbezug, Raumbezug) für die Suche heranzuziehen. Insbesondere Question Answering Tools (siehe Abschnitt 9.2.5), die komplexe natürlichsprachige Anfragen verarbeiten müssen, benötigen dieses Wissen, um die Anfrage in eine RDF-Abfrage zu überführen und somit nach RDF-Statements zu suchen.

## 9.3.4 Beispiele

Die meisten semantischen Suchmaschinen kombinieren mehrere der vorgestellten Ansätze und lassen sich auch bezüglich der anderen vorgeführten Aspekte nicht immer klar in eine Kategorie einordnen. So scheinen manche Suchmaschinen semantisches Dokumentretrieval durchzuführen, weil sie Dokumente als Ergebnis liefern, führen tatsächlich jedoch Faktensuche aus. Die Dokumente sind dabei mittels RDFa (siehe Abschnitt 4.4) oder sogenannten Microformats annotiert oder selbst als Fakten aufgefasst und somit eng an die Wissensbasis gekoppelt. Solche Suchmaschinen liefern Dokumente zurück, die der Anfrage entsprechenden Fakten zum Inhalt haben. Typische Beispiele sind Suchmaschinen semantischer Wikis wie das *Semantic MediaWiki* und *Kaukolu*. Das Semantic Mediawiki stellt dabei eine einfache Anfragesprache zur Verfügung (Krötzsch et al. 2007).

Andere Verfahren setzen den Schwerpunkt auf die Wissensbasis. Zum Beispiel vereinigt die semantische Suchmaschine *PowerSet* (Converse et al. 2008) in einem semantischen Index Wissen aus der englischsprachigen Wikipedia und der Datenbank Freebase. Der Aufbau des semantischen Index basiert auf XLE, einer NLP-Technologie des Palo Alto Research Centers. In der Indexierungsphase werden komplexe natürlichsprachige Analysen durchgeführt, um semantische Fakten von Artikeln der Wikipedia und Freebase zu extrahieren. Diese Fakten umfassen nicht nur Relationen, sondern auch Verknüpfungen zwischen Worten und Instanzen. Die semantischen Fakten einer Anfrage werden ebenfalls mit Hilfe von XLE bestimmt und mit den Fakten des semantischen Index abgeglichen.

Die Suchmaschine Semplore (Wang et al. 2009) unterstützt Faceted Search und komplexe hybride Anfragen auf strukturierten Daten, indem das Web Of Data in einen Textindex transformiert wird. Die Felder im Index repräsentieren vordefinierte hicrarchische Relationen und beinhalten darüber hinaus die textuellen Properties einer Instanz.

Die bisher vorgestellten semantischen Suchmaschinen dienen im Wesentlichen entweder der Faktensuche oder dem semantischen Dokumentretrieval. Sie liefern dementsprechend entweder Fakten oder Dokumente als Antworten auf eine Anfrage, wobei manche Suchmaschinen die Repräsentation der Suchergebnisse mit den Metadaten der gefundenen Dokumente anreichern. Im Gegensatz dazu beschreiben (Schumacher et al. 2008) und (Schumacher und Sintek 2011) einen hybriden Ansatz, der sowohl Faktensuche als auch semantisches Dokumentretrieval ausführt und beide Verfahren miteinander kombiniert. Zuerst führt das System eine statementbasierte Faktensuche aus und danach, basierend auf den Ergebnissen, wird der graphbasierte Ansatz Spreading Activation zum semantischen Dokumentretrieval bzw. der Kombination eingesetzt (siehe Abbildung 9.14). Dabei wird das Wissen aus der formalen Wissensbasis durchsucht und auch zur Erweiterung der Anfrage verwendet. Zudem setzt der Ansatz nicht nur die gefundenen Instanzen als initiale Aktivierungsknoten des Spreading Activation Prozesses ein, auch die gefundenen Properties haben einen Einfluss auf den Prozess, indem ihre Gewichte als Kantengewicht verwendet werden.

Der Ansatz erweitert die im Abschnitt 9.3 dargestellte Architektur um mehrere Komponenten. Die Wissensbasis beinhaltet nicht nur die Ontologien und Instanzen, sondern auch den Volltextindex der Dokumente. Verarbeitet werden formale, nicht formale und auch gemischte, also hybride, Anfragen. Die größte Besonderheit ist, dass Anfragen mit Fakten, Dokumenten und mit einer Kombination der beiden, also Dokumenten mit Fakten, beantwortet werden. Dies ist insbesondere dann sinnvoll, wenn die Wissensbasis Informationen enthält, die in den Dokumenten nicht zu finden sind und umgekehrt. Dies ist häufig bei Web 3.0-Anwendungen der Fall, die eine Kombination von Web 2.0- (Social Web-) und Semantic Web-Anwendungen sind (Wahlster und Dengel 2006). Des Weiteren repräsentiert die Kombination aus Fakten und Dokumenten eine „schnelle Antwort", da der Benutzer Dokumente nicht unbedingt genauer in Augenschein nehmen muss, um festzustellen, ob sie seiner Suchintention entsprechen. Darüber hinaus liefern Fakten zu Dokumenten eine Rechtfertigung (siehe Abschnitt 10.5.2), warum ein Dokument als relevant betrachtet wird und tragen somit zur Verständlichkeit und Transparenz der Suchmaschine bei.

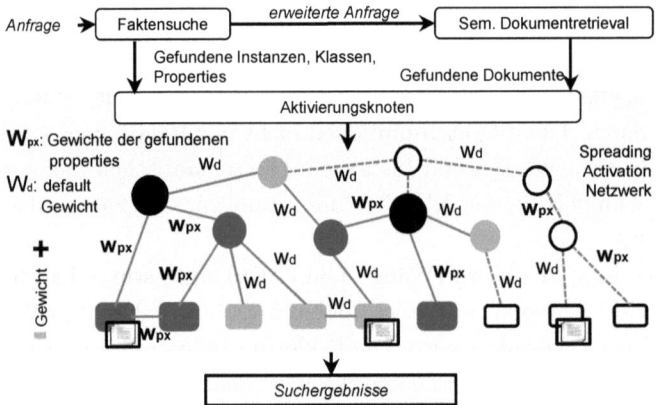

**Abb. 9.14** Hybrider Suchansatz, der Faktensuche und semantisches Dokumentretrieval kombiniert

Die aktuellen Entwicklungen der (Web-)Suchmaschinen bestehen im Wesentlichen aus der Spezialisierung auf einen bestimmten Dokumenttyp bzw. eine bestimmte Datenquelle oder auf eine spezielle Domäne. So ist *Blinkx* (blinkx 2011) eine semantische Suchmaschine für Videoinhalte. Sie nutzt eine neuartige Kombination der konzeptuellen Suche, Spracherkennung und Videoanalyse zur Findung und Qualifikation von Onlinevideos. *Subj3ct* (NetworkedPlanet 2011) ist laut eigenen Angaben eine Infrastruktur für Web 3.0-Anwendungen. Im Gegensatz zu Web 2.0- Anwendungen orientieren sich diese nicht an Dokumenten und Verknüpfungen, sondern an sogenannten „Subjekten". In diesem Zusammenhang wird auch eine schlüsselwortbasierte Semantische Suche angeboten, die nach Subjekten und damit verwandten Subjekten sucht. Die *FOAF-Search Engine* (netEstate 2011) baut auf der Sprache Friend of a Friend (FOAF) (Brickley und Miller 2010) auf, die zum Modellieren sozialer Netzwerke dient. Die Suchmaschine bedient sich der semantikbasierten Schlüsselwortsuche (siehe Abschnitt 9.2) und dient vordringlich zur Suche von Personen. *Semager* (NG-Marketing 2011) ist eine semantische Suchmaschine, mit der zum einen das Web durchsucht und zum anderen nach Produkten und Shops im deutschsprachigen Raum gesucht werden kann. Hier handelt es sich ebenfalls um eine semantikbasierte Schlüsselwortsuche, wobei die Suche mit ähnlichen Stichworten erweitert wird.

Weitere Trends in der Suchmaschinensparte betreffen mobile Endgeräte und nutzen die GPS-Koordinaten des Benutzers und/oder die auf dem persönlichen Gerät vorhandenen individuellen Präferenzen aus, um eine Semantische Suche in der Umgebung durchzuführen (siehe Abschnitt 9.4.1). Alternativ bieten sie die Suche innerhalb von Sozialen Netzwerken, wobei hier bereits die Meinungen vieler Benutzer vorliegen und somit zur Ranking der Ergebnisse eingesetzt werden können, man denke z. B. an den „Gefällt mir"-Button bei Facebook.

## 9.4 Benutzerkontext, Personalisierung und Transparenz

Die Aufgabe der Suchmaschinen ist es, den Suchraum den Benutzern zugänglich zu machen. Denkt man an Websuchmaschinen, wird deutlich, dass es hierbei um eine riesige Informationsmenge geht, in denen unzählige Benutzer mit sehr unterschiedlichem Informationsbedarf versuchen, die in dem Moment für sie relevanten Information zu finden. Wie nützlich ein gefundenes Dokument ist, hängt somit von dem aktuellen Informationsbedarf des Benutzers ab, in dem zwei Aspekte eine wichtige Rolle spielen: der *Kontext des Benutzers* und seine *persönlichen Präferenzen, Interessen* und sein *Wissensstand*. Sind diese formal repräsentiert, können semantische Suchmaschinen dieses Wissen nutzen, um die Suche zu verbessern.

### 9.4.1 Benutzerkontext und Personalisierung

Der Benutzerkontext kann vielfältig sein. So liefert beispielsweise die geografische Position den Ortsbezug oder der thematische Kontext den thematischen Bezug der Suche. Die geografische Position lässt sich mit Hilfe von Global Positioning System (GPS) feststellen, es gibt jedoch keinen Sensor, der den thematischen Kontext oder die Aufgabe des Benutzers verrät. Er kann hartkodiert in Form von Anfragekategorien vorliegen oder aber dynamisch bestimmt werden.

Eine explizite Zuordnung einer Anfrage zu einer Kategorie liegt vor, wenn der Benutzer bei der Anfragestellung die Kategorie auswählt. Die implizite Zuordnung kann auf der Analyse der Anfrage oder der Kenntnis der Benutzergruppe durch das System geschehen (Mangold 2007). Auch für die dynamische Kontextbestimmung gibt es mehrere Möglichkeiten. Häufig wird die Suchhistorie verwendet oder die zuletzt geöffneten Dokumente betrachtet, um den Kontext zu bestimmen. Diese Informationen können in unstrukturierter Form weiterverwendet werden, z. B. indem die in der Suchhistorie gefundenen Schlüsselwörter zur Erweiterung der Anfrage herangezogen werden. Es besteht jedoch auch die Möglichkeit, das in den Informationen vorhandene Wissen zu extrahieren und formal zu beschreiben (zur semantischen Kontextmodellierung und dem Kontextmodell siehe Abschnitt 12.5.5). Ist der Kontext formal beschrieben, so kann er z. B. zur Anfrageerweiterung (mit formalen Teilen), als Gewichte im Graphen bei graphbasierten Ansätzen oder auch zum Reranking der Ergebnisse eingesetzt werden.

Setzt man Wissen über die Kenntnisse eines Benutzers bzw. einer Benutzergruppe zur Kontextualisierung ein, so kommt man in den Bereich der *Personalisierung*. Hierbei betrachten und/oder modellieren semantische Suchmaschinen hauptsächlich die persönlichen Präferenzen, Interessen und den Wissensstand des Benutzers, um die Suche zu verbessern. Personalisierung und Kontext werden sehr ähnlich behandelt. Sie können zur Disambiguierung der Anfrage, zur Ordnung (Ranking) oder zum Filtern der Ergebnisse eingesetzt werden. Hat der Benutzer beispielsweise nach „Objektorientiertes Programmieren" und nachfolgend „Java" gesucht, so ist es sehr wahrscheinlich, dass er die Programmiersprache Java meint. Liegt der semantischen Suchmaschine auch das Wissen vor, dass der Benutzer ein Laie ist, so können Java Tutorials, die sich an Anfänger wenden, bzw. Dokumente, die oberflächlich über Java als Programmiersprache berichten, höher gerankt und somit am Anfang der Ergebnisliste präsentiert werden. Die Ergebnisse sind somit an die suchende Person und seine Situation angepasst.

### 9.4.2 Transparenz

Je formaler Wissen repräsentiert ist, umso größer ist die semantische Leistungsfähigkeit der Suchmaschine. Infolgedessen können die Ergebnisse semantischer Suchmaschinen nicht immer sofort nachvollzogen werden und es bedarf einer gewissen kognitiven Leistung, Suchergebnisse zu verstehen.

Angenommen, ein Benutzer sucht in einer medizinischen Suchmaschine nach Informationen über die menschliche Hand und bekommt als Ergebnis Dokumente über das „Kahnbein" angezeigt (siehe Kapitel 13). Ein medizinischer Fachmann erkennt sofort den Zusammenhang: Das Kahnbein ist ein Knochen der Handwurzel, die wiederum ein Teil der Hand ist. Dieser Zusammenhang ist jedoch nicht unbedingt dem medizinischen Laien bewusst, so dass dieser mit dem Ergebnis ohne weitere Zusatzinformation nichts anfangen kann.

Ein weiteres Problem stellt die Darstellung der Suchergebnisse dar. Dies hat zwangsläufig zur Folge, dass die Akzeptanz der Ergebnisse nicht gewährleistet ist. Somit ist es notwendig, dass die Suchmaschine einerseits gewisse Prozesse *transparent* macht und andererseits durch einfache *Erklärungen* das Systemverhalten rechtfertigt.

Interaktive semantische Suchmaschinen, die den Benutzer z. B. zur Disambiguierung auffordern, fördern die Transparenz gegenüber solchen, die ihre semantische Leistungsfähigkeit komplett vor Benutzern verstecken. Es bedarf hier jedoch nicht einer umfassenden Darstellung der Systemprozesse, da diese in der Regel nur von geringem

Interesse für Benutzer sind. Hier bedarf es vielmehr einer geschickten Form der Rechtfertigung. Viele schlüsselwortbasierte Suchmaschinen wie Google oder Google-Desktop bieten eine einfache Form der Rechtfertigung an. Das Suchergebnis enthält in der Regel Textausschnitte der gefundenen Dokumente, in denen die Stichworte der Suche hervorgehoben sind. Somit hat der Benutzer die Möglichkeit zu entscheiden, ob das Dokument für ihn relevant ist oder nicht. Im Falle der medizinischen Suchmaschine sind komplexere Erklärungen notwendig. Wie im Abschnitt 10.4.5 dargestellt wird, ist hier die Verständlichkeit und die Nützlichkeit der Erklärung zu beachten. Hauptnutzen einer Erklärung in diesem Zusammenhang ist es, das Ergebnis zu rechtfertigen und dem Benutzer eine Hilfe an die Hand zu geben, ob er sich mit dem Ergebnis weiter beschäftigen soll oder nicht. Selbstverständlich sollte die Erklärung auch verständlich sein, was eine wesentliche Grundlage für die Nützlichkeit darstellt. In einem allgemeinen Suchszenario sollte die Erklärung möglichst einfach sein und so kurz wie möglich gehalten sein. Weitere Kriterien zur Verständlichkeit sind im Abschnitt 10.4.5 aufgeführt.

## 9.5 Fazit

Die dargelegten Ansätze zur Semantischen Suche zeigen die Vielfältigkeit der Lösungswege und einen Überblick darüber, wie formale Semantiken zur Verbesserung der Suche eingesetzt werden können. Die semantische Leistungsfähigkeit der Suchmaschinen ist dabei sehr stark davon abhängig, wie viel Wissen formal abgebildet wurde. Im Falle von semantischem Dokumentretrieval spielen dabei noch die Kopplung und die Struktur der Ontologie eine wichtige Rolle. Die Grundlage für eine starke semantische Leistungsfähigkeit bilden dabei, zusätzlich zu einer detaillierten Wissensbasis, die enge Kopplung zwischen der Wissensbasis und den Dokumenten und die domänenspezifischen Properties. Die Akquisition dieser Eigenschaften ist jedoch sehr aufwändig. Folglich können auf eine Domäne spezialisierte semantische Suchmaschinen eine bessere Leistung bieten, da der Suchraum und die Wissensbasis eingeschränkt ist, wodurch der nötige Modellierungs- bzw. Annotationsaufwand sinkt. Abbildung 9.15 veranschaulicht dieses Verhalten anhand der Genauigkeit der Suche, Komplexität der Anfrage und der syntaktischen und strukturellen Mehrdeutigkeit allgemeiner (siehe Abbildung 9.2, hier grau eingezeichnet) und domänenspezifischer Suchmaschinen.

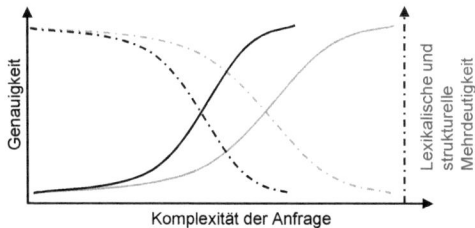

**Abb. 9.15** Genauigkeit der Suche *vs.* Komplexität der Anfrage bei Suchmaschinen mit spezieller Domäne (schwarz) im Vergleich mit allgemeinen Suchmaschinen (grau).

## 9.6 Weiterführende Literatur

Hildebrand und Kollegen analysieren in (Hildebrand et al. 2007) 35 semantische Suchmaschinen, wobei im wesentlichen die drei Hauptschritte des Suchprozesses, nämlich Anfragestellung, Suchalgorithmus und Ergebnisrepräsentation, betrachtet werden. Anhand der Analyseergebnisse werden die wichtigsten Eigenschaften semantischer Suchmaschinen identifiziert und beschrieben. Mangold gibt in (Mangold 2007) einen Überblick zum semantischen Dokumentretrieval. Dabei wird ein Kategoriesystem aufgestellt und 22 Suchmaschinen auf Basis der definierten Kriterien analysiert. Beide Werke geben eine gute Einführung in das Themengebiet, da sie die wesentlichen Aspekte behandeln.

Es gibt zahlreiche Beispiele für weiterführende Literatur zu den Ansätzen. Die wichtigsten Referenzen beinhalten bereits die entsprechenden Abschnitte. Als Ergänzung seien hier noch einige Beispiele zu den verbreitet eingesetzten graphbasierten Ansätzen erwähnt. In (Rocha et al. 2004) wird eine semantisch Suchmaschine beschrieben, die auf Spreading Activation basiert und Kantengewichte einsetzt. Berger und Kollegen verbesseren den Spreading Activation Prozess, indem er die Verwandschaft der Begriffe mit einbezieht (Berger et al. 2004). Darüber hinaus gibt es weitere Methoden zur Anfrageverarbeitung hinsichtlich graph-strukturierter Daten, wie beispielsweise in BLINKS (He et al. 2007), DBXplorer (Agrawal et al. 2002), oder XSearch (Cohen et al. 2003) beschrieben. Einige Ansätze basieren auf der Anwendung vordefinierter Anfrageschablonen, wie in (Lei et al. 2006) und (Sacaleanu et al. 2008) dargestellt wird, wobei letzterer einen mutlilingualen, auf Schlussfolgerungen basierten Frage-Antwort-Ansatz repräsentiert.

*Kinga Schumacher, Björn Forcher, Thanh Tran*

# 10 Erklärungsfähigkeit semantischer Systeme

**Übersicht**

| | |
|---|---|
| 10.1 Szenario | 254 |
| 10.2 Der Begriff der Erklärung | 256 |
| 10.3 Erklärungen in Expertensystemen | 259 |
| 10.4 Aspekte von Erklärungen | 263 |
| 10.5 Erklärungen im Semantic Web | 269 |
| 10.6 Fazit | 276 |
| 10.7 Weiterführende Literatur | 277 |

Wie in Kapitel 2 eingeführt wurde, ist das Inferieren von Wissen ein zentraler Bestandteil bei der Problemlösung in wissensbasierten Systemen. Das automatische Lösen von Aufgaben birgt jedoch das Problem, dass Benutzer die Lösung nicht immer akzeptieren. Erklärungen sind immer in solchen Fällen sinnvoll, wenn ein Benutzer etwas nicht versteht oder wenn das System nicht seinen Erwartungen entspricht.

Der Begriff der Erklärung ist Gegenstand verschiedener wissenschaftlicher Disziplinen, wie beispielsweise der kognitiven Psychologie, der Pädagogik und der Philosophie. Alle diese Disziplinen betrachten unterschiedliche Aspekte, die mit dem Begriff der Erklärung zusammenhängen. Dies lässt erahnen, dass es sich hierbei nicht um ein einzelnes Konzept, sondern um eine Vielzahl von Konzepten handelt. Auch die Künstliche Intelligenz betrachtet verschiedene Sichten auf Erklärungen, um vor allem die Benutzerfreundlichkeit und den Nutzen eines wissensbasierten Systems zu erhöhen.

Der Schwerpunkt in diesem Kapitel liegt einerseits auf dem Begriff der Erklärung an sich und zum anderen auf Methoden der Erklärungsbereitstellung in wissensbasierten Systemen. Um einen intuitiven Zugang zu der gegebenen Thematik zu ermöglichen, werden wir zunächst ein eingängiges Szenario voranstellen (Abschnitt 10.1). An diesem Beispiel werden alltägliche Erklärungen (Abschnitt 10.2.1) vorgestellt, die anschließend von wissenschaftlichen Erklärungen (Abschnitt 10.2.2) abgegrenzt werden. Erste Methoden zur Erklärungsbereitstellung werden für einschlägige Expertensysteme diskutiert (Abschnitt 10.3), anhand derer gezeigt werden soll, welche Probleme hierbei auftraten und wie diese initial gelöst wurden. In Abschnitt 10.4 werden diverse Aspekte angesprochen, die wesentlich zur Erklärungsfähigkeit von Softwaresystemen beitragen. Im

Anschluss daran werden exemplarisch Applikationen des Semantic Web gezeigt, die systematisch Erklärungen anbieten. Der Beitrag wird durch ein Fazit und weiterführende Quellen abgerundet.

## 10.1 Szenario

Verständlichkeit und Nützlichkeit sind zwei wichtige Voraussetzungen für gute Erklärungen. In diesem Abschnitt wird ein einführendes Szenario vorgestellt, das zum einen diese Aspekte veranschaulicht und zum anderen als Erklärungsgrundlage für die nachfolgenden Abschnitte dient.

Zu Weihnachten möchte Cindy ihren Eltern eine ganz besondere Überraschung bereiten. Sie möchte für Heiligabend Zimtgebäck backen, da die in der Vorweihnachtszeit gebackenen Kekse und Plätzchen bereits alle gegessen worden sind. Da sie so etwas noch nie gemacht hat, geht sie ins Internet, um ein passendes Rezept zu suchen. Sie ruft die Webpräsenz der semantischen Suchmaschine *SearchAndCook* auf, die auch ihre Mutter Anke immer benutzt. In einem Textfeld gibt sie die Begriffe *Rezept* und *Zimtgebäck* ein und bekommt als erstes Ergebnis ihrer Suche *Oma Valentina Polvorón* Rezept vorgeschlagen. Da Cindy davon noch nie etwas gehört hat, klickt sie neugierig mit ihrer Maus auf einen Button mit Fragezeichen, der sich unmittelbar rechts neben dem Ergebnis befindet. Es öffnet sich eine neue Seite, in der ein semantisches Netz (siehe Abschnitt 2.5) aufgebaut wird, das mit *Was ist Polvorón?* betitelt ist. Unter dem Netz findet sie eine kurze Erläuterung in textueller Form, wie in Abbildung 10.1 dargestellt ist.

Nach Betrachten der Erklärung versteht Cindy ein wenig besser, was es mit Polvorón auf sich hat. Cindy findet die Erklärung gut **verständlich**, da sie sehr kurz gehalten ist und keine unbekannten Begriffe enthält. Neugierig, welche weitere Zutaten enthalten sind, klickt sie auf den **Weitere Zutaten**-Button. Das sich erweiternde semantische Netz birgt jedoch keine neue Information. Dass Zucker und Mehl zum Backen benötigt werden, wusste Cindy bereits, da sie schon oft ihrer Mutter beim Backen zugesehen hat. Ein Klick auf den **Rezept**-Button führt sie zu einer Webseite, in der Mengenangaben und die Zubereitungsart angegeben sind. Im ersten Schritt soll das Butterschmalz erwärmt werden, was Cindy nicht versteht. Da sie dies bei ihrer Mutter noch nie beobachtet hat, fragt sie sich, ob dies wirklich notwendig ist. Unmittelbar hinter der Anweisung entdeckt sie einen Link mit einem Fragezeichen. Als sie mit der Maus über das Fragezeichen fährt, erscheint ein kleines Textfeld, in dem Folgendes zu lesen steht: „Bevor das Schmalz verarbeitet wird, sollte es erwärmt werden, damit es weicher wird und mit den anderen Zutaten leichter verrührt werden kann." Diese Erläuterung ist für Cindy nachvollziehbar. Sie erinnert sich auch daran, dass ihre Mutter Butter oder Schmalz bereits immer am Vortag aus dem Kühlschrank herausgenommen hatte, damit es weich wird. Cindy findet diese Erklärung sehr **nützlich**, da sie das Schmalz nicht unbedingt auf dem Herd erwärmen müsste, den sie nur ungern benutzt. Da sich der

## 10.1 Szenario

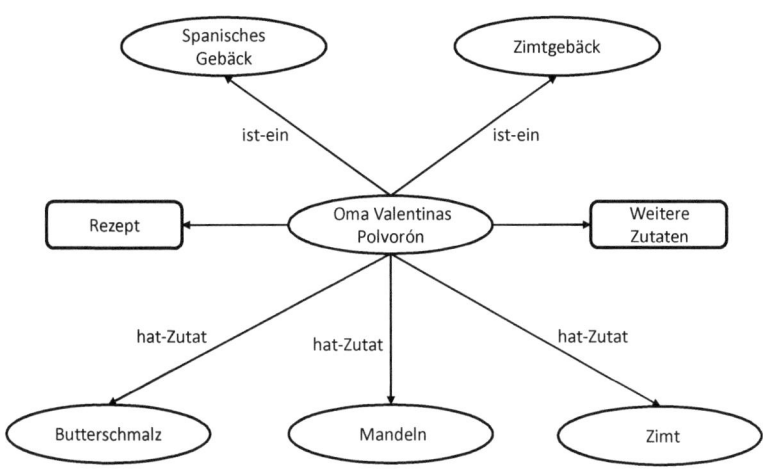

Polvorón ist ein spanisches Weihnachtsgebäck, das aus Zimt, Mandeln, Butterschmalz und weiteren Zutaten hergestellt wird.

**Abb. 10.1** Erklärung des Begriffs Polvorón.

Rest des Rezepts interessant anhört, entschließt Cindy sich, das Weihnachtsgebäck schon am nächsten Tag zu backen.

Grundlage für die semantische Suchmaschine *SearchAndCook* ist eine Ontologie zum Thema Backen, die in RDFS (siehe Abschnitt 4.3) encodiert ist und deren Namensraum mit *cook* abgekürzt wird. Die Wissensbasis der Suchmaschine enthält demzufolge Aussagen der Form (Subjekt, Prädikat, Objekt), die durch eine Menge von SWRL-Regeln ergänzt wird. Abbildung 10.1 zeigt eine mögliche Wissensbasis für das oben dargestellt Szenario.

Darüber hinaus nutzt die Suchmaschine auch RDFS-Semantik, so dass beispielsweise auch inferiert werden kann, dass Oma Valentinas Polvorón ein Gebäck ist. Folglich wird hier die Semantik der rdfs:subClassOf-Beziehung bzw. die dadurch aufgebaute Klassenhierarchie ausgenutzt. Die ersten beiden Regeln können auch durch die RDFS Semantik gefolgert werden und dienen hier nur zu Veranschaulichungszwecken. Die dritte Regel drückt aus, dass ein Gebäck, das als Zutat Zimt enthält, ein Zimtgebäck ist. Die letzte Regel besagt, dass alle Polvorón-Rezepte aus Spanien kommen (was nur hier in unserer Domäne gelten soll). Da die Regeln in der Sprache SWRL vorliegen, ist jede Regel über eine eindeutige URI referenzierbar. Der Einfachheit halber seien die Regeln der Reihenfolge nach mit cook:Rule1 bis cook:Rule4 bezeichnet. Das Beispiel wird in den nachfolgenden Unterkapiteln wieder aufgegriffen, um verschiedene Aspekte von Erklärungen darzustellen und zu erläutern.

---

**Fakten**

| | | |
|---|---|---|
| cook:ZimtGebaeck | rdfs:subClassOf | cook:Gebaeck |
| cook:Polvoron | rdfs:subClassOf | cook:ZimtGebaeck |
| cook:Polvoron | rdfs:subClassOf | cook:SpanischesGebaeck |
| cook:Spanien | rdf:type | cook:Land |
| cook:PolvoronValentina | rdf:type | cook:Polvoron |
| cook:PolvoronValentina | cook:hatZutat | cook:Zimt |
| cook:PolvoronValentina | cook:hatZutat | cook:Mandeln |
| cook:PolvoronValentina | cook:hatZutat | cook:Butterschmalz |

**Regeln**

<!-- cook:Rule1 -->
cook:Polvoron(?x) → cook:Gebaeck(?x)

<!-- cook:Rule2 -->
cook:Polvoron(?x) → cook:ZimtGebaeck(?x)

<!-- cook:Rule3 -->
cook:Polvoron(?x) → cook:hatHerkunft(?x, cook:Spanien)

<!-- cook:Rule4 -->
cook:Gebaeck(?x) ∧ cook:hatZutat(?x,cook:Zimt) → cook:ZimtGebaeck(?x)

---

**Abb. 10.2** Wissen der Suchmaschine SearchAndCook.

## 10.2 Der Begriff der Erklärung

Der Begriff Erklärung wird in verschiedenen wissenschaftlichen Disziplinen untersucht: Psychologie, Philosophie, Linguistik, Didaktik und Informatik. Wie bereits erwähnt, untersuchen die angeführten Wissenschaften jeweils verschiedene Aspekte dieses Begriffs, was erahnen lässt, dass es sich hierbei nicht um ein einzelnes Konzept handelt, sondern um eine ganze Gruppe von Konzepten. Es ist folglich ein mehrdeutiger Begriff, der nicht nur im wissenschaftlichen Bereich, sondern auch in Alltagssituationen eine Rolle spielt.

## 10.2.1 Erklärungen im Alltag

Erklärungen können grundsätzlich als Antworten auf Fragen gewertet werden, unabhängig davon, ob die Frage tatsächlich gestellt wurde oder nicht. In der Alltagskommunikation sind Erklärungen ein wichtiges Werkzeug, um Verständnis auszutauschen. Erklärungen erhöhen das Wissen der Kommunikationspartner, so dass diese sich besser verstehen. Dies ermöglicht beispielsweise, dass die Partner Aussagen leichter nachvollziehen können, um so abgesicherte Entscheidungen treffen zu können (Schank 1986). Stegmüller (Stegmüller 1983) unterscheidet verschiedene Arten von alltäglichen Erklärungen:

*Kausale Erklärungen:* In der Regel wird der Begriff Erklärung dazu benutzt, die Kausalität von Vorgängen beziehungsweise Tatsachen aufzuzeigen. Kausale Erklärungen sind in den unterschiedlichsten Bereichen vorzufinden und betreffen nicht nur naturwissenschaftliche Phänomene, sondern auch menschliche Handlungen und Verhaltensweisen. Ein einfaches Beispiel für eine Erklärung ist die Antwort auf die Frage, warum Polvorón-Gebäck süßlich schmeckt: Je nach Rezept enthält es neben Zimt auch eine gewisse Menge Zucker und Puderzucker.

*Semantische Erklärungen:* Es wird ebenfalls von Erklärungen gesprochen, wenn die Bedeutung (Semantik) eines Begriffs aufgezeigt werden soll. Dies betrifft z. B. Fremdworte oder fachspezifische Begriffe wie *Ontologie*, *Corporate Memory* oder *Polvorón*. In alltäglichen Situationen werden nicht selten ungenaue Erklärungen akzeptiert. Im Gegensatz dazu haben wissenschaftliche Erklärungen oftmals die Form einer formalen Definition (siehe hierzu auch nächsten Abschnitt). In einem noch umfassenderen Verständnis beziehen sich Erklärungen nicht nur auf die Bedeutung von Begriffen, sondern auch auf ganze Texte. Die Interpretation eines literarischen Werkes, wie z. B. ein Gedicht, beinhaltet auch Erklärungsaspekte. In diesem Fall stützt sich eine Erklärung nicht nur auf formale Definitionen, sondern auch auf Feststellungen und mögliche Hypothesen.

*Korrektur von Irrtümern:* Wie schon angedeutet, haben Erklärungen etwas mit *Klären* oder *Klarlegen* eines Sinnes zu tun. Dies kann z. B. auch eine korrigierende Uminterpretation darstellen. Angenommen, Cindy weiß von ihrer Mutter, dass Schmalz aus weiterverarbeitetem Schlachtfett von Schweinen, Gänsen oder Rindern hergestellt wird. Sie vermutet möglicherweise, dass Butterschmalz ebenfalls auf dieser Grundlage basiert oder zumindest Spuren davon enthält. In diesem Fall dient die Erklärung, dass Butterschmalz durch sanftes Kochen von Butter hergestellt wird, zur Korrektur ihrer Vermutung.

*Rechtfertigungen:* Im Alltag werden Erklärungen oftmals auch als Rechtfertigung verwendet. Vom Erklärenden wird erwartet, dass er einen potenziellen Verstoß gegen bestehende Normen oder Vorstellungen rechtfertigt. In vielen Backrezepten wird beispielsweise angeben, dass eine Prise Salz mit den restlichen Zutaten vermischt werden soll. Als unerfahrene Bäckerin kann Cindy sich womöglich gar nicht mit dieser Zutat anfreunden, da Zucker und Salz für sie überhaupt nicht zusammen passen. Dies kann jedoch damit gerechtfertigt werden, dass das Salz nicht vorschmeckt und lediglich die Süße des Kuchens ein wenig hervorhebt.

*Beschreibung von Funktionsweisen:* Erklärungen werden auch benötigt, wenn jemand die Funktionsweise eines komplexen Objektes nicht versteht. Hier kann es sich z. B.. um einen Automaten, ein Softwaresystem oder einen Backofen handeln, dessen Arbeitsweise nicht durchschaut wird. Diese Art der Erklärung ist prinzipiell umfangreich und besteht sowohl aus Beschreibungen als auch aus kausalen Erklärungen.

*Vermittlung von praktischem Wissen:* Erklärungen können auch eine praktische Bedeutung haben. In diesem Fall dient eine Erklärung dazu, praktisches Wissen zur Lösung eines Problems zu vermitteln. Diese Art der Erklärung kommt im Alltag sehr oft vor. Beispielsweise werden Erklärungen gegeben, wie ein Videorekorder oder ein Navigationssystem zu bedienen ist. Die Zubereitungsbeschreibung eines Backrezepts gehört ebenfalls zu dieser Kategorie von Erklärung.

### 10.2.2 Wissenschaftliche Erklärungen

Wissenschaftliche Erklärungen sind Gegenstand der Philosophie bzw. der Wissenschaftstheorie. Das erste Modell geht auf Carl G. Hempel und Paul Oppenheim zurück (Hempel und Oppenheim 1948). Es wird als HO-Modell bezeichnet und wird trotz zahlreicher Kritiken (Sørmo et al. 2005) oft zu Orientierungszwecken herangezogen. Im Gegensatz zu alltäglichen (formlosen) Erklärungen beschreibt das Modell eine grundlegende Struktur und unterscheidet zwei Arten von Erklärungen: deduktiv-nomologischen und induktiv-statistischen Erklärungen (siehe Abschnitt 2.3.2). Laut Hempel und Oppenheim beziehen sich diese Erklärungen auf Warum-Fragen, die anhand von Fakten bzw. Anfangsbedingungen und der Anwendung von Regeln logisch beantwortet werden können. Das zu Erklärende wird als *explanandum* bezeichnet, wohingegen Fakten und Regeln die sogenannten *explanans* repräsentieren. Die Unterscheidung zwischen deduktiv-nomologische und induktiv-statistische Erklärungen bezieht sich auf die Art des zugrundeliegenden Wissens, nämlich ob deterministische Regeln (z. B. Naturgesetze) oder statistische Aussagen zur Anwendung kommen. Eine deduktiv-nomologische Erklärung bezieht sich beispielsweise auf folgendes Wissen:

- Die Schmelztemperatur von Butterschmalz beträgt 36° C.
- Die Temperatur in der Küche von Familie Baispilov steigt nach Cindy's Backaktion auf 37° C an.
- Cindy hat das Butterschmalz nach dem Backen auf dem Küchentisch stehen lassen.

Auf die Frage, warum das Butterschmalz mehrere Stunden nach dem Backen geschmolzen ist (explanandum), dienen die oben aufgelisteten Punkte als Erklärung (explanans).

Im Gegensatz dazu basiert eine induktiv-statistische Erklärung auf probabilistischem Wissen, was an folgendem Beispiel verdeutlicht werden soll:

- 90 Prozent aller Kinder mögen Zimtgebäck.
- Cindy ist ein achtjähriges Kind.

Demzufolge ist sehr wahrscheinlich, dass auch Cindy Zimtgebäck mag. Auch hier dient das angegebene Wissen zur Erklärung der gemachten Aussage (Vorhersage).

Das Modell nach Hempel und Oppenheim wurde von zahlreichen Autoren kritisiert, da es beispielsweise nicht zwischen Kausalaussagen und reinen Korrelationen unterscheidet. Des Weiteren wurde das Modell kritisiert, weil es nicht die Relevanz von Regeln zum Beweisen bestimmter Teilziele berücksichtigt. Eine gute Einführung in diese Thematik wird in (Sørmo et al. 2005) gegeben, in dem auch weitere philosophische Erklärungsmodelle vorgestellt werden.

## 10.3 Erklärungen in Expertensystemen

Erste grundlegende Forschung zum Thema Erklärungsfähigkeit in der Informatik begann Anfang der 1980er Jahre und war eng mit der Entwicklung von wissensbasierten Systemen verknüpft. Insbesondere in technischen Expertensystemen wurden Erklärungen als wesentlicher Erfolgsgarant erachtet und im Laufe der Zeit weiter verbessert (Swartout und Moore 1993). Dieser Abschnitt stellt diesbezüglich bedeutsame Expertensysteme vor und beschreibt ihre Methoden zur Generierung von Erklärung. Die Auswahl beschränkt sich auf diejenigen Expertensysteme, deren Methoden zum damaligen Stand der Wissenschaft zählen und die sich auf moderne Applikationen übertragen lassen. An dieser Stelle werden vor allem Vorzüge und Schwächen dieser Methoden diskutiert, um so ein grundlegendes Verständnis für die Entwicklung von Erklärungskomponenten zu schaffen. Bevor auf konkrete Expertensysteme eingegangen wird, soll zunächst der Begriff des Expertensystems kurz vorgestellt werden.

Im Allgemeinen zeichnet sich ein wissensbasiertes System durch die strikte Trennung von Wissensrepräsentation und dessen Verarbeitung aus (Beierle und Kern-Isberner 2003). Die Wissensbasis des Systems enthält spezifisches Wissen eines konkreten Anwendungsbereichs, wohingegen die Wissensverarbeitung eine anwendungsunabhängige Komponente zur Problemlösung ist. Ein Expertensystem ist ein spezielles wissensbasiertes System, dessen Wissensbasis mit Hilfe von Experten des Anwendungsbereichs konstruiert wird, um deren Expertenwissen zur Verfügung zu stellen. Das Wissen umfasst meist sowohl fallspezifisches als auch regelhaftes Wissen.

## 10.3.1 MYCIN

Das medizinische Diagnosesystem MYCIN ist eines der ersten Expertensysteme, und es verfügte bereits über eine Erklärungskomponente (Buchanan und Shortliffe 1984). Die Entwicklung von MYCIN startete Mitte der 1970er Jahre. Das System dient zur Diagnose und Therapie von Infektionskrankheiten mittels Antibiotika. Die wesentliche Aufgabe des Systems besteht darin, bei der Identifikation von Erregern zu assistieren und entsprechende Behandlungsvorschläge zu unterbreiten. Ein besonderes Problem stellt sich in der Praxis dadurch, dass nicht auf die Ergebnisse aller notwendigen Laboruntersuchungen gewartet werden kann. Oftmals muss auf Grundlage der Symptome, des Krankheitsverlaufes und unvollständiger Labordaten eine Therapie eingeleitet werden. Das System richtet sich vor allem an unerfahrene Mediziner, um eine möglichst optimale Behandlung aufzuzeigen.

Erklärungen in MYCIN basieren zum einen auf den Regeln des Systems und zum anderen auf einem Protokoll ihrer Anwendung, was im Englischen als *Trace* bezeichnet wird. Die Idee bei der Erklärungsgenerierung in MYCIN besteht darin, Textvorlagen für die einzelnen Regeln vorzusehen und diese bei einem konkreten Erklärungsbedarf mit Daten aus dem Trace anzureichern. Dies setzt jedoch voraus, dass dem Benutzer die in der Vorlage enthalten Begriffe bekannt sind und die Vorlage mit der Regel übereinstimmt.

Der große Vorteil dieser Methode besteht in seiner Einfachheit: Sobald das System sich in einem stabilen Zustand befindet, können Erklärungen mit relativ geringem Aufwand bereitgestellt werden, ohne die Systemarchitektur maßgeblich zu ändern. Doch die Paraphrasierung einzelner Regeln birgt auch gewisse Nachteile. Jede Regel an sich löst nur einen lokalen Teil eines gegebenen Problems. Da das übergreifende Systemverhalten durch komplexe Regelinteraktion entsteht, kann keine allgemeine Strategie zur Problemlösung angegeben werden. Weiterhin ist die Unterscheidung verschiedener Arten von ineinandergreifendem Wissen von Belang, das in einer zu erklärenden Regel zur Anwendung kommt. Feuert eine Regel nur bei bestimmten Nutzereingaben oder in einer bestimmten Phase der Problemlösung, enthält sie Konstrukte, die diese Bedingungen widerspiegeln. Letztlich können Regeln auch Konstrukte enthalten, die domänenspezifische Inferenzen repräsentieren. Die Paraphrasierung einer gefeuerten Regel kann demzufolge mehrere Arten von inferiertem Wissen enthalten, was oftmals nur schwer nachvollzogen werden kann. Ein weiteres schwerwiegendes Problem besteht darin, dass Regeln nur unzureichendes Wissen enthalten, so dass gewisse Arten von Erklärungen nicht gegeben werden können. Dies betrifft insbesondere Rechtfertigungen, warum das System bestimmte Aktionen ausführt.

## 10.3.2 NEOMYCIN

NEOMYCIN ist der Nachfolger von MYCIN und wurde vor allem zur Verbesserung der Erklärungsfähigkeit entwickelt (Hasling et al. 1984). Zu diesem Zweck stellte NEOMY-

CIN eine abstrakte und explizite Repräsentation der Kontrollstrukturen zur Verfügung, die nur implizit in den flachen Regeln von MYCIN enthalten waren. Dies beruht auf der einfachen Tatsache, dass bei der Erstellung einer Diagnose mehrere Prozessschritte oder Aufgaben anfallen, die nicht explizit in MYCIN repräsentiert wurden. Zu diesem Zweck wurden in NEOMYCIN alle diejenigen Regeln zu einer Regelmenge gruppiert, die zur Abhandlung einer bestimmten Aufgabe notwendig sind. Des Weiteren konnten Regeln einer Regelmenge nur dann zur Abhandlung herangezogen werden (feuern), wenn die Regelmenge aktiviert war. Um eine gewisse Kontrolle über die Aufgabe zu erreichen, wurden Metaregeln eingeführt, welche für die Aktivierung der Regelmengen verantwortlich waren. Im Gegensatz zu MYCIN wurde so eine aufgabenübergreifende Ablaufkontrolle möglich.

Diese Vorgehensweise hat den Vorteil, dass eine Regel und ihre Abarbeitung in den Kontext einer bestimmen Aufgabe des Systems gestellt werden. Somit können einzelne Regeln nicht nur lokal, sondern auch in ihrem globalen Zusammenhang erklärt werden. Im Vergleich zu den flachen Regeln von MYCIN können somit bessere Erklärungen zur allgemeinen Lösungsstrategie des Expertensystems gegeben werden. Die Struktur der Tasks und der Gebrauch von abstrakten Metaregeln zur Kontrolle erlauben die Generierung von Erklärungen auf hoher Ebene. Jedoch wird auch in NEOMYCIN das Problem der Rechtfertigung nicht adressiert, und innerhalb einer Regelmenge besteht das gleiche Problem wie in MYCIN selbst.

### 10.3.3 RED

RED (Smith et al. 1985) ist ein medizinisches Diagnosesystem, das hauptsächlich in Blutbanken von Krankenhäusern eingesetzt wurde. Seine primäre Aufgabe besteht darin, kompatible Bluteinheiten für Empfänger einer Bluttransfusion zu finden. Zu diesem Zweck bestimmt RED die Antikörper im Blut der potenziellen Empfänger und empfiehlt auf dieser Grundlage die in Frage kommenden Bluteinheiten. Die Identifikation der Antikörper erfordert mehrere Tests und stellt eine heuristische Klassifikationsaufgabe dar. Dies ist eine kritische Aufgabe, da nicht kompatibles Blut bei einer Transfusion lebensbedrohliche Reaktionen hervorrufen kann. Aus diesem Grund dienen Erklärungen in RED hauptsächlich der Überprüfung der Klassifikationsergebnisse.

In RED kommt die Methode der *Generic Tasks* zur Anwendung. Dieser Ansatz beruht auf der Tatsache, dass eine kleine Menge an abstrakten Methoden immer wieder zur Lösung von Problemen in Expertensystemen eingesetzt wird. Diese sind durch ihre allgemeinen Schritte und die Art und Weise der Informationsverarbeitung charakterisiert. Beispielsweise erfordert eine heuristische Klassifikation Operationen der Datenabstraktion, Generalisierung oder Verfeinerung. Eine Gruppe um Balakrishnan Chandrasekaran stellte eine umfassende Menge dieser abstrakten Methoden zusammen, die sie als *Generic Tasks* bezeichneten (Chandrasekaran 1986). Für jede Generic Task wurde eine eigene Sprache zur Problemspezifizierung entwickelt, die auch Wissen über die entsprechenden Operationen unterstützte. Das Wissen über diese Operationen wurde direkt in Erklärungsroutinen integriert, die speziell für jede Task konstruiert wurden. Somit wurde für jede Generic Task eine Menge von Erklärungsroutinen konstruiert, wobei Erklärungen wiederum mit Hilfe einfacher Textschablonen generiert wurden. Im Gegensatz zu NEOMYCIN wurden Generic Tasks nicht im System selbst repräsentiert, sondern es wurde lediglich Wissen über diese in der Erklärungskomponente verankert.

Der Vorteil dieser Methode besteht darin, dass die Erklärungsroutinen speziell auf die entsprechenden Tasks zugeschnitten sind, wodurch Tasks auf abstraktem Niveau und ohne irreführende Details erklärt werden konnten. Auf diese Weise können fokussierte und verständliche Erklärungen generiert werden. Nachteilig an dieser Methode ist, dass Erklärungen nur für eine bestimmte Generic Task gelten und diese nicht auf andere übertragen werden können. Somit entsteht ein relativ hoher Aufwand bezüglich der Bereitstellung von Erklärungen. Ein weiterer Nachteil ist darin zu sehen, dass Änderungen in der Problemlösungsstrategie immer auch manuelle Änderungen in den Erklärungsroutinen nach sich ziehen.

### 10.3.4 PEA

Der *Program Enhancement Advisor* (PEA) ist ein System, das LISP-Programme analysiert und vorschlägt, wie das Programm umgeschrieben werden könnte, um die Lesbarkeit und Wartbarkeit des Programms zu erhöhen (Swartout et al. 1991). Grundsätzlich wäre es möglich, ein konventionelles Expertensystem zu implementieren, das anhand einer Menge von Transformationsregeln ein LISP-Programm umschreibt. Ein solches System könnte jedoch keine Auskunft darüber geben, warum die Umschreibung sinnvoll ist, um so den Programmierer von der Sinnhaftigkeit der Transformation zu überzeugen.

PEA wurde mit dem *Explainable Expert System* (EES) Framework erzeugt (Swartout et al. 1991). Wie bereits erörtert wurde, konnten in den vorher beschriebenen Systemen keine Rechtfertigungen für bestimmte Systemaktionen gegeben werden, weil diese nicht auf Konstruktionswissen zurückgreifen konnten. Um dieses Problem zu beheben, wurde dass ESS Framework konzipiert, mit dessen Hilfe Expertensysteme konstruiert werden können. Um mit diesem Framework ein Expertensystem zu konstruieren, musste kein direkt ausführbarer Code geschrieben werden. Stattdessen arbeiteten die Systementwickler mit Domänenexperten zusammen, um eine Wissensbasis auf einer hohen Ebene zu entwickeln, die Wissen über die Domäne, die Terminologie und allgemeine Problemlösungsstrategien beinhaltete. Ein automatischer *Programmschreiber* diente dazu, aus diesen Informationen ein konkretes Expertensystem zu generieren, wobei er die Entwicklungsentscheidungen in der *Design-Historie* festhielt. Die Historie war mit dem generierten Code verbunden, der zur Laufzeit von einem Interpreter ausgeführt wurde. Eine Erklärungskomponente konnte dieses Wissen nutzen, um nicht nur zu erklären, was das System macht, sondern auch zu rechtfertigen, warum es das macht. Insgesamt unterstützt das ESS mehrere erklärungsrelevante Aspekte.

## 10.3 Erklärungen in Expertensystemen

- Abstraktes (und spezifisches) Kontrollwissen ist in einer High-level-Spezifikation repräsentiert. Dies ermöglicht dem ESS eine ähnlich abstrakte Strukturierung von Aufgaben wie die Metaregeln in NEOMYCIN bzw. die Generic Tasks in RED.
- Die Benutzung einer High-level-Spezifikation ermöglicht die Repräsentation von verschiedenen Arten von Wissen bzgl. der Domäne, seiner Prinzipien und seiner Terminologie. Die verschiedenen Wissensarten können separiert und durch einen unterschiedlichen Abstraktionslevel repräsentiert werden.
- Die Design-Historie, die vom Programmschreiber festgehalten wird, stellt eine Verbindung von der high-level Spezifikation des Wissens hin zu spezifischen Aktionen her.

Die Methode der ESS bringt mehrere Vorteile mit sich. Der wesentliche Vorteil besteht darin, dass mehrere Arten von Erklärungen in verständlicher Art und Weise gegeben werden können. Dies ist zum einen durch die Design-Historie und zum anderen durch die abstrakte High-level-Spezifikation des Wissens gegeben. Es ist jedoch nicht immer möglich, jedes Problem mit Generic Tasks zu lösen. In der Praxis liegen oft sehr spezielle Probleme vor, die individuelle Lösungsstrategien erfordern.

### 10.3.5 REX

Wick und Thompson (Wick und Thompson 1992) entwickelten den *Reconstructive Explainer* (REX), mit dessen Hilfe *rekonstruktive Erklärungen* gegeben werden. REX transformiert einen Trace in eine plausible Erklärung, wobei die Transformation ein aktiver und komplexer Problemlösungsprozess darstellt. Grundlage für diese Methode sind zwei Wissensbasen. Die erste Wissensbasis ist zur effizienten Lösung eines Problems angedacht, wohingegen die zweite nur zu Erklärungszwecken dient. Der Grad der Kopplung zwischen dem Trace und der Erklärung wird mit Hilfe eines Filters kontrolliert, dessen Durchlässigkeit durch vier Einstellungen festgelegt werden kann. Je mehr Information der Filter durchlässt, umso enger sind Trace und Erklärung aneinander gekoppelt. Beispielsweise dient die *No-Restrict*-Einstellung dazu, keine Information außer dem Ergebnis durchzureichen. Im Gegensatz dazu lässt die *Direct-Indirect*-Einstellung den kompletten Trace durch den Filter durch. Die durch die Filterung fehlende Information des Systemverhaltens wird mit Hilfe der zweiten Wissensbasis vervollständigt, so dass eine durchgängige Erklärung gegeben werden kann.

Der primäre Vorteil von rekonstruktiven Erklärungen liegt in der Verständlichkeit. Dadurch dass das Erklärungswissen von dem Systemwissen getrennt ist, kann von Details abstrahiert werden. Darüber hinaus muss die Erklärung nicht auf den Fakten und Regeln des Expertensystems beruhen, so dass die Erklärungskomponente vom Expertensystem entkoppelt werden kann. Es ist jedoch ein gewisser zusätzlicher Aufwand bei der Konstruktion der zweiten Wissensbasis notwendig. Darüber hinaus führt die Verwendung einer unabhängigen Wissensbasis für Erklärungen möglicherweise dazu, dass der Bezug zum Systemverhalten gänzlich fehlt.

## 10.4 Aspekte von Erklärungen

Im Allgemeinen können Erklärungen als eine spezielle Art von Information beziehungsweise Wissen aufgefasst werden. Diese Sicht erscheint zwar offensichtlich, jedoch wurde diese nur unzureichend in Expertensystemen behandelt. Folgende Konzepte sind mit Informationen assoziiert:

1) Jede Information kann mehr oder weniger *nützlich* hinsichtlich eines bestimmen Zwecks oder einer Aktion sein. Hieraus resultiert eine Verknüpfung zwischen Information und Nützlichkeit.
2) Eine Information kann *verständlich* oder *missverständlich* für einen Kommunikationspartner sein. Ist letzteres der Fall, ist die Information nutzlos.
3) Eine Information kann *korrekt*, *falsch* oder *teilweise korrekt* sein.
4) Information kann *gespeichert* und bei Bedarf *abgerufen* werden.
5) Informationseinheiten können *kombiniert*, *ergänzt* oder *reduziert* werden, so dass neue Informationseinheiten entstehen.
6) Information wird *kommuniziert* durch sogenannte Informationsparadigmen, beispielsweise über gesprochene Sprache, Text oder Grafiken.

Hieraus ergeben sich für die Bereitstellung von Erklärungen weitreichende Konsequenzen, wobei die Punkte 1 und 2 zur Bewertung der Qualität einer Erklärung herangezogen werden können. Hauptanliegen dieses Abschnitts ist es, Erklärungen als spezielle Information zu beschreiben und verschiedene Aspekte zu beleuchten, die bei der Integration von Erklärungskomponenten in Softwaresysteme, insbesondere in Applikationen des Semantic Web, berücksichtigt werden müssen. Im Folgenden werden Arten, Ziele und die Präsentation von Erklärungen behandelt. Schließlich werden der Aspekt der Wahrheit und Anforderungen an Erklärungen diskutiert.

### 10.4.1 Arten von Erklärungen

Peter Spieker beschreibt fünf Arten der Erklärungen für Expertensysteme (Spieker 1991), die sich leicht auf beliebige Softwaresysteme übertragen lassen.

*Begriffserklärungen* beziehen sich auf Fragen der Art „Was ist ein ... ?" oder „Was ist die Bedeutung von ... ?". Das Ziel dieser Art der Erklärung ist es, unbekannte Begriffe mit bekannten Begriffen in Verbindung zu bringen.

*Warum-Erklärungen* beschreiben die Ursache oder die Rechtfertigung für ein Faktum oder das Auftreten eines Ereignisses. Während ersteres kausal und nicht symmetrisch ist, zielt letzteres lediglich auf das Aufzeigen von Evidenzen ab.

*Wie-Erklärungen* sind eine spezielle Art der Warum-Erklärungen, die Prozesse hin zu einem Ereignis beschreiben, indem sie sich an Kausalketten entlanghangeln. Sie dienen vor allem dazu, die Funktionalität einer Software zu erklären.

*Zweckerklärungen* dienen zur Beschreibung des Zwecks eines Faktums oder eines Objekts. Typische Fragen haben die Form *„Wozu dient ...?"* oder *„Was ist der Sinn von ...?"*

*Kognitive-rationale Handlungserklärungen* sind wiederum ein spezieller Fall der Warum-Erklärungen. Hiermit wird das Verhalten von intelligenten Systemen erklärt oder vorhergesagt, was auf der Grundlage von bekannten Zielen, Ansichten, Einschränkungen und rationalen Vermutungen geschieht. Diese Art der Erklärung teilt sich weiter auf in positive und negative Handlungserklärungen, die nach dem Grund zur Auswahl einer von mehreren Alternativen fragen: *Warum wurde (nicht) Polvorón als Rezept vorgeschlagen?*

## 10.4.2 Ziele von Erklärungen

Eine Erklärung kann grundsätzlich als kommunikativer Akt zwischen zwei Parteien angesehen werden. In Softwaresystemen ist das ein potenzieller Benutzer bzw. die Erklärungskomponente des Systems. Aus Sicht der Erklärungskomponente hat eine Erklärung immer ein gewisses Ziel und sollte daher beim Entwurf des Gesamtsystems berücksichtigt werden. Sørmo und Cassens (Sørmo und Cassens 2004) diskutierten für fallbasierte Systeme folgende Erklärungsziele, die sich ebenfalls leicht auf beliebige Softwaresysteme ausweiten lassen.

*Rechtfertigung:* Indem ein vom System gegebener Rat oder eine Lösung begründet wird, stärkt es das Vertrauen in die korrekte Funktionsweise. Die Rechtfertigung muss dabei nicht unbedingt auf die tatsächliche Herleitung der Lösung zurückgreifen. Oft genügen Hinweise auf den Lösungsweg, Vereinfachungen oder Umformulierungen.

*Transparenz:* Dieses Ziel ist klar zu unterscheiden von dem vorherigen, da es versucht ein Verständnis dafür zu vermitteln, wie das System tatsächlich zur Lösung eines Problems gekommen ist. Dies ermöglicht es dem Benutzer beispielsweise, die Qualität des Systems zu kontrollieren oder zu erkennen, warum das System eine überraschende Antworten produziert hat.

*Relevanz:* Die entsprechende Erklärung soll zeigen, warum eine Frage des Systems wichtig ist, um ein Problem zu lösen. Eine Erklärung dieser Art muss einerseits die Lösungsstrategie des Systems rechtfertigen und andererseits die Relevanz der Fragebeantwortung verdeutlichen. Erklärungen, die das Relevanzziel verfolgen, erhöhen die Bereitschaft des Benutzers zur Mitarbeit.

*Lernen:* Dieses Ziel dient dazu, dem Benutzer Wissen über die Domäne des Systems zu vermitteln. In intelligenten Lehr- und Lernsystemen ist es oftmals nicht nur das Ziel, eine gute Lösung für ein Problem zu finden. Vielmehr ist es notwendig, die Lösung so zu erklären, dass hierdurch das Verständnis für die Domäne an sich gesteigert wird. Hier kann es auch das Ziel sein, allgemeine Theorien über die Domäne zu vermitteln oder Benutzer bei der Lösung ähnlicher Probleme zu unterweisen.

### 10.4.3 Darstellungen von Erklärungen

Ein weiterer wichtiger Punkt bzgl. Verständlichkeit stellt die Art und Weise der Präsentation einer Erklärung dar. Da eine Erklärung letzten Endes Information bzw. Wissen darstellt, kann eine Erklärung durch unterschiedliche Darstellungsparadigmen kommuniziert werden (Ballstaedt 1997). Dazu zählen Texte, Charts, Tabellen, Diagramme, Abbilder und Piktogramme. Jedes Paradigma hat seine Vor- und Nachteile, wenn es darum geht, verschiedene Wissensarten zu kommunizieren. Text kann beispielsweise gut komplexe und abstrakte Information darstellen. Mit Grafiken kann besser abstrahiert und wesentliches Wissen herausgestellt werden. In (Ballstaedt 1997) werden wichtige Hinweise gegeben, unter welchen Umständen Informationen in den verschiedenen Paradigmen besonders gut und verständlich kommuniziert werden können.

### 10.4.4 Wahrheit und Erklärung

Erklärungen können grundsätzlich aus moralischen, pädagogischen oder situationsbedingten Gründen falsch sein (Cohnitz 2000). Trotzdem können sie einen bestimmten Zweck erfüllen, beispielsweise den Fragesteller zufriedenzustellen. Angenommen, ein kleines Kind fragt seine Mutter, woher Babies kommen. In der Regel wird die Mutter eine eher ausweichende Antwort geben, die das Kind (und auch die Mutter) zufriedenstellen kann. Eine gute Erklärung in einer bestimmten Situation hängt somit von ihren Gegebenheiten ab.

### 10.4.5 Anforderungen an Erklärungen

Laut Swartout und Moore können fünf Anforderungen an Erklärungen ausgemacht werden, die wiederum in drei Bereiche unterteilt werden können (Swartout und Moore 1993). Die erste Anforderung betrifft, in welcher Art und Weise die Erklärung generiert wird. Die zweite und die dritte beziehen sich auf die Erklärungen an sich. Die vierte und die fünfte betreffen die Effektivität einer Erklärungskomponente bezüglich der Konstruktion und Ausführung des Systems:

*Genauigkeit:* Eine Erklärung sollte eine akkurate Repräsentation dessen sein, was das System tatsächlich macht. Zu diesem Zweck sollten Erklärungen auf dem gleichen Wissen aufbauen, das auch das System für seine Berechnungen benutzt. Bei rekonstruktiven Erklärungen (siehe Abschnitt 10.3.5) z. B. besteht die Gefahr,

## 10.4 Aspekte von Erklärungen

dass eine Erklärung nichts mit dem Systemverhalten zu tun hat, was letztendlich zu Verwirrungen führen kann.

*Verständlichkeit:* Sicherlich sollten Erklärungen eines Systems verständlich sein. Im Allgemeinen ist Verständlichkeit kein einzelner Faktor, sondern besteht aus einer Komposition unterschiedlicher Faktoren. Dies bezieht sich auf den Inhalt der Erklärung, ihre Generierung und den situativen Zusammenhang, in dem sie gegeben wird. Dementsprechend betrifft die Verständlichkeit unterschiedliche Teile des Systems. An dieser Stelle seien nur einzelne Faktoren aufgeführt, welche die Verständlichkeit beeinflussen.

- *Terminologie:* Begriffe, die in einer Erklärung enthalten sind, sollten einem Benutzer vertraut sein oder das System sollte sie definieren können.
- *Benutzerabhängigkeit:* Das System sollte in der Lage sein, eine Erklärungen unter Berücksichtigung des Wissens, der Ziele und der Präferenzen eines Benutzers zu geben.
- *Abstraktion:* Das System sollte in der Lage sein, Erklärung mit unterschiedlichem Abstraktionsgrad zu geben. Dies zielt vor allem auf die benutzte Terminologie in einer Erklärung ab.
- *Zusammenfassung:* Weiterhin sollte das System unterschiedlich detaillierte Erklärungen geben können. Dies bezieht sich auf die Menge an Information, nicht unbedingt auf die benutzte Terminologie.
- *Perspektive:* Das System sollte Erklärungen von verschiedenen Perspektiven darstellen können, wie beispielsweise Form im Gegensatz zu Funktion in der Biologie.
- *Linguistische Kompetenz:* Die generierten textuellen Erklärungen sollten natürlich wirken und linguistische Prinzipien berücksichtigen.
- *Feedback:* Es sollte Benutzern möglich sein, Rückfragen bezüglich gegebener Erklärungen zu stellen, die er nicht verstanden hat. An dieser Stelle sei insbesondere das System PEA (siehe Abschnitt 10.3.4) herausgestellt, dass Begriffe seiner Domäne erläutern und Erklärungen mit unterschiedlichem Detaillierungsgrad generieren kann.

*Angemessenheit:* Das System sollte ausreichend Information zu Erklärungszwecken zur Verfügung stellen. Die Erklärungskomponente muss unter anderem dazu fähig sein, das Verhalten des Systems zu erklären. Dies bezieht sich unter anderem darauf, wie das System ein bestimmtes Problem gelöst bzw. ein Ergebnis berechnet hat. Von Interesse können auch Parameter sein, die einen wesentlichen Einfluss auf das Ergebnis bzw. die Problemlösung bewirkt haben.

*Konstruktionsaufwand:* Erklärungen sollten entweder nur einen geringen Zusatzaufwand bei der Konstruktion erfordern oder aber einen entsprechenden Mehrwert bieten. Im letzteren Fall könnten Erklärungen beispielsweise Phasen des Produktionszyklus' vereinfachen. Grundsätzlich erfordert das Bereitstellen von Erklärungen immer einen gewissen Mehraufwand. Insbesondere bei den ESS muss der Konstrukteur mehr zusätzliches Wissen modellieren, als zur eigentlichen Problemlösung erforderlich ist (siehe Abschnitt 10.3.4).

*Effizienz:* Die Erklärungskomponente sollte nicht zu erheblichen Einbußen in der Performanz des Systems führen. Die Generierung von Rekonstruktiven Erklärungen hat möglicherweise gar keinen Einfluss auf die Performance der Problemlösekomponente, da beide Komponenten fast gänzlich voneinander getrennt sein und somit entsprechend optimiert werden können.

### 10.4.6  Erklärungsszenario

Insgesamt betrachten wir drei Arten von Teilnehmern an einem Erklärungsszenario (Roth-Berghofer und Richter 2008): den Benutzer, den Erklärer und das eigentliche Software-Werkzeug. Das Software-Werkzeug („Problem Solver") stellt Wissen mit Erklärungspotenzial zur Verfügung. Dies kann beispielsweise die Lösung zu einem gegebenen Problem sein, eine technische Vorrichtung, ein Plan oder eine Entscheidung. Das Software-Werkzeug ist daran interessiert, in welcher Art der Benutzer reagiert, nachdem dieser die Erklärung präsentiert bekommen hat. Der Benutzer ist derjenige, der die Erklärung erhält. Der Erklärer präsentiert die Erklärung dem Benutzer. Der Erklärer ist daran interessiert, die Intention des Software-Werkzeugs an den Benutzer so korrekt wie möglich weiterzugeben. Er wählt die Form der Erklärung und ist für die technischen Aspekte und die Organisation des Dialogs verantwortlich.

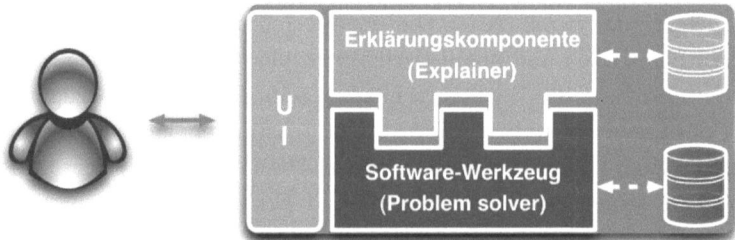

**Abb. 10.3** Erklärungsszenario (Roth-Berghofer und Richter 2008).

Grundsätzlich ist nicht nur die Art und Weise der Lösungsfindung interessant, sondern auch die Rechtfertigung des Resultats. Eine Erklärung, wie ein bestimmtes Ergebnis berechnet wurde, liefert dieses Wissen nur bedingt. Auch die Erklärung, warum ein Resultat einem anderem vorzuziehen ist, kann von Interesse sein. Hier ist Wissen erforderlich, warum das entsprechende Resultat selektiert wurde. Außerdem wird spezifisches Wissen der Domäne benötigt. Dies kann Begriffswissen, aber auch Regelwissen beinhalten. Software-Werkzeug und Erklärer benötigen dafür unterschiedliches Wissen (in Abbildung 10.3 repräsentiert durch die beiden unterschiedlichen Datenbanksymbole).

Schließlich ist auch die Art und Weise interessant, wie innerhalb einer bestimmten Domäne etwas erklärt wird. Erklärungen in der Mathematik unterscheiden sich in der Regel von Erklärungen in der Musik. Zusammenfassend können folgende Arten von Wissen relevant für eine Erklärungskomponente sein:

*Benutzerwissen:* Jeder Benutzer eines Systems verfügt über unterschiedliches Wissen bezüglich der Domäne und der Handhabung der Applikation. Hier kann unterschieden werden zwischen individuellem Wissen und gruppenspezifischem Wissen von Experten, erfahrenen Benutzern und Laien.

*Situatives Wissen:* Die Situation, in der eine Erklärung gegeben werden soll, hat maßgebliche Auswirkung auf ihren Inhalt. Auf einem mobilen Endgerät beispielsweise ist Raum zur Darstellung einer Erklärung beschränkt, was nicht unbedingt für einen Desktop-Computer gelten muss.

*Domänenspezifisches Wissen:* Oftmals bezieht sich eine Applikation auf eine bestimmte Domäne, in der es definierte Begriffe und Regeln gibt. Die Erklärungskomponente sollte in der Lage sein, diese allgemein zu erklären, aber auch in einer konkreten Erklärungssituation integrieren können.

*Applikationswissen:* Diese Art von Wissen umfasst unter anderem den Trace der Problemlösekomponente. Um angepasste Erklärungen bieten zu können, ist jedoch auch die Benutzerinteraktion bzw. die gesamte Dialogsituation notwendig.

*Didaktisches Wissen:* In Abhängigkeit von der Domäne gibt es oft eine eng abgesteckte Art und Weise, Dinge zu erklären. Begriffe in der Mathematik werden in der Regel anders erklärt als Begriffe der Medizin.

## 10.5 Erklärungen im Semantic Web

Erklärungen in Expertensystemen basierten im Allgemeinfall auf dem Wissen von Experten, so dass Erklärungen als vertrauenswürdig und aktuell angesehen werden können. Benutzer benötigten Erklärungen lediglich hinsichtlich der Herleitung von Problemlösungen. Informationen zur Herkunft des Problemlöse- und Domänenwissens wurden in diesem Umfeld als nicht notwendig erachtet. Dies ist jedoch nicht ohne weiteres auf Applikationen des Semantic Web übertragbar. Oftmals handelt es sich um hybride Systeme, die mehrere Komponenten und unterschiedliche Informationsquellen einbeziehen. Benutzer können in der Regel nicht ohne weiteres davon ausgehen, dass Resultate zuverlässig und aktuell sind. Aus diesem Grund benötigen Benutzer Metainformationen über Wissensquellen, wie beispielsweise den Autor oder wann die Wissensquelle zuletzt aktualisiert wurden. Des Weiteren zeichnen sich Semantic Web-Applikationen zunehmend durch Kollaboration und anonyme Wissensquellen aus. Folglich ist es notwendig, die Vertrauenswürdigkeit von Information explizit zu machen.

## 10.5.1 Inference Web

Der *Inference Web*-Ansatz ermöglicht die Generierung von verteilten Erklärungen für Web-basierte Systeme (McGuinness und da Silva 2004, McGuinness et al. 2006), wie beispielsweise Frage-Antwort-Systeme, Text-Analyse-Systeme oder Web Services. Das Inference Web baut auf der sogenannten Proof Markup Language (PML) auf. Diese Sprache bietet Konstrukte zur Repräsentation der Herkunft von Information (provenance), wie sie hergeleitet wurde (justification) und wie vertrauenswürdig die Information eingestuft werden kann (trust). PML basiert auf der Ontologiesprache OWL (siehe Kapitel 4) und dient als *Zwischensprache* für Rechtfertigungen und Beweise. Des Weiteren beinhaltet der Inference Web Ansatz auch verschiedene Werkzeuge zur Manipulation von PML Dokumenten und diverse Werkzeuge zum Darstellen, Filtern, Zusammenfassen, Suchen und Validieren von Erklärungen. Die Weiterentwicklung der Proof Markup Language (PML2) ist in drei unabhängige Module unterteilt (McGuinness et al. 2007): *Provenance, Justification* und *Trust*.

**Provenance Modul**   Das Ziel des *provenance* Moduls besteht darin, eine Menge an erweiterbaren Repräsentationsprimitiven zur Verfügung zu stellen, die zur Annotation von Herkunftsinformation dienen. Dies beinhaltet beispielsweise die Repräsentation, welche Informationsquellen benutzt wurden oder wer die Information bereitgestellt hat. Das fundamentale Konzept in diesem Modul ist *iw:IdentifiedThing*. Der Präfix *iw* steht hierbei für die URI des Inferenz Web Services: http://inference-web.org/. Eine Instanz dieses Konzepts bezieht sich auf eine Entität der realen Welt und seine Attribute repräsentieren die Eigenschaften der Entität, wie beispielsweise Name, Beschreibung, Erstellungsdatum, Autor oder Besitzer. Das Modul enthält zwei wichtige Unterklassen zu *iw:IdentifiedThing*: *iw:Information* und *iw:Source*. Die nachfolgende Abbildung 10.4 gibt einige Informationen zu dem von Cindy gefundenen Polvorón-Rezept an. Hier wird unter anderem das Erstellungsdatum und Oma Valentina als Autorin des Rezepts angegeben. Diese Information dient hauptsächlich der Transparenz. In diesem Fall assoziiert Cindy mit *Oma Valentina* ihre eigenen Oma, die hervorragend backen kann. Wäre der Autor ein jugendlicher Koch aus England, hätte sie womöglich das Rezept nicht ausgewählt.

**Justification Modul**   Das *Justification* Modul der PML2 beinhaltet Konstrukte, mit deren Hilfe Beweise, deren Ableitung sowie zugehörige Lösungen repräsentiert werden können. Obwohl die PML2 zur semantischen Beschreibung von Beweisen ausgerichtet ist, können damit auch allgemein Prozesse in Software-Systemen erfasst werden. Wir wollen uns im Folgenden jedoch auf Beweise von Inferenz-Maschinen beschränken.

Zur Rechtfertigung von Beweisen bietet die PML Konzepte zur Beschreibung von Lösungen und Zwischenlösungen an. Des Weiteren beinhaltet sie diverse Primitive zur Repräsentation von Manipulationsschritten, die zur Herleitung der Lösungen benötigt werden. Das *Justification* Modul hat zwei fundamentale Konzepte: *iw:NodeSet* (Knotenmenge) und *iw:InferenceStep* (Inferenzschritt).

## 10.5 Erklärungen im Semantic Web

```
<iw:Information rdf:about="PolvoronValentina">
   <iw:hasCreationDateTime>
     2005-10-17T10:30:00Z
   </iw:hasCreationDateTime>
   <iw:hasAuthorList ="AnAuthorList">
   <rdf:first rdf:resource="OmaValentina" />
     <rdf:rest rdf:resource="&rdf;nil" />
   </iw:hasAuthorList>
</iw:NodeSet>
```

**Abb. 10.4** Herkunftsinformation zu Oma Valentinas Polvorón Rezept.

Die Klasse *iw:NodeSet* dient zur Repräsentation einer Folgerung und zugehöriger alternativer Inferenzschritte, die zur Herleitung der Folgerung führen. Der Terminus *iw:NodeSet* rührt daher, dass jede Instanz dieser Klasse als eine Menge von Knoten angesehen werden kann, die von einem oder mehreren Beweisbäumen stammen, welche ein und dieselbe Folgerung zu einem bestimmten Problem aufweisen. Die Eigenschaft *iw:hasConclusion* dient in diese Falle dazu, die Folgerung einer Knotenmenge anzugeben. Im Gegensatz dazu verweist die Relation *iw:isConsequenceOf* auf die verschiedenen Inferenzschritte.

Die Klasse *iw:InferenceStep* dient zur Rechtfertigung einer zugehörigen Knotenmenge. Die Klasse hat unter anderem folgende Eigenschaften:

- iw:hasInferenecStep: Inferenz-Maschine, welche die Inferenz ausgeführt hat
- iw:hasInferenceRule: Operation, die in dem Schritt angewendet wurde
- iw:hasAntecedentList: Bedingungen für den Schritt

Abbildung 10.5 zeigt ein einfaches Beispiel, das an das eingangs geschilderte Backszenario anknüpft. Die Folgerung, dass Oma Valentinas Polvorón ein Zimtgebäck ist, wird hier durch *FolgerungX* symbolisiert. Die Folgerung ist vom Typ *iw:Information*, wobei der *RawString* dieser Information mit der SWRL-Spezifikation dargestellt ist. Diese Aussage kann auf zwei verschiedenen Wegen hergeleitet werden, die durch *SchrittY* bzw. *SchrittZ* angegeben sind. Die erste Herleitung bezieht sich auf die RDFS-Semantik (zweite Regel in Abbildung 10.1), wonach die Klasse *Polvorón* eine Unterklasse der Klasse *Zimtgebäck* ist. Die zweite Herleitung nimmt Bezug auf die dritte Regel in Abbildung 10.1. Demzufolge wird zur Herstellung von *Polvorón* Zimt benötigt, was wiederum eine Zutat von Zimtgebäck ist.

**Trust Modul** Das *Trust* Modul zur Repräsentation von Vertrauen stellt eine weitere Menge an erweiterbaren Primitiven zur Verfügung, um Vertrauen oder Reputation bezüglich Informationsquellen zu modellieren. Die obigen Module unterstützen Benutzer

```
<iw:NodeSet rdf:about="AnyNode">
   <iw:hasConclusion rdf:resource="FolgerungX">
     <iw:Information>
        <iw:hasRawString rdf:datatype="&xmls;string">
           cook:ZimtGebaeck(cook:Polvoron:Valentina)
        </iw:hasRawString>
        <iw:hasLanguage rdf:resource="&swrl;"/>
     </iw:Information>
   </iw:hasConclusion>
   <iw:isConsequenceOf rdf:resource="SchrittY">
     <iw:hasInferenceRule rdf:resource="Rule2"/>
   <iw:isConsequenceOf/>
   <iw:isConsequenceOf rdf:resource="SchrittZ">
     <iw:hasInferenceRule rdf:resource="Rule3"/>
   <iw:isConsequenceOf/>
</iw:NodeSet>
```

**Abb. 10.5** Rechtfertigung von Polvorón als Zimtgebäck.

bei der Gewinnung von Vertrauen in Information, indem die Herkunft der Information aufgezeigt wird. Im dritten Modul ist es explizit möglich, Vertrauensbehauptungen bezüglich anderer Benutzer und Information zu repräsentieren. Gegenwärtig ist es möglich, folgende Aussagen darzustellen: *Agent A glaubt Informatinon B* oder *Agent C vertraut Agent D*. Angenommen Cindy erinnert sich dunkel, schon einmal etwas von mexikanischem Polvorón gehört zu haben. Es stellt sich somit die Frage, ob Polvorón wirklich aus Spanien kommt. Hierzu ist in Abbildung 10.6 angegeben, dass der Sternekoch Peter Bauer zu 90 Prozent der Meinung ist, dass Polvorón ein spanisches Rezept ist. Da Cindy Peter Bauer vom Fernsehen kennt, ist sie geneigt, seine Meinung zu akzeptieren.

Wie bereits besprochen, werden Resultate von Semantic Web Applikationen durch eine Reihe von Manipulationsschritten hinsichtlich einer Ausgangsinformationen abgeleitet. Ein Manipulationsschritt stellt eine primitive Operation dar, die aus einer Vorgängerinformation eine Nachfolgeinformation produziert. Eine Trace ist somit ein Log der Manipulationsschritte. Um eine Erklärung für Benutzer anbieten zu können, werden somit Möglichkeiten zur benutzerfreundlichen Darstellung des Trace benötigt. Im Inference Web werden diesbezüglich folgende *Sichten* angeboten:

*Globale Sicht:* Hier wird die globale Struktur der gesamten Ableitung dargestellt. Das Format der Sprache ist in einfachem Englisch gehalten und die Breite bzw. Tiefe des Trace kann mit Hilfe diverser Werkzeuge eingeschränkt werden. Des Weiteren

```
<iw:FloatBelief rdf:about="Belief">
   <iw:hasBelievingAgent rdf:resource="SternekochPeterBauer">
   <iw:hasBelievedInformation rdf:resource="PolvoronKommtAusSpanien">
   <iw:hasFloatValue>0.90</iw:hasFloatValue>
</iw:NodeSet>
```

**Abb. 10.6** Vertrauensaussage für Rezeptherkunft.

werden in dieser Sicht Links zu vertiefenden Informationen geboten, wie z. B. Variablenbindungen von Regeln.

*Fokussierte Sicht:* Die Darstellung des Trace an sich ist in der Regel für die meisten Benutzer nicht hilfreich. Aus diesem Grund werden in der fokussierten Sicht Werkzeuge zur Visualisierung von unterschiedlichen Detaillierungsgraden des Traces angeboten. In dieser Sicht können auch textuelle Erklärungen zu einzelnen Manipulationsschritten angezeigt werden, die auch hier mit einfachen Textschablonen realisiert sind. Darüber hinaus können kontextbezogene Folgefragen in einer Auswahlliste ausgewählt werden.

*Gefilterte Sicht:* Die gefilterte Sicht des Trace ermöglicht das Ausblenden unterschiedlicher Information. So können Benutzer beispielsweise nur die grundlegenden Fakten einsehen oder sich die benutzen Informationsquellen anzeigen lassen.

*Abstrakte Sicht:* Um verständliche Erklärungen zu bieten, sind die oben beschriebenen Sichten oftmals unzureichend. Aus diesem Grund bietet der Inference Web Ansatz auch einen sogenannten Abstraktor, mit dessen Hilfe bestimmte Muster des Trace in eine andere Form transformiert werden können. Auf diese Art und Weise können abstrakte Erklärungen angeboten werden.

*Diskurssicht:* Da kognitive Probleme eines Benutzers oft nur im Dialog mit dem System gelöst werden können, wird im Inference Web auch eine Diskurssicht angeboten. Für bestimmte Arten von Trace sind oftmals nur gewisse Teile von Bedeutung, so dass irrelevante Teile nur Verwirrung stiften. Aus diesem Grund werden der Kontext der Erklärungsanfrage und ein Benutzermodell zur Selektion geeigneter Bestandteile des Trace in der Diskurssicht berücksichtigt, was auch als Grundlage zur Bereitstellung von Nachfolgefragen dient.

Die aufgelisteten Sichten stellen ein geeignetes Mittel dar, Experten oder auch Entwicklern das Verhalten des Systems zu erläutern. So haben Entwickler die Möglichkeit, Fehler im System zu diagnostizieren, um geeignete Gegenmaßnahmen zu treffen. Entwickler erhalten darüber hinaus die Möglichkeit, Schwächen in der Modellierung ihrer

Daten zu erkennen. Es stellt sich jedoch die Frage, ob die dargebotenen Sichten auf den Trace ausreichen, um die Anforderungen von Endanwendern zu erfüllen. Es sei nochmal auf das eingangs gegebene Szenario verwiesen. Mit Hilfe des Trace und der Wissensbasis der Suchmaschine SearchAndCook kann eine Erklärung generiert werden, *wie* das System zu dem Ergebnis kommt, dass Polvorón ein Zimtgebäck ist. Das System benutzt diese Information als Rechtfertigung, warum es Polvorón als Suchergebnis präsentiert. Grundsätzlich ist jedoch anzuzweifeln, ob jedes Gebäck, das Zimt enthält, als Zimtgebäck bezeichnet werden kann. Das System kann somit beispielsweise Endanwendern gegenüber erklären, warum die Regel vielleicht sinnvoll ist. Um einen echten Mehrwert für Endanwender zu generieren, ist somit die Berücksichtigung von zusätzlichem Wissen notwendig.

### 10.5.2 Erklärungskomponente von RadSem

Im folgenden Abschnitt wird die Erklärungskomponente der semantischen Suchmaschine RadSem vorgestellt (Forcher et al. 2009). Es wird herausgestellt, wie Semantic Web-Technologie eingesetzt wird, um verständliche Erklärungen für die Suchergebnisse von RadSem zu generieren. Eine ausführliche Beschreibung zu RadSem findet sich in Kapitel 13, weswegen hier nur eine knappe Beschreibung gegeben werden soll.

RadSem ermöglicht die Suche nach medizinischen Dokumenten und Bildern, die mit Konzepten verschiedener Ontologien annotiert sind, wobei die Label dieser Konzepte zum Suchen verwendet werden. Ein Röntgenbild der Hand ist beispielsweise mit dem Konzept *Mittelfinger* oder *Ringfinger* annotiert. Wenn nach Bildern über das Konzept *Hand* gesucht wird, ist das genannte Röntgenbild möglicherweise unter den Suchergebnissen, was deutlich macht, dass es sich um eine *semantische* Suchmaschine handelt, da entsprechendes Hintergrundwissen zur Berechnung der Suchergebnisse verwendet wird (siehe hierzu auch Kapitel 9). In diesem Fall ist offensichtlich, warum das Dokument zurückgeliefert wird: Der Mittelfinger oder Ringfinger ist Teil der Hand.

Die Verbindung zwischen Such- und Annotationskonzept ist jedoch nicht immer offensichtlich. Beispielsweise ist die Beziehung zwischen *Kahnbein* und *Handwurzel* eher Ärzten klar als medizinischen Laien. Aus diesem Grund wurde in RadSem eine Erklärungskomponente integriert, die eine Verbindung zwischen Such- und Annotationskonzept aufzeigt, um das Suchergebnis zu rechtfertigen. Erklärungen sind hier für verschiedene Benutzergruppen interessant. Entwickler und Experten können mit Hilfe der Erklärungen beurteilen, ob das System korrekt funktioniert, ob die verwendeten Ontologien sinnvoll sind und ob ein Bild vielleicht falsch annotiert ist. Endanwender des Systems können mit Hilfe der Erklärungen Neues in der Medizinischen Domäne erlernen.

Die Erklärungskomponente von RadSem umfasst zwei Unterkomponenten: eine Rechtfertigungskomponente und eine Explorationskomponente. Die erste dient primär dazu, Suchresultate zu rechtfertigen. Die zweite Komponente kann dazu benutzt werden, um die zugrundeliegenden Ontologien zu explorieren, wozu diverse Benutzerinteraktionen angeboten werden. Somit werden zwei Arten der Erklärung realisiert: Warum-Erklärungen und konzeptuelle Erklärungen (siehe Abschnitt 10.4.1).

Grundsätzlich ist davon auszugehen, dass für die meisten Anwender des Systems keine detaillierten Wie-Erklärungen von Interesse sind. Daher stellt die Erklärungsbereitstellung in der Rechtfertigungskomponente eine Art rekonstruktive Erklärung mit No-Restrict Filter (siehe Abschnitt 10.3.5) dar, bei dem alle Prozessinformationen ignoriert werden. In diesem Fall entspricht das Suchkonzept der Eingabe und das annotierte Konzept der Ausgabe. Die Erklärung an sich wird mit Hilfe der Ontologien FMA und ICD-10 konstruiert. Da sowohl das Such- als auch das Annotationskonzept zu diesen Ontologien gehören, ist eine einfache Konstruktion der Erklärung möglich. Die hierarchischen Strukturen der FMA und der ICD-10 werden auf eine Graphstruktur abgebildet. Somit kann die Erklärungsgenerierung auf das Kürzeste-Wege-Problem zurückgeführt werden, zu dessen Lösung der Algorithmus von Dijkstra (Dijkstra 1959) zur Anwendung kommt.

Wie in Abschnitt 10.4.5 erläutert, haben Erklärungen einen Inhalt und eine Darstellungsform. Grundsätzlich sind sowohl textuelle als auch graphische Erklärungen in RadSem möglich. Unter Berücksichtigung der Forderung nach Verständlichkeit (siehe Abschnitt 10.4.5) erscheinen jedoch graphische Erklärungen am sinnvollsten. Insbesondere Semantische Netze werden dazu genutzt, qualitative Verbindungen zwischen Konzepten darzustellen, und sind daher eine verständliche Alternative zu Text (Wright und Reid 1973). Vor allem in Bezug auf medizinische Terminologie erscheinen textuelle Erklärungen als unübersichtlich und zu kompliziert, was an folgendem Beispiel illustriert werden kann. Angenommen, ein Röntgenbild ist annotiert mit dem Begriff *Zeigefinger*. Eine textuelle Rechtfertigung einer Suche nach *Gelenkknorpel der distalen Knocheneepiphyse des Zeigefingers* kann so paraphrasiert werden:

**Beispiel 10.1**
„Das Suchkonzept *Gelenkknorpel* der *distalen Knocheneepiphyse des Zeigefingers* ist Teil der *distalen Phalanx des Zeigefingers*, die wiederum Teil des Annotationskonzepts *Zeigefinger* ist." ∎

Anhand des Beispiels wird die Schwierigkeit deutlich, unterschiedliche Konzepte und ihre Funktion im Suchprozess zu memorieren. Aus diesem Grund werden semantische Netze mit einem kohärenten Visualisierungsschema in RadSem eingesetzt.

Abbildung 10.7 stellt ein einfaches Erklärungsbeispiel dar. In diesem Fall wird nach den Konzepten *Hand* und *Fracture at wrist and hand level* gesucht, wobei das zu rechtfertigende Konzept mit *Distal phalanx of index finger*, *Middle finger* und *Fracture at wrist and hand level* annotiert ist. Um die Übersichtlichkeit zu fördern, integrieren die Knoten des Netzes unterschiedliche Informationen. $A$ symbolisiert anatomische und $D$ Krankheitskonzepte. Das Lupensymbol entspricht dem Suchkonzept, wohingegen das Bitmap-Symbol dem (gefundenen) Annotationskonzept entspricht. Das Lupensymbol mit darunterliegendem Bitmap-Symbol deutet an, dass Such- und Annotationskonzept zusammenfallen.

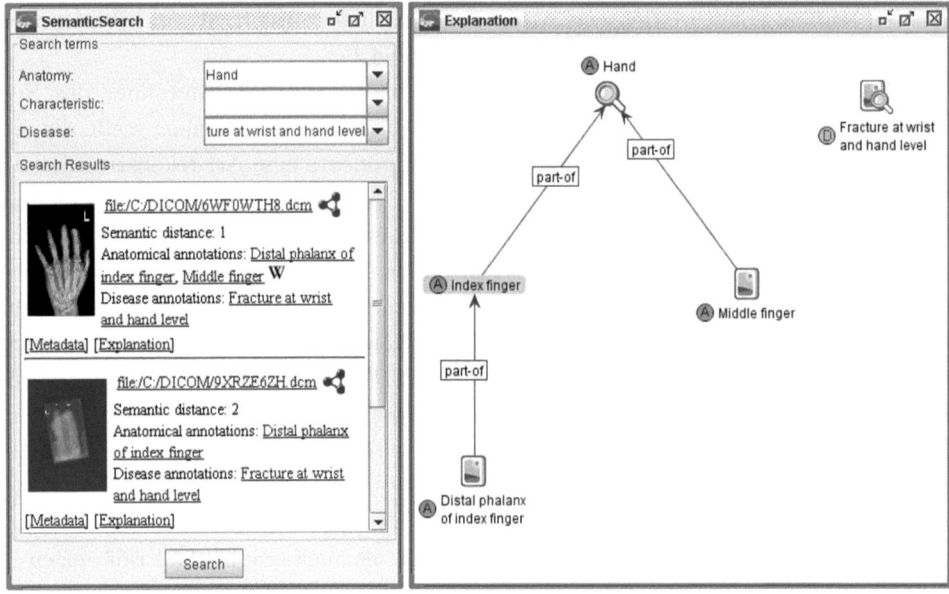

**Abb. 10.7** Rechtfertigungskomponente in RadSem (Forcher et al. 2009).

Abbildung 10.7 enthält als eine weitere Besonderheit ein Semantisches Netz: Suchkonzepte werden im oberen Teil und Annotationskonzepte im unteren Teil dargestellt. Die räumliche Ordnung wird genutzt, um die Anschaulichkeit der Erklärung zu erhöhen.

**Zusammenfassend** kann festgehalten werden, dass die vorgestellte Methodik eine einfache Möglichkeit darstellt, um Erklärungskomponenten in wissensbasierte Systeme zu integrieren und grundlegende Erklärungen zu (re-)konstruieren. Indem die verwendeten Ontologien auf Graphen abgebildet werden, kann z. B. der Algorithmus von Dijkstra verwendet werden, um eine Brücke zwischen bekanntem und unbekannten Wissen zu finden. In RadSem werden dadurch semantische Erklärungen und Rechtfertigungen realisiert, ohne die Implementierung der Suchmaschine grundlegend zu verändern.

## 10.6 Fazit

In diesem Kapitel wurde die Erklärungsfähigkeit semantischer Systeme diskutiert. Wie bereits erläutert, bezeichnet der Begriff der Erklärungsfähigkeit die Kompetenz eines wissensbasierten Systems, Erklärungsprobleme potenzieller Benutzer zu erfassen und diesbezüglich verständliche und nützliche Erklärungen zu generieren. Es wurde herausgearbeitet, welche Aspekte bei der Generierung zu berücksichtigen sind und, dass diese in Expertensystemen nur unzureichend berücksichtigt wurden.

Wie am Beispiel der medizinischen Suchmaschine RadSem gezeigt, ermöglichen semantische Technologien die Generierung grundlegender Erklärungen. Der Vorteil der dargestellten Methodik besteht darin, dass sowohl die Suchmaschine als auch die Erklärungskomponente auf dem gleichen domänenspezifischen Wissen aufbauen und somit ein gewisser Implementierungsaufwand vermieden werden kann. Die Interpretation des ontologischen Wissens als mathematischer Graph ermöglicht nicht nur die Anwendung diverser Suchalgorithmen zur Konstruktion von Erklärungen, sondern bietet darüber hinaus auch eine intuitive Darstellung der Erklärung als Semantisches Netz. Somit können vor allem Begriffserklärungen gegeben werden, die im Falle von RadSem auch zur Rechtfertigung semantischer Suchergebnisse herangezogen werden können. Hier werden jedoch nur zwei mögliche Erklärungsarten abgedeckt, die nicht notwendigerweise nützlich und verständlich sind. Um beispielsweise Warum- oder Wie-Erklärungen zu realisieren, muss die Erklärungskomponente über konkretes Problemlösungswissen des semantischen Systems verfügen. Hierzu wurde der Inference Web-Ansatz vorgestellt, der mit Hilfe der Proof Markup Language (PML) entsprechende Erklärungen generieren kann. Die PML eignet sich jedoch nicht nur zur semantischen Beschreibung von logischen Schlussfolgerungen, sondern auch für allgemeine funktionale Zusammenhänge. Sie ist somit eine ideale Sprache, um funktionales Wissen hybrider Systeme mit mehreren unterschiedlichen Komponenten zu integrieren.

Das Semantic Web ermöglicht durch den Einsatz semantischer Technologien gewisse Vorteile gegenüber dem herkömmlichen World Wide Web. Für die Erklärungsfähigkeit Semantischer Systeme sind insbesondere die semantische Suche und die Integration von Wissen anzuführen.

In Abschnitt 9.2 wurde zur semantischen Suche ausgeführt, dass nicht formale Suchanfragen durch die Einbeziehung von Hintergrundwissen auf formale Suchanfragen abgebildet werden. Die Suchmaschine versucht folglich das Suchproblem eines Benutzers zu erfassen, indem sie die Anfrage so genau wie möglich interpretiert. Auch bei Erklärungsproblemen *sucht* ein Benutzer nach Informationen, die helfen seinen Erklärungsbedarf zu befriedigen. Eine systematische Untersuchung, inwiefern semantische Suchtechnologien zur Erfassung des Erklärungsbedarf geeignet sind, ist bisher noch nicht durchgeführt worden.

Wie bereits angedeutet, ist die (standardisierte) Verknüpfung und Integration von Wissen ein besonderer Aspekt des Semantic Web. Dies ermöglicht nicht nur wie im Falle der PML die funktionale Beschreibung von hybriden Systemen, sondern kann auch zur Erweiterung von bestehenden Erklärungskomponenten und deren Wissen dienen. Beispielsweise könnten die in RadSem verwendeten medizinischen Ontologien und deren Konzepte mit Artikeln der DBPedia verknüpft werden. Inwiefern dies die Verständlichkeit und Erklärungsfähigkeit semantischer Systeme begünstigt, wurde bisher ebenfalls noch nicht untersucht.

## 10.7 Weiterführende Literatur

Wie bereits ausgeführt wurde, hat das Generieren von Erklärungen eine lange Tradition in wissensbasierten Systemen und und ist folglich auch in Applikationen des Semantic Web aktuell. Die in technischen Expertensystemen realisierten Konzepte zur Generierung von Erklärungen, die damit verbundenen Probleme und Lösungsvorschläge werden anschaulich von William Swartout und Johanna Moore (Swartout und Moore 1993) behandelt. Eine deutschsprachige Darstellung diesbezüglich wird von Peter Spieker in seiner Dissertation (Spieker 1991) gegeben. Bezüglich der Generierung von Erklärungen in Semantic Web Applikationen ist der Inference Web Ansatz von Deborah L. McGuinness herauszustellen. Hierzu sind Arbeiten über Inference Web (McGuinness und da Silva 2004) an sich und die PML im Besonderen (McGuinness et al. 2007) dem interessierten Leser empfohlen. Aktuelle Arbeiten zum Thema Erklärungen bieten die ExaCt Workshops (Roth-Berghofer et al. 2007; 2008; 2009; 2010) bzw. ein Schwerpunktheft der KI-Zeitschrift (Roth-Berghofer und Richter 2008).

*Björn Forcher, Thomas Roth-Berghofer, Stefan Agne*

# Teil III

# Anwendungen

# 11 Semantische Webservices zur Steuerung von Produktionsprozessen

### Übersicht
11.1 Einleitung ................................................... 282
11.2 Grundlagen ................................................... 284
11.3 Anwendungsfeld ............................................... 295
11.4 Semantisches Auffinden von Webservices in der Produktion ..... 298
11.5 Automatische Orchestrierung zur Erstellung flexibler Produktionsprozesse . 305
11.6 Fazit ........................................................ 309
11.7 Weiterführende Literatur ..................................... 310

Nachdem in den ersten beiden Teilen dieses Lehrbuches die wichtigsten Grundlagen Semantischer Technologien sowie deren elementare Funktionen diskutiert wurden, sollen im dritten Teil verschiedene Anwendungsbeispiele vorgestellt werden, die zur Illustration der Mehrwerte, Potenziale und Grenzen Semantischer Technologien dienen.

Dieses Kapitel beinhaltet die Anwendung Semantischer Technologien zur Beschreibung von Webservices, die zur flexiblen Steuerung von Produktionsprozessen genutzt werden. Dazu werden nach einer Einführung in die Thematik semantischer Webservices und deren potenzielle Nutzung im Produktionsumfeld (siehe Abschnitt 11.1) die wichtigsten technischen und konzeptionellen Grundlagen dargestellt (siehe Abschnitt 11.2). Um das Verständnis der Thematik im Kontext der industriellen Produktion zu fördern, wird anschließend das Anwendungsfeld genauer erläutert und ein beispielhaftes Szenario anhand eines Systemprototypen beschrieben (siehe Abschnitt 11.3). Die praktische Anwendung semantischer Webservice-Technologien zum Auffinden von Webservices in der Produktion wird in Abschnitt 11.4 diskutiert. Bereits umgesetzte Arbeiten werden zusammen mit konzeptionellen Ansätzen zur automatischen Orchestrierung von Webservices zur flexiblen Steuerung von Produktionsprozessen in Abschnitt 11.5 vorgestellt. Der Abschnitt schließt mit einem Fazit, das speziell die offenen Fragestellungen bezüglich des Einsatzes Semantischer Technologien in der Produktionsdomäne diskutiert, und endet mit einem Überblick über vertiefende Literatur.

## 11.1 Einleitung

Die zentrale Herausforderung produzierender Unternehmen besteht darin, im Spannungsfeld zwischen verkauften Produkten, deren Qualität und den zur Herstellung anfallenden Kosten einen optimalen Zustand zu erreichen und langfristig zu erhalten. Verschärft wird dieses Spannungsfeld vor allem durch die in den letzten Jahren verstärkt zu beobachtenden Megatrends Globalisierung und Produktindividualisierung, welche die Unternehmen dazu zwingt, immer mehr Produktvarianten anzubieten und dabei hinsichtlich der Produktionskosten im globalen Markt wettbewerbsfähig zu bleiben. Infolgedessen wird die Fähigkeit zur schnellen Anpassung der Produktionsanlagen an neue Produkte und deren Varianten zum zentralen Wettbewerbsfaktor für produzierende Unternehmen.

Eines der Hindernisse zur schnellen Anpassung von Produktionsanlagen stellt die heute vorherrschende Automatisierungstechnik dar. Diese basiert auch heute noch auf der Betrachtung der Bit-/Byte- und Signalebene. Aus der IT bekannte und etablierte Methoden, wie z.B. Seperation of Concerns, modellbasierte Softwareentwicklung oder modernes Software-Engineering werden im Bereich der Automatisierungstechnik eher zögerlich eingesetzt. Daher ist die auf den industriellen Steuerungen realisierte Steuerungssoftware in der Regel stark auf die verwendete Hardware hin optimiert, kaum portierbar und abgesehen von speziellen Funktionsbausteinbibliotheken nicht wiederverwendbar. Änderungen an bestehenden Programmen, welche vor allem die Integration neuer Geräte erfordern, sind oft sehr aufwändig und müssen intensiv getestet werden, bevor die Anlage wieder zur Produktion verwendet werden kann. Somit gestalten sich heutige industrielle Steuerungsarchitekturen als zu unflexibel und komplex, um Produktionsprozesse dynamisch an neue Gegebenheiten anpassen zu können.

Zur Verbesserung dieser Situation wurden in den vergangenen Jahren vor allem im Bereich der Forschung verschiedene Ansätze zur Realisierung komponentenbasierter Automatisierung entwickelt. Grundidee dieser Ansätze ist die Kapselung von Geräten und deren Steuerung in einem sogenannten „Intelligenten Feldgerät" sowie die Anbindung an eine zentrale Steuerung mit Hilfe standardisierter Bussysteme, worüber der Aufruf der Gerätefunktionalität erfolgt. Führt man dies in einem dezentralen Ansatz weiter und kapselt die Funktionalitäten auf der Ebene abstrakt beschriebener Komponenten vollständig, wird die Bildung einer serviceorientierten Steuerungsarchitektur möglich. Beispiele für solche Architekturansätze wurden im Laufe der letzten Jahre im Bereich der Forschung entwickelt (Jammes 2005), (Ollinger et al. 2011). Dabei werden IT-Technologien genutzt, um die mechatronischen Funktionalitäten der Komponenten einer Produktionsanlage in einer gekapselten, abstrakten Art und Weise zu beschreiben. Die technische Umsetzung erfolgt oftmals mit Hilfe sogenannter Webservices, also über Internetprotokolle aufrufbare, abgeschlossene Anwendungen, deren Schnittstellen mit Hilfe standardisierter Beschreibungssprachen definiert werden. Diese Technologien eröffnen die Möglichkeit, existierende Webservices wiederzuverwenden und zu komplexen Prozessen zu kombinieren. Auf diese Weise könnten auch Produktionsprozesse auf

Basis zusammengesetzter elementarer Webservices, welche die Funktionalitäten der am Produktionsprozess beteiligten Geräte realisieren, umgesetzt werden.

Allerdings sind existierende Standards zur Beschreibung der Schnittstellen und Funktionalitäten eines Webservices ebenso wie zur Modellierung zusammengesetzter Prozesse rein syntaktischer Natur. Daraus resultiert eine semantische Lücke zwischen der syntaktischen Beschreibung der Webservices und der dahinter liegenden Bedeutung. Daher ist das Suchen, Auffinden, Auswählen und Kombinieren von Webservices eine aufwendige Aufgabe, speziell im Hinblick auf die potenzielle Vielzahl an verfügbaren Webservices, die von den Komponenten einer komplexen Produktionsanlage angeboten werden. Eine Automatisierung dieser essentiell wichtigen Aktivitäten auf Basis der syntaktischen Beschreibungsstandards ist kaum realisierbar. Aus diesem Grund sind diese Technologien alleine nicht geeignet, um ein effizientes Auffinden von Feldgeräte-Webservices und deren automatisierte Orchestrierung zu flexibel anpassbaren Produktionsprozessen zu erreichen.

Semantische Technologien bieten die Grundlage, um diese Probleme zu beheben. Durch die semantische Annotation von Webservices kann die durch den Webservice zur Verfügung gestellte Funktionalität in einer maschinenverständlichen Art und Weise beschrieben werden. Dadurch können Webservices mit gleicher oder ähnlicher syntaktischer Beschreibung hinsichtlich der Semantik ihrer Schnittstellen- und Funktionsbeschreibungen unterschieden werden. Des Weiteren bieten Semantische Technologien die Möglichkeit, Schlussfolgerungen über die zugrunde liegenden semantischen Modelle zu ziehen und somit Zusammenhänge zwischen verschiedenen Webservice-Beschreibungen zu interpretieren. Somit könnten beispielsweise die Fähigkeiten einer Produktionsanlage und deren Auswirkungen auf die Umsetzbarkeit einer abstrakten Produktspezifikation automatisch ausgewertet werden.

Semantische Webservices haben das Potenzial, das effiziente Auffinden und automatisierte Orchestrieren und Ausführen von Webservices als Basis einer flexiblen Steuerung von Produktionsprozessen zu ermöglichen. Somit könnten Produktionsprozesse basierend auf einer abstrakten Produktbeschreibung ad hoc abhängig vom konkreten Aufbau der Produktionsanlage und der von den Feldgeräten angebotenen Webservices generiert werden. Des Weiteren könnten Produktionsprozesse dynamisch, sogar zur Laufzeit an vorkommende Ereignisse (z.B. Ausfall einer Komponente) angepasst werden, indem ähnliche Webservices anderer Komponenten gefunden und in den Prozess eingebunden werden. Die Realisierung dieser Vision erfordert jedoch die Entwicklung einer Methodik zur semantischen Beschreibung von Webservices in der Produktion sowie zum Aufbau benötigter semantischer Modelle. Die bereits realisierten Ansätze zur Entwicklung einer solchen Methodik werden in diesem Kapitel vorgestellt und zusammen mit offenen Herausforderungen diskutiert.

## 11.2 Grundlagen

### 11.2.1 Steuerungen in heutigen Produktionsanlagen

Steuerungen in heutigen Produktionsanlagen werden meist mithilfe von sogenannten SPSen (Speicherprogrammierbare Steuerung) realisiert (Wellenreuter und Zastrow 2008). Diese steuern verschiedene Feldgeräte an, um einen gewünschten Gesamtprozess ablaufen zu lassen. Die einzelnen Feldgeräte erfassen hierzu Daten (Sensoren) oder führen bestimmte Aktionen aus (Aktuatoren). Eine SPS beeinflusst den Gesamtprozess anhand des aktuellen Systemzustands sowie der aktuell von Sensoren empfangenen Daten. Durch ihren Aufbau und das verwendete Informationsmodell ist eine SPS echtzeitfähig, d.h. auf eine Änderung eines Eingangs kann eine SPS mit einer garantierten Reaktionszeit (typisch 10-100 ms) antworten. Änderungen an einer bestehenden SPS sind sowohl in Bezug auf die Software als auch auf die Hardware oft sehr problematisch. Da sich moderne Programmierparadigmen, wie z.B. Objektorientierung oder Modularisierung bislang kaum etabliert haben und in den standardisierten Programmiersprachen der Norm IEC 61131 nicht als explizite Konzepte enthalten sind, werden Steuerungsprogramme für größere Systeme sehr schnell unübersichtlich. Eine Änderung an einem Steuerungsprogramm, welches möglicherweise schon viele Jahre in Betrieb ist und zu dem keine aussagekräftige Dokumentation vorliegt, erweist sich oft als sehr aufwändig und fehleranfällig.

Auch der Austausch von Hardware innerhalb eines Automatisierungssystems kann sehr aufwändig werden, denn die einzelnen Feldgeräte sind meist nur mit proprietären Protokollen von einer SPS ansprechbar. Diese Tatsache kann dazu führen, dass zum Beispiel beim Austausch eines Feldgerätes durch ein funktionsgleiches Gerät eines anderen Herstellers Anpassungen in der SPS nötig werden. Oftmals verwendet ein anderer Hersteller zur Kommunikation ein anderes Protokoll. Soll eine Anlage in Betrieb genommen werden, die einer bestehenden stark ähnelt, allerdings nicht zu einhundert Prozent identisch ist, müssen oft große Teile des Steuerungscodes angepasst bzw. neu entwickelt werden.

Die Steuerungssysteme heutiger Produktionsanlagen sind also zu unflexibel für den immer stärker wachsenden Bedarf an neuen Produktvarianten, die Änderungen an der Steuerungssoftware des Produktionsprozesses oder der Hardware einer Produktionsanlage notwendig machen. Moderne Architekturansätze aus dem Bereich verteilter IT-Systeme erlauben die lose Kopplung von Softwarebausteinen und ermöglichen einen hohen Grad an Wiederverwendbarkeit und Flexibilität. Somit sind, wie wir im Laufe dieses Kapitels sehen werden, sogar dynamische Anpassungen des Produktionsprozesses zur Laufzeit vorstellbar, was mit herkömmlichen SPSen nahezu unmöglich wäre. Ein vielversprechender Grundbaustein zur Realisierung dieser Vision stellen serviceorientierte Architekturen dar, welche im nächsten Abschnitt beschrieben werden.

## 11.2.2 Serviceorientierte Architekturen

Es existiert eine Vielzahl verschiedener Architekturansätze zur Erstellung verteilter Systeme. Zu den bekanntesten Ansätzen zählen serviceorientierte Architekturen (kurz SOA). Diese haben sich bereits zu einem verbreiteten Modell in der Geschäftsprozess- und Systemintegration entwickelt (Krafzig et al. 2005).

Die Basis serviceorientierter Architekturen stellen die sogenannten Services dar. Services sind in sich gekapselte, modulare Anwendungen oder Funktionen. Eine Interaktion mit den Services findet also nur für den Aufruf und die Übermittlung des Ergebnisses statt, es werden jedoch während der Ausführung der Funktionen keine weiteren Informationen ausgetauscht. Dadurch braucht das aufzurufende System keine konkreten Informationen darüber, wie der Service letztendlich implementiert ist. Lediglich eine Beschreibung der Schnittstellen des Services ist notwendig. Ein weiterer wichtiger Aspekt ist die lose Kopplung dieser Services, also der möglichst geringe Grad der Abhängigkeit der Services untereinander. Dies ermöglicht eine kosteneffektive und zeitsparende Integration aufgrund einer hohen Modularität und Wiederverwendbarkeit der durch die Services gekapselten Funktionalitäten.

Mittlerweile haben sich Webservices als typische Technologie zur konkreten Realisierung der Services in serviceorientierten Architekturen durchgesetzt (Finger und Zeppenfeld 2009). Die einzelnen Webservices stellen voneinander unabhängige Funktionalitäten zur Verfügung, die basierend auf einer Reihe von Eingabeparametern entsprechende Ausgabeparameter berechnen. Wie der Name bereits vermuten lässt, müssen sich die verschiedenen Webservices dabei nicht auf demselben System oder im gleichen Netzwerk befinden, sondern können über das Internet verteilt zur Verfügung gestellt werden. Dies ermöglicht es Firmen, Webservices anzubieten, die auf deren Geschäftsbereich spezialisierte Funktionalitäten zur Verfügung stellen und von beispielsweise anderen Firmen auf einfache Art und Weise in deren Anwendungen eingebunden werden können. Ein typisches Beispiel ist die Buchsuche von Amazon, welche als Webservice genutzt und in eigene Anwendungen integriert werden kann.

Ein großer Vorteil von Webservices ist, dass diese sich zu komplexen Prozessen kombinieren lassen, sodass Anwendungen nicht mehr von Grund auf neu entwickelt werden müssen, sondern auf der Komposition mehrerer existierenden Webservices bestehen können. Dabei muss zwischen der Orchestrierung von Webservices und deren Choreographie unterschieden werden. Während es sich bei der Orchestrierung um eine Ablaufbeschreibung und Definition der Nachrichtenflüsse handelt, welche zur zentralen Steuerung eines Prozesses genutzt werden kann, liegt bei der Choreographie keine zentrale steuernde Instanz vor. Statt dessen wird die Steuerung des Prozesses hier durch die direkte Kommunikation der Webservices untereinander erreicht. Es wurden verschiedene Spezifikationen zur Beschreibung der Zusammenstellung von Webservices entwickelt. Zu den bekanntesten zählen BPEL (Business Process Execution Language) zur Beschreibung der Orchestrierung und WS-CDL (Webservices Choreography Description Language) zur Spezifikation der Choreographie.

Um die für eine bestimmte Anwendung benötigten passenden Webservices im Internet aufzufinden, existieren Verzeichnisdienste, in welchen die Anbieter von Webservices ihre Dienste eintragen können. Ein standardisierter Verzeichnisdienst hierfür ist UDDI (Universal Description, Discovery and Integration).

Die Einbindung eines Webservices in eigene Anwendungen läuft damit folgendermaßen ab (siehe Abbildung 11.1): Ein Dienstanbieter stellt einen Webservice online zur Verfügung und trägt diesen in einen Verzeichnisdienst ein. Daraufhin kann ein Nutzer diesen Webservice mithilfe des Verzeichnisdienstes auffinden. Nach der Überprüfung, ob der gefundene Webservice tatsächlich die gewünschte Funktionalität liefert, kann dieser nun in die eigene Anwendung integriert werden. Diese Überprüfung kann durch Auswertung der Beschreibung der Webservice-Schnittstelle erfolgen. Die am weitesten verbreitete Beschreibungssprache zur Definition von Webservice-Schnittstellen ist WSDL (Webservices Description Language).

In den folgenden Abschnitten werden mit WSDL, UDDI und BPEL die wichtigsten Beschreibungssprachen und Standards serviceorientierter Architekturen beschrieben.

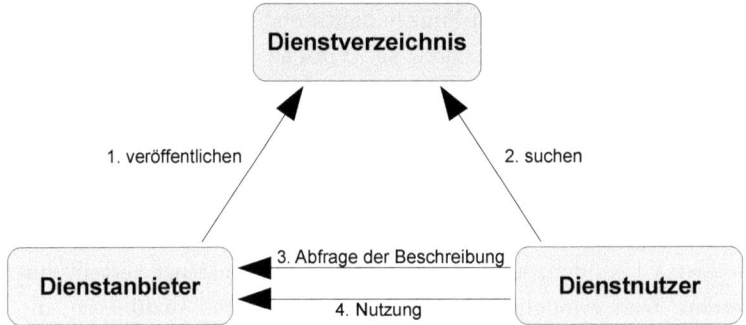

**Abb. 11.1** Suche im Verzeichnisdienst und anschließende Nutzung eines Webservices.

### WSDL – Beschreibung von Webservices

WSDL ist eine XML-basierte Beschreibungssprache für Webservices (Christensen et al. 2001). Sie ermöglicht eine abstrakte Beschreibung der Operationen sowie der Input- und Output-Parameter. Weiterhin werden in WSDL sogenannte Bindings festgelegt, die beschreiben, welche konkreten Kommunikations- und Netzwerkprotokolle zur Kommunikation mit dem Webservice benutzt werden sollen.

Somit wird mit WSDL die Beschreibung der Schnittstelle, durch die ein Webservice aufgerufen werden kann, definiert. Anhand dieser Informationen kann automatisiert entsprechender Aufrufcode in einer Anwendung erzeugt werden, um die Funktionalitäten zu nutzen, die durch die entsprechenden Webservices realisiert werden. Nutzt der Webservice das SOAP-Protokoll, ein Netzwerkprotokoll zum Datenaustausch zwischen Systemen auf Basis von TCP und HTTP, können sogar sogenannte SOAP-Engines benutzt werden. Diese ermöglichen es, einen Webservice alleine durch seine WSDL-

## 11.2 Grundlagen

Beschreibung aufzurufen ohne angepassten Quellcode erzeugen zu müssen. Dazu müssen lediglich die benötigten Parameter zugewiesen werden, die eigentliche Interaktion mit dem Webservice wird dann durch die Engine realisiert.

Um das Prinzip und den strukturellen Aufbau der Webservice-Definition mit WSDL zu verdeutlichen, soll im Folgenden ein beispielhafter Webservice beschrieben werden, der von Rudi Baispilovs Arbeitgeber, der CarFS AG, angeboten wird. Dieser Webservice bietet den Großkunden der CarFS AG die Möglichkeit, sich allein durch Angabe ihrer Kundennummer und des zu versichernden Fahrzeugtyps schnell und unkompliziert den zu erwartenden Versicherungsbeitrag berechnen zu lassen.

```
<wsdl:types>
  <xs:schema targetNamespace="http://www.carfs.de/service">
    <xs:element name="FeeReq">
      <xs:complexType>
        <xs:all>
          <xs:element name="CN" type="xs:string" />
          <xs:element name="CM" type="xs:string />
        </xs:all>
      </xs:complexType>
    </xs:element>
    <xs:element name="FeeResp">
      <xs:complexType>
        <xs:all>
          <xs:element name="Fee" type="xs:float" />
        </xs:all>
      </xs:complexType>
    </xs:element>
  </xs:schema>
</wsdl:types>

<wsdl:message name="CFInput">
  <wsdl:part name="body" element="FeeReq"/>
</wsdl:message>

<wsdl:message name="CFOutput">
  <wsdl:part name="body" element="FeeResp"/>
</wsdl:message>

<wsdl:portType name="FeeCalc">
  <wsdl:operation name="MakeFee">
    <wsdl:input message="CFInput"/>
    <wsdl:output message="CFOutput"/>
  </wsdl:operation>
</wsdl:portType>

<wsdl:binding name="FCSoapBinding" type="FeeCalc">
  <soap:binding style="document"
    transport="http://schemas.xmlsoap.org/soap/http"/>
```

```
<wsdl:operation name="FeeFromCNCM">
  <soap:operation
    soapAction="http://www.carfs.de/FeeFromCNCM"/>
  <wsdl:input>
    <soap:body use="literal"/>
  </wsdl:input>
  <wsdl:output>
    <soap:body use="literal"/>
  </wsdl:output>
</wsdl:operation>
</wsdl:binding>

<wsdl:service name="FCService">
  <wsdl:documentation>
    Calulates the fee, given a Customer Number
    and Car Model.
  </wsdl:documentation>
  <wsdl:port name="CSPort1" binding="FCSoapBinding">
    <soap:address
      location="http://www.carfs.de/feeservice"/>
  </wsdl:port>
</wsdl:service>
```

Die konkreten Elemente, durch die die Schnittstelle eines Webservices mit WSDL beschrieben werden kann, sind „Types", „Messages", „Operations", „Port Types", „Bindings", „Ports" und „Services". Types werden dazu verwendet, benötigte Datentypen bzw. XML-Strukturen zu definieren, welche auf einem bestimmten Typsystem, beispielsweise dem weit verbreiteten XSD-Typensystem (XML Schema Definition), basieren. Diese Datentypen können dann in den einzelnen Input- und Output-Parametern genutzt werden. So wird im oben beschriebenen Beispiel festgelegt, dass ein Datentyp mit der Bezeichnung „FeeReq" existiert. Dessen Unterelemente sind ein Element mit der Bezeichnung „CustomerNumber" und „CarModel", beide sind dabei vom Typ „string", wie er im XSD-Typensystem definiert ist.

Messages sind wiederum eine Beschreibung der Nachrichten, die ausgetauscht werden. In der obigen WSDL-Beschreibung werden zum Beispiel zwei Nachrichten gezeigt, die bei der Benutzung dieses Webservices ausgetauscht werden können. Eine basiert dabei auf der Typenstruktur „FeeReq", die andere auf „FeeResp".

Durch die sogenannten Operations in einer WSDL-Beschreibung werden die Operationen, die ein Webservice anbietet, formal beschrieben. Hierbei wird auch festgelegt, welche Nachrichten (Messages) als Input erwartet bzw. als Output produziert werden. Die Operationen werden in den sogenannten Port Types verschachtelt, welche eine Kollektion mehrerer Operationen beschreiben. Der Port Type „FeeCalc" im dargestellten Beispiel bietet genau eine Operation an, nämlich „MakeFee".

Bindings stellen eine Zuordnung eines Port Types an ein konkretes Protokoll und Datenformat dar. Grundsätzlich kann ein Service mehrere Protokolle unterstützen, abhängig davon können aber auch die unterstützten Operationen variieren. Zur Beschreibung der Kollektionen von Operationen in Abhängigkeit des konkreten Bindings werden die Port Types genutzt.

Services sind schließlich eine Kollektion von Webservices, welche jeweils durch eine WSDL-Datei beschrieben werden. In diesen werden den einzelnen Bindings nun konkrete Netzwerkadressen zugeordnet, unter denen der Webservice aufzufinden ist. In unserem Beispiel ist der Webservice nun unter http://www.carfs.de/feeservice zu erreichen.

## UDDI – Verzeichnisdienste für Webservices

UDDI ist ein standardisierter Verzeichnisdienst für Webservices. Service-Provider können ihre Webservices dort eintragen, sodass diese von potenziellen Service-Nutzern gefunden werden können (Clement et al. 2004). Der UDDI-Standard legt dazu die Schnittstelle fest, mit der Webservices in das Verzeichnis, die sogenannte UDDI-Registry, eingetragen bzw. abgefragt werden können.

Die Informationen der Registry werden in sogenannte White-, Yellow- und Green-Pages aufgeteilt. So enthalten die White-Pages Basisinformationen über den Service-Provider, zum Beispiel den Namen des Anbieters oder eine Beschreibung über dessen Geschäftsfeld und Kontaktinformationen. Die Yellow-Pages erweitern die Möglichkeiten, einen Webservice oder Anbieter zu finden, indem eine Kategorisierung anhand einer Taxonomie stattfindet. Solche Kategorisierungen können durch sogenannte tModels (technische Modelle) umgesetzt werden. tModels ermöglichen es, Konzepte anhand von eindeutigen URIs (Uniform Ressource Identifier, siehe Kapitel 2) zu beschreiben. Die Green-Pages stellen letztendlich die technischen Informationen bereit, die benötigt werden, um einen Webservice aufzurufen (Service Bindings). Diese Bindings entsprechen den Bindings, wie sie in der WSDL-Beschreibung des Webservices festgelegt sind.

Anhand dieses UDDI-Verzeichnisses können Softwareentwickler nun geeignete Webservices suchen und in Anwendungen einbinden. Dieser Suchprozess erfolgt dabei nur auf Basis einer syntaktischen Schlüsselwortsuche. Auch ist die direkte Suche nach der Funktionalität eines Webservices nicht möglich, lediglich eine Kategorisierung ist vorgesehen. Ist dann ein scheinbar passender Webservice gefunden, kann durch die syntaktische Schnittstellenbeschreibung noch nicht eindeutig auf die wirkliche Funktionalität geschlossen werden. Somit muss grundsätzlich die detaillierte syntaktische Webservice-Beschreibung, sofern vorhanden, manuell durchgearbeitet werden. Im Zweifel muss getestet werden, ob der Webservice die gewünschte Funktionalität liefert.

## BPEL – Orchestrierung von Webservices

BPEL ist eine XML-basierte Beschreibungssprache zur Modellierung und Ausführung von Geschäftsprozessen (Alves et al. 2007). Der modellierte Prozess, also die mit BPEL beschriebe Orchestrierung einzelner Webservices, stellt selbst wieder einen eigenständigen Webservice dar. Die Definition von BPEL ist dabei sehr allgemein, weshalb damit verschiedenste Arten von Prozessen modelliert werden können.

BPEL verfügt über verschiedene Konstrukte, die sogenannten „Activities", die zur Koordination des Ablaufs des Gesamtprozesses und der Kommunikation der Webservices untereinander benutzt werden können. Dabei wird zwischen „Basic Activities" und „Structured Activities" unterschieden. Während mit Basic Activities unter anderem einfache Variablenzuordnungen realisiert werden können, bieten die Structured Activities komplexere Möglichkeiten, den Prozess zu steuern. Dazu zählen „sequence", „while", „switch", „flow" und „pick". Mit diesen Konstrukten ist es beispielsweise möglich, bedingte Verzweigungen, parallele Ausführungen oder Schleifen zu erstellen. Sie sind somit ein mächtiges Werkzeug, um komplexe Prozesse zu modellieren. Darüber hinaus bietet BPEL Mechanismen zur Fehlerbehandlung.

Die konkrete Ausführung von BPEL-Prozessen übernimmt eine sogenannte „BPEL-Engine". Freie BPEL-Engines sind zum Beispiel „jBPM" oder „Twister". Daneben gibt es auch einige kommerzielle Engines, etwa von Oracle, SAP oder Microsoft.

### 11.2.3 Semantische Webservices

Die Beschreibung der Schnittstellen und Funktionalitäten eines Webservices mit WSDL ist ebenso wie die Modellierung orchestrierter Prozesse mit BPEL syntaktischer Natur. Des Weiteren entspricht das Auffinden passender Webservices durch UDDI-Verzeichnisse einer syntaktischen Schlagwortsuche. Daraus resultiert eine semantische Lücke zwischen der syntaktischen Beschreibung von Webservices und der dahinter liegenden Bedeutung. Daher ist das Suchen, Auffinden, Auswählen und Orchestrieren von Webservices eine aufwendige Aufgabe. Eine Automatisierung dieser essentiell wichtigen Aktivitäten auf Basis der syntaktischen Beschreibungsstandards ist kaum realisierbar. Semantische Technologien bieten die Grundlage, um diese Probleme zu beheben.

Durch die semantische Annotation von Webservices kann beispielsweise die durch den Webservice zur Verfügung gestellte Funktionalität in einer maschinenverständlichen Art und Weise beschrieben werden. Semantische Webservices haben das Potenzial, das effiziente, semi-automatische oder sogar automatische Auffinden, Auswählen, Orchestrieren und Ausführen von Webservices zu ermöglichen (Bhiri et al. 2009). In den letzten Jahren wurden verschiedene Sprachen und Technologien zur Beschreibung und Erstellung semantischer Webservices entwickelt. Die bekanntesten Ansätze umfassen SAWSDL, WSMO und OWL-S, welche im Folgenden genauer erläutert werden.

#### SAWSDL

SAWSDL (Semantic Annotations for WSDL) stellt einen leichtgewichtigen Mechanismus dar, um semantische Webservices zu beschreiben (Kopecký et al. 2007). Dabei wird ein Bottom-Up-Ansatz verfolgt, bei dem die syntaktische WSDL-Beschreibung eines Webservices mit Referenzen zu semantischen Modellen (z.B. Konzepten in einer Ontologie) angereichert wird. Es wird nicht festgelegt, in welcher Beschreibungssprache die Ontologie vorliegen muss, zumeist wird jedoch die Web Ontology Language

## 11.2 Grundlagen

(OWL, siehe Abschnitt 4.5) verwendet. Zur semantischen Annotation verschiedener WSDL-Konstrukte (XML-Schemadefinitionen, Elementdeklarationen, Attributdeklarationen, Operationen, etc.) wird dazu das *modelReference*-Attribut eingeführt. Zusätzlich existieren die Attribute *liftingSchemaMapping* und *loweringSchemaMapping* zur Unterstützung des Mappings (Übersetzung) zwischen der technischen Repräsentation der Parameter als XML-Beschreibung und der entsprechenden semantischen Konzepte. Dies ist beispielsweise dann notwendig, wenn ein Webservice mehrere Inputs erwartet, die in einer Message verschachtelt werden. Im Gegensatz zu anderem Ansätzen zur Beschreibung von semantischen Webservices (z.B. OWL-S) unterstützt SAWSDL die Beschreibung von Preconditions und Effects – also Voraussetzungen, die vor dem Aufruf eines Webservices erfüllt sein müssen, und die Auswirkungen eines ausgeführten Webservices auf seine Umwelt – nicht.

Das folgende Beispiel zur semantischen Annotation mit SAWSDL basiert auf der beispielhaften WSDL-Beschreibung aus Abschnitt 11.2.1.

```
<wsdl:types>
  <xs:schema targetNamespace="http://www.carfs.de/service">
    <xs:element name="FeeReq"
                sawsdl:modelReference="FeeRequestData">
      <xs:complexType>
        <xs:all>
          <xs:element name="CN" type="xs:string"
                sawsdl:modelReference="CustomerNumber"/>
          <xs:element name="CM" type="xs:string"
                sawsdl:modelReference="CarModel"/>
        </xs:all>
      </xs:complexType>
    </xs:element>
    <xs:element name="FeeResp"
                sawsdl:modelReference="FeeResponseData">
      <xs:complexType>
        <xs:all>
          <xs:element name="Fee" type="xs:float"
                sawsdl:modelReference="AssuranceFee"/>
        </xs:all>
      </xs:complexType>
    </xs:element>
  </xs:schema>
</wsdl:types>

<wsdl:message name="CFInput">
        <wsdl:part name="body" element="FeeReq"/>
</wsdl:message>

<wsdl:message name="CFOutput">
        <wsdl:part name="body" element="FeeResp"/>
</wsdl:message>
```

```
<wsdl:portType name="FeeCalc"
        sawsdl:modelReference="FeeCalculatorService">
  <wsdl:operation name="MakeFee"
         sawsdl:modelReference="CalculateAssuranceFee">
    <wsdl:input message="CFInput"/>
    <wsdl:output message="CFOutput"/>
  </wsdl:operation>
</wsdl:portType>
```

Dabei werden die WSDL-Konstrukte Binding und Service vernachlässigt, da diese nicht mit SAWSDL annotiert werden können und daher analog zu der reinen WSDL-Beschreibung sind. Das dargestellte Beispiel zeigt die semantische Annotation der enthaltenen WSDL-Konstrukte (XML-Schemadefinitionen, Port Type, Operation) mit Hilfe des *modelReference*-Attributs. Den teilweise schwierig zu verstehenden syntaktischen Bezeichnungen der Elemente (z.B. „FeeCalc") wird durch die Referenz auf semantische Konzepte in einer Ontologie (z.B. „FeeCalculatorService") eine verständlichere Beschreibung sowohl für Menschen als auch für Computer verliehen. Des Weiteren werden die Datentypen der Input- und Output-Parameter der Operation des Webservice nicht mehr nur mittels XML-Schema-Datentypen wie *string* oder *float* definiert. Statt dessen wird die Bedeutung der Parametertypen durch den Verweis auf semantische Konzepte maschinenverständlich beschrieben.

**WSMO**

WSMO (Webservice Modeling Ontology) bietet ein konzeptionelles Modell zur Beschreibung der verschiedenen Aspekte semantischer Webservices (Roman et al. 2005). Die dazugehörige Beschreibungssprache WSML (Webservice Modeling Language) wird zur formalen Modellierung von WSMO-Services genutzt. Das primäre Ziel von WSMO ist es, Nutzer mit Diensten zu versorgen. Diese können dann im Anschluss außerhalb der WSMO-Umgebung genutzt werden.

WSMO definiert vier Grundelemente auf oberster Ebene, nämlich „Ontologies", „Goals", „Web Services" und „Mediators".

- Ontologies legen die Terminologie fest, die von den anderen Elementen genutzt wird.
- Goals beschreiben die Relation zwischen den Anforderungen, die ein Nutzer an einen Webservice stellt und der Funktionalität, die ein konkreter Webservice anbietet.
- Web Services stellen hingegen eine konzeptionelle Beschreibung konkreter, aufrufbarer Webservices dar. Diese Beschreibung teilt sich auf in „Capabilities" und „Interface". Die Capabilities geben dabei Vorbedingungen, Annahmen, Nachbedingungen und Effekte an, das Interface beschreibt, wie ein Nutzer konkret mit dem Webservice kommunizieren muss, um die gewünschten Nachbedingungen und Effekte zu erzielen. Die getrennte Modellierung von angebotenen und benötigten Webservices ist eine Besonderheit von WSMO.

## 11.2 Grundlagen

- Mediators sind Elemente, die zur Auflösung von Kompatibilitätsproblemen, die zwischen verschiedenen WSMO-Elementen auftreten können, genutzt werden. Dies betrifft die Vermittlung zwischen diversen genutzten Terminologien (*data level*), die Kommunikation mit den Webservices (*protocol level*) und die Kombination zwischen mehreren Webservices (*process level*).

### OWL-S

OWL-S verfolgt im Gegensatz zu SAWSDL einen Top-Down-Ansatz zur semantischen Beschreibung von Webservices basierend auf OWL-Ontologien (Martin et al. 2007). Um die verschiedenen Aspekte eines Webservices darzustellen, definiert OWL-S dazu drei Upper Ontologien (siehe Abschnitt 2.10.2): ServiceProfile, ServiceModel und ServiceGrounding.

Das ServiceProfile beschreibt, was der Webservice macht, und dient in erster Linie dem Auffinden geeigneter Webservices. Das ServiceModel gibt an, wie der Webservice arbeitet und das ServiceGrounding beschreibt, wie der Webservice aus technischer Sicht aufgerufen wird.

Dazu legt das ServiceProfile die Parameter samt ihren Konzepten fest. Zusätzlich ermöglicht OWL-S hier auch die Festlegung von Preconditions und Effects. Das ServiceModel beschreibt die einzelnen Teile eines Webservice. Denn mit OWL-S ist es nicht nur möglich, einen einzelnen Webservice bzw. dessen Operationen aufzurufen, es können auch Prozesse modelliert werden, die eine Orchestrierung mehrerer Webservices darstellen. Dazu definiert OWL-S atomare Prozesse (atomicProcess) und zusammengesetzte Prozesse (compositeProcess). Ein atomicProcess kann dabei direkt ausgeführt werden und entspricht somit der Operation eines Webservices. Ein compositeProcess besteht wiederum aus mehreren atomaren oder zusammengesetzten Teilprozessen.

Ein Beispiel dafür, wie solche atomicProcesses und daraus bestehende compositeProcesses in OWL-S aufgebaut sind, wird im folgenden Code-Ausschnitt gezeigt:

```
<process:AtomicProcess rdf:ID="CloseAssurance">
  <process:hasInput>
    <process:Input rdf:ID="CustomerNumber"/>
  </process:hasInput>
  <process:hasInput>
    <process:Input rdf:ID="CarModel"/>
  </process:hasInput>
  <process:hasOutput>
    <process:Output rdf:ID="AssuranceNumber"/>
  </process:hasOutput>
  <process:hasOutput>
    <process:Output rdf:ID="AssuranceFee"/>
  </process:hasOutput>
</process:AtomicProcess>
```

```xml
<process:AtomicProcess rdf:ID="DoBankTransfer">
  <process:hasInput>
    <process:Input rdf:ID="BankAccount"/>
  </process:hasInput>
  <process:hasInput>
    <process:Input rdf:ID="Amount"/>
  </process:hasInput>
  <process:hasOutput>
    <process:Output rdf:ID="BankTransferNumber"/>
  </process:hasOutput>
</process:AtomicProcess>

<process:CompositeProcess rdf:about="AssureCar">
  <process:hasInput>
    <process:Input rdf:ID="CustomerNumber"/>
  </process:hasInput>
  <process:hasInput>
    <process:Input rdf:ID="CarModel"/>
  </process:hasInput>
  <process:hasInput>
    <process:Input rdf:ID="BankAccount"/>
  </process:hasInput>
  <process:hasOutput>
    <process:Output rdf:ID="BankTransferNumber"/>
  </process:hasOutput>
  <process:hasPrecondition>
    .....
  </process:hasPrecondition>
  <process:hasResult>
    .....
  </process:hasResult>
  <process:composedOf>
    <process:Sequence>
      <process:components rdf:parseType="Collection">
        <process:Perform>
          <process:process rdf:resource="CloseAssurance"/>
        </process:Perform>
        <process:Perform>
          <process:process rdf:resource="DoBankTransfer"/>
        </process:Perform>
      </process:components>
    </process:Sequence>
  </process:composedOf>
</process:CompositeProcess>
```

Der compositeProcess „AssureCar" setzt sich hier aus den beiden einzelnen atomicProcesses „CloseAssurance" und „DoBankTransfer" zusammen. Erst wenn eine Versicherung abgeschlossen ist und anschließend der Versicherungsbeitrag bezahlt ist, ist das Auto vollständig versichert. Der compositeProcess hat dabei wie die atomicProcesses auch Inputs und Outputs. Dass die beiden einzelnen atomicProcesses, aus denen der compositeProcess besteht, nacheinander ausgeführt werden sollen, wird im Teil „process:composedOf" beschrieben. An dieser Stelle wird also der Kontrollfluss definiert. Das Konstrukt „Perform" bestimmt, dass der jeweils darin enthaltene Prozess ausgeführt werden soll. Zusätzlich zu der im obigen Beispiel dargestellten OWL-S-Beschreibung ist es noch nötig, die Inputs und Outputs der einzelnen atomicProcesses entsprechend zu verknüpfen, also den Datenfluss festzulegen. Außerdem wurde die Definition der Preconditions und Effects des compositeProcesses aus Gründen der Übersichtlichkeit vernachlässigt.

Zusätzlich stellt OWL-S sogenannte simpleProcesses zur Verfügung. Dies sind Template-Prozesse, die über die *realizedBy*-Referenz einem atomaren Prozess zugeordnet werden können. Hierdurch lassen sich abstrakte Prozesse beschreiben, die erst zur Laufzeit zu den konkreten Services gebunden werden. Das ServiceGrounding legt die technischen Aspekte des Webservice fest, die zum Aufruf nötig sind, im Sinne von Protokollen, Nachrichtenformat und Adressen. Dazu wird ein Mapping auf die konkrete, syntaktische Webservice-Beschreibung durchgeführt, welche z.B. in Form einer WSDL-Datei vorliegen kann.

## 11.3 Anwendungsfeld

### 11.3.1 Semantische Webservices in der Produktionsdomäne

Das in diesem Abschnitt beschriebene Anwendungsbeispiel Semantischer Technologien zur semantischen Beschreibung von Webservices zur flexiblen Erstellung und Steuerung von Produktionsprozessen baut auf Ansätzen zum Einsatz serviceorientierter Architekturen im Produktionsumfeld auf (Jammes 2005), (Ollinger et al. 2011). Die Übertragung des Konzeptes serviceorientierter Architekturen auf die Produktionsdomäne erfolgt durch die Repräsentation der Kontrollfunktionen der Feldgeräte von Produktionsanlagen als Webservices. Dadurch wird eine Vereinheitlichung der Kommunikationsschnittstellen und eine funktionale Kapselung mechatronischer Funktionalitäten erreicht. Dabei werden die grundlegenden Funktionalitäten der am Produktionsprozess beteiligten Geräte als elementare Webservices repräsentiert, während diese elementaren Webservices wiederum zu zusammengesetzten Webservices orchestriert werden, um beispielsweise Produktionsprozesse umzusetzen.

Wie bereits in Abschnitt 11.2.3 erwähnt, ist die Definition von Webservices mit syntaktischen Beschreibungssprachen jedoch nicht geeignet, um eine Automatisierung des Auffindens und Orchestrierens geeigneter Webservices zu erzielen, speziell im Hinblick auf die potenzielle Vielzahl an verfügbaren Webservices, die von den Komponenten einer Produktionsanlagen angeboten werden. Daher wird in diesem Kapitel ein Ansatz beschrieben, um Semantische Technologien zur Beschreibung von Webservices zu nutzen und damit die Bedeutung der angebotenen Funktionalitäten eines Webservices, dessen Parameter und Einsatzbedingungen maschinenverständlich zu machen. Dadurch können

Webservices mit gleicher oder ähnlicher syntaktischer Beschreibung hinsichtlich der Semantik ihrer Schnittstellen- und Funktionsbeschreibung unterschieden werden. Diese Tatsache stellt die Grundlage für ein effizientes Auffinden von Webservices und deren automatisierte Orchestrierung im Produktionsumfeld dar. Somit könnten Produktionsprozesse basierend auf einer abstrakten Produktbeschreibung ad hoc automatisch und abhängig vom konkreten Aufbau der Produktionsanlage und der von den Feldgeräten angebotenen Webservices generiert werden. Des Weiteren könnten Produktionsprozesse dynamisch, sogar zur Laufzeit an vorkommende Ereignisse (z.B. Ausfall einer Komponente) angepasst werden, indem ähnliche Webservices anderer Komponenten gefunden und in den Prozess eingebunden werden.

Die Anwendung Semantischer Technologien zur automatisierten und dynamischen Orchestrierung semantischer Webservices zur Erstellung und Steuerung von Produktionsprozessen geht weit über den Stand der Technik hinaus und stellt heutzutage noch einen visionären Ansatz dar. Denn während Semantische Technologien bereits in diversen Anwendungsfeldern eine zentrale Rolle spielen, konnten sie sich im Bereich der industriellen Produktion bisher nicht durchsetzen. Dies ist hauptsächlich auf das Fehlen anschaulicher Anwendungsbeispiele sowie auf die Komplexität der technischen Umsetzung zurückzuführen. Nichtsdestotrotz wurden im Forschungsumfeld in den letzten Jahren bereits einige Projekte und Arbeiten zur Anwendung Semantischer Technologien in der Produktionsdomäne durchgeführt. Insbesondere im Rahmen des Projektes SOCRADES wurden verschiedene Konzepte zur Nutzung von Ontologien im Produktionsumfeld (Lastra und Delamer 2009) sowie zur semantischen Discovery und Orchestrierung (Cândido et al. 2010) entwickelt. Jedoch wurden weder die erarbeiteten Konzepte in industrienahen Fabrikumgebungen umgesetzt und erprobt noch wurde eine klar definierte, durchgängige Methodik zur Umsetzung semantischer Webservices in der Produktion erstellt. Der in diesem Kapitel beschriebene Ansatz stellt einen ersten Schritt in Richtung eines automatisierten Auffindens und Orchestrierens von semantisch beschriebenen Webservices zur ad hoc-Erstellung und flexiblen Steuerung von Produktionsprozessen dar.

Im folgenden Abschnitt wird ein einfacher experimenteller Aufbau beschrieben, der die praktische Anwendung dieser Konzepte im Rahmen der *SmartFactory*$^{KL}$ (Zühlke 2008) demonstriert.

### 11.3.2 Experimenteller Aufbau

Um die technische Umsetzbarkeit der beschriebenen Ansätze und Konzepte zu überprüfen und um verschiedene semantische Webservice-Technologien zu vergleichen und zu evaluieren, wurde im Rahmen der Demonstrationsfabrik *SmartFactory*$^{KL}$ ein Systemprotyp entwickelt. Der in diesem Systemprototypen ablaufende Produktionsprozess besteht aus dem Abfüllen von Stückgut (farbige Pillen) und einer anschließenden Qualitätskontrolle. Die Auftragsdaten (z.B. die Angabe, wie das Produkt gefertigt werden soll) und Informationen über den Fortschritt der Produktion (z.B.

Qualitätskontrolle bereits durchgeführt oder nicht) sind dabei auf einem RFID-Tag hinterlegt, der sich direkt am Rohprodukt, also einer Dose, in die die Pillen abgefüllt werden sollen, befindet. Somit trägt das Produkt selbst Informationen über seine Fertigung mit sich (Stephan et al. 2010). Wie in Abbildung 11.2 dargestellt, besteht der Demonstrator aus einer Vielzahl industrieller Feldgeräte wie RFID-Lese-Schreib-Geräte, Induktions- und Ultraschallsensoren, einer Kamera und vielen mehr. Diese Feldgeräte werden jedoch nicht wie in der heutigen industriellen Produktion üblich über eine Speicherprogrammierbare Steuerung angesprochen, sondern sind mit Mikrokontrollern ausgestattet, die wiederum über Ethernet mit einem zentralen PC verbunden sind. Jedes Feldgerät bietet eine semantisch beschriebene Webservice-Schnittstelle an, die über das Netzwerk angesprochen werden kann. Somit ist es möglich, die Funktionalitäten der Feldgeräte per Webservice aufzurufen. Des Weiteren können über einen Touchscreen passende Webservices durch Auswählen verschiedener funktionaler und nicht-funktionaler Kriterien auf Basis Semantischer Technologien gefunden und zu einem graphisch repräsentierten Prozess semi-automatisch orchestriert werden. In den folgenden Abschnitten wird die Implementierung des semantischen Auffindens von Webservices in der Produktion, die Umsetzung der semi-automatischen Orchestrierung sowie erste Ansätze zur automatischen Orchestrierung zu flexiblen Produktionsprozessen detailliert beschrieben.

## 11.4 Semantisches Auffinden von Webservices in der Produktion

Das semantische Auffinden von Webservices, die die Funktionalitäten mechatronischer Komponenten repräsentieren, stellt eine zentrale Herausforderung dar, um die effiziente Wiederverwendung und automatisierte Orchestrierung von Webservices zu flexiblen Produktionsprozessen zu ermöglichen.

Wie in Abschnitt 11.2.3 dargestellt, existieren verschiedene Technologien zur Beschreibung semantischer Webservices. Im folgenden Abschnitt 11.4.1 werden die Technologien SAWSDL und OWL-S anhand der praktischen Umsetzung verschiedener Webservices im Produktionsumfeld verglichen und die dabei gesammelten Erfahrungen erläutert. Abschnitt 11.4.2 beschreibt den Erstellungsprozess und den Aufbau der für die semantische Annotation der Webservices benötigten Ontologien. Die Architektur des Systems sowie der Ablauf des semantischen Auffindens von Webservices wird in Abschnitt 11.4.3 dargelegt.

### 11.4.1 Semantische Annotation der Webservices

Den zentralen Schritt zu einem semantischen Auffinden von Webservices stellt deren Annotation mittels semantischer Webservice-Technologien dar. Im Rahmen des in

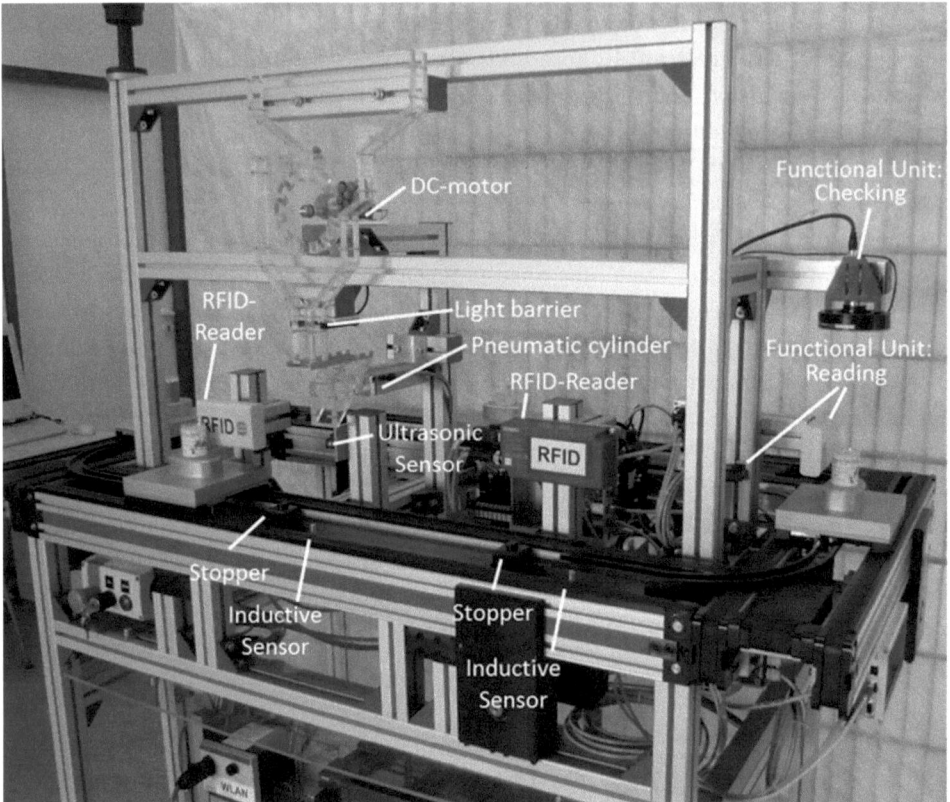

**Abb. 11.2** Systemprototyp zum Auffinden und Orchestrieren semantischer Webservices in der Produktion.

Abschnitt 11.3.2 vorgestellten Systemprototypen wurden die vorhandenen Webservices semantisch beschrieben. Dabei wurde deutlich, dass zur semantischen Beschreibung von Webservices, die die Grundlage für die Steuerung von Produktionsprozessen darstellen sollen, zusätzliche Informationen benötigt werden, die in der syntaktischen WSDL-Beschreibung der Webservices nicht vorhanden sind. Diese Informationen lassen sich in drei Gruppen unterteilen:

- Informationen über das Feldgerät, von dem der Dienst angeboten wird (Geräteklasse, Gerätetyp, Hersteller, Seriennummer)
- Informationen über den angebotenen Webservice (Bezeichnung, Bedeutung seiner Funktionalitäten, Name, Datentypen und Bedeutung der Input- und Output-Parameter)
- Kontextinformationen (Position des Gerätes in der Produktionsanlage, Zusammenhänge mit anderen Geräten, Voraussetzungen für die Ausführung des Webservices, Auswirkungen des Webservices auf sein Umfeld bzw. das System, den Prozess betreffende qualitative Anforderungen usw.)

## 11.4 Semantisches Auffinden von Webservices in der Produktion

Für die semantischen Beschreibung der Webservices der verschiedenen Feldgeräte wurden zwei verschiedene Technologien untersucht: SAWSDL und OWL-S. Im Folgenden werden beide Ansätze erläutert und die Erfahrungen, die bei der Nutzung der semantischen Webservice-Technologien gesammelt wurden, dargestellt.

**Semantische Annotation mit SAWSDL**

Wie in Abschnitt 11.2.3 beschrieben, stellt SAWSDL einen leichtgewichtigen Ansatz dar, bei dem semantische Annotationen direkt in die syntaktische WSDL-Beschreibung eingefügt werden. Dazu wurden im Rahmen verschiedener Forschungsprojekte eine Vielzahl von Editoren entwickelt. Der bekannteste SAWSDL-Editor ist Radiant, ein Eclipse-Plugin, das Funktionen zur Verfügung stellt, um WSDL-Konstrukte mit den Konzepten einer im Editor visualisierten Ontologie zu annotieren. Unglücklicherweise waren weder Radiant noch die anderen getesteten SAWSDL-Editoren voll funktionsfähig. Aus diesem Grund wurde zur semantischen Annotation der WSDL-Dateien ein gewöhnlicher XML-Editor genutzt.

Der folgende Code-Ausschnitt zeigt die mit SAWSDL annotierte WSDL-Beschreibung eines Webservices einer Kamera, welche die Anzahl der in eine Dose abgefüllten Pillen einer als Input gegebenen Farbe mittels Bilderkennungsverfahren berechnet und zurückliefert.

```
<wsdl:types>
  <xs:schema
  targetNamespace="http://www.smartfactory.de/pill-count">
    <xs:element name="countRequest" type="xs:string"
                sawsdl:modelReference="PillColor"/>

    <xs:element name="countResponse"
                sawsdl:modelReference="NumberOfPills">
      <xs:complexType>
        <xs:sequence>
          <xs:element name="value" type="xs:unsignedByte"/>
        </xs:sequence>
      </xs:complexType>
    </xs:element>
  </xs:schema>
</wsdl:types>

<wsdl:message name="countRequestMessage">
  <wsdl:part name="parameters" element="countRequest"/>
</wsdl:message>

<wsdl:message name="countResponseMessage">
  <wsdl:part name="parameters" element="countResponse"/>
</wsdl:message>
```

```
<wsdl:portType name="pill-counter"
  sawsdl:modelReference="Camera_Keyence_CV-5001P_CA931">
  <wsdl:operation name="count"
      sawsdl:modelReference="CountPills">
    <wsdl:input message="countRequestMessage"/>
    <wsdl:output message="countResponseMessage"/>
  </wsdl:operation>
</wsdl:portType>
```

Dabei wurden die Datentypen der Input- und Output-Parameter, der Port Type und die Operation „count" mit Hilfe des modelReference-Attributes annotiert, welches auf die Konzepte unserer OWL-Ontologien (siehe Abschnitt 11.4.2) verweist. Zur eindeutigen Identifikation der semantischen Webservices wird eine Kombination aus Hersteller, Gerätetyp und Seriennummer des Gerätes verwendet. Da SAWSDL allerdings keine Annotation zur Definition dieser Informationen bereitstellt, wurden diese als Teil der Port Type-Annotation integriert.

Bei der Annotation der von den verschiedenen Feldgeräten angebotenen Webservices wurde deutlich, dass SAWSDL zwar für ein vereinfachtes Auffinden von Webservices in der Produktion anhand deren Funktionalitäten geeignet ist. Jedoch sieht SAWSDL weder die Annotation mit den oben genannten Zusatzinformationen vor noch ermöglicht die Technologie die Abbildung von Preconditions und Effects. Aus diesem Grund wurde ein zweiter Ansatz basierend auf OWL-S verfolgt.

**Semantische Beschreibung mit OWL-S**

Zur Erstellung der OWL-S-Beschreibungen auf Basis der vorliegenden WSDL-Dateien der Feldgeräte wurde Protégé 3.2.1 mit dem OWL-S-Editor build 23 Plugin genutzt. In einem ersten Schritt muss ein neues OWL-Projekt in Protégé angelegt und der OWL-S-Editor durch Auswahl des entsprechenden Tabs aktiviert werden. Um das Grundgerüst der OWL-S-Beschreibung zu erstellen, kann der integrierte WSDL2OWL-S-Konverter verwendet werden. Dazu wird eine WSDL-Datei importiert, die in eine bereits ausführbare (da das Grounding automatisch generiert wird) OWL-S-Beschreibung überführt wird (siehe Abbildung 11.3).

Im nächsten Schritt kann diese grundlegende OWL-S-Beschreibung des Webservices um zusätzliche Informationen erweitert und mit Konzepten einer Domänenontologie (der Geräteklasse, der angebotenen Funktionalitäten, Typen der Message-Parameter etc.) verknüpft werden. Da OWL-S auf OWL basiert, ist eine einfache Integration mit externen OWL-Ontologien möglich. In unserem System wurde dazu eine Anlagenontologie verwendet, die in Abschnitt 11.4.2 dargestellt wird.

Die semantische Modellierung der Input- und Output-Parameter stellt einen wichtigen Schritt bei der Erstellung der OWL-S-Beschreibung dar, da diese beim späteren semantischen Auffinden passender Webservices genutzt werden. Hierzu werden die semantisch beschriebenen Parameter eines Webservices mit den vorgegeben Anforde-

## 11.4 Semantisches Auffinden von Webservices in der Produktion

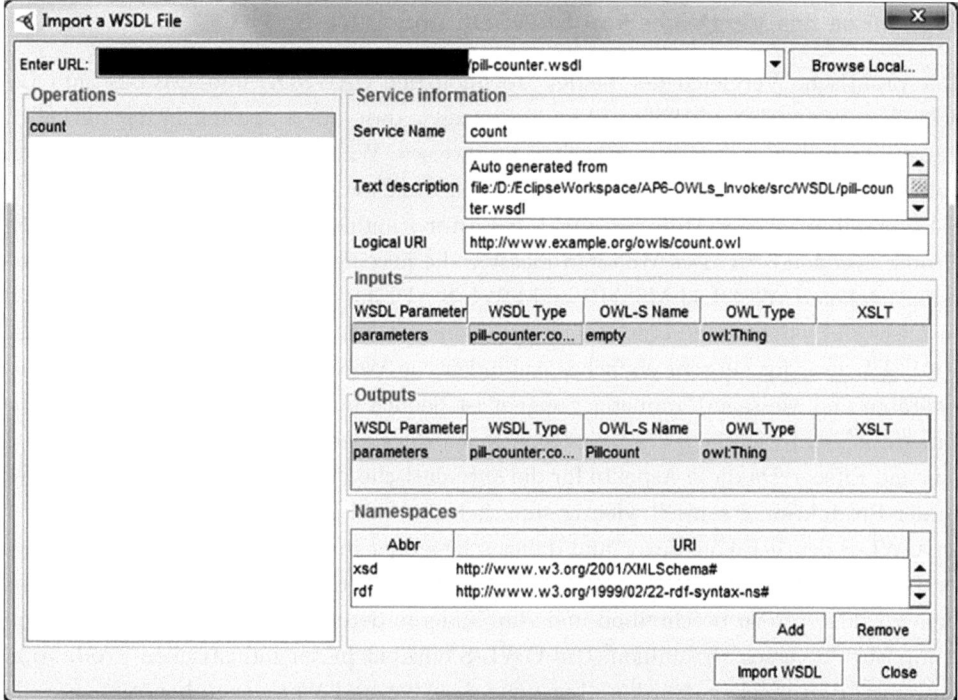

**Abb. 11.3** Mit WSDL2OWL-S erstellte Grundstruktur der OWL-S-Beschreibung.

rungen verglichen und der Grad des Matchings ermittelt. Dabei werden für gewöhnlich die Fälle „Match", „Subsume", „Plug-in" und „No-Match" unterschieden (Paolucci et al. 2002). Match entspricht einer genauen Übereinstimmung, das bedeutet, dass der Parameter des gefundenen Webservices auf dasselbe Konzept verweist wie der des vorgegebenen abstrakten Webservices. Subsume heißt, dass der gefundene Parameter einem allgemeineren Konzept entspricht als der vorgegebene Parameter, während es sich im Falle eines Plug-in-Matches um ein Unterkonzept des vorgegeben Parameters handelt. No-Match beschreibt alle Parameter, deren Konzept überhaupt nicht übereinstimmen.

Zusätzlich zu den Input- und Output-Parametern werden oftmals die Preconditions und Effects eines Webservices semantisch modelliert, um das Auffinden passender Webservices weiter zu verbessern. Dazu können auf Basis domänenspezifischer Konzepte und unter Zuhilfenahme der Semantic Web Rule Language (SWRL, siehe Kapitel 6) Regeln definiert werden, die die Vorbedingungen und Auswirkungen eines Webservices formalisieren. Dieser Aspekt von OWL-S ermöglicht es, die Webservice-Definition selbst unabhängig von ihrem potenziellen Anwendungskontext zu erstellen und trotzdem kontextabhängige Informationen in die semantische Beschreibung zu integrieren.

**Ergebnisse des Vergleichs von SAWSDL und OWL-S**

Der praktische Vergleich der beiden Technologien SAWSDL und OWL-S zum Beschreiben semantischer Webservices hat gezeigt, dass beide speziell in der aktuellen Tool-Unterstützung deutliche Schwächen aufweisen. Während wir für SAWSDL keinen voll funktionsfähigen Editor finden konnten, funktioniert die Erstellung von OWL-S-Beschreibungen mit Hilfe des OWL-S-Editor-Plugins nur auf Basis der veralteten Protégé-Version 3.2.1. Des Weiteren mussten die jeweiligen verwendeten Programmierschnittstellen SAWSDL4J M3 API und OWL-S API 3.0 deutlich angepasst werden, um in unserem System eingesetzt werden zu können. Es hat sich außerdem gezeigt, dass SAWSDL zwar für ein sehr einfaches Auffinden von Webservices anhand deren Funktionalitäten und Message-Parameter geeignet ist, jedoch mangelt es an Möglichkeiten zur Integration von wichtigen Zusatzinformationen sowie der Modellierung von Preconditions und Effects. Da diese Aspekte für die automatische Orchestrierung von Webservices in der Produktion essentiell wichtig sind, fiel die Wahl letztendlich auf OWL-S. Zwar ist OWL-S deutlich komplexer und daher schwieriger in der Umsetzung, jedoch bietet es die notwendige Ausdrucksmächtigkeit, um zum einen die Webservices der verschiedenen Feldgeräte zu beschreiben und zum anderen deren Orchestrierung in Form von compositeProcesses abzubilden. Um OWL-S effizient in der industriellen Produktion anwendbar zu machen, werden aber neue Ansätze und Werkzeuge benötigt, um die Komplexität des Erstellungsprozesses zu reduzieren und hinter einfach zu bedienenden Tools zu verbergen.

### 11.4.2 Erstellungsprozess und Struktur der Ontologien

Wie im vorherigen Abschnitt erwähnt, wurden für die semantische Annotation der Webservices und für deren effizientes Auffinden zwei Ontologien erstellt. Das Vorgehen bei der Modellierung der Ontologien sowie deren grundlegende Struktur werden im Folgenden beschrieben.

Zur Suche nach geeigneten Webservices wird ein Webservice-Verzeichnis benötigt, an dem sich die aktuell in der Produktionsanlage verfügbaren Webservices anmelden. Als Webservice-Verzeichnis dient eine OWL-Ontologie, deren Grundstruktur in Abbildung 11.4 dargestellt ist. Die Ontologie besteht aus den drei Grundklassen „Service", „Operation" und „Parameter". Diese enthalten Instanzen, welche die konkreten aus den OWL-S-Beschreibungen der Webservices extrahierten Werte enthalten. Das bedeutet, sobald sich ein Feldgerät am Netzwerk unseres Systemprototypen anmeldet, werden Service-Bezeichnung, Operationen, Parameter und weitere Zusatzinformationen aus der OWL-S-Beschreibung des Webservices extrahiert und als Instanzen bzw. ObjectProperties und DatatypeProperties in die Ontologie eingetragen. So werden beispielsweise bei der Anmeldung der Kamera die Instanzen „Camera_Keyence_CA931" (Service), „CountPills" (Operation), „NumberOfPills" und „PillColor (Parameter) er-

## 11.4 Semantisches Auffinden von Webservices in der Produktion

stellt. Das semantische Webservice-Verzeichnis wird also durch die automatische An- und Abmeldung der Feldgeräte-Webservices stets aktuell gehalten.

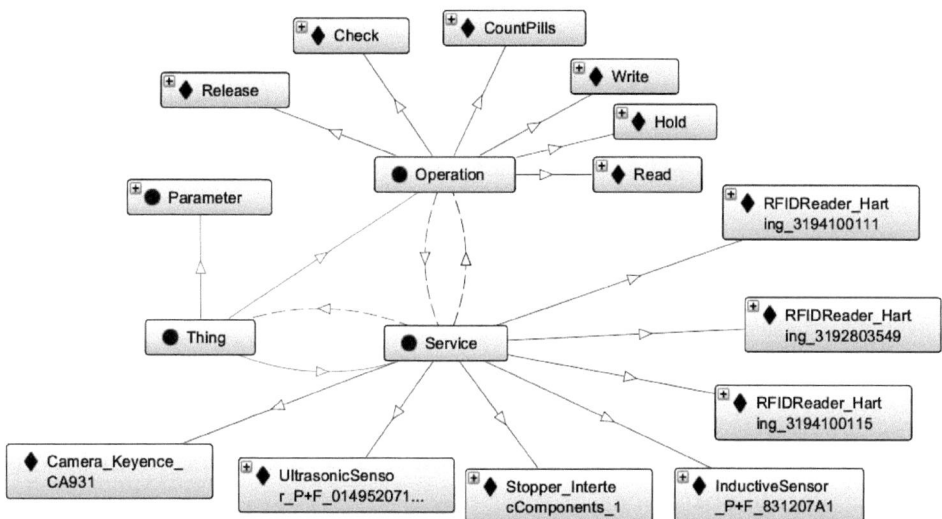

**Abb. 11.4** Grundstruktur des semantischen Webservice-Verzeichnisses mit angemeldeten Webservices.

Als Grundlage für die Verknüpfung der OWL-S-Beschreibungen mit semantischen Konzepten wurde eine Anlagenontologie erstellt, die den Aufbau der Produktionsanlage, die enthaltenen Feldgeräte, deren Fähigkeiten, Ortsinformationen, Beziehungen zu anderen Feldgeräten usw. beschreibt. Bei dem Erstellungsprozess der Ontologie wurden verschiedene produktionsspezifische Wissensquellen, die in der $SmartFactory^{KL}$ zur Verfügung stehen, genutzt, um das für die Modellierung benötigte Wissen zu ermitteln. So wurden unter anderem industrielle Standards, Gerätehandbücher, Schaltpläne und 3D-Modelle untersucht, um entsprechende Bezeichnungen der Gerätekategorien, technische Daten der Feldgeräte und Informationen über den Aufbau der Produktionsanlage zu extrahieren. Allerdings stellte sich dieser Prozess als relativ aufwendig und zeitintensiv dar, weshalb für eine zukünftige Umsetzung im industriellen Umfeld fortgeschrittene Technologien zur Wissensakquisition benötigt werden.

Abbildung 11.5 zeigt einen Ausschnitt der Anlagenontologie, die mit Protégé 4.1 erstellt wurde. Die Produktionsanlage ist hierarchisch unterteilt in Produktionsmodule, Elemente (z.B. Tank, Pipe) und Feldgeräte (z.B. Pump, Camera). Unter Device werden die verschiedenen Gerätekategorien zusammengefasst, die mit den tatsächlich in der Produktionsanlage existierenden Feldgeräten instanziiert werden können.

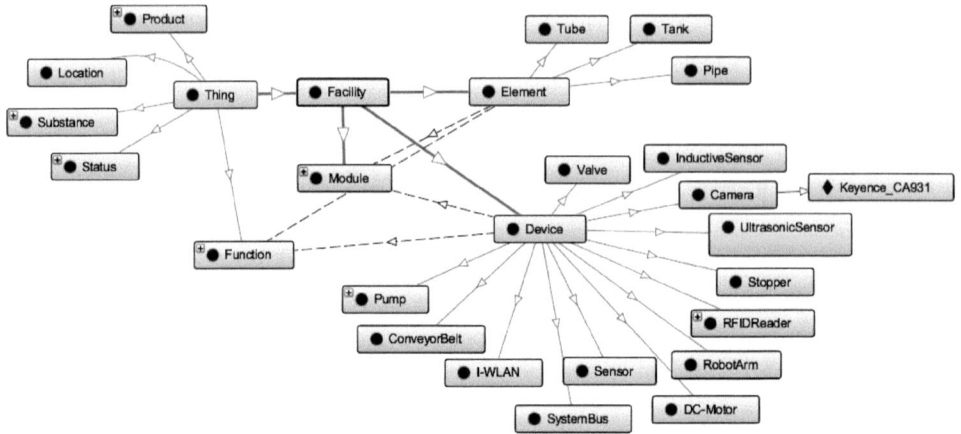

**Abb. 11.5** Grundstruktur der Anlagenontologie.

### 11.4.3 Systemarchitektur und Ablauf des semantischen Auffindens von Webservices

Nachdem in den letzten Abschnitten die semantische Annotation der Webservices mit OWL-S sowie die Erstellung der benötigten Ontologien erläutert wurden, soll im Folgenden auf die Architektur des Systems zum semantischen Auffinden von Webservices in der Produktion eingegangen werden.

Die verschiedenen am Produktionsprozess beteiligten Feldgeräte stellen ihre Funktionalitäten als Webservices zur Verfügung. Diese Webservices sind mit DPWS (Device Profile for Webservices), einer Kombination mehrerer Webservice-Spezifikationen zur Umsetzung von Webservices auf eingebetteten Systemen, implementiert. DPWS stellt einen Mechanismus zur Verfügung, um vorhandene Geräte im Netzwerk zu erkennen, was eine technische Grundlage für das semantische Auffinden der Webservices darstellt. Die semantische Beschreibung der Webservices wird in Form eines OWL-S-Modells und der dazugehörigen WSDL-Datei auf den Mikrokontrollern jedes Feldgeräts hinterlegt. Damit trägt ein Feldgerät alle Informationen über sich und seinen angebotenen Webservice mit sich.

Abbildung 11.6 zeigt einen Überblick der Systemarchitektur. Die nummerierten Pfeile repräsentieren die Reihenfolge der Schritte beim Auffinden der Webservices.

- **Schritt 1:** Zunächst wird durch ein Java-Programm, den Service Monitor, mittels des DPWS-Discovery-Mechanismus' eine initiale Testnachricht versendet, um alle aktuell im Netzwerk verfügbaren Geräte zu finden. Außerdem kann ein Feldgerät eine „Hallo-Nachricht" verschicken, sobald es sich am Netzwerk anmeldet.
- **Schritt 2:** Der Service Monitor ermittelt anschließend die DPWS-Metadaten der verfügbaren Geräte. Dazu zählt unter anderem die Netzwerkadresse der entsprechenden OWL-S-Beschreibungen, welche an den Ontology Manager weitergegeben werden.

## 11.5 Automatische Orchestrierung zur Erstellung flexibler Produktionsprozesse

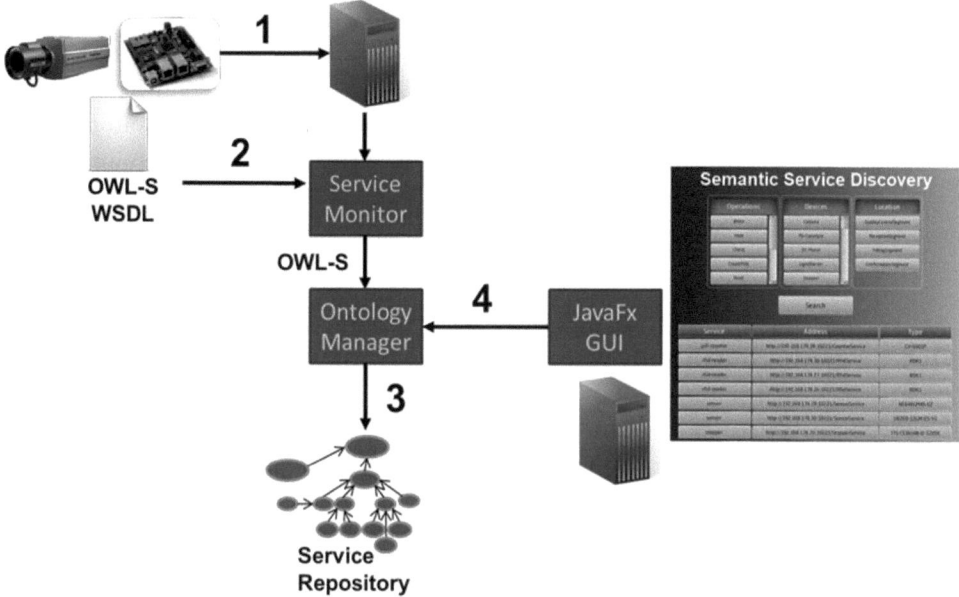

**Abb. 11.6** Systemarchitektur des semantischen Auffindens von Webservices.

- **Schritt 3:** Der Ontology Manager ist eine Funktionsbibliothek zur Verarbeitung und Abfrage von OWL-Ontologien, welche auf Basis der OWL API 3.2.2 implementiert wurde. Dieser wird genutzt, um die semantischen Beschreibungen der Webservices inklusive aller Zusatzinformationen aus der OWL-S-Beschreibung zu extrahieren und als Service-Instanz in das Service Repository einzutragen. Ist ein Webservice nicht mehr verfügbar, werden die entsprechenden Informationen automatisch aus dem Service Repository entfernt.
- **Schritt 4:** Somit enthält das Service Repository stets nur die aktuell im Netzwerk verfügbaren Webservices und dient als Grundlage für das eigentliche Auffinden geeigneter Webservices. Dies kann entweder automatisiert über eine Anwendung oder manuell über eine Benutzerschnittstelle geschehen. Die dazu entwickelte GUI zeigt verschiedene Listen zur Definition der Kriterien, die der zu findende Webservice erfüllen muss. Durch Auswahl der gewünschten Operationen, Gerätetypen oder Ortsinformationen wird im Hintergrund eine semantische Maske erstellt, die zum Abfragen des Service Repositorys nach passenden Webservices verwendet wird.

## 11.5 Automatische Orchestrierung zur Erstellung flexibler Produktionsprozesse

Das semantische Auffinden von Webservices stellt eine wichtige Grundlage für die automatisierte Orchestrierung von Webservices zur Steuerung von Produktionsprozessen dar. Um diesen innovativen Ansatz in der heutigen Industrie anwendbar zu machen, müssen jedoch zunächst Systemprototypen entwickelt werden, die den Mehrwert dieser Technologien anschaulich demonstrieren und die Umsetzbarkeit existierender Technologien evaluieren. Als einen ersten Schritt in diese Richtung wurde eine semi-automatische Orchestrierung von Webservices zur Erstellung von Produktionsprozessen umgesetzt, welche im folgenden Abschnitt beschrieben wird. Im Anschluss daran wird ein Konzept zur automatisierten Orchestrierung vorgestellt, welches auf den bisherigen Ergebnissen aufbaut.

### 11.5.1 Semantisch unterstützte Prozessmodellierung

Basierend auf der semantischen Beschreibung der Webservices mit OWL-S wurde ein Werkzeug zur semi-automatischen Orchestrierung von semantisch beschriebenen Webservices entwickelt. Abbildung 11.7 zeigt die GUI dieses Werkzeugs. Die graphische Repräsentation der Prozessschritte sowie die Konstrukte zur Koordination des Prozessablaufs basieren auf BPMN (Business Process Modeling Notation). Auf der linken Seite der GUI werden die verschiedenen Konstrukte aufgeführt, welche per Drag&Drop auf dem weißen Fensterbereich in der Mitte platziert werden können. Wird eine „Service Task" erstellt, öffnet das Tool den Bildschirm zum semantischen Auffinden von Webservices (siehe Abschnitt 11.4.3). Wurde ein geeigneter Webservice gefunden und ausgewählt, wird dieser als konkreter Prozessschritt eingefügt.

Zusätzlich wird der Benutzer bei der graphischen Modellierung des Prozess durch Hinweise unterstützt, die basierend auf der semantischen Beschreibung der Webservices generiert werden. Zum Beispiel erkennt das System, ob ein Webservice zusätzliche Input-Parameter benötigt, die von keinen bisher eingebundenen Webservices als Output geliefert wurden. Nachdem die Modellierung des Prozesses beendet ist, kann der in BPMN repräsentierte Prozess automatisch in einen OWL-S compositeProcess übersetzt werden. Dazu wurde ein entsprechender Transformationsalgorithmus entwickelt, der zur Erstellung und späteren Ausführung des OWL-S compositeProcesses die OWL-S API 3.0 nutzt. Mit diesem Tool können Produktionsprozesse unter Zuhilfenahme des semantischen Auffindens von Webservices und semantisch generierter Hinweise modelliert und direkt in unserem Systemprototypen ausgeführt werden.

### 11.5.2 Konzeptioneller Ansatz zur flexiblen Steuerung von Produktionsprozessen

Die im letzten Abschnitt beschriebene semi-automatische Orchestrierung von Webservices stellt einen ersten Schritt in Richtung einer flexiblen Steuerung von Produktionsprozessen dar. Abbildung 11.8 zeigt einen vereinfachten Überblick über die Architektur eines Systems zur automatischen Orchestrierung von Webservices in der Produktion, das sich aktuell in der $SmartFactory^{KL}$ in der Entwicklung befindet. Diese Systemar-

## 11.5 Automatische Orchestrierung zur Erstellung flexibler Produktionsprozesse

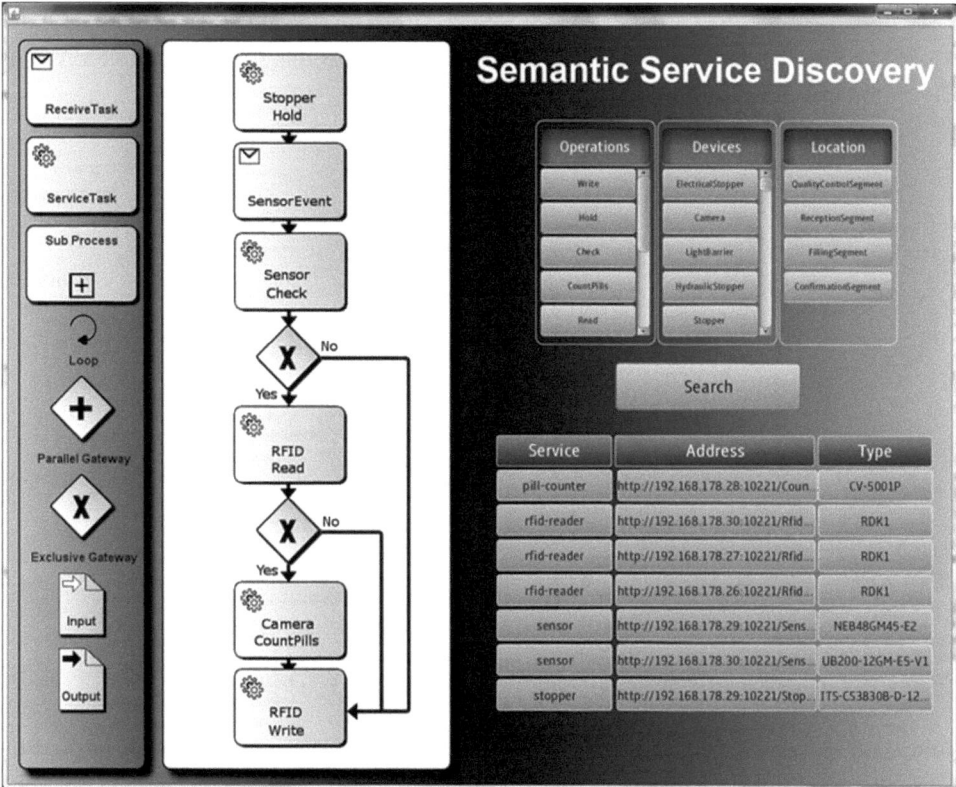

**Abb. 11.7** GUI des semantisch unterstützten Prozessmodellierungstools.

chitektur sowie der zugrunde liegende konzeptionelle Ansatz werden im Folgenden erläutert.

Grundgedanke des Ansatzes ist die abstrakte Beschreibung eines Produktionsprozesses, also die Funktionalitäten, die von den Komponenten einer Produktionsanlage ausgeführt werden müssen, sowie deren logische Abfolge, um das Produkt zu fertigen. Diese abstrakte Beschreibung ist unabhängig von den konkreten Feldgeräten und deren implementierten Webservices und damit von der zugrunde liegenden Produktionsanlage. Die abstrakte Prozessbeschreibung kann durch einen OWL-S compositeProcess, der sich aus simpleProcesses zusammensetzt, beschrieben und beispielsweise auf einem RFID Tag oder Smart Object, das sich an dem Produkt selbst befindet, hinterlegt werden. Somit trägt das Produkt selbst eine abstrakte Spezifikation seines Produktionsprozesses mit sich, auf deren Basis jeweils der entsprechende konkrete Produktionsprozess abhängig vom Vorhandensein und der Verfügbarkeit der Komponenten verschiedener Produktionsanlagen erzeugt wird. Die automatische Transformation des abstrakten Prozesses in einen konkreten, ausführbaren Prozess auf Basis semantischer Webservice-Technologien stellt eine zentrale Herausforderung dar.

Während die Schritte a bis c (Service Registration) analog ablaufen wie in Abschnitt 11.4.3 dargestellt, zeigt die linke Seite von Abbildung 11.8 die Struktur und den Ablauf der automatischen Orchestrierung.

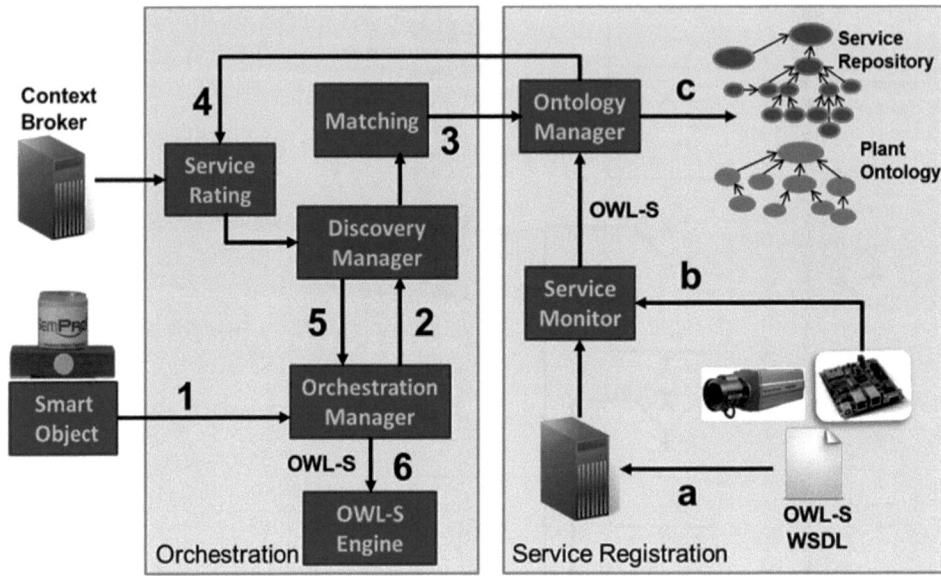

**Abb. 11.8** Systemarchitektur zur automatischen Orchestrierung von Webservices in der Produktion.

- **Schritt 1:** Zunächst wird die abstrakte Prozessbeschreibung vom RFID Tag oder Smart Object des Produktes ausgelesen und an den Orchestration Manager übermittelt. Dieser durchläuft den abstrakten Prozess und sucht für jeden Prozessschritt, also für jeden abstrakten simpleProcess, einen passenden konkreten Webservice, der von den Feldgeräten der Produktionsanlage angeboten wird.
- **Schritt 2:** Um das Auffinden passender Webservices anzustoßen, koordiniert der Discovery Manager das semantische Auffinden der Webservices durch das Extrahieren der für das Matching benötigten Informationen aus der OWL-S-Beschreibung des simpleProcesses.
- **Schritt 3:** Die Matching Komponente nutzt anschließend den Ontology Manager, um das Service Repository nach passenden verfügbaren Webservices anzufragen und deren Funktionalitäten, Input- und Output-Parameter sowie Preconditions und Effects mit den Anforderungen abzugleichen. Des Weiteren fließt in die Auswahl geeigneter Webservices Wissen über den mechatronischen Aufbau der jeweiligen Produktionsanlage und die Verfügbarkeit und Fähigkeiten der enthaltenen Feldgeräte ein. So soll auf Basis der Anlagenontologie entschieden werden können, ob ein Produkt überhaupt auf dieser Produktionsanlage gefertigt werden kann. Ist dies nicht der Fall, muss eine entsprechende Erklärung ausgegeben und an den Ingenieur kommuniziert werden.

- **Schritt 4:** Der Ontology Manager liefert schließlich als Ergebnis eine Liste potenziell geeigneter Webservices, die auf Basis aktueller Kontextinformationen (z.B. Zustand der Anlage, spezielle Anforderungen an den Produktionsprozess) bewertet werden. So ist es vorstellbar, dass für ein bestimmtes Produkt qualitative Anforderungen an den Produktionsprozess gestellt werden wie beispielsweise eine vom Kunden gewünschte besondere Art der Ressourcenschonung (z.B. Einsparen von Wasser bei der Fertigung dieses Produktes).
- **Schritt 5:** Das Rating stellt die Entscheidungshilfe zur Auswahl des am besten geeigneten Webservices durch den Discovery Manager und die anschließende Übermittlung an den Orchestration Manager dar.
- **Schritt 6:** Die Schritte 2 bis 5 werden so lange wiederholt bis der Orchestration Manager für jeden abstrakten Webservice einen geeigneten konkreten Service gefunden und diesen in den zu erstellenden konkreten compositeProcess integriert hat. Danach wird der speziell für die Produktvariante orchestrierte Prozess zur Ausführung an eine Engine gegeben, die letztendlich die Steuerung des Produktionsprozesses auf Basis der von den Feldgeräten angebotenen semantischen Webservices übernimmt.

Das hier beschriebene System zur automatischen Orchestrierung basierend auf einer abstrakten Produktspezifikation und abhängig vom Aufbau und den Fähigkeiten der Produktionsanlage kann außerdem zur dynamischen Umorchestrierung eines Produktionsprozessen genutzt werden. So könnte beispielsweise die Erkennung des Ausfalls eines Feldgerätes die Suche nach Webservices von Geräten mit ähnlicher Funktionalität auslösen. Dadurch wird die Möglichkeit geschaffen, flexibel auf unvorhergesehene Ereignisse zu reagieren und möglicherweise längere Stillstandszeiten, die zu beträchtlichen Produktionseinbußen führen können, zu verhindern.

Während in unserem System bisher relativ einfache Matching- und Rating-Funktionen eingesetzt werden, ist die Integration fortgeschrittener Matching-Algorithmen zur zuverlässigeren Selektion geeigneter Webservices, wie zum Beispiel iSeM (Klusch und Kapahnke 2010), angedacht. Des Weiteren muss zur Sicherstellung der Erreichung des Zieles der Orchestrierung (korrekte Fertigung des Produktes) ein Kompositionsplaner wie OWLS-Xplan (Klusch et al. 2005) eingebunden werden.

## 11.6 Fazit

In diesem Kapitel wurden die Grundlagen der Nutzung Semantischer Technologien zur Beschreibung von Webservices sowie die Anwendung semantischer Webservices zum dynamischen Auffinden und automatischen Orchestrieren zur Steuerung von Produktionsprozessen vorgestellt.

Obwohl sowohl die entwickelten Konzepte als auch die implementierten Systemprototypen vielversprechende Ansätze darstellen, gilt es noch diverse technische und wissenschaftliche Herausforderungen zu meistern. So hat sich während des praktischen

Einsatzes der semantischen Webservice-Technologien SAWSDL und OWL-S gezeigt, dass beide noch keine ausgereiften Technologien darstellen und nicht über die notwendige Tool-Unterstützung verfügen, um diese effizient einsetzbar zu machen.

Des Weiteren ist die Erstellung der benötigten Domänenontologien (z.B. zur Beschreibung der Komponenten einer Produktionsanlage) eine schwierige und zeitintensive Aufgabe. Dabei stellen insbesondere die Aktivitäten der Wissensakquisition (Aus welchen Quellen bekomme ich das benötigte Wissen und wie kann ich es daraus extrahieren?) sowie der Wissensaktualisierung (Wie halte ich mein Modell aktuell und konsistent mit der Realität?) zentrale Herausforderungen dar. In der Domäne der industriellen Produktion sind diese Herausforderungen insbesondere aufgrund der Vielzahl an domänenspezifischen Wissensquellen, deren hoher semantischer Komplexität sowie deren variierender Syntax (z.B. technische Begriffe, Abkürzungen) schwierig zu meistern.

Aufgrund der noch existierenden Herausforderungen stellt die vollautomatische Orchestrierung auf Basis Semantischer Technologien weiterhin ein offenes Forschungsgebiet dar. Gerade im Umfeld der Produktion, wo spezielle Anforderungen hinsichtlich Effizienz und Zuverlässigkeit eines solchen Orchestrierungsprozesses bestehen, wird es noch einige Jahre dauern, bis semantische Webservices und Semantische Technologien im Allgemeinen, die notwendige Akzeptanz für eine weitflächige Verbreitung erlangt haben. Dazu werden stets innovative Lösungsansätze und anschauliche Systemprototypen benötigt. In der *SmartFactory*$^{KL}$ werden eben diese im Rahmen einer industrienahen Produktionsanlage umgesetzt, evaluiert und demonstriert.

## 11.7 Weiterführende Literatur

Dieses Kapitel hat die Anwendung Semantischer Technologien zur Beschreibung von Webservices anhand deren Nutzung zur Steuerung von Produktionsprozessen dargestellt. Diese Thematik wird von (Loskyll et al. 2011) umfassend auf technischer Ebene diskutiert. Für eine tiefergehende Erklärung semantischer Webservice-Technologien empfehlen sich die Übersichtsarbeiten von (Klusch 2008) sowie von (Pedrinaci et al. 2010). Außerdem sollten für die weitere Vertiefung der gewonnenen Erkenntnisse bezüglich semantischer Webservice-Technologien (insbesondere SAWSDL und OWL-S) die Webseiten des W3C konsultiert werden, auf denen sich zusätzliche Spezifikationen, Beispiele und Tutorials finden lassen.

*Matthias Loskyll, Jochen Schlick, Stefan Hodek, Lisa Ollinger, Christian Maxeiner*

# 12 Wissensarbeit am Desktop

## Übersicht
12.1 Herausforderungen der Wissensarbeit auf dem Desktop .................. 312
12.2 Semantische Modellierung des Wissensraums ........................ 313
12.3 Der Semantic Desktop ............................................. 326
12.4 Wikis und Semantische Wikis ...................................... 339
12.5 Aufgabenmanagement für Wissensarbeiter ........................... 350
12.6 Fazit ............................................................ 363
12.7 Weiterführende Literatur ......................................... 363

Dieses Kapitel betrachtet den Einsatz semantischer Technologien aus der Sicht der Wissensarbeiter. Ihre Aufgabe ist es, in der täglichen Flut von Informationen verwertbares Wissen für laufende Projekte (feingranularer: Kontexte) zu entdecken. Dabei werden Methoden vorgestellt, die es erlauben, sowohl die physikalische Arbeit (z. B. mit Stift und Papier) als auch die digitale Arbeit am Computer in einheitlicher Weise zu unterstützen und teilweise sogar die Produkte beider Arbeitswelten miteinander zu verschmelzen. Um die Qualität und Effizienz der Wissensarbeit als solche deutlich zu steigern, stellt das Kapitel Methoden zur semantischen, kontextsensitiven Archivierung und (Wieder-)Verwendung von Informationen vor.

Wir zeigen, wie Herausforderungen der Wissensarbeit durch semantische Technologien unterstützt werden können. Der erste Abschnitt wird sich daher mit diesen Herausforderungen beschäftigen. Auf Basis dieser Herausforderungen wird im folgenden Abschnitt eine semantische Modellierung des Wissensraums vorgestellt. Anschließend werden wichtige Applikationen gezeigt, welche auf dieser semantischen Modellierung aufsetzen. Im Gegensatz zu herkömmlichen, nicht-semantischen Assistenzsystemen liegen den hier vorgestellten Applikationen die wichtigsten Ressourcen und Konzepte des Wissensarbeiters in semantischer und technischer Repräsentation vor. Dadurch haben diese Applikationen deutlich mehr Potenzial, den Mitarbeiter individuell passend zu seinen tatsächlichen Aufgaben unterstützen zu können. Das Büro der Zukunft wird semantisch sein!

## 12.1 Herausforderungen der Wissensarbeit auf dem Desktop

In der Vergangenheit wurde das Thema Wissensmanagement oft mit organisationalen Zielen verbunden, wie etwa dem Management, der Kontrolle und der Optimierung von Abläufen (Geschäftsprozessen) sowie dem Konservieren und Aufbereiten von korrespondierender Dokumentation. Durch Protokollieren und Dokumentieren von Geschäftsabläufen konnte die Qualität eines Unternehmens sichtbar und offiziell verbessert werden (ISO-Zertifikat für Qualitätssicherung).

Dieses organisationale, meist geschäftsprozessorientierte Wissensmanagement diente hauptsächlich dem Unternehmen und verlangte zwingende, zusätzliche Wissensmanagementtätigkeiten von den einzelnen Mitarbeitern ab. Oft traten die individuellen „Interessen" der Mitarbeiter dabei eher in den Hintergrund.

Mit dem Übergang zur Wissensgesellschaft stellte sich eine hohe Verfügbarkeit von Informationen aber auch ein großer Bedarf an *relevanten* Informationen (*Wissen*) ein. Um relevantes Wissen aus einer solch massiven Menge von verfügbaren Informationen zu entdecken, benötigt man sehr raffinierte Such- und Filterverfahren. Mehr und mehr Mitarbeiter wurden zu sogenannten *Wissensarbeitern*, deren Know-how es gerade ist, für eine Aufgabe bestmögliche Informationen zu finden, zu bearbeiten oder zu erzeugen. Seitdem Unternehmen mehr und mehr vom Erfolg solcher Wissensarbeiter abhängig sind und die Performanz ihrer Problemlösungsstrategien und Abarbeitung von Aufgaben und Abläufen direkt in Gewinn oder Verlust für das Unternehmen umschlägt, gewinnt die Unterstützung *individueller* Mitarbeiter zunehmend an Bedeutung. Im gleichen Zuge haben sich Forschungsrichtungen wie *Persönliches Wissensmanagement* entwickelt und sind heute weit verbreitet.

Die bewusste Unterstützung des einzelnen Mitarbeiters führt zu einer Verschiebung der Ziele für das Wissensmanagement. Um die Performanz der Mitarbeiter nicht zu gefährden, ist es zwingend erforderlich, dass die nötigen Wissensmanagementaktivitäten möglichst gering oder zumindest nicht störend ausfallen. Wird das technisch implementierte Wissensmanagement von den Mitarbeitern abgelehnt – z. B. weil es als zusätzlicher Aufwand empfunden wird, die ihnen persönlich keinen direkten Gewinn bringt –, dann wird es bestmöglich umgangen und/oder reduziert die Performanz der tatsächlichen Abläufe. Wenn man den einzelnen, individuellen Mitarbeiter und seine Arbeitsweise ernst nimmt, dann muss eine technische (Wissensmanagement-)Unterstützung tolerant sein gegenüber den individuellen Ansichten, Abläufen und Benamungen – jeder Kollege löst Aufgaben leicht unterschiedlich und benennt Dinge oft anders. Das heißt, der individuelle Benutzer nutzt ein (leicht) unterschiedliches Vokabular, um Ressourcen und Konzepte seines Wissensraums zu benennen.

Man kann nicht immer organisationale Prozesse und Strukturen von oben diktieren. Zeitweise entstehen neue organisational relevante Strukturen, Informationen und Beziehungen ja gerade durch die Arbeit der beschäftigten Wissensarbeiter. Man benötigt also eine technische Möglichkeit, trotz unterschiedlicher Benennung und Strukturierung von

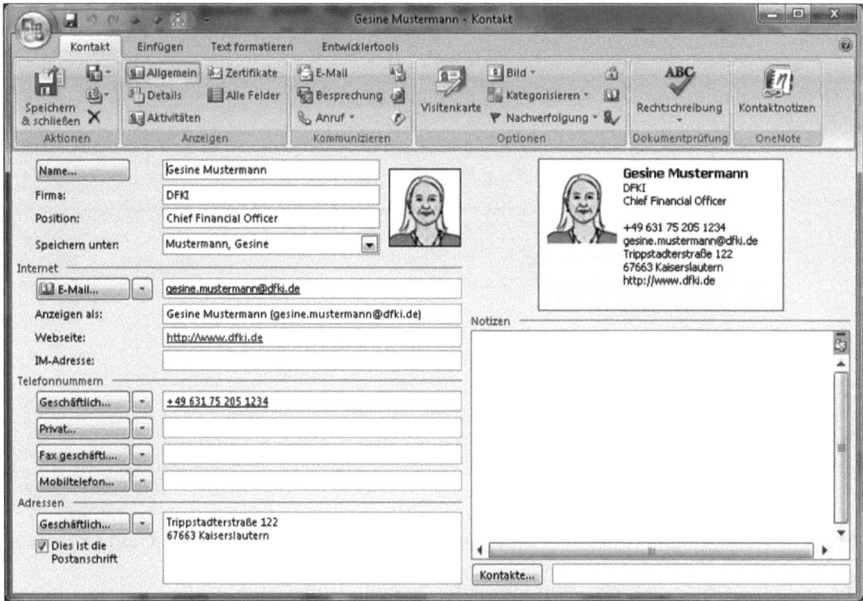

**Abb. 12.1** Gesine als Kontakt in Rudis Outlook.

Informationen, also von Wissen, dieses Wissen der verschiedenen Mitarbeiter (wieder) benutzbar zu machen. Ein technisches Wissensmanagement benötigt daher Mechanismen, die es ermöglichen, Informationselemente maschinenverständlich beschreibbar und somit vergleichbar zu machen.

Deshalb bieten die in diesem Buch beschriebenen semantischen Technologien eine ideale Grundlage für ein effektives Wissensmanagement.

## 12.2 Semantische Modellierung des Wissensraums

Das Wiederfinden von Informationselementen (Dokumenten, Adressen *etc.*) wird einerseits durch eine nicht einheitliche Benennung und Strukturierung dieser Entitäten erschwert. Andererseits kann die Büroarbeit selten mit einem einheitlichen, monolithischen Softwaresystem erledigt werden. Man benötigt verschiedene Office-Applikationen für die Arbeit. Selbst im Falle der Microsoft Office Suite, die von einem einzelnen Unternehmen entwickelt und vertrieben wird, existiert keine einheitliche, konsistente Datenbasis zum Speichern und Strukturieren wichtiger Informationselemente. So werden beispielsweise E-Mails und Kontakte im E-Mail-Client, Bookmarks im Webbrowser und Dateien im File-Explorer verwaltet. Rudi hat so beispielsweise Gesine als Kontakt in MS Outlook eingetragen (siehe Abbildung 12.1), hat Lesezeichen zum DFKI und zu Kaiserslautern angelegt und besitzt einen Ordner, wo er Dateien zum DFKI abgelegt hat, wie etwa verschiedene Versionen von Vertragsunterlagen und Gesprächsnotizen.

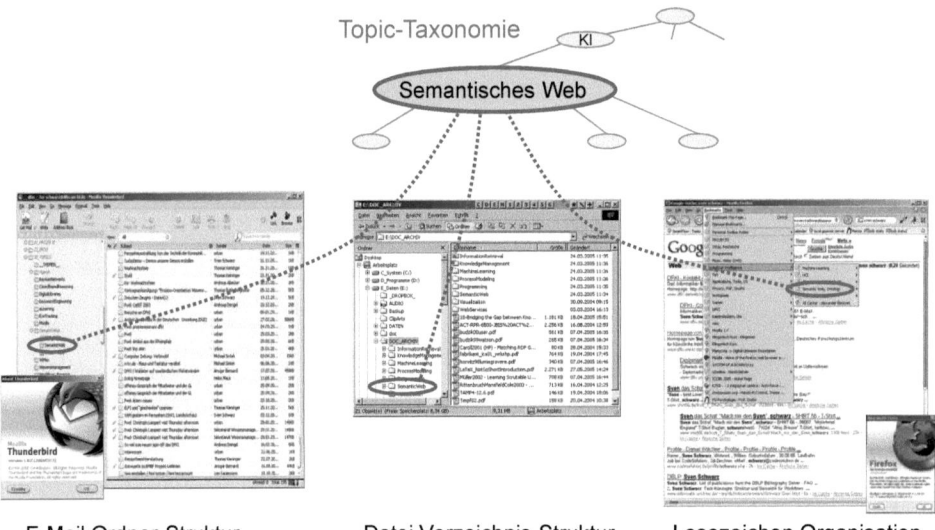

**Abb. 12.2** Semantische Aggregation von heterogenen Ordnerstrukturen.

Jede dieser Applikationen erlaubt ein Strukturierungsparadigma auf Ordner- und Unterordnerbasis, benutzt jedoch wiederum ihre eigene, proprietäre Lösung zur Datenspeicherung.

Als Folge steht Rudi vor zwei Problemen:

- Die Ordner in den jeweiligen Applikationen sind nicht identisch. Rudi muss manuell in allen Applikationen gleichnamige Ordner anlegen oder damit leben, dass die Ordnerstrukturen unvollständig, unterschiedlich benannt oder im schlimmsten Fall sogar applikationsübergreifend inkonsistent sind.
- Außer dem gleichen Namen eines Ordners gibt es keinerlei Beziehung zwischen den Strukturen, die in unterschiedlichen Applikationen verwaltet werden. Technisch ist weder eine applikationsübergreifende Strukturierung noch ein Austausch von Daten zwischen Applikationen möglich.

Eine Lösung dieser Probleme stellt die applikationsunabhängige, semantische Modellierung des persönlichen Wissensraums dar (siehe Abbildung 12.2). Die folgenden Abschnitte präsentieren ein einheitliches, semantisches Informationsmodell (12.2.1 und zeigen, wie man heterogene Informationsquellen aggregieren und darin einspeisen kann (Abschnitt 12.2.3).

Eine Gefahr dieses Ansatzes ist, dass man – bewusst – die einzelnen Anwendungen verlässt und damit aber eine weitere Insellösung schafft, also eine weitere proprietäre Applikation. In den nachfolgenden Abschnitten wird jedoch dargestellt, wie sich das hier vorgestellte *Semantic Desktop*-Paradigma in den Arbeitsalltag des Benutzers integriert und die von ihm gewohnten Office-Applikationen so mit semantischen Technologien anreichert, dass keine weitere Insellösung entsteht, sondern vielmehr eine Interaktion zwischen den verschiedenen Applikationen und ein kooperativer Verbund von einzelnen Office-Dienstleistungen (Dengel und Adrian 2010).

Um den Benutzer zu entlasten und zu unterstützen, ohne ihn zusätzlicher Mehrarbeit auszusetzen, bedarf es intelligenter Automatismen. In Abschnitt 12.5.6 wird ein technischer Ansatz vorgestellt, der es erlaubt, die Arbeitsschritte des Benutzers (am Computer) zu beobachten und und in Echtzeit zu analysieren, um automatisch semantische, kontextuelle Schlüsse zu ziehen. So können Beziehungen zwischen Dingen (z. B. zwischen Personen und Dokumenten) automatisch erfasst werden, ohne dass der Nutzer hierfür etwas tun muss.

### 12.2.1 Persönliches Informationsmodell (PIMO)

Wir haben nun gesehen, welchen Herausforderungen wir uns selbst auf dem Desktop eines Wissensarbeiters gegenüber stellen müssen. Der Lösungsansatz des semantischen Desktops benötigt zunächst als Grundlage ein Modell zur Wissensrepräsentation der angestrebten übergreifenden Wissensbasis. Die Daten des Benutzers werden dann in einem „Persönlichen Informationsmodell" verwaltet.

Ein *Persönliches Informationsmodell (PIMO)* ist eine formale Repräsentation der Daten in der Wissensbasis und wie diese Daten im mentalen Modell des Benutzers gesehen werden (Sauermann et al. 2007). Während die Daten schon digital vorhanden sind und mit bereits beschriebenen Ontologien erfasst werden können, ist die Sicht des Benutzers („Zu welchem Projekt gehört diese Datei?") bisher nicht erfasst. Diese Sicht wird nun durch das PIMO des Nutzers abgebildet.

Es ist zwar nicht möglich, mentale Konzepte naturgetreu abzubilden, weil wir die Prozesse und Strukturen, die im menschlichen Bewusstsein stattfinden, noch zu wenig verstehen. Trotzdem kann man sich diesem auf Grundlage philosophischer und empirischer Beobachtungen nähern. Dies geschieht mit Hilfe des PIMOs. Ein Konzept aus dem mentalen Modell des Benutzers wird dabei als Instanz der Klasse Ding (*Thing*) repräsentiert oder einer spezifischeren Sub-Klasse davon (vgl. Abschnitt 2.10.3 auf Seite 70). Bestehende Ressourcen auf dem Arbeitsplatz (das schließt verwendete Informationen von Desktop, Intranet und Web ein) werden als Auftreten (*Occurrence*) der Dinge verstanden. Durch Relationen und Metadaten können Dinge vernetzt und klassifiziert werden.

Bei der Erstellung des PIMOs beschränkt man sich auf die Dinge und Ressourcen, die die Aufmerksamkeit des Benutzers haben, also E-Mails, Termine, Orte, Personen, Projekte usw., nicht jedoch Ressourcen, die nie vom Benutzer erkannt werden (Konfigurationsdateien, Systemressourcen).

Beispiel: Wenn Rudi in seinem Dateisystem einen Ordner *MeetingNov2012* erstellt, um dort sein Wissen zu diesem Thema abzuspeichern, benötigt er den gleichen Ordner im E-Mail Programm, im Web-Browser, im Chat-Programm, in der Buchhaltung usw. Das gedankliche Konzept „Ich erarbeite ein neues Flottenmanagement für das DFKI" ist ein Teil von Rudis mentalem Modell. Zur Vorbereitung des Meetings in Kaiserslautern hat Rudi in seinem PIMO dies als Instanz der Klasse *Meeting* mit dem Titel *Meeting in Kaiserslautern; November 2012* angelegt. Die Instanz wird mit einem neuen URI identifiziert. *Kaiserslautern* kann nun als Instanz der Klasse *Stadt*, *DFKI* als Instanz der Klasse *Research Institute* angelegt werden und *Gesine Mustermann* als Person, die er dort treffen wird. Schließlich gehört das Meeting zu seinem *Projekt* mit dem Namen *DFKI Flottenmanagement*. Die Relation *part of* verbindet das Meeting mit dem Projekt. Den Ordner fügt Rudi als Ressource zum Meeting hinzu. Die Abbildung 12.5 auf Seite 330, zeigt das Beispiel des Meetings in der „Semantic Desktop"-Applikation von Rudi. Weitere Details zu den Applikationen des Semantic Desktop-Paradigmas sind im dortigen Abschnitt zu finden.

Die Programme verstehen nun die Gedankenwelt von Rudi, weil sie auf seine Ontologie zurückgreifen. Wenn Rudi Informationen eingibt, kann das Programm in dem PIMO nachsehen, ob die neue Information zu bestehenden Projekten oder Themen passt, unabhängig vom Ursprung der alten Information. So kann auf Erfahrungen von früheren Projekten mit anderen Firmen, die zugehörigen Dokumente, Meetings, Notizen sowie Ergebnisse zurückgegriffen werden. Sie sind nun explizit als semantische Links verfügbar. E-Mails, Termine und Dokumente, die sich mit dem Projekt beschäftigen, können mit dem Projekt über RDF Statements „verbunden" werden. Dabei wird das Projekt als Instanz im PIMO repräsentiert. Mit Dateisystem-Metadaten war es bisher auch möglich, Schlagworte („Tags") zu Dateien hinzuzufügen, die aber nicht weiter spezifiziert werden können. Durch die Verbindung mit dem PIMO ist es möglich, dem Projekt auf einfache Art weitere Annotationen hinzuzufügen (Sauermann et al. 2006).

**Repräsentation des PIMOs in RDF**

Zur Repräsentation eines PIMOs in RDF gibt es ein standardisiertes Vokabular. Dabei wurde als repräsentative Sprache die NEPOMUK Representational Language (NRL) verwendet, eine Erweiterung von RDFS. Einfache Annotationen (im Web 2.0 meist *Tags* genannt) werden mit einer einfachen Annotationsontologie (NAO) ermöglicht. Eine ausführliche Beschreibung zu PIMO mit exakten Beispielen und weiterführenden Links findet man im Web auf den Seiten zu den standardisierten Semantic Desktop Ontologien: `http://www.semanticdesktop.org/ontologies/`

Folgend beschreiben wir kurz die wichtigsten Elemente des PIMO-Vokabulars. Es besteht aus den grundlegenden Klassen *Thing* und generellen Relationen zwischen diesen Dingen. Diese Ebene wird PIMO-Upper genannt. Die PIMO-Mid enthält weitere wichtige Klassen und Relationen, um Domänen-Ontologien einer Gruppe oder Domäne abzubilden. Schließlich folgen die individuellen Klassen und Relationen, um die eigentlichen persönlichen Erweiterungen des Benutzers abzubilden.

## PIMO-Upper: Allgemeine Klassen

Dieser Teil des Vokabulars definiert Klassen, die generell für persönliches Informationsmanagement interessant sind, weil sie jeden Menschen betreffen: *Personen, Orte, Ereignisse, Organisationen, Themen, Dokumente, Rollen* und *Zeit*. Damit können Antworten zu den zentralen Fragen *Wer? Wo? Wann? Was?* modelliert werden. Zwischen diesen Dingen sind generelle Relationen möglich:

- *related*: ein Ding ist mit einem anderen verbunden
- *hasPart, isPartOf*: ein Ding ist Teil eines anderen
- *hasTopic, isTopicOf*: ein Ding beschreibt oder referenziert ein anderes

Eine genaue Auflistung dieser Relationen sind auf der oben genannten Webseite und in der formalen RDFS+NRL-Ontologie zu finden.

Instanzen dieser Klasse, also konkrete „Dinge" werden vom Benutzer ad hoc erzeugt, wenn sie das erste Mal auftreten. Alternativ können Dinge auch durch Software automatisch erfasst und erzeugt werden.

## PIMO-Mid: Ontologien, die in einer Domäne oder Gruppe geteilt werden

Die Stärke des Social Semantic Web besteht darin, dass Menschen Ontologien gemeinsam verwenden können. Die Strukturen innerhalb einer Organisation sowie ihre Projekte und Themen sind wichtig für Menschen, die innerhalb der Organisation tätig sind. Formale Modelle von Domänen (etwa die Domäne der Humanmedizin oder die Domäne elektronischer Musikrichtungen) sind wichtig, da sie es ermöglichen, dass sich Mitglieder einer entsprechenden Gruppe untereinander verstehen. Dies kann nur durch das gemeinsame Verwenden eines einheitlichen Vokabulars geschehen.

Diese Ontologien werden, wie im Semantic Web üblich, repräsentiert und verwaltet. Um sie am Semantic Desktop und mit einem PIMO zu verbinden, ist es notwendig, die verwendeten Klassen und Relationen mit der PIMO-Upper-Ontologie zu verknüpfen. Dies geschieht entweder per Hand oder automatisch, anhand von Sub-Klassen und Sub-Property-Relationen. Um Instanzen zu verbinden, wird innerhalb eines PIMOs die „*has Other Representation*"-Relation verwendet. Diese erlaubt es, eine persönliche Repräsentation eines Dings mit der Repräsentation desselben Dings in einer anderen (geteilten) Ontologie zu verbinden.

Im Beispiel kann das Unternehmen eine Unternehmensontologie zur Verfügung stellen. Rudi und seine Kollegen verbinden dann ihre persönliche Sicht auf das *Flottenmanagement DFKI* mit der Firmenrepräsentation des Projekts.

## Persönliche Klassen, Relationen und Erweiterungen

Heutige Betriebssysteme erlauben eine Strukturierung und Relativierung von Informationselementen (z. B. Dateien) nur bedingt. So kann der Benutzer Ordner anlegen und diese benennen, z. B. „Arbeit", oder „Projekte", oder „DFKI". Was genau damit gemeint ist, weiß jedoch nur der Benutzer. Das PIMO verfolgt hingegen das Ziel, informelle Orderstrukturen durch semantische Netze von Konzepten zu ergänzen und diese mittels einer Ontologie in RDF darzustellen. Über das PIMO können so Informationselemente strukturiert werden, und die semantischen Beziehungen sind maschinenlesbar.

Der Endbenutzer bekommt am Semantic Desktop die grundlegenden Klassen der PIMO-Upper und die geteilten Ontologien der PIMO-Mid bereits vorinstalliert. Bei Bedarf kann der Benutzer jederzeit neue Klassen und Relationen einführen. Etwa „Digitalkamera" und „Canon EOS 7D", wenn Rudi Informationen über die Kamera festhalten will, mit der er die Bilder in Kaiserslautern geschossen hat, und das Attribut *hatPreis*, um sich diesen zu merken.

Wichtig ist aber auch, dass der Semantic Desktop den Benutzer beim Pflegen des PIMOs unterstützt, z. B. indem automatisch jede Ressource am Arbeitsplatz (Dateien, E-Mails, Webseiten *etc.*) als Konzepte im PIMO repräsentiert werden. Um eine Datei aus dem Dateisystem mit der Person *Gesine Mustermann* zu annotieren, wird zuerst die Datei als Ding repräsentiert und dann mit der Person *Gesine Mustermann* (mittels eines RDF-Statements) verbunden. Solche Relationen wirken sich auch invers aus. Implizit ist hiernach also auch Gesine Mustermann mit der Datei verknüpft. Rudi kann durch sein PIMO also auch relevante Ressourcen von oder zu dieser Person finden.

Entscheidend ist nun, das Persönliche Informationsmodell ausnahmslos in alle Anwendungen der täglichen Arbeit zu integrieren bzw. das nutzereigene PIMO dort für ihn zugreifbar zu machen. Eine Software-Anwendung ist für den Benutzer wie ein Fenster, durch das der Blick auf die Welt gegeben wird und das ihm erlaubt, wichtige Informationen zu sichten oder zu editieren. Jedes dieser Fenster zeigt einen bestimmten Ausschnitt, doch sind die betrachteten Informationen ohne ein PIMO nur einzelne Inseln. Erst durch eine Verknüpfung über das PIMO werden die verfügbaren Informationen zusammen als Wissen nutzbar gemacht. Zielführend ist daher eine kontextsensitive Sicht auf den entsprechenden Ausschnitt des PIMOs *innerhalb der Applikation*.

**Beispiel**

Im Folgenden betrachten wir unser voriges Beispiel von Rudis Meeting etwas näher (vgl. auch Abbildung 12.5 auf Seite 330). Rudi bereitet ein Meeting in Kaiserslautern am DFKI vor, in dem er mit Gesine Mustermann das neue Flottenmanagement besprechen will. Dazu legt er sich in seinem Kalender einen Termin an, nennt diesen einfach „Meeting am DFKI". Das geschieht in der bestehenden Anwendung (etwa MS Outlook). Am Semantic Desktop wird nun dieser Termin automatisch als Konzept erfasst. Rudi kann ihn mit dem Projekt „DFKI Flottenmanagement" (das dort besprochen werden soll) und den Folien auf der Festplatte verknüpfen. Diese Links werden aus der Kalenderanwendung heraus erzeugt und sind *clickbar*, d. h. man kann Detailsichten zu den verknüpften Dingen öffnen. Weiterhin sind die Links bidirektional, ein Blick auf das Projekt „DFKI Flottenmanagement" in der Projektmanagementanwendung zeigt Rudi alle nötigen Informationen. Diese Funktionalität erfordert nicht völlig neue

## 12.2 Semantische Modellierung des Wissensraums

Anwendungen, sondern wird mittels Plugins realisiert. Anwendungen können Relationen zwischen und Metadaten von Ressourcen aus der RDF-Datenbank auslesen und anzeigen. In dem PIMO sehen die Daten zum Konzept „DFKI Flottenmanagement" etwa so aus (Im Folgenden werden outlook-URLs aus Platzgründen mit „..." verkürzt):

```
# DFKI Flottenmanagement ist ein Project
http://www.dfki.de a pimo:Project;
  rdfs:label "DFKI Flottenmanagement";
  pimo:hasPart semdesk://rudi.baispilov@carfs.de/things/MeetingamDFKI.
  # Das Meeting ist mit dem Verzeichnis verbunden
  pimo:hasFolder
  <file:/C:/Users/Rudi%20Baispilov/Documents/DFKI/Flottenmanagement/
  MeetingNov2012/>.


# Der Kalendereintrag ist ein Meeting
semdesk://rudi.baispilov@carfs.de/things/MeetingamDFKI a pimo:Meeting
  rdfs:label "Meeting am DFKI" ;
  # Der Eintrag ist mit dem Termin in Outlook verbunden
  # (und kann darüber geöffnet werden)
  pimo:groundingOccurrence
      <outlook://appointment/00000000B86084C9864B47...2400t>.
```

Diese Daten sind in N3 geschrieben, einer einfachen, textuellen Repräsentation von RDF. Alternativ könnte man dies in RDF/XML speichern oder in einer Datenbank. Auf dieser Datenbank kann man nun textuell im Volltext oder semantisch über Relationen suchen. Dies ist ähnlich zu Microsofts WinFS, mit dem auch das Dateisystem um strukturierte Daten erweitert wird. Mit der Abfragesprache SPARQL (vgl. Abschnitt 6.1.2) können komplexe Anfragen gestellt werden, etwa „Welche Personen haben an Meetings von Forschungsinstituten teilgenommen?".

### 12.2.2 Die NIE-Ontologien zur Datenrepräsentation

Die **NEPOMUK Information Element (NIE)**-Ontologien wurden geschaffen, um für Büroarbeit relevante Daten von Benutzern darzustellen. Für Rudi bedeuten sie, dass wir seine E-Mails, Dateien, Bookmarks und andere Ressourcen in RDF repräsentieren können. Abbildung 12.3 gibt einen Überblick über die Klassen und Relationen, die in der NIE-Ontologie definiert sind.

Es fällt sofort auf, dass die Ontologie zweigeteilt ist: Die „Data Objects" auf der linken Seite stellen Container für Ressourcen mit proprietären, binären Datenformaten

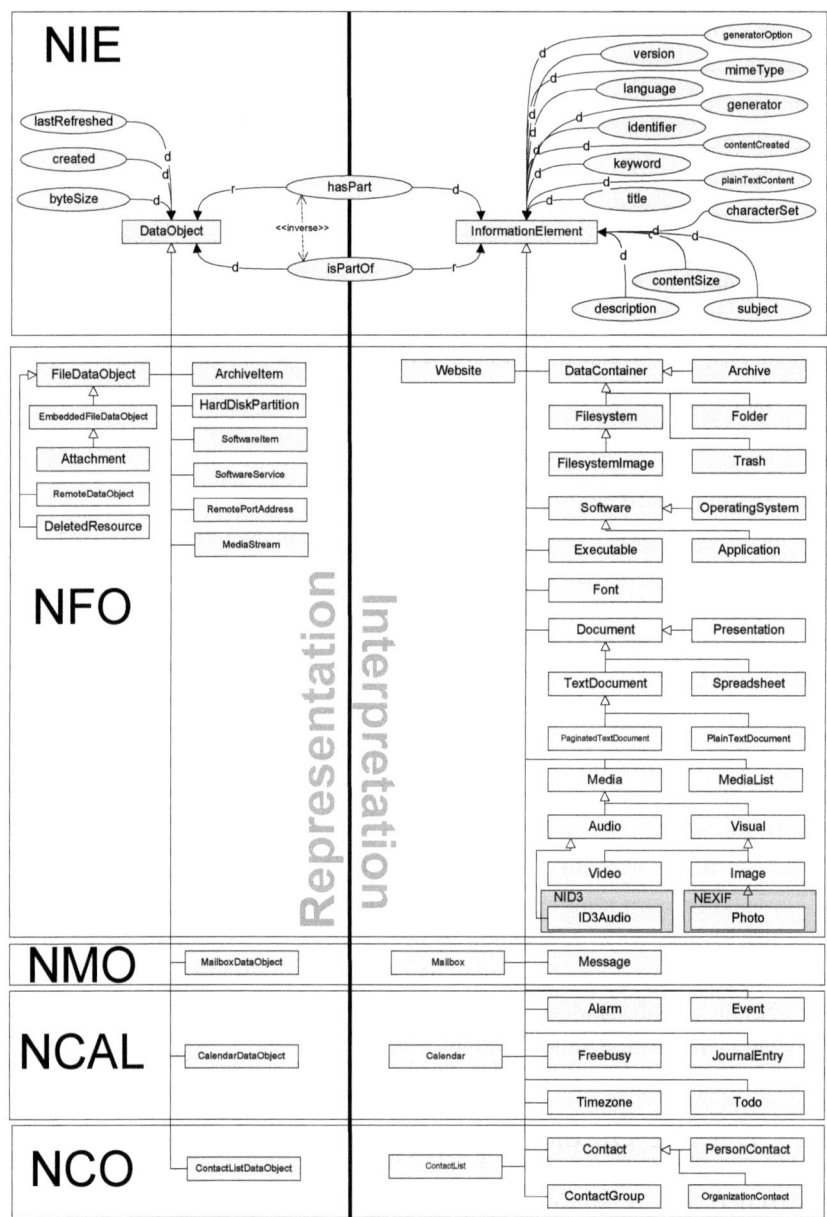

**Abb. 12.3** NIE-Ontologien.

## 12.2 Semantische Modellierung des Wissensraums

dar. Hiermit werden Dateien, E-Mails, Webseiten *etc.* abgebildet, die auf File-/E-Mail-/Webservern gespeichert sind. Die „Information Elements" auf der rechten Seite bilden die eigentlichen Informationen ab, die in den Ressourcen kodiert sind. Dies versinnbildlicht eine Trennung von *Speicherung* von Bits und *Interpretation* von Bits, wie sie auch in heutigen Informationssystemen vorkommt.

### Repräsentation eines Adressbucheintrages in RDF

Als praktisches Beispiel stellen wir hier kurz die Umwandlung eines Adressbucheintrages in RDF vor. Wir möchten auf den in Abbildung 12.1 dargestellten Adressbucheintrag von Gesine zurück kommen. Dieser Eintrag kann in den NIE-Ontologien mittels der Klassen und Eigenschaften der **NEPOMUK Contact Ontology NCO** repräsentiert werden. Gesine ist eine Person und wird demnach als Instanz der Klasse `nco:PersonContact` repräsentiert.

Semantic Web-Standards entsprechend wird für jedes RDF-Objekt eine URI benötigt, so auch für die Instanz, welche Gesine repräsentiert. Zur besseren Identifikation der Quelle nehmen wir „outlook://" als Präfix und setzen dann den Outlook-internen Identifier des Adressbucheintrags ein. Zusammen mit der Repräsentation der Namespaces ergibt sich folgendes RDF-Statement:

```
@prefix nco: <http://www.semanticdesktop.org/ontologies/2007/03/22/nco#> .
@prefix nie: <http://www.semanticdesktop.org/ontologies/2007/01/19/nie#> .
<outlook://contact/00000000B86084...2400>
    a nco:PersonContact.
```

Die Eigenschaften der Person können wir aus dem Kalendereintrag aus Abbildung 12.1 ablesen und in entsprechende RDF-Attributen übertragen:

```
<outlook://contact/00000000B86084...2400>
 a nco:PersonContact;

 nie:title "Gesine Mustermann";
 nco:fullname "Gesine Mustermann";
 nco:nameFamily "Mustermann";
 nco:nameGiven "Gesine";

 nco:hasEmailAddress
   <urn:uuid:97c49389-a7f1-4cdd-af0e-acfa2eb2ccaf>;

 nco:hasPostalAddress
```

```
<outlook://contact/00000000B86084C986...2400_BusinessAddress>
<outlook://contact/00000000B86084C986...2400_MailingAddress>.
```

Wir sehen drei interessante Details:

1) Manche Werte treten doppelt auf. Der volle Name „Gesine Mustermann" existiert sowohl als `nco:fullname` als auch als `nie:title`. Derartige Redundanz ist in RDF typisch. Sie kann entweder bei der Transformation nach RDF oder durch eine später dazugeschaltete Inferenz entstehen.
2) Komplexere Objekte, die aus mehreren Werten bestehen oder weitere Metadaten haben, werden als eigenständige RDF-Objekte dargestellt, z. B. die Postanschrift und E-Mail-Adresse. Sie werden weiter unten im Text zusätzlich repräsentiert.
3) Die Umwandlung ist ein einfacher Prozess. Sie erfordert kein tiefes Fachwissen über RDF oder Ontologien. Sofern eine Dokumentation für neue, proprietären Datenformate vorliegt, kann man einfach und schnell eine Software schreiben, welche entsprechende Daten in RDF kodiert.

Der letzte Punkt wurde in (Sauermann und Schwarz 2005) experimentell belegt. Im obigen Beispiel fehlt noch die E-Mail-Adresse und die Postanschrift. Diese beiden Fakten werden als eigenständige RDF-Objekte dargestellt, da sie weitere Metadaten und Eigenschaften haben:

```
<outlook://contact/00000000B86084...2400> {
  <outlook://contact/00000000B86084...2400>
    a nco:Contact, nie:DataObject ;
      nao:identifier "outlookitemid:00000000B86084...2400" ;
      nco:nameFamily "Mustermann" ;
      nco:nameGiven "Gesine" ;
      nco:fullname "Gesine Mustermann" ;
      nco:hasPhoneNumber
         <urn:uuid:4c9e508e-da43-4c27-8bec-8e3cc6ad6665> ;
      nco:websiteUrl "http://www.dfki.de" ;
      nco:hasEmailAddress
         <urn:uuid:97c49389-a7f1-4cdd-af0e-acfa2eb2ccaf> ;
      nco:hasPostalAddress
<outlook://contact/00000000B86084...2400_BusinessAddress>,
<outlook://contact/00000000B86084...2400_MailingAddress> ;
      nco:hasAffiliation
         <outlook://contact/00000000B86084...2400_Affiliation> ;
      nie:dataSource <outlook://contact/00000000B86084...2400> ;
      nie:title "Gesine Mustermann" ;
```

## 12.2 Semantische Modellierung des Wissensraums

```
        nie:rootElementOf <outlook://contact/00000000B86084...2400> .

<urn:uuid:97c49389-a7f1-4cdd-af0e-acfa2eb2ccaf> a nco:EmailAddress ;
    nco:emailAddress "gesine.mustermann@dfki.de" .

<urn:uuid:4c9e508e-da43-4c27-8bec-8e3cc6ad6665> a nco:PhoneNumber ;
    nco:phoneNumber "+49 631 75 205 1234" ;
    nco:contactMediumComment "work" .

<outlook://contact/00000000B86084...2400_BusinessAddress>
    a nco:PostalAddress ;
    nco:country "Deutschland" ;
    nco:streetAddress "Trippstadterstraße 122" ;
    nco:postalcode "67663" ;
    nco:contactMediumComment "work" ;
    nco:locality "Kaiserslautern" .

<outlook://contact/00000000B86084...2400_MailingAddress>
    a nco:PostalAddress ;
    nco:country "Deutschland" ;
    nco:streetAddress "Trippstadterstraße 122" ;
    nco:postalcode "67663" ;
    nco:contactMediumComment "mailing" ;
    nco:locality "Kaiserslautern" .

<outlook://contact/00000000B86084...2400_Affiliation>
    a nco:Affiliation ;
    nco:org <outlook://contact/00000000B86084...2400_Organization> ;
    nco:title "Chief Financial Officer" .

<outlook://contact/00000000B86084...2400_Organization>
    a nco:OrganizationContact ;
    nco:fullname "DFKI" .
```

Die Kodierung dieser Daten in RDF könnte auch manuell vorgenommen werden, indem jedes Attribut gelesen und per Copy&Paste übertragen wird. Allerdings wäre dies sowohl mühsam als auch wenig erfolgreich. Die **Aperture Software**, die im folgenden Abschnitt beschrieben wird, erledigt diese Konvertierung daher automatisch.

## 12.2.3 Integration proprietärer Informationsquellen

Wie oben bereits angesprochen, benötigt ein Wissensarbeiter verschiedene Office-Anwendungen für die Arbeit. In der heutigen Zeit kommen neben den auf dem PC installierten Programmen vermehrt auch Dienste und Schnittstellen zum Einsatz, die als Webservice im Internet angeboten werden (z. B. Google Mail). Es existiert allerdings keine einheitliche, konsistente Datenbasis zum Speichern und Strukturieren der dort bearbeiteten Informationselemente. Jeder Hersteller und Entwickler verwaltet die Daten in seinem eigenen, proprietären Format.

Im Zuge der Web 2.0-Entwicklung öffnen die Entwickler mehr und mehr ihren Code und legen ihre Schnittstellen und Datenformate offen. Immer häufiger werden diese offenen Schnittstellen sogar vorbildlich dokumentiert und erlauben so ein Abfragen der Daten aus anderen Applikationen heraus. Allerdings sind die Schnittstellen zu jedem proprietären Datencontainer anders.

**Aperture**

Das offene, integrative Framework *Aperture* (http://aperture.sourceforge.net/) setzt hier an und bietet einen *einheitlichen* Zugang zu bekannten (proprietären) Datenformaten. Das Projekt ist frei verfügbar und bietet eine allgemeine Implementierung in Java, die unter einer Open Source-Lizenz verfügbar ist.

Aperture wurde vom DFKI und der Aduna-Software gemeinsam entwickelt, als einfaches, erweiterbares und anpassbares Framework zur Anbindung von Datenquellen. Es unterstützt gängige RDF-APIs (etwa Jena und Sesame), dank der Nutzung des RDF2Go Abstraktionsframeworks. Es kann unabhängig verwendet werden, ist aber auch Bestandteil von kommerzieller Software, wie etwa dem OpenLinkSoftware Virtuoso Server oder dem Aduna Autofocus Server. Die realisierten Komponenten ermöglichen es allein oder in Kombination Daten aus verschiedensten Quellen zu lesen. *Crawler* verbinden sich mit einer Datenquelle und identifizieren alle Objekte mit einer eindeutigen URI.

Es gibt verschiedene Crawler für IMAP-E-Mail-Server, das Dateisystem, MS-Outlook, Web-Crawler (die Links verfolgen), Adaptoren für die Web-Apis von Flickr.com, del.icio.us und weitere Systeme. *DataAccessors* verwenden diese URIs, um die Objekte zu holen und als *DataObject* zu repräsentieren. Dabei werden bereits grundsätzliche Metadaten erfasst, welche die Datenquelle zur Verfügung stellt (Titel, Änderungsdatum...). Es besteht außerdem die Möglichkeit, auf den binären Datenstream des Objektes zuzugreifen. Anhand des MIME-Types kann nun ein *Extractor* ausgewählt werden, der diese Daten lesen und in RDF umwandeln kann. Dabei werden der Volltext und etwaige Metadaten, die im Dateiformat definiert sind, ausgelesen. Zusätzlich bietet Aperture einige angenehme und nützliche Werkzeuge, etwa einen Detektor, der den MIME-type heuristisch erkennen kann, Link-Extraktion für Webcrawler und die Verwaltung sicherer Verbindungen. Extraktoren gibt es für alle gängigen Office-Dokumente (MS-Word,

MS-Powerpoint, MS-Excel, OpenOffice, OpenDocument), gängige Multimedia-Dateien (EXIF) und Volltext-Extraktoren für zahlreiche weitere Formate.

Mittels derartiger Adapter-Software ist es möglich, verschiedene proprietäre Datenquellen einheitlich zu erfassen und nutzbar zu machen. Eine Softwarekomponente kann Aperture beispielsweise verwenden, um E-Mails von einem IMAP-Server oder von einem installierten MS Outlook zu lesen. Andere *strukturierte* Datenbanken wie beispielsweise SQL-Datenbanken, kann man über dynamische Verfahren anbinden, wie dies etwa durch D2RQ angeboten wird (Bizer und Seaborne 2004a).

Aperture setzt zur Repräsentation auf Semantic Web Standards. Die Metadaten werden also bereits in RDF beschrieben. Zusätzlich zu der einheitlichen Schnittstelle stellt Aperture die Metadaten so in einem einheitlichen Format zur Verfügung – unabhängig von der Herkunft der Daten. So werden beispielsweise IMAP-E-Mails und Outlook-E-Mails gleichermaßen repräsentiert, und eine Applikation, die Aperture nutzt, kann E-Mails beiderlei Ursprungs einheitlich verarbeiten.

**Gnowsis**

Gnowsis (http://www.gnowsis.com/) setzt auf Aperture auf und stellt eine Benutzerschnittstelle zur Konfiguration und Aggregation von heterogenen Informationsquellen bereit. Mit Gnowsis kann der Benutzer beispielsweise seine E-Mails, Bookmarks und Dateien auf der Festplatte crawlen. Intern wird hierzu Aperture genutzt. Aperture liefert die Metadaten in einem einheitlichen Format und Gnowsis speichert so alle wichtigen Informationselemente eines Wissensarbeiters zusammen in einer RDF-Datenbank.

Die RDF-Datenbank bietet einen semantischen Index und erlaubt semantische Inferenzen. Semantische Beziehungen zwischen nutzereigenen Informationselementen können teilweise automatisch erfasst und teilweise manuell hinzugefügt werden. Mit der Standardanfragesprache *SPARQL* kann man eine Anfrage an diese RDF-Datenbank stellen und applikationsübergreifend nach Informationselementen oder Beziehungen suchen.

Gnowsis bietet die technische Grundlage, um alle wichtigen Informationselemente eines Nutzers in einem einheitlichen Format zu sammeln, zu speichern und semantisch miteinander in Beziehung zu setzen. Der Abschnitt 12.2.1 stellt den dazu nötigen semantischen Repräsentationsformalismus für das Persönliche Informationsmodell (PIMO) eines Nutzers vor.

In Abschnitt 12.3 wird der Semantic Desktop beschrieben, der auf dieser technischen Grundlage aufbaut und ein Wissensmanagement-Cockpit bereitstellt, das einem Wissensarbeiter einen einheitlichen Zugang zu all seinen Informationselementen bietet. Die hier vorgestellten Frameworks arbeiten folgendermaßen zusammen (siehe dazu Abbildung 12.4):

- **Gnowsis** ist das technische Framework zur Aggregation aller heterogenen Informationsquellen.
- Dazu nutzt Gnowsis intern **Aperture** als Dienst/Bibliothek.

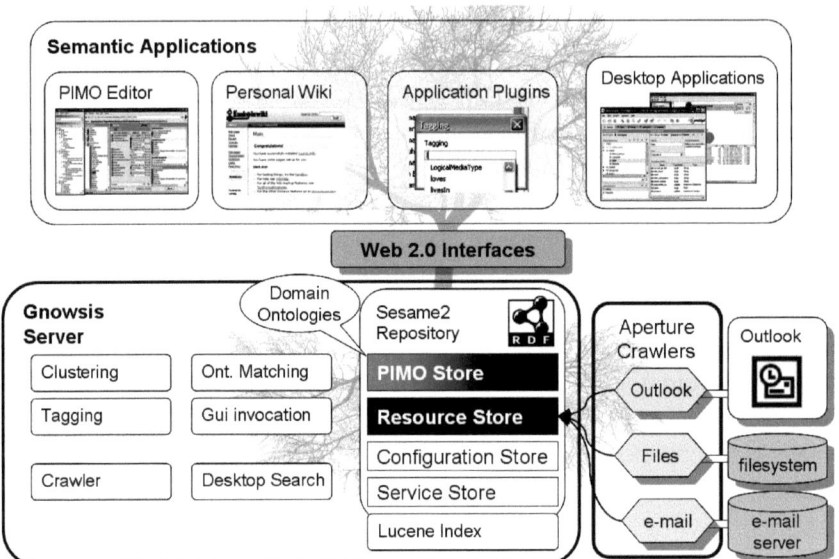

**Abb. 12.4** Technische Komponenten eines Semantic Desktops.

- Die aggregierten Metadaten sowie semantische Konzepte und Relationen werden in dem **PIMO** repräsentiert.
- Der **Semantic Desktop** ist die Benutzerschnittstelle für den Wissensarbeiter zum Umgang mit dem PIMO. Er dient damit als semantisches Cockpit zu seinen eigenen Informationselementen.

## 12.3 Der Semantic Desktop

Rudi steht vor einer Vielzahl von Anwendungen, die er in seiner täglichen Arbeit braucht, um seine Ziele zu erreichen. Jede Anwendung bringt ein eigenes **Informationsmodell** mit, die Daten werden in einem speziellen Format gespeichert und die Suche nach Daten erfolgt in einem eigenen Organisationssystem. Am auffallendsten ist diese Tatsache bei E-Mails und Dateien: Sie werden getrennt voneinander gespeichert und organisiert. Nutzer, wie Rudi, umgehen dieses Problem indem sie in beiden Systemen die gleichen Organisationsstrukturen einführen.

Es ist offensichtlich, das diese Herangehensweise sowohl viel Zeit kostet als auch fehleranfällig ist, und zu guter Letzt auch bei der Suche nach Information eine mühsame Suche in allen Systemen erfordert. Man kann sich heutige Anwendungen wie einzelne im Erdboden vergrabene Schätze vorstellen: Die Daten liegen hier und da verstreut und man muss erst einmal graben, bevor man eine Übersicht bekommt.

Der in diesem Abschnitt vorgestellte Lösungsansatz ist der des Semantic Desktops. Der Begriff "Semantic Desktop" wurde in einer Zeit geprägt (2003), in der Daten von

Benutzern primär am Desktop gespeichert wurden. Die Technologien beschränken sich aber nicht auf den Desktop, sondern funktionieren genauso in der "Cloud" oder in "Personal Data Lockers" (Online-Daten-Integrationsdiensten). Wir behalten hier unsere etablierten Bezeichnungen bei. Der interessierte Leser wird feststellen, dass die Prinzipien seit dem Jahr 1945 (in dem der "Memex" Artikel (Bush 1945) erschien) immer die gleichen geblieben sind. Semantic Desktop-Standards auf Basis von Ontologien erlauben es, Daten über Anwendungsgrenzen hinweg zu repräsentieren und zu organisieren. Dabei ist es sowohl möglich, bestehende Anwendungen zu erweitern, aber auch neue Anwendungen von Anfang an benutzerfreundlicher zu gestalten. Somit können wir Stück für Stück die Anwendungen dem Benutzer näherbringen und die vergrabenen Daten "freilegen". Am Ende werden die Daten gehoben und sichtbar gemacht, zuerst einmal für den Benutzer, aber auch für andere Anwendungen und Softwareagenten. Basis für den Semantic Desktop ist die vorgestellte semantische Modellierung. Die Realisierung eines Semantic Desktops kann damit Stück für Stück erfolgen, zuerst als Plugin in einzelnen Anwendungen, später als Metadatenformat für das ganze Betriebssystem.

### 12.3.1 Ausgangssituation

Wie dargestellt steht Rudi vor dem Problem, dass jede Applikation seines Arbeitsplatzes eine eigene Art zur Verwaltung der Dokumente mitbringt. Bookmarks im Webbrowser, Ordnerstrukturen im Dateisystem, weitere Ordnerstrukturen für die E-Mails: Jedes Programm am Desktop benutzt ein getrenntes Ordnungssystem zur Verwaltung von Dokumenten, genauso wie jede Web- oder Intranet-Anwendung. Querverweise, etwa vom Projekt "DFKI Flottenmanagement" zum "Meeting am DFKI" zu den Mitarbeitern und Terminen, sind nur eingeschränkt möglich. Momentan wird es dem Benutzer zugemutet, hier applikationsübergreifend ein konsequentes Schema durchzuhalten und die Übersicht zu bewahren. Das Betriebssystem **ignoriert** die Tatsache, dass ein Benutzer vor dem Bildschirm sitzt, dessen Gedankenwelt aus Projekten, Orten, Zeit, Mitarbeitern und deren Zusammenhang besteht, und zwar immer dieselben Gedanken, unabhängig von der Anwendung.

Somit ergibt sich das erste Problem: **parallele Organisationsstrukturen**. Die Auswirkungen dieses Problems sind etwa in (Boardman und Sasse 2004, Dengel 2006) beschrieben.

Das zweite Problem besteht in der **Fragmentierung von Verbindungen**. Eine Person aus dem Adressbuch kann auch gleichzeitig Mitarbeiter in einem Projekt sein, Autor eines Dokumentes oder Organisator eines Meetings. Diese Verbindungen können nicht repräsentiert werden. Dadurch ergibt sich das Problem, dass diese Fakten entweder nur textuell erfasst werden – etwa indem eine Einladung zu einem Meeting den Text "Organisiert von Rudi Baispilov" enthält. Oder die Zusammenhänge werden gar nicht schriftlich erfasst, sondern sind nur dem Benutzer bekannt.

Am Ende fehlt den Anwendungen die Möglichkeit, auf Informationen aus anderen Anwendungen zuzugreifen – wenn etwa der Kalender im Adressbuch mögliche Organisatoren eines Meetings finden will, muss er dazu die API (Application Programming Interface) des Adressbuchs kennen. Für die meisten Desktop-Anwendungen unter Windows wäre diese API eine COM/ActiveX-Schnittstelle. Diese Schnittstellen verwenden meist eigene Formate für Zugriff auf Daten, da COM nur die Datenformate standardisiert (etwa Integers und Strings), aber nicht die Bedeutung der Daten. Die Kosten, eine Anwendung mit einer Adressbuchanwendung zu verbinden, sind entsprechend hoch, und wenn nun ein Anbieter mit mehreren Adressbüchern kompatibel sein will, muss er die Integrationskosten mehrfach aufbringen. Das ist den Aufwand nicht wert, dadurch wurde eine Monokultur einiger Standardanwendungen hervorgebracht. Das Problem hier ist die *Vielzahl von inkompatiblen APIs* als Vendor-Lock-In. Vendor-Lock-In bedeutet in diesem Zusammenhang, dass etablierte Anwendungshersteller durch ihre etablierten APIs einen Vorteil haben. Will ein Drittanbieter X mit der Anwendung A kommunizieren, muss er eine initiale Investition tätigen, um mit einer API kompatibel zu sein. Die gleiche Investition ist nötig, um mit Anwendung B von einem Nischenanbieter zu kommunizieren, aber die Investition in B rechnet sich nicht. Darum werden bestehende APIs von verbreiteten Anwendungen bevorzugt unterstützt.

Damit haben wir drei Probleme, die wir durch die Nutzung der semantischen Modellierung überwinden können:

1) Parallele Ordnungsstrukturen
2) Fragmentierte Verbindungen
3) Viele inkompatible APIs

### 12.3.2 Die Idee des Semantic Desktops

Hier setzt die Idee des Semantic Desktops an: Die in Abschnitt 12.3 vorgestellte semantische Modellierung des persönlichen Wissensraums ermöglicht es, die Ressourcen am Desktop unabhängig von der Anwendung in einem einheitlichen Ordnungssystem zu verwalten. Mittels der Ontologien werden Ressourcen mit sinnvollen Metadaten annotiert, und die komplexen Zusammenhänge zwischen Personen, Projekten und Orten als Semantisches Netz dargestellt. Die APIs von Anwendungen werden mit diesen Standards abstrahiert. Aufbauend darauf können Anwendungen auf alle Daten eines Nutzers zugreifen und auch die Ordnung der Daten verstehen.

Eine Semantische Suche (vgl. Kapitel 9) etwa kann Rudi helfen, alle Dokumente, E-Mails, Personen, und Webseiten zu finden, die mit dem Projekt Flottenmanagement DFKI zu tun haben. Ein Software-Agent kann diese Informationen verwenden, um Rudi auf mögliche Probleme im Projekt hinzuweisen oder weitere relevante Informationen zu Aufgaben vorzuschlagen (siehe hierzu auch Abschnitt 12.5).

Unter dem Begriff *Semantic Desktop* verstehen wir einen konsequenten Einsatz semantischer Technologien auf Desktop-Computern. Die semantischen Funktionen sollen als integraler Bestandteil des (Betriebs-) Systems gelten. Die verschiedenen Anwendungen können dann auf diesen Technologien aufbauen und verwenden somit semantische Dienste, tragen aber auch dazu bei, das System mit Daten zu füllen und

## 12.3 Der Semantic Desktop

Vernetzungen zu erkennen. Semantische Technologie soll nicht mehr ein "Add-On" sein, das nachinstalliert werden muss, sondern die Basis, auf der alle Anwendungen aufbauen. Diese Vision eines Semantic Desktops haben wir in folgender Definition formuliert (Sauermann et al. 2005, Sauermann 2009) (siehe dazu auch die Wikipedia Seite http://en.wikipedia.org/wiki/Semantic_Desktop):

> *A Semantic Desktop is a device in which an individual stores all her digital information such as documents, multimedia and messages. These are interpreted as Semantic Web resources, each is identified by an URI and all data is accessible and queryable as RDF graph. Ontologies allow the user to express personal mental models and form the semantic glue interconnecting information and systems, and Semantic Web protocols are used for inter-application communication. The use of Semantic Web standards allows existing web resources to be incorporated into the personal knowledge space, and does also facilitate the sharing of knowledge with others, for example within a work-group. The Semantic Desktop is an enlarged supplement to the user's memory.*

Die Realisierung dieser Vision kann man nun in folgenden Schritten zusammenfassen:

1) Alle Daten als RDF darstellen. Dies wird über die NIE-Ontologien und Extraktionssoftware wie das vorgestellte Aperture durchgeführt.
2) Alle Daten über RDF zugreifbar machen. Am einfachsten ist dies über einen Index in einer Datenbank, ähnlich einer Desktopsuchmaschine, wie dies Gnowsis bietet.
3) Alle Daten in einem Persönlichen Informationsmodell (PIMO) organisieren und vernetzen. Dies kann automatisch oder manuell durch den Benutzer erfolgen.
4) Anwendungen auf dem Desktop an die neuen Möglichkeiten anpassen bzw. eigene Oberflächen zur Verfügung stellen.

Die ersten drei Schritte wurden bereits im vorangegangenen Abschnitt erläutert. Im Folgenden werden für den vierten Schritt beispielhaft zwei Realisierungen eines Semantic Desktops vorgestellt: Der Forschungsprototyp Nepomuk Semantic Desktop und das Produkt Refinder.

### 12.3.3 Nepomuk Semantic Desktop

Nepomuk (http://nepomuk.semanticdesktop.org) war ein integriertes Projekt (IP) von 2006-2008 im 6. Rahmenprogramm der Europäischen Union mit 16 Partnern aus Forschung und Software-Industrie mit dem DFKI als Konsortialführer.

Der im Nepomuk-Projekt entwickelte Nepomuk Semantic Desktop zielte darauf ab, Modelle und Infrastrukturen für die Erzeugung, Wartung und Nutzung persönlicher

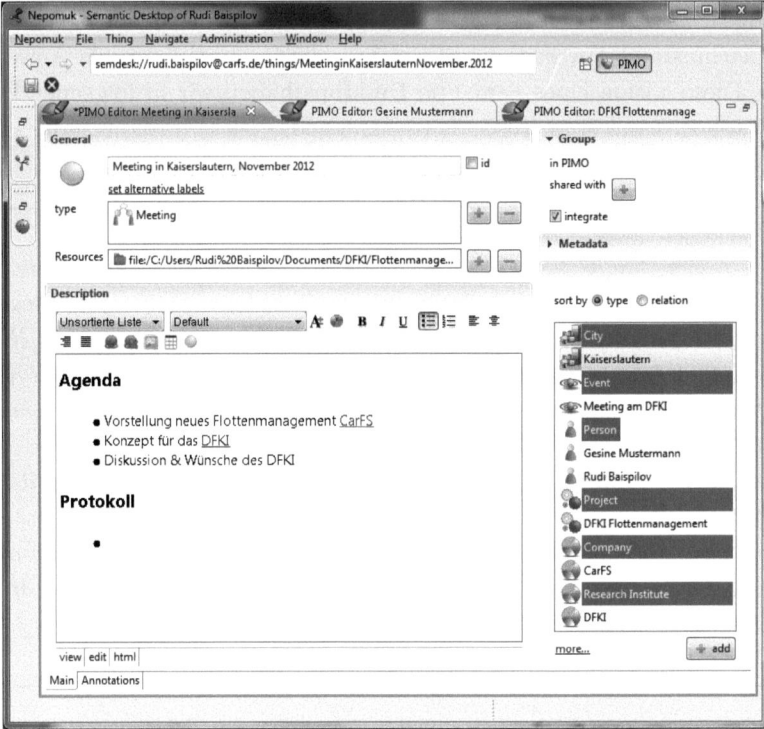

**Abb. 12.5** Nepomuk Semantic Desktop: Rudis Vorbereitung eines Treffens.

Informationsmodelle bereitzustellen und deren Integration in die Desktop-Umgebungen von Nutzern auf verschiedenen Plattform zu ermöglichen.

Als einer der Prototypen ist der Nepomuk Semantic Desktop (siehe Abbildung 12.5) auf Basis der eclipse Rich Client Platform entwickelt worden und damit zum Einsatz auf MS Windows, Linux, und Mac OS geeignet. Die im Projekt entwickelte Version steht als Open Source Software zur freien Verfügung (http://dev.nepomuk.semanticdesktop.org). Die im Folgenden gezeigte Version ist eine Weiterentwicklung des DFKI. Große Teile der Nepomuk-Technologie wurden inzwischen standardmäßig in die populäre KDE-Benutzeroberfläche für Linux integriert und wird damit an Millionen von Anwendern ausgeliefert (http://nepomuk.kde.org).

Herausforderungen im Semantic Desktop sind einerseits die initiale Erstellung des PIMOs und andererseits deren möglichst einfache Nutzung und Pflege, um dem Wissensarbeiter keinen Modellierungsaufwand aufzubürden. Zur Erstellung des PIMOs hat der Semantic Desktop einige Adapter, welche mit Aperture vorgestellt wurden, die aus bestehenden Quellen bereits Konzepte ableiten, wie beispielsweise Personen und Organisationen aus dem Adressbuch.

Basierend darauf kann das PIMO weiterentwickelt werden. Dazu ist es wichtig, dass das Modell in die tägliche Arbeit eingebettet ist und der Wissensarbeiter direkten Nutzen

## 12.3 Der Semantic Desktop

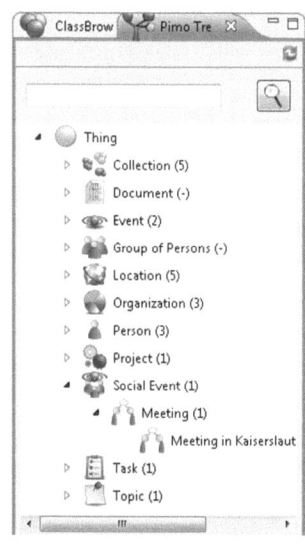

(a) Rudis PIMO-Baum.  (b) PIMO Baum eines der Autoren

**Abb. 12.6** Baum-Darstellung des PIMO.

aus dem Semantic Desktop ziehen kann. Im Folgenden soll anhand der Oberfläche des Nepomuk Semantic Desktops ein Eindruck vermittelt werden, wie diese Ideen umgesetzt wurden.

Abbildung 12.6(a) zeigt eine Sicht des gerade erst erzeugten PIMO-Baums von Rudi in Nepomuk. Dort sind die zur Verfügung stehenden Klassen des PIMOs gelistet und man erhält Zugriff auf die Instanzen. So ist Rudis Treffen als Instanz der Klasse *Meeting* abgebildet. Ein umfangreicheres Beispiel zeigt Abbildung 12.6(b) welches Einblick in das täglich genutzte PIMO eines der Autoren dieses Buches gewährt (hier die Klassen als Liste). Man sieht dort auch persönliche Erweiterungen mit Klassen wie *Agenda* oder *Applications*. Hier ist der *PIMO Tree* in einer Sidebar eingefasst, die frei auf dem Desktop platziert werden kann oder auch auf einem zweiten Monitor schnellen Zugriff auf das PIMO ermöglicht.

Abbildung 12.5 zeigt den so genannten *PIMO-Editor* in Nepomuk, welcher nun die Instanz *Meeting in Kaiserslautern, November 2012* darstellt und dem Nutzer das Inspizieren und Editieren der Instanz erlaubt. Der Editor zeigt alle für den Nutzer relevanten Informationen aus der semantischen Modellierung: im oberen Bereich z. B. die Klasse (*type*) des Treffens (*Meeting*), in der Mitte eine Notiz in Form eines semantischen

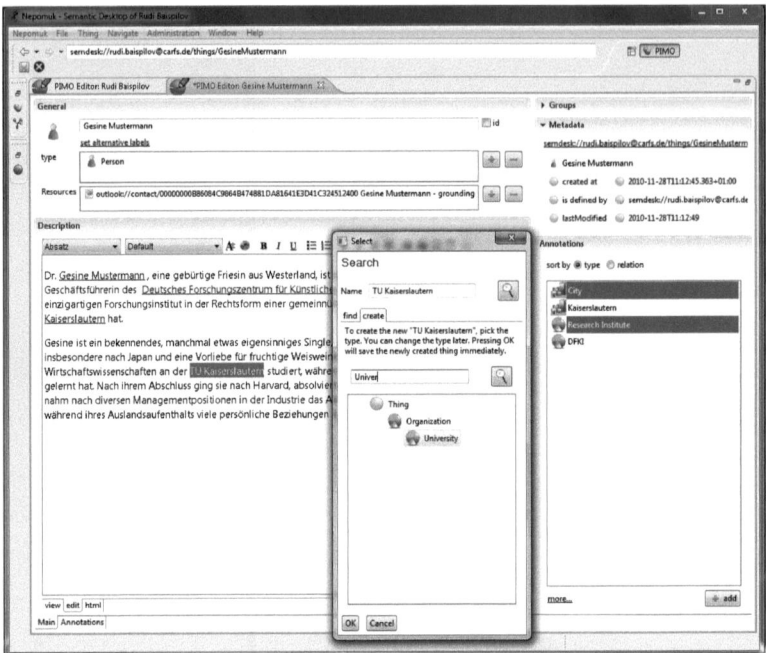

**Abb. 12.7** Erzeugen eines Things aus dem Semantic Wiki des PIMO-Editors.

Wikitexts (siehe Abschnitt 12.4 auf Seiten 339) und rechts am Rand die Relationen mit anderen PIMO-Konzepten nach deren Klassen (*type*) gruppiert). Der Editor bietet aber auch Zugriff zu verknüpften Ressourcen (oberhalb der Notiz): etwa zu dem Ordner, in dem Rudi Dateien zum Treffen abspeichert. Außerdem erlaubt er es, zu den verknüpften Konzepten zu navigieren indem jeweils ein neuer Editor geöffnet wird (wie der im Hintergrund liegende Tab für Gesine).

Rudi kann nun den PIMO-Editor nutzen, um das Treffen für sich zu organisieren und beispielsweise Notizen – welche er sonst auf Papier oder in einem Dokument irgendwo auf dem Desktop ablegen würde – direkt hier einzugeben. Beim Verfassen des Textes erlaubt das in den PIMO-Editor eingebettete Semantic Wiki die Verwendung bzw. Wiedererkennung von Konzepten des PIMOs (wie Personen, Themen *etc.*) sowie die Erzeugung neuer Konzepte direkt aus der Bearbeitung heraus (Details zu diesem Semantic Wiki siehe Abschnitt 12.4.2). Abbildung 12.7 zeigt die Instanz *Gesine* und Rudis Notizen zu ihr. Aus dem Text heraus legt Rudi nun die *TU Kaiserslautern* als Instanz der Klasse *University* an, welche danach mit Gesine verbunden ist.

Gesine wurde übrigens vom Aperture Outlook Crawler aus dem Outlook Adressbucheintrag (Abbildung 12.1 auf Seite 313) in Rudis PIMO erzeugt (Abbildung 12.8, vgl. auch Abschnitt 12.2 für die Repräsentation in RDF). Der in der Outlook Schnellleiste oben rechts eingebettete Shortcut gibt aus Outlook heraus direkten Zugriff auf die

## 12.3 Der Semantic Desktop

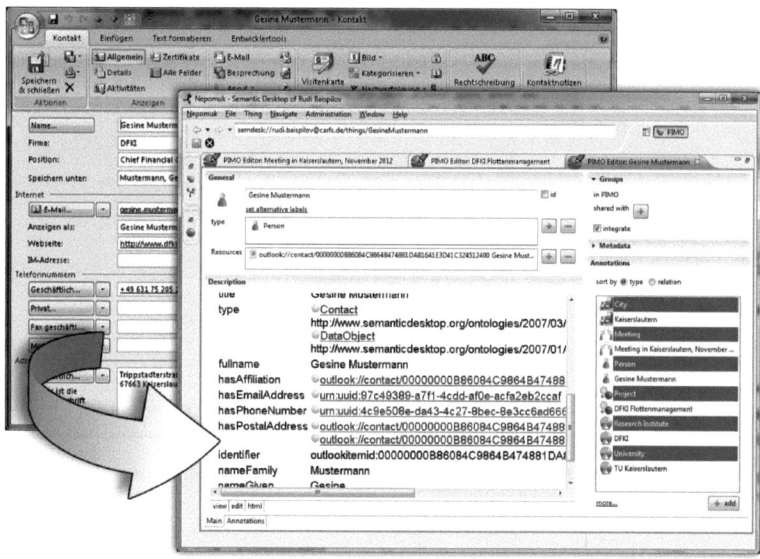

**Abb. 12.8** Gesine im PIMO-Editor nach dem Import aus Outlook.

Instanz von Gesine in Nepomuk. Doppelklick auf die Ressource `outlook://...` öffnet wiederum Gesines Adressbucheintrag in Outlook.

Weiterhin schlägt das System während der Texteingabe weitere potenziell relevante Konzepte vor. So werden Rudi beim Schreiben von Notizen zur Aufgabe *Konzepterstellung* zwei Konzepte vorgeschlagen, die im Text erwähnt werden, Rudi aber nicht verknüpft hat. Abbildung 12.9 zeigt Rudis Notizen zur Aufgabe und links unten im Fenster *Recommendations* nun die zwei Instanzen *Gesine Mustermann* und *DFKI*, welche im Text erkannt wurden. Diese kann Rudi nun durch einfache Bestätigung an die Aufgabe anhängen. Verwendet wird dazu die in Kapitel 8 vorgestellte Ontologiebasierte Informationsextraktion (OBIE), welches als Modul eingebunden wurde (Details in (Adrian et al. 2009)).

Diese Informationsextraktion wird auch für die Nepomuk-DropBox genutzt. Die DropBox löst das Problem, sich immer wieder überlegen zu müssen, wo man neu gefundene oder selbst erstellte Dateien denn auf seiner Festplatte abspeichert, um sie später wiederzufinden.

Die DropBox unterstützt den Nutzer darin, für eine neue Datei ein geeignetes Verzeichnis zur Ablage zu finden und gleichzeitig diese in den persönlichen Wissensraum einzubringen, d. h. im Falle des Semantic Desktops mit multiplen Konzepten aus dem PIMO zu verknüpfen.

Der Nutzer speichert nun seine Datei in ein dediziertes Verzeichnis, welches von Nepomuk überwacht wird. Nepomuk ruft nun die DropBox mit dieser neuen Datei auf. Die Datei wird zunächst an Aperture übergeben, welches Inhalt und Metadaten der Datei extrahiert und eine RDF-Repräsentation der Datei zurückliefert. Diese RDF-

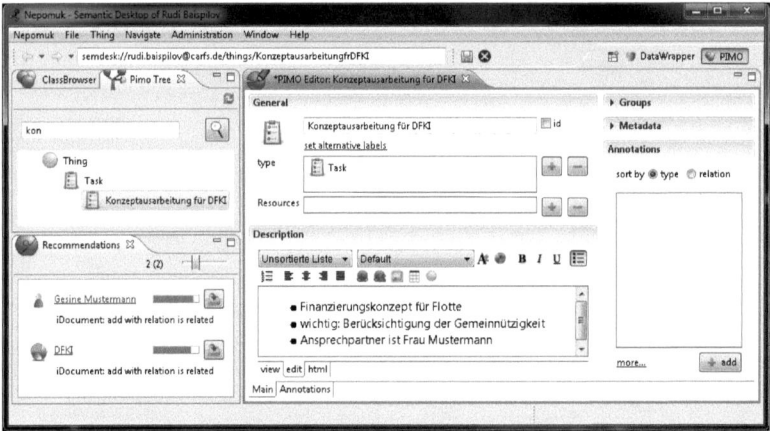

**Abb. 12.9** Vorschläge aus dem PIMO zur Verknüpfung mit der Aufgabe.

Repräsentation der Datei wird an das OBIE-Modul übergeben, das daraufhin bekannte Konzepte aus dem PIMO extrahiert und eine gewichtete Liste von Konzepthypothesen zurückliefert.

Diese werden dem Nutzer in der DropBox angezeigt. Abbildung 12.10 zeigt beispielhaft einen solchen Vorschlag:

- Angezeigt werden die Metadaten der Datei. Ein ggfs. vorhandener Titel in den Metadaten wird als Preset für das Label der Instanz benutzt.
- Der Typ des neu erzeugten *Thing*s wird angezeigt und kann verändert werden.
- Der Nutzer kann aus den vorgeschlagenen Konzepten (*Proposed recommendations*) passende auswählen, welche dann unter *Added Tags* gelistet werden.
- Fehlende Konzepte können aus dem PIMO direkt hinzugefügt oder gar neu erzeugt werden.
- Es ist noch ein passendes Verzeichnis aus der Menge der mit den Konzepten verknüpften Verzeichnisse auszuwählen.
- Schließlich wird mit dem Button *Move'n'Tag* das Dokument in das ausgewählte Verzeichnis verschoben, als Konzept in dem PIMO erzeugt und mit den ausgewählten Konzepten verknüpft.
- Danach kann der Nutzer entweder die Datei direkt öffnen oder die Instanz in Nepomuk betrachten.

Diese vom System gemachten Vorschläge ergänzen die manuelle Annotation von Dingen in Nepomuk und erleichtern dem Nutzer das Knüpfen seines persönlichen Informationsmodells. Dieses spannt nun ein semantisches Netz aus persönlichen Informationen und bildet damit seinen Wissensraum ab. Durch die tägliche Arbeit mit dem System entwickelt sich dieses Netz immer weiter (vergleiche auch Grimnes et al.(Grimnes et al. 2009) für einen detailliertere Darstellung der verschiedenen Benutzerschnittstellen des Nepomuk Semantic Desktops). Daher kann es als eine Quelle für Kontextinformatio-

## 12.3 Der Semantic Desktop

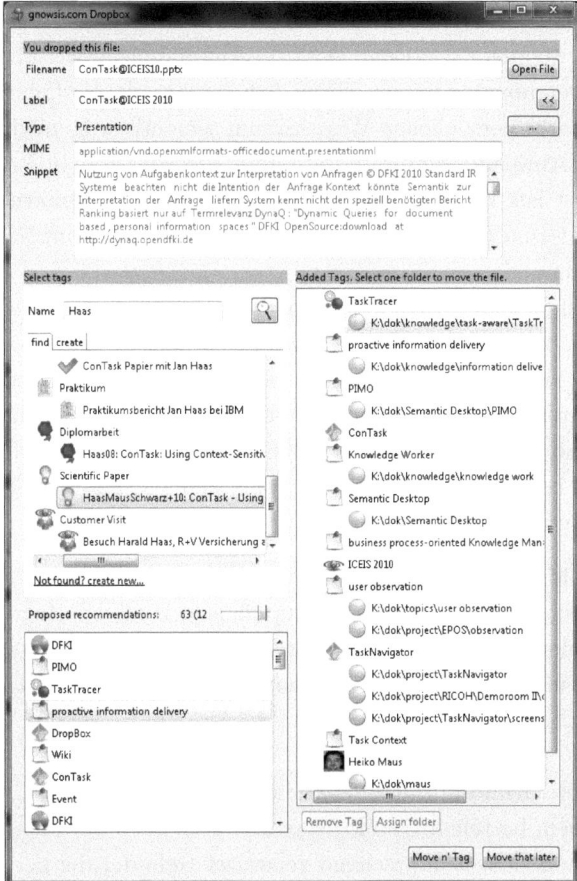

**Abb. 12.10** DropBox: Klassifikation einer neuen Datei in das PIMO.

nen in zweierlei Hinsicht dienen: einmal als sinngebende Beschreibung einer Ressource (beispielsweise einer Datei oder eines Dokuments), die ein Nutzer z. B. gerade betrachtet oder bearbeitet. So kann man aus obiger Notiz etwa schließen, für welches Projekt dieses Treffen gerade durchgeführt wird, beziehungsweise bei einer späteren Betrachtung, welche Themen für den Nutzer gerade relevant sein können. Des Weiteren kann das sich aufspannende Semantische Netz auch zu einer Aufmerksamkeitsverteilung genutzt werden (Aufmerksamkeitsverteilung als Context- und Intention Awareness siehe Abschnitt 12.5.5) und damit auch Hinweise auf die Intention des Nutzers erhalten.

### 12.3.4 Refinder

Das Produkt *Refinder* (http://www.getrefinder.com) ist eine kommerzielle Umsetzung der Idee des Semantic Desktop. Es besteht ein Bedarf an Produkten, die Wissensarbeiter wie Gesine und Rudi im Alltag unterstützen. In der Arbeit in CarFS und am DFKI verwenden sie gängige Desktop-Anwendungen wie Microsoft Office und spezialisierte Anwendungen, die von ihrem Arbeitgeber zur Verfügung gestellt werden. Um Gesine und Rudis persönlichen Wissensraum semantisch zu modellieren, ist es nun notwendig, diese Anwendungen zu integrieren. Refinder ist ein Produkt, das dieser Aufgabe gewidmet ist. Es wird von einem DFKI Spin-Off Unternehmen entwickelt und greift auf die Grundlagen des letzten Kapitels zurück, die im NEPOMUK Projekt entwickelt wurden.

Bei *Refinder* findet man nicht alle Features eines Semantic Desktop, sondern eine sinnvolle Auswahl von Kernfunktionen, die für den Massenmarkt geeignet sind. Dabei werden Teile (die in der Praxis nicht oft verwendet werden) vereinfacht oder ganz entfernt. Oft benutzte Funktionen werden in den Vordergrund gestellt. Die Beurteilung, was wichtig ist und was nicht, stammt aus Experimenten und Beobachtungen, die in (Sauermann 2009) beschrieben sind. Als Ergebnis sind folgende besondere Eigenschaften von Refinder zu nennen:

- Refinder ist als *Web-Service* konzipiert. Alle Daten werden auf einem Server (www.getrefinder.com) gespeichert. Das ermöglicht Rudi den Zugriff auf seine Daten durch verschiedene Endgeräte, etwa durch seinen Computer und sein Mobiltelefon.
- Refinder kann mit verschiedenen *anderen Web-Services* kommunizieren. Etwa mit der KFZ-Versicherungssoftware von CarFS oder dem CoMem (Corporate Memory) von CarFS.
- Refinder ist von Grund auf als *Mehrbenutzersystem* konzipiert. Wie in Abschnitt 5.1.2 beschrieben, bestehen Ontologielandschaften auch aus mehreren persönlichen Informationsmodellen. Entsprechend verwaltet Refinder die persönlichen Modelle von Gesine und Rudi getrennt. Beiden ist es aber möglich, für bestimmte Zwecke zusammenzuarbeiten.
- Als Voraussetzung benötigt jeder Benutzer einen *Account*. Diesen bekommt man nach einer Registrierung, bei der die E-Mail Adresse angegeben wird und der Benutzer ein Passwort wählt.
- Die Benutzerschnittstelle von Refinder ist stark *vereinfacht*. Sie besteht aus zwei Teilen. Zum einen wird eine Web-Anwendung angeboten, die registrierte Benutzer verwenden können um in ihren Daten zu suchen und neue Daten zu erstellen. Anderseits kann über Plugins aus verschiedenen Anwendungen heraus auf Refinder zugegriffen werden.

In Abbildung 12.11 ist die Startseite der Web-Anwendung dargestellt, Gesine kommt zu dieser Ansicht nachdem sie sich eingeloggt hat. Sie bekommt eine Übersicht ihrer letzten Aktivitäten und ihrer gespeicherten Dinge.

Es gibt die Möglichkeit, Webseiten in das persönliche Informationsmodell zu importieren. In Abbildung 12.12 wird dargestellt, wie Gesine ein Lesezeichen zu einem Hybrid-Fahrzeug speichert. Im ersten Schritt verwendet sie dazu eine Funktion, die im Browser zur Verfügung gestellt wird. Ein Fenster öffnet sich, wo sie im zweiten Schritt weitere Daten eingeben kann. Als dritten Schritt kann sie Verknüpfungen zu

## 12.3 Der Semantic Desktop

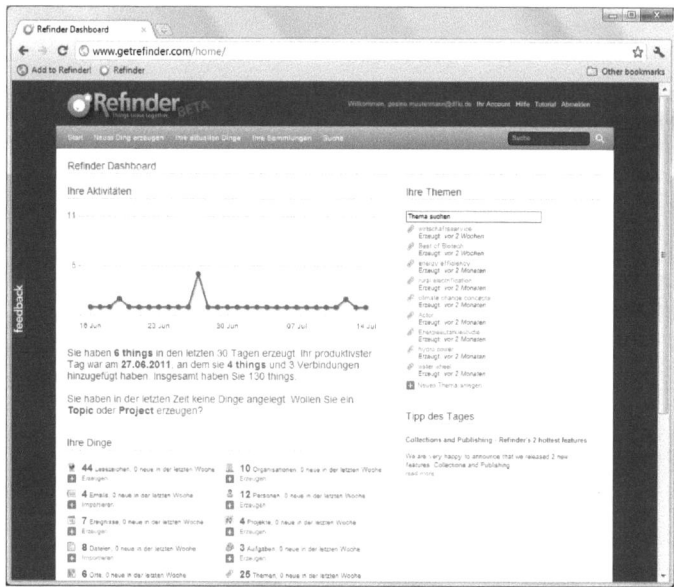

**Abb. 12.11** Dashboard: Startseite von Refinder.

anderen Dingen in ihrem Informationsmodell herstellen. Dazu gibt Refinder (Punkt Vier) auch Vorschläge, die Gesine akzeptieren oder ignorieren kann. Zuletzt (Schritt Fünf) speichert Gesine das Lesezeichen.

Die gleiche Funktionalität ist auch in anderen Anwendungen verfügbar. Beispielsweise kann Gesine einen Eintrag in Microsoft Outlook bearbeiten und verknüpfen. Der Kontakt von Rudi Baispielov könnte so mit dem Beschaffungsprojekt oder mit dem vorgeschlagenen Fahrzeug verbunden werden. In Abbildung 12.13 wird so eine Verknüpfung dargestellt.

In Abbildung 12.14 ist eine Datei ausgewählt und rechts sind verknüpfte Dinge und Vorschläge relevanter Dokumente.

Das semantische Modell von Refinder ist für diese Anwendung vereinfacht und konzentriert sich auf einen Ausschnitt der Möglichkeiten, die bereits oben vorgestellt wurden.

- *Dinge* aus verschiedenen Anwendungen können importiert werden. Dabei bietet Refinder die aus Abschnitt 12.2.1 definierten Klassen des PIMO.
- *Verknüpfungen* zwischen Dingen können erstellt werden. Die Semantik der Verknüpfungen ist in der Benutzerschnittstelle versteckt, somit ist nur eine Verknüpfungsform möglich: *related*.
- Die *Beschreibung* jedes Dinges wird mit RDF ausgedrückt und gespeichert. Die semantische Ausdrucksstärke von RDF wird dadurch unterstützt.

Ziel von Refinder ist es, die Zusammenhänge zwischen verschiedenen Dingen zu speichern und applikationsübergreifend nutzbar zu machen. Die verknüpften Dinge werden

**Abb. 12.12** Webseiten hinzufügen.

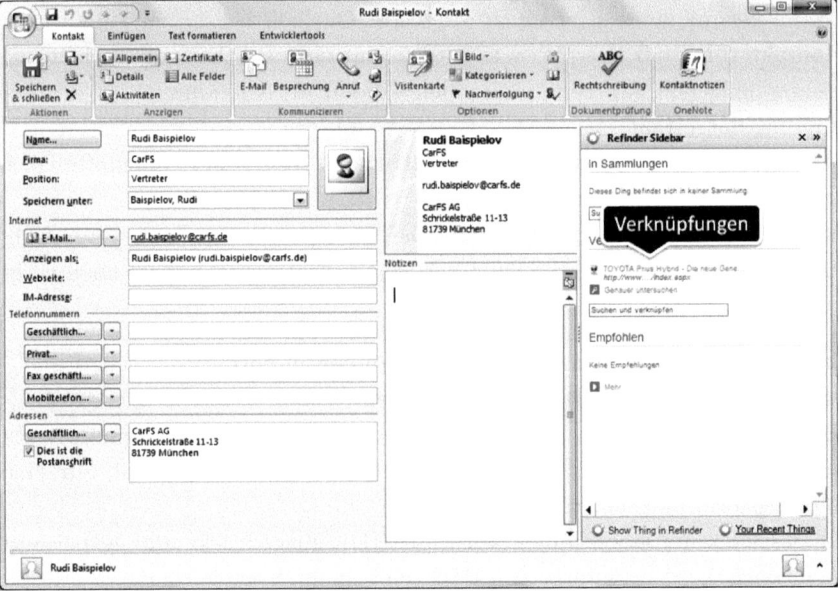

**Abb. 12.13** Verknüpfen von Microsoft Outlook mit Refinder.

## 12.4 Wikis und Semantische Wikis

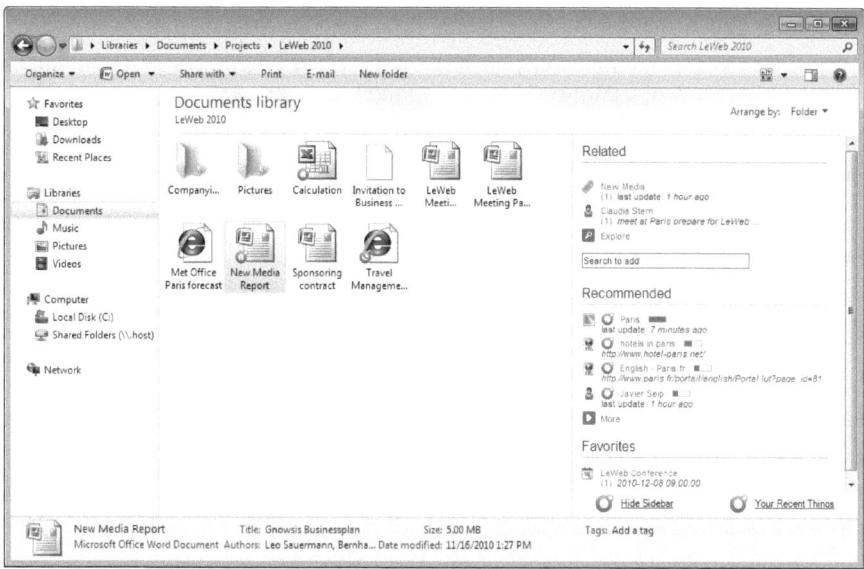

**Abb. 12.14** Tagging von Dateien mit Refinder.

in einem Plugin angezeigt, das in die Anwendungen eingebunden wird. Verbindungen können von Hand geknüpft werden. Zusätzlich werden relevante Dokumente angezeigt, die von einer semantischen Ähnlichkeitssuche vorgeschlagen werden.

In einer Arbeitsgruppe kann Refinder verwendet werden, um Information auszutauschen. Dazu bietet Refinder *Sammlungen*, die mit mehreren Benutzern geteilt werden können. An dieser Stelle sei darauf hingewiesen, dass Refinder als Beispiel für angewandte semantische Technologien dient und nicht weiter im Detail beschrieben wird. Eine weitere Beschreibung der Funktionen befindet sich auf der Webseite.

Refinder bietet Anwendern eine Auswahl von Funktionen, um eigene Information zu verwalten und mit Kollegen oder Kunden auszutauschen. In der Wissensarbeit bietet es als Werkzeug eine leichtgewichtige Integration verschiedener Anwendungen und damit einen Ansatz, die Fähigkeiten mehrerer Anwendungen zu kombinieren. Semantische Technologien helfen in diesem Szenario, die unterschiedlichen Daten in ein einheitliches Modell zu bringen und darin Ähnlichkeiten und Muster automatisch zu erkennen. Die Ontologien aus dem PIMO Standard helfen dabei, Software verschiedener Anbieter kompatibel zu machen.

## 12.4 Wikis und Semantische Wikis

Beim Wissensmanagement stellt sich häufig das Problem, Informationen niederschreiben und vernetzen zu müssen. Die einen gehen das Problem durch das Anlegen von zahlreichen Textdateien an; andere benutzen notizbuchähnliche Applikationen. In den letzten Jahren haben sich im Web für genau diese Art von Aufgaben *Wikis* durchgesetzt; als Beispiel sei neben Wikipedia.org auch die inzwischen häufig in Projektmanagement-Software integrierte Wiki-Funktionalität erwähnt. Sourceforge.net z. B. stellt den dort angesiedelten Projekten gleich mehrere verschiedene Wiki-Systeme zur Verfügung. Wikis haben u. a. folgende Charakteristika:

- Das Wiki besteht aus einer Menge von Seiten, die über ihren Namen identifiziert sind.
- Der Text einer Wiki-Seite kann frei geändert werden.
- Verweise im Text einer Seite auf eine andere Seite sind möglich.
- Es wird ein Logbuch über Änderungen an Seiten geführt.

Identifizier- und referenzierbare Seiten erlauben es, ein dichtes Wissensnetzwerk aufzubauen. Webbrowser-basierte Wikis erlauben es dem Benutzer, über die im Browser integrierte Tab-Funktionalität mehrere Artikel gleichzeitig zu öffnen und sich in mehreren gleichzeitigen Recherchevorgängen von Artikel zu Artikel vorzuarbeiten. In Hinsicht auf den Umgang beim Lesen entspricht ein Wiki also weniger einem gebundenen Buch oder einem PDF als einer Loseblattsammlung, die auf dem Tisch ausgebreitet werden kann.

Wikis können aber nicht nur gelesen werden. Fehler können einfach und unkompliziert behoben werden, ebenso können sehr leicht Ergänzungen und weitere Referenzen eingefügt werden. Im kollaborativen Einsatz bleibt die Entwicklung des Wikis dennoch relativ transparent, da durch das Logbuch und die Versionshistorie einzelner Seiten die Änderungen am Wiki jederzeit (nach-)verfolgt werden können.

**Abb. 12.15** Wiki-Artikel und typische Funktionalität eines Wikis.

In Abbildung 12.15 ist am Beispiel Wikipedia beziehungsweise der zugrundeliegenden Implementierung MediaWiki zu sehen, wie sich diese Merkmale manifestieren können.

Es gibt zahlreiche unterschiedliche Implementierungen von Wikis, die sich in vielerlei Hinsicht unterscheiden. Im Gegensatz zu normalen Textverarbeitungen basiert der normale Eingabemodus webbasierter Wikis meist nicht auf *What You See Is What You Get (WYSIWYG)*, wie man es von Textverarbeitungen gewohnt ist. Stattdessen wird eine besondere Syntax benutzt, um Links zu setzen oder Formatierungen des Texts vorzunehmen. Diese Syntax wird typischerweise „Structured Text" oder „Wiki

Markup" genannt und variiert zwischen verschiedenen Wiki-Implementierungen. Ein WYSIWYG-Editor wird in moderneren Wikis häufig auch zusätzlich angeboten.

Wird der Inhalt eines Wikis umfangreicher, stellt sich häufig das Problem, effiziente Verwaltungsmechanismen bereitstellen zu müssen. Eine zentrale Einstiegsseite reicht dann meist nicht mehr aus; auch die meist verfügbare Freitext-Suchfunktion stößt schnell an ihre Grenzen.

Ein Lösungsansatz hierzu ist, den Informationen im Wiki Metadaten oder Annotationen hinzuzufügen, die Suche und Navigation verbessern können. Entsprechend erweiterte Wikis werden auch *Semantische Wikis* genannt (Schaffert et al. 2009). Diese Erweiterungen erlauben vielerlei weitere Funktionalitäten, z. B. das maschinenunterstützte Folgern von neuen Fakten aus formalisierten Informationen.

### 12.4.1 Annotationen bei dokumentbasierter Arbeit

Im Allgemeinen ist eine *Annotation* eine z. B. einem Textteil zugeordnete Information, die den Charakter einer Ergänzung, Erklärung oder Anmerkung hat. In einem gedruckten Buch stellt beispielsweise eine handschriftliche Notiz am Textrand eine Annotation dar. Im elektronischen Umfeld müssen Annotationen bei normaler Benutzung nicht zwingenderweise für den Benutzer sichtbar sein. Ähnlich wie Informationen zu Seitenkategorien *etc.* können sie relativ im Hintergrund bleiben.

Vielfältige Typen von Annotationen sind denkbar: Annotationen, die den eigentlichen Inhalt beschreiben („Dieser Artikel beschreibt eine Reisekostenabrechnung" oder auch „Der Verweis im Artikel zur Person Gesine Mustermann auf die Firma CarFS heißt, dass sie für den Kontakt mit dieser Firma zuständig ist"), sind im Umfeld der Semantischen Wikis Standard. Hintergrund dabei ist, dass durch diese formalen Annotationen die Inhalte der gespeicherten Texte durch den Computer interpretierbar gemacht werden. Um beim Beispiel Gesine Mustermann und CarFS zu bleiben, ist es etwa bei einem normalen Wiki nicht möglich, alle Firmen aufzulisten, für die Gesine zuständig ist: Der Wiki-Software ist nicht transparent, welche Art von Verknüpfung genau zwischen Gesine und den in ihrem Wiki-Text erwähnten Firmen besteht. Selbst falls also herauszubekommen wäre, welche Seiten überhaupt eine Firma beschreiben (auch das „weiß" das Wiki nicht – bestenfalls das Vorkommen z. B. des Wortes „GmbH" ließe darauf schließen, brächte aber eine hohe Fehlerquote mit sich), könnte das Wiki immer noch nicht zwischen besuchten und nur aus anderen Gründen erwähnten Firmen unterscheiden. Bei semantischen Wikis dagegen kann Verweisen ein Typ zugeordnet werden, wodurch die Art des Verweises nicht mehr implizit (nur durch den Menschen im Kontext des Textes zu erschließen) bleibt, sondern explizit dargestellt und damit maschinenverarbeitbar wird.

Im Zusammenhang mit Wissensarbeit in einer Arbeitsgruppe gibt es aber auch andere Arten von Annotationen mit unterschiedlichen Charakteristika:

- Annotationen werden häufig nicht vom ursprünglichen Autor des annotierten Textes erstellt.
- Annotationen können sehr subjektiven Charakter haben: Während eine Notiz für den Autor der Notiz sehr sinnvoll und hilfreich sein kann, kann eine andere Person unter Umständen damit überhaupt nichts anfangen.
- Annotationen werden häufig separat vom eigentlichen Dokument angelegt. Was in der Papierwelt eine Einschränkung aus physikalischen Gründen ist (da ein Leser ein gedrucktes Buch nicht mehr editieren kann), kann in der IT technische oder organisatorische Gründe haben (Annotation eines finalisierten, nicht mehr änderbaren Dokuments; der Wunsch, Annotationen auch separat vom Dokument speichern und weitergeben zu können).

Speziell dem letzteren Szenario widmet sich das Projekt *Mymory* (http://www.dfki.de/mymory). Dort werden vielerlei Typen von Metadaten unterstützt. Annotationen werden losgelöst vom eigentlichen Text gespeichert (nicht im Markup eingebettet). Dadurch wird auch eine feingranulare Annotation möglich – in Abbildung 12.16 wird z. B. ein annotierter Vertrag gezeigt. Auch andere Arten von Annotationen sind möglich, beispielsweise Aufmerksamkeitsinformationen. Das heißt, dass für jeden Artikel (und sogar jeden Textabsatz in jedem Artikel) Informationen zur Betrachtungsdauer des Benutzers aufgenommen und gespeichert werden. Mit Hilfe dieser Daten wird es unter anderem möglich, personalisiertes Ranking bei der Volltextsuche anzubieten: Statt einer relativ ungeordneten Ergebnisliste bei der Suche ist es jetzt möglich, die Ergebnisse nach bisher mitgeschnittener Aufmerksamkeit zu ordnen. Das Wiederfinden von Informationen wird also deutlich vereinfacht; ebenso lassen sich bei Bedarf bereits bekannte Artikel von der Suche ausschließen, die Suche wird also auf neue, dem aktuellen Benutzer bisher unbekannte Artikel(-teile) eingegrenzt.

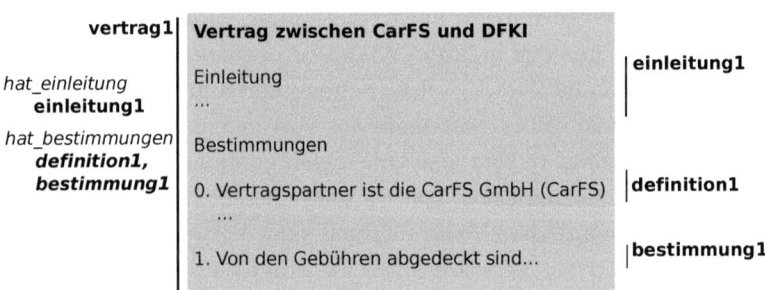

**Abb. 12.16** Genaue Annotation der im Text beschriebenen Fakten.

Auch der in gewisser Weise umgekehrte Ansatz ist möglich: Statt den Artikeltext zu annotieren, kann der Text selbst als Annotation für eine weitere Ressource aufgefasst werden (Abbildung 12.17). Diesen Ansatz nutzt z. B. *Semantic MediaWiki* (Krötzsch et al. 2007). Auch das Projekt *NEPOMUK* setzt diese Idee um; dort fungiert ein Wiki als eine Art erweitertes Freitext-Kommentarfeld für die im Semantic Desktop gespeicherten Ressourcen. Aus dem einer Ressource zugeordneten Wiki-Text heraus kann auf andere Ressourcen verwiesen werden. Diese Verweise werden auf die mit dem Text annotierte Ressource bezogen. Schreibt der Benutzer also z. B. im Kommentarfeld der Person Gesine Mustermann den Text „Sie war bei einem Meeting bei [CarFS]", so wird ein Verweis von Gesine auf die Repräsentation der Firma CarFS erstellt. Dieser Zusammenhang ist danach auch im restlichen Benutzer-Interface des Semantic Desktop zugänglich und kann z. B. in der Suche gefunden werden. Im Folgenden gehen wir auf beide Ansätze genauer ein.

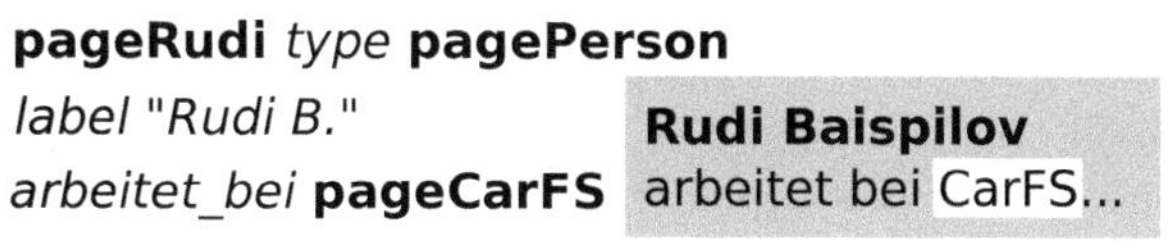

**pageRudi** *type* **pagePerson**
label "Rudi B."    **Rudi Baispilov**
**arbeitet_bei pageCarFS**   arbeitet bei CarFS...

**Abb. 12.17** Artikeltext beschreibt eine ausgezeichnete Ressource.

### 12.4.2 Das persönliche Wiki im Semantic Desktop

Bei wissensintensiven Tätigkeiten fallen häufig große Mengen an Informationen an, die zur Strukturierung des eigenen Arbeitsplatzes dienen und Notizzettelcharakter haben. Viele Applikationen bieten für Informationen dieser Art Kommentarfelder. Diese sind jedoch meist strikt an eine bestimmte Ressource gebunden, sind also nicht unbedingt leicht wieder aufzufinden geschweige denn per Volltextsuche zu durchsuchen.

Im Zuge der zunehmenden Bekanntheit von Wikis ist die Idee aufgekommen, sie auch auf dem Desktop zu benutzen und dementsprechend eine verhältnismäßig komfortable Möglichkeit zur Verwaltung von Notizen zu erschließen, die Merkmale wie Volltextsuche, gute Strukturierbarkeit, gute Integration mit anderen Medien (durch Links) sowie einfache Benutzbarkeit vereint. Für den Semantic Desktop wiederum liegt es nahe, ein Wiki als eines der zentralen Werkzeuge zur Eingabe und Verknüpfung der Ressourcen auf dem Desktop zu benutzen. So erlaubt das in Gnowsis integrierte Wiki dem Benutzer, Kommentare zu den in der PIMO verwalteten Ressourcen zu schreiben sowie über eine besondere Wiki-Syntax Verbindungen zwischen den Ressourcen zu erstellen (Kiesel 2006). Das „Semantic Desktop Wiki" steht damit zwischen dem rigiden (aber exakten) Benutzer-Interface herkömmlicher Datenbank-ähnlicher Anwendungen und dem offenen (aber wenig formalisierten) Interface eines normalen Wikis. Es erlaubt dem Benutzer also, so viel Formalisierung bei der Eingabe der Informationen zu machen wie für sinnvoll erachtet wird.

Rudi Baispilov kann beispielsweise im Kommentarfeld seines Adressbuches in das Feld zum Eintrag „Gesine" die Notiz schreiben:

```
[Gesine Mustermann] arbeitet an [Meeting mit CarFS].
Weiterhin kennt sie [Andreas Dinkelhof].
[Andreas Dinkelhof] wird auch am [Meeting mit CarFS] teilnehmen.
```

Diese kurze Notiz kann direkt übernommen werden – Gesine und Andreas werden dem Projekt zugeordnet und eine weitere Beziehung zwischen Gesine und Andreas hergestellt. Außerdem ist es möglich, im Kommentarfeld von Andreas Informationen über andere Dinge zu hinterlegen.

In dem Semantic Wiki des Nepomuk Semantic Desktops (siehe Abschnitt 12.3.3) ist eine einfachere Realisierung umgesetzt worden: Hier können Konzepte im Fließtext genutzt werden (etwa über das explizite Einfügen oder eine Autovervollständigung). Nach dem Speichern werden automatisch Relationen zwischen dem Thing – zu welchem der Wikitext gehört – und dem im Text eingefügten Konzept eingefügt. Damit stehen die jeweiligen Konzepte ohne Zutun des Nutzers in Verbindung und sind darüber später wiederauffindbar. Auf eine formale Syntax zum gleichzeitigen einfügen qualifizierter Relationen zwischen Konzepten im Wikitext wurde aus Gründen der Benutzerfreundlichkeit schließlich verzichtet.

Dahingegen werden im Projekt „Mymory" (Kiesel et al. 2008) weitere Ideen verfolgt, so gibt es eine Integration eines Eyetrackers mit dem Wiki (d. h. mit hoher Aufmerksamkeit gelesene Textabschnitte werden besonders ausgezeichnet und können entsprechend durchsucht werden), aber auch feingranulare Annotationen: Rudi Baispilov kann aus einer Wiki-Seite zum Meeting in Kaiserslautern nicht nur auf Dateien zum Thema verweisen, sondern sie auch in das Wiki importieren, Abschnitte auszeichnen („Dieses Dokument ist ein Vertragstext; in *diesem* Abschnitt geht es um die Pflichten meines Vertragspartners") und neu zusammenstellen („Bitte ein neues Dokument erstellen, in dem die Daten aller Vertragspartner aller Filialen aufgelistet werden"). Im Folgenden gehen wir auf diese Sicht auf semantische Wikis genauer ein.

### 12.4.3 Feingranulare Annotationen – der Ansatz in Mymory

Der Wissensarbeiter ist häufig mit vielerlei Wissensquellen gleichzeitig beschäftigt: Verschiedene Texte werden gelesen, Artikel überflogen, Stichpunktlisten und Zusammenfassungen erstellt, Informationsquellen bewertet und für die Zukunft markiert. Andererseits müssen bestimmte Wissensquellen sehr genau bearbeitet und verstanden werden – z. B. wird dies bei rechtlichen Texten oder technischen Beschreibungen relevant. Will man das gewonnene Wissen anderen verfügbar machen bzw. die Arbeit anderer nutzen, wird in diesem Rahmen normalerweise ein geteiltes Archiv benutzt. Diesem Archiv können Meta-Informationen in Form von Indizes oder Zusammenfassungen hinzugefügt werden, die das Auffinden relevanter Informationen vereinfachen oder auch

Überblicke über Themenbereiche geben. Früher kamen Archive dieser Art in Form von Aktenschränken mit Indizes oder Büchersammlungen mit Übersichten und ggf. Randnotizen vor; heutzutage begegnen uns diese Archive eher in elektronischer Form als computergestützte Dateiverwaltungen, per Desktop-Suche indizierte Verzeichnisse oder in Form von E-Mail-Archiven.

Das erste Wiki, das *Portland Pattern Repository* (http://c2.com/cgi/wiki), wurde bereits als Sammlung von Wissen und von Benutzerkommentaren angelegt; dort wurden ursprünglich Beschreibungen von Patterns im Software Engineering gesammelt und kommentiert. Der Vergleich zu einem geteilten Dokumentarchiv z. B. in einer Firma, im Zweifelsfall auch in Papierform, als Mischung aus gekauften Büchern, intern angefertigten Dokumenten und händisch hinzugefügten Notizen liegt nahe.

Zwar bieten Wikis vielerlei Zugriffsmöglichkeiten, die papierbasierte Archive nicht haben – als Beispiel sei die Volltextsuche genannt. Allerdings fehlen einem Wiki viele Eigenschaften, die ein papierbasiertes Archiv bietet. So gibt es in normalen Wikis kein Äquivalent zum Marker, mit dem sich (klar erkennbar vom Text und dem Ursprungsautor abgesetzt) persönliche Markierungen machen lassen; auch ein Äquivalent zum Bleistift, mit dem Randnotizen gemacht werden können, findet sich nicht.

Zwar lassen sich Notizen einfügen und per textueller Erklärung entsprechend markieren. Das ist jedoch unhandlich und auch psychologisch eine größere Hürde, da der Text anderer Autoren geändert werden muss, was Benutzer erfahrungsgemäß sehr ungerne machen, gerade falls sie sich ihrer Aussage nicht ganz sicher sind. Möglichkeiten, weitere, erst durch Computereinsatz zugängliche Informationen wie Aufmerksamkeitsinformationen oder Benutzerkontext (siehe Abschnitt 12.5) zu verarbeiten, bieten normale Wikis ebenso nicht.

Im Zentrum von Mymory steht ein von mehreren Benutzern geteiltes Dokumentarchiv. Es basiert auf einem angepassten Wiki namens *Kaukolu* (http://kaukoluwiki.opendfki.de/) und unterstützt personalisierte und kontextualisierte Annotationen sowie das Speichern von Aufmerksamkeitsinformationen. Die generierten Annotationen können auf vielerlei Weise genutzt werden: Sie stehen als Parameter in der semantischen Suche zur Verfügung, können zum Erzeugen von neuen Dokumenten oder Dokumentteilen benutzt werden, können als Basis für strukturierte alternative Ansichten der Inhalte dienen sowie zur Hervorhebung von Textteilen herangezogen werden.

Grundsätzlich unterstützt das Wiki unterschiedliche Arten von Annotationsklassen wie einfache Benutzerbewertungen und Tagging; insbesondere von Interesse sind aber ontologiebasierte Annotationen, mit denen Textteile mit Ressourcen des dem System zugrunde liegenden *Personal Information Models* (PIMO) verknüpft werden können bzw. Annotationen Verknüpfungen zwischen PIMO-Ressourcen herstellen können. Neben dem PIMO können aber auch andere, typischerweise domänenspezifische Ontologien eingebunden werden. Alle im Wiki angelegten Annotationen werden mit Informationen zum Benutzerkontext angereichert, die den Erstellungskontext der jeweiligen Annotation beschreiben.

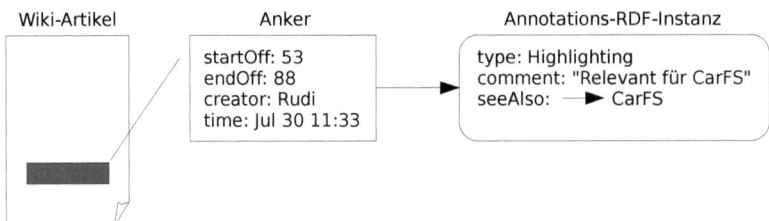

**Abb. 12.18** Aufbau einer Annotation.

Sowohl der Text der im Wiki gespeicherten Artikel, die Informationen in den gespeicherten Annotationen als auch die an die Annotationen angehängte Kontextinformation lassen sich über eine erweiterte Suchfunktion durchsuchen. Dabei werden kombinierte Anfragen unterstützt; Beispiele möglicher Anfragen sind z. B. „Welche Absätze habe ich mit einer Referenz auf die Person Gesine Mustermann versehen?" oder „Welche Abschnitte habe ich im Zusammenhang mit der Firma CarFS gelesen?", aber auch „Gab es Textteile, die sowohl im Zusammenhang mit der Firma CarFS als auch mit Herrn Dinkelhof wichtig waren?".

**Die Technische Realisierung der Annotationen**

Aus technischer Sicht besteht eine Annotation in Mymory aus einem Annotationsanker sowie aus einer Instanz einer Annotationsklasse, auf die der Anker zeigt (Abbildung 12.18). Der Annotationsanker identifiziert den Textteil eines Wiki-Artikels, der annotiert wurde. Die Instanz der Annotationsklasse (z. B. einer PIMO-Klasse) enthält inhaltliche Informationen zum jeweiligen Objekt. In der Benutzeroberfläche sind Annotationsanker nicht direkt zu sehen; sie sind vielmehr ein Vehikel, um technische Informationen zu Annotationen aus den Annotationsklassen herauszuhalten. Würde diese Trennung nicht erfolgen, müssten Informationen wie Start- und Endposition einer Annotationsinstanz an den eigentlichen Annotationsklassen (also z. B. *Person* oder *Project*) hängen, was recht unschön wäre. Die Annotationsklassen werden im System in einer Ontologie vorgehalten, aus der sich auch die weiteren Informationen ergeben, die beim Anlegen einer Annotation abgefragt werden; so wird z. B. beim Annotieren eines Namens im Wiki-Text mit einer Instanz von *Person* auch die Eigenschaft „Name" entsprechend gefüllt. Im Vergleich zu RDFa (siehe Abschnitt 4.4) erlaubt diese Realisierung von Annotationen überlappende Annotationen und trennt Annotationsinhalt vom zugrundeliegenden Dokument, stellt also extrinsische Annotationen im Sinne von Abschnitt 8.4.2 dar.

Aus Benutzersicht können Annotationen im Semantischen Wiki auf zweierlei Weise angelegt werden. Zum einen ist es möglich, Annotationen manuell durch das Selektieren von Text und danach Auswahl einer Annotationsklasse und ggf. Angabe weiterer Daten anzulegen: Zum Beispiel kann der Benutzer einen Personennamen markieren und an der Stelle eine entsprechende Instanz der Annotationsklasse *Person* bzw. einen

## 12.4 Wikis und Semantische Wikis

Verweis auf die der Person zugeordneten PIMO-Instanz anlegen. Zum anderen können Annotationen vom System automatisch angelegt werden, wovon unter anderem ein Attention Tracker Gebrauch macht. Hierbei wird insbesondere Information darüber gesammelt, welche Textabschnitte gelesen wurden, um die Suche im Wiki zu verbessern. Der Attention Tracker wurde in Form eines in den Bildschirm eingebauten Eyetrackers realisiert (Buscher 2007; 2010), kann aber auch durch einen rein Software-basierten Tracker umgesetzt werden, der Evidenz aufgrund von Scroll-Positionen verarbeitet.

Immer, wenn eine Annotation angelegt wird, speichert das System zusätzlich zu den eigentlichen Annotationsdaten auch den aktuellen Benutzerkontext sowie Autor und Zeitpunkt ab. Diese weiteren Informationen stehen somit auch in aufbauenden Funktionalitäten wie der Suche immer zur Verfügung.

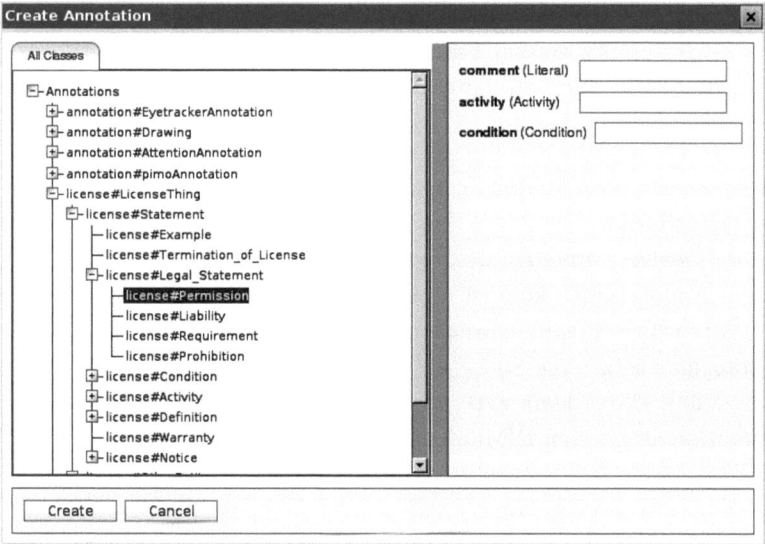

**Abb. 12.19** Manuelles Anlegen einer Annotation.

Beim Anlegen einer Annotation auf manuelle Weise ist es problematisch, dass normalerweise eine Vielzahl von Annotationsklassen zur Verfügung stehen (siehe Abbildung 12.19). Diese Klassen sind hierarchisch organisiert, die Navigation in einem Klassenbaum ist jedoch zeitraubend.

Deswegen wurden im System diverse Abkürzungen implementiert:

- Liegt der für die Annotation ausgewählte Text innerhalb eines bereits annotierten Textteils, werden insbesondere Annotationsklassen angezeigt, die im Wertebereich einer Eigenschaft der umliegenden Annotationsklasse liegen. Dies erleichtert die Text-Dekomposition erheblich: Ist die Textsektion bereits als „Sammlung von Versicherungsklauseln" markiert und wird gerade ein Textteil darin annotiert, wird „Versicherungsklausel" als mögliche Annotationsklasse hervorgehoben.

- Um den Klassenbaum klein zu halten, können nur zuletzt benutzte Klassen beziehungsweise Klassen in deren Nähe angezeigt werden.

Die Visualisierung von Annotationen erfolgt, indem neben annotierten Textteilen Icons angezeigt werden, die der jeweiligen Annotationsklasse entsprechen. Wird der Mauszeiger über ein Icon bewegt, wird der genau annotierte Textteil hervorgehoben und die zur Annotation abgespeicherten Daten werden angezeigt.

**Annotationsbasierte Suche**

Alle in den gespeicherten Annotationen enthaltenen Informationen können in der semantischen Suche genutzt werden. Dabei werden als Resultate die Textabschnitte geliefert, die mit zu den Suchkriterien passenden Informationen annotiert wurden. Zur technischen Realisierung werden *Filter* benutzt, die die Textabschnitte entsprechend aussieben. Jeder Filter kann auf unterschiedliche Datenquellen zurückgreifen:

- *Seitenfilter* erlauben übliche Suchkriterien wie Volltextsuche, Suche nach Autor oder Seitendatum.
- *Annotationsfilter* erlauben die Suche nach bestimmten semantischen Annotationen. Annotationen können nach Klasse, nach den assoziierten Daten und nach Autor bzw. Erstellungsdatum und Kombinationen durchsucht werden.
- *Kontextfilter* setzen die Suche nach einer Annotation über ihren Erstellungskontext um. Dabei kann z. B. nach den zum Zeitpunkt der Erstellung einer Annotation aktivierten PIMO-Konzepten gefiltert werden.

Mehrere Filter können über die Operatoren UND beziehungsweise ODER verknüpft werden. Nachdem ein Filter ausgewählt wurde, kann der Benutzer aus einer Reihe von *Facetten* auswählen, die der Filter unterstützt. So hat z. B. der Seitenfilter die Facetten *Seiteninhalt* (Text), Autor und Änderungsdatum. Danach kann für die jeweilige Facette der gewünschte (Such-)Wert angegeben werden. Gegebenenfalls werden mögliche, d. h. tatsächlich in Annotationen benutzte Werte angezeigt, da ansonsten direkt ein leeres Suchergebnis die Folge wäre.

Des Weiteren existieren Abkürzungen für übliche Anwendungsfälle wie Volltextsuche und Suche nach Annotationsklasse.

Weitere Informationen zu semantischer Suche im Allgemeinen finden sich in Kapitel 9.

**Visualisierung der strukturierten Daten**

Die in den Annotationen enthaltenen strukturierten Daten (siehe z. B. der Verweis auf CarFS in Abbildung 12.18) lassen sich über Templates (siehe Kapitel 8) formatiert darstellen und untereinander sowie mit den annotierten Dokumenten verlinken. Dadurch

## 12.4 Wikis und Semantische Wikis

| Active Constraints | Facets | Restriction Values |
|---|---|---|
| Annotation Filter Type: a Contract having: | date duration **partner** subject | DFKI |

Search Results
...

**Abb. 12.20** Suche nach mit bestimmten Annotationen versehenen Absätzen.

wird es möglich, zwischen normalen Wiki-Artikeln und einer strukturierten Ansicht der darin enthaltenen Informationen zu wechseln. Auch Abfragen auf den Daten lassen sich in den Templates speichern; so wird es z. B. möglich, auf der Seite zu einem Sachbearbeiter bei CarFS automatisch alle von dieser Person betreuten Firmen aufzulisten.

**Beispiele**

Im Folgenden zeigen wir einige Beispiele zur Funktionalität des Semantischen Wikis in Mymory. Nehmen wir dazu an, dass Rudi Baispilov eine Sammlung von Vertragstexten im Firmen-Wiki verwaltet. Auch andere Mitarbeiter der Firma CarFS nutzen dieses Wiki und haben dort beschreibende Texte zu Projekten angelegt und annotiert. Für die Annotationen wurden dabei unter anderem Konzepte aus einer Domänenontologie für Versicherungstexte benutzt; auch das PIMO und eine allgemeine Annotationsontologie (die es erlaubt, grundlegende Annotationen wie Kommentare, Nutzerbewertungen oder Hervorhebungen zu machen) werden rege genutzt. Entsprechend hat sich das Wiki mit der Zeit zu einem beachtlichen Fundus von firmeninternen Wissen gemausert, der auch die auf dem Semantischen Desktop der Nutzer angelegten Konzepte wiederbenutzt.

**Beispiel 1:** Hier wird ein Vertragstext zu einer Versicherung mit Annotationen versehen. Die Annotationen werden mithilfe der formularbasierten manuellen Annotation erstellt. Nach diesem Schritt stehen feingranulare Annotationen des Lizenztextes zur Verfügung. Diese Annotationen teilen den (langen) Lizenztext in einzelne Abschnitte auf (Abschnitte mit Definitionen, Einschränkungen *etc.*). Auch Verweise innerhalb des Textes sind in Form von Annotationen verfügbar („Die Versicherung erfolgt auf Grundlage der Bedingungen in Abschnitt 4.4" inklusive Verweis auf diesen Abschnitt).

**Beispiel 2:** Sobald Wiki-Artikel annotiert sind, wird eine detaillierte Suche möglich. Wenn Rudi z. B. einen Überblick über alle Versicherungsverträge mit dem DFKI haben möchte, kann eine entsprechende Abfrage gestartet werden. In Abbildung 12.20 wird die Bildschirmdarstellung einer entsprechenden Suchanfrage gezeigt. Unter dem

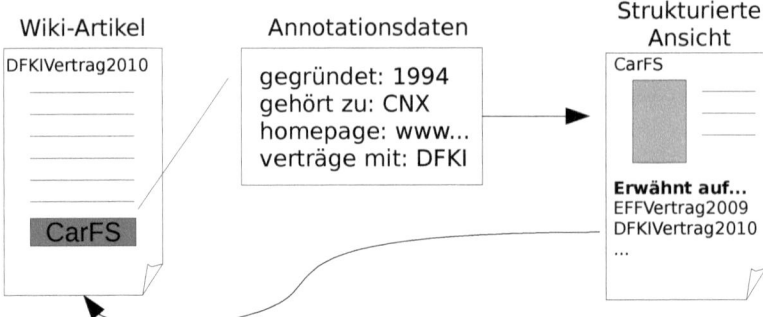

**Abb. 12.21** Wiki-Artikel, Annotationen darin, Template-basierte Visualisierung und Verbindungen dazwischen.

Suchformular werden immer die Absätze angezeigt, die auf die aktuelle Anfrage passende Annotationen enthalten.

**Beispiel 3:** Rudi kann sich bei der Ansicht eines Vertrags bei Bedarf Details zu einzelnen Annotationen anzeigen lassen. So wird es möglich, zur strukturierten Ansicht (rechts in Abbildung 12.21) der Firma DFKI zu springen, auf der mittels des für Firmen definierten Anzeige-Templates automatisch mit dieser Firma bestehende Verträge angezeigt werden: Links ist der normale Wiki-Artikel zu sehen, in dem über eine Annotation eine Referenz auf in RDF dargestellte strukturierte Daten zur Firma CarFS angelegt wurde. Diese in der Annotation steckenden Daten sind normalerweise weitgehend unsichtbar. Klickt man jedoch auf die Annotation, wird eine per Template strukturierte Ansicht der Daten erzeugt (rechte Seite). In die strukturierte Ansicht lassen sich angepasste Suchabfragen einbetten. Im Beispiel werden Verweise auf Wiki-Seiten angezeigt, in denen Referenzen auf die aktuell angezeigte Firma beziehungsweise entsprechende Annotationen gefunden wurden.

Damit wurden grob die Fähigkeiten von Semantischen Wikis umrissen. Im Folgenden wollen wir uns der Unterstützung des Wissensarbeiters in Sachen Aufgabenmanagement widmen. Dabei wird insbesondere darauf Rücksicht genommen, dass der Wissensarbeiter normalerweise viele Aufgaben in unterschiedlichen Kontexten bearbeitet.

## 12.5 Aufgabenmanagement für Wissensarbeiter

Die ständig zunehmende Informationsflut ist nicht die einzige Herausforderung, die an einen Wissensarbeiter gestellt wird. In der Tat nimmt die Menge *verfügbarer* Information ebenso zu wie auch die Menge an *explizit zugestellten* Informationen (beispielsweise über oder in Form von E-Mails).

Darüber hinaus sind Wissensarbeiter (Manager, Anwälte, Finanzanalysten, Softwareentwickler *etc.*) gleichzeitig mehreren Aufgaben verpflichtet, deren Abarbeitung weitestgehend parallel durchgeführt werden muss (Mark et al. 2005, González und Mark 2004, Iqbal und Horvitz 2007).

Zum einen ist eine sequenzielle Abarbeitung oft nicht möglich, da erstens nicht alle Schritte bekannt sind und zweitens Reaktionen Dritter abzuwarten sind. Zum anderen ist eine echt parallele Bearbeitung sowohl kognitiv als auch technisch unmöglich. In Wirklichkeit ist der Wissensarbeiter daher gezwungen, sich jeweils für kurze Zeit einer einzelnen Aufgabe zu widmen und permanent zwischen allen Aufgaben hin und her zu wechseln. Hinzu kommt eine ständig wachsende Zahl von Unterbrechungen, die der eigentlichen Abarbeitung einer Aufgabe entgegenwirken: Teilweise wird man über neue Aufgaben informiert, teilweise wird ein direktes Handeln für eine andere Aufgabe dringend benötigt. In allen Fällen bleibt unter dem Strich die Herausforderung, dass ein Wissensarbeiter am permanenten Wechseln der Aufgaben nicht vorbeikommt. Studien haben belegt, dass die Anzahl und die Frequenz solcher Wechsel mittlerweile eine Rate erreicht hat, die ein effektives und konzentriertes Arbeiten in hohem Maße erschwert (Mark et al. 2008, González und Mark 2004, Iqbal und Horvitz 2007).

### 12.5.1 Permanenter Aufgabenwechsel (Multitasking)

Je nach Aufgabenstellung ist der permanente Wechsel zwischen Aufgaben kein generelles Problem, z. B. wenn es sich um klar umrissene Aufgaben mit einer klaren Operationalisierung (vollständige Sequenz von Einzeltätigkeiten handelt). Für einen Wissensarbeiter sind solche Aufgaben jedoch ein Luxus, der nur selten eintritt. Die meisten Aufgaben sind lediglich grob über ihre Ziele definiert, nicht jedoch ihre Zielerreichung oder -durchführung. Eine Lösungsfindung und -optimierung erfordert demnach Konzentration, Kreativität und einen hohen kognitiven Aufwand. Das Auffinden, Selektieren und Transferieren (Nutzen) von Wissen für eine Aufgabe ist ein entscheidender Schritt hierfür. Für jede Aufgabe ist das hierfür benötigte Wissen anders. Technisch gesprochen: Für unterschiedliche Aufgaben werden unterschiedliche Informationselemente benutzt oder erzeugt.

Wenn ein Wissensarbeiter zu einer anderen Aufgabe wechselt, ist er gezwungen, seinen Fokus auf andere Dinge zu legen: Er muss andere aufgabenspezifische Ziele verfolgen und benötigt hierzu andere Informationselemente. Abgesehen von der technischen Seite (was die Bedienung des Computers zur Selektion der Informationselemente angeht), bedeutet der Aufgabenwechsel einen hohen kognitiven Aufwand, da der Wissensarbeiter sich auch mental auf die jeweils neue Aufgabe einstellen muss. Wir sprechen daher nicht nur von einem *Aufgabenwechsel*, sondern insbesondere von einem *Kontextwechsel*, da die Arbeit des Wissenarbeiters, seine Tätigkeiten, sein Wissen und seine Lösungsansätze zwar gleichermaßen Anwendung finden, diese jedoch in einem *anderen Kontext* für eine andere Aufgabe nutzbringend eingesetzt werden.

## 12.5.2 Ziele für die technische Unterstützung

Zur Unterstützung des Wissensarbeiters haben wir zwei Fakten zu berücksichtigen:

1) Laut einer Studie von O'Conaill und Frohlich (O'Conaill und Frohlich 1995) wird ein Wissensarbeiter durchschnittlich viermal in der Stunde unterbrochen und hat ca. zehn Minuten Zeit, sich mehr oder weniger konzentriert einer Aufgabe zu widmen, bevor er erneut unterbrochen wird und sich auf die jeweils andere Aufgabe einstellen muss.
2) Eine Reduktion der Unterbrechungen, sowohl die Anzahl als auch die Frequenz betreffend, ist ein offensichtliches Ziel. Jedoch können die Unterbrechungen nicht gänzlich eliminiert werden, da die gleichzeitige Bearbeitung von Aufgaben, das Eintreffen wichtiger Informationen und das zeitnahe Reagieren für heutige Geschäftszweige die Voraussetzung zum Erfolg sind.

Wir können also zwar versuchen, die Unterbrechungen zu reduzieren, zielführender und effektiver ist es jedoch, den Wissensarbeiter explizit bei den obligatorischen Aufgabenwechseln zu unterstützen – technisch wie auch kognitiv.

Technisch kann ein Kontextwechsel unterstützt werden durch einen kontextsensitiven Zugriff auf Informationselemente. Ein Wechsel zu einer anderen Aufgabe geht dann mit einem Wechsel der relevanten Informationselemente einher. Kontextsensitive Such- und Filtermechanismen sind weitere Beispiele für technische Unterstützungen.

Der Computer kann den Wissensarbeiter auch kognitiv bei Kontextwechseln unterstützen: Durch eine Darstellung des zuletzt aktiven Zustands derjenigen Aufgabe, zu der er nun wechselt, muss der Wissenarbeiter sich nicht mehr mühsam und fehleranfällig an die letzten getätigten Schritte und ggf. offenen Punkte erinnern. Werden solche Informationen proaktiv präsentiert, kann der Wissensarbeiter die Aufgaben direkt (bzw. nach einer erheblich kürzeren Zeit) wieder aufnehmen und zügig weiterarbeiten.

## 12.5.3 Task Management-Systeme

Technische Werkzeuge zur Aufgabenverwaltung werden heutzutage entweder in Form von einfachen *To-do*-Listen oder professionell als Workflow Management System (WfMS) angeboten. Mit *To-do*s sind im heutigen Sprachgebrauch kleinere auftretende Aufgaben gemeint. Einfache To-do-Listen skalieren für Wissensarbeiter allerdings nicht, da im Allgemeinen schneller neue To-dos hinzukommen als dass To-dos erledigt („abgehakt") und von der Liste entfernt werden können. Der Grund hierfür ist, dass viele Aufgaben nicht eindeutig als erledigt markiert werden können, da das Ziel unklar ist oder nicht (d. h. niemals) vollständig erreicht werden kann.

Professionelle Workflow-Systeme lösen nicht das Problem, dass viele Aufgaben ungelöst bleiben, jedoch skalieren sie deutlich besser, z. B. indem dort die Aufgaben hierarchisch strukturiert werden können, um nur ein Beispiel zu nennen. Sie eignen sich allerdings eher für organisationsweite Arbeitsabläufe (Workflows), in denen mehrere

Ausführende beteiligt sind und in denen es ein bewusstes Ziel ist, standardisierte Arbeitsabläufe einzuhalten. Für neue, kreative, individuelle Lösungsansätze eignen sie sich eher weniger, da das Erstellen neuer Workflows (Arbeitsabläufe) zu aufwändig ist und deren Strukturen zu starr für einzelne Wissensarbeiter sind oder gar die Abweichung vom vorgegebenen Ablauf gänzlich unmöglich machen.

Allerdings sind Wissensmanagementansätze auf Basis von WfMS seit vielen Jahren erforscht und erfolgreich eingesetzt worden. Mittels semantischer Modellierung und Annotation von Workflows und Tasks sowie einem semantischen Aufgabenkontext auf Basis dieser Tasks kann eine semantische Aufgabenunterstützung erfolgreich und präzise realisiert werden.

Aufbauend auf diesen Ergebnissen schlagen wir ein leichtgewichtigeres, agiles, dezentralisiertes Aufgabenverwaltungssystem für den individuellen Wissensarbeiter vor. Damit werden die Vorteile einer expliziten, semantischen Modellierung und Unterstützung von Aufgaben beibehalten und gleichzeitig die Nachteile des zentralisierten, starren WfMS behoben.

### 12.5.4 Semantische Aufgabenmodellierung

Man möchte organisationale Prozesse und Strukturen nicht starr diktieren. Stattdessen möchte man Wissensarbeitern gestatten, Ausnahmesituationen mit sinnvollen Abweichungen vom Standardvorgehen begegnen zu können und so einen unterstützten, aber dennoch ungezwungenen Umgang mit einem technischen Aufgabenmanagement (Taskmanagement) zu ermöglichen. Durch die Arbeit der beschäftigten Wissensarbeiter entstehen so nun allerdings adaptierte oder neue, organisational relevante Aufgaben.

Für eine technische Unterstützung eines derart individualisierten Taskmanagements ist also eine technische Möglichkeit erforderlich, welche das von den individuellen Wissensarbeitern *unterschiedlich* strukturierte und annotierte Wissen *ontologisch* (lax: einheitlich und semantisch) zugänglich und dann *allgemein wiederbenutzbar* machen. Ein derartiges Taskmanagement benötigt also Mechanismen, die es ermöglichen, die Aufgaben und die verwendeten Informationselemente semantisch greifbar und vergleichbar zu machen. Eine semantische Aufgabenmodellierung kann dies leisten.

Neben einer eindeutigen Kennung (URI) werden für jede Aufgabe zunächst einmal ganz typische Daten vorgehalten. Darunter fallen unter anderem folgende Metadaten:

- Name / Bezeichnung der Aufgabe
- Textuelle Aufgabenbeschreibung
- Anfang- und Ende-Zeiten
- Alarm zur Erinnerung

Die Aufgabenbeschreibung umfasst außerdem weitere Metadaten zur feingranularen, technischen Spezifikation der Aufgabe. In Anlehnung an professionelle Task-Management- und Workflow-Management-Systeme werden darunter z. B. folgende Daten spezifiziert:

- Ziel(e) der Aufgabe
- Projektzuordnung
- Ausführende Personen bzw. deren Rollen

Zum großen Teil wird eine Aufgabe einfach dadurch semantisch beschrieben, dass sie mit PIMO-Konzepten verknüpft wird. Durch diese Einbettung in das PIMO erfährt die Aufgabe eine weiterführende semantische Beschreibung. Technisch geschieht dies durch Annotationen, die entsprechende PIMO-Konzepte über deren URIs referenzieren:

- Topics: zu bearbeitendes Themen (domänenspezifisch)
- Projects: relevante Projekte, die adaptierbares Wissen für diese Aufgabe beherbergen
- Persons: relevante Personen, die zu einer Aufgabe beitragen
- Locations: relevante Örtlichkeiten, z. B. Städte (bei ortsübergreifenden oder ortsspezifischen Projekten)
- usw.

### 12.5.5 Kontext eines Wissensarbeiters

Parallel zur direkten Unterstützung des Taskmanagements erübrigt eine proaktive Informationsbereitstellung (Holz et al. 2005, Rostanin et al. 2010) das aufwändige (Wieder-)Finden relevanter Informationen, erleichtert deren Zugriff und verhindert ein Übersehen wichtiger Informationen.

Ziel ist es, passend zum aktuellen Kontext eines Mitarbeiters, relevante Informationen einzublenden und irrelevante Informationen auszublenden. Für solche *kontextsensitive* Dienstleistungen wird eine technische, semantische Repräsentation eines Nutzerkontextes benötigt. Dieser umfasst die aktuell von ihm bearbeitete Aufgabe, deren Ziele, hierzu benötigte bzw. tatsächlich genutzte Dokumente, kürzlich verwendete Werkzeuge, usw.

Darüber hinaus soll der Wissensarbeiter kognitiv beim Aufgabenwechsel unterstützt werden. Dies schließt eine automatische Erkennung von Aufgabenwechseln mit ein. Für die häufigen Fälle, in denen der Nutzer „nur kurz" die Aufgabe gewechselt hat, ohne dies explizit technisch festzuhalten (in einem Taskmanagement-System), sollen technisch unsichtbare Aufgabenwechsel trotzdem technisch erfasst werden. Ein weiteres Ziel der semantischen Kontextmodellierung ist also eine automatische Aufgabenerkennung auf Basis des Nutzerkontexts.

#### Semantische Kontextmodellierung

Entsprechend des in Abschnitt 12.2.1 vorgestellten Ansatzes spiegelt das PIMO eines Nutzers die wichtigsten Informationselemente für die Bearbeitung seiner Aufgaben wider. Unserem Ansatz entsprechend gehen wir davon aus, dass ein Wissensarbeiter den Semantic Desktop benutzt und damit sein PIMO pflegt und nutzt. Die Modellierung des Nutzerkontexts basiert dementsprechend ebenfalls auf eben diesen PIMO-Konzepten.

## 12.5 Aufgabenmanagement für Wissensarbeiter

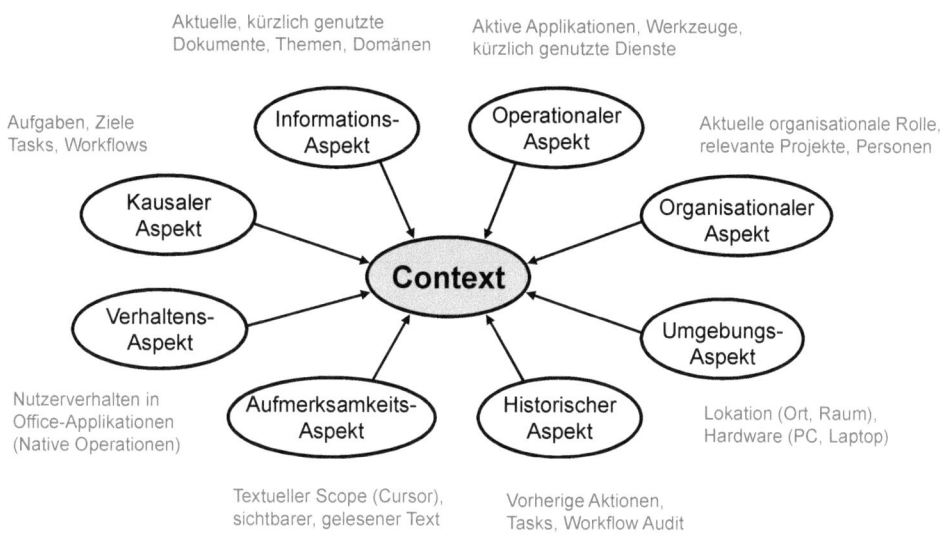

**Abb. 12.22** Zum Kontextmodell tragen Kontextelemente aus verschiedenen Aspekten bei.

Wie in (Schwarz 2006) beschrieben, werden Kontextelemente aus verschiedenen Aspekten gesammelt (siehe Abbildung 12.22). Das PIMO eines Nutzers enthält bereits Konzepte zu all diesen Aspekten. So müssen die eigentlichen kontextuellen Daten nicht erneut modelliert werden. Stattdessen kann das Kontextmodell einfach diejenigen PIMO-Konzepte *referenzieren*, die im entsprechenden Moment kontextuell relevant sind. Dabei tragen nicht alle Konzepte *gleichermaßen* stark zum Kontext des Nutzers bei. Manche Konzepte sind von entscheidender Wichtigkeit für einen bestimmten Kontext, während andere Konzepte in diesem Kontext eher minimal (zweitrangig) relevant und wieder andere Konzepte gänzlich irrelevant sind. Die Stärke beziehungsweise das jeweilige Gewicht, mit der Konzepte in einem Kontext modelliert werden, wird automatisch aus der Aufmerksamkeit des Nutzers erschlossen, sprich: Ein Konzept, das vom Benutzer oft und lange verwendet wird, bekommt eine höhere Aufmerksamkeit und wird demnach mit einem größeren Gewicht im Kontextmodell repräsentiert.

> *Die Modellierung eines konkreten Nutzerkontextes entspricht einer Gewichtsverteilung (Aufmerksamkeitsverteilung) auf dem nutzereigenen PIMO.*

Die Aufmerksamkeit eines Nutzers bezüglich eines PIMO-Konzepts (in einem konkreten Kontext) wird technisch durch Kontextelemente (Contextual elements, kurz CEs) repräsentiert. Für jedes relevante PIMO-Konzept wird ein eigenes Kontextelement erzeugt bzw. gewartet. Die Menge aller dieser Kontextelemente bildet dann zusammen einen aktuellen Nutzerkontext. Oder anders formuliert: Ein Nutzerkontext besteht technisch aus einer Menge von Kontextelementen, die dynamische, gewichtete Referenzen auf PIMO-Konzepte darstellen. Ein anderer Kontext besteht dann aus anderen Kontextelementen, die andere PIMO-Konzepte referenzieren und/oder andere Relevantgewichte zu PIMO-Konzepten darstellen.

Im Einzelnen hält ein Kontextelement folgende Metainformationen vor:

- Referenz auf ein PIMO-Konzept (mittels URI des Konzepts).
- Grad der Relevanz des PIMO-Konzepts für den zugehörigen Kontext.
- Ursprung (engl. provenance): Technische Komponenten und Automatismen, die an der automatisch ermittelten kontextuellen Relevanz des Konzepts beteiligt waren.
- Abhängigkeiten (kausal, evidenziell):

    a) Kontextelemente, die von diesem Kontextelement abhängen, und
    b) Kontextelemente, die dieses Kontextelement unterstützen.

Die beiden letzten Metainformationen erlauben neben der Berechnung der Relevanz eines Konzepts auch Erklärungen, warum dieses Konzept als relevant für den Kontext erachtet wurde (siehe Abschnitt 10.5.1). Derartige Erklärungen sind wichtige Informationen sowohl für die Entwickler eines kontextsensitiven Systems als auch für den Endnutzer, um eine hohe Akzeptanz gegenüber einem kontextsensitiven System zu erreichen.

Abbildung 12.23 zeigt einen kleinen Ausschnitt einer solchen Kontextmodellierung in RDF/XML. Das zugrundeliegende RDFS bietet die Basis für eine einheitliche Modellierung und erlaubt semantische Inferenzen auf Klassenebene. Das Verständnis für die Bedeutung der verwendeten Instanzen wird durch die Verwendung, d. h. Referenzierung, der PIMO-Konzepte erreicht. Wie in Abschnitt 12.2.1 erklärt, bauen die PIMO-Konzepte ihrerseits auf der Semantik von RDFS auf und werden vom Benutzer selbst angelegt und verwaltet. Die Bedeutung der einzelnen Konzepte, und damit auch der Kontextelemente, ist somit semantisch erfassbar und verarbeitbar.

## 12.5 Aufgabenmanagement für Wissensarbeiter

```
@prefix : <http://km.dfki.de/context#> .
@prefix domain: <http://km.dfki.de/domain#> .
@prefix object: <http://km.dfki.de/objects#> .
@prefix org: <http://km.dfki.de/org#> .
@prefix rdf: <http://www.w3.org/1999/02/22-rdf-syntax-ns#> .
@prefix rdfs: <http://www.w3.org/2000/01/rdf-schema#> .
 [ a :Context;
     :informationalAspect [ a :InformationalAspect;
       :contains <http://www.dfki.de>,
        <imap://rudi.baispilov@carfs.de/INBOX/;UID=17050>,
        <semdesk://rudi.baispilov@carfs.de/things/DFKIFlottenmanagement>,
        <semdesk://rudi.baispilov@carfs.de/things/DFKI> ];
     :organizationalAspect  [  a :OrganizationalAspect;
       :contains <mailto:Gesine.Mustermann@dfki.de> ] ].
   <http://www.dfki.de>      a object:HtmlFile;
     object:fileType "text/html";
     object:lastAccess "2012-10-13T14:45:42";
     object:location "http://www.dfki.de";
     object:title "Intelligente Lösungen für die Wissensgesellschaft" .
   <imap://rudi.baispilov@carfs.de/INBOX/;UID=17050> a object:EMail;
     object:content """Hallo Herr Baispilov, [...]""";
     object:lastAccess "2012-10-13T14:45:22";
     object:recipients "Rudi Baispilov <rudi.baispilov@carfs.de>";
     object:sender "Gesine Mustermann <Gesine.Mustermann@dfki.de>";
     object:subject "Treffen am DFKI zum Flottenmanagement" .
   <mailto:Gesine.Mustermann@dfki.de>     a org:Person;
     :supportedBy <imap://rudi.baispilov@carfs.de/INBOX/;UID=17050>;
     org:eMail "Gesine.Mustermann@dfki.de";
     org:firstName "Gesine";
     org:lastName "Mustermann" .
   <semdesk://rudi.baispilov@carfs.de/things/DFKI>
    a org:Organization;
     :supportedBy <http://www.dfki.de>;
     org:name "DFKI" .
   <semdesk://rudi.baispilov@carfs.de/things/DFKIFlottenmanagement>
    a org:Project;
     :supportedBy <http://www.dfki.de>,
           <imap://rudi.baispilov@carfs.de/INBOX/;UID=17050>;
     org:name "DFKI Flottenmanagement" .
```

**Abb. 12.23** Ausschnitt der RDF-Modellierung eines Nutzerkontexts von Rudi nach Empfang einer E-Mail von Gesine.

## 12.5.6 ConTask: Kontextsensitives Aufgabenmanagement

Ziel ist eine *adäquate* Unterstützung für das Aufgabenmanagement eines Wissensarbeiters. Eine technische Unterstützung kann dem Nutzer nur dann einen Mehrwert bringen, wenn Folgendes gegeben ist:

- Die Technik setzt an Stellen an, die einer Unterstützung bedürfen.
- Der Nutzer hat mehr Erleichterung als Arbeit mit dem Tool.

Ein Nutzer erwartet von einem Werkzeug, dass es ihm hilft, d. h. insbesondere ihm Arbeit abnimmt, die er schlecht oder schlechter selbst oder anderweitig durchführen kann. Dabei ist zu vermeiden, dass durch die Unterstützung mehr Arbeit anfällt als vorher. So kann beispielsweise eine technisch gesteuerte Erinnerung (Alarm) eine Hilfestellung sein, die der Nutzer dankbar annimmt.

Typische Softwarelösungen zum Thema Aufgabenmanagement realisieren oft lediglich einen technischen Nachbau von Methoden, die der Nutzer physikalisch durchführt. So werden z. B. Listen mit zu erledigenden Aufgaben (To-do-Listen) einfach in Software gegossen. Der Nutzer schreibt seine To-dos also nicht mehr auf Zettel (Post-its), sondern trägt diese in einer Applikation ein. Einen tatsächlichen Vorteil erreicht der Nutzer aber dadurch zunächst einmal nicht, wohl hat er damit sogar mehr Arbeit als mit einem Stück Papier und Stift. Ein Vorteil entsteht jedoch durch das technische Verwalten der Aufgaben, so kann der Zettel nicht verlorengehen, die Aufgabenbeschreibung kann geändert werden usw. Außerdem schafft das Verknüpfen von Alarmen mit Aufgaben dem Nutzer einen deutlich merklichen Vorteil, indem der Computer dem Menschen beim Erinnern hilft.

Nichtsdestotrotz werden Softwaretools zum Aufgabenmanagement zwar in einer Vielzahl angeboten, die Nutzer fühlen sich jedoch selten gut unterstützt. Der Grund ist die schlechte Skalierbarkeit. Während das Anlegen neuer Aufgaben noch relativ einfach gelingt, ist das Überblicken aller *wichtigen* Aufgaben schon nach kurzer Zeit kaum mehr möglich. Der Fluch der Wissensarbeit ist, dass täglich neue Aufgaben (auf dieser Liste) hinzu kommen, viele Aufgaben aber kurzfristig nicht (gänzlich) abgearbeitet werden können. Folglich wächst die Zahl an Aufgaben, die alle mehr oder weniger wichtig sind, unaufhörlich aktiv und wird schon nach wenigen Tagen, spätestens jedoch nach Wochen, unüberschaubar. Der Nutzer verliert die Kontrolle über die Aufgaben und er wird für „*sehr* wichtige" Aufgaben andere Wege gehen, damit diese auf jeden Fall erledigt werden. Kurioserweise kommen Wissensarbeiter dann oft wieder zurück zu den Post-its am Monitor – mit anderen Worten: Die Softwareunterstützung hat versagt.

Während man an der täglich zunehmenden Vielzahl an Aufgaben nichts ändern kann, zielt unser Ansatz darauf ab, dass der Nutzer trotz der Vielzahl an Aufgaben die Übersicht behält. Eine semantische Modellierung der Aufgaben erlaubt eine semantische Verarbeitung der Aufgaben und hat folgende Vorteile:

1) Semantischer Abgleich von Nutzerkontext und kontextuell relevante Aufgaben.

2) Überschaubarkeit durch Ausblenden kontextuell irrelevanter Aufgaben und Einblenden kontextuell relevanter Aufgaben.
3) Semantische Verknüpfung von Aufgaben mit anderen Aufgaben (z. B. Unteraufgaben), relevanten Personen, wichtigen Dokumenten (erübrigt u. a. das Vorhalten solcher Informationen in Form von schwer auswertbaren „Notizen").

In der Vergangenheit ging mit der semantischen Modellierung oft manueller Modellierungsaufwand einher. Um den Nutzer bei dieser Arbeit möglichst gut zu unterstützen, wird im folgenden Abschnitt beschrieben, wie man einen Großteil der semantischen Annotationen (halb-)automatisch herstellen kann.

**Benutzerverhalten und Historie**

Während der Mensch traditionell viele Daten von Hand in Systeme eingeben musste, oftmals zum großen Teil redundante Daten, verfolgt die Künstliche Intelligenz das Ziel, den Menschen von derart unnötigen und lästigen Aktionen zu befreien. Wenn wir uns den Computer eines Wissensarbeiters anschauen, dann fällt auf, dass sehr wohl Verzeichnisstrukturen angelegt sind, um Dateien dort zu strukturieren usw. Auch wenn diese Strukturierung nicht einheitlich ist, so bietet sie die Grundlage für ein konsistentes, semantisches Modell (siehe obige Ausführungen zum PIMO). Sie bietet aber noch viel mehr.

Die Informationselemente wie Dateien, E-Mails, Ordner usw. stellen nicht bloß Eingabedaten zur Erzeugung eines PIMOs dar. Vielmehr werden sie vom Wissensarbeiter ja weiterhin bei der eigentlichen Arbeit genutzt. Hier setzt nun unser Ansatz an:

> Je nach Aufgabe benötigt der Wissensarbeiter anderes Wissen zur Durchführung. Das heißt, er wird in anderen Aufgaben auch andere Informationselemente benutzen.

Wenn wir das augenblickliche „Benutzen" eines solchen Informationselementes feststellen und festhalten (d. h. observieren und protokollieren), dann können wir automatisch Beziehungen zwischen Aufgaben und den dafür benötigten Informationselementen ermitteln.

Eine extra hierfür optimierte Benutzerschnittstelle bietet daher die Möglichkeit, mit einer einfachen Mausgeste, die letzten Informationselemente (bzw. einen Teil davon) zur aktuellen Aufgabe hinzuzufügen (siehe Abbildung 12.24). Die Anwendung besteht aus drei Teilen, die horizontal angeordnet sind: Ganz links befindet sich eine Liste von Aufgaben (Tasks) des Nutzers. Wird dort eine Aufgabe selektiert, also gedanklich bearbeitet, so erscheint in der mittleren Schnittstelle die Detailsicht auf diese Aufgabe. Unter anderem werden dort PIMO-Konzepte und Ressourcen verwaltet, die zur Bearbeitung von Nutzen sind. Diese nehmen als „Task Attachments" den größten

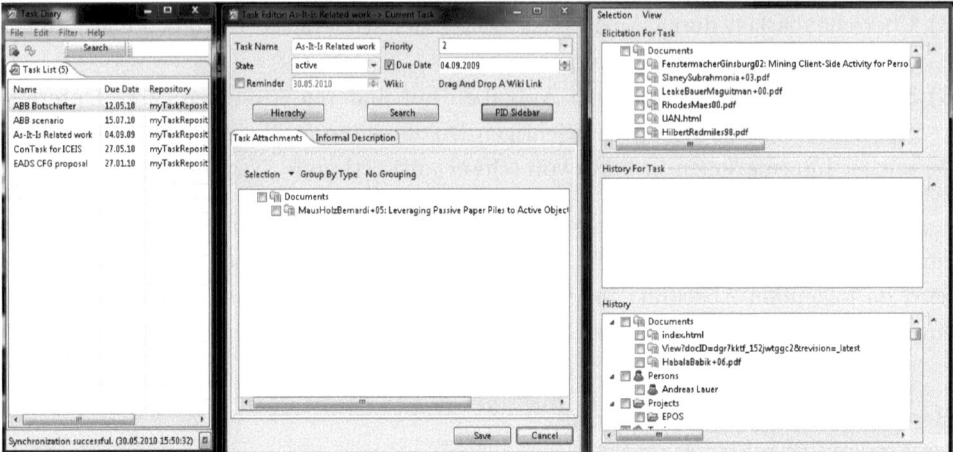

**Abb. 12.24** ConTask unterstützt die Konservierung von aufgabenspezifischem Wissen, indem es unter anderem kürzlich benutzte Objekte zur Annotation an die Aufgabe vorschlägt (rechte Seitenleiste „History").

Bereich in der Mitte in Anspruch. Auf der rechten Seite werden im oberen Bereich („Elicitation For Task") zur Aufgabenbeschreibung passende PIMO-Konzepte angezeigt, im mittleren Bereich („History For Task") Elemente angezeigt, die kürzlich und *während der Aufgabenbearbeitung* genutzt wurden, und im unteren Bereich („History") kürzlich genutzte Konzepte und Ressourcen angezeigt (unabhängig von der aktuellen Aufgabe). Der Nutzer kann die rechts dargestellten Elemente mit der Maus ziehen (*Drag & drop*) und in die Detailansicht in der Mitte fallen lassen. Dadurch werden die Beziehungen von Aufgaben zu Aufgabenwissen explizit gemacht und können später wiederbenutzt werden.

Liegt derartiges Aufgabenwissen in ausreichendem Maße vor, werden die Aufgaben technisch greifbar und vergleichbar. Um bei einem Aufgabenwechsel auf die entsprechend anderen Wissensobjekte zuzugreifen, kann der Mensch nun einfach in der technischen Aufgabenunterstützung die Aufgabe wechseln und dort mit wenigen Klicks die benötigten annotierten Objekte aufrufen, ohne dass er die Objekte erst mühsam suchen muss (z. B. auf der Festplatte). Damit hat der Nutzer bereits einen Gewinn durch die Softwareunterstützung erhalten, die über heutige Unterstützungssoftware deutlich hinaus geht.

Oft passiert jedoch etwas anderes: Gerade bei Unterbrechungen durch Telefonate, E-Mails oder Kollegen, kommt es häufig vor, dass ein Aufgabenwechsel implizit (also ohne das Werkzeug) durchgeführt wird, um „mal eben schnell" eine erforderliche Datei zu sichten oder zu schicken. In einem solchen Fall kann unser Ansatz dennoch punkten, indem festgestellt wird, dass das aktuell benutzte Objekt nicht zur aktuellen Aufgabe passt. Ein installierter Hintergrundprozess überprüft permanent, ob die aktuell benutzten Objekte noch zur aktuellen Aufgabenmodellierung passen (das System weiß, welche

## 12.5 Aufgabenmanagement für Wissensarbeiter

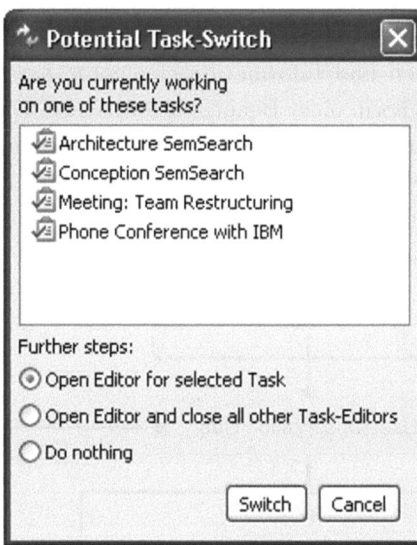

**Abb. 12.25** Potenzielle Aufgabenwechsel werden erkannt und müssen vom Nutzer bestätigt werden.

Aufgabe der Wissensarbeiter zur Zeit gerade durchführt). Im Falle einer zu großen Abweichung muss das System davon ausgehen, dass der Nutzer möglicherweise einen impliziten Aufgabenwechsel durchgeführt hat. In dem Falle wird das kürzliche Verhalten des Nutzers (samt der verwendeten Objekte) genutzt, um zu ermitteln, ob und welche Aufgaben wohl eher zutreffen. Eine entsprechende Benutzerschnittstelle fragt beim Nutzer ab, ob der Aufgabenwechsel richtig erkannt wurde, und bittet ihn, eine der ermittelten Aufgaben zu selektieren. Die Abbildung 12.25 zeigt ein Beispiel hierfür: Das System hat vier alternative Aufgaben ermittelt und im oberen Teil entsprechend dargestellt. Darunter werden dem Nutzer drei Optionen für das weitere Vorgehen angeboten. Er kann diese Vorschläge einfach ignorieren (dritte Option: „Do nothing") oder eine dieser Aufgaben auswählen, um die Arbeit dort fortzusetzen (erste Option). Die zweite Option erlaubt zusätzlich noch, vorher geöffnete Aufgabenfenster zunächst zu schließen. Akzeptiert der Nutzer einen vorgeschlagenen Aufgabenwechsel, so wird dieser nun auch technisch durchgeführt, d. h. explizit festgehalten. Außerdem werden die zwischendurch genutzten Objekte nachträglich noch der richtigen Aufgabe zugeordnet.

Indes, solange der Nutzer nicht auf diese Rückfrage reagiert (die Benutzerschnittstelle also ignoriert), bleibt das System in einem Zustand der Unsicherheit bezüglich der aktuell bearbeiteten Aufgabe. Trotzdem kann es weiterhin permanent das Nutzerverhalten analysieren und weitere potenzielle Aufgabenwechsel ermitteln und dem Nutzer entsprechend vorschlagen.

Abbildung 12.26 zeigt das Zusammenspiel der technischen Softwarekomponenten zur Erfassung und Analyse des Nutzerverhaltens, Komponenten, die semiautomatisch Bezüge zwischen Aufgaben und Informationselementen herstellen sowie die direkte Softwareunterstützung in Form einer Benutzerschnittstelle. Die Architektur kann Aufgabenwechsel erkennen und wird dies auch in entsprechenden Benutzerschnittstellen mit dem Wissensarbeiter kommunizieren, so dass das System stets auf dem Laufenden bleibt, was die aktuell vom Nutzer durchgeführte Aufgabe angeht.

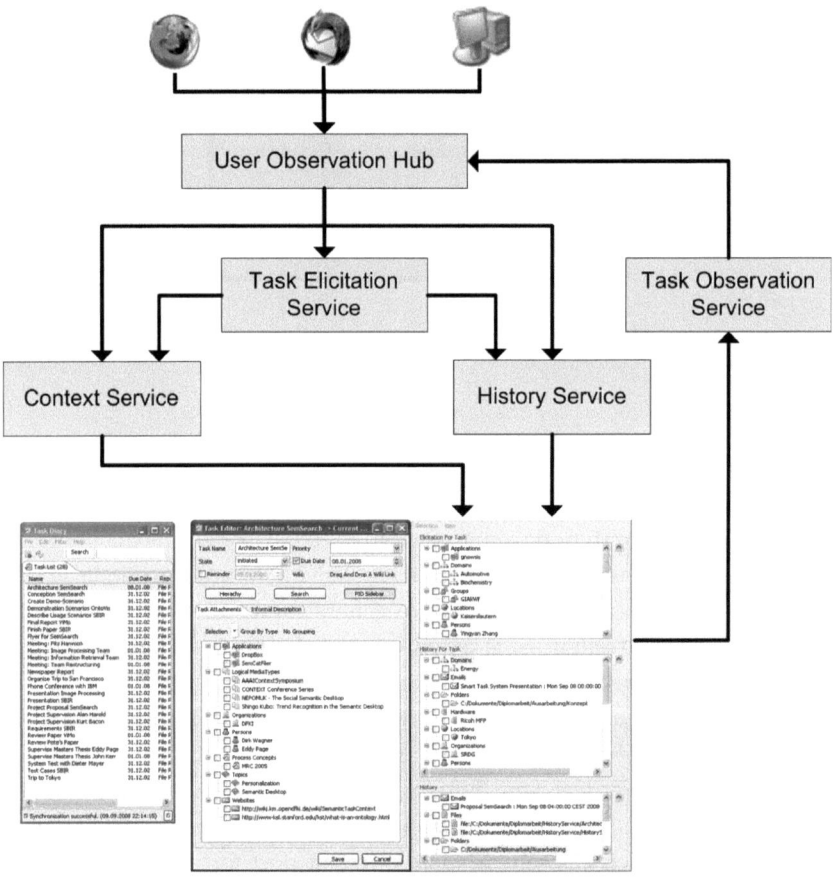

**Abb. 12.26** Eine automatische Observierung und Analyse des Nutzerverhaltens am Computer wird genutzt, um Aufgabenwissen halbautomatisch zu konservieren und Aufgabenwechsel zu erkennen.

## 12.6 Fazit

Wir haben in diesem Kapitel die Herausforderungen von Wissensarbeitern beschrieben. Der Computer dient als technisches Werkzeug und Fenster in die digitale Welt, um Informationen zu finden, zu bewerten, zu verwerten und zu erzeugen. Die permanenten, obligatorischen Kontextwechsel zwischen Aufgaben erschweren die Arbeit allerdings zudem noch.

Die vorgestellten Ansätze aus dem Semantic Desktop-Bereich ermöglichen es, das persönliche Weltbild eines Benutzers im Computer in technischer Form zu repräsentieren, um somit Daten aus verschiedenen Quellen besser integrieren und menschlich wie auch maschinell verstehen zu können. Die semantische Modellierung wird nicht nur auf Ressourcen (Dateien, E-Mails *etc.*) angewendet, sondern dehnt sich auch auf abstrakte Konzepte (z. B. Themen, Projekte) und Aufgaben (auch Tasks genannt) aus. Damit geht auch eine semantische Modellierung von Nutzerkontexten einher und erlaubt eine kontextsensitive Ablage von Informationen sowie ein kontextsensitives Aufgabenmanagement. *Semantische Wikis* erlauben, eine Brücke zwischen semantischen Annotationen und Dokumenten zu schlagen. Je nach Anwendungsfall fungieren die im Wiki verwalteten Dokumente entweder als Grundlage der semantischen Auszeichnungen oder als vielseitiges Kommentarfeld für semantisch modellierte Ressourcen und Konzepte.

Der *Semantic Desktop* wird es Rudi ermöglichen, das Projekt Flottenmangement DFKI und das „Meeting am DFKI" im vollen Umfang zu sehen. Verknüpfte E-Mails, Termine, Orte, Themen, Dokumente, Webseiten, Wissen aus dem Organizational Memory, aktuelle Daten aus dem ERP – alle können ontologiebasiert kontextualisiert, vernetzt und visualisiert werden.

Das *Social Semantic Web* ist Datenquelle für den Benutzer, und Informationen aus dem *Persönlichen Informationsmodell* können dort wiederum veröffentlicht werden. Ansätze aus der Textklassifizierung und der Sprachverarbeitung können in diesem Umfeld ihre Stärken besser ausspielen, da sie speziell an den Benutzer adaptiert werden. Als Schnittstelle sehen wir sowohl Desktop Computer, als auch Web-basierte und mobile Lösungen. Die Künstliche Intelligenz des Computers denkt nicht autonom, sie wird zum Mit-Denker und Assistenten des Benutzers.

## 12.7 Weiterführende Literatur

In der Literatur finden sich zahlreiche Veröffentlichungen zu den im Kapitel dargestellten Themen. Eine umfassende Einführung in den Semantic Desktop und eine detaillierte Darlegung der technischen Details findet der interessierte Leser in der Dissertation von Leo Sauermann (Sauermann 2009). Die Nutzung von PIMOs für die Bildung von Kontexten und die Realisierung weiterer kontext-sensitiver Anwendungen wird in der Dissertation von Sven Schwarz ausführlich aufgezeigt (Schwarz 2010).

Die Sichtweise des Kapitels der Unterstützung der Wissensarbeit am Desktop findet Ergänzung durch Ansätze, die dies in das Wissensmanagement des Unternehmens einbetten. Unsere Sichtweise hierzu legen wir in dem Buch „Geschäftsprozessorientiertes Wissensmanagement" (Abecker et al. 2002) dar. Die Dissertation von Heiko Maus (Maus 2007) zeigt eine Umsetzung für WfMS mit Fokus auf Wissensarbeit mit schwachstrukturierten Workflows auf Basis semantischer Technologien.

Die Betrachtung der individuellen Wissensarbeit wird in vielen Veröffentlichungen thematisiert. Der interessierte Leser mag beginnen in dem Bereich des Personal Information Management etwa mit dem Buch von William Jones (Jones 2008) bis hin zur Produktivität der Wissensarbeit in (North und Güldenberg 2008). Der Blick wie das Semantic web hierbei eine Rolle spielt, wurde – unter Teilnahme einiger Autoren des vorliegenden Buches – in dem Buch „Semantic Web – Wege zur vernetzen Gesellschaft" (Blumauer und Pellegrini 2006) betrachtet.

*Sven Schwarz, Heiko Maus, Malte Kiesel, Leo Sauermann*

# 13 Semantische Suche für medizinische Bilder

## Übersicht
13.1 MEDICO-Ontologie-Hierarchie .................................... 366
13.2 Semantische Technologien im MEDICO-System .................. 370
13.3 Fazit ......................................................... 379
13.4 Weiterführende Literatur ..................................... 380

Dieses Kapitel illustriert den Einsatz von semantischen Technologien in der Medizin als exemplarischer Anwendungsdomäne. Als Beispiel werden Arbeiten aus dem Forschungsprojekt THESEUS MEDICO vorgestellt, das semantische Technologien für die Unterstützung radiologischer Befundung entwickelt hat.

Bildgebende Verfahren, wie zum Beispiel Ultraschall oder Computer-Tomographie (CT), sind eine wichtige Grundlage für die medizinische Diagnose und Therapie, denn sie ermöglichen es, Krankheiten frühzeitig zu erkennen und gezielt zu behandeln. Bisher gab es allerdings kein Instrument, das all die damit verbundenen heterogenen Informationen – Texte, Bilder, Labordaten – intelligent strukturiert und zugänglich zu machen vermag. Im Rahmen des Forschungsprojektes MEDICO wurde für dieses Problem eine Lösung auf Basis semantischer Technologien entwickelt. An diesen Arbeiten war ein Konsortium von verschiedenen Institutionen aus Forschung und Wirtschaft beteiligt. Unter Federführung von Siemens arbeiteten zusätzlich das DFKI, das Fraunhofer-Institut für Grafische Datenverarbeitung in Darmstadt (IGD), das Universitätsklinikum Erlangen (UKE) und die Ludwig-Maximilians-Universität München (LMU). Das MEDICO-System soll Ärzten und anderen im Gesundheitssektor tätigen Personen künftig die Arbeit erheblich erleichtern, indem es alle relevanten Patienteninformationen aus bild- und textbasierten Befunden intelligent zusammenführt.

MEDICO gehört zum Forschungsprogramm THESEUS, einer Initiative des Bundesministeriums für Wirtschaft und Technologie (BMWi) „mit dem Ziel, den Zugang zu Informationen zu vereinfachen, Daten zu neuem Wissen zu vernetzen und die Grundlage für die Entwicklung neuer Dienstleistungen im Internet zu schaffen." (Quelle: Theseus-Website) Zu diesem Zweck sollen semantische Technologien entwickelt werden, die dabei helfen, heterogene Wissensquellen für neue und intelligente Suchfunktionen zugänglich zu machen. THESEUS hat eine Laufzeit von fünf Jahren und begann seine

Arbeiten im Herbst 2008. MEDICO, als ein Teil oder auch „Use-Case" von THESEUS, beschäftigt sich mit der Anwendung von semantischen Technologien in der Medizin.

In diesem Kapitel wird anhand eines Anwendungsszenarios gezeigt, wie semantische Technologien dabei helfen können, Probleme wie die Repräsentation und Navigation von komplexen Wissensdomänen wie der Medizin in der Praxis zu lösen und welche Herangehensweisen dafür in MEDICO gewählt wurden. Dazu wird in Abschnitt 13.1 zunächst die ontologische Modellierung der Anwendungsdomäne in Form der MEDICO-Ontologie-Hierarchie erörtert. In diesem Zusammenhang werden auch Fragen der Methodologie für die Erstellung eines solchen mehrschichtigen Modells beschrieben, die im Rahmen von MEDICO Anwendung fanden.

Im Abschnitt 13.2 werden anschließend die verteilten Softwarekomponenten des „MEDICO-Ökosystems" vorgestellt und ihre Interaktion auf Basis von semantischen Techologien beschrieben. Die Funktionen dieser Komponenten reichen von automatischen Landmarken- und Organdetektoren aus dem Bereich der Computer Vision über verschiedene semantische Annotations- und Suchinterfaces bis hin zu einer multimodalen Schnittstelle für Radiologen, die ein Dialoginterface mit Sprachein- und ausgabe sowie einen Touchscreen umfasst.

Am Ende dieses Kapitels fasst der Abschnitt 13.3 die wichtigsten Erfahrungen aus mehreren Jahren Arbeit mit semantischen Technologien zusammen und benennt die „best practices", die während des Projektes erarbeitet wurden.

## 13.1 Medico-Ontologie-Hierarchie

Um die an der radiologischen Befundung beteiligten Prozesse effektiv unterstützen zu können, muss die MEDICO-Ontologie-Hierarchie Wissen aus einer umfangreichen Domäne erfassen. Dieses Wissen reicht von klinischen Prozessen über die etablierten Strukturen für Informationen über Patienten bis hin zu medizinischem Fachwissen.

Abbildung 13.1 zeigt einen Überblick über die Gesamtstruktur der Hierarchie. Die Arbeiten an diesem Modell erstreckten sich über mehr als zwei Jahre und sind in mehreren Publikationen dokumentiert. So gibt etwa (Möller und Sintek 2007) einen Überblick über die Gesamtstruktur, der in (Möller et al. 2009b) um zahlreiche Ergänzungen erweitert wird.

Der Aufbau folgt dem Grundgedanken, dass unterschiedliche Granularitäten der Modellierung durch verschiedene Schichten reflektiert werden sollten (Semy et al. 2004). Die Modellierung auf den höheren Ebenen ist verhältnismäßig abstrakt und wird von mehr Personen verwendet; es ist deshalb weniger wahrscheinlich, dass sie sich ändert. Nach unten hin werden die Ontologien spezieller. Durch die hierarchische Abstraktion ist es möglich, z. B. eine der medizinischen Ontologien durch eine andere bzw. aktuellere Version zu ersetzen, ohne den Rest der Hierarchie ändern zu müssen. In den folgenden Abschnitten gehen wir kurz auf die einzelnen Komponenten der Hierarchie ein.

# 13.1 MEDICO-Ontologie-Hierarchie

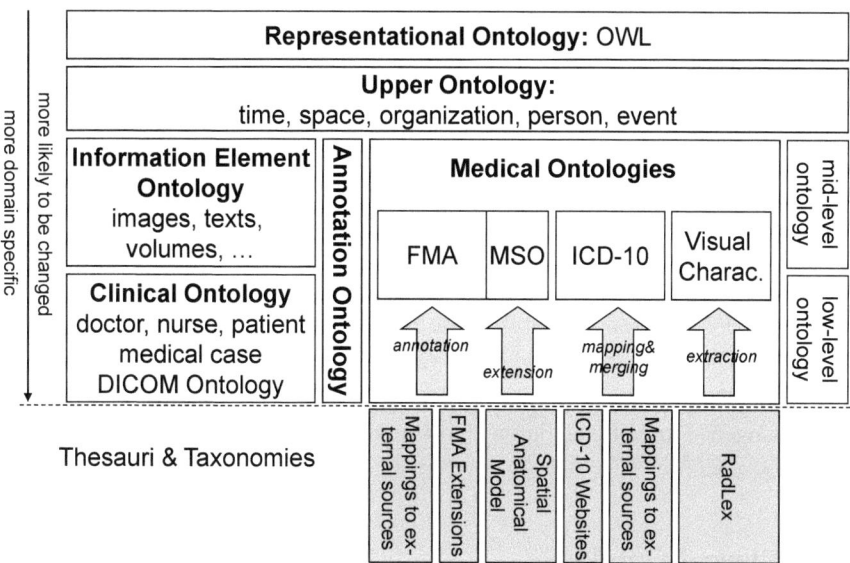

**Abb. 13.1** MEDICO-Ontologie-Hierarchie.

Nach unseren Erfahrungen aus der Kommunikation mit Medizinern und aufgrund von diversen Missverständnissen haben wir die Entscheidung getroffen, unseren Prozess des Ontologie-Engineerings genauer unter die Lupe zu nehmen. Die identifizierten Defizite waren die Basis für die Entwicklung der Knowledge Engineering Methodology in the Medical Domain (KEMM) (Wennerberg et al. 2008). Eine detaillierte Erörterung dieser Methodologie würde über den Rahmen dieses Kapitels hinausgehen, sei aber jedem ans Herz gelegt, der vor einer ähnlichen Aufgabe steht.

## 13.1.1 Representational Ontologies

Representational Ontologies definieren das Vokabular, mit dem die anderen Ontologien in der Hierarchie repräsentiert werden. Für unsere Entscheidung zugunsten der OWL (McGuinness und van Harmelen 2004), die in Kapitel 4.5 eingeführt wurde, war ausschlaggebend, dass bereits eine Vielzahl biomedizinischer Ontologien in diesem Format verfügbar waren, wie etwa ein Blick auf das BioPortal (Noy et al. 2009) zeigt.

## 13.1.2 Upper Ontology

Eine Upper Ontology enthält einige wenige domänenunabhängige Konzepte, welche einen Rahmen bilden, von dem weitere domänenspezifischere Ontologien abgeleitet werden können (Kiryakov et al. 2001). Die Konzepte in der Upper Ontology beinhalten also Eigenschaften, die weitgehend domänenunabhängig sind, wie etwa Zeit, Raum,

Ereignisse etc. Weite Verbreitung hat die Upper Ontology DOLCE gefunden (Gangemi et al. 2002).

Für MEDICO wurde eine einfache Upper Ontology entwickelt, die lediglich die für die Anwendungsdomäne notwendigen Modellierungen enthält.

### 13.1.3 Information Element Ontology

Die Information Element Ontology stellt Strukturen bereit für die Repräsentation von verschiedenen Dokumentenmodalitäten wie 2-D-, 3-D- und 4-D-Bilddaten sowie diversen Textformaten. Diese Strukturen erlauben es, ein Dokument rekursiv in Teilregionen zu zerlegen. Für 2D-Bilddaten umfasst dies Punkte, Rechtecke und beliebige Polygonzüge als Begrenzungen. Für Volumendaten sind Punkte, rechteckige Boxen sowie polyhedrale Körper vorgesehen.

### 13.1.4 Clinical Ontology

Die Clinical Ontology beschreibt Konzepte klinischer Prozesse, wie etwa, dass es die Rollen *Arzt* oder *Patient* gibt, dass es *medizinische Fälle* gibt und wie die erstgenannten daran beteiligt sind.

Im Bereich der Medizin hat sich Digital Imaging and Communications in Medicine (DICOM) (Mildenberger et al. 2002) weltweit als Standard für den elektronischen Datenaustausch insbesondere von Bildern etabliert. Der Vorgabe folgend, existierende Standards nach Möglichkeit in unsere Modellierung zu integrieren, lag es nahe, die Informationsrepräsentation des DICOM-Standards in die MEDICO-Ontologie-Hierarchie mit aufzunehmen.

In Ermangelung einer verfügbaren Ontologie für diesen Zweck entschieden wir uns, selbst eine DICOM-Ontologie zu modellieren. Frühere Untersuchungen über die Qualität von Metadaten in DICOM-Bildern haben ergeben, dass diese Daten keineswegs verlässlich sind und auch die Hersteller medizinischer Bildgebungsgeräte sich nicht notwendigerweise stets an den Standard halten (Güld et al. 2002). Aus diesem Grund kombinierten wir einen bottom-up-Ansatz auf Basis der verfügbaren Metadaten in Beispielbildern von verschiedenen Geräteherstellern mit einem top-down-Ansatz anhand der Definitionen im DICOM-Standard in Version drei aus dem Jahr 2008.

Im DICOM-Standard sind Daten in einer einfachen Hierarchie geordnet. An oberster Stelle stehen *Studien*, die eine oder mehrere Bild-*Serien* eines Patienten enthalten. Eine Serie besteht jeweils aus einem (z. B. Röntgen-) oder mehreren (z. B. CT-) *Bildern*. Jede DICOM-Datei enthält einen umfangreichen DICOM-Header, der diverse Informationen über den Patienten (Name, Alter, Geschlecht etc.) sowie modalitätsabhängige Parameter des bildgebenden Verfahrens enthält. Mit Hilfe eines eigens entwickelten DICOM-Metadaten-Extraktors können diese Informationen aus dem Binärformat der DICOM-Header extrahiert und im Format der MEDICO-Ontologie gespeichert werden.

## 13.1 MEDICO-Ontologie-Hierarchie

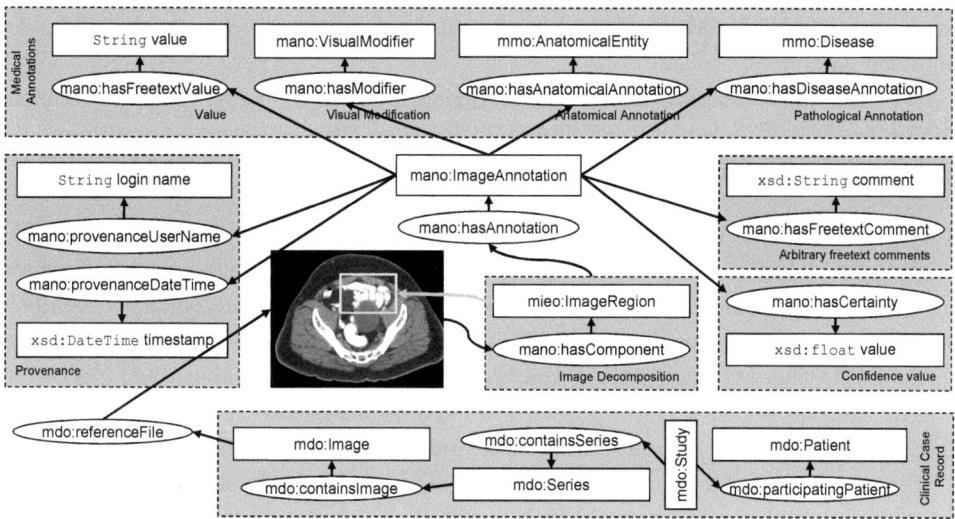

**Abb. 13.2** Annotationen im Format der MEDICO-Ontologie-Hierarchie.

### 13.1.5 Annotation Ontology

Abbildung 13.2 zeigt die Struktur von semantischen Annotationen im Format der MEDICO-Annotations-Ontologie. Ovale repräsentieren Properties und Rechtecke Instanzen. Mit diesen Ausdrucksweisen ist es möglich, ein beliebiges medizinisches Dokument – sei es Text, ein Bild oder ein 3-D-Volumen-Datensatz – in Bereiche aufzuteilen und diese einzeln zu annotieren.

Mit Hilfe des Properties `hasReferenceFile` wird das Bild mit den DICOM-Metadaten verknüpft. Das Bild selbst wird in Instanzen der Klasse `InformationElement` aufgeteilt. Jede dieser Instanzen ist durch das Property `hasAnnotation` mit einer (oder mehreren) `ImageAnnotation` Instanzen verknüpft. Diese generischen Annotationsinstanzen können durch eine Reihe von Properties (siehe obere Seite von Abbildung 13.2 in Abschnitt 13.1.5) mit Instanzen von Klassen aus den medizinischen Domänenontologien (s. u.) verknüpft werden. Zudem können Informationen über die Herkunft der Annotationen, ihr Datum und ggf. über eine mit der Annotation verbundene Unzuverlässigkeit gespeichert werden (etwa wenn sich der Radiologe nicht sicher ist). Informationen, die sich nicht mit den zur Verfügung stehenden Konzepten ausdrücken lassen, können als Freitext gespeichert werden, damit sie nicht verlorengehen.

### 13.1.6 Medical Ontologies

Für die Auswahl der medizinischen Ontologien folgten wir den Maßgaben für biomedizinische Ontologien aus (Burgun 2006), nämlich gute lexikalische Abdeckung der Domäne, insbesondere der Relationen, Kompatibilität mit existierenden Standards,

Modularität sowie die Möglichkeit, Variabilität der Realität mit der Ontologie korrekt abbilden zu können.

Auf Basis unserer Diskussionen mit Medizinern wurde die Entscheidung getroffen, Bilder grundsätzlich anhand von drei medizinischen Dimensionen zu annotieren, die jeweils unterschiedliche Aspekte der Medizin erfassen:

- Für anatomische Annotationen kommt das Foundational Model of Anatomy (FMA) (Rosse und Mejino 2007) zum Einsatz. Es stellt die zur Zeit umfangreichste formale Repräsentation menschlicher Anatomie in einer Ontologie dar. Zunächst lediglich im Frame-Formalismus des Ontologie-Editors Protégé verfügbar, wurde für MEDICO die OWL-Übersetzung der FMA von Natasha Noy (Noy und Rubin 2008) eingesetzt. Mit Konzepten dieser Ontologie wird in MEDICO ausgedrückt, welche anatomische Struktur sich an einer bestimmten Stelle auf einem Bild befindet.
- Die Terminologie für die *visuelle Manifestation* einer anatomischen Entität auf einem Bild entstammt dem Radiologist Lexicon (RadLex) (Langlotz 2006). Damit lässt sich beschreiben, in welcher Weise eine anatomische Struktur entgegen der Erwartung des Radiologen verändert ist. Beispielsweise enthält RadLex den Terminus „enlarged", mit dem die abnorme Vergrößerung von Lymphknoten gekennzeichnet werden kann.
- Wir betrachten eine Krankheitsdiagnose als die Interpretation der vorherigen beiden Dimensionen. Hier wird auf die International Classification of Diseases in Version 10 (ICD-10) (WHO 2004) zurückgegriffen, verwaltet von der World Health Organization. Da noch keine OWL-Version dieser Ontologie verfügbar war, wurde ein Ansatz entwickelt, aus der semi-strukturierten Online-Version der ICD-10 ein OWL-Modell zu erzeugen (Möller et al. 2010a).

Die MEDICO Spatial Ontology (MSO) stellt Strukturen für die Repräsentation von zusätzlichen räumlichen Relationen zwischen anatomischen Entitäten zur Verfügung, die im Rahmen von MEDICO der FMA hinzugefügt wurden. Dieser Teil der Ontologie soll hier nicht weiter thematisiert werden. Der interessierte Leser sei statt dessen auf die entsprechenden Publikationen verwiesen: (Möller et al. 2009a; 2010b)

## 13.2 Semantische Technologien im Medico-System

Nach der ausführlichen Beschreibung der ontologischen Modellierung sollen nun die Komponenten des „MEDICO-Ökosystems" beschrieben werden. Hierbei wird der Fokus auf den semantischen Technologien liegen. Themen, die darüber hinausgehen, werden in den jeweils referenzierten Publikationen ausführlicher gewürdigt.

Abbildung 13.3 zeigt einen sehr stark abstrahierten Überblick der verteilten Systemarchitektur des MEDICO-Systems. Mit nur einer Ausnahme – der Kommunikation zwischen dem *MedicoServer* und dem *Volume Parser* – werden für die Kommunikation zwischen den dargestellten Komponenten semantische Technologien und das Format der MEDICO-Ontologie-Hierarchie verwendet. Die folgende Beschreibung ist grob in

## 13.2 Semantische Technologien im MEDICO-System

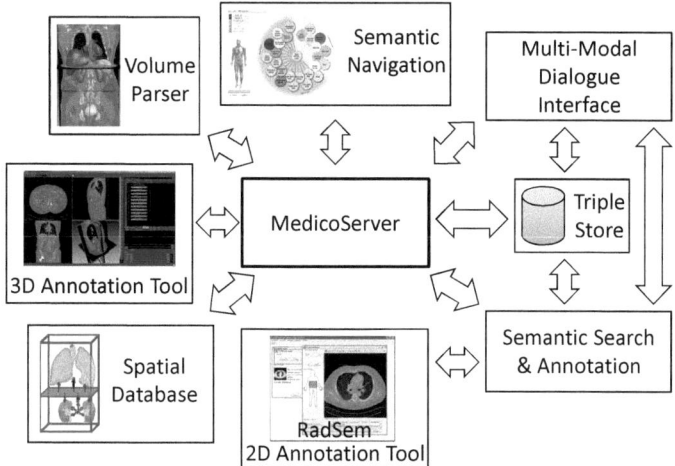

**Abb. 13.3** Überblick über die MEDICO-Softwarekomponenten.

zwei Teile gegliedert. Zunächst werden Backend-Komponenten und spezielle Softwarebibliotheken für den Umgang mit semantischen Daten beschrieben. Danach wird auf die verschiedenen im Rahmen von MEDICO entwickelten Nutzerinterfaces eingegangen.

### 13.2.1 MedicoServer

In MEDICO mussten sehr unterschiedliche Technologien in ein Gesamtsystem integriert werden. Die Anforderungen der Projektpartner unterschieden sich vor allem entlang der folgenden drei Dimensionen:

1) Die große Mehrheit aller Bibliotheken und Applikationsframeworks aus dem Bereich der medizinischen Bildverarbeitung basiert aus Performanzgründen auf C++. Aus diesem Grund wurden Volumenparsing und 3-D-Visualisierung komplett in C++ implementiert. Auf der anderen Seite steht die große Mehrheit aller Semantic-Web-Software-Bibliotheken ausschließlich in Java zur Verfügung.
2) Um Skalierbarkeit zu ermöglichen, müssen die MEDICO-Applikationen auch auf einem verteilten System laufen können.
3) Auf Grund unterschiedlicher Regelungen für den Schutz von geistigem Eigentum an den entwickelten Technologien konnten einige Partner ihre Komponenten lediglich als Binaries zur Verfügung stellen.

Wir entschieden uns für eine verteilte Systemarchitektur mit einem zentralen Server. Dieser *MedicoServer* basiert auf der Common Object Request Broker Architecture (CORBA) (Object Management Group 2004) und fungiert als Mediator zwischen den anderen Komponenten. Hier half das für alle offene Format in der MEDICO-Ontologie-Hierarchie, Schnittstellen und Datenaustausch zu planen und für alle Partner transparent zu implementieren.

## 13.2.2 SemanticSearch and SemanticAnnotation

Die Entwicklung von Software für semantische Annotation und Suche erfordert eine enge Integration zwischen der ontologischen Modellierung und den Software-Entwicklungsprozessen. Die Verwendung von Ontologien erleichtert das Software-Engineering bereits insofern, als es eine Trennung zwischen der Datenmodellierung und der Entwicklung der Applikationslogik erzwingt. Trotzdem müssen größere Veränderungen in der Ontologie weiterhin auch im Applikationscode nachvollzogen werden. So erfordert das Löschen eines Konzepts aus der Ontologie auch eine Anpassung des Java-Codes, da die korrespondierende Klasse dort nun ebenfalls nicht mehr zur Verfügung steht.

Während der mehrjährigen Arbeiten an MEDICO haben wir die Erfahrung gemacht, dass objektorientierte Softwareentwicklung beträchtlich profitiert, wenn Konzepte und Properties aus der Ontologie als Klassen und Methoden für die Anwendungsentwicklung zur Verfügung stehen. Abbildung 13.4 illustriert das hierarchische Schichtenmodell, das wir zu diesem Zweck auf die MEDICO-Ontologie-Hierarchie aufgesetzt haben.

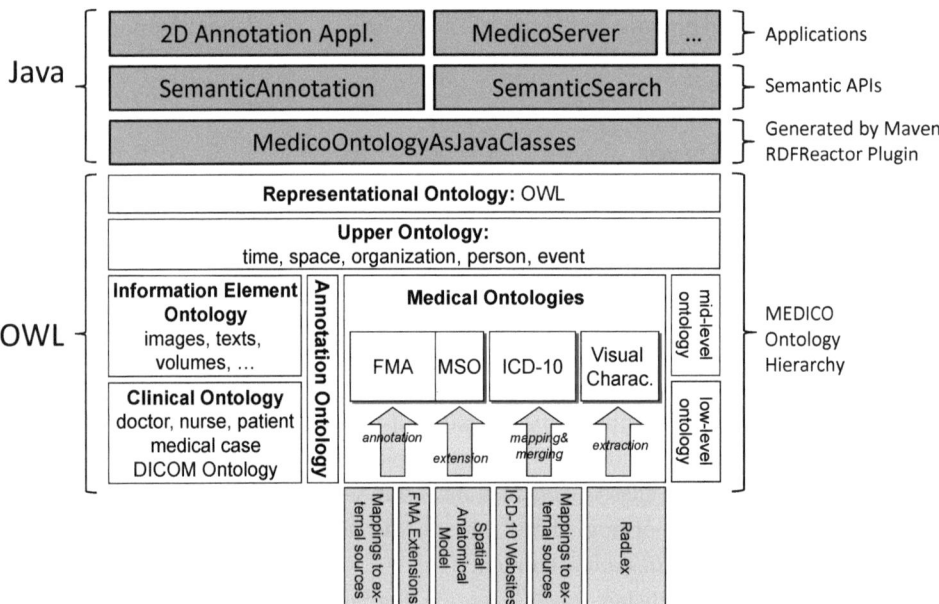

**Abb. 13.4** MEDICO-API-Stack.

Für einen transparenten Zugriff auf die OWL-Strukturen aus dem Quellcode heraus setzen wir den RDFReactor (Völkel 2006) ein, der für alle OWL-Klassen mit ihren Properties Java-Proxy-Klassen mit entsprechenden Methoden erzeugt. Diese Methode erlaubt es, eine Brücke zwischen der OWL-Modellierung und der Perspektive des Anwendungsentwicklers zu schlagen.

Änderungen an der MEDICO-Ontologie-Hierarchie erfordern infolgedessen eine Reihe von Schritten, um die Änderungen in der Modellierung durch aktualisierte Java-Klassen

## 13.2 Semantische Technologien im MEDICO-System

zu reflektieren. Abbildung 13.5 fasst diese Schritte grafisch zusammen. Ihre Ausführung wurde weitgehend automatisiert und wird vom Continuous-Integration-System Hudson durchgeführt, indem ein spezielles Maven-RDFReactor-Plugin ausgeführt wird, das auch in der Lage ist, Teile von OWL-Ontologien in Java-Klassen zu übersetzen.

**Abb. 13.5** Workflow für Änderungen an der MEDICO-Ontologie-Hierarchie.

Auf der Ebene direkt oberhalb der Java-Proxy-Klassen wurden zwei Softwarebibliotheken entwickelt, die Funktionalität für den Zugriff auf Informationen jenseits einzelner OWL-Klassen zur Verfügung stellen. *SemanticAnnotation* bündelt die Funktionalität zum Erzeugen, Ändern und Löschen von semantischen Annotationen nach dem Format der MEDICO-Annotations-Ontologie.

Für die semantische Suche (SemanticSearch in Abbildung 13.4) wird auf die hierarchischen Informationen in den medizinischen Ontologien zurückgegriffen. Intern wird die Suche nach einem medizinischen Begriff stets abgebildet auf eine Suche nach dem zugehörigen Konzept. Im Fall anatomischer Suchbegriffe wird die FMA verwendet, um die Suche nach einem Konzept $X$ intern auf alle Unterkonzepte von $X$ zu erweitern, die durch die Properties `regional_part_of` und `constitutional_part_of` erreichbar sind. Um die Ergebnisse zu sortieren, wird die Anzahl traversierter Properties zwischen dem Anfragekonzept und der Annotation des Suchergebnisses verwendet. Für ICD-10 und RadLex wird das Property `subClassOf` benutzt. Dieses Verfahren erlaubt es, eine Suche auf Basis mereologischer (Teil-Ganzes) und terminologischer Hierarchien durchzuführen und dabei auf Experten-Wissen zurückzugreifen, das einmal repräsentiert und validiert wurde und nun für Anwendungen wie die unsere zur Verfügung steht, ohne dass wir das repräsentierte medizinische Wissen bis ins letzte Detail verstehen müssen. Weitere Details der semantischen Suche sind beschrieben in (Möller et al. 2009b).

### 13.2.3 Tripel-Speicher

Zum Speichern und Durchsuchen der MEDICO-Ontologie-Hierarchie und der erzeugten semantischen Annotationen verwenden wir einen zentralen Tripel-Speicher (engl. Triple Store). Allein die MEDICO-Ontologie-Hierarchie umfasst bereits etwa drei Millionen Tripels. Dieser Tripel-Speicher wird am DFKI in Kaiserslautern betrieben. De facto unterscheiden wir zwischen zwei Instanzen des Tripel-Speichers, einer für Produktionsbetrieb und einer Kopie für den Entwicklungsbetrieb. Beide Instanzen verwenden die Open-Source-Software Sesame in Version zwei (Broekstra et al. 2002).

Abbildung 13.6 zeigt den Prozess für die Propagation von Änderungen an der MEDICO-Ontologie-Hierarchie zu Partnern des MEDICO-Konsortiums. Die Integration von Änderungen beginnt mit dem Einchecken der Änderungen am OWL-Modell in ein zentrales Versionsmanagement-System. Nächtliche Tests mit Hilfe von Eyeball aus dem Jena-Projekt (http://jena.sourceforge.net/Eyeball/) stellen sicher, dass typische Modellierungsfehler nicht unentdeckt bleiben. Danach werden automatisch Änderungen in den Entwicklungs-Tripel-Speicher propagiert. Eine Aktualisierung des Produktionssystems (potenziell verbunden mit Auswirkungen für alle MEDICO-Partner) erfordert eine manuelle Interaktion.

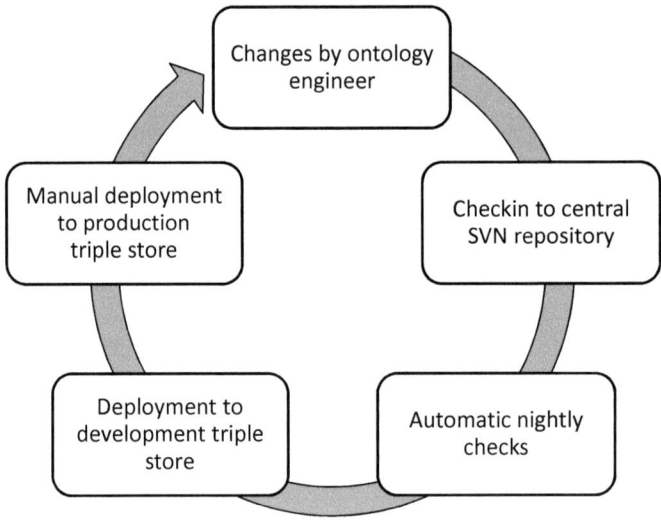

**Abb. 13.6** Ontologie-Life-Cycle.

### 13.2.4 Semantisches Volumen-Parsing

Eine der Kernideen von MEDICO ist die Unterstützung von manueller semantischer Annotation durch die Integration automatischer Verfahren für die Detektion von anatomischen Landmarken und Organen in das Gesamtsystem. So soll beispielsweise Radiologen die Annotation von anatomischen Strukturen mit Hilfe von automatisch generierten Vorschlägen erleichtert werden.

Der in MEDICO verwendete Algorithmus für die Detektion und Lokalisierung von anatomischen Strukturen in CT-Datensätzen wurde von Siemens Corporate Technology in Erlangen entwickelt. Er verwendet verschiedene statistische Verfahren, um CT-Datensätze zu parsen, und benötigt lediglich 20 Sekunden für die Detektion von 19 verschiedenen Landmarken und sieben Organen. Details des verwendeten Verfahrens würden den Rahmen dieses Kapitels sprengen und sind in separaten Publikationen beschrieben: (Seifert et al. 2009; 2010)

Abbildung 13.7 zeigt eine 3-D-Darstellung diverser Landmarken und Organe aus einem CT-Datensatz. Die Kugeln illustrieren dabei Landmarken und die 3-D-Körper detektierte Organe. Jeder detektierten anatomischen Struktur ist ein anatomisches Konzept aus der FMA zugeordnet. In der Abbildung geben wir alle Konzept-Identifikatoren ohne das FMA-Prefix an. Während die detektierbaren Organe bereits in der FMA repräsentiert waren, mussten für die Landmarken zumeist entsprechende Konzepte hinzugefügt werden, da die Landmarken sehr spezielle Strukturen beschreiben, die primär eine Bedeutung für das Objekterkennungsverfahren und weniger für den Radiologen besitzen.

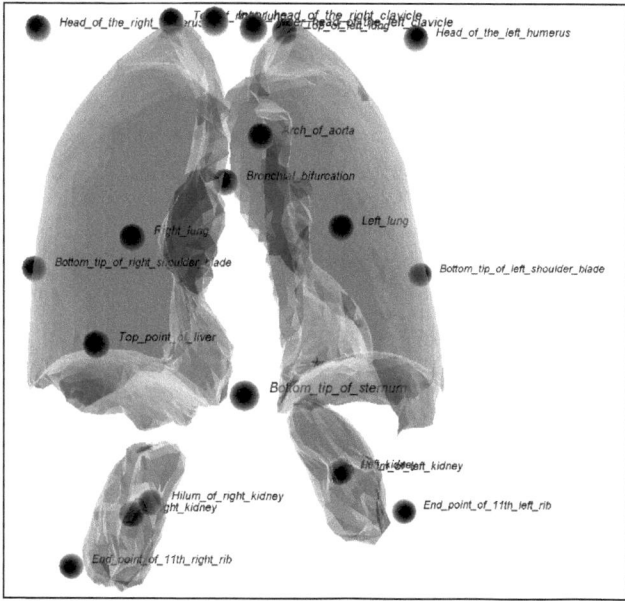

**Abb. 13.7** 3-D-Visualisierung der detektierten Landmarken und Organe in einem CT-Datensatz.

### 13.2.5 Spatial DBMS

Für den schnellen Zugriff auf automatisch detektierte anatomische Entitäten, z. B. für das Vorschlagen von Annotationen auf Grund räumlicher Nähe, werden alle automatisch detektierten anatomischen Entitäten in einer zentralen räumlichen Datenbank gespeichert, die eigens zu diesem Zweck entwickelt wurde. Sie bietet einer Verknüpfung zwischen den semantischen Daten, die für die Bestimmung der anatomischen Struktur verwendet werden, und echter 3-D-Suchfunktionalität für die räumlichen Strukturen aus dem Volumen-Parsing. Weitere Details dieses Systems werden in (Möller et al. 2010c) beschrieben. Auf die Vorschlagsfunktion werden wir weiter unten bei der Beschreibung des klinischen Annotationsprototypen zurückkommen.

## 13.2.6 Der 2-D-Annotations-Prototyp RadSem

Während der ersten zwei Jahre von MEDICO wurde unter dem Namen „RadSem" (Kurzform für „Radiology Semantics") ein erster Prototyp entwickelt. Der Schwerpunkt lag dabei auf der Erstellung eines einfachen Frontends für die entwickelten Bibliotheksfunktionen für semantische Annotation und Suche. Die Entwicklung dieses Programms wurde in einer Reihe von Publikationen dokumentiert, deren wesentliche Punkte wir unten kurz zusammenfassen. Für den interessierten Leser sei auf (Möller et al. 2009b) als Einstieg in die Details verwiesen. Abbildung 13.8 zeigt einen Screenshot vom Annotationsinterface von RadSem. Dargestellt ist der Annotationsdialog für eine Röntgenaufnahme der linken Hand von Manuel Möller, einem der Entwickler des Programms.

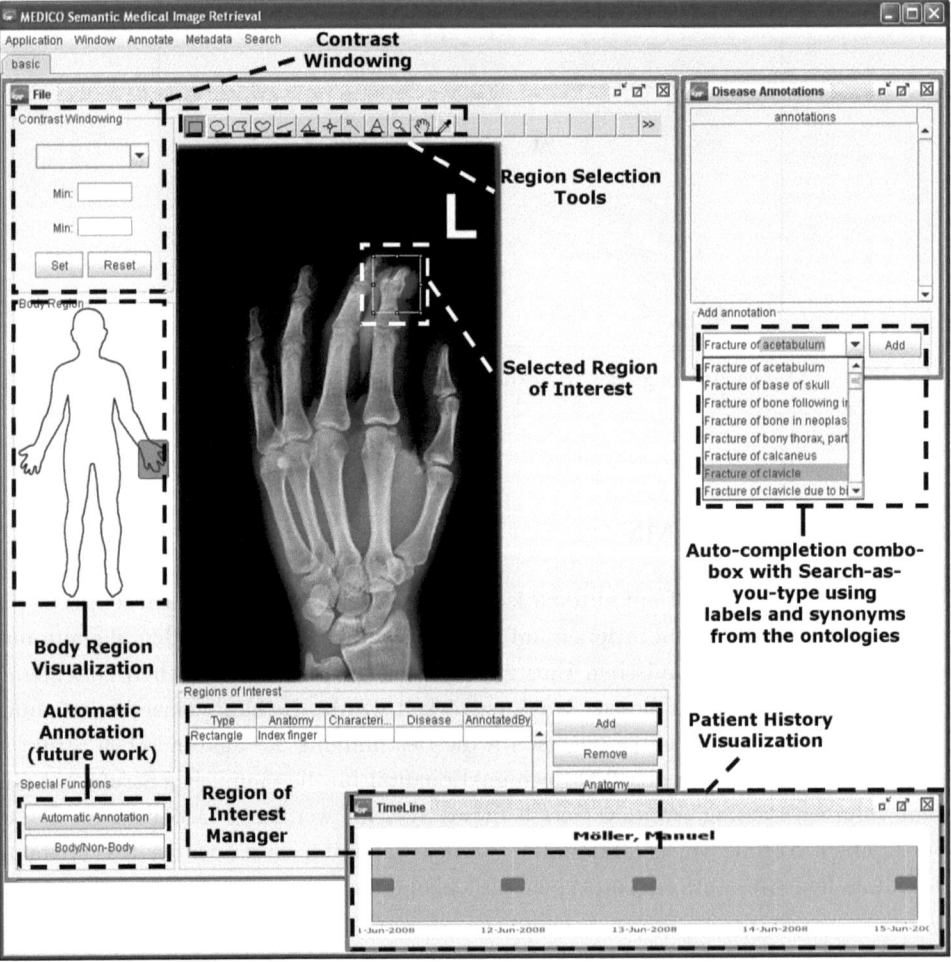

**Abb. 13.8** Screenshot vom RadSem-Annotationsinterface mit einer Röntgen-Aufnahme der linken Hand eines der Autoren des Programms.

Mit Hilfe der extrahierten DICOM-Metadaten wird eine Visualisierung der auf dem Bild dargestellten Körperregion für eine erste Orientierung des Benutzers generiert. Bilder lassen sich unter Verwendung der Strukturen der MEDICO-Annotations-Ontologie in „Regions of Interest" aufteilen. In der Abbildung ist eine solche Region um die Spitze des Zeigefingers eingezeichnet. Unterhalb des Bildes befindet sich eine Tabelle, in der jede Region of Interest separat anhand der Dimensionen Anatomie, Charakteristik und Krankheit annotiert werden kann. Rechts neben dem Bild befindet sich der Dialog für das Hinzufügen von Krankheitsannotationen mit Begriffen aus der ICD-10. Die Suche nach diesen Begriffen bietet automatische Vervollständigung, um die Suche unter einer fünfstelligen Zahl von Begriffen zu beschleunigen. Am unteren Rand der Abbildung ist eine Zeitstrahl-Visualisierung zu sehen, die auf Basis der aus allen verfügbaren Bildern dieses Patienten extrahierten Metadaten eine chronologische Navigation der Bilddaten erlaubt.

### 13.2.7 Die 3-D-Annotationsanwendung für den klinischen Betrieb

Durch den Bedarf nach einem Annotationsprogramm mit vollwertiger 3-D-Unterstützung wurde ab Ende 2008 unter Federführung von Siemens ein zweiter Annotationsprototyp auf Basis des Medical Image Interaction Toolkit (MITK) (Wolf et al. 2004) entwickelt. Dieser Prototyp verfügt über die gleichen Funktionen zur semantischen Annotation und Suche des zuvor beschriebenen Programms RadSem und erlaubt darüber hinaus echten 3-D-Zugriff auf CT-Volumendatensätze.

Über den *MedicoServer* kommuniziert es mit den anderen Komponenten des MEDICO-Ökosystems und hat Zugriff auf das medizinische Hintergrundwissen aus der MEDICO-Ontologie-Hierarchie und die semantischen Bildannotationen im Tripel-Speicher sowie die automatisch detektierten Landmarken und Organe in der Spatial DBMS. Der Screenshot in Abbildung 13.9 zeigt die Benutzerschnittstelle mit vier verschiedenen Sichten auf den aktuell geladenen Datensatz auf der linken Seite des Fensters. Auf der rechten Seite werden die semantischen Annotationen dargestellt.

Wahlweise kann bei der Erstellung neuer Landmarken die räumliche Suche der Spatial DBMS benutzt werden, um anatomische Konzepte für die manuelle Annotation vorzuschlagen. Diese Funktion verwendet wie auch die Funktionen zur semantischen Suche die zuvor beschriebenen APIs für die Ausführung der Suche auf dem Tripel-Speicher.

### 13.2.8 Semantische Navigation

Um die parallelen Hierarchien der FMA für Terminologie und verschiedene Mereologien für klinische Benutzer transparenter zu machen, wurde auf Basis von Macromedia Flash eine separate Applikation entwickelt, die eine interaktive Visualisierung und Navigation der ontologischen Struktur erlaubt. Diese Arbeit wurde von Siemens Corporate Technologie ausgeführt und ist detailliert in (Peters et al. 2010) dokumentiert.

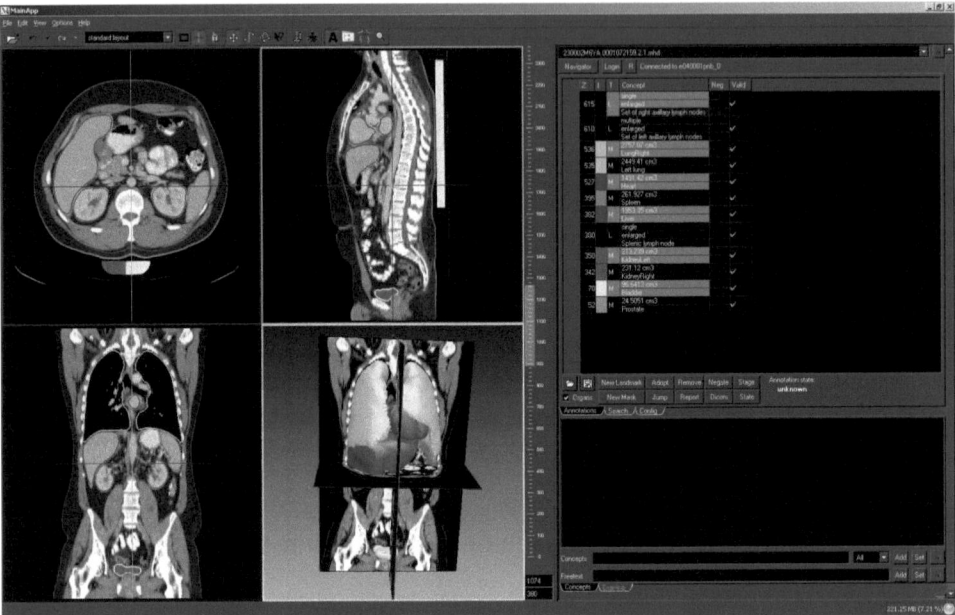

**Abb. 13.9** Von Siemens Corporate Technology entwickelter klinischer Annotationsprototyp; der Screenshot zeigt ein Thorax- und Abdomen-CT mit semantischen Annotationen (Liste oben rechts) und automatisch segmentierten Organen (Bildmitte); Bildrechte liegen bei den Autoren von (Seifert et al. 2010).

Die interaktive Navigation von anatomischen Strukturen und insbesondere der verschiedenen Lymphknotensysteme des menschlichen Körpers ist gekoppelt mit einer Steuerung der zuvor beschriebenen 3-D-Annotationsanwendung für den klinischen Betrieb. Die Auswahl von Konzepten in der semantischen Navigation, für die das aktuell geladene Bild bereits Annotationen enthält, lässt das Annotationsprogramm an die entsprechende Stelle im Volumen springen.

### 13.2.9 Multimodal Dialogue Interface

Einen weiteren Aspekt radiologischer Befundung adressiert die im Rahmen von MEDICO entwickelte multimodale Nutzerschnittstelle. Sie ermöglicht das volle Spektrum multimodaler semantischer Interaktion mit Sprachkommandos und -synthese, deiktischen und cross-modalen Referenzen im Rahmen radiologischer Befundung. Dieses Szenario schließt einen großen Touch Screen ein. Der Grundgedanke hinter diesem System ist, dass zusätzliche Interaktionsmodalitäten die Interaktion natürlicher und robuster gegen Ambiguitäten machen. Die Arbeiten in (Sonntag und Möller 2010) geben einen guten Überblick über Ansatz und Implementation.

Die Abbildungen 13.10 (a)–(d) zeigen Screenshots des Dialogsystems. Der erste Screenshot (a) zeigt die Übersicht über die vorhandenen Patientenakten. Teil (b) zeigt eine Reihe von CT-Bildern mit einer semantischen Annotation auf dem vordersten Bild.

## 13.3 Fazit

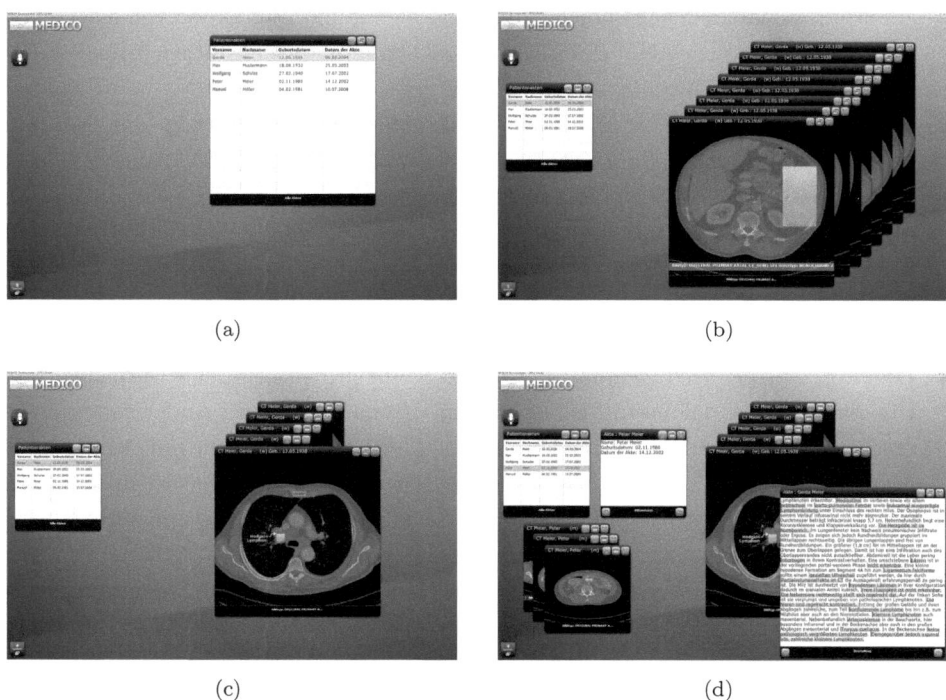

**Abb. 13.10** Screenshots vom multimodalen Interaktionssystem für MEDICO. (a) Übersicht über die vorhandenen Patientenakten, (b) CT-Bilder mit einer semantischen Annotation auf dem vordersten Bild, (c) Bildschirm nach einer automatischen Neuanordnung der Fenster, (d) geöffnete Patientenakte zu einem Fall.

Abbildung 13.10 (c) zeigt den Bildschirm nach einer automatischen Neuanordnung der Fenster und (d) die geöffnete Patientenakte zu einem Fall.

## 13.3 Fazit

In diesem Kapitel haben wir versucht, neben den Ergebnissen von MEDICO auch eine Reihe von „Best Practices" vorzustellen, die wir im Laufe mehrerer Jahre intensiver Forschungsarbeit mit semantischen Technologien erarbeitet haben. Die wichtigsten Ergebnisse möchten wir an dieser Stelle noch einmal zusammenfassen:

- *Integration in heterogenen Umgebungen*: Nach unserer Erfahrung ist die Modellierung mit Hilfe einer formalen Ontologie eine große Hilfe, wenn es darum geht, die Arbeit in einem heterogenen Umfeld zu koordinieren. In unserem Fall hat die MEDICO-Ontologie-Hierarchie dabei geholfen, die Kommunikation zwischen den unterschiedlichen Projektpartnern zu verbessern, indem eine gemeinsame und in einem offenen Format zugängliche Modellierung vorlag. Darüber hinaus hat die

applikationsunabhängige Ontologie die Entwicklung und Interaktion von einer Reihe von Softwarekomponenten begünstigt, die zudem in unterschiedlichen Sprachen und in einem verteilten System laufen.
- *Ontology Engineering Methodology*: Während der Entwicklung der MEDICO-Ontologie-Hierarchie haben wir aus der Zusammenarbeit mit Medizinern gelernt, dass eine vorherige Abstimmung über eine Methodologie zur Wissensmodellierung von großem Vorteil ist. Eine solche Methodologie hilft, eine Reihe von Fehlern beim Knowledge Engineering zu vermeiden und Missverständnisse zwischen Ontology Engineer und Domänenexperten (in unserem Fall Mediziner) zu vermeiden. Für MEDICO wurde KEMM zu diesem Zweck entwickelt.
- *Ontology Change Management*: Insbesondere für größere Projekte vermeidet eine Übereinkunft auf definierte Prozesse für die Propagierung von Änderungen an der Ontologie unnötige Inkonsistenzen zwischen Software-Modulen und der darunter liegenden formalen Modellierung. Typische Techniken des Software Engineering wie eine Trennung zwischen Produktions- und Entwicklungsumgebung und automatische allnächtliche Tests helfen dabei, eine Reihe von typischen Modellierungsfehlern frühzeitig zu identifizieren und ihre Auswirkungen auf die Entwicklungsprozesse in anderen Teilen des Projektes zu minimieren.
- *Kopplung zwischen Software-Entwicklung und Ontologie-Modellierung*: Die Objektorientierte Software-Entwicklung profitiert beträchtlich von einer Kopplung zwischen ontologischer Modellierung und entsprechenden Proxy-Klassen in der entsprechenden Programmiersprache. Eine solche Kopplung ermöglicht den transparenten Zugriff auf Daten im semantischen Modell durch Objekte mit entsprechenden Getter- und Setter-Methoden in der Applikationslogik.

## 13.4 Weiterführende Literatur

In (Möller und Sintek 2007) und (Möller et al. 2009b) werden Aufbau und Verwendung der MEDICO-Ontologiehierarchie ausführlich beschrieben; der verwendete Ontologie-Engineering-Prozess wird in (Wennerberg et al. 2008) vertiefend dargestellt.

Weiterführende Literatur zur (allgemeinen) semantischen Suche findet sich in Abschnitt 9.6.

Das in MEDICO eingesetzte (semantische) Volumenparsing für die Detektion und Lokalisierung von anatomischen Strukturen in CT-Datensätzen ist in (Seifert et al. 2009; 2010) ausführlich beschrieben.

*Manuel Möller, Michael Sintek*

# 14 Semantische Musikempfehlungen

## Übersicht
14.1 Grundlagen .................................................... 382
14.2 Datensammlungen zu musikbezogenen Informationen ................. 385
14.3 Algorithmen zur Musikempfehlung ............................... 389
14.4 Soziosemantische Musikempfehlungen ............................ 391
14.5 Fazit .......................................................... 397
14.6 Weiterführende Literatur ....................................... 397

*Das Entertainment System schmetterte gerade „We Can Work It Out" von den Beatles als das Telefon klingelte.* Dies sind die ersten Worte des bekannten Artikels von Tim Berners-Lee (Berners-Lee et al. 2001) zum in 2001 noch vage bekannten Konzept des Semantic Web. In der Tat beachtlich, wenn man bedenkt, dass musikalische Inhalte eher weniger prominent im Kontext der Semantic Web Forschung behandelt werden. Um hier Abhilfe zu schaffen werden wir im vorliegenden Kapitel den derzeitigen Status bezüglich der Rolle des Semantic Web und Semantischer Technologien für musikbezogene Anwendungen behandeln. Wir werden insbesondere aufzeigen, wie man den Brückenschlag zwischen musikbezogenen Rohdaten (Künstlernamen, Songtitel, Playlists, *etc.*) und intelligenten Anwendungsfällen wie beispielsweise Musikempfehlungen bewerkstelligt. Wir beginnen mit gängigen Ansätzen zur Repräsentation und Bereitstellung von musikbezogenen Informationen im Semantischen Web, einschließlich Ontologien und Datensammlungen. Daran anschließend befassen wir uns mit Musikempfehlungssystemen, die inhaltsbasiert, kollaborativ, hybrid, sozial oder semantisch realisiert werden können, und zeigen auf, welche Arbeiten diese Ansätze auf die vorangegangenen Ontologien und Musikdatensammlungen anwenden, um innovative semantische Musikempfehlungssysteme zu realisieren.

Dieses Kapitel ist wie folgt gegliedert: Zunächst stellen wir verschiedene Ontologien vor, die musikbezogene Fakten repräsentieren, hierunter auch spezielle Musikontologien wie die *Music Ontology*, aber auch Modelle die im Kontext von semantisch aufgewerteten Social Music Plattformen eingesetzt werden können. Im nächsten Schritt befassen wir uns mit Datensammlungen, die musikbezogene RDF-Daten beinhalten. Wir skizzieren hier das DBTune-Projekt und generische Ansätze im Umfeld des Linked Open Data

Projektes (siehe Kapitel 7). Abschließend zeigen wir auf, wie derartige Daten in semantischen Musikempfehlungssystemen eingesetzt werden, um neue Dienste für Anwender zu generieren, die sich für automatische Empfehlungen interessieren. In diesem Unterkapitel stellen wir existente Algorithmen vor und zeigen, wie diese adaptiert, bzw. mit semantischen Technologien kombiniert werden.

## 14.1 Grundlagen

### 14.1.1 Musikontologien

Ontologien wurden bereits in den Kapiteln 2–5 dieses Buches ausführlich vorgestellt. Sie dienen dazu, eine einheitliche Semantik für Daten festzulegen, die Interoperabilität zwischen Diensten zu ermöglichen und in einigen Fällen das automatische Herleiten von neuen Fakten zu gestatten.

Nachfolgend erörtern wir die Rolle von speziellen Musikontologien. Diese dienen einerseits zur Repräsentation von Musikmerkmalen die man dem akustischen Signal zuschreibt. Dazu gehören beispielsweise Lautheit, Frequenzverläufe und hieraus abgeleitete musikalische Merkmale wie das Tempo oder die rhythmische Struktur. Andererseits bieten Musikonotologien auch Konzepte zur Beschreibung von Künstlern, ihren Alben, die Zusammenarbeit mit anderen Künstlern und sämtliche Facetten, die das Lebenswerk eines Künstlers betreffen.

In einer Vorschau werden wir in diesem Unterkapitel exemplarisch eine Musikontologie beschreiben, die im späteren Verlauf noch für die Erläuterung der Funktionsweise von Musikempfehlungssystemen relevant wird.

**The Music Ontology**

Die *Music Ontology* (Raimond et al. 2007) ist mit Sicherheit der umfassendste Ansatz, um musikbezogene Informationen für das Semantische Web aufzubereiten. Sie beinhaltet Klassen, um musikalische Artefakte, Akteure und Medien, zu beschreiben.

Das folgende Beispiel zeigt, wie Informationen zwischen Künstlern, ihren Songs und den veröffentlichten Alben zusammenhängen. Die verschiedenen Elemente wurden auf Basis der *Music Ontology* modelliert, wobei auch das FOAF-Vokabular (siehe Kapitel 7–9) verwendet wird, um die Beziehung zwischen dem Künstler und dem von ihm geschriebenen Song darzustellen.

Anknüpfend an die bisherigen Beispiele in diesem Buch führen wir eine neue Person ein, den Vater von Rudi Baispilov, um eine konkrete Instanz mit den Elementen der *Music Ontology* zu beschreiben:

*Ernst Baispilov, geboren 1947, ist ein bekennender Musikfan. In seinen jungen Lebensjahren wurde er vor allen Dingen von der Musik im Dunstkreis der Beatles beeinflusst. Sein absolutes Lieblingslied aus dieser Zeit ist der Song WATERLOO*

*SUNSET von THE KINKS. Dieser Song erschien 1967 als Single und wurde von Ernst gekauft und über die folgenden Jahrzehnte immer wieder im Hause Baispilov gespielt. Aktuell hat Ernst eine CD namens THE GREATEST HITS OF 1967, die den Titel enthält.*

Repräsentiert man das von Ernst Baispilov gekaufte Album mit der *Music Ontology*, sieht dies wie folgt aus:

```
@prefix dc: <http://purl.org/dc/elements/1.1/>.
@prefix foaf: <http://xmlns.com/foaf/0.1/>.
@prefix mo: <http://purl.org/ontology/mo/>.
@prefix rdf: <http://www.w3.org/1999/02/22-rdf-syntax-ns#>.
@prefix rdfs: <http://www.w3.org/2000/01/rdf-schema#>.
@prefix xhv: <http://www.w3.org/1999/xhtml/vocab#>.
@prefix xml: <http://www.w3.org/XML/1998/namespace>.
@prefix xsd: <http://www.w3.org/2001/XMLSchema#>.

<http://www.bbc.co.uk/music/artists/
 17b53d9f-5c63-4a09-a593-dde4608e0db9#artist>
   a mo:MusicArtist ;
   foaf:name "The Kinks".

<http://www.bbc.co.uk/programmes/p002gpjx#track>
   a mo:Track ;
   dc:title "Waterloo Sunset" ;
   foaf:maker <http://www.bbc.co.uk/music/artists/
 17b53d9f-5c63-4a09-a593-dde4608e0db9#artist>.

[ a mo:Record ;
   dc:title "The Greatest Hits Of 1967 (Various)" ;
   mo:track <http://www.bbc.co.uk/programmes/p002gpjx#track>
].
```

Die Music Ontology beinhaltet desweiteren viele Elemente, um Merkmale zu beschreiben, die sich nicht nur auf die Metaebene von Musik beziehen, sondern konkret auf die Struktur eines musikalischen Werkes, wie beispielsweise eines Songs. Die Struktur zeitgenössischer Popularmusik gliedert sich typischerweise in eine Abfolge von Strophe, Refrain, Zwischenspiel. Ontologien, die eine Repräsentation von zeitlichen Abhängigkeiten erlauben, sind ebenfalls Bestandteil der *Music Ontology*. Sie eignen sich zur Modellierung derartiger Beziehungen. Die *Music Ontology* bietet also das ganze Repertoire an Elementen, um Musik in all ihren Facetten semantisch zu beschreiben.

### 14.1.2 Social Music und das Semantic Web

Im vorangegangenen Abschnitt wurde erläutert, wie ein musikalisches Werk semantisch beschrieben werden kann. Allerdings entfaltet Musik ihre Wirkung vornehmlich in der Rezeption durch Hörer und im sozialen Kontext. Mögen meine Freunde meine Musik? Warum bekomme ich bei Livekonzerten zusammen mit anderen begeisterten Besuchern eher eine Gänsehaut als beim isolierten Musikhören? Diese Fragen weisen in die Richtung, die wir in diesem Kapitel beleuchten möchten. Musik wird mit Bedeutung und Emotion in der sozialen Interaktion aufgeladen. Wie kann man ergänzend auch diesen sozialen Prozess semantisch beschreiben, und welchen Nutzen zieht man hieraus für den computerunterstützten Musikkonsum?

Der Begriff *Social Music* wurde von Last.fm, einem musikzentrierten Sozialen Netzwerk, geprägt. Dahinter steht die Idee, dass Musik für Menschen ein Medium ist, um soziale Kontakte einzugehen, zu vertiefen, zu pflegen. Dies reicht von Zufallsbekanntschaften bis zu tief empfundener Freundschaft. An dieser Stelle möchten wir nur in der notwendigen Kürze das Thema streifen, da es in zahlreichen technischen Umsetzungen von verschiedenen Anbietern partiell umgesetzt wurde und somit auch die Entwicklungen im Bereich der semantischen Musikdienste beeinflusst. Neben Last.fm ist seit 2010 auch Apple mit Ping in diesem Anwendungsfeld der sozialen Netzwerke für Musikkonsumenten aufgestellt. Die Grundprämisse dieser Dienste lautet auf eine Formel vereinfacht: Menschen, die meinen Musikgeschmack teilen, könnten meine Freunde werden. Eventuell haben diese Freunde auch gute Empfehlungen für mich oder sie erzeugen interessante Beschreibungen von Musik und stellen diese für andere Musikbegeisterte zur Verfügung. Natürlich bietet es sich hier an, die bereits erwähnten Konzepte von Musikontologien wiederzuverwenden, bzw. Spezifika dieser sozialen Musiknetzwerke in Ontologien zu manifestieren.

Kommerzielle Anbieter von proprietären sozialen Musikdiensten neigen dazu diese von Benutzern produzierte Inhalte, sogenannten *User Generated Content (UGC)*, innerhalb ihrer Systeme zu halten. Daher gibt es wenig uniforme Repräsentationen solcher Datenbestände. Vielmehr finden wir im kommerziellen Umfeld redundante und unternehmensspezifische Informationen zum Nutzungsverhalten, Präferenzen, nutzergenerierten Beschreibungen, *etc.*, wünschenswert ist hier aber eine gemeinsame, semantisch fundierte Repräsentation, die Austauschbarkeit garantiert und die Anstrengungen der Anwender bündelt.

SIOC – Semantically-Interlinked Online Communities (Breslin et al. 2005) – leistet dies, indem ein Modell angeboten wird, das die Aktivitäten von Online Communities und ihre Beiträge repräsentiert. Mittlerweile existieren mehr als 40 Applikation, die auf SIOC basieren (siehe hierzu `http://sioc-project.org/applications`). Da sich Daten, die im Web 2.0 Umfeld generiert werden, nicht nur auf Text beschränken bietet SIOC ein *Type*-Modul, um neue Datentypen zu definieren. Dies geschieht durch Wiederverwendung von anderen domänenspezifischen Ontologien (z. B. `dcmi:MovingImage` oder `mo:Playlist`). Das nächste Beispiel stellt eine Playlist dar, die mittels SIOC und Termen der *Music Ontology* repräsentiert wurde:

```
:myRadio a mo:Playlist ;
  mo:track :song1 ;
```

```
  sioc:has_creator :me ;
  sioc:site <http://lastfm.com> ;
  dc:title "Anke's last.fm playlist" .
:song1 a mo:Track ;
  dc:title "1999" ;
  foaf:maker dbpedia:Prince .
```

Auch hier führen wir ein konkretes Beispiel anhand des fiktiven Musikkonsums von Rudis Frau Anke ein: *Anke hört gerne Musik beim Joggen. Auf ihrem MP3-Player hat sie hierfür Playlisten mit vorrangig schnellen Liedern, wie z. B. 1999 von Prince. Außerdem ist ihr Player mit ihrem Laptop synchronisiert, damit sie sich neue Musik, die sie per MP3-Download erwirbt, auf das Gerät laden kann. Sobald sie am Laptop Musik hört, transferiert sie automatisch ihre Hörgewohnheiten zur Social Music Plattform Last.fm. Dort wird anhand ihres Nutzungsverhaltens eine entsprechende Playlist geführt.*

Es wäre also durchaus denkbar, dass Anke bei Last.fm Joggingpartner findet, die ihren Musikgeschmack teilen.

## 14.2 Datensammlungen zu musikbezogenen Informationen

Nachdem wir in den einführenden Abschnitten umrissen haben, wie man prinzipiell Musik in ontologische Beschreibungen fasst, möchten wir im Folgenden darstellen, wo sich überhaupt interessante und umfangreiche Datenbestände zum Thema Musik in digitaler Form finden. Wir werden hierzu den traditionellen Musikjournalismus beleuchten, der in seiner Informations- und Filterfunktion nicht ausgedient hat. Er sieht sich jedoch, bedingt durch die Verbreitung der digitalen Medien und insbesondere der Aktivierung von Freiwilligen, Experten und Fans, konfrontiert mit einer Erneuerung und Adaption auf zeitgenössische Nutzungs- und Konsumpraktiken im Musikbereich. Was dieser Wandel bereits bewirkt hat, werden wir am Beispiel Linked Open Data aufzeigen. Vertiefend werden wir an konkreten Ausprägungen dieses Ansatzes, wie DBTune, DBpedia und Freebase, darlegen, welche umfangreichen musikbezogenen Musiksammlungen bereits heute in semantischen Repräsentationen vorliegen.

### 14.2.1 Traditioneller Musikjournalismus im Wandel der Zeit

Plattenkritiken, Rezensionen neuer Alben, Interviews mit angesagten Künstlern, usw., diese Themen wurden über Jahrzehnte in spezialisierten Zeitschriften behandelt. Musikjournalisten wurden mit Vorabpressungen bemustert, um das Printmedium als Marketingmaßnahme einzusetzen. Mit dem Siegeszug des *World Wide Web* fand jedoch eine Demokratisierung dieses klassischen Filterprozesses statt. Engagierte Laien, bekennende Fans, aber auch dedizierte Musikexperten verlagerten die Diskussion um neue und alte Musik, aufstrebende Künstler, ganze Musikgattungen in das *World Wide Web*. Als Ergebnis entstanden Webseiten wie der All Music Guide (http://www.allmusic.com/).

Mit der zunehmenden Popularität von Wikis wurden diese Angebote um weitere Aspekte erweitert, beispielsweise um die Möglichkeit, Songtexte in digitalisierter Form bereitzustellen. Nach einer anfänglichen Abwehrhaltung seitens der etablierten Kräfte der Musikindustrie entwickelten sich immer mehr Angebote, die mit dem Aufkommen des Web 2.0 geradezu explodierten. Weblogs und auch Microblogs wie Twitter enthalten viele musikbezogene Informationen, die von allen Beteiligten des Musikentstehungs- und Verwertungsprozesses gespeist werden. Künstler, Labels, Fans und Veranstalter nehmen an dieser Form aktiv teil und haben den klassischen Musikjournalismus in Teilen substituiert, beziehungsweise ergänzt. Musikzeitschriften wie die deutsche Spex, Intro und Musikexpress bieten mittlerweile ihre Inhalte sowohl in gedruckter Form als auch online an. Kürzere hochaktuelle Artikel werden auf die begleitenden Weblogs gestellt, Künstler, Verwerter und Mediatoren betreiben selbstverständlich Twitter- und Facebookseiten, um über diese Social Media Kanäle alle Informationen rund um das Thema Musik aktuell bereitzustellen und um partizipative Diskussionsprozesse anzustoßen. Viele dieser Informationen erschließen sich jedoch noch nicht den semantischen Technologien, allerdings finden sich auch hier Wege, immerhin den sozialen Kontext in einer semantischen Repräsentation wie beispielsweise FOAF in soziosemantische Anwendungen zu integrieren.

### 14.2.2 Musik und das Linked Open Data Projekt

Wie bereits in Kapitel 7 vorgestellt, bündelt die *Linked Open Data (LOD)*-Initiative unterschiedliche Datensammlungen, die von Unternehmen, Instituten und freiwilligen Organisatoren im RDF-Format bereitgestellt und dadurch untereinander verlinkt werden können. Innerhalb dieser Kollektionen finden sich umfangreiche musikbezogene Daten, wie Metadaten zu Künstlern, Bands, Entstehungsgeschichten bekannter Songs, Samples und vieles mehr. In den nächsten Abschnitten werden wir drei verschiedene Projekte vorstellen, die in diesem Umfeld tätig sind.

#### DBTune

Die Verlinkung zwischen diesen Musikdatensammlungen unterschiedlicher Anbieter (siehe Abbildung 14.1) wird im DBTune Projekt (http://dbtune.org/) ausgenutzt, um per Export musikbezogene Fakten in RDF bereitzustellen. Hier finden sich detaillierte editoriale Informationen, Geodaten zu Künstlern, Informationen bezüglich der Vernetzung zwischen Künstlern und Hörern, Hörgewohnheiten, Verwertungsrechte, öffentliche Aufführungsinformationen von Rundfunkanstalten und partiell Merkmale, die durch automatische Analyseverfahren auf Songebene extrahiert wurden (Harmonien, Melodien, Strukturen). Die Verlinkung erlaubt es, auf einfache Weise Mashups zu erstellen, die Daten unterschiedlicher Herkunft und Natur miteinander verweben. Beispielsweise

## 14.2 Datensammlungen zu musikbezogenen Informationen

ist Jamendo eine Musikplattform und Community, die freie Musik bereitstellt. Diese kann mit GeoNames verlinkt werden und ortsbasierte Empfehlungen für freie Musik generieren. Künstler aus MusicBrainz können mit DBpedia Künstlern verlinkt werden. Gleiches ist möglich, um Künstler von MySpace in den BBC Radioplaylisten wiederzufinden.

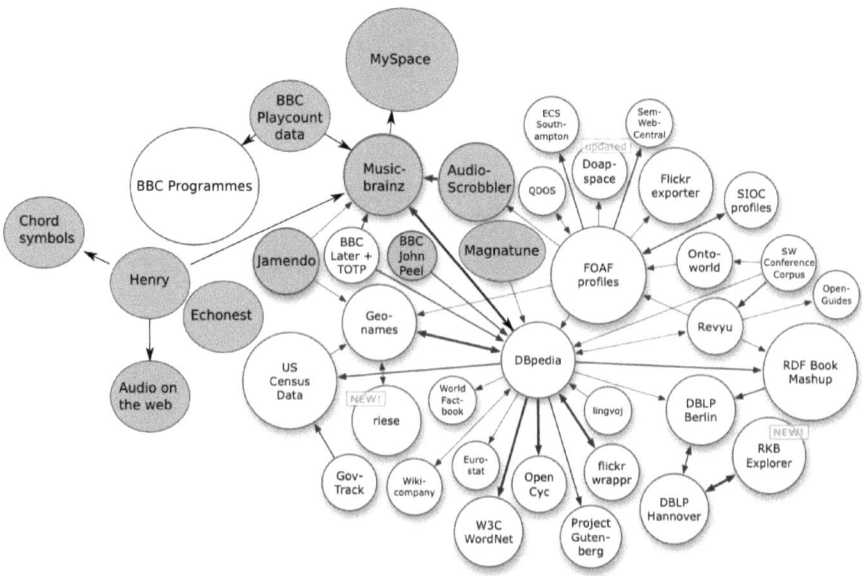

**Abb. 14.1** Von DBtune verwendete LOD-Datensammlungen.

### DBpedia

DBpedia ist eine RDF-Version von Wikipedia (siehe hierzu Kapitel 7). Sie stellt semantische Fakten bereit, die gerade im musikalischen Bereich sehr fortgeschritten sind. Sie enthält mehr als 40 000 Künstler und Bands sowie die dazugehörigen Veröffentlichungen, Kollaborationen, Detailangaben zu den involvierten Personen und vieles mehr. Natürlich sind insbesondere die Verlinkungen unter den unterschiedlichen Konzepten interessant. Untersuchungen zur Häufigkeit von direkten Verbindungen zwischen Künstlern ergaben (siehe Abbildung 14.2), dass mehr als 50% der Künstler innerhalb der DBpedia nicht verbunden sind, während sich für die verbleibende Hälfte Verbindungsgrade von typischerweise 3 bis zu 14 zeigten. Da man jedoch mit indirekten Links arbeiten kann, ist es möglich, die isolierte Hälfte an Künstlern mit diesen Zwischenschritten zu integrieren.

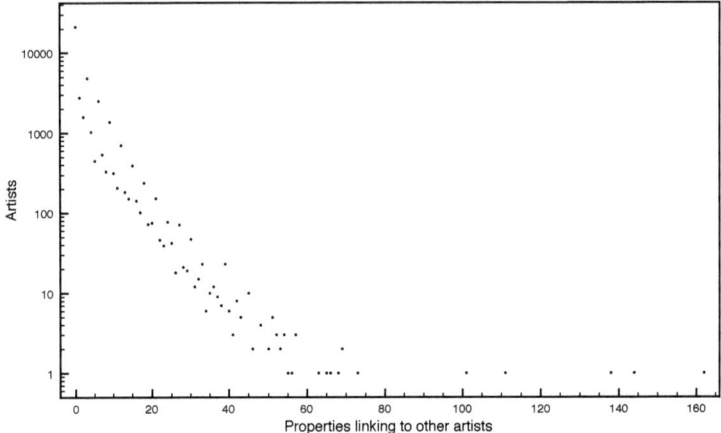

**Abb. 14.2** Verlinkung zwischen Künstlern anhand von Properties.

## Freebase

Freebase (http://www.freebase.com/) ist eine offene und online zugängliche Datenbank von semantischen Daten, die aus unterschiedlichen Quellen zusammengeführt wurden. Ergänzend ist es Anwendern gestattet, direkte Beiträge Wiki-artig einzustellen. Freebase wurde vom Unternehmen Metaweb Technologies entwickelt und in 2010 von Google übernommen. Das Ziel hinter dieser Anstrengung ist, eine global verfügbare Wissensquelle zu schaffen, die von Computern und Menschen gleichermaßen genutzt werden kann.

Die Daten sind unter der Creative Commons Attribution 2.5 Lizenz (http://creativecommons.org/licenses/by/2.5/) verfügbar und können für Entwickler von semantischen Systemen über spezielle Programmschnittstellen in ihre Eigenentwicklungen importiert werden.

Handelt es sich bei Freebase nun auch um eine Musikontologie? Diese Frage muss man bejahen, denn Freebase bietet sogenannte *Types* und *Properties*, die den in den vorangegangenen Kapiteln eingeführten Begriffen entsprechen. Möchte man also musikalische Konzepte, Eigenschaften, Musiker und andere komplexere Sachverhalte beschreiben, beziehungsweise die zugehörigen Daten aus Freebase importieren, so ist dies problemlos möglich.

Dies stellt sich beispielsweise wie folgt dar, wenn man einen Künstler näher fassen will:

- *origin*: Der Ort, an dem ein Künstler seine Karriere startete.
- *instrument*: Die Instrumente, die ein Musiker beherrscht.
- *genre*: Die Musikgattung, die vom Musiker in der Regel bedient wird.

- *artist collaboration*: In welchen Konstellationen hat der Künstler mit anderen Künstlern zusammengearbeitet.
- *record release year*: Die Veröffentlichungsjahre der Alben eines Künstlers.

## 14.3 Algorithmen zur Musikempfehlung

Bisher haben wir gezeigt, dass es möglich ist, Musik und die einhergehende soziale Interaktion beim Musikkonsum in semantische Repräsentationen zu überführen und dass dies für viele bekannte Künstler und ihr musikalisches Schaffenswerk bereits erfolgt ist. Es stellt sich also die Frage, wie man diese musikalischen Wissensquellen nutzen kann, um neue oder verbesserte Formen des computerunterstützten Musikkonsums zu bedienen. Es ist offensichtlich, dass alle denkbaren Formen der aktiven Suche nach Musik von derartigen Wissensquellen profitieren. Naheliegend ist der Einsatz von semantischen Suchmaschinen (siehe hierzu Kapitel 9), um für Musikanfragen, die nur partielle Fakten enthalten, präzise Ergebnisse und sogar Erklärungen zu liefern. Oftmals wissen aber potenzielle Käufer von Musik gar nicht, nach was sie suchen sollen. In solchen Fällen arbeitet man mit Empfehlungsmaschinen. Die zugrundeliegenden Verfahren haben eine lange Tradition, bereits seit Anfang der 1990er Jahre befasst man sich intensiv hiermit (Shardanand und Maes 1995). Gerade durch die semantischen Technologien erfährt dieses Gebiet derzeit aber nochmals eine Erneuerung. Wir werden nachfolgend kurz die etablierten Verfahren einführen, um dann aufzuzeigen, was die neuen Möglichkeiten leisten können.

### 14.3.1 Inhaltsbasierte Verfahren

Wie der Name schon sagt, ist ein inhaltsbasiertes Verfahren völlig unabhängig davon, ob bereits Kauf- oder Nutzungsdaten zu einem bestimmten Musikstück, Album oder Künstler vorliegen. Der Ansatz besteht vielmehr darin, aus den Werken selbst Eigenschaften automatisch zu extrahieren oder auch manuell zu erfassen, die dann in einem Eigenschaftsvektor gespeichert werden (Foote 1997). Zahlreiche Anbieter derartiger Systeme haben sich etabliert und arbeiten mit unterschiedlichen Mischformen dieser Arbeitsweisen. Es ist möglich, vollautomatische Audioanalysen der Musiktitel durchzuführen oder aber mit Musikexpertenteams wesentliche Merkmale der Musik manuell zu erfassen. Speichert man die zugehörigen Eigenschaftsvektoren in einer Datenbank, so kann man, mit einem geeigneten Ähnlichkeitsmaß zu einem gegebenen Musikstück passende, klanglich oder bezüglich wesentlicher musikalischer Strukturmerkmale ähnliche Stücke zu ermitteln. Äußert ein Anwender also eine Präferenz für ein Musikstück, so können passende Empfehlungen ermittelt werden. Allerdings treffen diese Verfahren keine Aussage über die empfundene Qualität eines Musikstücks, da sie nach rein objektiven Mermalen arbeiten. Wie bereits an anderer Stelle erwähnt, zeichnet sich aber die Bewertung von Musik vor allen Dingen durch empfundene Emotionen oder die Passgenauigkeit für bestimmte Hörsituationen aus. Hier liegen die Grenzen der inhaltsbasierten Verfahren.

### 14.3.2 Kollaboratives Filtern

Kollaboratives Filtern lebt davon, dass eine große Anzahl von Anwendern ihre Kauf- oder Musiknutzungsdaten zur Verfügung stellt. Das prominenteste Beispiel dieses Ansatzes wurde von dem Unternehmen Amazon etabliert (Linden et al. 2003). Der Erwerb von Büchern, CDs, DVDs und anderen Artikeln durch mehrere Millionen Menschen wird in der zentralen Datenbank von Amazon protokolliert. Dies erlaubt es, einem Song wiederum einen speziellen Eigenschaftsvektor zuzuweisen. Im Gegensatz zum inhaltsbasierten Verfahren spielen die musikalischen Merkmale hier prinzipiell keinerlei Rolle, lediglich die Kaufentscheidung anderer Amazon-Kunden führt zu einer bestimmten Ausprägung dieses Vektors. Auf Basis dieser Daten ist es nun wiederum gangbar, mit einem Ähnlichkeitsmaß Produkte, bzw. Musikstücke zu finden, die eine ähnliche Kaufhistorie aufweisen. Problematisch beim kollaborativen Filtern ist die Tatsache, dass neue Erscheinungen zunächst eine Einschwingphase durchlaufen müssen. Erst wenn genügend Kauf- oder Bewertungsvorgänge stattgefunden haben, hat der zugehörige Eigenschaftsvektor genügend Einträge, um dann durch das Ähnlichkeitsmaß auch zur Empfehlung zu kommen. Dieses Kaltstartproblem lässt sich umgehen, indem man ein kollaboratives Verfahren mit einem inhaltsbasierten Verfahren koppelt.

### 14.3.3 Hybride Ansätze

Ein hybrider Ansatz zur Musikempfehlung kann die Ergebnisse der beteiligten Teilansätze in verschiedenen Formen kombinieren. Es ist denkbar, den inhaltsbasierten Ansatz für Neuveröffentlichungen solange einzusetzen, bis genügend Kaufvorgänge stattgefunden haben. Dann kann umgeschaltet werden auf den kollaborativen Filteransatz. Gleichermaßen ist es aber auch möglich, beide Ansätze parallel einzusetzen und die Ergebnisse zu kombinieren. Diverse Ausprägungen solcher hybrider Systeme sind mittlerweile De-facto-Standard. Die ehemals puristischen Ansätze wurden erweitert, da alle Anbieter nicht mehr dogmatisch eine einzige Philosophie verfolgen, sondern ihren Kunden eine ausgewogene Balance bieten möchten, die die Vorteile unterschiedlicher Ansätze integriert.

Mit zunehmender Popularität des Web 2.0 haben Anwender soziale Netzwerke wie Facebook, spezielle Musik-Weblogs und Microblogs wie Twitter entdeckt und in ihr Musikkonsumverhalten integriert. Diese Anwendungen bilden insbesondere die zuvor angesprochenen sozialen Aspekte ab und eignen sich daher für eine Integration in hybride Systeme. Gerade in weiterer Kombination mit semantischen Musikempfehlungen ergeben sich hierdurch die erwähnten Quantensprünge bei der Leistungsfähigkeit von Musikempfehlungssystemen jenseits der klassischen Kombination aus inhaltsbasierten und kollaborativen Verfahren.

## 14.4 Soziosemantische Musikempfehlungen

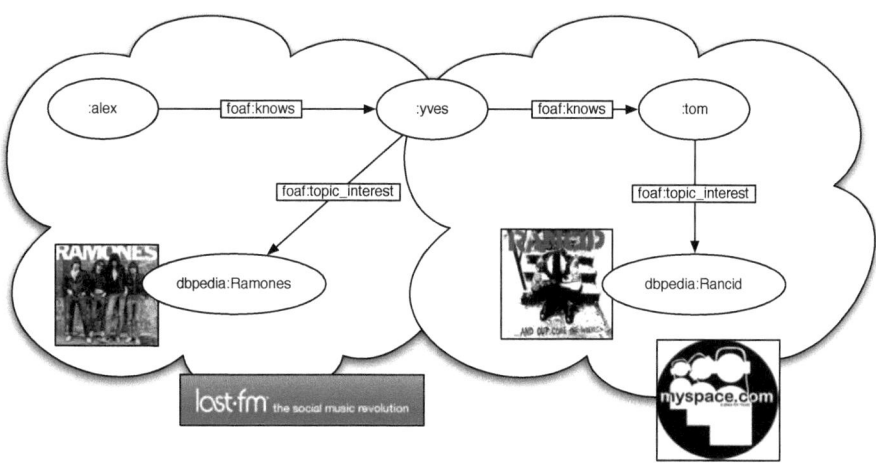

**Abb. 14.3** Soziosemantische Empfehlung.

Der nachfolgende Abschnitt ist daher diesen neuen Verfahren gewidmet.

## 14.4 Soziosemantische Musikempfehlungen

Wir haben bisher festgestellt, dass sowohl Wissensquellen zur Musik selbst als auch der semantisch repräsentierte soziale Kontext von Musik verfügbar ist und in computertauglicher Form und ausreichender Quantität vorliegt. Werden beide Arten von Daten miteinander kombiniert, spricht man von soziosemantischen Systemen.

Desweiteren haben wir zuvor eingeführt, dass Verfahren zur Musikempfehlung bereits vor der Popularität und Verfügbarkeit dieser soziosemantischen Daten ein profitables und begehrtes Beschäftigungsfeld waren, mit den Hauptvertretern inhaltsbasierte Verfahren und kollaboratives Filtern.

Im vorliegenden Abschnitt beschreiben wir nun soziosemantische Musikempfehlungssysteme, welche die beiden Aspekte, semantische Repräsentation von Musikeigenschaften und semantische Repräsentation von sozialem Kontext, zu unterschiedlichen Hybridlösungen zusammenführen.

### 14.4.1 Kollaboratives Filtern und Semantische Social Networks

Kombiniert man Verfahren des kollaborativen Filterns mit sozialen Netzwerken, dann ist es möglich, interessante Musikempfehlungen zu generieren. In Abbildung 14.3 ist beispielhaft aufgeführt, wie ein solches System auf Basis von FOAF mit Daten aus Last.fm, MySpace und der DBpedia Musikempfehlungen generieren kann. Das im

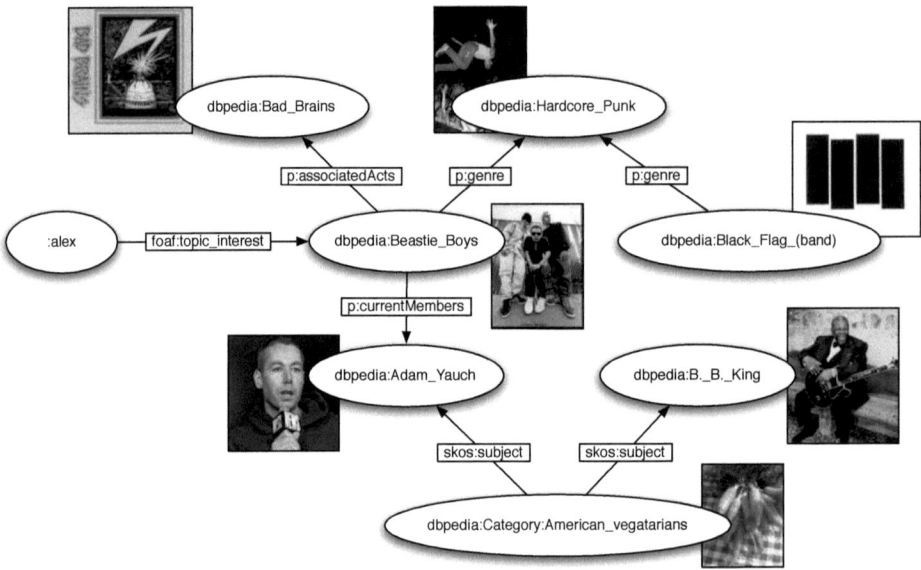

**Abb. 14.4** Verlinkte DBTune Datensammlungen.

Rahmen eines Forschungsprojektes entstandene System *Foaf-ing the music* verfolgt diesen Ansatz.

**FOAF-ing the music**

Das System trägt bereits im Namen die Kernkomponente, die maßgeblich für den Erfolg ist. Oscar Celma (Celma 2006) verwendete die Daten aus verteilten sozialen Musiknetzwerken, also den sozialen Musiknutzungskontext, um inhaltsbasierte Verfahren auf das nächste Qualitätsniveau zu hieven. Durch diesen Trick konnte er ein im Kern inhaltsbasiertes System weiterverwenden und um soziale Aspekte erweitern. Die Musikeigenschaften der Inhaltsanalyse liegen im RDF-Format vor, die sozialen Beziehungen aus den Netzwerken in FOAF. Er arbeitet dann mit einer Kombination von Ähnlichkeitsmaßen auf den inhaltlichen Eigenschaftsvektoren und nutzt die sozialen Beziehungen, um Musikstücke aus Blogs und Empfehlungen in den sozialen Netzwerken zu integrieren.

### 14.4.2 dbrec: DBpedia als Basis für Musikempfehlungen

Die DBpedia wird in dbrec (http://dbrec.net) als Wissensquelle eingesetzt, um im Kern der Idee von inhaltsbasierten Verfahren zu folgen, allerdings kommen hier die Eigenschaften weder aus einer Audioanalyse noch durch manuelle Expertenannotation. Vielmehr werden die in der DBpedia im RDF-Format vorliegenden Musikfakten als

## 14.4 Soziosemantische Musikempfehlungen

Basiseinheiten für Eigenschaftsvektoren verwendet. Das notwendige Ähnlichkeitsmaß zur Berechnung von Empfehlungen geht auf die Linked Data Semantic Distance (LDSD) zurück.

Dieses Distanzmaß eignet sich speziell für semantisch repräsentierte Daten, da es sowohl direkte als auch indirekte Beziehungen zwischen Konzepten verrechnet. In dbrec wurde die LDSD für alle Künstler und Bands, die in der DBpedia enthalten sind, berechnet. Damit ist es für ca. 40 000 Künstler möglich Empfehlungen auszusprechen, wobei die in der DBpedia enthaltenen Bild- und Textbeschreibungen genutzt werden können, um das Bedieninterface für die Anwender ansprechender zu gestalten.

Ergänzend werden die Ergebnisse der Berechnungen nicht nur als Zahlenwerte ausgegeben, sondern in RDF repräsentiert, wobei auf eine eigene Ontologie zurückgegriffen wird. Dies bietet den Vorteil, die Ergebnisse der Verfahren erläutern zu können, was an folgendem Beispiel illustriert wird:

*Elvis Presley und Johnny Cash sind sich sehr ähnlich, weil beide Künstler beim Plattenlabel Sun Records veröffentlicht haben. Dieser Umstand gilt für nur 19 Künstler der 40 000 Künstler aus dem Gesamtdatenbestand.*

Im technischen Format sieht dies wie folgt aus:

```
@prefix ldsd: <http://dbrec.net/ldsd/ns#>.

<http://dbrec.net/distance/
  774a32aa-dede-11de-84a3-0011251e3563>
  a ldsd:Distance;
  ldsd:from <http://dbpedia.org/resource/Johnny_Cash>;
  ldsd:to <http://dbpedia.org/resource/Elvis_Presley>;
  ldsd:value "0.0977874534544" .

<http://dbrec.net/distance/
  774a32aa-dede-11de-84a3-0011251e3563>
  ldsd:explain [
    a ldsd:IndirectOut;
    ldsd:property
      <http://www.w3.org/1999/02/22-rdf-syntax-ns#type>;
    ldsd:node
      <http://dbpedia.org/class/yago/SunRecordsArtists>;
    ldsd:total "19" ] .
```

Darüber hinaus sind die Erklärungsfähigkeiten des Systems (Passant und Decker 2010) in die Benutzeroberfläche integriert. Wenn der Benutzer eine entsprechende Empfehlung ansteuert, werden per SPARQL-Anfrage die notwendigen Erklärungen mit den von Menschen lesbaren Attributen generiert. Ergänzend können weitere illustrierende Informationen wie zugehörige YouTube-Videos und/oder Twitterfeeds, die den Künstler erwähnen, integriert werden.

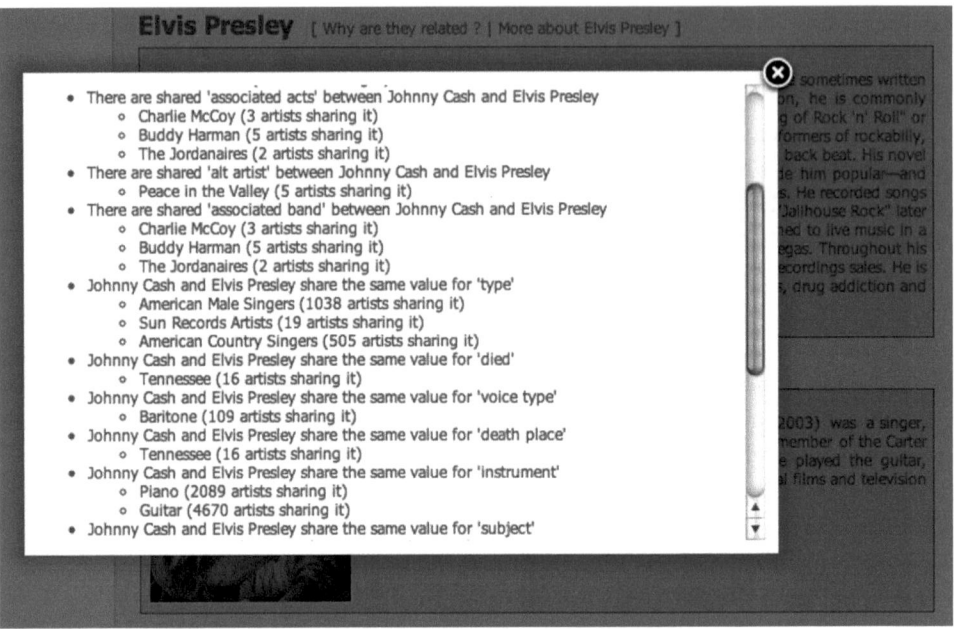

**Abb. 14.5** Erklärungskomponente in dbrec (http://dbrec.net).

### 14.4.3 HORST – Holistic Recommendation and Storytelling

Forscher am DFKI entwickeln ein soziosemantisches Empfehlungssystem namens HORST – Holistic Recommender and Storytelling Technology (Baumann et al. to appear). Die Idee ist hierbei, Musikempfehlungen nicht in Form von Ergebnislisten zu präsentieren, sondern personalisierte Geschichten zu generieren, die dem Nutzer neuartige Musik anhand einer Kette von interessanten, kausalen Fakten näherbringen. Die Hoffnung ist hiermit auch das Interesse für Musik zu wecken, die eventuell in ihrer Struktur oder der sozialen Wahrnehmung nicht im Fokus des Interesses liegt.

Dies soll folgendes Beispiel verdeutlichen:

*Air und Phoenix starteten ihre internationalen Karrieren ehemals in Versailles und Paris, indem sie sich mit lokalen Bands befreundeten und mit ihnen zusammenarbeiteten. In den frühen 90ern arbeiteten sie in gemeinsamen Bands und Projekten mit ORANGE und Cassius. Etienne de Crecy war zunächst der Tourmanager von Cassius und arbeitete später mit Philippe Zdar. Nachdem beide das Genre des French House Mitte der 1990er ins Leben gerufen hatten, kooperierte Cassius später sogar mit Pharell Williams, der ein in den Vereinigten Staaten beheimateter Künstler und Produzent von Pop, Hip Hop und R+B ist. In 2007 sang er der Song Eye Water von Cassius ein.*

Es ist also möglich, einen Spannungsbogen von Air und Phoenix bis zu Pharell Williams zu schlagen. Die im obigen Text enthaltenen Fakten finden sich alle im RDF-Format in DBpedia und/oder Freebase. Es stellt sich natürlich die Frage, wie man die

## 14.4 Soziosemantische Musikempfehlungen

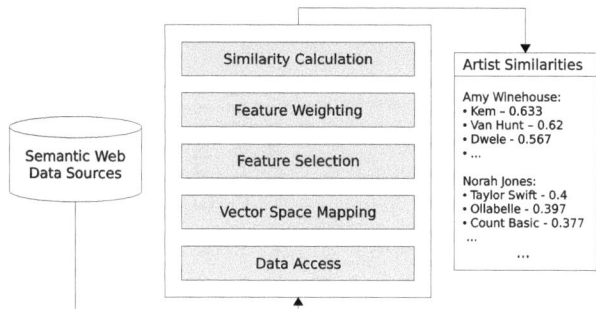

**Abb. 14.6** Verfahrensschritte zur Berechnung der Ähnlichkeit zwischen Künstlern.

optimalen Pfade auswählt, um zu interessanten Faktenketten zu kommen, die dann das Skelett für eine interessante Empfehlungsstory darstellen. Zum gegenwärtigen Zeitpunkt nähert sich HORST dieser Fragestellung mit bekannten Techniken der kollaborativen Empfehlungssysteme an. Es wird allerdings intensiv Freebase als Wissensquelle für die Rohdatenbeschaffung verwendet.

Zunächst werden Eigenschaften (Properties) ausgewählt, die am besten Künstler und ihr Schaffenswerk charakterisieren. Diese werden dann im Sinne eines Eigenschaftsvektors mit Werten belegt. Dann wird ein Abstandsmaß verwendet, um die Ähnlichkeit zwischen diesen Eigenschaftsvektoren zu berechnen. Der Verarbeitungsablauf ist in Abbildung 14.6 dargestellt.

### Überführen der semantischen Daten in einen Vektorraum

Das Verfahren arbeitet derzeit für 11 276 Künstler und 5020 Eigenschaften. Die semantischen Daten wurden aus Freebase extrahiert. Die Repräsentation wird aus dem ursprünglichen RDF-Format in einen Vektorraum überführt, um effiziente Verfahren des Information Retrieval zur Ähnlichkeitsberechnung anwenden zu können. Jeder Künstler wird hier durch einen Vektor dargestellt, dessen Dimensionen den verschiedenen Eigenschaften entsprechen. Trifft eine Eigenschaft auf einen Künstler zu, dann enthält der Vektor an der entsprechenden Stelle den Wert eins, ansonsten null. Ein vereinfachtes Beispiel, das lediglich mit der Eigenschaft *Künstler X wird Musikgenre Y zugeordnet* arbeitet, ist in Abbildung 14.7 zu sehen.

### Merkmalsauswahl und Gewichtung

Seltene und sehr häufige vorkommende Merkmale sind schlecht geeignet, um Künstler voneinander zu unterscheiden. Daher wird die zuvor eingeführte Matrix untersucht, ob es Merkmale gibt, für die diese Extreme des Auftretens zutreffen. Im konkreten Fall wurden Eigenschaften entfernt, die weniger als zweimal vorkommen oder aber bei mehr als der Hälfte der Künstler vorliegen. Nach dieser Reduktion beinhaltet die Matrix noch 3.560 Dimensionen. Anschließend werden die Merkmale gewichtet, wobei

|  | Pop Music | Dance-pop | Electronica | Contemp. R&B | |
|---|---|---|---|---|---|
| Madonna | 1 | 1 | 1 | 0 | ⋮ |
| Britney Spears | 1 | 1 | 0 | 1 | ⋮ |
| Lady Gaga | 1 | 0 | 1 | 1 | |
| ... | | ... | | | |

**Abb. 14.7** Beispielmatrix für Künstler und die von ihnen bedienten Musikgenres.

Eigenschaften, die häufig vorkommen, ein niedrigeres Gewicht erhalten. Um dies zu erreichen verwendet man das aus dem Information Retrieval bekannte Verfahren der TF-IDF-Gewichtung (Salton et al. 1975).

### Berechnung der Ähnlichkeit

Wendet man paarweise auf alle gewichteten Vektoren das Cosinusmaß an, so erhält man als Ergebnis eine neue Matrix, in der die Ähnlichkeit zwischen zwei Künstlern mit einem Zahlenwert beschrieben wird. Hiermit ist die Vorstufe des Verfahrens zur Berechnung semantischer Musikempfehlungen abgeschlossen. Zu einem gegebenen Künstler wird auf Basis der semantischen Fakten mittels Verfahren, die aus dem Information Retrieval stammen, eine Menge von ähnlichen Künstlern ermittelt. Gibt man dem Verfahren einen Ursprungskünstler, so kann man den nach musikalischen Eigenschaften ähnlichsten Künstler als potenziell passende Empfehlung ermitteln.

### Bereitstellung einer erklärenden Geschichte

Die im ersten Schritt extrahierten semantischen Daten spannen einen Graphen auf, der Künstler und die zu ihnen in Beziehung stehenden musikalischen Eigenschaften enthält. In diesem Graphen werden nun die Teilgraphen ermitteln, die Pfade vom Ursprungskünstler zum ähnlichsten Künstler enthalten. Läuft man diese Pfade ab, so ergeben die Knoten- und Kantenattribute ein kausales Faktenskelett, das als Grundlage für eine erklärende Geschichte dient. Problematisch ist hierbei, dass für den Menschen diese Geschichten zwar schlüssig und kausal nachvollziehbar sind, aber unter Umständen zuviele Umwege enthalten, bzw. nicht die Aspekte, die ein Anwender für seine persönliche Musikauswahl favorisiert.

## 14.5 Fazit

Obwohl semantische Musikempfehlungen neues Terrain beschreiten und bereits heute, bedingt durch ihre bessere Datengrundlage und Erklärungsfähigkeit, klassische Empfehlungsverfahren übertreffen, ist es notwendig, die bestehenden Beschränkungen durch weitere Ausbaustufen zu überwinden. Verfahren des maschinellen Lernens können eingesetzt werden, um aus Texten von Musikexperten, Journalisten und Fanmagazinen die Aktivierungsmuster zu erlernen, die gute Empfehlungsberichte ausmachen. Kennt man diese Aktivierungsmuster, dann ist es möglich, diejenigen Pfade im semantischen Graphen zu favorisieren, die möglichst viele der enthaltenen Konzepte überdecken. Verfahren wie dbrec oder HORST werden dann noch präziser und personalisierbarer werden. Außerdem ist zu erwarten, dass in Form von weiteren hybriden Systemen soziosemantische Musikempfehlungen noch stärker mit Informationen aus mobilen und sozialen Nutzungskontexten zusammenwachsen werden.

## 14.6 Weiterführende Literatur

Die in diesem Buchkapitel behandelte Thematik der semantischen Musikempfehlungen speist sich aus zahlreichen wissenschaftlichen Arbeiten, die im Bereich der Technologieforschung bereits seit Anfang der 1990er Jahre durchgeführt wurden. Es handelt sich hier vornehmlich um Ansätze für IT-gestützte Empfehlungssysteme, die zum damaligen Zeitpunkt ohne semantische Technologien auskamen. Möchte man hier Ergänzungen oder Vertiefungen zum bisherigen Kenntnisstand erlangen, empfiehlt sich die Lektüre zu Hybridempfehlungssystemen, die sehr gut von Adomavicius (Adomavicius und Tuzhilin 2005) zusammengefasst wurden. Im deutschsprachigen Umfeld gibt es ein nützliches Buch zur Einführung von Empfehlungssystemen von Klahold (Klahold 2009).

*Stephan Baumann, Alexandre Passant*

# 15 Optimierung von Instandhaltungsprozessen durch Semantische Technologien

## Übersicht
15.1 Einleitung .................................................... 400
15.2 Grundlagen .................................................. 402
15.3 Anwendungsfeld und Szenario ............................ 406
15.4 Semantische nahtlose Navigationsanwendung ........... 409
15.5 Fazit .......................................................... 419
15.6 Weiterführende Literatur .................................. 422

Produzierende Unternehmen sehen sich zu Beginn des 21. Jahrhunderts einer Reihe besonderer Herausforderungen gegenübergestellt. Um auch in Zukunft wettbewerbsfähig zu bleiben, leitet sich für solche Unternehmen die konkrete Herausforderung ab, auch bei stark sinkenden Losgrößen, die Effizienz und Produktivität von Produktionsprozessen weiter zu verbessern. Um dieses Ziel zu erreichen, beschreiben die Paradigmen der Ambient Intelligence und des Ubiquitous Computing zentrale Lösungsansätze. Aus technologischer Sicht bilden Semantische Technologien bisher ungekannte Möglichkeiten zur Optimierung industrieller Fabrikprozesse und Abläufe.

Am Beispiel der semantischen Interpretation von Ortsinformationen zur Optimierung von Instandhaltungsprozessen zeigt dieses Kapitel wie Semantische Technologien im Kontext der industriellen Produktion im Rahmen einer konkreten praktischen Anwendung nutzbringend zum Einsatz gebracht werden können. Nach einer kurzen Hinführung zum Thema erfolgt in diesem Zuge die Erläuterung zentraler Zusammenhänge in der Interpretation von Kontextinformationen als Grundlage kontextadaptiver Anwendungen sowie die Einbettung verwendeter Semantischer Technologien in eine Systemarchitektur als Voraussetzung für deren anwendungsbezogene Verwendung.

Nach einer Darstellung der Relevanz von Instandhaltungsprozessen für den profitablen Betrieb von Produktionsinfrastrukturen wird anhand eines Szenarios auf die speziellen Problemstellungen und Randbedingungen der fokussierten Anwendungsdomäne eingegangen. Im Anschluss daran erfolgt eine detaillierte Darstellung technischer Entwicklungsaspekte bei der Konzeption und Realisierung einer semantischen nahtlosen

Navigationsanwendung zur Unterstützung von Instandhaltungsprozessen. Abschließend wird in Form eines Fazits ausgehend von dem Nutzen und den Limitationen der entwickelten Navigationsanwendung der Bogen zu generellen Potenzialen der Nutzung von Semantischen Technologien in Instandhaltungsprozessen gespannt und auf weiterführende Arbeiten im Bereich der anwendungs- und grundlagenorientierten Forschung eingegangen.

## 15.1 Einleitung

Zu herausragenden Problemen vor denen Unternehmen heute stehen, zählen insbesondere die verschärften Randbedingungen eines globalen Wettbewerbs. Hinzu kommen deutlich gestiegene Anforderungen hinsichtlich eines verantwortungsvollen und nachhaltigen Umgangs mit den Ressourcen unseres Planeten.

Insbesondere für Unternehmen des produzierenden Gewerbes materialisieren sich diese Herausforderungen in besonders deutlichen Konsequenzen. So führt der globalisierte Wettbewerb zu zeitlich stark verkürzten Entwicklungs- und Innovationszyklen bei einer gleichzeitig steigenden Vielfalt hinsichtlich der angebotenen Varianten eines hergestellten Produkts. Gleichzeitig wird nicht nur von Seiten der Gesetzgeber, sondern auch von Seiten der über das Internet sozial vernetzter Kunden der Ruf nach Produkten, welche in einer $CO_2$-armen oder sogar $CO_2$-neutralen Form produziert wurden immer lauter.

Um auch in Zukunft wettbewerbsfähig zu bleiben, leitet sich daraus für produzierende Unternehmen die konkrete Herausforderung ab, auch bei stark sinkenden Losgrößen die Effizienz und Produktivität von Produktionsprozessen –welche sich nach heutigem Stand oftmals über globale Wertschöpfungsnetzwerke erstrecken – weiter zu verbessern. Darüber hinaus besteht die Herausforderung, in einem global vernetzten Markt auf veränderte Kundenwünsche oder unvorhersehbare Ereignisse wie beispielsweise Umwelt- und Naturkatastrophen in einer flexiblen Art und Weise reagieren zu können.

Aus Sicht der Produktionsforschung bieten die Visionen der Ambient Intelligence sowie des Ubiquitous Computing die konzeptionellen Grundlagen, um diese Herausforderungen durch die Schaffung eines Wettbewerbsvorteils hinsichtlich der Flexibilität und Wandlungsfähigkeit von Fabriksystemen zu begegnen. Die Realisierung dieser Visionen beinhaltet auf operativer Ebene jedoch die umfangreiche Anwendung modernster Informations- und Kommunikationstechnologien (IKT) sowie die Adaption von in diesem Buch vorgestellten Technologien des Semantic Web sowie der Künstlichen Intelligenz auf domänenspezifische Problemstellungen produzierender Unternehmen. Die Anwendung und Adaption dieser Technologien stellt einen vielversprechenden Ansatz zur Realisierung der erhofften Steigerung hinsichtlich der Effizienz und Produktivität von Fabrikprozessen dar.

Technologien aus dem Forschungsfeld der Ambient Intelligence wie beispielsweise drahtlose Sensornetzwerke und mobile Interaktionsgeräte sowie die allgegenwärtige Möglichkeit auf Informationen aus dem Internet zugreifen zu können sind bereits heute dabei ein lebhafter Bestandteil moderner Fabrikumgebungen zu werden. Sie ermöglichen ein bisher unbekanntes Maß an Flexibilität im Betrieb und Freiheit in der Planung von modularen Fabriksystemen. In Anlehnung an das bestehende Paradigma des Internet of Things entwickeln sich Fabriken in verstärktem Maße zu intelligenten Umgebungen, in denen die Lücke zwischen der realen Welt der physischen Objekte und der virtuellen Welt der Daten und Informationen zunehmend kleiner wird. In einer solchen Factory of Things (Zühlke 2010), die von mobilen und vernetzten Einheiten gekennzeichnet ist und in der Informationen zu jeder Zeit, an jedem Ort, über verschiedene Endgeräte für nahezu jeden Nutzer verfügbar sind, bergen Kontextinformationen über den aktuellen Aufenthaltsort beispielsweise von halbfertigen Produkten, mobilen Produktionsmodulen oder mobilen Service-Mitarbeitern ein hohes Potenzial zur Umsetzung mobiler und kontextadaptiver Anwendungen.

In Kontrast zu der vergleichsweise erfolgreichen Adaption des Paradigmas der Ambient Intelligence im Rahmen innovativer Fabriksysteme finden klassische Technologien des Semantic Web und der Künstlichen Intelligenz – wie beispielsweise die in diesem Buch vorgestellte Web Ontology Language (OWL) oder semantische Reasoning Systeme (siehe Kapitel 4 und 6) – nur sehr vereinzelten Eingang in die Domäne der industriellen Produktion. Während die Enabler-Technologien der Ambient Intelligence im Wesentlichen die Sammlung, Bereitstellung und Verteilung feingranularer Daten ermöglichen, beinhalten Semantische Technologien die vielversprechenden Möglichkeiten, um aus dieser Fülle von vorliegenden Daten relevante Informationen und nutzbringendes Wissen zu extrahieren. Mit Hilfe dieser Technologien besteht beispielsweise die Möglichkeit, existierende Prozesse hinsichtlich ihrer Effizienz bewerten und optimieren zu können. Insbesondere für den menschlichen Nutzer bieten Semantische Technologien einen mächtigen Ansatz um die Komplexität heute zur Verfügung stehender Informationen auf ein handhabbares Maß zu reduzieren. Im Kontext der intelligenten Fabrik der Zukunft werden Semantische Technologien damit zu einer Art Türöffner um technische Systeme und Prozesse für den Menschen besser versteh- und beherrschbar zu machen.

Ein gutes Beispiel, wie sich die heutige Situation hinsichtlich der Adaption von Enabler-Technologien aus dem Bereich der Ambient Intelligence und des Semantic Web verhält, stellt die Nutzung von Ortsinformationen und ortsadaptiven Anwendungen im Fabrikumfeld dar. Obwohl die Nutzenpotenziale, welche aus der Verwendung von Ortsinformationen für die Gestaltung transparenter und effizienter Fabrikprozesse resultieren, im Rahmen von Forschungsarbeiten bereits aufgezeigt und nachgewiesen wurden (Thiesse et al. 2006), (Stephan und Heck 2010), ist die tatsächliche Nutzung von Ortsinformationen in der realen Anwendung noch immer als gering einzustufen. Dies hängt im Wesentlichen damit zusammen, dass sich sowohl Anbieter von Ortungssystemen, als auch Systemintegratoren vorwiegend auf die Realisierung monolithischer Gesamtsysteme spezialisiert haben (Kolodziej und Hjelm 2006), die genau einen bestimmten Anwendungsfall fokussieren und nahezu keinerlei Flexibilität und Adaptivität hinsichtlich der Veränderung von Anwendungsrandbedingungen oder Anwendungszielen zulassen. Heutige Lösungen werden vorwiegend auf Basis einer einzigen Ortungstechnologie realisiert, welche Ortsdaten in einem proprietären Datenformat zur Verfügung stellt. Vor allem liegt jedoch das Wissen zur Interpretation dieser Ortsdaten in impliziter Form als Teil des Quellcodes der ortsadaptiven Anwendung vor und ist damit nur mit vergleichsweise hohen Aufwänden an Zeit und Kosten editierbar. Eine Austauschbarkeit des Interpretationswissens in dieser Form ist darüber hinaus ebenfalls nicht gegeben.

Aus Sicht der akademischen Forschung gibt es zwar bereits mehrere Ansätze und Architekturen zur Nutzung Semantischer Technologien im Rahmen der Entwicklung kontext- und ortsadaptiver Anwendungen. Die Funktionsfähigkeit der überwiegenden Mehrzahl dieser Ansätze wurde jedoch noch nicht im Rahmen von industriellen Anwendungsszenarien evaluiert.

Welchen Beitrag Semantische Technologien für die Realisierung einer flexiblen und interoperablen ortsadaptiven Anwendung zur Optimierung von Wartungsprozessen leisten können, wird in den nachfolgenden Abschnitten ausführlich dargestellt. Aufbauend auf einer kurzen Beschreibung der Grundlagen zur Interpretation von Kontextinformationen sowie architektonische Voraussetzungen zur Nutzung von Semantischen Technologien in Fabriksystemen wird das Anwendungsfeld der Instandhaltung von industriellen Produktionsanlagen vorgestellt. Anhand eines Anwendungsszenarios, welches die Unterstützung eines mobilen Servicetechnikers durch ortsbezogene Informationen und Funktionalitäten fokussiert, wird darüber hinaus gezeigt, wie die Nutzung semantisch interpretierter Ortsinformationen zur Optimierung von Instandhaltungsprozessen beitragen können. Darauf aufbauend wird die Entwicklung und Implementierung einer semantischen nahtlosen Navigationsanwendung im Detail dargestellt und Best Practices in Form eines Fazits formuliert. Das Kapitel schließt mit dem Verweis auf weiterführende Arbeiten in den berührten Themen und Anwendungsfeldern.

## 15.2 Grundlagen

### 15.2.1 Interpretation von Kontextinformationen als Grundlage kontextadaptiver Anwendungen

Das Ziel in der Entwicklung kontextadaptiver Anwendungen besteht in aller Regel in der Bereitstellung sowie Präsentation von Informationen und Funktionalitäten in Bezug auf eine vorliegende Situation. Die Identifikation einer solchen Situation erfolgt dabei in aller Regel auf der Interpretation von Sensor-Rohdaten, welche in aggregierter Form als Kontext vorliegen (siehe Abbildung 15.1). Die Zuverlässigkeit und Reproduzierbarkeit, mit der eine Situationsableitung im Rahmen einer kontextadaptiven Anwendung durchgeführt werden kann, hat damit eine direkte Rückwirkung auf deren Nutzen, Leistungsfähigkeit und Benutzbarkeit.

Da Ortsinformationen ebenfalls eine Form von Kontextinformationen darstellen, gilt dieser Zusammenhang auch für Anwendungen, die Informationen und Funktionalitäten situationsspezifisch bezogen auf einen bestimmten Aufenthaltsort zur Verfügung stellen. Weiterhin besteht der Zusammenhang, dass mit steigenden Anforderungen an die

## 15.2 Grundlagen

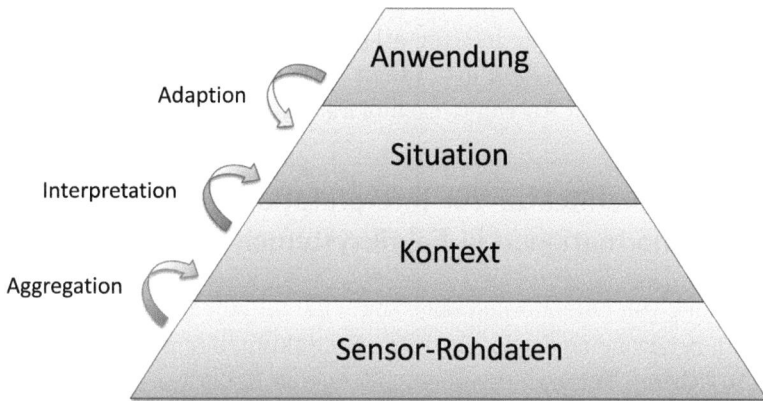

**Abb. 15.1** Zusammenhang zwischen Sensor-Rohdaten, Kontext, Situation und adaptiver Anwendung in Anlehnung an (Zaslavsky et al. 2010).

Verfügbarkeit einer solchen Anwendung auch die Anforderungen an die Zuverlässigkeit an deren zugrundeliegende Situationsableitung steigen. Dies gilt insbesondere für die Domäne der industriellen Produktion, mit ihren besonders hohen Anforderungen hinsichtlich der Verfügbarkeit von Systemen (welche auch als Overall Equipment Effectiveness, kurz OEE, bezeichnet wird).

Die Möglichkeit, eine Interpretation von Informationen mithilfe einer Menge von Inferenzregeln vorzunehmen und so beispielsweise auf eine vorliegende Situation zu schließen, ist bereits seit längerem bekannt. Eine solche Regelbasis kann zwar verhältnismäßig einfach aufgebaut werden, bietet jedoch nur eingeschränkte Möglichkeiten hinsichtlich einer flexiblen Editierung oder Erweiterung bzw. eines flexiblen Austauschs einer Regelbasis zwischen unterschiedlichen Anwendungen.

Aus Sicht eines industriellen Anwenderunternehmens besteht damit also zum einen die Anforderung, dass die verwendeten Technologien und Methoden eine ausreichende Mächtigkeit besitzen, um eine Situationsableitung auf Basis zuvor bereitgestellter Ortsinformationen in besonders zuverlässiger Weise zu ermöglichen. Zum anderen müssen diese Technologien hinsichtlich ihrer flexiblen Editier-, Erweiter- und Übertragbarkeit auf andere Anwendungen ein Maß an Flexibilität aufweisen, welches den oben beschrieben Anforderungen an eine schnelle Wandlung und Anpassung von Fabriksystemen und -prozessen an veränderte Gegebenheiten des Marktes gerecht wird.

Die in diesem Buch bereits vorgestellten Technologien des Semantic Web, wie OWL oder semantische Reasoner wie Pellet oder FaCT++ (vgl. Kapitel 6) bieten bereits heute die technologische Basis, um mit den aufgezeigten Anforderungen auf Seiten von Anwenderunternehmen hinsichtlich hoher Zuverlässigkeit auf der einen Seite bei gleichzeitiger Flexibilität auf der anderen Seite umzugehen.

Um Semantische Technologien in der Entwicklung von ortsadaptiven Anwendungen für die Domäne der industriellen Produktion effizient nutzen zu können, bedarf es jedoch der Unterstützung durch eine geeignete Systemarchitektur, welche eine

Trennung zwischen den Ebenen der technischen Bereitstellung von Ortsdaten, deren Verarbeitung durch semantische Interpretation sowie deren Nutzung im Rahmen einer domänenspezifischen Anwendung unterstützt. Wie eine solche Architektur aussehen kann, ist im nachfolgenden Abschnitt exemplarisch dargestellt.

### 15.2.2 Systemarchitektur zur Interpretation und Nutzung von Ortsinformationen in Fabriksystemen

Um eine Nutzung von Ortsinformationen sowie darauf aufbauender ortsadaptiver Anwendungen in der Domäne der industriellen Produktion in einer effizienten, flexiblen und zukunftssicheren Form zu erlauben, gilt es eine Reihe von Forschungsfragen zu adressieren. Vor dem Hintergrund der Vielzahl inzwischen am Markt erhältlicher Systeme zur Positionsbestimmung und deren einfacher Integrierbarkeit in bestehende Fabriksysteme stellt die Entwicklung eines Datenformats, welches durch eine wohldefinierte Syntax die einheitliche Repräsentation von räumlichen Kontextinformationen auf Datenebene erlaubt, die erste zentrale wissenschaftliche Fragestellung dar. Eine geeignete Möglichkeit zur abstrakten Repräsentation von Ortsinformationen – unabhängig von der Ebene ihrer technischen Bereitstellung – wurde auf Basis der Beschreibungssprache ContextML (Knappmeyer et al. 2010), bereits von (Stephan et al. 2011) beschrieben. Die Entwicklung einer solchen einheitlichen Datenrepräsentation stellt jedoch nur die notwendige Grundlage zur Entwicklung ortsadaptiver Anwendungen bereit. Im Hinblick auf derzeit existierende, proprietär implementierte Einzelanwendungen, bei denen das Wissen sowie zentrale Mechanismen zur Interpretation von Ortsinformationen oftmals implizit im Programmcode verborgen liegen, stellt der methodische Aufbau einer formal beschriebenen Wissensbasis zur Interpretation von Ortsinformationen die eigentlich zentrale Fragestellung dar.

Das erklärte Ziel der Nutzung von Ortsinformationen sowie darauf aufbauender ortsadaptiver Anwendungen in einer effizienten, flexiblen und zukunftssicheren Form erfordert demnach die Entwicklung einer Systemarchitektur, welche zum einen die Aggregation räumlicher Kontextinformationen aus unterschiedlichen Kontextquellen erlaubt und zum anderen das für die Realisierung ortsadaptiver Anwendungen benötigte Interpretationswissen flexibel in Form einer austauschbaren Wissensbasis zur Verfügung stellt und über geeignete Application Programming Interfaces (API) für Reasoning-Systeme abfragbar bzw. auswertbar macht. Ein Beispiel für eine solche Systemarchitektur ist in Abbildung 15.2 dargestellt.

Die von (Stephan 2010) dargestellte Systemarchitektur basiert auf einem Schichtenmodell, welches durch die Anwendung des Entwicklungsprinzips der *Separation of Concerns* (Hürsch und Lopes 1995) die technologieunabhängige Repräsentation von Rohdaten, eine maximale Wiederverwendbarkeit von Systemkomponenten und Programmcode sowie die strikte Trennung von Interpretationswissen und anwendungsspezifisch implementierten Funktionalitäten gewährleistet.

## 15.2 Grundlagen

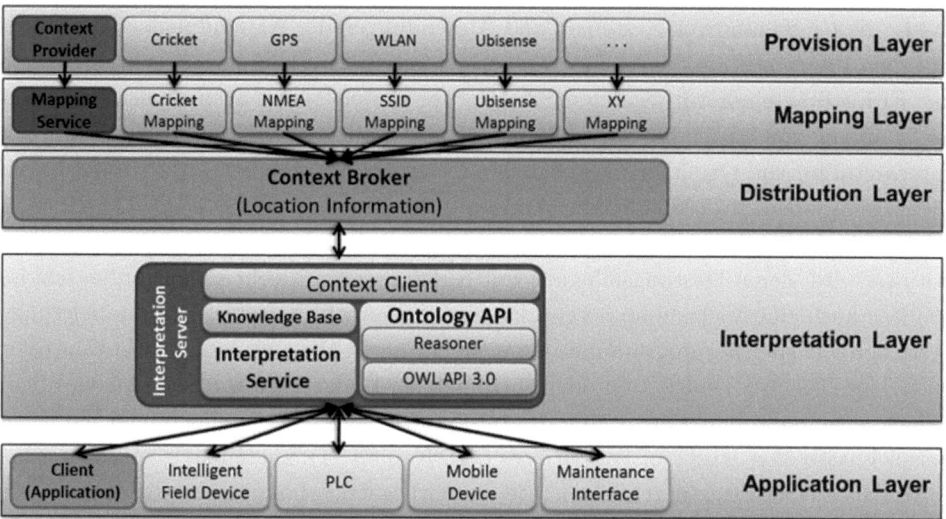

**Abb. 15.2** Systemarchitektur zur technologieunabhängigen Bereitstellung von Ortsinformationen und Interpretationsfunktionalitäten als Grundlage zur Entwicklung ortsadaptiver Anwendungen in Anlehnung an (Stephan 2010).

Die erste Schicht der Systemarchitektur (Provision Layer) wird dabei durch die Vielzahl derzeit am Markt verfügbarer Ortungssysteme konstituiert, welche ermittelte Ortsinformationen in Form proprietärer Datenformate zur Verfügung stellen. Um diese Ortsinformationen innerhalb einer Verteilungsschicht (Distribution Layer) über ein zentrales System wie beispielsweise einen Context Broker (Knappmeyer et al. 2009) zugreifbar machen zu können, müssen diese Ortsinformationen jedoch in einem einheitlichen Datenformat vorliegen. Hierzu muss in einer Abbildungsschicht (Mapping Layer) jedoch zuvor eine Konvertierung der initial proprietär vorliegenden Ortsinformaionen in ein einheitliches Datenformat durchgeführt werden. Darauf aufbauend besteht nun die Möglichkeit in dieser Form vorliegende und damit zugreifbare Ortsinformationen über ein eigenes System der Interpretationsschicht (Interpretation Layer) zu interpretieren und die Ergebnisse dieser Interpretation für Systeme der Anwendungsschicht zur Verfügung zu stellen. Wie aus Abbildung 15.2 hervorgeht, muss ein solcher Interpretation Server im Wesentlichen über eine formal repräsentierte Wissensbasis, einem Reasoning System zum Ziehen logischer Schlussfolgerungen, und einer API zur Integration von Wissensbasis und Reasoning Systemen verfügen. Weiterhin bedarf es eines Dienstes zur Koordination der internen Abläufe des Interpretation Servers, sowie geeigneter Kommunikationsschnittstellen zur Anbindung des Interpretation Servers an anderen Schichten der Systemarchitektur. Da der Interpretation Server und seine Systemkomponenten den zentralen Teil der Systemarchitektur darstellen, welche eine semantische Interpretation von Ortsinformationen erst erlauben, werden diese in Abschnitt 15.4 im Detail beschrieben.

Für die Umsetzung von Systemen und Anwendungen der Anwendungsschicht wurde mit dem Interpretation Server die Möglichkeit geschaffen, komplexe Funktionalitäten zur Ermittlung einer vorliegenden Situation in weiten Teilen auszulagern und so eine Trennung von anwendungsspezifischen Funktionalitäten und Funktionalitäten zur Interpretation von Ortsinformationen sowohl auf konzeptioneller, als auch auf Implementierungsebene zu ermöglichen. Aufgrund der Tatsache, dass in der Domäne der industriellen Produktion die Anwendungsschicht jedoch nicht nur durch IT-Systeme konstituiert wird, deren Leistungsfähigkeit mit herkömmlichen Rechnern zu vergleichen ist, sondern auch eine Vielzahl an vergleichsweise ressourcenschwachen Automatisierungssystemen wie speicherprogrammierbaren Steuerungen (Programable Locic Controler, PLC), intelligenten Feldgeräten oder auch mobilen Endgeräten wie Smartphones beinhaltet, müssen die Funktionalitäten des Interpretation Servers in einer einfachen Form, beispielsweise über RESTful Webservices (vgl. Kapitel 11), zugreifbar gemacht werden.

Mit solch einer Systemarchitektur wie der vorliegenden besteht nun die Möglichkeit, konkrete ortsadaptive Anwendungen mit dem Ziel der Optimierung eines Prozesses für die Domäne der industriellen Produktion umzusetzen. Ein möglicher Anwendungsfall, der aufgrund einer Reihe von technischen und organisatorisch-betriebswirtschaftlichen Aspekten in besonderer Weise sinnhaft erscheint, ist im nachfolgenden Abschnitt in Form eines Szenarios exemplarisch dargestellt.

## 15.3 Anwendungsfeld und Szenario

### 15.3.1 Instandhaltungsprozesse in der industriellen Produktion

Prozesse zur Instandhaltung von industriellen Investitionsgütern wie Maschinen und Anlagen tragen in signifikanter Weise zur Verfügbarkeit der Produktionsinfrastruktur von Industrieunternehmen bei (Komonen 2002). Da Instandhaltungsprozesse die Rentabilität eines Unternehmens somit entscheidend mitbeeinflussen, sind diese bereits seit langem das Ziel vielfältiger Optimierungsbestrebungen. Für die Zukunft ist davon auszugehen, dass die Anforderungen hinsichtlich einer ressourcenschonenden und wettbewerbsfähigen Produktion industriell gefertigter Güter weiter steigen werden und die Effizienz von Instandhaltungsprozessen weiter gesteigert werden muss. Dies gilt insbesondere für Prozesse, die eine schnelle Instandsetzung defekter Feldgeräte zum Ziel haben, da störungsbedingte Stillstandzeiten von industriellen Anlagen innerhalb kürzester Zeit hohe Kosten für deren Betreiber generieren und oftmals die Beseitigung nicht adäquat fertigproduzierter Chargen (beispielsweise in der chemischen Industrie) zur Folge haben.

Für die Organisation und das Management von Instandhaltungsprozessen sind derzeit eine ganze Reihe sogenannter Instandhaltungsplanungssysteme am Markt verfügbar. Mit der Möglichkeit über mobile Endgeräte per Internet auf Dokumentationen und Instandhaltungsdaten zugreifen zu können bieten sie bereits erste Basisfunktionalitäten zur Unterstützung mobiler Servicetechniker im Feld. Trotzdem sind heutige Instandhaltungsprozesse noch immer durch eine Reihe von Intransparenzen und Medienbrüchen geprägt (Stephan und Heck 2010).

Eine vielversprechende Möglichkeit zur Optimierung der schnellen Auffindung, eindeutigen Identifikation und effizienten Reparatur defekter Feldgeräte bietet die Nutzung von Kontextinformationen. So besteht aus Sicht der angewandten Forschung ein klarer Trend zum vernetzten Servicetechniker, der mithilfe kontextadaptiver Anwendungen genau mit den Informationen versorgt wird, die er zur Erfüllung einer bestimmten Arbeitsaufgabe gerade benötigt. Für die Generierung eines Mehrwerts durch die Bereitstellung situationsbezogener Informationen wurden in diesem Zuge die besondere Bedeutung ortsbezogener Informationen bereits identifiziert.

Obwohl sich im Laufe der letzten Jahre bereits einige Forschungsaktivitäten mit der Unterstützung von Servicetechnikern mit kontext- und ortsbezogenen Informationen beschäftigt haben(Lampe et al. 2004)(Kritzler und Müller 2010), stellt die Nutzung von Ortsinformationen für eine situationsbezogene Bereitstellung von Informationen und Funktionalitäten noch nicht den Stand der Technik im Rahmen der industriellen Anwendung dar. Als Gründe hierfür wurden von (Stephan 2010) noch die fehlende Unterstützung im Umgang mit unterschiedlichen Ortsinformationen proprietärer Ortungssysteme sowie eine fehlenden Trennung zwischen wissensbasierten Interpretationsfunktionalitäten und den anwendungsspezifischen Funktionalitäten mobiler, ortsadaptiver Anwendungen identifiziert. Mit der entwickelten Systemarchitektur steht nun jedoch ein Framework zur Verfügung, welches die Nutzung von Ortsinformationen zur Optimierung von Prozessen in der Domäne der industriellen Produktion besser unterstützt. Wie dabei die Nutzung von Ortsinformationen konkret zur Optimierung von Instandhaltungsprozessen zur Instandsetzung defekter Feldgeräte beitragen kann, soll nun in Form eines Szenarios anschaulich dargestellt werden.

### 15.3.2 Szenario

Rudi Baispilov ist stets darum bemüht, die positiven Beziehungen zu seinen Kunden, die er größtenteils selbst aufgebaut hat, aufrechtzuerhalten und zu verbessern. Deshalb lässt er sich hin und wieder besondere Aktivitäten einfallen, um seine Beziehungen, insbesondere zu den wichtigen Großkunden, zu pflegen. Heute ist genau aus diesem Grund ein gemütlicher Nachmittag im Biergarten mit mehreren Großkunden der CarFS AG geplant. Frau Dr. Gesine Mustermann vom DFKI ist dieser Einladung ebenfalls gerne gefolgt. Ein bisschen Abwechslung vom Arbeitsalltag macht schließlich den Kopf frei für neue und innovative Ideen.

Nachdem Frau Flieger, eine Kundin von Rudi, von ihrer langen Suche nach dem richtigen Biergarten berichtet hat, kommt das Gespräch schnell auf die verschiedenen Location Based Services, wie sie heutzutage beispielsweise mit dem Apple iPhone genutzt werden können. Stolz zeigt Frau Dr. Mustermann ihr kürzlich erworbenes iPhone mit einer App, die einer ihrer DFKI-Kollegen entwickelt hat und mit der sie den Biergarten ohne Probleme finden konnte.

Daraufhin erinnert sich Rudi, dass er kürzlich in der internen Zeitung seines Unternehmens gelesen hat, dass das diesjährige wirtschaftliche Ergebnis eines großen deutschen Automobilherstellers durch häufige Stillstandzeiten einzelner Produktionsbereiche geschmälert wurde. Grund hierfür seien laut des Artikels oft vergleichsweise kleine Defekte einzelner Geräte, wobei jedoch nicht die Reparatur des eigentlichen Schadens die Ursache für den großen Verlust sei, sondern die langen Suchzeiten, welche externe Wartungsarbeiter benötigten, um instandzusetzende Geräte aufgrund der Komplexität heutiger Produktionsinfrastrukturen überhaupt erst ausfindig zu machen.

Nachdem Rudi dieses Problem geschildert hat, beginnt die Runde lebhaft zu philosophieren, warum für dieses Problem anscheinend noch keine Lösung existiert, die sich beispielsweise an den schon existierenden Location Based Services für handelsübliche Smartphones orientiert. Nach kurzer Zeit schaltet sich ein Mann vom Nachbartisch ein: „Entschuldigen Sie, mein Name ist Manfred Müller, ich bin gerade auf Ihr Gespräch aufmerksam geworden." Zu Rudi gewandt ergänzt er: „Vielleicht erinnern Sie sich an mich? Wir sind uns letzten Dienstag kurz begegnet, als ich bei Ihnen in der Firma ein defektes Ventil ausgetauscht habe. Das habe ich übrigens sehr schnell gefunden – dank diesem hier." Er holt einen handlichen Tablet-PC aus seiner Tasche, schaltet das Gerät ein und beginnt zu erzählen.

Herr Müller ist Servicetechniker bei einem namhaften Armaturenhersteller und wurde von seinem Tablet-PC letzten Dienstagmorgen automatisch über ein ausgefallenes Ventil im Mutterkonzern der CarFS AG informiert. Nachdem er den Auftrag angenommen hatte und mit seinem Dienstwagen unterwegs zu besagtem Unternehmen war, wurde ihm durch die Anwendung auf seinem Tablet-PC eine Straßenkarte mit Routen- und Zielinformationen eingeblendet. Soweit war das noch nichts Besonderes. Sobald er sich jedoch auf dem Werksgelände des Unternehmens befand, kam die eigentliche Innovation seiner ortsadaptiven Anwendung zur Geltung, welche er als „nahtlose Navigationsanwendung" bezeichnet.

Diese ermöglichte es ihm, nicht nur auf dem Werksgelände des Mutterkonzerns zielgerichtet zu navigieren, sondern unterstützte ihn überdies mit der schnellen und einfachen Identifikation der Werkshalle 47c, in deren Lackierstraße sich das von ihm zu reparierende Ventil befand. Sobald er sich dem Zielgebäude näherte, wurde hierzu eine Außenansicht von Werkshalle 47c mit zusätzlichen Gebäudeinformationen wie beispielsweise der Lage von Eingängen eingeblendet. Dies war insofern besonders hilfreich, weil die Gebäude auf dem Werksgelände über sehr kleine Hausnummern verfügten, die bereits aus einiger Distanz kaum mehr zu erkennen waren. Kaum hatte er die Werkshalle vom richtigen Eingang her betreten, zeigte ihm seine nahtlose Navigationsanwendung eine digitale Repräsentation der Werkshalle mit den darin vorhandenen Lackierstraßen. Lackierstraße drei war farblich hervorgehoben und die genaue Position des defekten Ventils war ebenfalls darin vermerkt. Ähnlich der Navigation unter freiem Himmel konnte er sich so auch in der Werkshalle seinem Zielobjekt ohne größere Umwege nähern. Aller Wahrscheinlichkeit nach hätte ihn die Identifikation des richtigen Ventils

## 15.3 Anwendungsfeld und Szenario

ohne seine nahtlose Navigationsanwendung noch zusätzliche Zeit gekostet, da gerade in diesem Abschnitt der Anlage besonders viele von ihnen vorhanden waren. Doch als er sich dem Anlagenmodul näherte, in dem das Ventil verbaut war, wurde ihm eine großformatige Repräsentation des Zielgerätes mit einer akustischen Mitteilung, dass er das Zielgerät nun gleich erreicht habe, eingeblendet. Bereits aus vier Metern Entfernung konnte er das defekte Ventil problemlos erkennen. Als er dann mit seinem Tablet-PC direkt vor dem Ventil stand, baute die nahtlose Navigationsanwendung automatisch eine Funkverbindung zu dem defekten Ventil auf und versorgte ihn mit den letzten aufgezeichneten Betriebsdaten sowie verschiedenen instandhaltungsrelevanten Dokumenten (wie beispielsweise das Datenblatt und die Konstruktionszeichnungen des Ventils) aus dem digitalen Produktgedächtnis des Ventils. Nun konnte Herr Müller direkt mit der Instandsetzung des Ventils beginnen.

„Früher gab es Tage, da habe ich nur zwei Aufträge geschafft, weil ich die ganze Zeit mit Suchen beschäftigt war. Seit ich diesen intelligenten Helfer hier habe, sind locker dreimal so viele Reparaturen möglich als zu früheren Zeiten", ergänzt Herr Müller. Rudi und die anderen sind begeistert. „Ich habe gar nicht gewusst, dass es so etwas gibt. Durch den intelligenten Wechsel der Darstellungen wird in der Tat viel kostbare Zeit eingespart", bringt Rudi die Erstauntheit der Runde auf den Punkt.

Frau Dr. Mustermann hatte bereits während des Gesprächs zu schmunzeln begonnen. Nun schaltet sie sich ein und erklärt, dass diese semantische nahtlose Navigationsanwendung vor kurzer Zeit vom DFKI entwickelt wurde. „Der große Vorteil ist, dass das System in völlig unterschiedlichen Fabrikanlagen eingesetzt werden kann. Dabei spielt es keine Rolle, welche Ortungssysteme jeweils dort installiert sind. Selbst bisher unbekannte, neue Ortungssysteme können einfach in die Wissensbasis der Anwendung integriert werden." Frau Dr. Mustermann berichtet nun kurz von der *SmartFactory*[KL] (siehe Abbildung 15.3) am DFKI-Standort in Kaiserslautern, wo die semantische nahtlose Navigationsanwendung entwickelt und getestet wurde. Die *SmartFactory*[KL] ist eine herstellerunabhängige Technologie-Initiative, welche sich die Integration neuester Informations- und Kommunikationstechnologien in Anwendungen der industriellen Produktion zum Ziel gemacht hat. Im Living Lab der Technologie-Initiative können Forschungs- und Entwicklungsergebnisse anhand einer realen Produktionsanlage und im Umfeld einer intelligenten Fabrikumgebung getestet und evaluiert werden.

Frau Flieger, die so lange mit der Suche des Biergartens beschäftigt war, ist höchst interessiert. „Und wie funktioniert das Ganze nun?", fragt sie Frau Dr. Mustermann. „Der zentrale Punkt in diesem System ist die Semantik", antwortet sie und gibt den anderen Gästen eine kurze Einführung in die Themen, die in den ersten Kapiteln dieses Buches bisher behandelt wurden. Dann beginnt Sie mit der detaillierten Beschreibung der semantischen nahtlosen Navigationsanwendung.

**Abb. 15.3** Die *SmartFactory*$^{KL}$ am DFKI-Standort Kaiserslautern.

## 15.4 Semantische nahtlose Navigationsanwendung

Nachdem in den vorangegangenen Abschnitten die zugrundeliegende Architektur und ein beispielhaftes Szenario vorgestellt wurden, soll nun konkret auf die Umsetzung der semantischen nahtlosen Navigationsanwendung eingegangen werden. Hierfür wird zunächst auf die modellierte Ontologie näher eingegangen und zentrale Aspekte ihrer Planung und Entwicklung erläutert. Danach wird die Einbettung der Ontologie in das Gesamtsystem eines *Interpretation Servers* beschrieben und die semantische nahtlose Navigationsanwendung zur Unterstützung von Instandhaltungsprozessen als praktische Anwendung vorgestellt.

### 15.4.1 Ontologiebasierte Situationsinterpretation

Das Modellieren einer auf die beschriebene Problemdomäne angepassten Ontologie bildet den Kernaspekt in der Entwicklung des Interpretation Servers, welcher seinerseits die zentrale Komponente der beschriebenen Systemarchitektur darstellt. Hier konzentriert sich das zur Situationsbestimmung benötigte Wissen, welches bei anderen, heute in der Produktionsdomäne eingesetzten Lösungen üblicherweise implizit an verschiedenen Stellen im Programmcode einer Anwendung versteckt ist. Bei der Modellierung der

Ontologie muss mit großer Sorgfalt vorgegangen werden. Grundüberlegungen, die vor Beginn der eigentlichen Modellierungsarbeiten zu tätigen sind, umfassen folgende Fragestellungen: Was soll die Ontologie in der Anwendung leisten? Welches Wissen muss hierfür in ihr formal repräsentiert werden? Welche Modellierungssprache ist geeignet, um alle geplanten logischen Verknüpfungen realisieren zu können? Und letztlich: Welche konkreten Ableitungsregeln müssen erstellt werden, damit später sicher die erwarteten Antworten auf gestellte Anfragen durch logisches Schließen ermittelt werden können (vgl. auch Abschnitt 2.10)?

Besonders die letzte Fragestellung ist für den geplanten Einsatz einer Ontologie in der Produktionsdomäne von zentraler Bedeutung. Anders als bei nützlichen Anwendungen für den Privatanwender, bei denen kleinere Fehler oder seltene Systemabstürze in aller Regel keine gravierenden Folgen nach sich ziehen, kann das Versagen eines Systems in einer großen Produktionsanlage weitreichende Folgen beinhalten. Potenziell gehören zu diesen zum einen sehr große wirtschaftliche Verluste und zum anderen aber auch massive Bedrohungen für die Sicherheit und das Leben von Mitarbeitern eines Unternehmens. Dies ist auch der Grund, warum moderne Informations- und Kommunikationstechnologien mit einer deutlichen zeitlichen Verzögerung in der Produktionsdomäne eingesetzt werden, auch wenn sie sich in der kommerziellen Anwendung für Privatanwender schon längst durchgesetzt haben. Die in Produktionsumgebungen eingesetzten Technologien müssen aus Gründen der Verfügbarkeit und Sicherheit einen um ein Vielfaches höheren Reifegrad erreichen, um im Gegensatz zu „gewöhnlichen" Anwendungen in weniger kritischen Umgebungen Einzug in heutige und zukünftige Fabriken zu halten.

**Identifikation und Modellierung einzelner Situationen**

Das Ziel beim Aufbau einer solchen domänenspezifischen Wissensbasis besteht in der Modellicrung einer Ontologie, welche die Ableitung abstrakter Situationen aus den aktuellen Daten mehrerer heterogener Ortungssysteme ermöglicht. Das hierzu benötigte Wissen muss jedoch zunächst sorgfältig identifiziert werden. Da, wie bereits beschrieben, Sicherheit und Zuverlässigkeit in der Produktion eine hervorgehobene Rolle spielen, sollten zunächst alle für die Situationsbestimmung benötigten Regeln sorgfältig und vollständig aufgestellt werden. Zentral ist dabei die Frage, welche Regeln eigentlich genau benötigt werden. Eine vollständige Beantwortung dieser Frage vor dem Beginn der Modellierung ist essentiell, um am Ende des Modellierungsprozesses eine möglichst einfache Ontologie zu erhalten, die aber trotzdem alle nötigen Konzepte und Beziehungen in einer zukunftssicheren Form enthält, um ihre gewünschte Funktion langfristig erfüllen zu können.

Bevor eine sinnvolle Definition der einzelnen Regeln erfolgen kann, müssen jedoch zuerst die zentralen Konzepte, auf denen später die Regeln basieren sollen, identifiziert werden. Die primäre Überlegung gilt dabei der Art von Anfragen, welche die Ontologie später beantworten soll, und welche unterschiedlichen Antworten auf verschiedene Anfragen dabei als gültig betrachtet werden können. Im vorliegenden Fall soll die

Ontologie Anfragen nach der aktuellen Situation eines bestimmten Gerätes bzw. Servicetechnikers, der sich gerade auf dem Weg zu einem defekten Feldgerät befindet, korrekt beantworten können. Hierfür müssen in der Ontologie entsprechende Konzepte für Geräte (Device), Ziele (JobTarget) und Situationen (NavigationSituation) enthalten sein. Die möglichen Antworten, die die Ontologie auf Situationsanfragen liefern soll, sind natürlich konkrete Situationen – zum Beispiel „innen" oder „außen" – die aus den aktuellen Daten verschiedener Ortungstechnologien (LocalizationTechnology) abgeleitet werden sollen. Darauf aufbauend muss festgelegt werden, welche Situationen es im Einzelnen zu unterschieden gibt.

In Anbetracht der Anwendung sind die beiden Situationen außerhalb von Gebäuden (Outside) und innerhalb von Gebäuden (Inside) auf jeden Fall zu berücksichtigen. Da auch die Suche nach dem richtigen Zielgebäude viel Zeit in Anspruch nehmen kann, erscheint darüber hinaus die Einführung eines Übergangsbereichs (TransitionArea) zwischen den Bereichen Outside und Inside sinnvoll. In dieser Situation können dann Informationen und Funktionalitäten bereitgestellt werden, die das Auffinden des Zielgebäudes, etwa durch die grafische Darstellung einer Außenansicht des Zielgebäudes, unterstützen. Des Weiteren wird natürlich eine Situation benötigt, welche im Rahmen der Anwendung signalisiert, dass das Ziel (Target) in Form des instandzusetzenden Geräts erreicht wurde. Auch in diesem Fall macht die Definition einer Übergangssituation Sinn, welche eintritt, wenn sich der Servicetechniker bis auf wenige Meter dem Ziel genähert hat. In einer solchen als TargetArea bezeichneten Situation, kann zum Beispiel ein detailliertes Bild des Produktionsmoduls angezeigt werden, in dem das konkrete Zielgerät verbaut wurde.

Nachdem durch die Identifikation der einzelnen Situationen die zentralen Konzepte feststehen, welche zwingend in der zu modellierenden Ontologie enthalten sein müssen, können nun die konkreten Regeln zur Situationsableitung mithilfe dieser Konzepte aufgestellt werden. In diesen Regeln muss nun das Wissen formalisiert werden, welches die Zusammenhänge zwischen den identifizierten Situationen und den Daten verschiedener vorhandener Ortungstechnologien beinhaltet. Zur Beschreibung der Situationen Outside, TransitionArea und Inside reichen zunächst die aktuellen Verfügbarkeiten der verschiedenen vorhandenen Ortungssysteme aus. Da bei diesem Modellierungsschritt sichergestellt werden soll, dass jede mögliche Kombination der Verfügbarkeiten der verschiedenen Ortungstechnologien sicher die richtige bzw. sinnvollste Antwort liefert, bietet sich das Erstellen einer vollständigen Tabelle an. Wird nun damit begonnen, alle möglichen Technologien aufzuschreiben und jede mögliche Kombination derer Verfügbarkeiten einer Situation zuzuordnen, so könnten die darauf aufbauenden Regeln auch direkt im Programmcode der Endanwendung in Form verschachtelter if-then-else-Anweisungen die Situationsableitung durchführen. In diesem Fall würden spätere Änderungen in der Regelbasis jedoch große Aufwände nach sich ziehen. Um dies zu vermeiden, werden vorhandene Ortungstechnologien zunächst in Meta-Gruppierungen eingeteilt. Diese fassen alle nur im Außenbereich verfügbaren Technologien (OutsideTechnology), alle nur im Innenbereich verfügbaren Technologien (InsideTechnology) sowie alle in beiden Fällen und somit auch in Übergangsbereichen verfügbaren Technologien (TransitionTechnology) zusammen. Mithilfe dieser Meta-Gruppierungen kann dann eine kompakte und vollständige Tabelle erstellt werden (siehe Tabelle 15.1). Dabei wird ein verfügbares Signal in der Tabelle mit einem „+" gekennzeichnet und ein nicht verfügbares Signal mit einem „ –".

**Tab. 15.1** Festlegung der Zusammenhänge zwischen den Verfügbarkeiten der Meta-Gruppierungen von Ortungstechnologien und den daraus abgeleiteten Situationen.

| Inside Technology | Transition Technology | Outside Technology | Situation |
|---|---|---|---|
| – | – | – | Error |
| – | – | + | Outside |
| – | + | – | Inside |
| – | + | + | TransitionArea |
| + | – | – | Inside |
| + | – | + | Inside |
| + | + | – | Inside |
| + | + | + | Inside |

Wie aus Tabelle 15.1 ersichtlich, wird die Situation „Inside" gegenüber anderen Situationen bevorzugt gewählt. Konkret bedeutet dies, dass einige Kombinationen von Verfügbarkeiten, bei denen als resultierende Situation „Inside" festgelegt wurde, durchaus auch andere Situationen als plausibles Ergebnis taugen würden. Diese bevorzugte Definition der Situation „Inside" ist der geplanten Anwendungsumgebung der Ontologie geschuldet. Instandzusetzende Feldgeräte befinden sich überwiegend innerhalb von Gebäuden, daher ist es unter Gesichtspunkten der Benutzbarkeit (Usability) nicht wünschenswert, dass bei kurzzeitig nicht verfügbarer Innenraum-Ortungstechnologie (z.B. durch die Abschattung eines Signals durch Anlageninfrastruktur oder bauliche Hindernisse) die Anwendung einen abrupten Wechsel zu einer Außenansicht durchführt.

Die Situationen „TargetArea" und „Target" können alleine aufgrund der Verfügbarkeiten verschiedener Ortungssysteme nicht unterschieden werden, da beide Situationen Spezialfälle der Situation „Inside" darstellen.

Als Grundlage zur Identifikation der Situation „TargetArea" werden symbolische Ortsinformationen herangezogen, welche durch das in der *SmartFactory*$^{KL}$ installierte Ortungssystem des Herstellers UBISENSE bereitgestellt werden. Die durch dieses System zur Verfügung gestellten symbolischen Ortsinformationen umfassen sogenannte „Zonen", welche als Synonym für einen dreidimensionalen Raum entwickelt werden können. Das zugehörige Konzept zur Modellierung einer solchen Zone innerhalb der Ontologie wird als „Ubizone" definiert. Befindet sich der Servicetechniker mit seiner nahtlosen Navigationsanwendung in der gleichen Zone wie das instandzusetzende Gerät, so lautet die aktuelle Situation „TargetArea". Die Situation „Target" wird schließlich beim Unterschreiten eines bestimmten Abstands zwischen Servicetechniker und instandzusetzendem Gerät erreicht.

Da zur Ableitung dieser beiden Situationen sowohl der Vergleich zweier Individuen, die über mehrere Eigenschaften sowie über andere Individuen miteinander verbunden sind, als auch mathematische Operationen nötig, aber mit OWL derzeit nicht realisierbar sind, wird bei der Modellierung der Ontologie zusätzlich die Semantic Web Rule Language (SWRL, siehe Kapitel 6) verwendet. Aufgrund der erweiterten Ausdrucksmächtigkeit dieser Beschreibungssprache besteht dann die Möglichkeit, entsprechende Regeln für die Situationen „TargetArea" und „Target" zu erstellen.

**Modellierung der Ontologie**

Aufbauend auf den identifizierten und modellierten Situationen müssen in einem nächsten Schritt passende Konzepte in OWL erstellt werden bevor eine Definition konkreter Regeln erfolgen kann. Ein Überblick über die wichtigsten Klassen der domänenspezifischen Ontologie ist in Abbildung 15.4 dargestellt. In der grafischen Repräsentation der einzelnen Konzepte zeigen Pfeile von allgemeineren Klassen zu spezielleren Unterklassen.

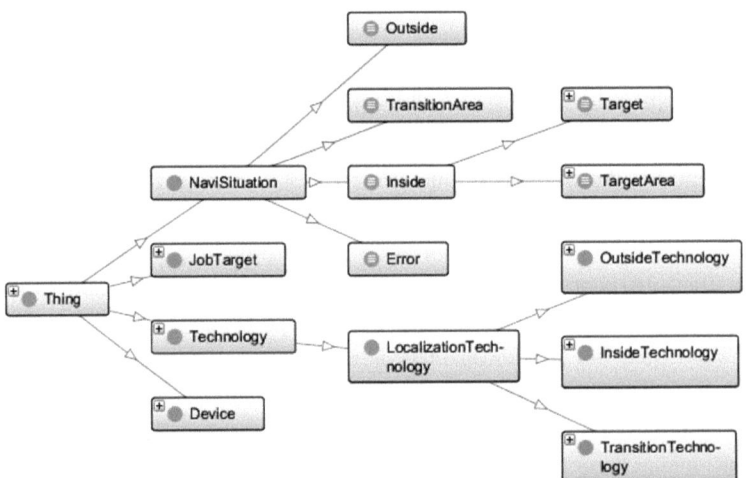

**Abb. 15.4** Zentrale Klassen und ausgewählte Unterklassen der domänenspezifischen Ontologie.

Um im Rahmen der späteren Anwendung die Ontologie für eine Situationsableitung nutzen zu können wird jedes Individuum der Klasse „Device" mit seinen Technologien (Individuen der Klasse „Technology"), seinem Ziel (ein Individuum) der Klasse „JobTarget") und seiner aktuellen Situation (ein Individuum der Klasse „NavigationSituation") verknüpft (siehe Abbildung 15.5). Darüber hinaus kann jedes Individuum der Klasse „Device" mit beliebig vielen Individuen der Klasse „Technology" verbunden sein. Das Individuum, das die aktuelle Situation eines Gerätes repräsentiert, kann nun einer von mehreren verschiedenen Unterklassen der Klasse „NavigationSituation" angehören. Diese Unterklassen entsprechen den oben definierten möglichen Situationen „Inside", „TransitionArea", „Outside", „TargetArea" und „Target".

## 15.4 Semantische nahtlose Navigationsanwendung

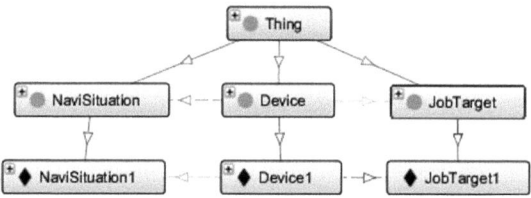

**Abb. 15.5** Verknüpfung zwischen den Klassen „Device", „JobTarget" und „NaviSituation" sowie zwischen deren Individuen.

Die verschiedenen Situationen werden nun auf Basis der durch Tabelle 15.1 festgelegten Regeln so beschrieben, dass im Rahmen der Anwendung ein Individuum der Klasse „NavigationSituation" durch einen semantischen Reasoner alleine mithilfe der aktuellen Daten der verschiedenen Ortungssysteme automatisch als eine Instanz der richtigen „NavigationSituation"-Unterklasse klassifiziert werden kann. Damit dies möglich ist, werden die Regeln aus der Tabelle als notwendige und hinreichende Bedingungen der Klassen „Outside", „TransitionArea" und „Inside" modelliert. Zur Illustration dieses Vorgehens wird die notwendige und hinreichende Bedingung, unter der ein Individuum zugehörig zur Klasse Outside klassifiziert wird, nachfolgend dargestellt:

```
isNavigationSituationOf some (DeviceWithOutsideTechnologyOK
    and DeviceWithTransitionTechnolgyNotOK
    and DeviceWithInsideTechnologyNotOK)
```

Die in diesem Zusammenhang dargestellte notwendige und hinreichende Bedingung beinhaltet folgende Bedeutung: Wenn durch ein mobiles Endgerät (z.B. Apple iPad) das Signal einer verfügbaren Außenbereich-Ortungstechnologie empfangen wird, aber weder Signale von verfügbaren Übergangs- oder Innenbereich-Ortungstechnologie empfangen werden, dann wird das mit ihm verknüpfte „NavigationSituation"-Individuum als eine Instanz von Outside klassifiziert. Die in der gezeigten Bedingung vorkommenden Unterklassen von „Device" der Form „DeviceWith[...]Technology[Not]OK" sind ebenfalls mit notwendigen und hinreichenden Bedingungen definiert. Sie sollen in erster Linie die Schreibarbeit beim Aufstellen der Bedingungen für die einzelnen Situationsklassen sparen und für mehr Übersichtlichkeit sorgen. Eine Modellierung der Situationen „Outside", „TransitionArea" und „Inside" kann mit notwendigen und hinreichenden Bedingungen in analoger Form erfolgen.

Um die Funktionsfähigkeit der Ontologie sicherzustellen, muss wie bereits festgestellt noch die Definition zweier SWRL-Regeln für die Ableitung der Situationen „TargetArea" und „Target" erfolgen. Da man bei der präzisen Ausformulierung der Regeln eine ganze Reihe verschiedener Eigenschaften und Individuen einbeziehen muss, erreichen diese eine nicht unerhebliche Komplexität, wie das nachfolgende Beispiel der Regel für die Situation „TargetArea" (siehe Abbildung 15.6) anschaulich darstellt.

```
hasTechnology(?device, ?ubitech) ∧ Ubi(?ubitech)
  ∧ hasValidValue(?ubitech, true) ∧ hasUbiZone(?ubitech, ?ubizoneA)
  ∧ hasJobTarget(?device, ?jobt) ∧ hasUbiZone(?jobt, ?ubizoneB)
  ∧ sameAs(?ubizoneA, ?ubizoneB)
  ∧ hasNavigationSituation(?device, ?navisit)
  → TargetArea(?navisit)
```

**Abb. 15.6** SWRL-Regel für die Klasse TargetArea.

Wie die Modellierung der Ontologie zeigt, kann durch die Kombination der Beschreibungssprachen OWL und SWRL die betrachtete Problemdomäne der eindeutigen Ableitung zuvor identifizierter Situationen auf Basis der Ortsinformationen verschiedener Ortungssysteme vollständig beschrieben werden. Da insbesondere darauf geachtet wurde, dass jeder möglichen Kombination der Verfügbarkeiten verschiedener Ortungssysteme die richtige Situation zugewiesen wird, ist gewährleistet, dass die resultierende Ontologie zuverlässig die korrekte Antwort auf gestellte Anfragen nach einer vorliegenden Situation generiert und so die hohen Anforderungen der Produktionsdomäne an die Verfügbarkeit technischer Systeme erfüllt. Das für die Lösung des Problems der Situationsableitung aus den Daten heterogener Ortungssysteme benötigte Wissen ist durch die formale Repräsentation in der vorliegenden Ontologie mit fast unbegrenzter Gültigkeitsdauer festgehalten. Da dieses Wissen darüber hinaus nicht mehr, wie bei heutigen Anwendungen üblich, implizit im Programmcode vorliegt, kann es vergleichsweise einfach wiederverwendet und erweitert werden. Hierfür birgt insbesondere die Einteilung der Ortungstechnologien in die Meta-Gruppierungen „InsideTechnology", „TransitionTechnology" und „OutsideTechnology" weitere Vorteile für die Flexibilität der Ontologie. Besteht zu einem späteren Zeitpunkt der Bedarf, eine weitere Ortungstechnologie zur Ontologie hinzuzufügen, so muss diese lediglich als Unterklasse von einer der genannten Meta-Gruppierungen eingefügt werden. Die neue Ortungstechnologie kann danach direkt benutzt werden. Die modellierten Regeln bedürfen dabei keiner zwingend notwendigen Anpassung.

Im Vergleich hierzu wäre im Falle mehrerer verschachtelter if-then-else-Konstrukte im Programmcode einer Anwendung der benötigte Aufwand für das Einfügen einer weiteren Ortungstechnologie deutlich höher. Darüber hinaus wäre aufgrund der Verteiltheit solcher Konstrukte die Durchführung von Anpassungen deutlich fehleranfälliger. Im Vergleich dazu kann bei dem vorliegenden Ansatz, welcher auf einer Ontologie aufbaut, das Einfügen neuer Klassen schnell und übersichtlich mithilfe eines Ontologie-Editors wie Protégé geschehen.

**Semantisches Reasoning**

Wie bereits bei der Modellierung der Ontologie erläutert, wurden zur vollständigen Abbildung der Problemdomäne die Modellierungssprachen OWL und SWRL kombiniert. Diese Tatsache hat ihrerseits großen Einfluss auf die Wahl der eingesetzten semantischen Reasoner. Zum einen bestehen zwischen derzeit verfügbaren Reasonern zum Teil deutliche Performanceunterschiede, zum anderen sind nicht alle Reasoner in der Lage SWRL-Regeln zu verarbeiten. Zur Auswertung der modellierten Ontologie wurde daher ein Konzept angestrebt, welches eine getrennte Auswertung von deren OWL- und SWRL-Bestandteilen durch unterschiedliche Reasoner vorsieht.

Im Rahmen verschiedener Systemtests hat sich FaCT++ als performantester Reasoner für die Auswertung der OWL-Konzepte und -Regeln der vorliegenden Ontologie erwiesen. In Ergänzung zu FaCT++, welcher derzeit nicht in der Lage ist SWRL-Konstrukte auszuwerten, wird zusätzlich der Reasoner Pellet zur Auswertung dieser Ontologiebestandteile eingesetzt. Wird von FaCT++ ein „NavigationSituation"-Individuum als zugehörig zur Klasse „Inside" klassifiziert, so folgt anschließend zur Auswertung der SWRL-Regeln ein weiteres Reasoning mit Pellet, um so entscheiden zu können, ob das betreffende Individuum möglicherweise einer der Klassen „TargetArea" oder „Target" zuzuordnen ist. Dadurch dass die relativ langsame Auswertung der SWRL-Regeln nur dann erfolgt, wenn dies zwingend erforderlich ist, kann eine optimale Performanz des Gesamtsystems erreicht werden.

### 15.4.2 Anwendungsbezogene Nutzung von Ontologien

#### Interpretation Server als technische Grundlage

Um die entwickelte Ontologie für eine möglichst große Zahl von mobilen Endgeräten und Anwendungen nutzbar zu machen, wird diese in einen Interpretation Server eingebettet. Das Ziel dieses Interpretation Server besteht in der Bereitstellung einer Reihe von Webservices, die es mobilen Endgeräte erlauben, Anfragen an die Ontologie zu stellen und Zugriff auf die Funktionalitäten zur Situationsableitung zu nehmen. Darüber hinaus veranlasst der „Interpretation Server" das Aktualisieren der Ontologie mit den aktuellen Daten der vorhandenen Ortungssysteme. Zum Verwalten der Ontologie macht er Gebrauch von der OWL API (siehe Kapitel 6), sowie von den beiden semantischen Reasonern Pellet und FaCT++. Die erforderlichen Funktionen für die Anbindung mobiler Endgeräte werden vom Interpretation Server als RESTful Webservices zur Verfügung gestellt. Hierzu gehören das Anmelden des mobilen Endgeräts am Interpretation Server, die Aktualisierung des Zieles in der Ontologie und natürlich die Abfrage der aktuellen Situation. Die Bereitstellung dieser Dienste als RESTful Webservices ermöglicht es nahezu allen mobilen Geräten, die auf das Internet zugreifen und eine http-Anfrage stellen können, die Funktionen des Interpretation Servers zu nutzen. Damit bei einer eingehenden Anfrage nach der aktuellen Situation auch die aktuellsten verfügbaren Daten der hierfür notwendigen Ortungssysteme verwendet werden können, erfolgt deren Abruf kurz vor der Klassifizierung des „NavigationSituation"-Individuums von einem zentralen „Context Broker", der die Daten verschiedenster Ortungssysteme einheitlich repräsentiert und bereitstellt. Ein Beispiel für einen solchen "„Context Broker" ist in (Knappmeyer et al. 2010) ausführlich dargestellt.

**Semantische nahtlose Navigation als Anwendung**

Die im Szenario unter Abschnitt 15.3.2 beschriebene semantische nahtlose Navigationsanwendung ist eine mögliche Endanwendung, die den Interpretation Server und die zuvor erstellte Ontologie nutzt, um einen Servicetechniker auf seinem Weg zum Ziel, einem instandzusetzenden Gerät einer Produktionsanlage, in jeder Situation des Wartungsprozesses nahtlos und medienbruchfrei zu unterstützen. Diese Form der Unterstützung wird dabei durch eine entsprechende Anpassung der Benutzeroberfläche der Navigationsanwendung an die aktuell vorliegende Situation erreicht. Diese aktuelle Situation wiederum wird mithilfe des in der Ontologie enthaltenen Wissens durch ein semantisches Reasoning bestimmt. Die Nutzung von Ortsinformationen aus unterschiedlichen Ortungssystemen sowie deren semantische Interpretation ist dabei die Grundlage der Adaptivität der Navigationsanwendung und vermittelt dem Benutzer durch die automatische Anpassung von präsentierten Informationen und Funktionalitäten das Gefühl medienbruchfrei und sozusagen „nahtlos" im Rahmen des fokussierten Instandhaltungsprozesses unterstützt zu werden.

Die im Zuge der hier dargestellten Forschung realisierte Navigationsanwendung funktioniert auf einem Apple iPad, einem Endgerät, welches dank seiner handlichen Form und seines großen hochauflösenden Displays sehr gut als Endgeräteplattform für die Anzeige von Karten und Hallenplänen geeignet ist und überdies eine intuitive Interaktion erlaubt. Durch die mögliche Nutzung verschiedenster Funkschnittstellen ist ein ständiger Zugriff auf die Funktionalitäten des Interpretation Servers gewährleistet. Darüber hinaus verfügt dieses Endgerät über eine Akku-Laufzeit von etwa 10 Stunden, wodurch dessen Nutzung über die Dauer eine kompletten Schicht hinweg gewährleistet wird, was unter Aspekten der praktischen Einsetzbarkeit in industriellen Arbeitsabläufen von entscheidender Bedeutung ist.

Beim Start der Navigationsanwendung meldet sich das iPad zunächst am Interpretation Server an und teilt diesem die von ihm unterstützten Technologien mit. Daran anschließend folgt die Übermittlung der Ortsinformationen bezüglich des instandzusetzenden Geräts – also des Ziels – an den Interpretation Server. Daraufhin wird damit begonnen, kontinuierlich die aktuelle Situation abzufragen und gegebenenfalls die grafische Benutzeroberfläche der Navigationsanwendung situationsbezogen anzupassen.

Für jede mögliche Situation existiert entsprechend eine passende Benutzeroberfläche. So werden zum Beispiel in der Situation „Outside" Straßenkarten angezeigt (siehe Abbildung 15.7). Das iPad verhält sich dann wie ein herkömmliches Navigationsgerät. Im Übergangsbereich, wenn sich der Benutzer dem Zielgebäude nähert („TransitionArea"), wird ein großes Bild des Gebäudes angezeigt, um es leicht identifizieren zu können.

Nachdem der Benutzer das Zielgebäude betreten hat und damit die Situation „Inside" eintritt, wird eine Karte der Produktionsanlage gezeigt, auf der die eigene Position sowie die Position des Zielgerätes hervorgehoben sind (siehe Abbildung 15.7). Analog zur Situation „TransitionArea" wird in der Situation „TargetArea" ein großes Bild des Produktionsmoduls angezeigt, in dem das instandzusetzende Gerät verbaut ist, um dessen schnelle Identifikation weiter zu unterstützen. Sobald die Position des

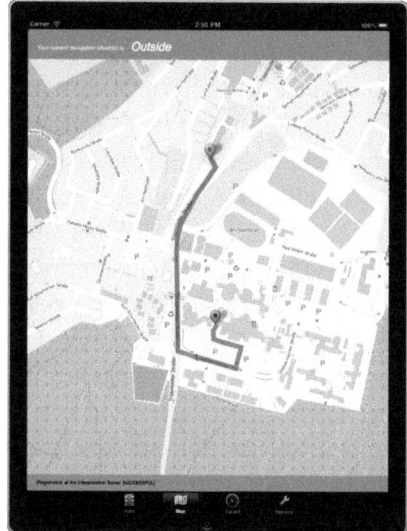
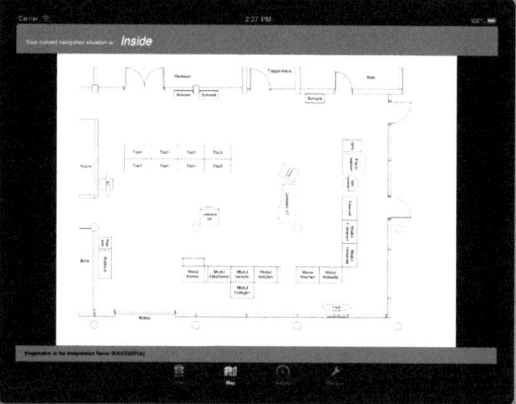

**Abb. 15.7** Beispielhafte Darstellung der Benutzeroberflächen für die Situationen „Outside" und „Inside".

Servicetechnikers als „Target"-Situation klassifiziert wird, erfolgt eine Benachrichtigung, dass er sein Ziel erreicht hat, und es wird eine präzise Darstellung des instandzusetzenden Geräts angezeigt.

Eine Funktionalität, welche im Rahmen dieser Navigationsanwendung noch nicht umgesetzt ist, jedoch aus Anwendersicht den nächsten logischen Schritt darstellt, ist der automatische Aufbau einer Funkverbindung zum instandzusetzenden Feldgerät, sobald die Situation „Target" als vorliegend klassifiziert wurde. Damit wird für den Servicetechniker das Empfinden der Interaktion als "„nahtlos" noch zusätzlich verstärkt, da so eine medienbruchfreie Überleitung vom Prozess der Suche nach dem defekten Feldgerät in den Prozess der eigentlichen Fehlerbehebung erfolgen kann, woraus sich eine ganze Reihe zusätzlicher Nutzenpotenziale ableiten lassen.

## 15.5 Fazit

Die hier dargestellte Anwendung einer semantischen nahtlosen Navigation zur Unterstützung von Instandhaltungsprozessen demonstriert anschaulich, dass mithilfe einer geeigneten Systemarchitektur der Einsatz Semantischer Technologien in der Domäne der industriellen Produktion zum heutigen Zeitpunkt sinnvoll möglich ist. Diese Vorteile belaufen sich dabei konkret auf eine verbesserte Flexibilität, Erweiterbarkeit und Wiederverwendbarkeit des Wissens, welches einer Anwendung zugrunde liegt. Ermöglicht wird dieser verbesserte Umgang im Wesentlichen durch den hohen Grad an Formalität, mit der dieses Wissen repräsentiert und dadurch von anwendungsspezifischen Programmteilen einer Anwendung separiert werden kann.

Bei einem direkten Vergleich der Aufwände in der Umsetzung eines herkömmlichen Lösungsansatzes, bei dem das Wissen zur Informationsinterpretation implizit im Programmcode vorliegt, mit einem Lösungsansatz, bei dem Semantische Technologien nach dem hier dargestellten Beispiel zum Einsatz kommen, lassen sich eine Reihe genereller Unterschiede identifizieren. Demnach erweisen sich herkömmliche Lösungsansätze hinsichtlich ihrer initialen Realisierung in der Regel als kostengünstiger, da ihre Umsetzung schneller und mit weniger spezialisiertem Expertenwissen möglich ist. Auch bei einem direkten Vergleich der Systemperformance (z.B. Reakions- und Antwortzeiten) erweisen sich herkömmliche Lösungsansätze gegenüber Systemen, welche Semantische Technologien einsetzen, noch im Vorteil. Gründe hierfür liegen jedoch darin, dass heute verfügbare Semantische Technologien noch eine vergleichsweise neue Technologie darstellen und ihr volles Potenzial erst in Ansätzen erreicht haben.

Systeme, die auf Semantischen Technologien beruhen, spielen ihre Stärken jedoch insbesondere dann aus, wenn flexible Änderungen des Systems erforderlich werden. Für diesen Fall können durch den Einsatz Semantischer Technologien Zeit und Kosten gespart werden, welche für Änderungen an gewöhnlichem Programmcode anfallen würden. Je nach Komplexität der notwendigen Änderungen müssen in gewöhnlichen Systemen an vielen verschiedenen Stellen Anpassungen vorgenommen werden, da das Wissen zur Situationsableitung implizit im Programmcode verborgen vorliegt. Die Wahrscheinlichkeit, in umfangreichen Anwendungen dabei Fehler zu produzieren, ist vergleichsweise hoch. An dieser Stelle erleichtern separate Wissensbasen wie beispielsweise Ontologien mögliche Änderungen enorm. Bei der Verwendung von Ontologien zur formalen Repräsentation von Interpretationswissen muss der Programmcode der darauf aufbauenden Anwendung nur marginal bzw. gar nicht geändert werden. Lediglich eine Anpassung der Ontologie, welche bequem mithilfe eines grafischen Editors durchgeführt werden kann, wird notwendig.

Ein Beispiel für eine solche Änderung in der hier vorgestellten Anwendung bzw. Systemarchitektur umfasst das Hinzukommen einer bisher unbekannten, neuen Ortungstechnologie. Da die Regeln in der Ontologie, die zur Ableitung der Situationen aus den Daten der verfügbaren Ortungssysteme benötigt werden, lediglich auf den allgemeinen Meta-Gruppierungen der Ortungstechnologien „InsideTechnology", „TransitionTechnology" und „OutsideTechnology" aufbauen, müssen diese in keiner Form verändert werden. Die einzig notwendige Änderung, um mit einer bisher unbekannten Ortungstechnologie arbeiten zu können, ist das Erstellen einer neuen Klasse, welche diese neue Technologie repräsentiert, und eine Unterklasse von „InsideTechnology", „TransitionTechnology" oder „OutsideTechnology" darstellt.

Betrachtet man den Gesamtprozess der Instandhaltung industrieller Investitionsgüter wie beispielsweise Produktionsanlagen, so konzentriert sich die hier umgesetzte Anwendung primär auf die semantische Situationsableitung aus den Daten verschiedener Ortungssysteme, um die zielgerichtete Navigation zu einem bestimmten Feldgerät in einer Fabrikumgebung zu verbessern. Wie jedoch Abbildung 15.8 zeigt, bilden die automatische Fehlererkennung, die Einsatzplanung, die Fehlerbehebung direkt am Feldgerät

## 15.5 Fazit

und schließlich die Rückführung des bis dahin gesammelten Erfahrungswissens weitere Schritte im Gesamtprozess der Instandhaltung.

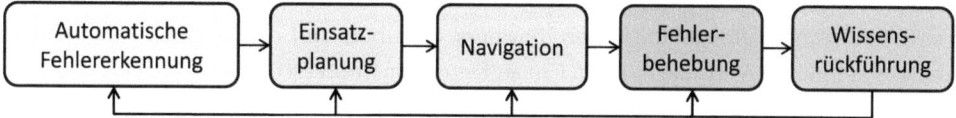

**Abb. 15.8** Gesamtprozess der Instandhaltung industrieller Investitionsgüter.

Auch diese Schritte des Instandhaltungsprozesses bergen ein hohes Potential für den Einsatz Semantischer Technologien. So könnten beispielsweise im Rahmen der Einsatzplanung Technologien zum Einsatz kommen, die Servicetechnikern abhängig von deren Kompetenz und Aufenthaltsort Aufträge zuweisen, um Anfahrts- und Reparaturzeiten weiter zu verkürzen.

Im Rahmen der Fehlerbehebung bestünde die Möglichkeit, Servicetechniker vor Ort mithilfe von Semantischen Technologien direkt bei der Behebung von Störungen am Feldgerät zu unterstützen. Denkbar wäre hier der Einsatz einer Semantischen Suche (vgl. Kapitel 9), welche es erlaubt, Dokumentationsmaterialien und Protokolle vorhergegangener Instandhaltungsaufträge nicht nur syntaktisch nach konkreten Schlagworten zu durchsuchen, sondern mithilfe der Bedeutung eines verwendeten Suchbegriffs beispielsweise Erfahrungsberichte der Instandhaltung baugleicher oder ähnlicher Feldgeräte für den Servicetechniker in schneller und effizienter Weise zugreifbar zu machen.

In engem Zusammenhang steht damit auch das Thema der Wissensrückführung, in dem eine Anwendung von Semantischen Technologien sinnhaft erscheint. Hier wäre, auf Grundlage von Informationsextraktionsverfahren (vgl. Kapitel 8), beispielsweise die automatische Erkennung der Bedeutung verwendeter Begriffe in unstrukturierten Instandhaltungsberichten denkbar. Auf dieser Grundlage kann dann eine automatische Ablage dieser Bereiche in Instandhaltungsplanungssystemen vorgenommen werden und eine Verknüpfung mit begriffsverwandten Instandhaltungsoperation und physisch vergleichbaren Feldgeräten erfolgen.

Die Voraussetzung für einen solch umfassenden und tiefgreifenden Einsatz von Semantischen Technologien zur Optimierung von Instandhaltungsprozessen bildet jedoch der Aufbau eines vollständigen und daher sehr komplexen semantischen Fabrikmodells. Die manuelle Erstellung eines vollständigen semantischen Modells einer großen Produktionsanlage ist aus heutiger Sicht allerdings nur mit unverhältnismäßig hohem Aufwand realisierbar. Hierfür müsste eine umfassende Berücksichtigung verschiedener Informationsquellen erfolgen. Um ein solches Fabrikmodell jedoch in einer effizienten Form erstellen zu können, bedarf es geeigneter Methoden zur automatischen Extraktion dieser Informationen und zur automatischen Erstellung einer solchen Wissensbasis. Aus Sicht industrieller Anwender sind diese jedoch noch nicht in einer ausreichend ausgereiften und damit einsetzbaren Form verfügbar. Dies ist unter anderem der Tatsache geschuldet, dass insbesondere in der Domäne der industriellen Produktion viele heterogene Informationsquellen wie etwa Handbücher, Normen, Konstruktionspläne oder Rohrleitungs- und Installationsdiagramme existieren.

Der Nutzen eines solchen Fabrikmodells wäre dabei im Sinne einer optimierten Dokumentation und Wissensrückführung von hervorgehobener Bedeutung. Darüber hinaus würde ein solches Fabrikmodell eine umfassende Auswertung von Anlagen- und Gerätedaten mithilfe semantischer Reasoner erlauben und damit eine automatische Fehlererkennung (Automatic Root Cause Detection) unterstützen.

Wie auch dieses Beispiel zeigt, muss für den Einsatz Semantischer Technologien in der Domäne der industriellen Produktion davon ausgegangen werden, dass häufig Sensorinformationen einer Auswertung bedürfen, welche Eigenschaften von Prozessen der physischen Welt beschreiben. Damit geht einher, dass diese Sensorinformationen oftmals mit einer Unschärfe behaftet sind, zu deren präziser Beschreibung Wahrscheinlichkeitseigenschaften herangezogen werden müssen. Diese Möglichkeiten werden bisher nur von einer sehr eingeschränkten Menge an verfügbaren Semantischen Technologien bereit gestellt. Ein Bespiel hierfür stellen probabilistische Ontologien (siehe (Ding und Peng 2004)) dar, welche eine Modellierung von Wahrscheinlichkeiten ermöglichen und für eine realitätsnähere Beschreibung von Übergängen zwischen Situationen und Fehlerursachen herangezogen werden könnten. Jedoch besteht für deren praktischen Einsatz in realen Anwendungen auch aus Sicht der KI-Forschung noch Entwicklungsbedarf.

## 15.6 Weiterführende Literatur

Als weiterführende Lektüre für den interessierten Leser werden nachfolgende Literaturstellen vorgeschlagen. Die Veröffentlichung von (Chen et al. 2004) gibt einen breiteren Einblick in die Nutzung Semantischer Technologien im Rahmen von Kontext-Broker-Architekturen aus Sicht der Informationswissenschaften. Für eine genauere Betrachtung von Anforderungen an Middleware für kontextadaptive Systeme wird die Arbeit von (Henricksen et al. 2005) empfohlen. Als Beispiel für einen regelbasierten Ansatz zur Ableitung von Situationen basierend auf Kontextinformationen wird auf (Goix et al. 2007) verwiesen.

*Peter Stephan, Matthias Loskyll, Christian Stahl, Jochen Schlick*

# Literaturverzeichnis

Abecker, A., Hinkelmann, K., Maus, H. und Müller, H.J., Eds. (2002) *Geschäftsprozessorientiertes Wissensmanagement – Effektive Wissensnutzung bei der Planung und Umsetzung von Geschäftsprozessen*. xpert.press. Springer. URL http://www.springer.com/dal/home?SGWID=1-102-22-2225757-0.

Adida, B., Birbeck, M., McCarron, S. und Pemberton, S. (2008) RDFa in XHTML: Syntax and Processing – A Collection of Attributes and Processing Rules for Extending XHTML to Support RDF. W3C Recommendation. URL http://www.w3.org/TR/rdfa-syntax/.

Adomavicius, G. und Tuzhilin, A. (2005) Toward the next generation of recommender systems: A survey of the state-of-the-art and possible extensions. *IEEE Transactions on Knowledge and Data Engineering*, 17(6):734–749.

Adrian, B., Klinkigt, M., Maus, H. und Dengel, A. (2009) Using iDocument for Document Categorization in Nepomuk Social Semantic Desktop. In T. Pellegrini, Ed., *i-Semantics: Proceedings of International Conference on Semantic Systems 2009*, JUCS.

Agrawal, S., Chaudhuri, S. und Das, G. (2002) DBXplorer: A System for Keyword-Based Search over Relational Databases. In *ICDE*, S. 5–16.

Ahmed, K. und Moore, G. (2005) An Introduction to Topic Maps. *The Architecture Journal*, 5(5).

Ahmed, K. und Moore, G. (2006) Apply Topic Maps to Applications. *The Architecture Journal*, 1(6).

Alexander, K., Cyganiak, R., Hausenblas, M. und Zhao, J. (2009) Describing Linked Datasets – On the Design and Usage of voiD, the 'Vocabulary of Interlinked Datasets'. In *WWW 2009 Workshop: Linked Data on the Web (LDOW2009)*. Madrid, Spain.

Alves, A., Arkin, A., Askary, S., Barreto, C., Block, B., Curbera, F., Ford, M., Goland, Y., Guízar, A., Kartha, N., Liu, C.K., Khalaf, R., König, D., Marin, M., Mehta, V., Thatte, S., van der Rijn, D., Yendluri, P. und Yiu, A. (2007) Web Services Business Process Execution Language Version 2.0. URL http://docs.oasis-open.org/wsbpel/2.0/OS/wsbpel-v2.0-OS.html.

Anderson, J.R. (2001) *Kognitive Psychologie, 3. Auflage*. Spektrum Akademischer Verlag, Heidelberg.

Anyanwu, K. (2005) Semrank: ranking complex relationship search results on the semantic web. In *14th International World Wide Web Conference*, S. 117–127. ACM Press.

Appelt, D.E. und Israel, D.J. (1999) Introduction to Information Extraction Technology. A tutorial prepared for IJCAI-99, Stockholm, Schweden. URL http://www.ai.sri.com/~appelt/ie-tutorial/IJCAI99.pdf.

Ausubel, D. (1963) *The Psychology of Meaningful Verbal Learning*. New York: Grune & Stratton.

Baader, F., Horrocks, I. und Sattler, U. (2008) Chapter 3 Description Logics. In F. van Harmelen, V. Lifschitz und B. Porter, Eds., *Handbook of Knowledge Representation*, Foundations of Artificial Intelligence, S. 135–169. Elsevier.

Baeza-Yates, R. und Ribeiro-Neto, B. (1999) *Modern Information Retrieval*. Addison-Wesley.

Ballstaedt, S.P. (1997) *Wissensvermittlung: Die Gestaltung von Lernmaterial*. Beltz Psychologie Verlags Union, Weinheim.

Bartlett, F.C. (1932) Remembering. A Study in Experimental and Social Psychology. Cambridge Univesity Press.

Baumann, S., Schirru, R. und Streit, B. (to appear) Towards a Storytelling Approach for Novel Artist Recommendations. In *Proceedings of the 8th International Workshop on Adaptive Multimedia Retrieval, AMR'2010*.

Becker, C. und Bizer, C. (2009) Marbles. URL http://marbles.sourceforge.net/.

Befring, E., Mjolsnes, A., Maehle, A. und Norden, T. (2008) Topic Mapping the National Curriculum: A Multifaceted View of the Quiet Revolution in Norwegian Education. In *Second International Topic Maps Users Conference (Topic Maps 2008)*.

Beierle, C. und Kern-Isberner, G. (2003) *Methoden wissensbasierter Systeme: Grundlagen, Algorithmen, Anwendungen*. Vieweg, Braunschweig, 2., überarb. u. erw. Edition.

Bellahsene, Z., Bonifati, A. und Rahm, E., Eds. (2011) *Schema Matching and Mapping*. Springer.

Berger, H., Dittenbach, M. und Merkl, D. (2004) An adaptive information retrieval system based on associative networks. In *Proceedings of the first Asian-Pacific Cconference on Conceptual Modelling*, S. 27–36.

Berners-Lee, T., Chen, Y., Chilton, L., Connolly, D., Dhanaraj, R., Hollenbach, J., Lerer, A. und Sheets, D. (2006) Tabulator: Exploring and Analyzing linked data on the Semantic Web. In *Proceedings of the 3rd International Semantic Web User Interaction Workshop*.

Berners-Lee, T. (1998) Semantic Web Roadmap. URL http://www.w3.org/DesignIssues/Semantic.html.

Berners-Lee, T. (1999) *Der Web-Report*. Econ Verlag, München.

Berners-Lee, T. (2006) Linked Data. *W3C Design Issues*. URL http://www.w3.org/DesignIssues/LinkedData.html.

Berners-Lee, T. (2009) The Next Web. URL http://www.ted.com/talks/tim_berners_lee_on_the_next_web.html.

Berners-Lee, T., Hendler, J.A. und Lassila, O. (2001) The Semantic Web. *Scientific American*, 284(5):34–43.

Bhiri, S., Gaaloul, W., Rouached, M. und Hauswirth, M. (2009) Semantic Web Services for Satisfying SOA Requirements. In *Advances in Web Semantics I*, S. 374–395. Springer-Verlag, Berlin, Heidelberg.

Bizer, C. und Seaborne, A. (2004a) D2RQ-Treating Non-RDF Databases as Virtual RDF Graphs. In *Proceedings of the 3rd International Semantic Web Conference (ISWC2004)*.

Bizer, C., Heath, T. und Berners-Lee, T. (2009a) Linked Data – The Story So Far. *International Journal on Semantic Web and Information Systems*, 5(3):1–22.

Bizer, C., Lehmann, J., Kobilarov, G., Auer, S., Becker, C., Cyganiak, R. und Hellmann, S. (2009b) DBpedia – A crystallization point for the Web of Data. *Web Semantics: Science, Services and Agents on the World Wide Web*, 7(3):154–165. URL http://www.sciencedirect.com/science/article/B758F-4WS9BS0-1/2/83cd58f9b584b76ccaa85cda59cca3a2, the Web of Data.

Bizer, C. und Seaborne, A. (2004b) D2RQ – Treating Non-RDF Databases as Virtual RDF Graphs. In *ISWC2004 (posters)*. URL http://sites.wiwiss.fu-berlin.de/suhl/bizer/pub/Bizer-D2RQ-ISWC2004-Poster.pdf.

blinkx (2011) BLINKX. online. URL http://www.blinkx.com/.

Blumauer, A. und Pellegrini, T., Eds. (2006) *Semantic Web – Wege zur vernetzten Wissensgesellschaft*. X.media.press. Springer.

Boardman, R. und Sasse, M.A. (2004) Stuff goes into the computer and doesn't come out: a cross-tool study of personal information management. In *CHI '04: Proceedings of the SIGCHI conference on Human factors in computing systems*, S. 583–590. ACM, New York.

Borgida, A., Brachman, R.J., McGuinness, D.L. und Resnick, L.A. (1989) CLASSIC: a structural data model for objects. In *SIGMOD '89: Proceedings of the 1989 ACM SIGMOD international conference on Management of data*, S. 58–67. ACM, New York.

Bouquet, P., Giunchiglia, F., van Harmelen, F., Serafini, L. und Stuckenschmidt, H. (2004) Contextualizing Ontologies. *Journal of Web Semantics*, 1(4):325–343.

Brachman, R. und Schmolze, J. (1985) An Overview of the KL–ONE Knowledge Representation System. *Cognitive Science*, 9(2):171–216.

Brachman, R., Fikes, R. und Levesque, H. (1983) Krypton: A Functional Approach to Knowledge Representation. *Computer*, 16:67–73.

Brachmann, R.J. und Levesque, H.J. (2004) *Knowledge Representation and Reasoning*. Morgan Kaufmann.

Bratsberg, R., Schreiber, J. und Syversen, T.O. (2010) Modelling IMS QTI with Topic Maps. In *Proceedings of the Sixth International Conference on Topic Maps Research and Applications, TMRA 2010*.

Breslin, J.G., Harth, A., Bojars, U. und Decker, S. (2005) Towards Semantically-Interlinked Online Communities. In A. Gomez-Perez und J. Euzenat, Eds., *European Semantic Web Conference (ESWC)*, Volume 3532 of *Lecture Notes on Computer Science*, S. 500–514. Springer. URL http://www.springerlink.com/content/ycw4ta75qjngnat8/.

Brickley, D. und Guha, R. (2004) RDF Vocabulary Description Language 1.0: RDF Schema. Technical Report, W3C.

Brickley, D. und Miller, L. (2010) FOAF. online. URL http://xmlns.com/foaf/spec/.

Broekstra, J., Kampman, A. und van Harmelen, F. (2002) Sesame: A Generic Architecture for Storing and Querying RDF and RDF Schema. In I. Horrocks und J. Hendler, Eds., *Proc. of the First International Semantic Web Conference (ISWC 2002)*, Volume 2342 of *Lecture Notes in Computer Science*, S. 54–68. Springer.

Buchanan, B.G. und Shortliffe, E.H. (1984) *Rule Based Expert Systems: The Mycin Experiments of the Stanford Heuristic Programming Project (The Addison-Wesley series in artificial intelligence)*. Addison-Wesley Longman Publishing Co., Inc., Boston.

Buitelaar, P., Cimiano, P., Haase, P. und Sintek, M. (2009) Towards Linguistically Grounded Ontologies. In L. Aroyo, P. Traverso, F. Ciravegna, P. Cimiano, T. Heath, E. Hyvönen, R. Mizoguchi und E. Oren, Eds., *Proceedings of the 6th European Semantic Web Conference (ESWC)*, S. 111–125. Springer, Berlin.

Buitelaar, P., Cimiano, P. und Magnini, B., Eds. (2005) *Ontology Learning from Text: Methods, Evaluation and Applications*, Volume 123 of *Frontiers in Artificial Intelligence and Applications*. IOS Press, Amsterdam.

Buitelaar, P., Sintek, M. und Kiesel, M. (2006) A Lexicon Model for Multilingual/Multimedia Ontologies. In *Proc. of the 3rd European Semantic Web Conference (ESWC06)*. Budva, Montenegro. URL http://www.dfki.de/~paulb/eswc2006.pdf.

Buntine, W.L., Valtonen, K. und Taylor, M.P. (2005) The ALVIS Document Model for a Semantic Search Engine. In *Meeting of the Association for Computational Linguistics*.

Burgun, A. (2006) Desiderata for domain reference ontologies in biomedicine. *Journal of Biomedical Informatics*, 39(3):307–313. URL http://dblp.uni-trier.de/db/journals/jbi/jbi39.html#Burgun06.

Buscher, G. (2007) Attention-Based Information Retrieval. In *SIGIR '07: Proceedings of the 30th annual international ACM SIGIR conference on research and development in information retrieval (doctoral consortium)*. URL http://www.dfki.uni-kl.de/%7Ebuscher/publications/Buscher07_AttIR_long.pdf.

Buscher, G. (2010) *Attention-based information retrieval – using eye tracking to capture attention evidence and personalize search*. Dr. Hut Verlag. URL http://www.dr.hut-verlag.de/978-3-86853-542-6.html.

Bush, V. (1945) As We May Think. *Atlantic Monthly*, 176(1):641–649. URL http://www.theatlantic.com/doc/194507/bush.

Buzan, T. und Buzan, B. (2002) *Das Mind-Map-Buch. Die beste Methode zur Steigerung Ihres geistigen Potenzials. 5. aktualisierte Auflage*. mvg Verlag.

Carroll, J.J., Dickinson, I., Dollin, C., Reynolds, D., Seaborne, A. und Wilkinson, K. (2004) Jena: implementing the semantic web recommendations. In *WWW Alt. '04: Proceedings of the 13th international World Wide Web conference on Alternate track papers & posters*, S. 74–83. ACM, New York, NY, USA. URL http://portal.acm.org/citation.cfm?doid=1013367.1013381.

Carstensen, K.U., Ebert, C., Endriss, C., Jekat, S., Klabunde, R. und Langer, H., Eds. (2009a) *Computerlinguistik und Sprachtechnologie. Eine Einführung. 3., überarbeitete und erweiterte Auflage*. Spektrum Akademischer Verlag.

Carstensen, K.U., Ebert, C., Jekat, S., Ebert, C., Langer, H. und Klabunde, R. (2009b) *Computerlinguistik und Sprachtechnologie: Eine Einführung*. Springer.

Cañas, A.J., Carff, R., Hill, G., Carvalho, M., Arguedas, M., Eskridge, T.C., Lott, J. und Carvajal, R. (2005) Concept Maps: Integrating Knowledge and Information Visualization. In S.O. Tergan und T. Keller, Eds., *Knowledge and information visualization: Searching for synergies*, LNCS, S. 205–219. Springer, Heidelberg.

Cañas, A.J. und Carvalho, M. (2004) Concept Maps and AI: an Unlikely Marriage? *Revista Brasileira de Informática na Educação*. URL http://www.ihmc.us/users/acanas/Publications/ConceptMapsAI/Canas-CmapsAI-Sbie2004.pdf.

Celma, O. (2006) Foafing the music: Bridging the semantic gap in music recommendation. In *Proceedings of the 5th International Semantic Web Conference*, S. 927–934. Springer.

Chandrasekaran, B. (1986) Generic tasks in knowledge-based reasoning: a level of abstraction that supports knowledge acquisition, system design and explanation. In *Proceedings of the ACM SIGART international symposium on Methodologies for intelligent systems*, S. 2–7. ACM, New York, NY, USA.

Cândido, G., Jammes, F., Barata, J. und Colombo, A.W. (2010) Semantic SOA approach to support agile reengineering at device level. In *Proceedings of 10th IFAC Workshop on Intelligent Manufacturing Systems*.

Chen, H., Finin, T. und Joshi, A. (2004) Semantic Web in the context broker architecture. In *Proceedings of the Second IEEE Annual Conference on Pervasive Computing and Communications (PerCom 2004)*, S. 277–286.

Cheng, G. und Qu, Y. (2009) Searching Linked Objects with Falcons: Approach, Implementation and Evaluation. *International Journal on Semantic Web and Information Systems (IJSWIS), Special Issue on Linked Data*, 5(3).

Christensen, E., Curbera, F., Meredith, G. und Weerawarana, S. (2001) Web Services Description Language (WSDL) 1.1. W3C Note. URL http://www.w3.org/TR/wsdl.

Cimiano, P., Buitelaar, P., McCrae, J. und Sintek, M. (2011) LexInfo: A Declarative Model for the Lexicon-Ontology Interface. *Web Semantics: Science, Services and Agents on the World Wide Web*, 9(1):29–51.

Clarke, C. (2009) A Resource List Management Tool for Undergraduate Students based on Linked Open Data Principles. In *Proceedings of the 6th European Semantic Web Conference (ESWC)*.

Clement, L., Hately, A., von Riegen, C. und Rogers, T. (2004) UDDI Version 3.0.2. URL `http://www.oasis-open.org/committees/uddi-spec/doc/spec/v3/uddi-v3.0.2-20041019.htm`.

Cohen, S., Mamou, J., Kanza, Y. und Sagiv, Y. (2003) XSEarch: A Semantic Search Engine for XML. In *VLDB*, S. 45–56.

Cohnitz, D. (2000) Explanations are like salted peanuts. In A. Beckermann und C. Nimtz, Eds., *Proceedings of the Fourth International Congress of the Society for Analytic Philosophy*. URL `http://www.gap-im-netz.de/gap4Konf/Proceedings4/titel.htm`.

Collins, A. und Quillian, M. (1969) Retrieval Time from Semantic Memory. *Journal of Verbal Learning and Verbal Behaviour*, (8):240–247.

Converse, T., Kaplan, R.M., Pell, B., Prevost, S., Thione, L. und Walters, C. (2008) Powerset's Natural Language Wikipedia Search Engine. Technical Report, Powerset, inc., California. URL `http://www.aaai.org/Papers/Workshops/2008/WS-08-15/WS08-15-013.pdf`.

Corby, O., Dieng-Kuntz, R. und Faron-Zucker, C. (2004) Querying the Semantic Web with Corese Search Engine. In R.L. de Mántaras und L. Saitta, Eds., *Proceedings of the 16th Eureopean Conference on Artificial Intelligence, ECAI'2004, including Prestigious Applicants of Intelligent Systems, PAIS 2004, Valencia, Spain, August 22-27, 2004*, S. 705–709. IOS Press.

Cowie, J. und Wilks, Y. (2000) Information Extraction. In R. Dale, H. Moisl und H. Somers, Eds., *Handbook of Natural Language Processing*. Marcel Dekker, New York.

Creative Commons (2007) Creative Commons. URL `http://creativecommons.org`.

Crestani, F. (1997) Application of Spreading Activation Techniques in Information Retrieval. *Artificial Intelligence Review*, 11(6):453–482.

Cunningham, H., Maynard, D., Bontcheva, K. und Tablan, V. (2002) GATE: A framework and graphical development environment for robust NLP tools and applications. In *40th Anniversary Meeting of the ACL, Proceedings*, S. 168–175.

Deliyanni, A. und Kowalski, R.A. (1979) Logic and semantic networks. *Commun. ACM*, 22(3):184–192.

Dengel, A. (1999) *Brockhaus-Bibliothek "Mensch, Natur, Technik"*, Volume 6, Kapitel 2 Künstliche Intelligenz, S. 507–541. Bibliographisches Institut der F.A. Brockhaus AG, Mannheim.

Dengel, A. (2006) Six Thousand Words about Multi-Perspective Personal Document Management. In *Proceedings IEEE-EDM*, S. 1–10. IEEE International Workshop on the Electronic Document Management in an Enterprise Computing Environment. Hong Kong, China.

Dengel, A. und Adrian, B. (2010) Coactive Assistance for Personal Information Management on the Semantic Desktop. In A. Fred et al., Eds., *Proceedings IC3K2010, CCIS 128*, S. 3–16. Springer.

Dichev, C. und Dicheva, D. (2005) Contexts as Abstraction of Grouping. In P. Shvaiko, J. Euzenat, A. Leger, D.L. McGuinness und H. Wache, Eds., *Workshop on Contexts and Ontologies: Theory, Practice and Applications at the 12th National Conference on Artificial Intelligence. American Association for Artificial Intelligence.*, S. 49–56.

Dieng-Kuntz, R. und Corby, O. (2005) Conceptual graphs for Semantic Web applications. In *Proc. ICCS 2005. Volume 3596 of LNCS*, S. 19–50. Springer.

Dijkstra, E.W. (1959) A note on two problems in connexion with graphs. *Numerische Mathematik*, 1:269–271. URL http://jmvidal.cse.sc.edu/library/dijkstra59a.pdf.

DIN 1463-1 (1987) *Erstellung und Weiterentwicklung von Thesauri; Einsprachige Thesauri*. DIN.

DIN 1463-2 (1993) *Erstellung und Weiterentwicklung von Thesauri; Mehrsprachige Thesauri*.

Ding, Z. und Peng, Y. (2004) A probabilistic extension to ontology language OWL. In *Proceedings of the 37th Hawaii International Conference On System Sciences (HICSS-37), Big Island*.

Do, H., Melnik, S. und Rahm, E. (2002) Comparison of Schema Matching Evaluations. In A.B. Chaudhri, M. Jeckle, E. Rahm und R. Unland, Eds., *Web, Web-Services, and Database Systems*, Volume 2593 of *Lecture Notes in Computer Science*, S. 221–237. Springer Berlin / Heidelberg.

Ehrig, M. und Euzenat, J. (2005) Relaxed Precision and Recall for Ontology Matching. In B. Ashpole, M. Ehrig, J. Euzenat und H. Stuckenschmidt, Eds., *Integrating Ontologies*, Volume 156 of *CEUR Workshop Proceedings*. CEUR-WS.org. URL http://CEUR-WS.org/Vol-156/paper5.pdf.

Ehrig, M. und Staab, S. (2004) QOM – Quick Ontology Mapping. In S.A. McIlraith, D. Plexousakis und F. van Harmelen, Eds., *Third International Semantic Web Conference (ISWC 2004)*, Volume 3298 of *Lecture Notes in Computer Science*, S. 683–697. Springer Berlin / Heidelberg.

Ehrig, M. und Sure, Y. (2005) FOAM – Framework for Ontology Alignment and Mapping - Results of the Ontology Alignment Evaluation Initiative. In B. Ashpole, M. Ehrig, J. Euzenat und H. Stuckenschmidt, Eds., *Integrating Ontologies*, Volume 156 of *CEUR Workshop Proceedings*. CEUR-WS.org. URL http://CEUR-WS.org/Vol-156/paper11.pdf.

Embley, D.W. (2004) Toward semantic understanding: an approach based on information extraction ontologies. In *Proceedings of the 15th Australasian database conference*, Volume 27 of *ADC '04*, S. 3–12. Australian Computer Society, Inc., Darlinghurst.

Euzenat, J. (2004) An API for Ontology Alignment. In S.A. McIlraith, D. Plexousakis und F. van Harmelen, Eds., *International Semantic Web Conference*, Volume 3298 of *Lecture Notes in Computer Science*, S. 698–712. Springer.

Euzenat, J., Meilicke, C., Stuckenschmidt, H., Shvaiko, P. und Trojahn, C. (2011) Ontology Alignment Evaluation Initiative: Six Years of Experience. *Journal on Data Semantics*, XV:158–192.

Euzenat, J. und Shvaiko, P. (2007) *Ontology Matching*. Springer-Verlag, Heidelberg.

eyePlorer (2011) eyePlorer — empowering tecknowledgy. online. URL http://en.eyeplorer.com/.

FACT-Finder (2011) FACT-Finder Travel – Reisesuche gibt's jetzt auch in Einfach. online. URL http://www.fact-finder.de/FACT-Finder-Travel.html.

Ferber, R. (2003) *Information Retrieval. Suchmodelle und Data-Mining-Verfahren für Textsammlungen und das Web*. Dpunkt Verlag.

Fiedler, S. und Sharma, P. (2005) *Knowledge and Information Visualization*, Kapitel Navigating Personal Information Repositories with Weblog Authoring and Concept Mapping, S. 302–325. LNCS. Springer.

Finger, P. und Zeppenfeld, K. (2009) *SOA und WebServices*. Springer Verlag.

Foote, J.T. (1997) Content-Based Retrieval of Music and Audio. In *Multimedia Storage and Archiving Systems II, Proc. of SPIE*, S. 138–147.

Forcher, B., Möller, M., Sintek, M. und Roth-Berghofer, T. (2009) Explanation of Semantic Search Results of Medical Images in MEDICO. In *Proceedings of the IJCAI-09 workshop on Explanation-aware Computing (ExaCt 2009)*. AAAI.

Forgy, C.L. (1982) Rete: A fast algorithm for the many pattern/many object pattern match problem. *Artificial Intelligence*, 19(1):17–37.

Fourie, L.C.H., Schilawa, J. und Cloete, E. (2004) The value of concept maps for knowledge management in the banking and insurance industry: a German case study. In A.J. Cañas, J.D. Novak und F.M. González, Eds., *Concept Maps: Theory, Methodology, Technology. Proc. of the First Int. Conference on Concept Mapping*. Pamplona, Spain.

Free Software Foundation, I. (2008) GNU Free Documentation License v1.3. URL http://www.gnu.org/licenses/fdl.html.

Freitag, D. (2000) Machine Learning for Information Extraction in Informal Domains. *Machine Learning*, 39:169–202. URL http://dx.doi.org/10.1023/A:1007601113994.

Gale, D. und Shapley, L. (1962) College Admissions and the Stability of Marriage. *American Mathematical Monthly*, 69(1):5–15.

Gangemi, A., Guarino, N., Masolo, C., Oltramari, A. und Schneider, L. (2002) Sweetening Ontologies with DOLCE. In *Proc. of the 13th International Conference on Knowledge Engineering and Knowledge Management, Ontologies and the Semantic Web (EKAW 2002)*, S. 223–233. Siguenza, Spain. URL http://www.springerlink.com/content/5p86jk323x0tjktc.

Garshol, L.M. (2006a) The linear Topic Maps notation. ontopia.

Garshol, L.M. (2006b) tolog – A Topic Maps Query Language. In L. Maicher und J. Park, Eds., *TMRA05 International Workshop on Topic Map Research and Applications*, S. 183–196. Springer, Berlin.

Garshol, L. (2004) Metadata? Thesauri? Taxonomies? Topic Maps! Making sense of it all. *Journal of Information Science*, 30:378–391.

Genesereth, M.R. und Fikes, R.E. (1992) *Knowledge Interchange Format*. Knowledge Systems Laboratory, Stanford University, version 0.3 Edition.

Goix, L.W., Valla, M., Cerami, L. und Falcarin, P. (2007) Situation Inference for Mobile Users: A Rule Based Approach. In *Mobile Data Management, 2007 International Conference on*, S. 299–303.

Goldschmidt, D.E. und Krishnamoorthy, M. (2005) Architecting a search engine for the Semantic Web. In *AAAI Workshop on Contexts and Ontologies: Theory, Practice and Applications*.

Gomez-Perez, A., Fernandez-Lopez, M. und Corcho-Garcia, O. (2003) *Ontological Engineering: With examples from the areas of Knowledge Management, e-Commerce and the Semantic Web (Advanced Information and Knowledge Processing)*. Springer.

González, V.M. und Mark, G. (2004) Constant, constant, multi-tasking craziness: managing multiple working spheres. In *CHI '04: Proceedings of the SIGCHI conference on Human factors in computing systems*, S. 113–120. ACM, New York, NY, USA.

Grimnes, G.A., Adrian, B., Schwarz, S., Maus, H., Schumacher, K. und Sauermann, L. (2009) Semantic Desktop for the End-User. *i-com*, 8(3):25–32. URL http://www.atypon-link.com/OLD/doi/abs/10.1524/icom.2009.0033.

Grimnes, G.A., Schwarz, S. und Sauermann, L. (2006) RDFHomepage or „Finally, a use for your FOAF file". In *2nd Workshop on Scripting for the Semantic Web*.

Grosof, B.N., Volz, R., Horrocks, I. und Decker, S. (2003) Description Logic Programs: Combining Logic Programs with Description Logic. In *Proceedings of the 12th international conference on World Wide Web*, S. 48–57. ACM.

Gruber, T.R. (1993) A Translation Approach to Portable Ontologies Specifications. *Knowledge Acquisition*, 5(2):199–220.

Guarino, N., Oberle, D. und Staab, S. (2009) What Is an Ontology? In S. Staab und R. Studer, Eds., *Handbook on Ontologies*, S. 1–17. Springer-Verlag, 2nd Edition.

Guha, R., McCool, R. und Miller, E. (2003) Semantic Search. In *Proceedings of the 12th International Conference on Word Wide Web*. Budapest, Hungary.

Güld, M., Kohnen, M., Keysers, D., Schubert, H., Wein, B., Bredno, J. und Lehmann, T. (2002) Quality of DICOM header information for image categorization. *Proc. SPIE*, 4685(39):280–287.

Gusfield, D. und Irving, R. (1989) *The Stable Marriage Problems: Structure and Algorithms*. MIT Press, Cambridge, MA.

Hartig, O., Bizer, C. und Freytag, J.C. (2009a) Executing SPARQL Queries over the Web of Linked Data. In *Proceedings of the 8th International Semantic Web Conference (ISWC)*.

Hartig, O. und Langegger, A. (2010) A Database Perspective on Consuming Linked Data on the Web. *Datenbank-Spektrum*.

Hartig, O., Mühleisen, H. und Freytag, J.C. (2009b) Linked Data for Building a Map of Researchers. In *Proceedings of 5th Workshop on Scripting and Development for the Semantic Web (SFSW) at ESWC*.

Hasling, D.W., Clancey, W.J. und Rennels, G. (1984) Strategic Explanations for a Diagnostic Consultation System. *International Journal of Man-Machine Studies*, 20(1):3–19.

He, H., Wang, H., Yang, J. und Yu, P.S. (2007) BLINKS: Ranked Keyword Searches on Graphs. In *Proceedings of the 2007 ACM SIGMOD International Conference on Management of Data*, S. 305–316. ACM.

Hearst, M.A. (1992) Automatic acquisition of hyponyms from large text corpora. In *Proceedings of the 14th conference on Computational linguistics*, Volume 2, S. 539–545. Association for Computational Linguistics, Morristown, NJ, USA.

Heath, T. und Bizer, C. (2011) *Linked Data: Evolving the Web into a Global Data Space*. Morgan & Claypool, 1st Edition. URL http://linkeddatabook.com/.

Heath, T. und Motta, E. (2008) Revyu: Linking Reviews and Ratings into the Web of Data. *Journal of Web Semantics*, 6(4).

Heflin, J. und Hendler, J. (2000) Searching the Web with SHOE. In *Proceedings of the AAAI Workshop on AI for Web Search*, S. 35–40.

Heinsohn, J. und Socher-Ambrosius, R. (1999) *Wissensverarbeitung: Eine Einführung*. Spektrum Akademischer Verlag, Heidelberg.

Hellmann, S., Stadler, C., Lehmann, J. und Auer, S. (2009) DBpedia Live Extraction. In *Proc. of 8th International Conference on Ontologies, DataBases, and Applications of Semantics (ODBASE)*.

Hempel, C.G. und Oppenheim, P. (1948) Studies in the Logic of Explanation. *Philosophy of Science*, 15(2):135–175. URL http://links.jstor.org/sici?sici=0031-8248%28194804%2915%3A2%3C135%3ASITLOE%3E2.0.CO%3B2-E.

Henricksen, K., Indulska, J., McFadden, T. und Balasubramaniam, S. (2005) Middleware for Distributed Context-Aware Systems. In *International Symposium on Distributed Objects and Applications (DOA*, S. 846–863. Springer.

Hepp, M., De Leenheer, P., de Moor, A. und Sure, Y., Eds. (2008) *Ontology Management, Semantic Web, Semantic Web Services, and Business Applications*, Volume 7 of *Semantic Web And Beyond Computing for Human Experience*. Springer.

Hewett, R. und Coffey, J. (2000) *IEA/AIE 2000*, Kapitel XProM: A Collaborative Knowledge-Based Project Management Tool, S. 406–413. LNAI. Springer-Verlag Berlin Heidelberg.

Hildebrand, M., Ossenbruggen, J. und van Hardman, L. (2007) An analysis of search-based user interaction on the semantic web. Report, CWI, Amsterdam, Holland.

Ho, T.K. (1992) *A Theory of Multiple Classifier Systems and Its Application to Visual Word Recognition*. Ph.D. thesis, Dept. of Computer Science, State University of New York at Buffalo.

Hobbs, J. und Israel, D. (1994) Principles of template design. In *HLT '94: Proc. of the workshop on Human Language Technology*, S. 177–181. ACL, Morristown, NJ, USA.

Holz, H., Maus, H., Bernardi, A. und Rostanin, O. (2005) From Lightweight, Proactive Information Delivery to Business Process-Oriented Knowledge Management. *Journal of Universal Knowledge Management. Special Issue on Knowledge Infrastructures for the Support of Knowledge Intensive Business Processes*, 0(2):101–127. URL http://www.jukm.org/jukm_0_2/holz.

Horn, A. (1951) On Sentences Which are True of Direct Unions of Algebras. *J. Symb. Log.*, 16(1):14–21.

Horrocks, I., Patel-Schneider, P.F., Boley, H., Tabet, S., Grosof, B. und Dean, M. (2004) SWRL: A semantic web rule language combining OWL and RuleML. Technical Report, W3C Member submission 21 may 2004. URL http://www.w3.org/Submission/SWRL/.

Hürsch, W.L. und Lopes, C.V. (1995) Separation of Concerns.

Iqbal, S.T. und Horvitz, E. (2007) Disruption and recovery of computing tasks: field study, analysis, and directions. In *CHI '07: Proceedings of the SIGCHI conference on Human factors in computing systems*, S. 677–686. ACM, New York, NY, USA.

ISO/IEC 13250 (2003) Topic Maps.

ISO/IEC 13250-1 (2007) Information technology – Topic Maps – Overview and basic concepts.

ISO/IEC 13250-2 (2006) Information Technology – Topic Maps – Part 2: Data Model.

ISO/IEC 13250-3 (2007) Information Technology – Topic Maps – Part 3: XML Syntax.

ISO/IEC 13250-4 (2009) Information Technology – Topic Maps – Part 4: Canonicalization.

ISO/IEC 13250-5 FCD (2009) Information Technology – Topic Maps – Part 5: Reference Model.

ISO/IEC 13250-6 FDIS (2009) Information Technology – Topic Maps – Part 6: Compact Syntax.

ISO/IEC 18048 FDIS (2009) Topic Maps Query Language.

ISO/IEC 19756 (2010) Topic Maps Constraint Language.

ISO/IEC 24707 (2007) Information technology – Common Logic (CL): A framework for a family of logic-based languages. URL http://www.iso.org/iso/catalogue_detail.htm?csnumber=39175.

ISO/IEC 2788 (1986) Guidelines for the establishment and development of monolingual thesauri.

ISO/IEC 5964 (1985) Guidelines for the establishment and development of multilingual thesauri.

Jammes, F. (2005) Service-Oriented Paradigms in Industrial Automation. *IEEE Transactions on Industrial Informatics*, 1:62–69.

Jones, W. (2008) *Keeping found things found: the study and practice of personal information management*. Interactive Technologies. Morgan Kaufmann Publishers.

Jurafsky, D. und Martin, J.H. (2008) *Speech and Language Processing*. Prentice Hall.

Kharatmal, M. und Nagarjuna, G. (2006) A proposal to refine concept mapping for effective science learning. In A.J. Cañas und J.D. Novak, Eds., *Concept Maps: Theory, Methodology, Technology. Proc. of the Second Int. Conference on Concept Mapping*. URL http://cmc.ihmc.us/cmc2006Papers/cmc2006-p151.pdf.

Kiesel, M. (2006) Kaukolu: Hub of the Semantic Corporate Intranet. In *Proceedings of the 1st Workshop on Semantic Wikis in conjunction with the 3rd European Semantic Web Conference (ESWC 2006)*. Budva, Montenegro. URL http://ontoworld.org/wiki/Kaukolu:_Hub_of_the_Semantic_Corporate_Intranet.

Kiesel, M. und Grimnes, G.A. (2010) DBTropes – a linked data wrapper approach incorporating community feedback. In J. Völker und O. Corcho, Eds., *EKAW 2010 Demo & Poster Abstracts. International Conference on Knowledge Engineering and Knowledge Management (EKAW-10), 17th International Conference on Knowledge Engineering and Knowledge Management, October 11-15, Lisbon, Portugal*. Best Poster.

Kiesel, M., Schwarz, S., van Elst, L. und Buscher, G. (2008) Mymory: Enhancing a Semantic Wiki with Context Annotations. In S. Bechofer, M. Hauswirth, J. Hoffmann und M. Koubarakis, Eds., *The Semantic Web: Research and Applications, 5th European Semantic Web Conference, ESWC 2008, Tenerife, Canary Islands, Spain, June 1-5, 2008*, Volume 5021 of *LNAI*, S. 817–821. Springer. URL http://www.springerlink.com/content/p08170332721452x/.

Kifer, M., Lausen, G. und Wu, J. (1995) Logical foundations of object-oriented and frame-based languages. *J. ACM*, 42:741–843. URL http://doi.acm.org/10.1145/210332.210335.

Kiryakov, A., Simov, K. und Dimitrov, M. (2001) OntoMap: Portal for Upper-level Ontologies. In *Proc. of the Conference on Formal Ontology in Information Systems (FOIS 2001)*, S. 47–58. URL http://www.ontotext.com/publications/swws01.pdf.

Klahold, A. (2009) *Empfehlungssysteme: Recommender Systems – Grundlagen, Konzepte und Lösungen*. Vieweg + Teubner, Wiesbaden.

Klusch, M. (2008) Semantic Web Service Description. In M. Walliser, S. Brantschen, M. Calisti, T. Hempfling, M. Schumacher, H. Schuldt und H. Helin, Eds., *CASCOM: Intelligent Service Coordination in the Semantic Web*, Whitestein Series in Software Agent Technologies and Autonomic Computing, S. 31–57. Birkhäuser Basel.

Klusch, M., Gerber, A. und Schmidt, M. (2005) Semantic web service composition planning with OWLS-XPlan. In *Proceedings of the 1st Int. AAAI Fall Symposium on Agents and the Semantic Web*, S. 55–62.

Klusch, M. und Kapahnke, P. (2010) iSeM: Approximated Reasoning for Adaptive Hybrid Selection of Semantic Services. In *Proceedings of the 2010 IEEE Fourth International Conference on Semantic Computing*, ICSC '10, S. 184–191. IEEE Computer Society, Washington, DC, USA.

Knappmeyer, M., Baker, N., Liaquat, S. und Tönjes, R. (2009) A context provisioning framework to support pervasive and ubiquitous applications. In *Proceedings of the 4th European conference on Smart sensing and context*, EuroSSC'09, S. 93–106. Springer-Verlag, Berlin, Heidelberg.

Knappmeyer, M., Kiani, S.L., Fra, C., Moltchanov, B. und Baker, N. (2010) ContextML: A light-weight context representation and context management schema. In *2010 5th IEEE International Symposium on Wireless Pervasive Computing (ISWPC)*, S. 367–372.

Kobilarov, G., Scott, T., Raimond, Y., Oliver, S., Sizemore, C., Smethurst, M., Bizer, C. und Lee, R. (2009) Media Meets Semantic Web – How the BBC Uses DBpedia and Linked Data to Make Connections. In *Proceedings of the 6th European Semantic Web Conference (ESWC)*.

Kolodziej, K. und Hjelm, J. (2006) *Local Positioning Systems: LBS Applications and Services*. CRC Press.

Komonen, K. (2002) A cost model of industrial maintenance for profitability analysis and benchmarking. *International Journal of Production Economics*, 79(1):15–31.

Kopecký, J., Vitvar, T., Bournez, C. und Farrell, J. (2007) SAWSDL: Semantic Annotations for WSDL and XML Schema. *Internet Computing, IEEE*, 11(6):60–67.

Krafzig, D., Banke, K. und Slama, D. (2005) *Enterprise SOA: Service Oriented Architecture Best Practices*. Prentice Hall, Upper Saddle River, NJ.

Kriesel, D. (2007) *Ein kleiner Überblick über Neuronale Netze*. URL http://www.dkriesel.com.

Kritzler, M. und Müller, A. (2010) From Heterogeneous Sensor Sources to Location-Based Information – Tracking and support of service technicians in an industrial environment. In *Proceedings of the Fourth International Conference on Mobile Ubiquitous Computing, Systems, Services and Technologies (Ubicomm)*, S. 367–372.

Krötzsch, M., Vrandecic, D. und Völkel, M. (2006) Semantic MediaWiki. In I.F. Cruz, S. Decker, D. Allemang, C. Preist, D. Schwabe, P. Mika, M. Uschold und L. Aroyo, Eds., *International Semantic Web Conference*, Volume 4273 of *Lecture Notes in Computer Science*, S. 935–942. Springer. URL http://dx.doi.org/10.1007/11926078_68.

Krötzsch, M., Vrandečić, D., Völkel, M., Haller, H. und Studer, R. (2007) Semantic Wikipedia. *Journal of Web Semantics*, 5(4):251–261.

Kuncheva, L. (2004) *Combining Pattern Classifiers: Methods and Algorithms*. Wiley.

Lampe, M., Strassner, M. und Fleisch, E. (2004) A Ubiquitous Computing environment for aircraft maintenance. In *Proceedings of the 2004 ACM symposium on Applied computing*, SAC '04, S. 1586–1592. ACM, New York, NY, USA.

Langlotz, C.P. (2006) RadLex: A New Method for Indexing Online Educational Materials. *RadioGraphics*, 26:1595–1597. URL http://radiographics.rsnajnls.org/cgi/content/full/26/6/1595.

Lastra, J.L.M. und Delamer, I.M. (2009) Ontologies for Production Automation. In T.S. Dillon, E. Chang, R. Meersman und K. Sycara, Eds., *Advances in Web Semantics I*, S. 276–289. Springer-Verlag, Berlin, Heidelberg. URL http://dx.doi.org/10.1007/978-3-540-89784-2-11.

Lausen, H., de Bruijn, J., Polleres, A. und Fensel, D. (2005) The WSML Rule Languages for the Semantic Web. In *Rule Languages for Interoperability*. W3C.

Lei, Y., Uren, V.S. und Motta, E. (2006) SemSearch: A Search Engine for the Semantic Web. In *Proceedings of the 15th International Conference on Knowledge Engineering and Knowledge Management*, S. 238–245.

Levenshtein, V. (1965) Binary Codes Capable of Correcting Spurious Insertions and Deletions of Ones (Original in Russian). *Russian Problemy Peredachi Informatsii*, 1:12–25.

Linden, G., Smith, B. und York, J. (2003) Amazon. com Recommendations Item-to-Item Collaboratove Filtering. *IEEE Internet Computing*, 7(1):76–80.

Lloyd, J.W. (1987) *Foundations of Logic Programming*. Springer. Zweite Auflage.

Loskyll, M., Schlick, J., Hodek, S., Ollinger, L. und Pirvu, T.G.B. (2011) Semantic Service Discovery and Orchestration for Manufacturing Processes. In *Proceedings of 16th IEEE International Conference on Emerging Technologies and Factory Automation (ETFA 2011)*.

Maicher, L. (2007) *Autonome Topic Maps – Zur dezentralen Erstellung von implizit und explizit vernetzten Topic Maps in semantisch heterogenen Umgebungen*. Ph.D. thesis, Fakultät für Mathematik und Informatik, Universität Leipzig.

Maicher, L. (2008) Deutsche Topic Maps-Terminologie.

Mandl, H. und Spada, H. (1988) *Wissenspsychologie*. Psychologie Verlags Union, München, Weinheim.

Mangold, C. (2007) A Survey and Classification of Semantic Search Approaches. *International Journal of Metadata, Semantics and Ontologies*, 2(1):23–34.

Mark, G., Gonzalez, V.M. und Harris, J. (2005) No task left behind? Examining the nature of fragmented work. In *CHI '05: Proceedings of the SIGCHI conference on Human factors in computing systems*, S. 321–330. ACM, New York, NY, USA.

Mark, G., Gudith, D. und Klocke, U. (2008) The cost of interrupted work: more speed and stress. In *CHI '08: Proceeding of the twenty-sixth annual SIGCHI conference on Human factors in computing systems*, S. 107–110. ACM, New York, NY, USA.

Martin, D., Burstein, M., Mcdermott, D., Mcilraith, S., Paolucci, M., Sycara, K., Mcguinness, D.L., Sirin, E. und Srinivasan, N. (2007) Bringing Semantics to Web Services with OWL-S. *World Wide Web*, 10:243–277.

Matsuura, S. und Naito, M. (2008) Creating a Topic Maps Based e-Learning System on Introductory Physics. In *Topic Maps Research and Applications TMRA 2008*.

Maus, H. (2007) *Workflow-Kontext zur Realisierung prozessorientierter Assistenz in Organisational Memories*. Dissertation, TU Kaiserslautern, dissertation.de – Verlag im Internet GmbH. URL http://www.dissertation.de/buch.php3?buch=5187.

McCallum, A. (2005) Information Extraction: Distilling Structured Data from Unstructured Text. *Queue*, 3:48–57. URL http://doi.acm.org/10.1145/1105664.1105679.

McGuinness, D.L. und da Silva, P.P. (2004) Explaining Answers from the Semantic Web: the Inference Web Approach. *J. Web Sem.*, 1(4):397–413.

McGuinness, D.L., Ding, L., da Silva, P.P. und Chang, C. (2007) PML 2: A Modular Explanation Interlingua. In *Proceedings of the 2007 Workshop on Explanation-aware Computing (ExaCt-2007)*.

McGuinness, D.L., Ding, L., Glass, A., Chang, C., Zeng, H. und Furtado, V. (2006) Explanation Interfaces for the Semantic Web: Issues and Models. In *Proceedings of the 3rd International Semantic Web User Interaction Workshop (SWUI'06)*.

McGuinness, D.L. und van Harmelen, F. (2004) OWL Web Ontology Language Overview. W3C recommendation, World Wide Web Consortium.

Melnik, S., Garcia-Molina, H. und Rahm, E. (2002) Similarity Flooding: A Versatile Graph Matching Algorithm and its Application to Schema Matching. In *Proceedings 18th ICDE*, S. 117–128. San Jose, CA.

Mika, P. (2005) Flink: Semantic Web Technology for the Extraction and Analysis of Social Networks. *Journal of Web Semantics*, 3:211–223.

Mildenberger, P., Eichelberg, M. und Martin, E. (2002) Introduction to the DICOM standard. *European Radiology*, 12(4):920–927. URL http://www.springerlink.com/content/yj705ftj58u738gh/.

Miles, A., Baker, T. und Swick, R. (2006) Best Practice Recipes for Publishing RDF Vocabularies. Technical Report. URL http://www.w3.org/TR/swbp-vocab-pub/.

Minsky, M. (1974) A Framework for Representing Knowledge. Memo 306, MIT-AI Lab. URL http://web.media.mit.edu/~minsky/papers/Frames/frames.html.

Mizarro, S. (1997) Relevance: the whole history. *Journal of the American Society for Information Science*, 48(9):810–832.

Möller, M., Ernst, P., Sintek, M., Biedert, R., Dengel, A. und Sonntag, D. (2010a) Representing the International Classification of Diseases Version 10 in OWL. In *Proc. of the International Conference on Knowledge Engineering and Ontology Development (KEOD)*. Valencia, Spain.

Möller, M., Ernst, P., Sintek, M., Seifert, S., Grimnes, G., Cavallaro, A. und Dengel, A. (2010b) Combining Patient Metadata Extraction and Automatic Image Parsing for the Generation of an Anatomic Atlas. In *Proc. of the 14th International Conference on Knowledge-Based and Intelligent Information & Engineering Systems (KES2010)*. Cardiff, UK.

Möller, M., Ernst, P., Sonntag, D. und Dengel, A. (2010c) Automatic Spatial Plausibility Checks for Medical Object Recognition Results Using a Spatio-Anatomical Ontology. In *Proc. of the International Conference on Knowledge Discovery and Information Retrieval (KDIR 2010)*. Valencia, Spain.

Möller, M., Folz, C., Sintek, M., Seifert, S. und Wennerberg, P. (2009a) Extending the Foundational Model of Anatomy with Automatically Acquired Spatial Relations. In *Proc. of the International Conference on Biomedical Ontologies (ICBO)*. URL http://precedings.nature.com/documents/3471/version/1.

Möller, M., Regel, S. und Sintek, M. (2009b) RadSem: Semantic Annotation and Retrieval for Medical Images. In L. Aroyo, P. Traverso, F. Ciravegna, P. Cimiano, T. Heath, E. Hyvönen, R. Mizoguchi, E. Oren, M. Sabou und E.P.B. Simperl, Eds., *Proc. of the 6th Annual European Semantic Web Conference (ESWC2009)*, Volume 5554 of *Lecture Notes in Computer Science*, S. 21–35. Springer.

Möller, M. und Sintek, M. (2007) A Generic Framework for Semantic Medical Image Retrieval. In *Proc. of the Knowledge Acquisition from Multimedia Content (KAMC) Workshop, 2nd International Conference on Semantics And Digital Media Technologies (SAMT)*.

Moon, B.M. (2004) Concept maps and wagon wheels: merging methods to improve the understanding of team dynamics. In A.J. Cañas, J.D. Novak und F.M. González, Eds., *Concept Maps: Theory, Methodology, Technology. Proc. of the First Int. Conference on Concept Mapping*. Pamplona, Spain.

Nadeau, D. und Sekine, S. (2007) A survey of named entity recognition and classification. *Linguisticae Investigationes*, 30(1):3–26.

Neches, R., Fikes, R., Finin, T., Gruber, T., Patil, R., Senator, T. und Swartout, W. (1991) Enabling Technology for Knowledge Sharing. *AI Magazine*, 12(3):36–56.

Nedellec, C. und Nazarenko, A. (2006) Ontologies and Information Extraction. *CoRR*, abs/cs/0609137. URL http://arxiv.org/abs/cs/0609137.

Nekvasil, M., Svátek, V. und Labský, M. (2008) Transforming Existing Knowledge Models to Information Extraction Ontologies. In *BIS*, S. 106–117.

netEstate (2011) FOAF Search Engine. online. URL http://www.foaf-search.net/.

NetworkedPlanet (2011) Subj3ct. online. URL https://subj3ct.com/.

NG-Marketing (2011) Semager — semantisch suchen. online. URL http://www.semager.de/.

North, K. und Güldenberg, S. (2008) *Produktive Wissensarbeit(er): Antworten auf die Management-Herausforderung des 21. Jahrhunderts*. Gabler.

Novak, J.D. und Cañas, A.J. (2008) The Theory Underlying Concept Maps and How to Construct Them. Technical Report, Florida Institute for Human and Machine Cognition. URL http://cmap.ihmc.us/Publications/ResearchPapers/TheoryUnderlyingConceptMaps.pdf.

Novak, J.D. und Gowin, D.B. (1984) *Learning How to Learn*. Cambridge University Press.

Noy, N. (2009) Ontology Mapping. In S. Staab und R. Studer, Eds., *Handbook on Ontologies (Second Edition)*, S. 573–590. Springer.

Noy, N. und Musen, M. (2003) The PROMPT Suite: Interactive Tools for Ontology Merging and Mapping. *International Journal of Human-Computer Studies*, 59(6):983–1024.

Noy, N.F. und Rubin, D.L. (2008) Translating the Foundational Model of Anatomy into OWL. *Web Semantics: Science, Services and Agents on the World Wide Web*, 6(2):133–136.

Noy, N.F., Shah, N.H., Whetzel, P.L., Dai, B., Dorf, M., Griffith, N., Jonquet, C., Rubin, D.L., Storey, M.A.D., Chute, C.G. und Musen, M.A. (2009) BioPortal: ontologies and integrated data resources at the click of a mouse. *Nucleic Acids Research*, 37(Web-Server-Issue):170–173. URL http://dblp.uni-trier.de/db/journals/nar/nar37.html#NoySWDDGJRSCM09.

Object Management Group, I. (2004) Common Object Request Broker Architecture: Core Specification. online. URL http://www.omg.org/docs/formal/04-03-12.pdf, version 3.0.3.

O'Conaill, B. und Frohlich, D. (1995) Timespace in the workplace: dealing with interruptions. In *Proceedings of CHI 1995*, S. 262–263. ACM, ACM Press.

Ogden, C.K. und Richards, I.A. (1923) *The Meaning of Meaning: A Study of the Influence of Language Upon Thought and of the Science of Symbolism*. Routledge and Kegan Paul, London.

Ollinger, L., Schlick, J. und Hodek, S. (2011) Leveraging the Agility of Manufacturing Chains by Combining Process-Oriented Production Planning and Service-Oriented Manufacturing Automation. In *Proceedings of the 18th IFAC World Congress*.

OpenLink-Data-Explorer (2009) OpenLink Data Explorer. URL http://demo.openlinksw.com/ode/.

Oren, E., Delbru, R., Catasta, M., Cyganiak, R., Stenzhorn, H. und Tummarello, G. (2008) Sindice.com: A Document-oriented Lookup Index for Open Linked Data. *International Journal of Metadata, Semantics and Ontologies*, 3(1).

Paolucci, M., Kawamura, T., Payne, T.R. und Sycara, K.P. (2002) Semantic Matching of Web Services Capabilities. In *Proceedings of the First International Semantic Web Conference on The Semantic Web*, ISWC '02, S. 333–347. Springer-Verlag, London, UK, UK. URL http://portal.acm.org/citation.cfm?id=646996.711287.

Parsia, B., Sirin, E., Grau, B.C., Ruckhaus, E. und Hewlett, D. (2005) Cautiously Approaching SWRL. *Elsevier Science*.

Passant, A. und Decker, S. (2010) Hey! Ho! Let's Go! Explanatory Music Recommendations with dbrec. In *ESWC (2)*, S. 411–415.

Pearl, J. (1988) *Probabilistic reasoning in intelligent systems: networks of plausible inference*. Morgan Kaufmann Publishers Inc., San Francisco, CA, USA.

Pedrinaci, C., Domingue, J. und Sheth, A. (2010) Semantic Web Services. *Handbook of Semantic Web Technologies – Semantic Web Applications*, 2.

Peirce, C.S. (1909) Existential Graphs. online. URL http://www.jfsowa.com/peirce/ms514.htm.

Pepper, S. (2000) The TAO of topic maps: finding the way in the age of infoglut. In *XML Europe*.

Pepper, S. (2010) *Topic Maps*, S. 5247–5259. Encyclopedia of Library and Information Science. Taylor & Francis.

Pérez, J., Arenas, M. und Gutierrez, C. (2006) Semantics and complexity of SPARQL. In *Proc. 5th International Semantic Web Conference (ISWC06)*, S. 30–43. CommunityProjects/LinkingOpenData.

Peters, S., Kelm, M., Huber, M., Seifert, S., Elsner, A. und Domik, G. (2010) Visual representations for supporting an ontology-based semantic navigation of medical volume data. In *Proc. of The Eleventh IASTED International Conference on Computer Graphics and Imaging (CGIM 2010)*. Innsbruck, Austria.

Peters, S. und Shrobe, H.E. (2003) Using Semantic Networks for Knowledge Representation in an Intelligent Environment. In *PERCOM '03: Proceedings of the First IEEE International Conference on Pervasive Computing and Communications*, S. 323. IEEE Computer Society, Washington, DC, USA.

Pinto da Silva, N. (2004) *Multidimensional Service-oriented Ontology Mapping*. Ph.D. thesis, Universidade de Tras-os-Montes e Alto Douro, Vila Real.

Polovina, S. (2007) An Introduction to Conceptual Graphs. In *Proceedings of 15th Annual International Conference on Conceptual Structures (ICCS 2007)*. URL http://staff.um.edu.mt/cabe2/lectures/webscience/docs/polovina_07.pdf.

Quillian, M. (1966) *Semantic Memory*. Ph.D. thesis, Carnegie Institute of Technology.

Raimond, Y., Abdallah, S., Sandler, M. und Giasson, F. (2007) The Music Ontology. In *Proceedings of the International Conference on Music Information Retrieval*, S. 417–422.

Reichenberger, K. (2010) *Kompendium semantische Netze: Konzepte, Technologie, Modellierung*. X.media.press. Springer.

Rocha, C., Schwabe, D. und Aragao, M.P. (2004) A hybrid approach for searching in the semantic web. In *Proceedings of the 13th International Conference on World Wide Web*, S. 374–383.

Roman, D., Keller, U., Lausen, H., de Bruijn, J., Lara, R., Stollberg, M., Polleres, A., Feier, C., Bussler, C. und Fensel, D. (2005) Web Service Modeling Ontology. *Applied Ontology*, 1(1/2005):77–106.

Rosse, C. und Mejino, J.L.V. (2007) *Anatomy Ontologies for Bioinformatics: Principles and Practice*, Volume 6, Kapitel The Foundational Model of Anatomy Ontology, S. 59–117. Springer. URL http://sigpubs.biostr.washington.edu/archive/00000204/01/FMA_Chapter_final.pdf.

Rostanin, O., Maus, H., Suzuki, T. und Maeda, K. (2010) Using Concept Maps to Improve Proactive Information Delivery in TaskNavigator. In R. Setchi, I. Jordanov, R.J. Howlett und L.C. Jain, Eds., *Knowledge-Based and Intelligent Information and Engineering Systems. International Conference on Knowledge-Based and Intelligent Information & Engineering Systems (KES-10), September 8-10, Cardiff, Wales, United Kingdom*, Volume 6276 of *LNCS*, S. 639–648. Springer, Heidelberg. URL http://dx.doi.org/10.1007/978-3-642-15387-7_67.

Roth-Berghofer, T., Tintarev, N. und Leake, D.B., Eds. (2009) *Proceedings of the IJCAI-09 workshop on Explanation-aware Computing (ExaCt 2009)*.

Roth-Berghofer, T.R. und Richter, M.M. (2008) On explanation. *Künstliche Intelligenz*, 22(2):5–7.

Roth-Berghofer, T.R., Schulz, S., Bahls, D. und Leake, D.B., Eds. (2008) *Proceedings of the ECAI-08 workshop on Explanation-aware Computing ExaCt2008*. University of Patras. http://ceur-ws.org/Vol-391.

Roth-Berghofer, T.R., Schulz, S., Bahls, D. und Leake, D.B., Eds. (2010) *Proceedings of the ECAI-10 workshop on Explanation-aware Computing ExaCt2010*. University of Patras. http://ceur-ws.org/Vol-391.

Roth-Berghofer, T.R., Schulz, S. und Leake, D.B., Eds. (2007) *Proceedings of the AAAI-07 workshop on Explanation-aware Computing ExaCt2007*. AAAI Press. Technical Report WS-07-06.

Rumelhart, D. (1980) Schemata: The Building Blocks of Cognition. In R. Spiro, B. Bruce und W. Brewer, Eds., *Theoretical Issues in Reading Comprehension*. Lawrence Erlbaum Associates, Hillsdale, NJ.

Sacaleanu, B., Orasan, C., Spurk, C., Ou, S., Ferrandez, O., Kouylekov, M. und Negri, M. (2008) Entailment-based Question Answering for Structured Data. In A. Ramsay und K. Bontcheva, Eds., *Posters and Demonstrations, 22nd International Conference on Computational Linguistics*, S. 29–32. Coling 2008 Organizing Committee. URL http://www.dfki.de/web/forschung/publikationen/renameFileForDownload?filename=COLING08.pdf&file_id=uploads_132.

Salton, G., Wong, A. und Yang, C.S. (1975) A Vector Space Model for Automatic Indexing. *Commun. ACM*, S. 613–620.

Sarawagi, S. (2008) Information Extraction. *Found. Trends databases*, 1:261–377. URL http://portal.acm.org/citation.cfm?id=1498844.1498845.

Sauermann, L. (2009) *The Gnowsis Semantic Desktop approach to Personal Information Management*. Dissertation, Fachbereich Informatik der Universität Kaiserslautern. URL http://www.dfki.uni-kl.de/~sauermann/papers/Sauermann2009phd.pdf.

Sauermann, L., Bernardi, A. und Dengel, A. (2005) Overview and Outlook on the Semantic Desktop. In S. Decker, J. Park, D. Quan und L. Sauermann, Eds., *Proc. of Semantic Desktop Workshop at the ISWC, Galway, Ireland, November 6*, Volume 175. URL http://CEUR-WS.org/Vol-175/18_sauermann_overviewsemdesk_final.pdf.

Sauermann, L. und Cyganiak, R. (2008) Cool URIs for the Semantic Web. W3C Interest Group Note. URL http://www.w3.org/TR/cooluris/.

Sauermann, L., Grimnes, G.A., Kiesel, M., Fluit, C., Maus, H., Heim, D., Nadeem, D., Horak, B. und Dengel, A. (2006) Semantic Desktop 2.0: The Gnowsis Experience. In *The Semantic Web - ISWC 2006*, Volume Volume 4273/2006, S. 887–900. Springer Berlin / Heidelberg.

Sauermann, L. und Schwarz, S. (2005) Gnowsis Adapter Framework: Treating Structured Data Sources as Virtual RDF Graphs. In *Proceedings of the 4th International Semantic Web Conference (ISWC 2005)*. URL http://www.dfki.uni-kl.de/~sauermann/papers/Sauermann+2005c.pdf.

Sauermann, L., van Elst, L. und Dengel, A. (2007) PIMO – a Framework for Representing Personal Information Models. In T. Pellegrini und S. Schaffert, Eds., *Proceedings of I-Semantics' 07*, S. 270–277. JUCS. URL http://www.dfki.uni-kl.de/~sauermann/papers/sauermann+2007b.pdf.

Schaffert, S., Bry, F., Baumeister, J. und Kiesel, M. (2009) Semantische Wikis. In A. Blumauer und T. Pellegrini, Eds., *Social Semantic Web*, X.media.press, S. 245–258. Springer.

Schaffert, S., Bry, F., Baumeister, J. und Kiesel, M. (2008) Semantic Wikis. *IEEE Software*, 25(4):8–11. URL http://dblp.uni-trier.de/db/journals/software/software25.html#SchaffertBBK08.

Schank, R.C. (1975) *Conceptual Information Processing*. Elsevier Science Inc., New York, NY, USA.

Schank, R.C. (1986) *Explanation Patterns: Understanding Mechanically and Creatively*. Lawrence Erlbaum Associates, Hillsdale, NJ.

Schank, R.C. und Abelson, R.P. (1977) *Scripts, Plans, Goals and Understanding: an Inquiry into Human Knowledge Structures*. L. Erlbaum, Hillsdale, NJ.

Schreiber, G. und Dean, M. (2004) OWL Web Ontology Language Reference. W3C recommendation, W3C. Http://www.w3.org/TR/2004/REC-owl-ref-20040210/.

Schreiber, G., Amin, A., Assem, M.V., Boer, V.D., Hildebr, M., Hollink, L., Huang, Z., Kersen, V., Niet, M.D., Omelayenko, B., Ossenbruggen, J.V., Siebes, R., Taekema, J., Wielemaker, J. und Wielinga, B. (2006) Multimedian e-culture demonstrator. In *The Semantic Web Challenge at the Fifth International Semantic Web Conference*.

Schumacher, K. und Sintek, M. (2011) Searching Web 3.0 Content. In *Proceedings of the 7th International Conference on Web Information Systems and Technologies*.

Schumacher, K., Sintek, M. und Sauermann, L. (2008) Combining Fact and Document Retrieval with Spreading Activation for Semantic Desktop Search. In *Proceedings of the 5th European Semantic Web Conference*, Volume 5021 of *LNCS*, S. 569–583. Springer. URL http://www.eswc2008.org/final-pdfs-for-web-site/s-1.pdf.

Schwarz, S. (2006) A Context Model for Personal Knowledge Management Applications. In T. Roth-Berghofer, S. Schulz und D.B. Leake, Eds., *Modeling and Retrieval of Context, Second International Workshop, MRC 2005, Edinburgh, UK, July 31 – August 1, 2005, Revised Selected Papers*, Volume 3946 of *Lecture Notes in Computer Science*, S. 18–33. Springer. URL http://www.springerlink.com/content/4526400657457v8t/.

Schwarz, S. (2010) *Context-Awareness and Context-Sensitive Interfaces for Knowledge Work*. Dissertation, Technische Universität Kaiserslautern, Fachbereich Informatik. URL http://www.dr.hut-verlag.de/978-3-86853-388-0.html.

Schönfeld, I. (2006) *Managing knowledge in the development process*. Emnekart, Oslo.

Seifert, S., Barbu, A., Zhou, S.K., Liu, D., Feulner, J., Huber, M., Suehling, M., Cavallaro, A. und Comaniciu, D. (2009) Hierarchical Parsing and Semantic Navigation of Full Body CT Data. In *Proc. of SPIE Medical Imaging*, Volume 7259.

Seifert, S., Kelm, M., Möller, M., Mukherjee, S., Cavallaro, A., Huber, M. und Comaniciu, D. (2010) Semantic Annotation of Medical Images. In *Proc. of SPIE Medical Imaging*, Volume 7628.

Semy, S.K., Pulvermacher, M.K. und Obrst, L.J. (2004) Toward the Use of an Upper Ontology for U.S. Government and U.S. Military Domains: An Evaluation. Technical Report, MITRE Corporation. URL http://www.mitre.org/work/tech_papers/tech_papers_04/04_0603/04_1175.pdf.

Shapiro, S.C. (1992) *Encyclopedia of Artificial Intelligence*. Wiley, New York, second Edition.

Shardanand, U. und Maes, P. (1995) Social Information Filtering: Algorithms for Automating "Word of Mouth". In *Proceedings of Conference of Human Factors in Computing Systems*, S. 210–217. ACM Press.

Sherborne, T., Shum, S.J.B. und Okada, A., Eds. (2008) *Knowledge Cartography. Software Tools and Mapping Techniques*. Springer. URL http://www.springerlink.com/content/w33448/.

Sheth, A., Vossen, G. und Hepp, M., Eds. (2010) *International Journal On Semantic Web and Information Systems – Special issue on Linked Data*, Volume 3.

Sig.MA (2010) sig.ma — Semantic Information MAshup. online. URL http://sig.ma/.

Simile (2011) The Simile Project. online. URL http://simile.mit.edu/.

Sintek, M. und Decker, S. (2002) TRIPLE – A Query, Inference, and Transformation Language for the Semantic Web. In *1st International Semantic Web Conference (ISWC2002)*.

Sirin, E. und Parsia, B. (2007) SPARQL-DL: SPARQL Query for OWL-DL. In C. Golbreich, A. Kalyanpur und B. Parsia, Eds., *OWLED*, Volume 258 of *CEUR Workshop Proceedings*. CEUR-WS.org.

Smith, J.W., John R. Svirbely, C.A.E., Strohm, P., Josephson, J.R. und Tanner, M. (1985) Red: A Red-Cell Antibody Identification Expert Module. *Journal of Medical Systems*, 9.

Smolnik, S. (2006) *Wissensmanagement mit Topic Maps in kollaborativen Umgebungen. Identifikation, Explikation und Visualisierung von semantischen Netzwerken in organisationalen Gedächtnissen*. Ph.D. thesis, Aachen.

Soares, A. und Sousa, C. (2008) Using Concept Maps For Ontology Development: A Case In The Work Organization Domain. In *IFIP International Federation for Information Processing*, Volume 266/2008 of *Innovation in Manufacturing Networks*, S. 177–186. Springer.

Solso, R.L. (2005) *Kognitive Psychologie*. Springer, Berlin.

Sonntag, D. und Möller, M. (2010) Prototyping Semantic Dialogue Systems for Radiologists. In *Proc. of the 6th International Conference on Intelligent Environments (IE'2010)*. Monash University, Kuala Lumpur, Malaysia.

Sørmo, F. und Cassens, J. (2004) Explanation Goals in Case-Based Reasoning. In P. Gervás und K.M. Gupta, Eds., *Proceedings of the ECCBR 2004 Workshops*, Nummer 142-04 in Technical Report of the Departamento de Sistemas Informáticos y Programación, Universidad Complutense de Madrid, S. 165–174. Madrid. URL http://www.idi.ntnu.no/~cassens/work/publications/download/2004-ECCBR-WS-goals.pdf.

Sørmo, F., Cassens, J. und Aamodt, A. (2005) Explanation in Case-Based Reasoning – Perspectives and Goals. *Artif. Intell. Rev.*, 24:109–143. URL http://portal.acm.org/citation.cfm?id=1101013.1101021.

Sowa, J.F. (1991) *Principles of Semantic Networks. Explorations in the Representation of Knowledge*. Morgan Kaufmann.

Spieker, P. (1991) *Natürlichsprachliche Erklärungen in technischen Expertensystemen*. Dissertation, University of Kaiserslautern.

Staab, S. und Studer, R., Eds. (2009) *Handbook on Ontologies*. International Handbooks on Information Systems. Springer, 2nd Edition.

Stachowiak, H. (1973) *Allgemeine Modelltheorie*. Springer, Berlin.

Stegmüller, W. (1983) *Erklärung, Begründung und Kausalität*. Springer-Verlag.

Stephan, P. (2010) System architecture for using location information for process optimization within a factory of things. In *Proceedings of the 3rd International Workshop on Location and the Web*, LocWeb '10, S. 1–4. ACM, New York, NY, USA.

Stephan, P. und Heck, I. (2010) Using Spatial Context Information for the Optimization of Manufacturing Processes in an Exemplary Maintenance Scenario. In *Proceedings of the 10th IFAC Workshop on Intelligent Manufacturing Systems*, S. 247–251.

Stephan, P., Loskyll, M., Heck, I. und Schlick, J. (2011) Using Semantic Technologies in Location Aware Applications for Mobile Factory Maintenance. In *Proceeding of the 5th International Conference on Manufacturing Science and Education*, S. 133–136.

Stephan, P., Meixner, G., Koessling, H., Floerchinger, F. und Ollinger, L. (2010) Product-mediated Communication through Digital Object Memories in Heterogeneous Value Chains. In *IEEE International Conference on Pervasive Computing and Communications (PerCom)*, S. 199–207.

Strupchanska, A., Yankova, M. und Boytcheva, S. (2003) Conceptual Graphs Self-tutoring System. In *Conceptual Structures for Knowledge Creation and Communication*, Volume 2746/2003 of *Lecture Notes in Computer Science*, S. 323–336. Springer. URL http://www.springerlink.com/content/9n2wk8wux8eewx26/.

Stümpflen, V., Nenova, K. und Barnickel, T. (2007) Large Scale Knowledge Representation of Distributed Biomedical Information. In *Topic Maps Research and Applications TMRA 2007*. Springer, Berlin, Heidelberg.

Swartout, W., Paris, C. und Moore, J. (1991) Explanations in Knowledge Systems: Design for Explainable Expert Systems. *IEEE Expert: Intelligent Systems and Their Applications*, 6(3):58–64.

Swartout, W.R. und Moore, J.D. (1993) Explanation in second generation expert systems. *Second generation expert systems*, S. 543–585.

Thiesse, F., Fleisch, E. und Dierkes, M. (2006) LotTrack: RFID-based process control in the semiconductor industry. *Pervasive Computing, IEEE*, 5(1):47–53.

Tran, D.T., Wang, H., Rudolph, S. und Cimiano, P. (2009) Top-k Exploration of Query Candidates for Efficient Keyword Search on Graph-Shaped (RDF) Data. In *Proceedings of the 25th International Conference on Data Engineering (ICDE'09)*. Shanghai, China.

Trochim, W. (1989) Concept mapping: Soft science or hard art? *Evaluation and Program Planning*, 12:87–110.

Tulving, E. (1972) Episodic and semantic memory. In E. Tulving und W. Donaldson, Eds., *Organization of Memory*. Academic Press, New York, London.

Tummarello, G., Cyganiak, R., Catasta, M., Danielczyk, S., Delbru, R. und Decker, S. (2010) Sig.ma: live views on the web of data. In *WWW*, S. 1301–1304.

Ullrich, M., Maier, A. und Angele, J. (2004) Taxonomie, Thesaurus, Topic Map, Ontologie – ein Vergleich. URL http://www.ullri.ch/download/Ontologien/ttto13.pdf.

Uren, V., Cimiano, P., Iria, J., Handschuh, S., Vargas-Vera, M., Motta, E. und Ciravegna, F. (2006) Semantic annotation for knowledge management: Requirements and a survey of the state of the art. *Web Semant.*, 4:14–28. URL http://dx.doi.org/10.1016/j.websem.2005.10.002.

Uschold, M. und Gruninger, M. (1996) Ontologies: Principles, Methods and Applications. *The Knowledge Engineering Review*, 11(2).

van Elst, L. und Abecker, A. (2004) Ontologies for Knowledge Management. In S. Staab und R. Studer, Eds., *Handbook on Ontologies*, S. 435–454. Springer, Heidelberg.

van Elst, L., Abecker, A., Bernardi, A., Lauer, A., Maus, H. und Schwarz, S. (2004a) An Agent-based Framework for Distributed Organizational Memories. In M. Bichler, C. Holtmann, S. Kirn, J. Müller und C. Weinhardt, Eds., *Coordination and Agent Technology in Value Networks (Multikonferenz Wirtschaftsinformatik, MKWI 2004)*, S. 181–196. GITO, Berlin.

van Elst, L., Dignum, V. und Abecker, A. (2004b) Towards Agent-Mediated Knowledge Management. In L. van Elst, V. Dignum und A. Abecker, Eds., *Agent–Mediated Knowledge Management International Symposium (AMKM 2003), Stanford, CA, USA, March 24-26, 2003, Revised and Invited Papers*, Volume 2926 of *LNAI*, S. 1–31. Springer, Heidelberg.

van Elst, L. und Kiesel, M. (2004) Generating and Integrating Evidence for Ontology Mappings. In N. Shadbolt und E. Motta, Eds., *14th International Conference on Knowledge Engineering and Knowledge Management, EKAW 2004, 5–8th October 2004*, LNAI. Springer, Heidelberg, Whittlebury Hall, Northamptonshire, UK.

Völkel, M. (2006) RDFReactor – From Ontologies to Programatic Data Access. In *Proc. of the Jena User Conference 2006*. HP Bristol.

Wache, H. (2003) *Semantische Mediation für heterogene Informationsquellen*. Akademische Verlagsgesellschaft Aka GmbH, Berlin.

Wahlster, W. (2008) SmartWeb — Ein multimodales Dialogsystem für das semantische Web. In B. Reuse und R. Vollmar, Eds., *Informatikforschung in Deutschland*, S. 300–311. Springer.

Wahlster, W. und Dengel, A. (2006) Web 3.0: Convergence of Web 2.0 and the Semantic Web. *Technology Radar*, II:1–23.

Wang, H., Liu, Q., Penin, T., Fu, L., Zhang, L., Tran, T., Yu, Y. und Pan, Y. (2009) Semplore: A scalable IR approach to search the Web of Data. *Journal of Web Semantics*, 7(3):177–188. URL http://dblp.uni-trier.de/db/journals/ws/ws7.html#WangLPFZTYP09.

Weber, G., Eilbracht, R. und Kesberg, S. (2008) Topic Maps as application data model for subject-centric applications. In L. Maicher und L.M. Garshol, Eds., *Topic Maps Research and Applications TMRA 2008*. Springer, Berlin, Heidelberg.

Weber, G., Eilbracht, R. und Kesberg, S. (2009) H14-Navigator uses Topic Maps as application data model. In J. Römbke, R. Becker und H. Moser, Eds., *Ecotoxicological characterisation of waste - Results and experiences from an European ring test*. Springer, New York.

Wellenreuter, G. und Zastrow, D. (2008) *Automatisieren mit SPS – Theorie und Praxis*. Vieweg.

Wennerberg, P., Zillner, S., Möller, M., Buitelaar, P. und Sintek, M. (2008) KEMM: A Knowledge Engineering Methodology in the Medical Domain. In *Proc. of the 5th International Conference on Formal Ontology in Information Systems (FOIS 2008)*.

WHO (2004) International Statistical Classification of Diseases and Related Health Problems. Technical Report, World Health Organization. URL http://www.who.int/classifications.

Wick, M.R. und Thompson, W.B. (1992) Reconstructive expert system explanation. *Artif. Intell.*, 54(1-2):33–70.

Wimalasuriya, D.C. und Dou, D. (2010) Ontology-based information extraction: An introduction and a survey of current approaches. *Journal of Information Science*, 36(3):306–323.

Wolf, I., Vetter, M., Wegner, I., Nolden, M., Bottger, T., Hastenteufel, M., Schobinger, M., Kunert, T. und Meinzer, H. (2004) The medical imaging interaction toolkit (MITK): a toolkit facilitating the creation of interactive software by extending VTK and ITK. In *Proc. of SPIE Medical Imaging 2004*, S. 16–27.

Wolf, P. (2007) *Führungsinformationen für das Kommunalmanagement*. Deutscher Universitätsverlag.

Woods, W.A. und Schmolze, J.G. (1992) The KL-ONE Family. In F. Lehmann, Ed., *Semantic Networks in Artificial Intelligence*, S. 133–177. Pergamon Press, Oxford.

Wright, P. und Reid, F. (1973) Written information: Some alternatives to prose for expressing the outcomes of complex contingencies. *Journal of Applied Psychology*, 57 (2):160–166.

Yummly (2011) yummly — Every Recipe in the World. online. URL http://www.yummly.com/.

Zaslavsky, A., Loke, S.W., Burg, B., Bartolini, C. und Padovitz, A. (2010) Context Explores Project Monash University. URL http://www.csse.monash.edu.au/~azaslavs/contextexplorers/.

Zhong, J., Zhu, H., Li, J. und Yu, Y. (2002) Conceptual Graph Matching for Semantic Search. In *Conceptual Structures: Integration and Interfaces*, Volume 2393/2002 of *Lecture Notes in Computer Science*, S. 92–106. Springer. URL http://www.springerlink.com/content/03q4u9dbbw9yft1y/.

Zitgist-DataViewer (2009) Zitgist DataViewer. URL http://zitgist.com/products/dataviewer/dataviewer.html.

Zühlke, D. (2008) SmartFactory: From Vision to Reality in Factory Technologies. In *Proceedings of the 17th International Federation of Automatic Control (IFAC) World Congress*, S. 82–89.

Zühlke, D. (2010) SmartFactory – Towards a factory-of-things. *Annual Reviews in Control*, 34(1):129–138.

# Akronyme

**API** Application Programming Interface

**BMWi** Bundesministeriums für Wirtschaft und Technologie

**Corba** Common Object Request Broker Architecture

**CDT** Conceptual Dependency Theory

**CD** Conceptual Dependency

**CG** Conceptual Graph

**CGIF** Conceptual Graph Interchange Format

**CRM** Customer Relationship Management

**CT** Computer-Tomographie

**CTM** Topic Maps – Compact Syntax

**CXTM** Topic Maps – Canonicalization

**DFKI** Deutsches Forschungszentrum für Künstliche Intelligenz

**DIS** Draft International Standard

**Dicom** Digital Imaging and Communications in Medicine

**DL** Description Logics

**ERD** Entity-Relationship-Diagramm

**FCD** Final Committee Draft

**FDIS** Final Draft International Standard

**FMA** Foundational Model of Anatomy

**FOAF** Friend of a Friend

**GPS** Global Positioning System

**GTM** Graphical Topic Maps notation

**GUI** Graphical User Interface

**ICD-10** International Classification of Diseases in Version 10

**ID** Identifikator

**IGD** Fraunhofer-Institut für Grafische Datenverarbeitung in Darmstadt

**ISO** International Organization for Standardization

**JSP** Java Server Pages

**Kemm** Knowledge Engineering Methodology in the Medical Domain

**KIF** Knowledge Interchange Format

**KNN** Künstliche Neuronale Netze

**LMU** Ludwig-Maximilians-Universität München

**LOD** Linked Open Data

**LTM** Linear Topic Map notation

**Mitk** Medical Image Interaction Toolkit

**MSO** MEDICO Spatial Ontology

**NLP** Natural Language Processing

**NRL** NEPOMUK Representational Language

**OAEI** Ontology Alignment Evaluation Initiative

**OBIE** Ontologiebasierte Informationsextraktion

**OWL** Web Ontology Language

**PIMO** Persönliches Informationsmodell

**RadLex** Radiologist Lexicon

**RDF** Resource Description Framework

**RDFa** Resource Description Framework – in – attributes

**RDFS** RDF Schema

**REST** Representational State Transfer

**SKOS** Simple Knowledge Organization System

**SOAP** Simple Object Access Protocol

**SPARQL** SPARQL Protocol and RDF Query Language

**SQL** Structured Query Language

**SWRL** Semantic Web Rule Language

**TMAPI** Topic Maps API

**TMCL** Topic Maps Constraint Language

**TMDM** Topic Maps Data Model

**TMQL** Topic Maps Query Language

**TMRM** Topic Maps Reference Model

**UKE** Universitätsklinikum Erlangen

**URI** Uniform Resource Identifier

**WD** Working Draft

**WfMS** Workflow Management System

**WYSIWYG** What You See Is What You Get

**WWW** World Wide Web

**XML** Extensible Markup Language

**XTM** XML Topic Maps

# Index

**A**
A-Box, 63
Abduktion, 29
Ableitung, 25, 33
Abstraktionskonzept, 47
Ähnlichkeitsmaß, 396
Aggregation, 35, 48
Alignment API, 152
Alignment Format, 138
All Music Guide, 386
Allquantifizierung, 173
Alltagserklärungen, 257
Anfrage, 230
    Erweiterung, 93, 242
    formal, 231, 241
    Kürzung, 242
    konjunktiv, 167
    Modifizierung, 241
    nicht formal, 231, 241
    Substitution, 242
Anfragesprachen, 159
Annotation, 229, 341
Annotationsanker, 346
Annotationsbasierte Suche, 348
Annotationsklasse, 346
Annotationsontologie, 316
Antonym, 92, 93
Antonymie, 36
Aperture, 324
Aristoteles, 11, 41, 73
Assoziation, 33
Aufgabenmanagement, 83, 350
Aufgabenwechsel, 351
Ausdruck
    regulärer, 42, 163
Ausdrucksmächtigkeit, 63, 168
Aussagenlogik, 27, 30
Auswertungsstrategie, 168
Axiom, 65
Axiomsystem, 29

**B**
benannter Graph, 165
Benutzerbeobachtung, 359
Benutzerkontext, 249
Benutzerverhalten, 359
Beschreibungslogik, 58, 63
Beziehungen, *siehe* Relation
Borda-Count-Verfahren, 149
BPEL, 289
Brückenregeln, 140
Breitensuche, 37
Bridge Rules, 140

**C**
C-OWL, 140
CBD, 165
CF, 390
Choreographie, 285
Classifier, 62
Closed-World-Assumption, 66, 168
Common Sense, 36
Concept-Maps, 73, 80
Conceptual Dependency Theory, 52
Conceptual Graphs, 73, 88
Concise Bounded Description, 165
ConTask, 358
Context Broker, 405
ContextML, 404
CORBA, 371
Corporate Memory, 7, 80, 134
Crawler, 324
Creative Commons, 388
cross-modal, 378

**D**
Datenquellen, 324
Datensatz Wrapping, 185
DBpedia, 189, 385, 387, 392
DBTropes, 190
DBTune, 385, 386
Deduktion, 29
Default-Graph, 165
Deklarativität, 27, 71
Diagnose, 36
Dice-Koeffizient, 142
DICOM, 368
Dokumentähnlichkeitsheuristik, 147
Domain Ontology, 67
DropBox, 333
Dualität, 32

**E**
Editierdistanz, 142
Empfehlungen, 384
Empfehlungssysteme, 397
Entitätenerkennung, 210
Entity-Relationship-Diagramm, 38
Entscheidbarkeit, 63
Ereignisfolge, 55
Erklärung, 256
Erklärungsarten, 264
Erklärungsfähigkeit, 276, 393
Erklärungsziele, 265
Existential Graphs, 88
Expectation, 57
Expertensystem, 259
Explainable Expert System, 262

Extraktionsontologien, 216
Eyeball, 373
Eyetracker, 346

**F**
F-Logik, 168
FaCT++, 403
Fakten, 25, 27
Faktenerkennung, 211
Faktensuche, 239
Filter, 162
FOAF, 386, 392
Folksonomie, 132
Formalisierungsgrad, 133
Foundational Model of Anatomy, 369
Frames, 41
Framesysteme, 41, 72, 168
Freebase, 385, 388

**G**
Gale-Shapley-Algorithmus, 150
Gedächtnis
 episodisches, 10
 semantisches, 10
Generalisierung, 44
Generic Tasks, 261
Gnowsis, 325
Graph, 33
 -Pattern, 160
 benannter, 165
 Conceptual, 88
 Default-, 165
 Existential, 88
 Kanten, 33
 Knoten, 33
 Ontologie als, 145
 relational, 88

**H**
Hermit, 172
Holonym, 92
Holonymie, 35
Homonym, 142, 229, 230
Homonymie, 136
Hornlogik, 168
Hybride Empfehlungssysteme, 390
hybride Regeln, 170
Hypernym, 92
Hyperonym, 35, 44
Hyponym, 35, 44, 92

**I**
ICD-10, 369
Index, 14
Induktion, 30
Inference Web, 269
Inferenz, 23, 27, 73, 87, 90, 91, 106

Inferenzmechanismen, 71
Inferenzmechanismus, 5, 23, 25
Information Retrieval, 36, 93, 141
Informationsextraktion, 202
Informationssystem, 70
Inhaltsbasierte Empfehlungen, 389
Instandhaltungsprozess, 399
Instanz, 48
Instanzähnlichkeit, 147
Instanzähnlichkeitsheuristik, 147
Instanziierung, 70
Instanzklassifikationsheuristik, 147
Interoperabilität, 15

**J**
Jena
 Regeln in, 168
Junktoren, 28, 31

**K**
Künstliche Intelligenz, 22, 87
Kardinalität
 von Relationen, 38
Kardinalitätsrestriktion, 60
Kausalerklärung, 257
Kausation, 36
KL-ONE, 22, 58, 65
Klasse, 43
 Überdeckungsprinzip, 49
 terminale, 50
 Vererbung, 45
Klassenausdruck, 172
Klassenhierarchie, 45, 88
Klassifikation, 43, 47, 65, 147, 172
 von Instanzen, 147
Knowledge Interchange Format, 36
Kognition, 42
Komposition, 48
Konfiguration, 36
Konflikt, 135
konjunktive Anfrage, 167
Konklusion, 28
Konsens, 135
Konsequenz, 173
Konsistenzprüfung, 172
Kontext, 4, 10
Kontext eines Wissensarbeiters, 354
kontextadaptive Anwendung, 399
Kontextelemente, 354
Kontextinformationen, 399
Kontextmodellierung, 354
Kontextsensitives Aufgabenmanagement, 358
Kontextwechsel, 352
Kontrast, 135
Konzept, 73, 74, 79, 88
 -repräsentation, 42
 atomares, 63
 definiertes, 59

primitives, 59
Sub-, 62
Super-, 59, 62
Konzepterfüllbarkeit, 172
Konzeptualisierung, 65, 130
Koreferenzanalyse, 210
Korrespondenz, 135
Kosinus-Maß, 147
KRYPTON, 63

**L**
Last.fm, 384
Levenshtein-Distanz, 142
LexOnto, 143
Linginfo, 143
Linked Open Data, 181, 385
    HTTP Content Negotiation, 183, 192
Linked Open Data Cloud, 181
Linked-Data-Browser, 193
LOD, *siehe* Linked Open Data, 386
Logic Programming, 170
Logik, 27
logische Konnektoren, 27, 163
logische Operatoren, 27, 163

**M**
MAFRA, 140
Mapping-Ontologie, 138
Matching
    semantisch, 241
    syntaktisch, 241
Matching-Heuristiken
    Integration von, 148
Materialisierung, 167, 171
MEDICO, 365
Mehrdeutigkeit, 211, 230
    lexikalisch, 230
    strukturell, 230
Mengensemantik, 62
Meronym, 92
Meronymie, 35
Metadaten, 13
    extrinsische, 13
    interoperable, 15
    intrinsische, 13
    qualitative, 14
Methode des höchsten Ranges, 149
Microblogs, 386
Min-Max-Notation, 38
Mind-Maps, 73, 79
MITK, 377
Modell
    Erklärungs-, 12
    mentales, 22, 40
Modellierungsaufwand, 70
Modus Ponens, 28
multi-modal, 378
Multitasking, 351

Music Ontology, 384
Musikempfehlung, 389
Musikempfehlungssystem, 382
Musikgeschmack, 384
Musikmerkmale, 395
Musiknetzwerke, 384
Musikontologie, 382
MYCIN, 259
Mymory, 342

**N**
N-Gramme, 142
NCO-Ontologie, 321
Negation as Failure, 168
NEOMYCIN, 260
NEPOMUK, 343
    Contact Ontology, 321
    Information Element, 319
    Semantic Desktop, 329
NIE-Ontologien, 319
Novak, Josef, 80
Nutzerfreundlichkeit, 70
Nutzerkontext, 354

**O**
Oberklasse, 45
Objekttyp, 38
Onkelrelation, 172
Ontologie, 64
Ontologie-Abbildungen, 136
    Evaluation von, 153
    Heuristiken zur Berechnung von, 141
    Repräsentation von, 137
    Werkzeuge zur Generierung von, 152
Ontologie-Graphen, 145
Ontologie-Hierarchie, 366
Ontologie-Struktur, 145
Ontologien, 129, 130, 156, 215
    Abgleich von, 135
    als Graphen, 145
    lexikalische Ebene von, 141, 143
    linguistische, 144
Ontology Alignments, *siehe*
    Ontologie-Abbildungen
Ontology Mappings, *siehe*
    Ontologie-Abbildungen
Open-World-Assumption, 66
Orchestrierung, 285
Organisationsgedächtnis, 7, 80, 134
OWL, 66, 90
    -API, 167
    -Klassenausdruck, 167
    Anfragesprachen, 167
    OWL DL, 166, 167
    owl:equivalentClass, 138
    owl:equivalentProperty, 138
    owl:sameAs, 138
OWL API, 417

OWL-S, 293

**P**
Parsing, 57
Partonomie, 35, 75
PEA, 262
Pellet, 153, 167, 172, 403
Persönliches Informationsmodell, 135, 315
Personalisierung, 249
PHASE-Tab, 150, 156
Philosophie, 64
Phrasenerkennung, 208
PIMO, 135, 315
    PIMO-Mid, 317
    PIMO-Upper, 316
Ping, 384
Playlist, 385
PML, 269
Polysemie, 136
POS-Tagging, 207
Prädikatenlogik, 27, 30, 58, 91
Prämisse, 28
Pragmatik, 10
Proaktive Informationsbereitstellung, 354
Prolog, 168
PROMPT, 140, 155
Proof Markup Language, 269
Protégé, 140, 172
Provenance, 270
Prozesswissen, 52
Psychologie
    kognitive, 12

**Q**
Quantor
    All-, 31
    Existenz-, 31

**R**
Rückwärtsregeln, 168
RadLex, 369
RadSem, 274, 375
Ranglisten, 148
Rankings, 148
RDF, 66, 90
RDF-Dataset, 165
RDFReactor, 372
RDFS, 166
    Semantik von, 169
    rdfs:subClassOf, 170
Realisierung, 172
Reasoning, 25, 58, 71, 159, 168
Rechtfertigung, 257, 270
RED, 261
Refinder, 335
Reflexivität, 35
Regeln, 25, 27, 168
regulärer Ausdruck, 42, 163
Reifizierung, 75, 88, 99
Rekonstruktive Erklärungen, 263
Rekursion, 168, 170
Relation, 35, 74, 79, 92
Relationstyp, 38
Repräsentationssprache, 63
Ressource, 42
REST, 192, 406
Restriktion
    Kardinalitäts-, 60
    Wert-, 60
Rete-Algorithmus, 169
REX, 263
RIF, 168
Rolle, 51, 55, 60
    atomare, 63
    Differenzierung von, 61

**S**
S-Match, 153
SAWSDL, 290
Schema, 40
Schemahierarchie, 49
Schlüsselwortsuche, 229
Schließen, 25
    abduktives, 29
    deduktives, 28
    induktives, 30
Script, 52
Segmentierung, 206
Semantic Desktop, 326
Semantic Web, 9
Semantic-Web-Browser, 193
Semantik, 10, 24, 27, 65
    formale, 9, 58, 228
Semantische Annotationen, 220
Semantische Aufgabenmodellierung, 353
Semantische Kontextmodellierung, 354
Semantische Netze, 73
    Ausführbar, 76
    Bayessches Netz, 76
    Definitionsnetz, 75
    Hybrid, 77
    Implikationsnetz, 75
    Künstliches Neuronales Netz, 77
    Lernend, 77
    Petri-Netz, 76
    Propositionales Netz, 75
Semantische Suche, 227, 228
Semantische Webservices, 290
Semantisches Dokumentretrieval, 240
Semantisches Netz, 33
Semantisches Wiki, 339
Semiotik, 11
Semiotisches Dreieck, 11
Serviceorientierte Architekturen, 285
Sharing Scope, 67
Similarity Flooding, 145
SIOC, 384

Situationsableitung, 402
SKOS, 138, 143
    skos:altLabel, 143
    skos:broadMatch, 138
    skos:closeMatch, 138
    skos:exactMatch, 138
    skos:hiddenLabel, 143
    skos:narrowMatch, 138
    skos:prefLabel, 143
    skos:relatedMatch, 138
SOA, 285
Social Media, 386
Soziosemantisch, 391
SPARQL, 153, 160, 197
    ASK, 164
    CONSTRUCT, 164, 169
    DESCRIBE, 164
    DISTINCT, 164
    FROM, 165
    GRAPH, 165
    LIMIT, 164
    OFFSET, 164
    ORDER BY, 164
    REDUCED, 164
    SELECT, 160
    WHERE, 160
SPARQL DL, 167
Spezialisierung, 44, 79
Spezifikation, 70
SPO-Anfragen, 160
Spracherkennung, 205
Spreading-Activation, 37
SQIUN, 199
stable marriage-Problem, 150
Standardisierung
    Conceptual Graphs, 91
    Thesauri, 94
    Topic Maps, 100
Storytelling, 394, 396
String-Ähnlichkeit, 141
Subsumption, 62
Subsumptionstest, 63
Suchalgorithmen, 242
    Graphtraversierung, 244
    logisches Schließen, 244
    NLP-basiert, 246
    statementbasiert (triplebasiert), 243
    Thesauri-basiert, 246
Suchmaschine, 231
    domänenspezifisch, 251
    Faceted Search/Browser, 232
    formularbasiert, 231
    konzeptionelle Architektur, 237
    mit RDF-basierter Abfragesprache, 232
    Question Answering, 236
    Schlüsselwortsuche mit semantischer Nachverarbeitung, 236
    semantikbasierte intelligente Visualisierung, 236
    semantikbasierte Schlüsselwortsuchmaschine, 234
Suchraum, 52, 239
SWRL, 172, 413
Symmetrie, 35
Synonym, 92, 93
Synonyme, 142
Synonymie, 36, 229
syntaktische Analyse, 57
Syntax, 10, 25, 65
Syntaxbaum, 57

**T**
T-Box, 63
Tabling, 170
Tagging, 132
Taskmanagement, 352
Taxonomie, 47, 75
Templates, 213, 218
Term, 32
Textextraktion, 205
Thesaurus, 73, 92
THESEUS, 365
Todo-Listen, 352
Topic Map, 73, 94
transitive Hülle, 170
Transitivität, 25, 35
Transparenz, 250
Tri-Gramme, 142
Tripel, 24, 160
TRIPLE, 168
Turtle, 160
TVTropes, 190
Twitter, 386

**U**
UDDI, 289
Unifikation
    semantische, 136
Uniform Resource Identifier, 42
Unique-Name-Assumption, 168
Unterklasse, 45
Upper Ontology, 67
User Generated Content, 384

**V**
Vektorraum, 395
Vektorraum-Modell, 147
Vererbung, 35, 45, 51, 59
Verkettung
    von Begriffen, 44
Volumen-Parsing, 374
Vorbedingung, 173
Vorwärtsregeln, 168

**W**
Wahrheitswert, 28

Web 2.0, 384
Web of Trust, 14
Webservices, 285
WfMS, 352
Wiederverwendung, 70
Wiki, 339
Wiki Markup, 339
Wikipedia, 339
Wissen
    episodisches, 40
    generisches, 40
    Konservierung, 106
    terminologisches, 63
    Wiederverwendung von, 131, 133
Wissensabstraktion, 35
Wissensarbeit, 71, 79, 83
Wissensarbeiter, 6
Wissenschaftliche Erklärungen, 258

Wissensingenieur, 71
Wissensmanagement, 83
Wissensrepräsentation, 23, 27, 73
    Aktionsfolgen, 52
    Fakten, 23
    Prozesswissen, 52
    Regeln, 23
Wissensrepräsentationssprache, 9
Workflow Management Systeme, 352
World Wide Web Consortium, 9
WSDL, 286
WSML, 168
WSMO, 292

## Z

Zeichenketten
    Ähnlichkeit von, 141
Zuverlässigkeit, 70

# Die Autorinnen und Autoren

Benjamin Adrian
Deutsches Forschungszentrum für
Künstliche Intelligenz GmbH
Kaiserslautern, Deutschland
benjamin.adrian@dfki.de

Stefan Agne
Deutsches Forschungszentrum für
Künstliche Intelligenz GmbH
Kaiserslautern, Deutschland
stefan.agne@dfki.de

Stephan Baumann
Deutsches Forschungszentrum für
Künstliche Intelligenz GmbH
Kaiserslautern, Deutschland
stephan.baumann@dfki.de

Ansgar Bernardi
Deutsches Forschungszentrum für
Künstliche Intelligenz GmbH
Kaiserslautern, Deutschland
ansgar.bernardi@dfki.de

Andreas Dengel
Deutsches Forschungszentrum für
Künstliche Intelligenz GmbH
Kaiserslautern, Deutschland
andreas.dengel@dfki.de

Ludger van Elst
Deutsches Forschungszentrum für
Künstliche Intelligenz GmbH
Kaiserslautern, Deutschland
ludger.van_elst@dfki.de

Brigitte Endres-Niggemeyer
FH Hannover
Hannover, Deutschland
brigitte.endres-niggemeyer
  @fh-hannover.de

Björn Forcher
Deutsches Forschungszentrum für
Künstliche Intelligenz GmbH
Kaiserslautern, Deutschland
bjoern.forcher@dfki.de

Gunnar Aastrand Grimnes
Deutsches Forschungszentrum für
Künstliche Intelligenz GmbH
Kaiserslautern, Deutschland
gunnar.grimnes@dfki.de

Olaf Hartig
Humboldt Universität zu Berlin
Berlin, Deutschland
hartig@informatik.hu-berlin.de

Stefan Hodek
Deutsches Forschungszentrum für
Künstliche Intelligenz GmbH
Kaiserslautern, Deutschland
stefan.hodek@dfki.de

Malte Kiesel
Deutsches Forschungszentrum für
Künstliche Intelligenz GmbH
Kaiserslautern, Deutschland
malte.kiesel@dfki.de

Marcus Liwicki
Deutsches Forschungszentrum für
Künstliche Intelligenz GmbH
Kaiserslautern, Deutschland
marcus.liwicki@dfki.de

Matthias Loskyll
Deutsches Forschungszentrum für
Künstliche Intelligenz GmbH
Kaiserslautern, Deutschland
matthias.loskyll@dfki.de

Heiko Maus
Deutsches Forschungszentrum für
Künstliche Intelligenz GmbH
Kaiserslautern, Deutschland
heiko.maus@dfki.de

Christian Maxeiner
Deutsches Forschungszentrum für
Künstliche Intelligenz GmbH
Kaiserslautern, Deutschland
christian.maxeiner@dfki.de

Manuel Möller
McKinsey
Frankfurt, Deutschland
manuelm@manuelm.org

Lisa Ollinger
TU Kaiserslautern
Kaiserslautern, Deutschland
lisa.ollinger@mv.uni-kl.de

Alexandre Passant
National University of Ireland, Galway
DERI
Galway, Ireland
alexandre.passant@deri.org

Oleg Rostanin
Deutsches Forschungszentrum für
Künstliche Intelligenz GmbH
Kaiserslautern, Deutschland
oleg.rostanin@dfki.de

Thomas Roth-Berghofer
University of West London
London, United Kingdom
thomas.roth-berghofer@uwl.ac.uk

Leo Sauermann
Gnowsis e.U.
Wien, Österreich
leo.sauermann@gnowsis.com

Jochen Schlick
Deutsches Forschungszentrum für
Künstliche Intelligenz GmbH
Kaiserslautern, Deutschland
jochen.schlick@dfki.de

Kinga Schumacher
Deutsches Forschungszentrum für
Künstliche Intelligenz GmbH
Berlin, Deutschland
kinga.schumacher@dfki.de

Sven Schwarz
Deutsches Forschungszentrum für
Künstliche Intelligenz GmbH
Kaiserslautern, Deutschland
sven.schwarz@dfki.de

Michael Sintek
Deutsches Forschungszentrum für
Künstliche Intelligenz GmbH
Berlin, Deutschland
michael.sintek@dfki.de

Christian Stahl
Deutsches Forschungszentrum für
Künstliche Intelligenz GmbH
Kaiserslautern, Deutschland
christian.stahl@dfki.de

Peter Stephan
Deutsches Forschungszentrum für
Künstliche Intelligenz GmbH
Kaiserslautern, Deutschland
peter.stephan@dfki.de

Thanh Tran
Institut für Angewandte Informatik und
Formale Beschreibungsverfahren (AIFB)
Karlsruhe, Deutschland
tran@aifb.uni-karlsruhe.de

Gerhard Weber
Nexxor GmbH
Stuttgart, Deutschland
gerhard.weber@nexxor.de

If you have any concerns about our products,
you can contact us on
**ProductSafety@springernature.com**

In case Publisher is established outside the EU,
the EU authorized representative is:
**Springer Nature Customer Service Center GmbH
Europaplatz 3, 69115 Heidelberg, Germany**

Printed by Libri Plureos GmbH
in Hamburg, Germany